工程力学

韩志军　顾铁凤　编著

科学出版社
北京

内 容 简 介

本书根据高等院校工程力学教学基本要求，结合相关专业的特点和需要编写而成。全书包括静力学和材料力学两篇，共 17 章。静力学包括：静力学基本公理与受力分析、平面汇交力系和平面力偶系、平面任意力系、摩擦、空间力系、重心；材料力学包括：材料力学绪论、轴向拉伸和压缩、剪切、扭转、弯曲内力、弯曲应力、弯曲变形、应力状态与强度理论、组合变形、压杆稳定、其他工程材料的力学性能、ANSYS 软件在工程力学中的应用。

本书可作为高等院校相关专业的工程力学教材，也可作为其他专业教师、学生以及工程技术人员的主要参考书。

图书在版编目(CIP)数据

工程力学/韩志军，顾铁凤编著. —北京：科学出版社，2011.7

ISBN 978-7-03-032207-4

Ⅰ. ①工… Ⅱ. ①韩…②顾… Ⅲ. ①工程力学-高等学校-教材 Ⅳ. ①TB12

中国版本图书馆 CIP 数据核字(2011)第 175334 号

责任编辑：匡 敏 朱晓颖 张丽花/责任校对：李 影

责任印制：张 伟/封面设计：迷底书装

科学出版社 出版

北京东黄城根北街 16 号

邮政编码：100717

http://www.sciencep.com

北京虎彩文化传播有限公司 印刷

科学出版社发行 各地新华书店经销

*

2011年7月第 一 版 开本：787×1092 1/16

2022年8月第十三次印刷 印张：19 3/4

字数：600 000

定价：59.80元

(如有印装质量问题，我社负责调换)

前　　言

本书注重概念和理论的严谨和完整，优化、精练教学内容，增选了一部分具有一定深度、广度、难度和综合性的例题，重视培养学生独立分析和解决问题的能力以及创新思维能力。本书还增加了商用有限元软件 ANSYS 的应用介绍，以培养学生力学建模和应用有限元软件解决工程实际问题的能力。

本书由韩志军、顾铁凤任主编。参加编写的有：梁南胜（第 4、13 章）、顾铁凤（第 1、2、3 章）、孙鲁原（第 10、11、12 章）、武艳霞（第 9、14、15 章）、杨强（第 6、7、8 章）、蔚春丽（第 5 章）、李志刚（第 16 章）、李志强（第 17 章）；另外，习题答案由陈维毅、韩志军、蔚春丽、李志强、李志刚解答和校核；附录由安美文、武艳霞整理。

本书是太原理工大学工程力学教研室多年来教学改革与课程建设的成果反映，也是编者多年教学经验的总结。

本书在编写过程中，引用了国内外院校公开出版的理论力学、材料力学、工程力学等教材的观点、例题和习题，编者在此向这些教材的作者们致以衷心的感谢。

由于编者水平有限，书中难免存在疏漏和不足之处，恳请广大读者批评指正。

编　者

2011 年 5 月

目　　录

第1篇　静　力　学

第2篇　材 料 力 学

第1篇 静 力 学

引 言

静力学是研究物体在力系作用下**平衡**规律的科学，亦是研究物体平衡时作用力之间关系的科学。**力系**是指作用在物体上的一群力。如果力系中各力作用线在空间任意分布，称该力系为**空间力系**；如果各力作用线位于同一平面内，称该力系为**平面力系**。在空间力系中，如果各力的作用线都相交于一点，则称该力系为**空间汇交力系**；如果各力的作用线都互相平行，则称该力系为**空间平行力系**；如果各力的作用线一部分相交于一点，一部分互相平行，则称该力系为**空间任意力系**。在平面力系中，如果各力的作用线都相交于一点，则称该力系为**平面汇交力系(或称共点力系)**；如果各力的作用线都互相平行，则称该力系为**平面平行力系**；如果各力的作用线既不完全相交于一点，又不完全相互平行，则称该力系为**平面任意力系**。

物体相对地球保持静止或做匀速直线运动，称此物体处于平衡状态，如房屋、桥梁、堤坝，机械结构，做匀速直线运动的火车、汽车，等等。平衡是物体运动的一种特殊形式。

静力学中主要研究以下3个问题。

1. 物体的受力分析

分析某个物体所受已知、未知力的个数，以及每个力的作用线位置、大小和方向。

2. 力系的简化

力系的简化是指用一个简单的力系等效替换一个复杂力系。将作用在物体上的一个力系用另一个与它等效的力系来代替，这两个力系互为**等效力系**。若力系与一力等效，则此力为该力系的**合力**，而力系中的各力，称为此合力的**分力**。

3. 建立各种力系的平衡条件

力系的平衡条件是指物体处于平衡状态时，作用在物体上的力系所应满足的条件。满足平衡条件的力系称**平衡力系**。

力系的平衡条件在工程中具有重要的意义，是设计结构、构件和机械零件时静力计算的基础。

静力学是一门逻辑性很强的学科，由几条公理及数学工具可以推导出全部静力学理论。明确这一点是很重要的，有助于增强应用正确理论的意识。本篇中的物理量是力、力矩、力偶等矢量，关于简化与平衡的讨论都是基于矢量的几何加法。因此，静力学又称**矢量静力学**或几何静力学，是许多后续课程的基础。

第 1 章　静力学基本公理与受力分析

1.1　静力学的基本概念

1.1.1　力

力是物体之间相互的机械作用，其作用结果是改变物体的运动状态或使物体产生变形，分别称之为运动效应（或外效应）和变形效应（或内效应）。静力学主要研究力的运动效应（外效应）。作用效果取决于力的三要素：大小、方向及作用点。

（1）力的大小分为已知和未知，力的单位通常采用国际单位制（SI）中的牛顿来度量。牛顿简称牛（N），1000 牛顿简称千牛（kN）。

（2）力的方向是指力作用的方位和指向。例如火箭垂直向上发射，其中，垂直是方位，向上是指向。

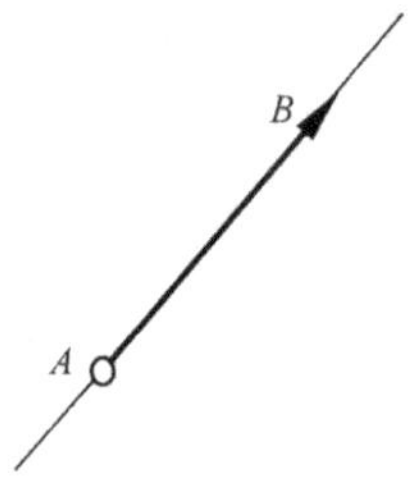

图 1.1

（3）力的作用点是力的作用位置。实际上物体相互作用的位置并不是一个点而是物体的一部分面积或体积，当作用面积或体积很小时，人为地将其抽象或简化为点，称为**力的作用点**。作用在该点的力称为**集中力**，过力作用点的方位线称为**力的作用线**，当力的作用范围不能抽象为点时则为**分布力**。根据力的三要素及数学概念，定义力为**矢量**，且相对变形体而言，力为**定位矢量**。可用一有向线段 AB 来描述力，如图 1.1 所示。线段的长度按一定的比例尺表示力的大小，线段的方位和箭头的指向表示力的方向，线段的起点（或终点）表示力的作用点，而与线段重合的直线表示力的作用线。在力学中矢量用黑体字表示，如 $\boldsymbol{F}$，该矢量的大小（或称模）则用同文的白体字表示，如 F。

1.1.2　刚体

在力的作用下永远不变形的物体称为**刚体**。刚体是一种特殊的质点系，其特点为各质点间的距离保持不变。因此，刚体又称为不变质点系，是理想化的物理模型。实际物体都有变形，但静力学只研究物体的运动效应，为使研究的问题简化，在静力学中将所研究的对象视为刚体，因此静力学也称刚体静力学。应该指出，把物体抽象为刚体时，要注意所研究物体的内容和条件，当变形这一因素在所研究的物体中转化为主要因素时，就必须以变形体来代替（如材料力学、结构力学等）。但是，一切平衡的变形体的研究，也都是以刚体静力学的理论为基础的。

1.2　静力学公理

公理是人们在生产生活中经过长期观察与实践所总结出的结论，可认为它是真理而不需证明，在一定范围内它反映了事物最基本、最普遍的客观规律。它们是静力学理论的基础。

公理 1　二力平衡公理

作用在刚体上的两个力平衡的充分与必要条件是：两个力的大小相等、方向相反，且作用在同一直线上。简记:等值、反向、共线、同体。

公理 1 揭示了作用于刚体上最简单的力系平衡时所必须满足的条件,同时也给出了最简单的**平衡力系**,如图 1.2 所示。

工程上常遇到只受两个力而平衡的构件,称为**二力构件**。若二力构件是直杆,称为**二力杆**。由公理 1 可知,二力构件不论其形状如何,所受到的两力必在两作用点的连线上,且等值、反向,指向待定,如图 1.3 所示。

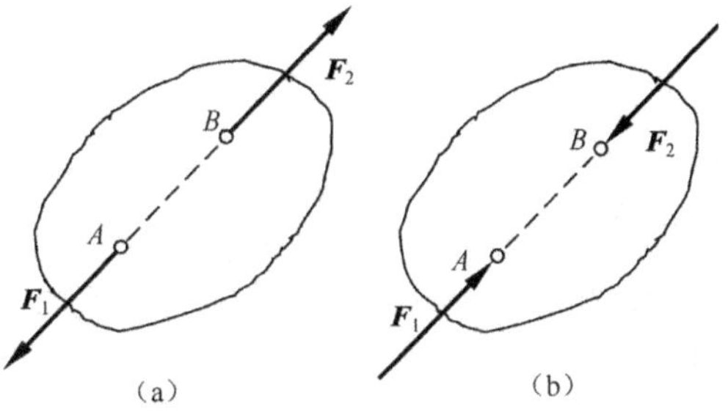

图 1.2

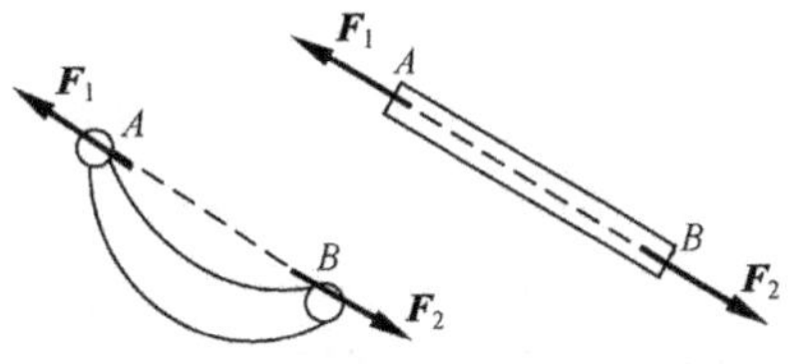

图 1.3

公理 2　加(减)平衡力系公理

作用于刚体的给定力系上增加或减去任意的平衡力系,并不改变原力系对于刚体的作用效果。

公理 2 揭示了任何平衡力系均不能改变刚体的运动状态。

推论 1　力的可传性原理

作用在刚体上某点的力,可以沿其作用线移到刚体内任意一点,并不改变该力对刚体的作用效果。

证明　设有力 $\boldsymbol{F}$ 作用于刚体的 A 点,如图 1.4(a)所示,在其作用线上任取一点 B,并在 B 点加上平衡力系 $\boldsymbol{F}_1$ 和 $\boldsymbol{F}_2$。且令 $\boldsymbol{F}_1=-\boldsymbol{F}_2=\boldsymbol{F}$,由公理 2 可知,这不影响原来的力 $\boldsymbol{F}$ 对刚体的效应,如图 1.4(b)所示。而力 $\boldsymbol{F}_1$ 和 $\boldsymbol{F}$ 又是一平衡力系,根据公理 2 去掉该平衡力系,则刚体上只剩下作用于 B 点的力 $\boldsymbol{F}_2$,如图 1.4(c)所示。显然,它与作用于 A 点的力 $\boldsymbol{F}$ 等效。可见,力对刚体的效应与力作用点在作用线上的位置无关。因此,对于刚体而言,力是**滑动矢量**。其三要素为:力的大小、方向、作用线。

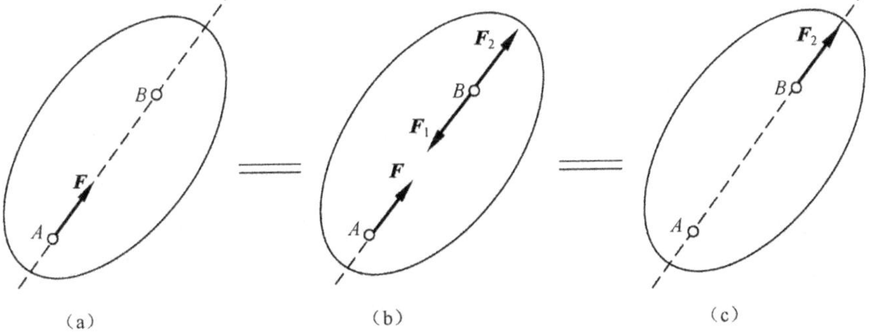

图 1.4

公理 3　力的平行四边形法则

作用在物体上同一点的两个力可以合成为一个合力,合力的作用点也在该点,大小和方向由以这两个力为边构成的平行四边形的对角线确定,如图 1.5(b)所示。或者说,合力矢等于

这两个分力矢的矢量和(几何和),如图 1.5(c)、(d)所示,即

$$\boldsymbol{F}_R = \boldsymbol{F}_1 + \boldsymbol{F}_2 \tag{1-1}$$

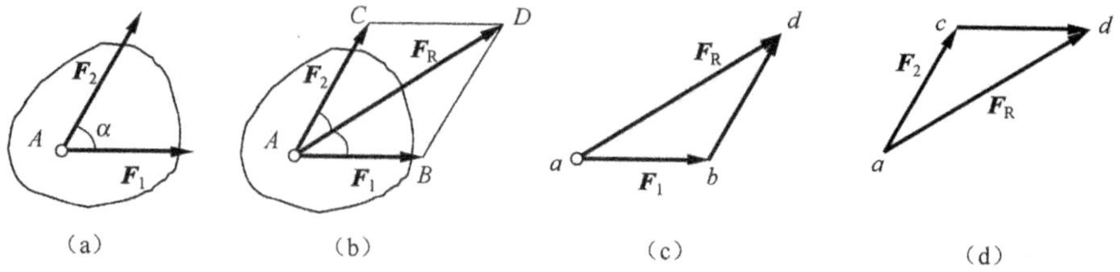

图 1.5

公理 3 给出了两个共点力的合成方法。由只表示力的大小和方向的分力矢量和合力矢量所构成的三角形 abd 称为**力三角形**,这种求合力的方法称为力的三角形法则,如图 1.5(c)、(d)所示。根据公理 3,也可将一力分解为作用于同一点的两个分力。由于用同一对角线可做出无穷多个不同的平行四边形,因此解是不唯一的。

推论 2　三力平衡汇交定理

当刚体受三个力作用而平衡时,若其中任意两个力的作用线相交于一点,则余下的第三个力的作用线亦必交于同一点,且三个力的作用线在同一平面内。

证明　如图 1.6 所示,设力 $\boldsymbol{F}_1$、$\boldsymbol{F}_2$、$\boldsymbol{F}_3$ 分别作用在刚体的 A_1、A_2、A_3 点上且使刚体平衡。已知力 $\boldsymbol{F}_1$ 和 $\boldsymbol{F}_2$ 的作用线交于 B 点。试证明 $\boldsymbol{F}_3$ 的作用线也通过 B 点。

根据力的可传性原理,将力 $\boldsymbol{F}_1$ 和 $\boldsymbol{F}_2$ 移至交点 B,并用公理 3 求得其合力 $\boldsymbol{F}_R$。今以合力 $\boldsymbol{F}_R$ 代替力 $\boldsymbol{F}_1$ 和 $\boldsymbol{F}_2$ 的作用。此时,刚体上只有合力 $\boldsymbol{F}_R$ 与力 $\boldsymbol{F}_3$ 两个力作用而使其平衡,因此,合力 $\boldsymbol{F}_R$ 与力 $\boldsymbol{F}_3$ 必满足公理 1,定理得证。

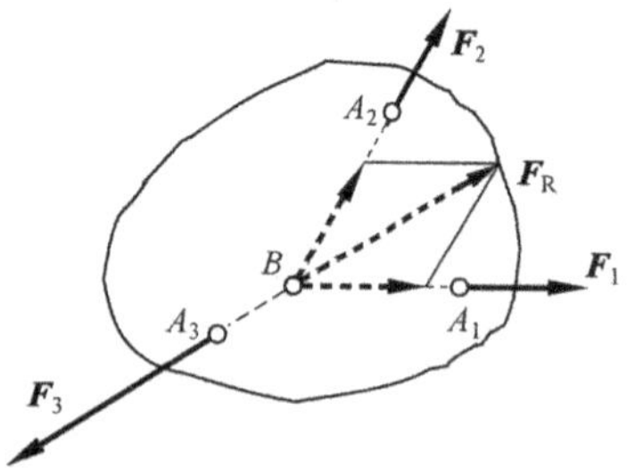

图 1.6

公理 4　作用与反作用定律

两物体间相互作用的力总是同时存在的,大小相等、方向相反、沿同一直线,分别作用在两个物体上。简记:等值、反向、共线、异体。

公理 4 概括了物体间相互作用力的关系,表明一切力总是成对出现的。根据这个公理,已知作用力则可得反作用力,它是分析物体受力时必须遵循的原则,为研究由一个物体过渡到多个物体组成的物系问题提供了基础。

公理 5　刚化原理

变形体在已知力系作用下平衡,若将该变形体刚化为刚体,则平衡状态不变。

公理 5 说明,静力学所研究的关于刚体的平衡条件,对于变形体来说是必要的,即处于平衡状态的变形体,可以把它视为刚体来研究。这个公理建立了刚体力学与变形体力学间的联系。

必须指出,刚体的平衡条件对于变形体来说,只是必要的而非充分的。例如,一绳索在两个相等相反的拉力作用下处于平衡,如将该绳索变为刚性杆,则平衡状态不受影响;但是对于刚性杆受相等相反的两个压力作用而平衡时,如将该刚性杆变为绳索,则平衡状态不能保持。

1.3　约束与约束反力

自由体:凡在空间任意方向的位移不受限制的物体。如不计空气阻力时,空中飞行的飞机、火箭、人造卫星等。

非自由体:某方向的位移受到周围物体的阻碍或限制的物体。如在轨道上行驶的火车不能离开轨道,在轴承上转动的转子不能离开轴承等。

约束:对非自由体某方向的位移起限制作用的物体。例如,沿轨道行驶的火车,轨道事先限制火车的运动,轨道就是约束体;摆动的单摆,绳子就是约束体,它事先限制摆锤只能在不大于绳长的范围内运动,而通常是以绳长为半径的圆周运动;轴支承于轴承上,梁支承于支座上,轴承和支座就是它们的约束。

约束反力或约束力:约束对非自由体的作用力。属于被动力。

非自由体所受到的力可分为两类:**约束力及主动力**。主动力有时又称**载荷**,如结构物的自重、风力、切削力等,它们是促使物体运动或有运动趋势的力。确定主动力涉及较多的专业知识,在静力学中由于所研究的物体处于平衡状态,在对非自由体进行受力分析时,主要研究约束力,而主动力在大部分章节中作为已知条件给出。

约束力取决于约束本身的性质、主动力和物体的运动状态。约束力阻止物体运动的作用是通过约束与物体间相互接触来实现的,因此它的作用点应在相互接触处,它的方向总是与约束所能阻止的物体的运动方向相反,其大小由平衡条件确定。

实际工程中的约束多种多样,甚至十分复杂,但经过简化,均可抽象成一些理想的约束类型。下面介绍在平面问题中经常用到的几种约束类型,空间问题中的约束类型在第 5 章中介绍。

1. 柔性体约束

这类约束只能限制物体沿着柔性体伸长的方向运动。其约束力的特点是沿着柔性体的轴线而背离物体。只能承受拉力,不能承受压力和抗拒弯曲,方向沿柔性体,作用在连接点。常用符号 $\boldsymbol{F}_{\mathrm{T}}$表示,属于这类约束的有绳索、胶带、链条等,即忽略刚性,不计自重,视为绝对柔软,如图 1.7 所示。

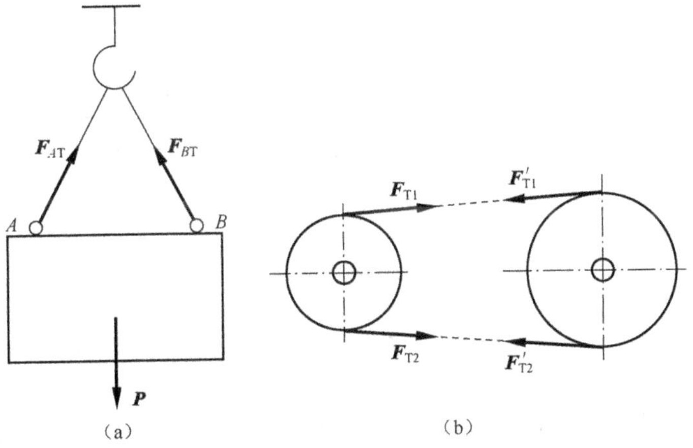

图 1.7

2. 光滑接触面(线、点)约束

若忽略摩擦,物体与约束接触表面视为理想光滑,则这类约束只能限制物体沿两接触表面在接触处的公法线方向的运动。其约束力的特点是沿接触表面的公法线指向所研究的物体。常用符号 $\boldsymbol{F}_{\mathrm{N}}$表示,也称为法向反力,如图 1.8 所示。

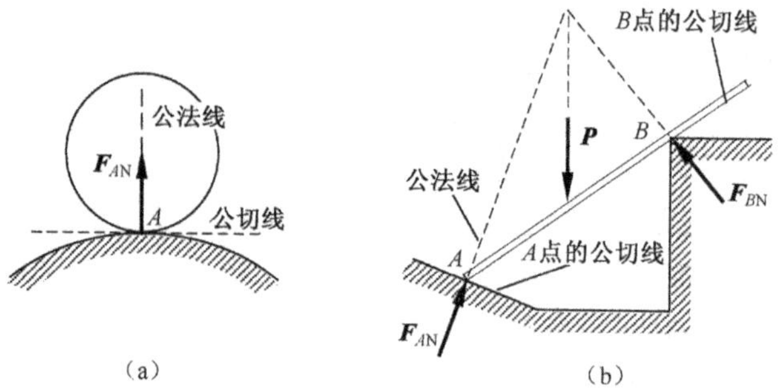

图 1.8

3. 光滑(圆柱形)铰链约束

这类约束在工程实际中有多种具体的形式,其中主要分为如下几种。

1)圆柱铰链

圆柱铰链简称铰链,它是由销钉将两个(或两个以上)钻有同样大小圆孔的构件连接在一起而成的,如图 1.9(a)、(b)所示,销钉 C 连接构件 A 和 B。其常见的简化模型如图 1.9(c)、(d)所示。

这类约束只能限制物体的任意径向位移,不能限制物体绕销钉轴线转动和平行于销钉轴线的移动,即两物体可绕铰链中心转动,因此,其约束力特点是在垂直于铰链轴线的平面内,通过铰链中心,方向待定,如图 1.9(e)所示。通常表示为作用于铰链中心的、正交的两个分力 $\boldsymbol{F}_{Cx}$ 和 $\boldsymbol{F}_{Cy}$,如图 1.9(f)所示。

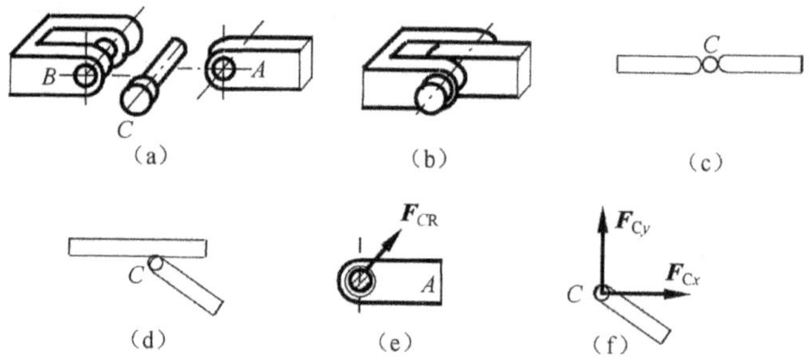

图 1.9

2)固定铰链支座

若铰链连接中有一个构件(如 B)固定在地面或机架上作为支座,这种约束称为**固定铰链支座**,简称固定铰,如图 1.10(a)所示。其常见的简化模型如图 1.10(c)所示。这种支座的约束特点与圆柱铰链相同,即固定铰支座约束反力在垂直于圆柱销轴线的平面内,通过圆柱销中心,方向待定,如图 1.10(b)所示。通常表示为作用于固定铰中心的、正交的两个分力 $\boldsymbol{F}_{Ax}$ 和 $\boldsymbol{F}_{Ay}$,如图 1.10(c)所示。

特别指出:当二力构件的两端连接的是圆柱铰链或固定铰链支座时,圆柱铰链或固定铰链支座的约束力不再用正交分力表示,要满足二力平衡公理。

3)辊轴支座

若在固定铰链支座与光滑接触面之间,安装几个辊轴构成支座,称为**辊轴支座**,也称可动铰支座,或滚动支座,如图 1.11(a)所示。

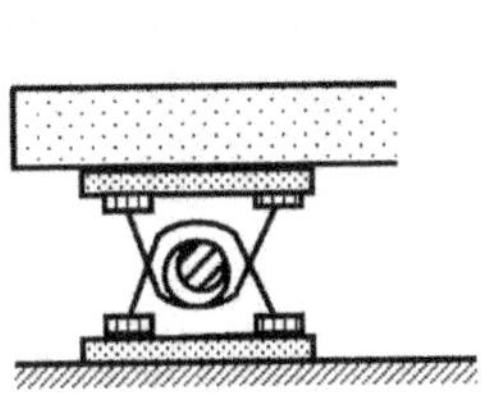

图 1.10

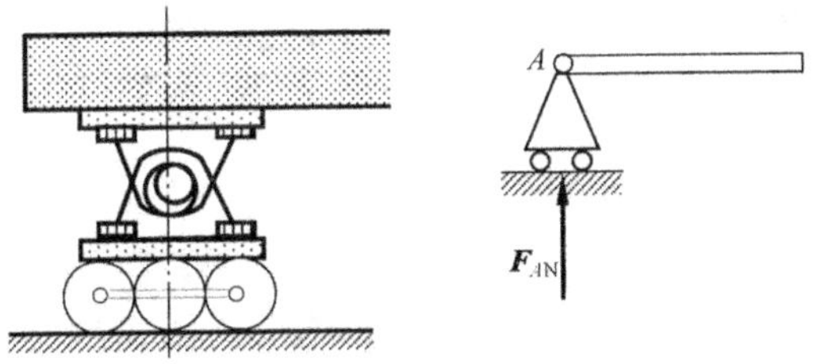

图 1.11

这种支座的特点是可以沿支承面表面移动，允许由于温度变化而引起结构跨度的伸长或缩短。因此，辊轴支座的约束力垂直支承面，且通过铰链中心，指向不定，其常见的简化模型如图 1.11(b)所示。

4. 链杆约束

链杆是指两端用铰链与其他物体相连的二力杆，如图 1.12(a)所示。这类约束是阻止被连接物体之间沿链杆轴线方向的相对运动，因此，其约束力必沿链杆两端铰链的连线，指向假设。通常假设链杆受拉。

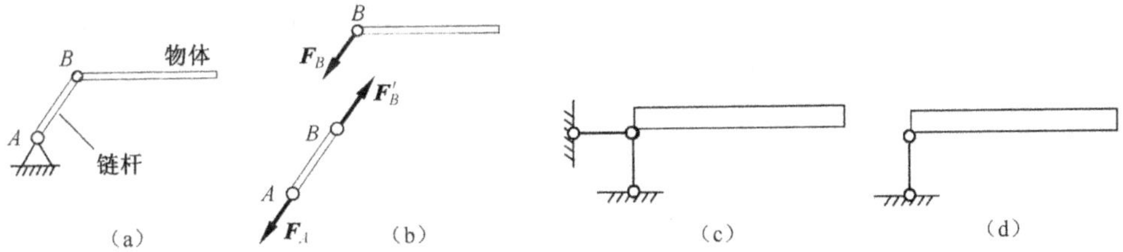

图 1.12

若链杆两端连接的是圆柱铰链或固定铰链支座，它们对物体的约束都按链杆的特点来确定，如图 1.12(b)所示。

固定铰链支座也可以用两根不相平行的链杆来代替，如图 1.12(c)所示。而辊轴支座可以用垂直于支承面的一根链杆来代替，如图 1.12(d)所示。

以上介绍的约束都是“理想约束”。在工程实际分析中，有些与理想约束接近，有些要根据所研究问题的要求，根据约束对物体运动的限制作适当的简化，使之成为与其约束特性相近的理想约束。这里只举几个例子简单说明。

如图 1.13(a)所示，一钢筋混凝土柱插入杯形基础，基础与柱之间的空隙用沥青麻线等填实。柱子在荷载作用下可以产生微小的转动，但不能有上下左右的移动。这种基础可以简化为固定铰支座，如图1.13(b)所示。同样的钢筋混凝土柱插入杯形基础，但若基础与柱之间的空隙用细石混凝土填实时，如图1.13(c)所示，当柱子插入基础有一定深度后，柱子在基础内的移动和转动都受限制，所以这种情况下应该简化为固定端约束(固定端约束分析在第3章介绍)，如图1.13(d)所示。

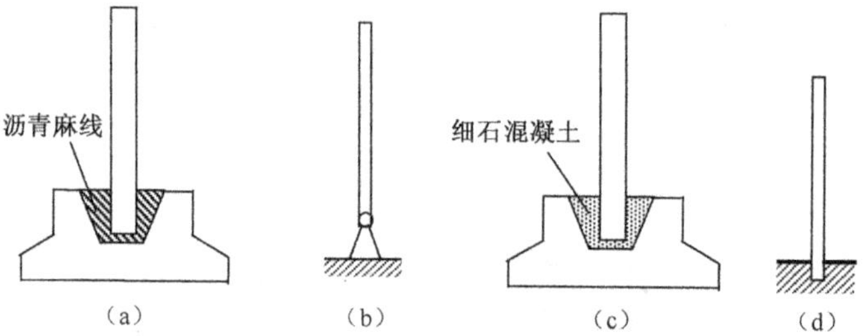

图1.13

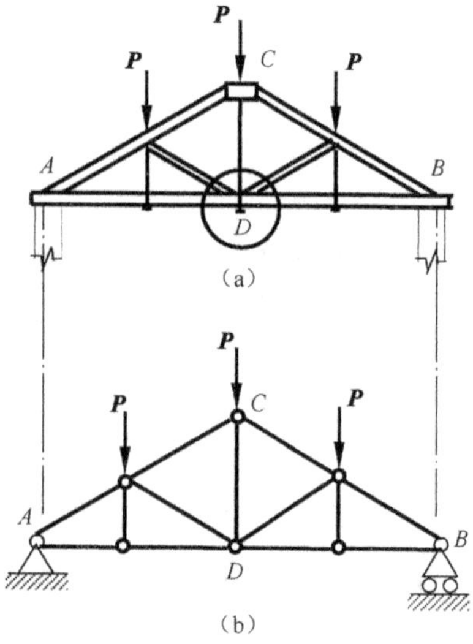

图1.14

又如图1.14(a)所示，为一钢制的屋顶结构，两端与墙体连接。构成屋顶的各杆为角钢，焊接或螺栓连接于钢板上，在杆的连接处，各杆的轴线汇交于一点，如图1.14(a)所示的D连接点。屋顶受力后，由于各杆和连板变形，会引起各杆间夹角的改变，但这时夹角又不能自由改变。假设屋顶在荷载作用下各杆可以绕其连接点转动，这样将杆件的实际连接处简化为铰链连接，并将荷载也简化为仅作用在节点上，另外，墙厚度比梁的长度小很多，且在建筑设计时，墙体可以有微小的偏转，以防止地震、温度变化等因素所引起的微小摆动，所以墙体不能限制屋顶结构绕支承点的转动。但墙体不仅能够限制屋顶结构沿铅垂方向的运动，还可以阻止其水平方向的运动，所以，A、B处的墙体均可近似简化为固定铰支座。工程上为了便于计算，常把A、B处墙体之一视为可动铰支座。因此钢结构屋顶最终简化为图1.14(b)所示的计算简图。

1.4 受力分析与受力图

工程实际中，当受约束的物体在某些主动力的作用下处于平衡状态时，若将其约束除去，而用相应的约束力代替它们对物体的作用，则物体的平衡不受影响，即物体在所有主动力和约束力作用下仍然保持平衡，因此，在解决实际问题时，首先要选定需要研究的物体，即确定研究对象；把研究对象的约束全部解除，将其从周围的物体中分离出来，画出其简图。这种被解除了约束的物体称为**分离体**；将作用在该分离体上的所有的主动力和约束力以力矢表示在简图上，该图称为分离体的**受力图**。

确定研究对象，取分离体，画受力图，这一过程称为对物体进行**受力分析**，这是解决力学问题的关键。可按下述步骤进行。

(1)确定研究对象，取分离体

根据已知条件和题意确定研究对象，画出其轮廓图。研究对象可以是一个物体，也可以是几个物体的组合。

(2)画出主动力

主动力为物体上已经标出的力。

(3)分析约束及其类型,画约束力

约束力一定作用在两接触物体的接触处,根据约束类型及其特性定出约束力的方位和指向。

注意:受力图中每画一力要有依据,既不能多画,也不能漏画。分离体可以是其中的一个物体,也可以取其中的几个物体;由若干物体通过约束而组成的结构称为**系统或整体**。如果以系统为研究对象时,系统内各物体间的相互作用力称为**内力**;系统以外物体作用于该系统中各物体上的力称为**外力**。在画系统的受力图时,只画系统所受的外力而不画内力。但外力与内力的概念是相对的:随着所取的研究对象的改变,原来的内力可以转化为外力,而外力也可以转化为内力。

例 1-1 如图 1.15(a)所示,绞车通过钢丝绳牵引重为 $\boldsymbol{W}$ 的矿车沿斜面轨道运动,钢丝绳牵引力为 $\boldsymbol{F}_T$,矿车重心在 C 点。试画出矿车的受力图。

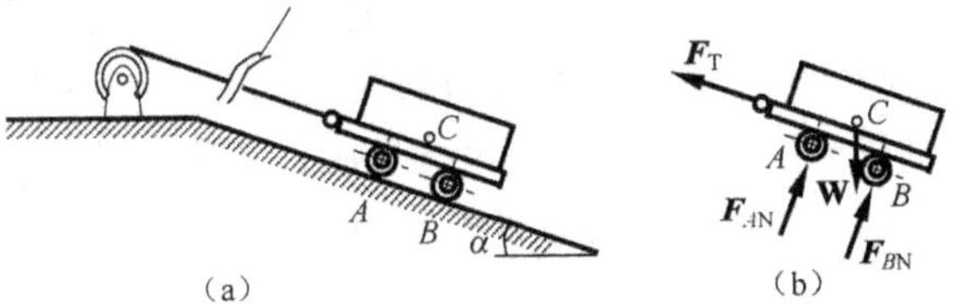

图 1.15

解 取矿车为研究对象,解除矿车约束。

作用于矿车上的力有钢丝绳牵引力 $\boldsymbol{F}_T$,沿钢丝绳的中心线背离矿车;重力$\boldsymbol{W}$,铅垂向下;光滑接触面的约束力 $\boldsymbol{F}_{AN}$、$\boldsymbol{F}_{BN}$,分别过接触点 A、B,沿斜面的法线指向矿车。受力如图 1.15(b)所示。

例 1-2 水平梁 AB 两端用辊轴支座和固定铰支座支承,如图 1.16(a)所示。在 C 处作用一集中载荷 $\boldsymbol{F}$,梁重不计,试画出梁 AB 的受力图。

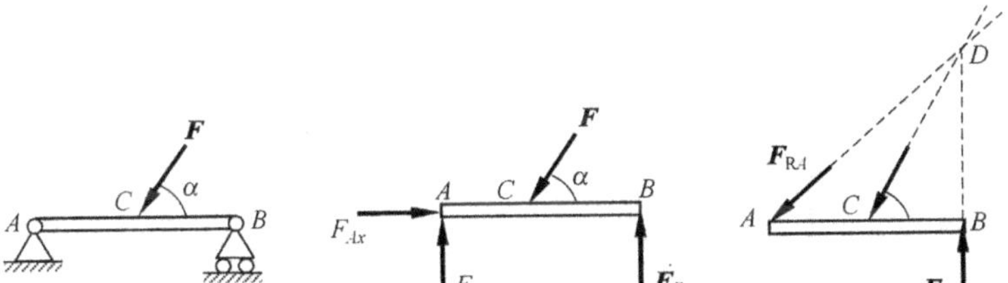

图 1.16

解 取梁 AB 为研究对象。作用于其上的主动力有集中载荷 $\boldsymbol{F}$;B 端辊轴支座的约束力 $\boldsymbol{F}_B$,垂直支承面,指向假设向上;A 点为固定铰支座,其约束力用通过 A 点的两个正交分力 $\boldsymbol{F}_{Ax}$、$\boldsymbol{F}_{Ay}$表示。受力如图 1.16(b)所示。

梁 AB 的受力图还可以如图 1.16(c)所示。根据三力平衡汇交定理,已知力 $\boldsymbol{F}$ 与 $\boldsymbol{F}_B$ 相交于 D 点,则 A 点的约束力 $\boldsymbol{F}_{RA}$ 也必交于 D 点,从而确定约束力 $\boldsymbol{F}_{RA}$ 沿 A、D 两点连线。

例 1-3 图 1.17(a)所示的平衡结构中,直杆 AB 和弯杆 CD 在 C 点铰接,A 处和 D 处均为固定铰链支座。AB 杆在 B 点受力 $\boldsymbol{F}$ 作用,两杆自重不计。试画出 AB 杆、CD 杆及整个系统的受力图。

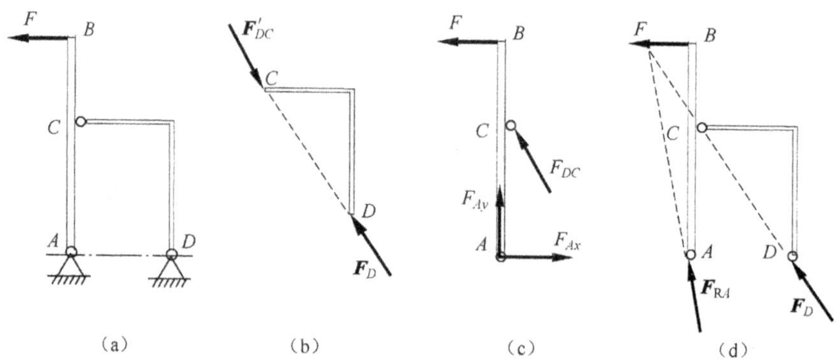

图 1.17

解 取 CD 杆为研究对象。CD 杆仅在 C、D 受力且平衡，所以，它是二力构件，如图 1.17(b)所示。图中力 $\boldsymbol{F}'_{DC}$、$\boldsymbol{F}_D$的指向可任意假设，但必须反向。

取 AB 杆为研究对象。主动力有集中力 $\boldsymbol{F}$;A、C 两处有约束。A 点为固定铰支座，其约束力可用通过 A 点的两个正交分力 $\boldsymbol{F}_{Ax}$、$\boldsymbol{F}_{Ay}$表示，也可以根据三力平衡汇交定理用一力 $\boldsymbol{F}_{RA}$表示。构件 CD 通过铰链 C 作用于 AB 杆的反力 $\boldsymbol{F}'_{DC}$与 $\boldsymbol{F}_{DC}$互为作用力与反作用力，如图 1.17(b)、(c)所示。

取整个系统为研究对象。主动力有集中力 $\boldsymbol{F}$;A、D 两处有约束，C 处作用力为内力，不必画出，受力如图 1.17(d)所示。

例 1-4 图 1.18(a)所示为一工业厂房中的钢筋混凝土 T 形吊车梁，梁上铺设钢轨，跑车沿钢轨移动。不计跑车尺寸与自重，重物重为 $\boldsymbol{P}$，试画出吊车梁及跑车和重物的受力图。

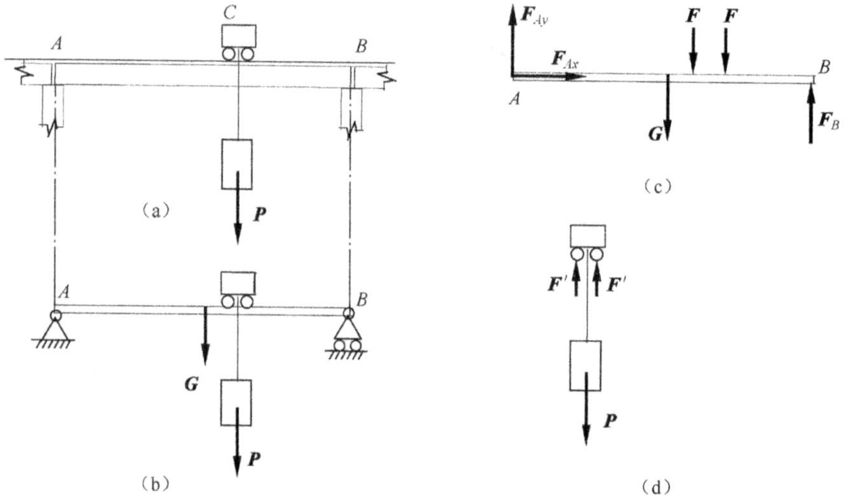

图 1.18

解 在分析吊车梁的受力时，首先要将实际结构简化为合适的力学模型。简化主要包括三个方面：结构简化，支座简化，载荷简化。

结构简化时，一般以梁的纵轴线代替实际的梁，而且当梁的两端与柱子接触面的长度不大时，取梁两端与柱子接触面中心的间距作为梁的计算跨度。

支座简化时，因为梁的两端安装在柱子上，整个梁既不能上下移动，也不能水平移动。但梁承受载荷时，两端可以有微小的自由转动。此梁两端的支承情况虽然完全相同，但是为便于计算，简化时，将梁的一端当作辊轴支座(B 端)，而另一端当作固定铰支座(A 端)。

载荷简化时，吊车梁的重力是沿体积分布的体载荷，当梁用其轴线代替后，这种体载荷简化为沿梁轴线均匀分布的线载荷，本题中进一步合成为作用于重心处的重力 $\boldsymbol{G}$。

简化后的力学模型如图 1.18(b)所示。

取梁为研究对象。作用于其上的主动力有梁的自重 $\boldsymbol{G}$，重物的重力 $\boldsymbol{P}$ 及支座 A、B 的约束力。B 点为一个垂直支承面的反力 $\boldsymbol{F}_B$，指向不定时，可以假设向上。A 点反力用正交分力 $\boldsymbol{F}_{Ax}$、$\boldsymbol{F}_{Ay}$ 表示，如图 1.18(c)所示。

取跑车与重物为研究对象。其受力如图 1.18(d)所示。

将实物简化为合理的力学模型并不容易，后续课程的学习中还会进一步介绍，并需要在实际中不断探索，不断总结经验才能提高这方面的能力。以后书中给出的大多是简化后的力学模型，读者只需对其进行受力分析和求解即可。

例 1-5 如图 1.19(a)所示构件，吊起重量为 $\boldsymbol{P}$ 的物体。钢丝绳一端拴在 D 点，另一端绕过滑轮 C 和 H 拴在销钉 G 上，不计各杆及滑轮质量。试分别画出滑轮 C、销钉 G 的受力图。

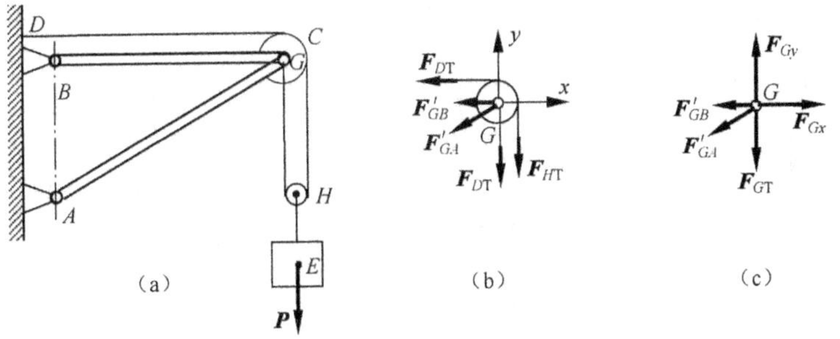

图 1.19

解 取滑轮 C(包括两段钢丝绳和销钉 G)为研究对象。滑轮 C 上的力有钢丝绳的拉力 $\boldsymbol{F}_{DT}$、$\boldsymbol{F}_{HT}$、$\boldsymbol{F}_{GT}$ 及二力杆 BG、AG 对销钉 G 的作用力 $\boldsymbol{F}'_{GA}$、$\boldsymbol{F}'_{GB}$，受力如图 1.19(b)所示。

取销钉 G 为研究对象。销钉 G 连接 4 个物体，销钉 G 上的力有二力杆 BG、AG 对销钉 G 的作用力 $\boldsymbol{F}'_{GA}$、$\boldsymbol{F}'_{GB}$，钢丝绳的拉力 $\boldsymbol{F}_{GT}$，滑轮 C 对销钉 G 的约束力 $\boldsymbol{F}_{Gx}$、$\boldsymbol{F}_{Gy}$，受力如图 1.19(c)所示。

例 1-6 如图 1.20(a)所示为一两跨静定梁及其所受的载荷。试画出该平衡机构中梁 ABC、CDE 及整个系统的受力图。

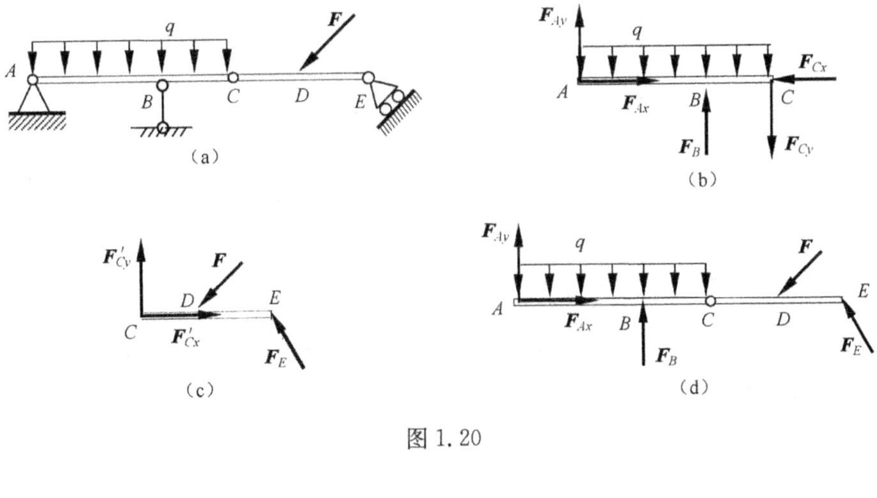

图 1.20

解 取 ABC 为研究对象。主动力有均布载荷 q，A、C 两处分别为固定铰链约束和铰链约束，可用两个正交分力 $\boldsymbol{F}_{Ax}$、$\boldsymbol{F}_{Ay}$ 及 $\boldsymbol{F}_{Cx}$、$\boldsymbol{F}_{Cy}$ 表示。B 点为链杆约束，其约束反力沿链杆两端铰链的连线，方向设为受压（也可以设为受拉），用 $\boldsymbol{F}_{B}$ 表示，受力如图 1.20(b)所示。

取 CDE 为研究对象。主动力有集中力 $\boldsymbol{F}$；E、C 两处有约束，C 处要满足作用与反作用定理，E 处为辊轴支座，其约束力垂直支撑面，设为指向物体，受力如图 1.20(c)所示。

取整体为研究对象。主动力有均布载荷 q、集中力 $\boldsymbol{F}$；约束有 A 处的固定铰链约束和 B 处的链杆约束及 E 处的辊轴支座，受力如图 1.20(d)所示。C 处为内力，不画出。

习　　题

下列习题中假设接触处都是光滑的，物体的自重除图中已注明的，均略去不计。

1-1　画出习题 1-1 图中指定物体的受力图。

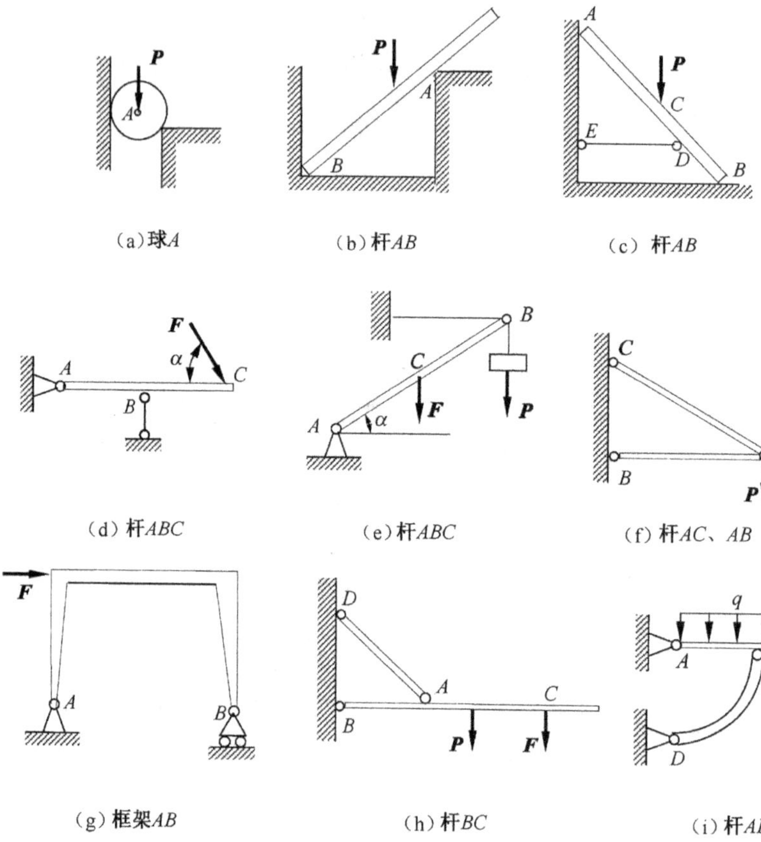

习题 1-1 图

1-2　画出习题 1-2 图所示物系中指定物体的受力图及整体受力图。

1-3　重为 $\boldsymbol{G}$ 的圆轮靠在墙上，同时用不计自重的直杆托住，直杆一端铰接在墙上，另一端用细绳系到墙上，不计各处摩擦，如习题 1-3 图所示。试画出轮 O、杆 AB 及整个系统的受力图。

1-4　试画出如习题 1-4 图所示整体及构件 BC，销钉 B、E 的受力图。

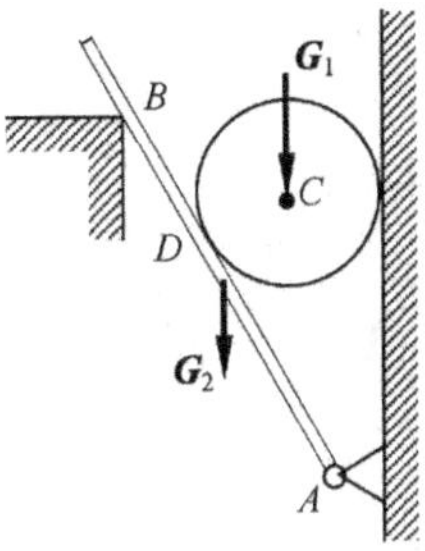

（a）杆AB、球O

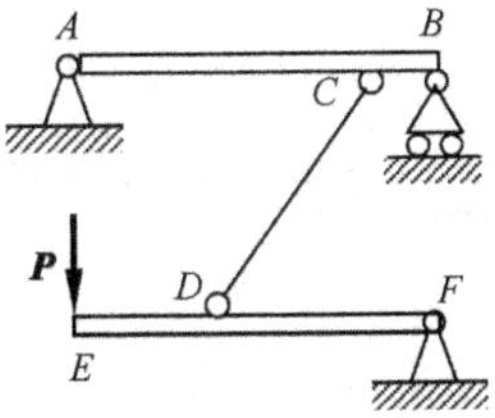

（b）杆AB、杆EF

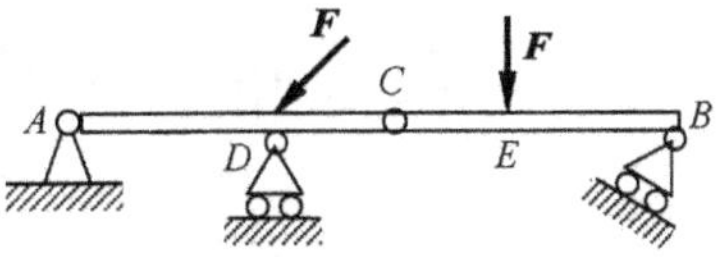

（c）杆ADC、CEB

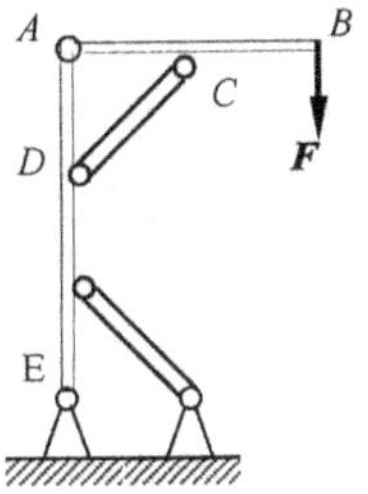

（d）杆AB、AC、CD

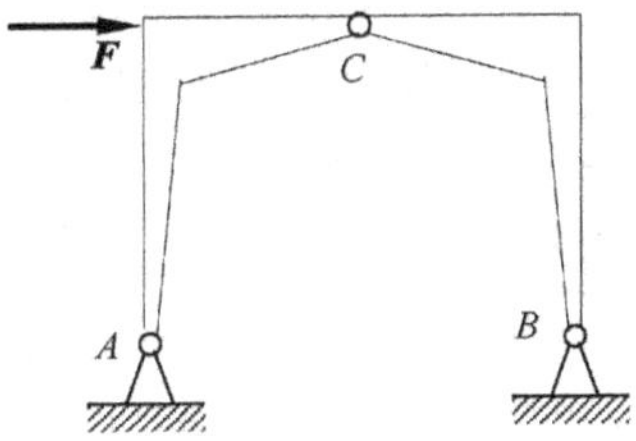

（e）杆AC、BC

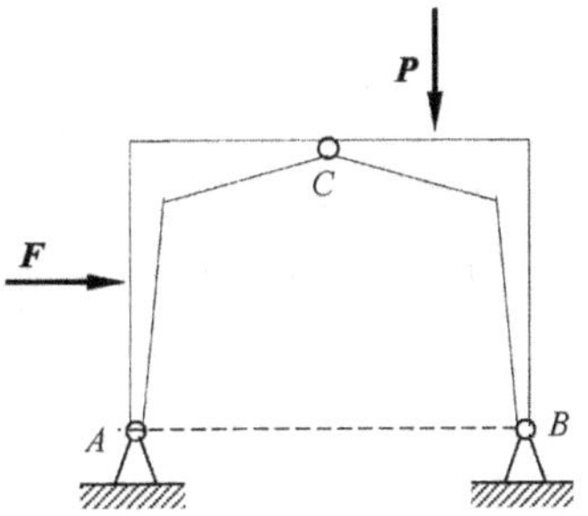

（f）杆AC、BC

习题 1-2 图

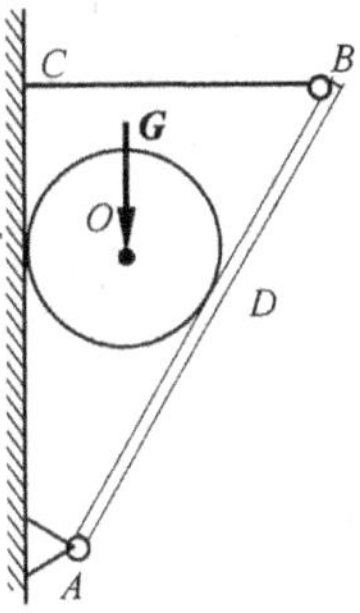

习题 1-3 图

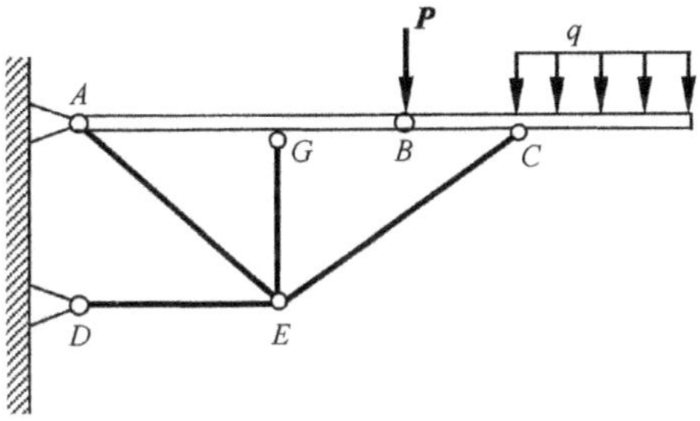

习题 1-4 图

第 2 章　平面汇交力系和平面力偶系

2.1　概　　述

力系中各力作用线处于同一平面且汇交于一点时，称该力系为平面汇交力系。

平面汇交力是平面力系中最简单的力系，它是研究平面任意力系和空间力系的基础，同时也可以解决工程实际问题。如图 2.1(a)所示，如果以吊钩为研究对象，则起吊重物时，吊钩上所受到的力包括上部绳索的拉力及悬挂重物的绳索拉力，这些力可视为作用在同一平面且汇交于 C 点，形成一个平面汇交力系，受力分析如图 2.1(b)所示。又如图 2.2(a)所示屋架平面，各杆件均视为二力杆。对每个连接点而言，都形成平面汇交力系，图 2.2(c)所示为节点 D 的受力分析。

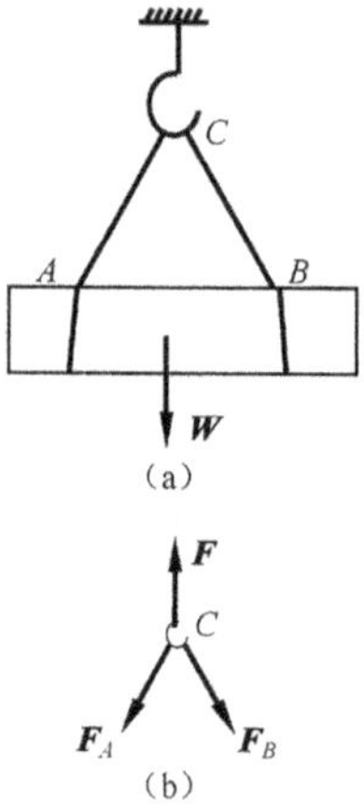

图 2.1

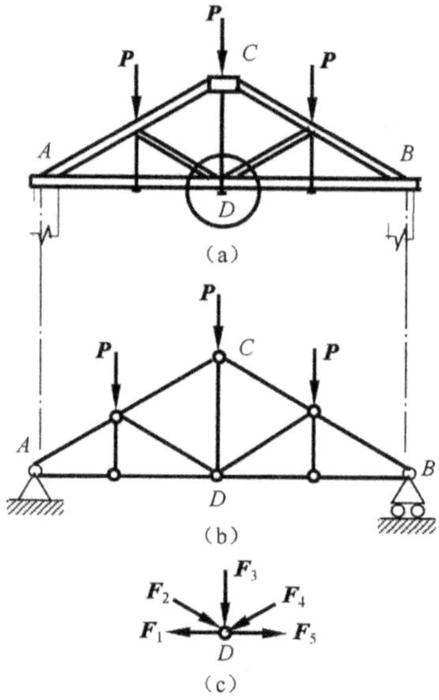

图 2.2

生产和生活经验告诉我们，刚体的运动状态除了可以移动外，还可以转动，如图 2.3 所示用丝锥攻螺纹、图 2.4 所示汽车司机转动方向盘、拧水龙头、杂技演员表演的转碟等，都使刚体产生转动。力对刚体的转动效应可用力对点的矩(简称力矩)及力偶来度量。

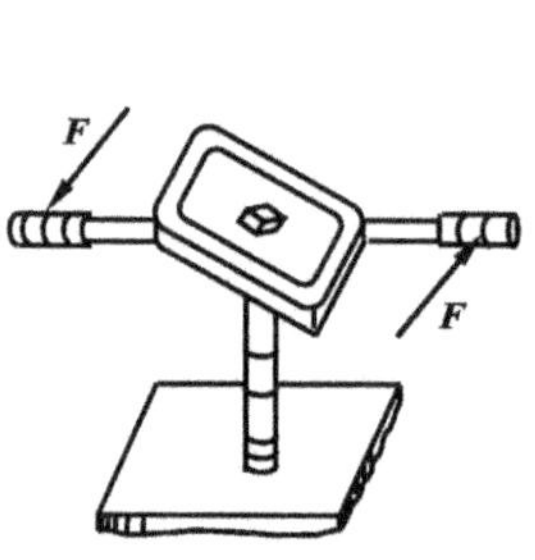

图 2.3

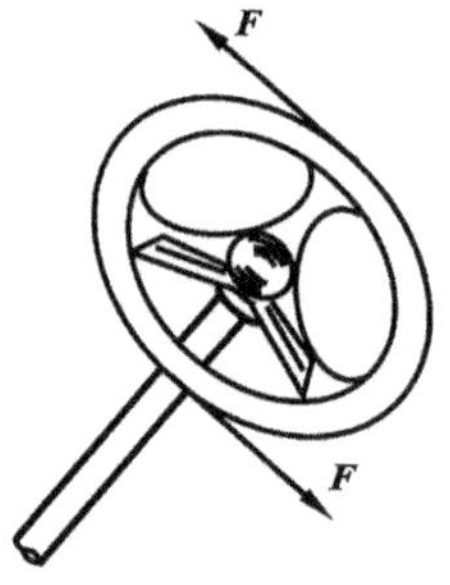

图 2.4

本章介绍平面汇交力系和平面力偶系的合成与平衡的方法。

2.2 平面汇交力系合成与平衡的几何法

2.2.1 平面汇交力系的合成

设刚体的 A、B、C、D 四点上作用4个力 $\boldsymbol{F}_1$、$\boldsymbol{F}_2$、$\boldsymbol{F}_3$、$\boldsymbol{F}_4$，如图2.5(a)所示。这4个力汇交于 O 点，为合成此力系，可连续应用三角形法则将各力依次合成，即任选一力矢量 $\boldsymbol{F}_1$ 为基边，作矢量线 ab 表示力矢 $\boldsymbol{F}_1$，记为 $\boldsymbol{F}_1'$；其中 a 称为始端，b 称为末端；过基边的末端 b 作矢量线 bc 表示力矢量 $\boldsymbol{F}_2$，记为 $\boldsymbol{F}_2'$；则虚矢量线 ac 表示力 $\boldsymbol{F}_1$ 和 $\boldsymbol{F}_2$ 的合力矢量 $\boldsymbol{F}_{R1}$；再作矢量线 cd，表示力矢量 $\boldsymbol{F}_3$，记为 $\boldsymbol{F}_3'$；则虚矢量线 ad 表示力 $\boldsymbol{F}_{R1}$ 和 $\boldsymbol{F}_3$ 的合力矢量 $\boldsymbol{F}_{R2}$；最后作矢量线 de，表示力矢 $\boldsymbol{F}_4$，记为 $\boldsymbol{F}_4'$；则矢量线 ae 表示力 $\boldsymbol{F}_{R2}$ 与 $\boldsymbol{F}_4$ 的合力；亦即力 $\boldsymbol{F}_1$、$\boldsymbol{F}_2$、$\boldsymbol{F}_3$、$\boldsymbol{F}_4$ 的合力矢 $\boldsymbol{F}_R$，其大小和方向可按比例尺由图2.4(b)量出，其作用线通过汇交点 O。实际上，作图时力矢量 $\boldsymbol{F}_{R1}$ 与力矢 $\boldsymbol{F}_{R2}$ 可不必画出，只要把各力矢首尾相接，则由第一个力矢 $\boldsymbol{F}_1$ 的起点 a 向最末一个力矢 $\boldsymbol{F}_4$ 的终点 e 作矢量线 ae，即得合力矢 $\boldsymbol{F}_R$。

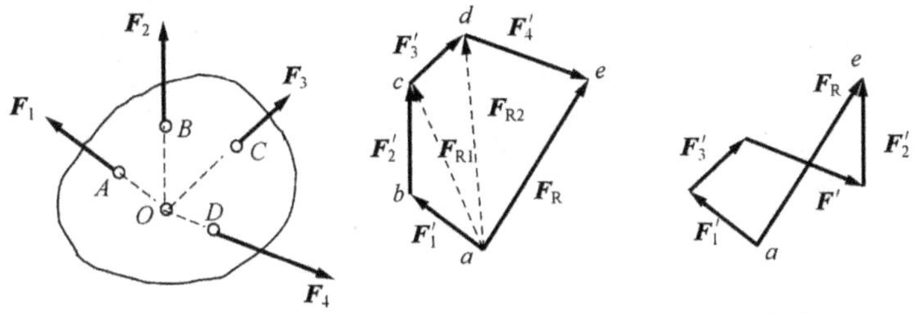

(a) (b) (c)

图 2.5

各分力矢与合力矢构成的多边形称为**力多边形**，表示合力矢的边 ae 称为力多边形的封闭边，用力多边形求合力 $\boldsymbol{F}_R$ 的几何作图规则称为**力的多边形法则**。图2.5(a)为受力图，表示各力的作用位置；图2.5(b)称为**力矢图**，表示各力矢的大小及方向及各力矢与合力矢的关系，但各力矢并不表示其作用位置。在力矢图中各分力矢首尾相接形成折线并沿某一矢序转向，而合力矢用此折线的起点至终点相连的封闭边表示，并沿着与各分力矢相反的矢序转向。根据矢量相加的交换律，任意变换各分力矢的作图次序，可得形状不同的力多边形，但其合力矢 $\boldsymbol{F}_R$ 的大小、方向均不变，仍为 ae 线段，如图2.5(c)所示。由此可知，合力矢 $\boldsymbol{F}_R$ 与各分力矢的作图次序无关。

上述方法推广到由 n 个力组成的平面汇交力系，可得如下结论：

平面汇交力系的合成结果是一个力，它的作用线通过力系的汇交点，其大小和方向可由力的多边形的封闭边表示，即等于各力的矢量和(几何和)。用矢量式表示为

$$\boldsymbol{F}_R = \boldsymbol{F}_1 + \boldsymbol{F}_2 + \cdots + \boldsymbol{F}_n = \sum_{i=1}^{n} \boldsymbol{F}_i \tag{2-1}$$

符号 $\sum\limits_{i=1}^{n}$ 称为连和号，表示右端的量按其下标 i 由1到 n 逐项相加。后面叙述中只写 $\sum \boldsymbol{F}_i$。

用几何法进行合成的方法直观、方便，但这种方法要求作图准确，否则误差较大，一般不用。

2.2.2 平面汇交力系平衡的几何条件

若作用于刚体上的平面汇交力系除 $\boldsymbol{F}_1$、$\boldsymbol{F}_2$、$\boldsymbol{F}_3$、$\boldsymbol{F}_4$ 这 4 力外，在 A 点还作用有力 $\boldsymbol{F}_5$，如图 2.6(a)所示，且 $\boldsymbol{F}_5$ 的大小等于 $\boldsymbol{F}_1$、$\boldsymbol{F}_2$、$\boldsymbol{F}_3$、$\boldsymbol{F}_4$ 的合力 $\boldsymbol{F}_R$，方向与 $\boldsymbol{F}_R$ 的方向相反。用力的多边形法则合成时，当 $\boldsymbol{F}_R$ 等效替代 $\boldsymbol{F}_1$、$\boldsymbol{F}_2$、$\boldsymbol{F}_3$、$\boldsymbol{F}_4$ 后，刚体上只有 $\boldsymbol{F}_5$ 与 $\boldsymbol{F}_R$，且 $\boldsymbol{F}_5$ 与 $\boldsymbol{F}_R$ 满足二力平衡公理，因此刚体平衡，如图 2.6(b)所示。此时**刚体合力为零**。当用力的多边形法则合成时，$\boldsymbol{F}_1$、$\boldsymbol{F}_2$、$\boldsymbol{F}_3$、$\boldsymbol{F}_4$，$\boldsymbol{F}_5$ 各力矢所构成的折线恰好封闭，即第一个力矢的起点与最末一个力矢的终点恰好重合，而构成一个自行封闭的力多边形，如图 2.6(c)所示。反之，若作用于刚体上的平面汇交力系所构成的力多边形封闭，则刚体一定平衡。因此，平面汇交力系平衡的充分必要条件为**力多边形自行封闭**，亦即平面汇交力系的各力的矢量和为零。以矢量式表示为

$$\boldsymbol{F}_R = 0 \text{ 或} \sum \boldsymbol{F} = 0 \tag{2-2}$$

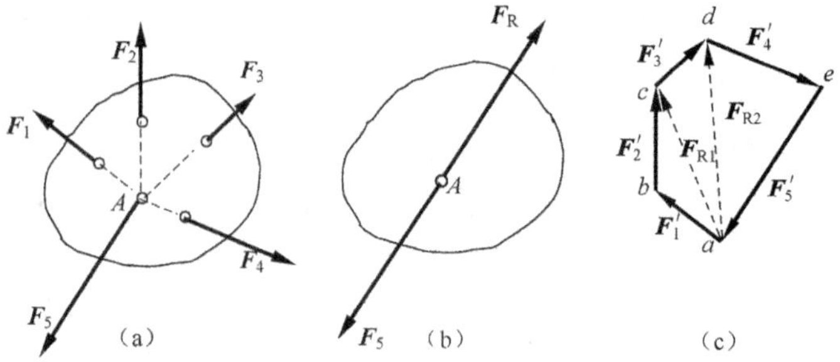

图 2.6

应用平面汇交力系平衡的几何条件，可以求解两个未知量。由于作图时容易产生误差，工程上较少应用。

2.3 平面汇交力系合成与平衡的解析法

2.3.1 力的分解与力在坐标轴上的投影

根据公理 3 可知，两个共点力可以合成为一个合力，其解是唯一的。反之，若将一力分解为作用于同一点的两个分力，如果没有足够的限制条件，其解是不唯一的。如图 2.7 所示，设力 $\boldsymbol{F}$ 作用于 A 点，图中 $\boldsymbol{F}_1$、$\boldsymbol{F}_2$ 及 $\boldsymbol{F}_x$、$\boldsymbol{F}_y$ 只是其中的两组分力。在工程问题中，经常将一个力分解为方向相互垂直的两个力，这种分解称为**正交分解**，所得两个分力称为**正交分力**。其作用线在同一平面内。图 2.7 中，$\boldsymbol{F}_x$ 与 $\boldsymbol{F}_y$ 是力 $\boldsymbol{F}$ 在直角坐标轴 x、y 方向的分力。$\boldsymbol{F}_1$ 与 $\boldsymbol{F}_2$ 是力 $\boldsymbol{F}$ 在 α、β 方向的分力。

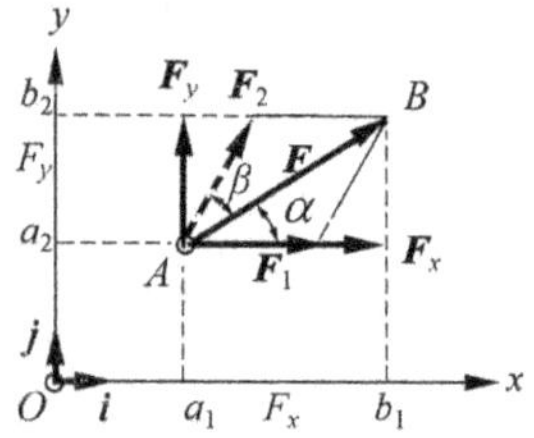

图 2.7

在力 $\boldsymbol{F}$ 作用线所在的平面内任取直角坐标系 Oxy，从力矢 $\boldsymbol{F}$ 的始端 A、末端 B 向 x 轴作垂线，线段 a_1b_1 冠以相应的正负号称为力 $\boldsymbol{F}$ 在 x 轴上的投影，以 F_x 表示。同理，线段 a_2b_2 冠以相应的正负号称为力 $\boldsymbol{F}$ 在 y 轴上的投影，以 F_y 表示。矢量 $\boldsymbol{F}$ 在轴上的投影不再是矢量而是代数量，并规定其投影的指向与轴的正向相同时为正值，反之为负值。

力在某轴上的投影也可以用三角函数关系计算。设力 $\boldsymbol{F}$ 与 x 轴正向间的夹角为 α，则由图 2.7 可知

$$F_x = F\cos\alpha = F\sin(90° - \alpha)$$
$$F_y = F\sin\alpha = F\cos(90° - \alpha) \tag{2-3}$$
即力在某轴上的投影等于力的大小乘以力与该轴的正向间夹角的余弦。这个定义也适合于任何一种矢量在轴上的投影。

反之,若已知力 $\boldsymbol{F}$ 在坐标轴上的投影 F_x 与 F_y,则该力的大小及方向余弦为

$$F = \sqrt{F_x^2 + F_y^2}, \cos\alpha = \frac{F_x}{F}, \cos\theta = \frac{F_y}{F} \tag{2-4}$$

式中,α、θ 为力 $\boldsymbol{F}$ 与 Ox、Oy 轴的夹角。

由图 2.7 可知,在直角坐标系中,力在轴上的投影和力沿该轴的分量的大小相等,而投影的正负号可表明该分量的指向。因此计算力投影时,可直接计算同一坐标轴的正交分力。力 $\boldsymbol{F}$ 沿平面直角坐标轴的分解也可以写成解析表达式

$$\boldsymbol{F}_R = \boldsymbol{F}_x + \boldsymbol{F}_y = F_x\boldsymbol{i} + F_y\boldsymbol{j} \tag{2-5}$$

式中,$\boldsymbol{i}$、$\boldsymbol{j}$ 分别是沿直角坐标轴 x、y 正向的单位矢量。

2.3.2 合力投影定理

合力在任一轴上的投影,等于它的各分力在同一轴上投影的代数和,称为**合力投影定理**。

设刚体上各力矢 $\boldsymbol{F}_1$、$\boldsymbol{F}_2$、$\boldsymbol{F}_3$、…、$\boldsymbol{F}_n$ 构成平面汇交力系,如图 2.8所示。建立坐标系 Oxy,将式(2-1)向 Ox、Oy 轴投影,可得

$$F_{Rx} = F_{1x} + F_{2x} + \cdots + F_{nx} = \sum F_{ix}$$
$$F_{Ry} = F_{1y} + F_{2y} + \cdots + F_{ny} = \sum F_{iy} \tag{2-6}$$

由式(2-5)可知,合力 $\boldsymbol{F}_R$的解析式为

$$\boldsymbol{F}_R = \boldsymbol{F}_{Rx} + \boldsymbol{F}_{Ry} = F_{Rx}\boldsymbol{i} + F_{Ry}\boldsymbol{j} \tag{2-7}$$

则合力的大小及方向为

$$\left.\begin{aligned} F_R &= \sqrt{F_{Rx}^2 + F_{Ry}^2} = \sqrt{\left(\sum F_x\right)^2 + \left(\sum F_y\right)^2} \\ \cos\alpha &= \frac{F_{Rx}}{F_R} = \frac{\sum F_x}{F_R}, \cos\beta = \frac{F_{Ry}}{F_R} = \frac{\sum F_y}{F_R} \end{aligned}\right\} \tag{2-8}$$

式中,α、β 分别表示合力与 x、y 轴正向间的夹角,如图 2.9 所示。

应用式(2-7)、式(2-8)计算合力的这种方法,称为平面汇交力系合成的解析法或投影法。

例 2-1 已知:$F_1 = 200\text{N}$,$F_2 = 300\text{N}$,$F_3 = 250\text{N}$,各力方向如图 2.10 所示,求该平面汇交力系的合力。

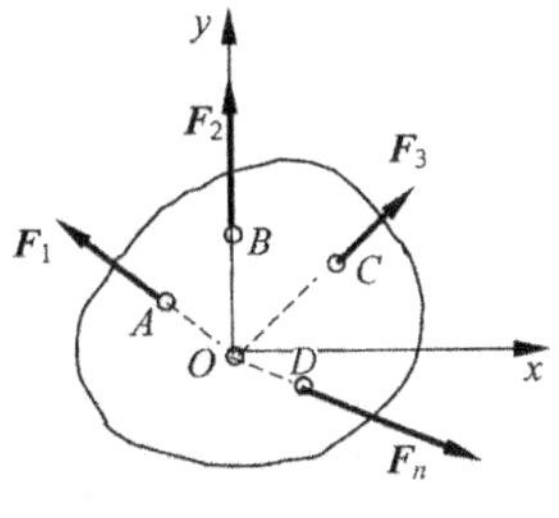

图 2.8

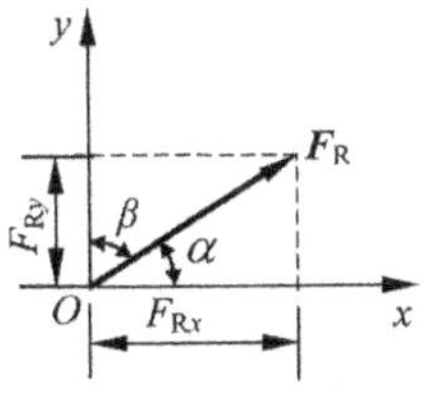

图 2.9

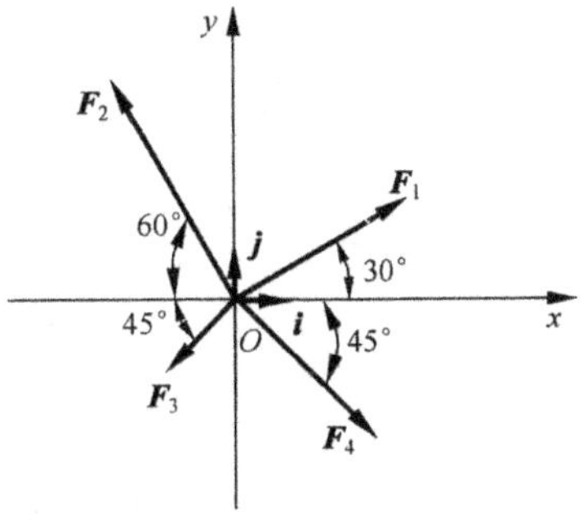

图 2.10

解 根据式(2-6)和式(2-8)计算

$$\sum F_x = F_1\cos30° - F_2\cos60° - F_3\cos45° + F_4\cos45° = 129.3(\text{N})$$

$$\sum F_y = F_1\cos60° + F_2\cos30° - F_3\cos45° - F_4\cos45° = 112.3(\text{N})$$

$$F_{\text{R}} = \sqrt{(F_{\text{R}x})^2 + (F_{\text{R}y})^2} = \sqrt{\left(\sum F_x\right)^2 + \left(\sum F_y\right)^2}$$

$$= \sqrt{129.3^2 + 112.3^2} = 171.3(\text{N})$$

$$\cos(\boldsymbol{F}_{\text{R}}, \boldsymbol{i}) = \frac{\sum F_x}{F_{\text{R}}} = \frac{129.3}{171.3} = 0.7548$$

$$\cos(\boldsymbol{F}_{\text{R}}, \boldsymbol{j}) = \frac{\sum F_x}{F_{\text{R}}} = \frac{112.3}{171.3} = 0.6556$$

合力 $\boldsymbol{F}_{\text{R}}$与 x 轴、y 轴夹角分别为 $(\boldsymbol{F}_{\text{R}}, \boldsymbol{i}) = 40.99°$，$(\boldsymbol{F}_{\text{R}}, \boldsymbol{j}) = 49.01°$，合力的作用线通过汇交点 O。

2.3.3 平面汇交力系平衡的解析条件

由 2.2.2 可知，刚体平衡时，平面汇交力系的合力为零；反之，若作用在刚体上的平面汇交力系的合力为零，则刚体一定平衡。因此，平面汇交力系平衡的必要与充分条件是：该力系的合力 F_{R}等于零。由式(2-8)可知

$$F_{\text{R}} = \sqrt{(F_{\text{R}x})^2 + (F_{\text{R}y})^2} = \sqrt{\left(\sum F_x\right)^2 + \left(\sum F_y\right)^2} = 0$$

欲使上式成立，必须同时满足

$$\begin{cases} \sum F_x = 0 \\ \sum F_y = 0 \end{cases} \tag{2-9}$$

由此可知，平面汇交力系平衡的必要与充分条件是：力系中所有力在作用面内任意两个坐标轴上投影的代数和分别等于零。式(2-9)式称为平面汇交力系的**平衡方程**。

一个研究对象，最多只能列两个独立的平衡方程，求解两个未知量。

例 2-2 图 2.11(a)所示简易起重机，起吊重量为 $P=20\text{kN}$，A、B、C 为光滑铰链链接，不计各杆自重，求平衡时，杆 AB、AC 所受的力。

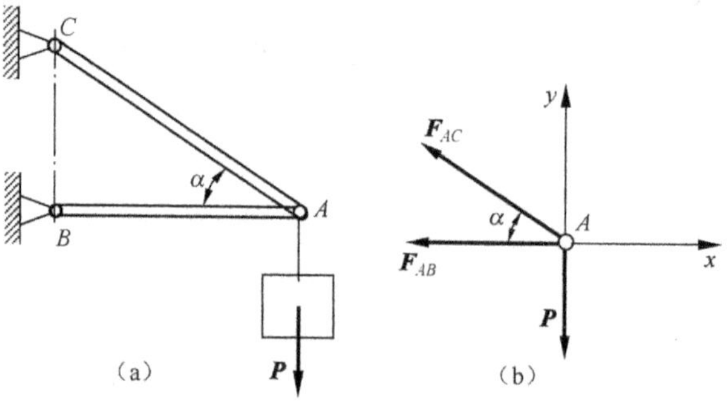

图 2.11

解 (1)取铰链 A 为研究对象。研究对象中的力系必须构成平面汇交力系，且只有两个未知量，要包含已知量和未知量。由于 AB、AC 两杆都是二力杆，假设杆 AB、AC 均受拉力，如图 2.11(b)所示。

(2)画受力图。铰链 A 受力有起吊重量 $\boldsymbol{P}$，杆 AB、AC 对铰链 A 的约束力 $\boldsymbol{F}_{AC}$、$\boldsymbol{F}_{AB}$，这些力均作用在 A 点，构成平面汇交力系，如图 2.11(b)所示。

(3)建立坐标轴。坐标轴画在受力图上，指向假设，如图 2.11(b)所示。

(4)列平衡方程。

$$\begin{cases}\sum F_x = 0 & -F_{AB} - F_{AC}\cos 30^\circ = 0 \\ \sum F_y = 0 & F_{AC}\sin 30^\circ - P = 0\end{cases}$$

(5)求解，得

$$F_{AB} = -34.6\text{kN}, \quad F_{AC} = 40\text{kN}$$

结果中，F_{AC}为正值，表示这个力的假设方向与实际方向相同，即杆 AC 受拉；F_{AB}为负值，表示这个力的假设方向与实际方向相反，即杆 AB 受压。

例 2-3 图 2.12(a)所示简易绞车，重力 $P=20\text{kN}$，用钢丝绳挂在铰车 D 及滑轮 B 上。A、B、C 处为光滑铰链连接。不计各构件自重，并忽略摩擦和滑轮的大小，试求平衡时杆 AB 和 BC 所受的力。

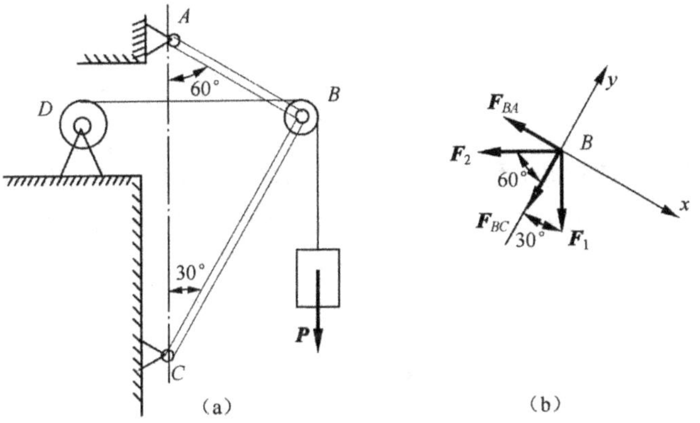

图 2.12

解 (1)取滑轮及销钉 B 为研究对象。由于杆 AB 和 BC 均为二力杆，又不计滑轮尺寸，钢丝绳与二力杆及重力都通过铰链 B，构成平面汇交力系。

(2)画受力图。滑轮受钢丝绳的拉力 $\boldsymbol{F}_1$ 和 $\boldsymbol{F}_2$(已知 $F_1=F_2=P$)。杆 AB 和 BC 对滑轮的约束力为 $\boldsymbol{F}_{BA}$ 和 $\boldsymbol{F}_{BC}$，如图 2.12(b)所示。

(3)建立坐标系，如图 2.12(b)所示。

(4)列平衡方程。

$$\begin{cases}\sum F_x = 0 & -F_{BA} + F_1\cos 60^\circ - F_2\cos 30^\circ = 0 \\ \sum F_y = 0 & -F_{BC} - F_1\cos 30^\circ - F_2\cos 60^\circ = 0\end{cases}$$

(5)求解，得

$$F_{BA} = -0.366P = -7.321(\text{kN}), \quad F_{BC} = 1.366P = 27.32(\text{kN})$$

例 2-4 夹具中所用的增力机构如图 2.13(a)所示。A、B、C 三处均为光滑铰链。已知铅垂力 $\boldsymbol{P}$ 作用于铰链 B，在夹紧平衡时杆与水平线所成夹角 $\alpha=10^\circ$，不计构件重量和摩擦，求夹紧力 $\boldsymbol{Q}$ 的大小和增力倍数 Q/P。

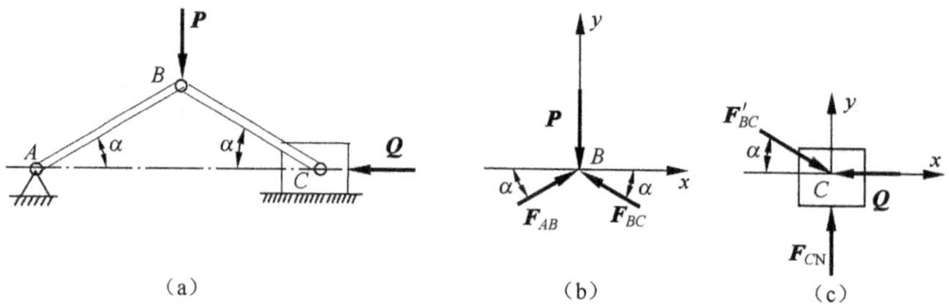

图 2.13

解 (1)取铰链 B 为研究对象。杆 AB 和 BC 均为二力杆，铅垂力 $\boldsymbol{P}$ 作用于铰链 B 上，三力构成平面汇交力系。

(2)画受力图。坐标系如图 2.13(b)所示，假设杆 AB、BC 均受压力。

(3)列平衡方程。

$$\begin{cases} \sum F_x = 0 \quad -F_{BC}\cos\alpha + F_{AB}\cos\alpha = 0 \\ \sum F_y = 0 \quad F_{BC}\sin\alpha + F_{AB}\sin\alpha - P = 0 \end{cases}$$

(4)求解，得

$$F_{AB} = F_{BC} = \frac{P}{2\sin\alpha}$$

(5)再取滑块 C 为研究对象，受力如图 2.13(c)所示，作用于其上的有杆 BC 的约束力 $\boldsymbol{F}'_{BC}$ ($F'_{BC} = F_{BC}$)，水平光滑面的约束力 $\boldsymbol{F}_{CN}$ 和夹紧力 $\boldsymbol{Q}$。建立坐标系如图 2.13(c)所示。

(6)列平衡方程。

$$\sum F_x = 0 \quad F_{BC}\cos\alpha - Q = 0$$

(7)求解，得

$$Q = \frac{\cot\alpha}{2}P$$

即，增力倍数为

$$\frac{Q}{P} = \frac{\cot\alpha}{2} = \frac{\cot 10^\circ}{2} = 2.84$$

由上面例题可知，用解析法求解平面汇交力系平衡问题的一般步骤为：

(1)确定研究对象；

(2)画受力图，建立坐标系；

(3)列平衡方程；

(4)求解。

上述步骤也适用于求解其他力系的平衡问题。

2.4 平面力对点之矩

2.4.1 力对点之矩

在平面问题中，**力对点之矩**的定义如下：它的绝对值等于力的大小与力臂的乘积，再加上正负号。简称**力矩**，以符号 $M_O(\boldsymbol{F})$ 表示，如图 2.14 所示，即

$$M_O(\boldsymbol{F}) = \pm Fd \tag{2-10}$$

式中，点 O 称为力矩中心，简称**矩心**。点 O 到力的作用线的垂直距离 d 称为**力臂**。若力使物体

绕矩心逆时针转向时，力矩为正，反之为负。

力对点之矩是一个代数量，力矩是度量力对刚体转动效应的物理量。力矩的单位常用N·m或 kN·m。

由图 2.14 可知，力矩的大小也可以用线段 AB，亦即力 $\boldsymbol{F}$ 的大小为底边，矩心 O 为顶点所构成的三角形 OAB 的面积的两倍来表示，即

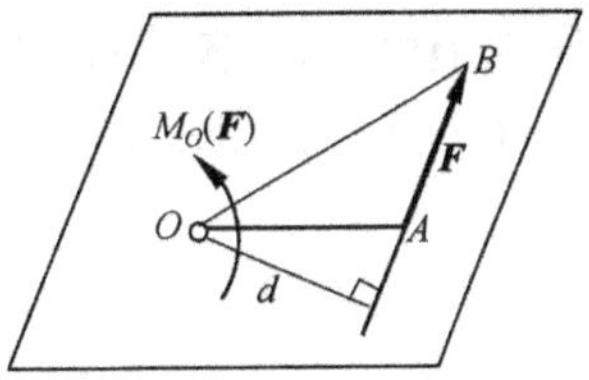

图 2.14

$$M_O(\boldsymbol{F}) = \pm 2A_{\triangle OAB} \tag{2-11}$$

根据以上所述，可知：

(1)力 $\boldsymbol{F}$ 对于 O 点之矩不仅取决于力 $\boldsymbol{F}$ 的大小、方向，同时还与矩心 O 的位置有关。谈力矩必须指明矩心位置；其次，对矩心的选择无任何限制，作用于物体上的力可以对平面内任意点取矩。

(2)力 $\boldsymbol{F}$ 对于任一点之矩，不因该力的作用点沿其作用线移动而改变。

(3)力的作用线通过矩心时，即力臂为零时，力矩等于零。

2.4.2 平面汇交力系的合力矩定理

合力矩定理：平面汇交力系的合力对于平面内任一点之矩等于所有各分力对于同点之矩的代数和，即

$$M_O(\boldsymbol{F}_R) = \sum M_O(\boldsymbol{F}_i) \tag{2-12}$$

由力系等效概念，上式必然成立，且式(2-12)适用于任何有合力的力系。

例 2-5 图 2.15 所示圆柱直齿轮，受到啮合力 $F=1000\text{kN}$ 的作用。节圆半径 $r=80\text{mm}$，压力角 $\alpha=20°$，求啮合力 $\boldsymbol{F}$ 对于轮心 O 之矩。

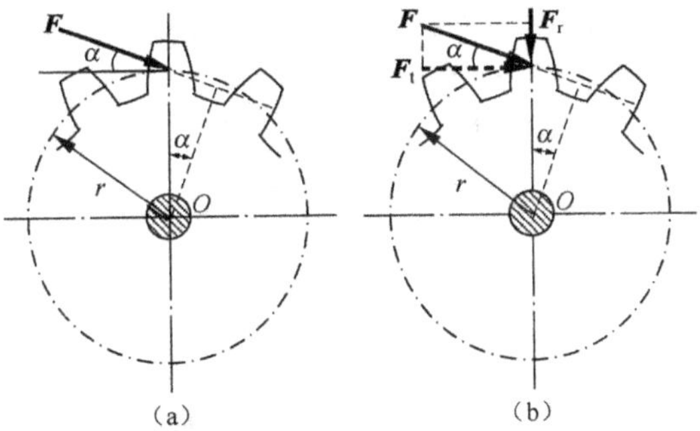

图 2.15

解 (1)应用力矩的定义计算。

由图中几何关系知，力臂 $d=r\cos\alpha$，则

$$M_O(\boldsymbol{F}) = -Fd = -1000 \times 80 \times 10^{-3} \times \cos 20° = -75.2(\text{N}\cdot\text{m})$$

(2)应用合力矩定理计算。

将啮合力 $\boldsymbol{F}$ 正交分解为周向力 $\boldsymbol{F}_t$和径向力 $\boldsymbol{F}_r$，如图 2.15(b)所示，其中

$$F_t = F\cos\alpha, F_r = F\sin\alpha$$

根据合力矩定理，有

$$M_O(\boldsymbol{F}) = M_O(\boldsymbol{F}_t) + M_O(\boldsymbol{F}_r)$$

由于径向力 $\boldsymbol{F}_r$通过矩心，力臂为零，则

$$M_O(\boldsymbol{F}) = M_O(\boldsymbol{F}_t) = -(F\cos\alpha)r = -75.2(\mathrm{N \cdot m})$$

由上可知，节圆半径不是啮合力 $\boldsymbol{F}$ 的力臂，而是周向力 $\boldsymbol{F}_t$的力臂。工程中齿轮的周向力和径向力是分别给出的，因此第二种方法使用得较多。

2.5 平面力偶

2.5.1 力偶和力偶矩

在生产实践中，常见到某些物体同时受到大小相等、方向相反、作用线不在同一直线上的两个平行力作用的情况，如图 2.3 和图 2.4 所示。在力学中，这种由两个大小相等、方向相反且不共线的平行力组成的力系，称为**力偶**，记作$(\boldsymbol{F},\boldsymbol{F}')$，两力作用线所决定的平面称为**力偶的作用面**，两力作用线间的垂直距离称为**力偶臂**。

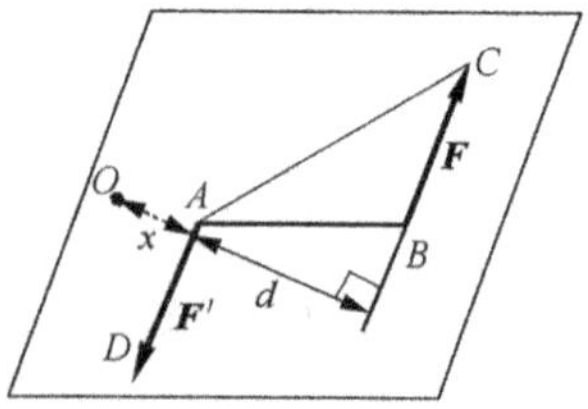

图 2.16

如图 2.16 所示，在力偶$(\boldsymbol{F},\boldsymbol{F}')$的作用面内任取 O 点为矩心，设 O 点与力 $\boldsymbol{F}'$的距离为 x，则力偶$(\boldsymbol{F},\boldsymbol{F}')$对于 O 点之矩的代数和为

$$M_O(\boldsymbol{F},\boldsymbol{F}') = M_O(\boldsymbol{F}) + M_O(\boldsymbol{F}') = F(x+d) - Fx = Fd$$

若将图 2.16 中的力偶反转向，则刚体的转向也不同。

结果表明：力偶与矩心位置无关。

在平面问题中，力偶对物体的转动效应，用**力偶矩**来度量。力偶矩等于力偶中的力的大小与力偶臂长度的乘积 Fd，加上适当的正负号，以符号 M 或 $M(\boldsymbol{F},\boldsymbol{F}')$表示，即

$$M(\boldsymbol{F},\boldsymbol{F}') = M = \pm Fd \tag{2-13}$$

力偶矩的正负号规定和力矩相同，即力偶使物体逆时针转动时力偶矩为正，反之为负。平面问题中力偶矩是代数量，单位是 N·m 或 kN·m。

由图 2.16 可见，力偶矩的大小也同样可以用力偶的任一力为底边，另一力起点为顶点所构成的三角形面积的两倍来表示，因此力偶矩又可表示为

$$M = \pm 2A_{\triangle OAB} \tag{2-14}$$

2.5.2 力偶的性质

性质 1 力偶没有合力，不能用一个力来等效，也不能用一个力来平衡，力偶只能与力偶平衡。力和力偶是静力学的两个基本力学量。

性质 2 只要力偶矩大小和转向不变，力偶可以在其作用面内任意移转，而不改变它对刚体的转动效应，如图 2.17 所示。

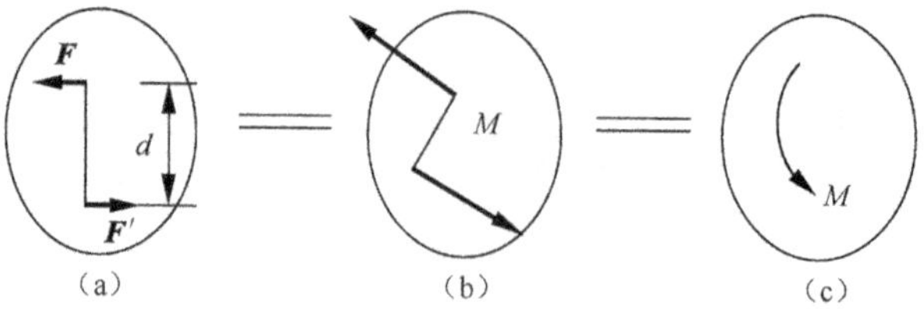

图 2.17

性质 3 只要力偶矩大小和转向不变，可以同时改变力偶中力的大小和力偶臂的长短，而不改变它对刚体的效应，如图 2.17 所示。

由性质 2、3 可推得**平面力偶等效定理**：同平面内的两个力偶，如果力偶矩相等，则两力偶彼此等效。该定理给出了同平面内力偶等效的条件。

力偶常用图 2.17(c)所示的符号表示。字母 M 表示力偶矩大小，带箭头的弧线表示力偶的转向。

上述力偶的性质是力偶合成的理论基础。

2.6 平面力偶系的合成与平衡条件

2.6.1 平面力偶系的合成

作用在同一平面内的多个力偶称为**平面力偶系**。

设在同一平面内有力偶($\boldsymbol{F}_1$,$\boldsymbol{F}_1'$)和($\boldsymbol{F}_2$,$\boldsymbol{F}_2'$)，它们的力偶臂各为 d_1 和 d_2，其力偶矩分别为 $M_1=F_1d_1$ 和 $M_2=F_2d_2$，如图 2.18(a)所示，求它们的合成结果。

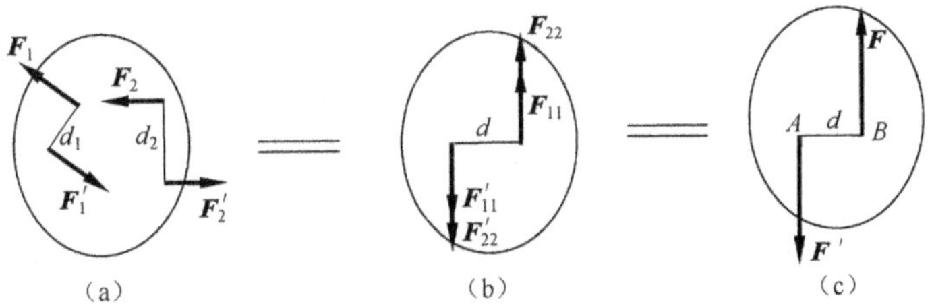

图 2.18

如图 2.18(b)所示，在保持力偶矩不变的情况下，同时改变这两个力偶中力的大小和力偶臂的长短，使它们具有相同的臂长 d，并将它们在平面内移转，使力的作用线重合，于是得到与原力偶等效的两个新力偶($\boldsymbol{F}_{11}$,$\boldsymbol{F}_{11}'$)和($\boldsymbol{F}_{22}$,$\boldsymbol{F}_{22}'$)，即

$$M_1 = F_1 d_1 = F_{11}d$$
$$M_2 = F_2 d_2 = F_{22}d$$

分别将作用在点 A 和 B 的力合成，得

$$F = F_{11} + F_{22}$$
$$F' = F_{11}' + F_{22}'$$

显然，力 F 与力 F' 大小相等，方向相反，且相互平行，构成了与原力偶系等效的**合力偶**($\boldsymbol{F}$,$\boldsymbol{F}'$)，如图 2.18(c)所示。以 M 表示合力偶的矩，则

$$M = Fd = (F_{11} + F_{22})d = F_{11}d + F_{22}d = M_1 + M_2$$

由归纳法可知，若作用在同一平面内有 n 个力偶，则合力偶为：

$$M = M_1 + M_2 + \cdots + M_n = \sum M_i \tag{2-15}$$

可得结论：平面力偶系可合成为一个合力偶，合力偶矩等于力偶系中各力偶矩的代数和。

2.6.2 平面力偶系的平衡条件

由合成结果可知，若使刚体没有转动效应，则合力偶矩为零。因此，平面力偶系平衡的必要与充分条件是：合力偶矩为零，或力偶系中各力偶矩的代数和为零，即

$$\sum M = 0 \tag{2-16}$$

式(2-16)称为平面力偶系的平衡方程。一个研究对象只能列一个独立的平衡方程，求解一个未知量。

例 2-6 如图 2.19(a)所示，在梁 AB 上作用一力偶，其力偶矩大小为 $M=100\text{kN}\cdot\text{m}$，梁长 $l=5\text{m}$，不计自重。求支座 A、B 的约束力。

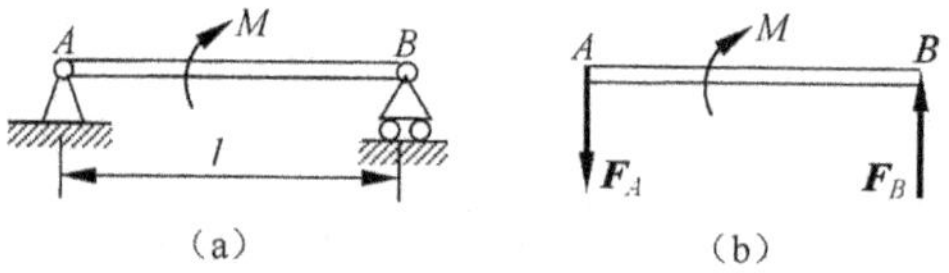

图 2.19

解 取梁 AB 为研究对象。

作用于梁上的力有力偶矩为 M 的已知力偶，根据力偶只能与力偶相平衡的性质，支座 A、B 的约束力 $\boldsymbol{F}_A$ 与 $\boldsymbol{F}_B$ 必构成力偶。而 $\boldsymbol{F}_B$ 的方位垂直于活动支座 B 支撑面，指向可假设。受力如图 2.19(b)所示。列平衡方程

$$\sum M = 0 \qquad F_A l - M = 0$$

解得

$$F_A = F_B = \frac{M}{l} = \frac{100}{5} = 20(\text{kN})$$

例 2-7 图 2.20(a)所示曲柄摇杆机构，在曲柄 OA 上作用力偶，其矩为 M_1，在摇杆 BC 上作用另一力偶，其矩为 M_2。已知 $OA=0.1\text{m}$，$AB=0.2\sqrt{2}\text{m}$，$BC=0.3\sqrt{2}\text{m}$，摇杆 BC 与水平线夹角 45°，OA 处于铅垂位置，$\angle OAB=135°$，$M_1=\sqrt{2}\text{N}\cdot\text{m}$。试求机构处于平衡时，$BC$ 上力偶矩 M_2 的大小。

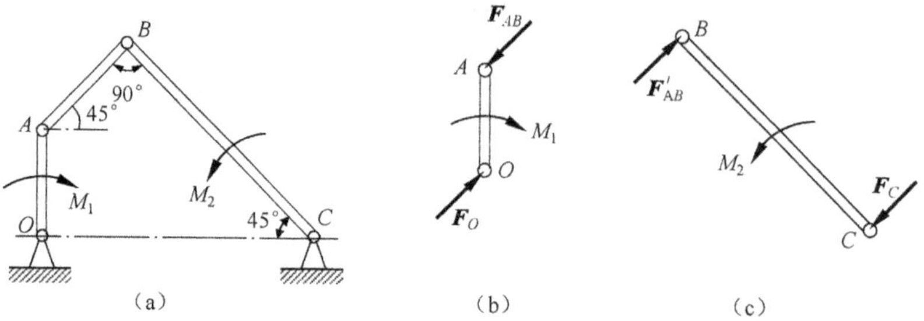

图 2.20

解 取曲柄 OA 为研究对象。因为 OA 杆上只有两个约束，且 A 点连接的 AB 杆是二力杆，约束力 $\boldsymbol{F}_{AB}$ 方位是一定的，由力偶只能与力偶相平衡的性质可知：$\boldsymbol{F}_O$ 与 $\boldsymbol{F}_{AB}$ 构成力偶与 M_1 平衡，受力如图 2.20(b)所示。

列平衡方程

$$\sum M = 0 \qquad F_{AB}\cdot OA\cdot\cos\alpha - M_1 = 0$$

解得

$$F_{AB} = \frac{M_1}{OA\cdot\cos\alpha} = \frac{\sqrt{2}}{0.1\cos 45°} = 20(\text{N})$$

再取摇杆 BC 为研究对象，受力如图 2.20(c)所示。

列平衡方程

$$\sum M = 0 \qquad M_2 - F_{AB} \cdot BC = 0$$

得

$$M_2 = 20 \times 0.3\sqrt{2} = 8.48(\mathrm{N \cdot m})$$

例 2-8 曲柄连杆滑块机构如图 2.21(a)所示。已知：$F=4\mathrm{kN}$，$a=10\mathrm{cm}$，$b=10\mathrm{cm}$，$c=20\mathrm{cm}$。求机构平衡时的力偶矩 M。

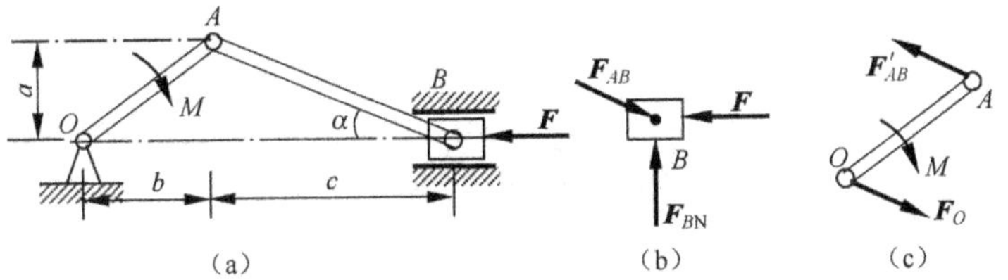

图 2.21

解 取滑块 B 为研究对象。二力杆 AB 对滑块 B 的约束力 $\boldsymbol{F}_{AB}$ 与主动力 $\boldsymbol{F}$ 及光滑面对滑块 B 的约束力 $\boldsymbol{F}_B$ 构成平面汇交力系，受力如图 2.21(b)所示。

列平衡方程

$$\sum F_x = 0 \qquad F_{AB} \cdot \cos\alpha - F = 0$$

得

$$F_{AB} = \frac{F}{\cos\alpha} = F \cdot \frac{\sqrt{a^2 + c^2}}{c}$$

取曲柄 OA 为研究对象。二力杆 AB 对曲柄 OA 的约束力 $\boldsymbol{F}'_{AB}$ 与固定铰链支座 O 对曲柄 OA 的约束力 $\boldsymbol{F}_O$ 构成力偶与 M 平衡，受力如图 2.21(c)所示。

$$\sum M = 0 \qquad M - F_{AB} \cdot (b+c) \cdot \sin\alpha = 0$$

$$M = F \cdot (b+c) \cdot \tan\alpha = \frac{Fa(b+c)}{c}$$

$$= \frac{4 \times 10 \times (10+20)}{20}(\mathrm{kN \cdot cm}) = 600(\mathrm{N \cdot m})$$

例 2-9 如图 2.22(a)所示，杆 AB 上有一导槽，套在杆 CD 上的销钉 E 上，在两杆上各有一力偶作用。若杆重和摩擦不计，已知 $M_1 = 1000\mathrm{N \cdot m}$，求机构平衡时 M_2 应为多大。

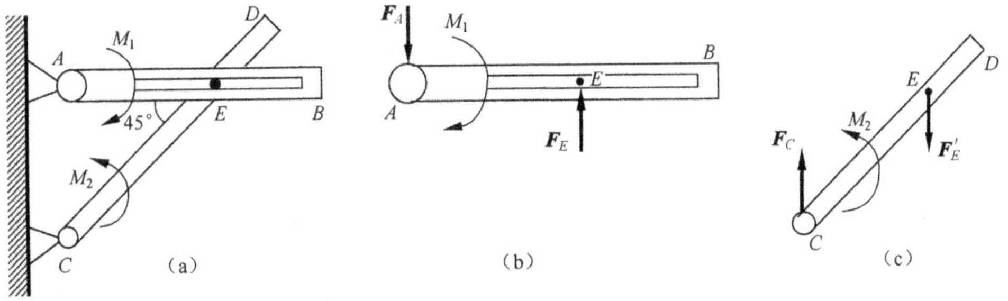

图 2.22

解 取 AB 为研究对象。

销钉 E 与导槽之间为光滑面约束，由力偶的性质知受力如图 2.22(b)所示。

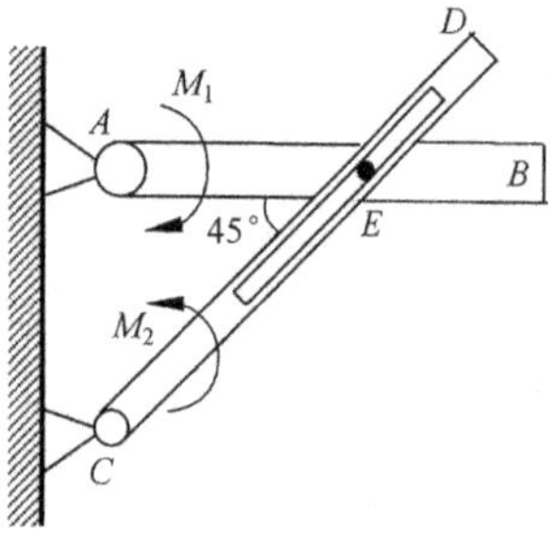

图 2.23

列平衡方程

$$\sum M = 0 \qquad F_E \cdot AE - M_1 = 0 \tag{1}$$

再取 CD 为研究对象，受力如图 2.22(c)所示。

列平衡方程

$$\sum M = 0 \qquad M_2 - F'_E \cdot AE = 0 \tag{2}$$

联立(1)、(2)式可得

$$M_2 = M_1 = 1000\text{N} \cdot \text{m}$$

讨论：在例 2-9 中，若导槽在 CD 杆上，如图 2.23 所示，其他条件不变，求机构平衡时 M_2 应为多大？

习　　题

2-1　如习题 2-1 图所示，平面汇交力系 $\boldsymbol{F}_1$、$\boldsymbol{F}_2$、$\boldsymbol{F}_3$、$\boldsymbol{F}_4$ 作用在物体的 O 点。$F_1=300\text{N}$，$F_2=400\text{N}$，$F_3=500\text{N}$，$F_4=600\text{N}$。试分别用几何法和解析法求力系的合力 $\boldsymbol{F}_\text{R}$ 的大小和方向。

2-2　力 $\boldsymbol{F}_\text{R}$ 为平面汇交力系 $\boldsymbol{F}_1$、$\boldsymbol{F}_2$、$\boldsymbol{F}_3$ 的合力，力 $\boldsymbol{F}_\text{R}$ 与 $\boldsymbol{F}_1$、$\boldsymbol{F}_2$、$\boldsymbol{F}_3$ 的方位如习题 2-2 图所示。已知 $F_\text{R}=F_1=1\text{kN}$，求力 $\boldsymbol{F}_1$、$\boldsymbol{F}_2$、$\boldsymbol{F}_3$ 的大小和指向。

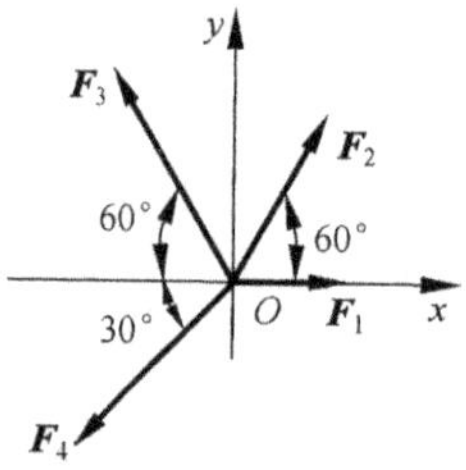

习题 2-1 图

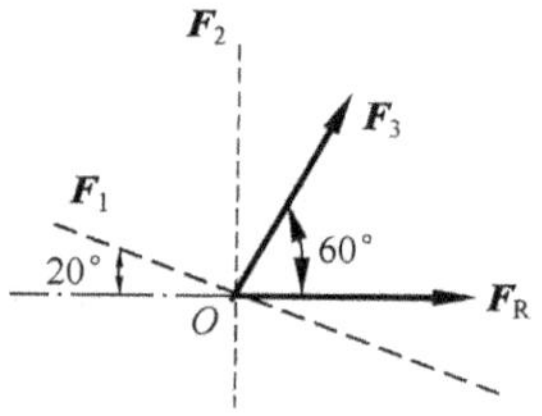

习题 2-2 图

2-3　如习题 2-3 图所示，简支梁受一力 $F=20\text{kN}$ 的作用，不计结构重量，$a=2\text{m}$，试分别求习题图 2-3(a)、(b)所示两种情况下的支座反力。

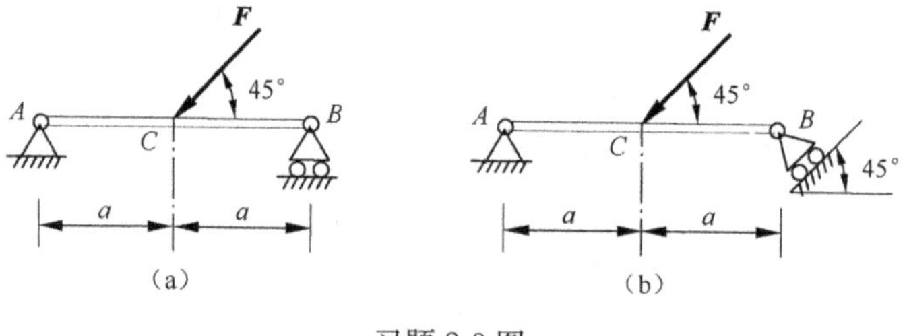

习题 2-3 图

2-4　四连杆机构 $ABCD$ 的 AD 边固定，给铰链 B 和 C 分别施加作用力 $\boldsymbol{Q}$ 和 $\boldsymbol{P}$，且力 Q 作用线垂直 AB，并在习题图 2-4 所示位置处于平衡状态。若不计各杆自重，设 $Q=3\text{kN}$，求力 $\boldsymbol{P}$ 的大小。

2-5　在习题 2-5 图所示绳索结构中，悬挂重力 $F=1\text{kN}$ 的物体，求各段绳索的张力。

2-6　如习题 2-6 图所示，挂物架由杆 AB 及 CD 组成。已知 $AD=DB$，A、C、D 三处皆为光滑铰链。若杆重不计，B 端挂有重 $W=10\text{kN}$ 的物体，求铰链 A、C 的约束力。

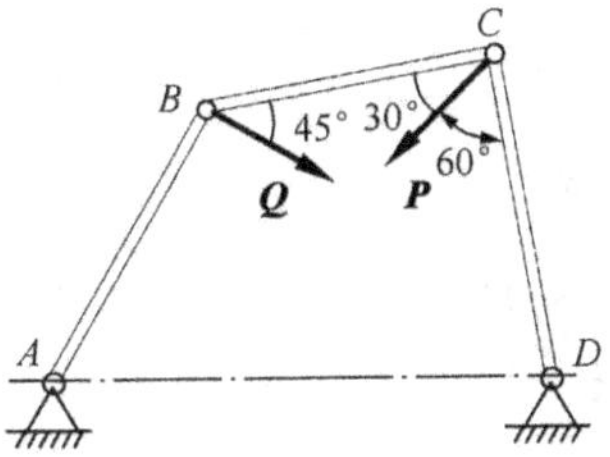

习题 2-4 图

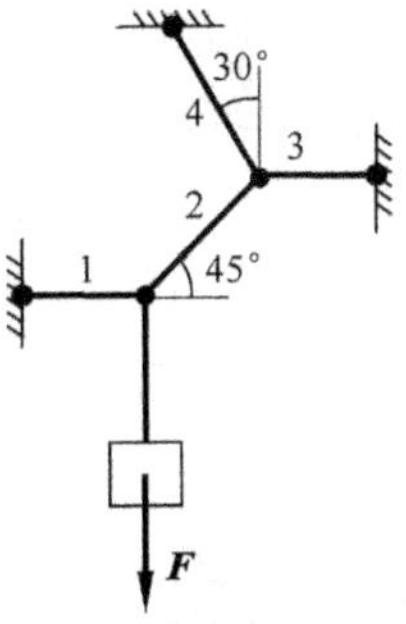

习题 2-5 图

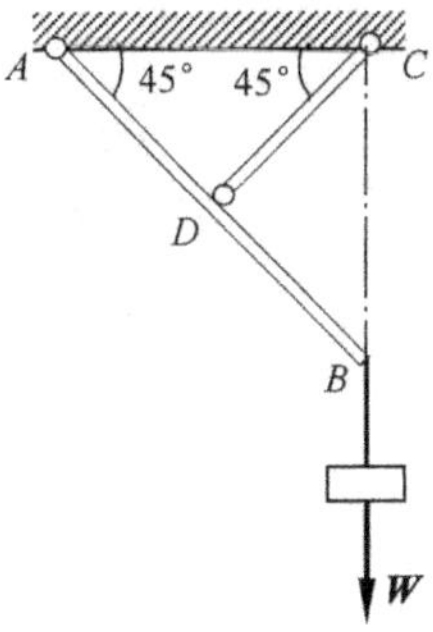

习题 2-6 图

2-7 三铰门式刚架受集中载荷 $\boldsymbol{F}$ 的作用，不计架重。求如习题 2-7 图所示两种情况下支座 A、B 的约束力。

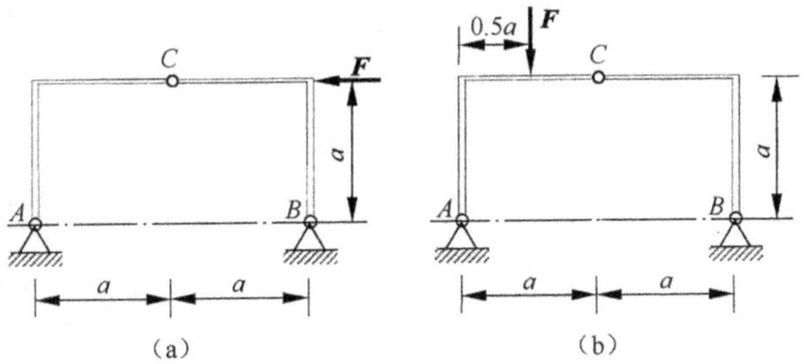

习题 2-7 图

2-8 3 种简易起重机如习题 2-8 图所示。A、B、C 三处皆为光滑铰链连接。不计各杆及滑轮的自重，并略去滑轮的大小。若匀速吊起重为 $F=1.5\text{kN}$ 的物体，求杆 AB、AC 的受力。

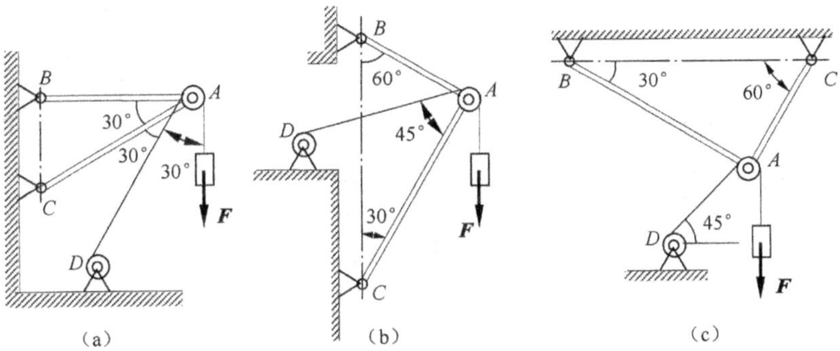

习题 2-8 图

2-9 试分别计算习题 2-9 图所示各种情况下力 $\boldsymbol{F}$ 对 O 点之矩。

2-10 如习题 2-10 图所示，已知梁 AB 上作用一力偶，力偶矩为 M，梁长为 l，梁重不计。求在图示两种情况下支座 A、B 的约束力。

2-11 习题 2-11 图所示结构中各构件的自重忽略不计，在直角杆 AB 上作用有一力偶矩为 M 的力偶，各尺寸如图所示。求支座 A、C 的约束力。

2-12 习题 2-12 图所示构件，已知 $F_1=F_2=5\text{kN}$，不计杆的自重和摩擦，尺寸如图所示。求固定铰支座 A、B 两点的约束力。

2-13 习题 2-13 图所示的水平梁上，作用有两个力偶 M_1 和 M_2，其中 $M_1=60\text{kN}\cdot\text{m}$，$M_2=40\text{kN}\cdot\text{m}$，$l=40\text{m}$，梁重不计。求支座 A、B 的约束力。

2-14 如习题 2-14 图所示四连杆机构 $ABCD$ 在图示位置平衡。已知 $AB=60\text{cm}$，$CD=40\text{cm}$，在曲柄 CD 上作用有力偶矩 $M_1=1\text{N}\cdot\text{m}$ 的力偶，不计杆重。求：力偶 M_2 的大小及连杆 BC 的受力。

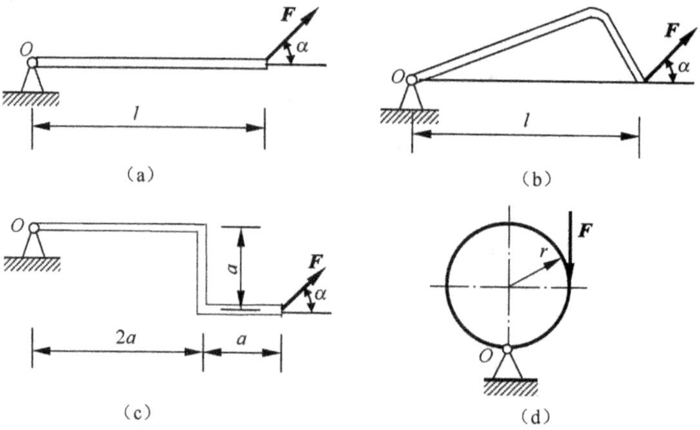

习题 2-9 图

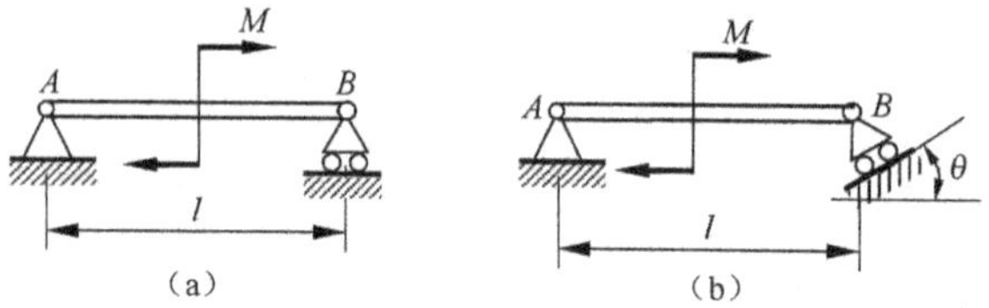

习题 2-10 图

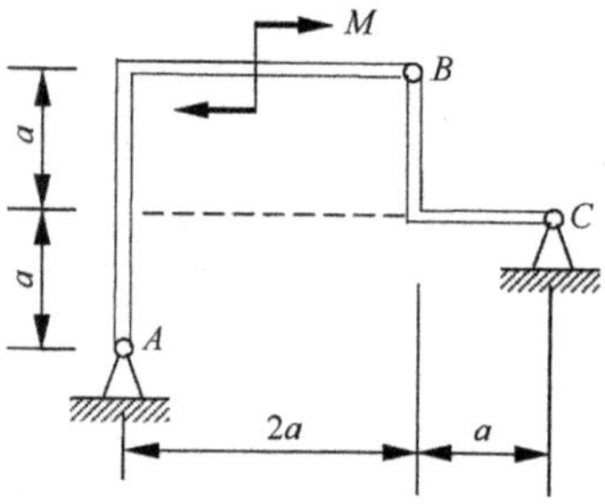

习题 2-11 图

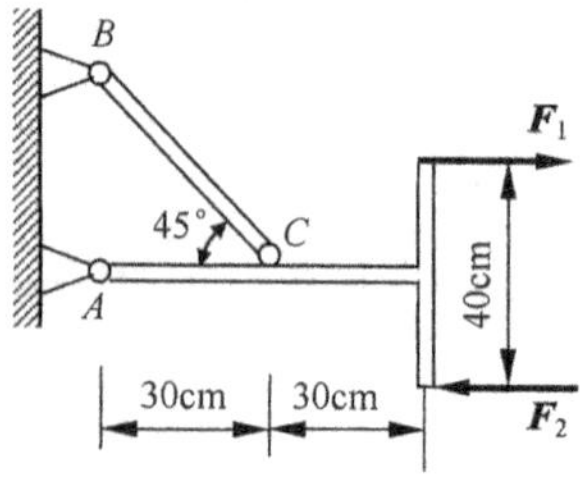

习题 2-12 图

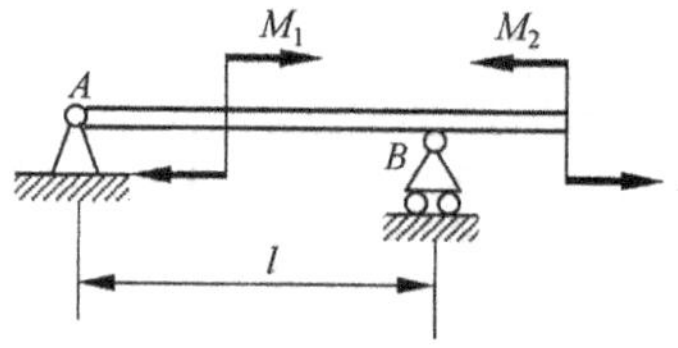

习题 2-13 图

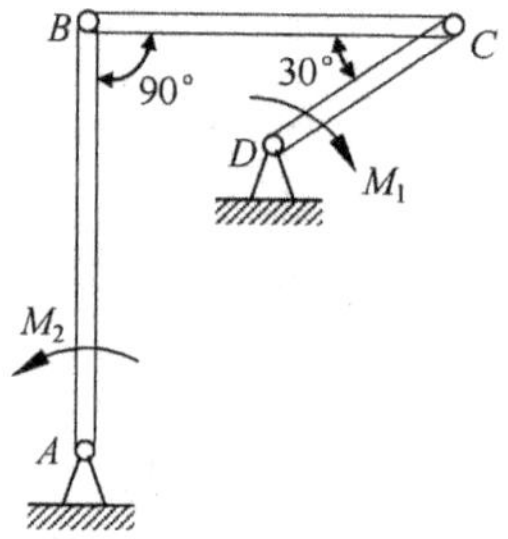

习题 2-14 图

2-15　在习题 2-15 图所示结构中，各构件的自重略去不计，在构件 BC 上作用一力偶矩为 M 的力偶，各尺寸如图所示。求支座 A 的约束力。

2-16　如习题 2-16 图所示机构，各构件的自重略去不计，曲柄 OA 上作用一力偶，其矩为 M；另在滑块 B 上作用一水平力 $\boldsymbol{F}$，各尺寸如图所示，求当机构平衡时，力 $\boldsymbol{F}$ 与力偶矩 M 的关系。

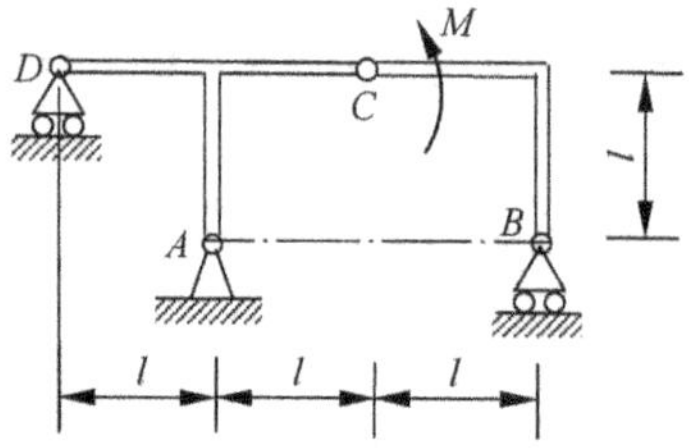

习题 2-15 图

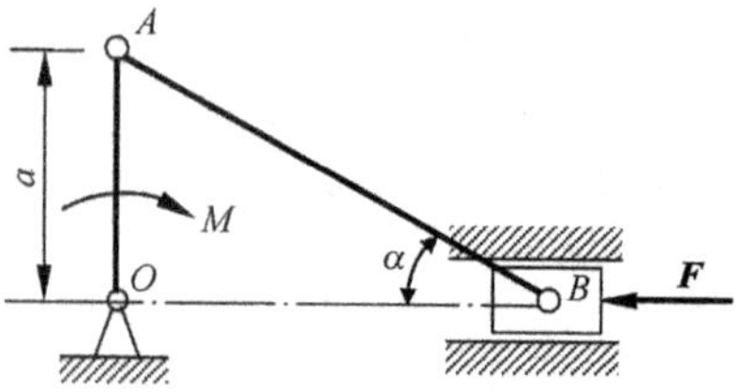

习题 2-16 图

第3章　平面任意力系

3.1　概　　述

如果各力的作用线既不全部相交于一点，又不全部相互平行，则称该力系为**平面任意力系**。平面任意力系是工程实际中最常见的力系。本章研究平面任意力系的简化与平衡问题，并介绍平面静定桁架的内力计算方法。

工程实际中有不少结构或机构的厚度相对于其余两个方向的尺寸小得多，称它们为平面结构或平面机构，作用在平面结构或平面机构上各力的作用线近似位于同一平面内，构成平面任意力系。如图3.1所示的曲柄滑块机构，其受力位于同一平面内。

还有些空间结构，由于结构本身和它所承受的力具有同一个对称平面，此时，作用在该结构上的力系也可简化为在对称平面内的平面任意力系。如图3.2所示的沿直线道路行驶的汽车，汽车所受的重力、空气阻力、地面对左右轮的约束反力就可简化为在对称平面内的平面任意力系。又如图3.3(a)所示堤坝、挡土墙等实体结构，其受力均可简化为中心对称平面内的平面任意力系，如图3.3(b)所示。

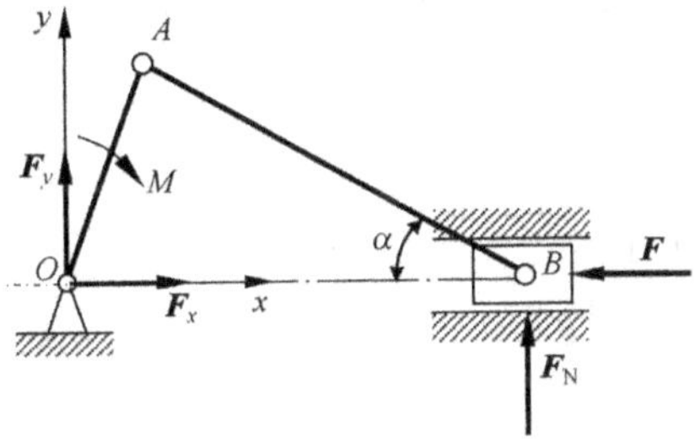

图3.1

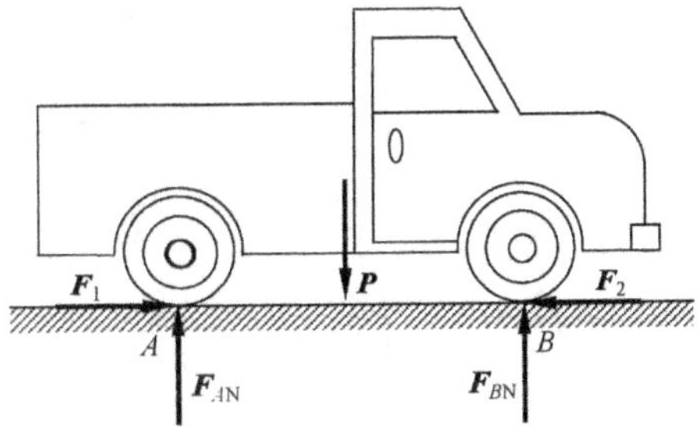

图3.2

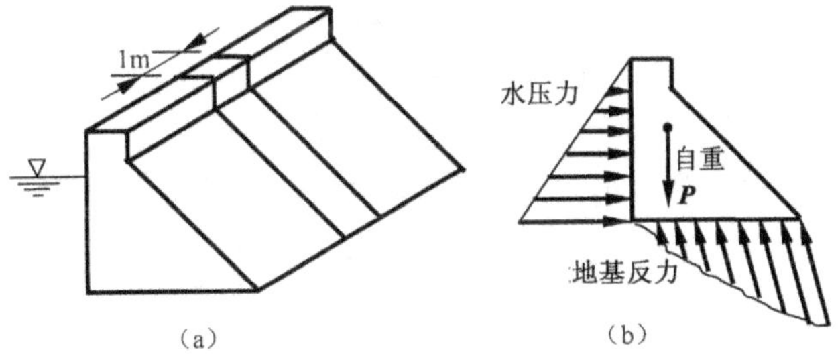

(a)　　(b)

图3.3

3.2　力线平移定理

力线平移定理：作用在刚体上的力，可以平行移到刚体上任一指定点，但必须同时附加一个力偶，其附加力偶的矩等于原力对该指定点的矩。

证明　如图3.4(a)所示，设在刚体上A点作用一力$\boldsymbol{F}$，在刚体上任取一点O，O点到力$\boldsymbol{F}$

作用线的垂直距离为d，在O点加上大小相等，方向相反且与力$\boldsymbol{F}$平行的一对平衡力$\boldsymbol{F}'$和$\boldsymbol{F}''$，并使$\boldsymbol{F}'=\boldsymbol{F}=-\boldsymbol{F}''$，如图3.4(b)所示。显然，力系($\boldsymbol{F}'$,$\boldsymbol{F}$,$\boldsymbol{F}''$)与原力$\boldsymbol{F}$等效，力系中的3个力又可视为一个作用在$O$点的力$\boldsymbol{F}'$和一个力偶($\boldsymbol{F}$,$\boldsymbol{F}''$)，这力偶称为附加力偶，如图3.4(c)所示。附加力偶的矩为

$$M = Fd = M_O(\boldsymbol{F})$$

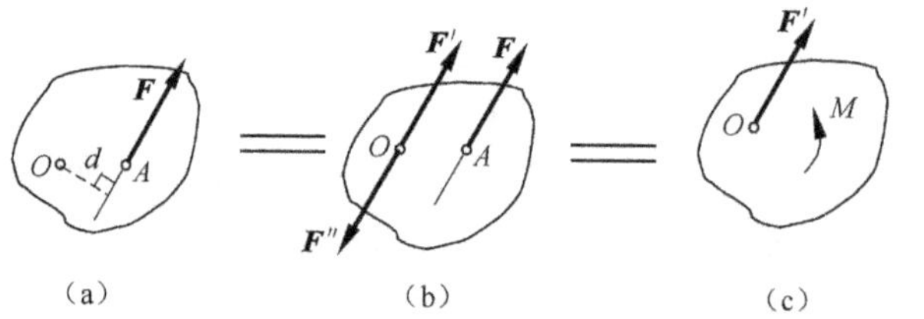

图3.4

于是定理得证。亦即，若保持力的大小和方向不变，可以改变力的作用位置，但同时必须附加一力偶。

利用上述的逆步骤可以证明：力偶矩为M的力偶($\boldsymbol{F}$,$\boldsymbol{F}''$)与作用在同一平面内O点的力$\boldsymbol{F}'$，也可以合成为一个作用在A点的力$\boldsymbol{F}$。

力的平移定理不仅是力系向一点简化的依据，而且可以分析工程和生活实际中与力向一点平移有关的问题。

驾船划桨，若双桨同时以相等的力划桨，船在水面只前进不转动，如图3.5(a)、(b)所示；若单桨划，船不仅有向前的运动，而且有绕船质心的转动，如图3.5(c)、(d)所示。

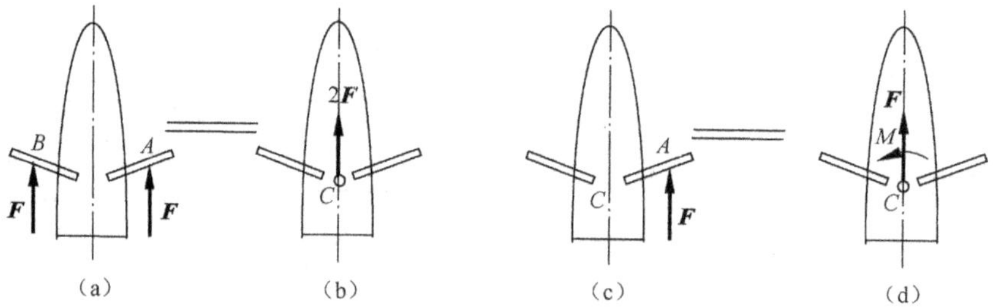

图3.5

再如图3.6(a)所示，厂房立柱受偏心载荷$\boldsymbol{F}$的作用，为观察力$\boldsymbol{F}$的作用效应，可将力$\boldsymbol{F}$平移到立柱的轴线上，成为力$\boldsymbol{F}'$与矩为M的力偶，轴向力$\boldsymbol{F}$使立柱被压缩，而矩为M的力偶使立柱弯曲。同样，转轴上的齿轮受到周向力作用时，将力平移至轴心上，力使轴弯曲，附加力偶将使轴扭转。此外，乒乓球运动中的各种旋转球、用丝锥攻丝等都与力向一点平移有关。

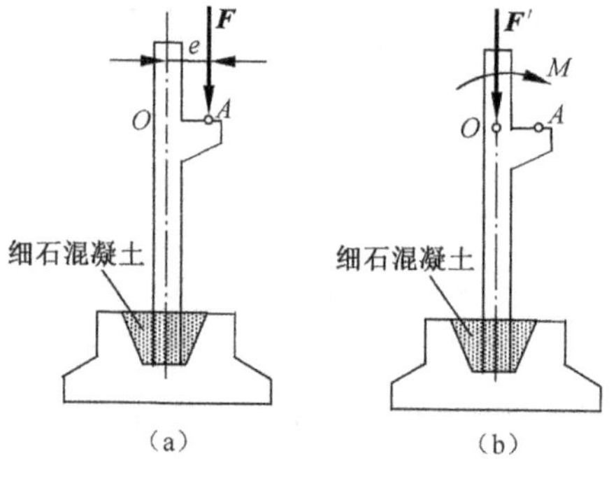

图3.6

3.3 平面任意力系向作用面内一点简化

3.3.1 力系向一点简化及结果分析

1. 主矢和主矩

研究平面任意力系的简化时，也可以应用两力矢合成的方法，得到合成的结果。但这种合成方法既不方便，又不普遍。本节以力的平移定理为依据，介绍力系向一点简化的方法。该方法既简便又具有普遍性。

设刚体上作用有 n 个力 $\boldsymbol{F}_1, \boldsymbol{F}_2, \cdots, \boldsymbol{F}_n$ 组成的平面任意力系，如图 3.7(a)所示。在平面内任选一点 O，称为**简化中心**。应用力线平移定理，将各力平移至 O 点，同时加上相应的附加力偶。得到作用在 O 点的力 $\boldsymbol{F}'_1, \boldsymbol{F}'_2, \cdots, \boldsymbol{F}'_n$，以及矩分别为 $M_1, M_2, \cdots, M_n$ 的附加力偶，且

$$\boldsymbol{F}'_1 = \boldsymbol{F}_1, \quad \boldsymbol{F}'_2 = \boldsymbol{F}_2, \cdots, \boldsymbol{F}'_n = \boldsymbol{F}_n$$

$$M_1 = M_O(\boldsymbol{F}_1), M_2 = M_O(\boldsymbol{F}_2), \cdots, M_n = M_O(\boldsymbol{F}_n)$$

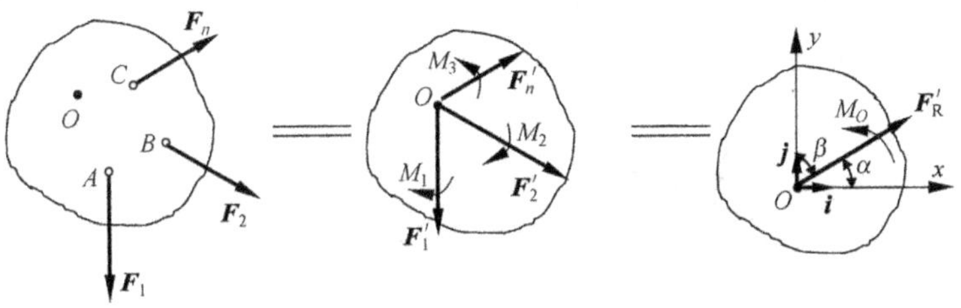

图 3.7

于是，原平面任意力系等效于作用于简化中心 O 点的平面汇交力系和平面附加力偶系，如图 3.7(b)所示。

根据平面汇交力系合成的理论，该平面汇交力系可以合成为作用线通过简化中心 O 的一个力 $\boldsymbol{F}'_R$，如图 3.7(c)所示。其力矢等于各力矢的矢量和，即

$$\boldsymbol{F}'_R = \boldsymbol{F}'_1 + \boldsymbol{F}'_2 + \cdots + \boldsymbol{F}'_n = \sum \boldsymbol{F}'_i = \sum \boldsymbol{F}_i \tag{3-1}$$

$\boldsymbol{F}'_R$ 称为原平面任意力系的**主矢**。主矢 $\boldsymbol{F}'_R$ 等于原平面任意力系中各力的矢量和。

根据平面力偶系合成理论，该平面力偶系可合成为一个力偶，其力偶矩 M_O 等于各附加力偶矩的代数和，即

$$M_O = M_1 + M_2 + \cdots + M_n = \sum M = \sum M_O(\boldsymbol{F}_i) \tag{3-2}$$

M_O 称为原平面任意力系对简化中心 O 点的**主矩**。主矩 M_O 等于原平面任意力系中各力对简化中心 O 点之矩的代数和。

结论：平面任意力系向其作用面内任一点简化，可以得到一个力和一个力偶；这个力的大小和方向等于平面任意力系的主矢，作用在简化中心；这个力偶的力偶矩等于该平面任意力系对简化中心的主矩。

显然，主矢 $\boldsymbol{F}'_R$ 只代表任意力系中各力矢的矢量和，并不涉及作用点。力系无论向作用面内哪一点简化，主矢 $\boldsymbol{F}'_R$ 均由式(3-1)给出，其大小和方向不变。所以，主矢 $\boldsymbol{F}'_R$ 与简化中心的位置无关。

主矩是力系中各力对简化中心之矩的代数和，其大小和转向由式(3-2)确定。在一般情况下，力系的主矩随简化中心的不同而改变。因此，主矩与简化中心的位置有关。

2. 主矢、主矩的计算

通过 O 点任意选取直角坐标系 Oxy，如图 3.7(c)所示，主矢 $\boldsymbol{F}'_{\mathrm{R}}$ 的大小及方向余弦为

$$F'_{\mathrm{R}}=\sqrt{(\sum F_x)^2+(\sum F_y)^2},\cos\alpha=\frac{\sum F_x}{F'_{\mathrm{R}}},\cos\beta=\frac{\sum F_y}{F'_{\mathrm{R}}} \tag{3-3}$$

式中 α、β 分别为主矢与 x 和 y 轴正向间的夹角。

主矩的大小为

$$M_O=\sum M_O(\boldsymbol{F}_i) \tag{3-4}$$

3.3.2 固定端约束

固定端约束是物体的一部分嵌入另一物体或固定在另一物体上，也称**固定端支座**，是一种常见的约束形式，例如，深埋在地下的输电线的电杆或厂房中的立柱，如图 3.8(a)所示；固定在刀架上的车刀，如图 3.8(b)所示；焊接在立柱上的托架、跳水运动员所踏的跳板等，都是固定端约束的实例。其简图如图 3.8(c)或(d)所示。

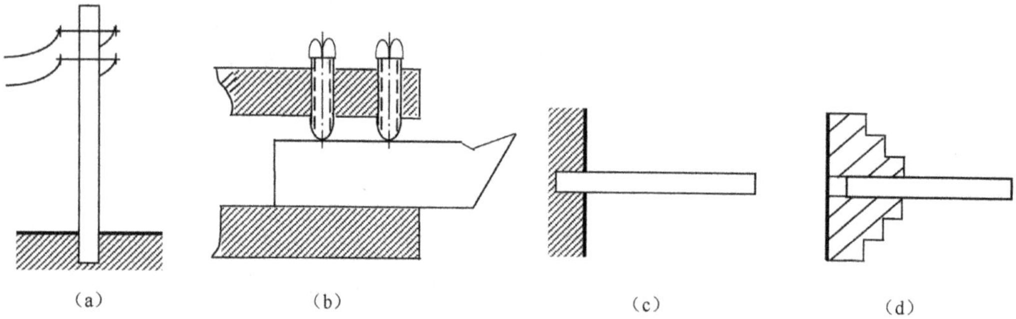

图 3.8

固定端约束对物体的作用是在接触面上作用了一群约束力。在平面问题中，这些力为一平面任意力系，如图 3.9(a)所示；将该平面任意力系向作用面内 A 点简化，得到一个力和一力偶，如图 3.9(b)所示，这个力的大小和方向均为未知量。因此，在平面力系情况下，固定端约束通常用该约束力的两个正交分力和一个约束力偶表示，如图 3.9(c)所示。

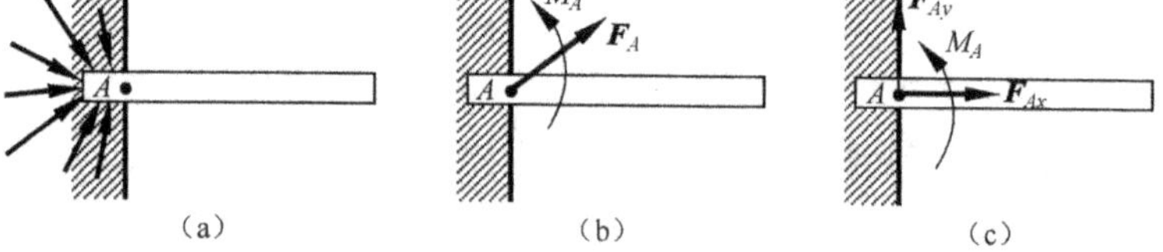

图 3.9

3.3.3 简化结果分析

平面任意力系向作用面内一点简化的结果，有下面几种情况。

1. 合力偶

若力系的主矢等于零，主矩不等于零，即

$$\boldsymbol{F}'_{\mathrm{R}}=0, M_O\neq 0$$

此时，作用在简化中心 O 点的平面汇交力系为平衡力系，只有平面力偶系与原力系等效。因此，原力系简化为**一个合力偶**，其合力偶矩等于原力系中各力对简化中心的主矩，即

$$M_O=\sum M_O(\boldsymbol{F}_i)$$

因为力偶对于平面内任一点的矩都相同，所以，当力系简化为一个合力偶时，主矩与简化中心的选择无关。

2. 合力

(1)若力系的主矢不等于零，主矩等于零，即

$$\boldsymbol{F}'_{\mathrm{R}}\neq 0, M_O=0$$

此时，附加力偶系为平衡力系，只有平面汇交力系与原力系等效。因此，原力系简化为一个作用线通过简化中心 O 的**合力** $\boldsymbol{F}_{\mathrm{R}}$，其大小和方向与该力系的主矢 $\boldsymbol{F}'_{\mathrm{R}}$ 相同，即

$$\boldsymbol{F}_{\mathrm{R}}=\sum \boldsymbol{F}$$

(2)若平面任意力系向点 O 简化的主矢、主矩都不等于零，如图 3.10(a)所示，即

$$\boldsymbol{F}'_{\mathrm{R}}\neq 0, M_O\neq 0$$

并不是原力系的最简结果，还可以进一步简化。

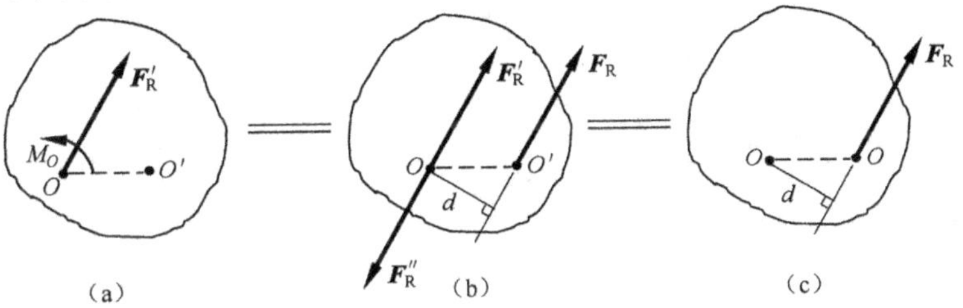

图 3.10

将矩为 M_O 的力偶用两个力 $\boldsymbol{F}_{\mathrm{R}}$ 和 $\boldsymbol{F}''_{\mathrm{R}}$ 表示，并令 $\boldsymbol{F}'_{\mathrm{R}}=\boldsymbol{F}_{\mathrm{R}}=-\boldsymbol{F}''_{\mathrm{R}}$，如图 3.10(b)所示，而 $\boldsymbol{F}'_{\mathrm{R}}$ 与 $\boldsymbol{F}''_{\mathrm{R}}$ 是一对平衡力，可以去掉，于是原力系与作用在 O' 点的合力 $\boldsymbol{F}_{\mathrm{R}}$ 等效，如图 3.10(c)所示。即 $\boldsymbol{F}_{\mathrm{R}}$ 就是原力系的**合力**，合力的大小和方向与主矢相同，合力作用线到点 O 的距离 d 为

$$d=\frac{M_O}{F_{\mathrm{R}}} \tag{3-5}$$

合力的作用线在点 O 的哪一侧，需根据主矢和主矩的方向确定。可以根据力的平移定理的逆过程，如图 3.10 所示，也可以用下面的方法。

将主矢的作用线逆着主矩的转向转过 90°，得一线段，在该线段上截取 $OO'=d=\dfrac{M_O}{F_{\mathrm{R}}}$，即得合力作用点 O'。保持主矢 $\boldsymbol{F}'_{\mathrm{R}}$ 的大小和方向不变，将其作用在 O' 点上，则得合力 $\boldsymbol{F}_{\mathrm{R}}$，如图 3.11 所示。

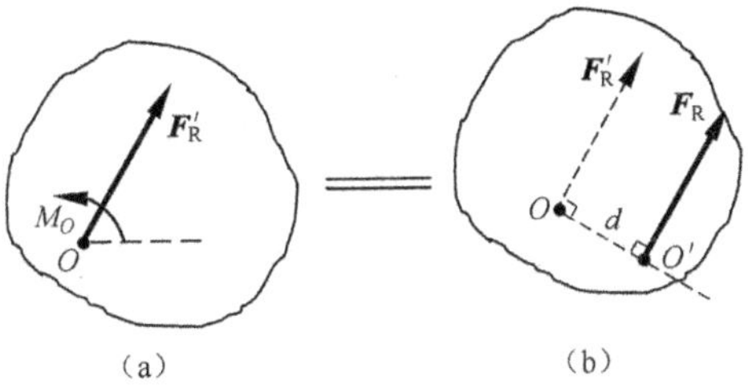

图 3.11

3. 平衡

若力系的主矢与主矩都为零，即

$$F'_R = 0, \quad M_O = 0$$

则原力系**平衡**，这种情况在 3.4 节详细讨论。

3.3.4 平面任意力系的合力矩定理

平面任意力系的**合力矩定理**：当平面力系可以合成为合力时，其合力对作用面内任一点的矩等于力系中各力对同一点之矩的代数和。

如图 3.10(b)所示，合力 $\boldsymbol{F}_R$对点 O 的矩为

$$M_O(\boldsymbol{F}_R) = F_R d = M(\boldsymbol{F}_R, \boldsymbol{F}'_R) = M_O = \sum M_O(\boldsymbol{F}_i)$$

于是得证：

$$M_O(\boldsymbol{F}_R) = \sum M_O(\boldsymbol{F}) \tag{3-6}$$

由于简化中心是任意选择的，上式具有普遍意义。

例 3-1 铆接薄钢板，铆钉 A、B、C 上分别受到力 $\boldsymbol{F}_1$、$\boldsymbol{F}_2$、$\boldsymbol{F}_3$ 的作用，如图 3.12(a)所示。已知：F_1=200N，F_2=150N，F_3=100N。图中长度单位为 m。求：(1)力系向 A、D 点简化的结果；(2)力系简化的最后结果。

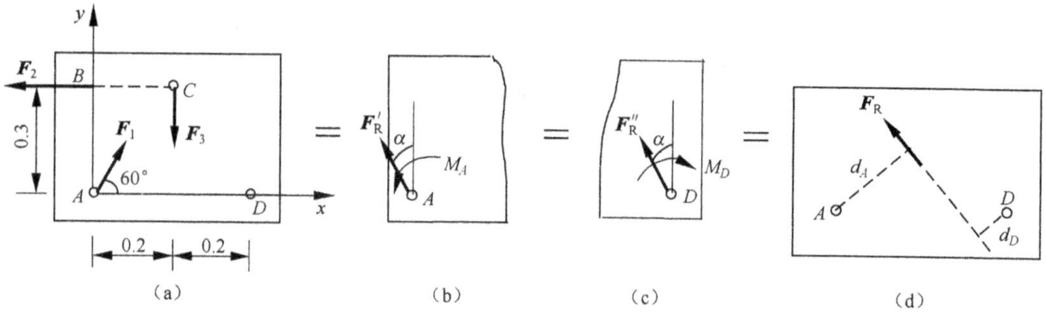

图 3.12

解 (1)向 A 点和 D 点简化所得的主矢沿 x 轴、y 轴的分量分别为

$$F'_x = \sum F_x = F_1 \cdot \cos 60° - F_2 = 200 \times 0.5 - 150 = -50(\mathrm{N})$$

$$F'_y = \sum F_y = F_1 \cdot \sin 60° - F_3 = 200 \times 0.866 - 100 = 73.21(\mathrm{N})$$

则主矢的大小和方向余弦为

$$F'_R = \sqrt{(\sum F_x)^2 + (\sum F_y)^2} = \sqrt{(-50)^2 + (73.21)^2} = 88.65(\mathrm{N})$$

$$\cos\alpha = \frac{\sum F_y}{F'_R} = \frac{73.21}{88.65} = 0.8258$$

$$\alpha = 34.32°$$

力系向 A 点和 D 点简化所得的主矩分别为

$$M_A = \sum M_A(\boldsymbol{F}) = 0.3F_2 - 0.2F_3 = 0.3 \times 150 - 0.2 \times 100 = 25(\mathrm{N \cdot m})$$

$$M_D = \sum M_D(\boldsymbol{F}) = -0.4F_1 \cdot \sin 60° + 0.3F_2 + 0.2F_3$$

$$= -0.4 \times 200 \times 0.866 + 0.3 \times 150 + 0.2 \times 100 = -4.282(\mathrm{N \cdot m})$$

可见，力系向平面内不同点简化所得主矢相同，但主矩并不相同。力系向 A、D 点简化的结果如图 3.12(b)、(c)所示。

(2)由于主矢与主矩均不为零($\boldsymbol{F}'_R \neq 0, M_A \neq 0$)，故此力系可合成为一合力，合力作用线到 A、D 点的垂直距离分别为

$$d_A = \frac{M_A}{F'_R} = \frac{25}{88.65} = 0.282\text{m}, \quad d_D = \left|\frac{M_D}{F'_R}\right| = \frac{4.282}{88.65} = 0.0483(\text{m})$$

由 M_A 或 M_D 的转向可以判断合力 $\boldsymbol{F}_R$ 的作用位置，如图 3.12(d)所示。

3.4 平面任意力系的平衡条件和平衡方程

3.4.1 平面任意力系的平衡条件

若平面任意力系向平面内任一点 O 简化的主矢和主矩都为零，即

$$\begin{cases} F'_R = 0 \\ M_O = 0 \end{cases} \tag{3-7}$$

则该力系平衡。主矢等于零，表明作用于简化中心 O 的平面汇交力系为平衡力系；主矩等于零，表明附加力偶系也是平衡力系，因此，原力系必为平衡力系。式(3-7)为平面任意力系平衡的**充分**条件。

若刚体处于平衡状态，则作用于刚体上的平面任意力系向平面内一点简化的主矢与主矩必为零。否则，若主矢和主矩有一个不等于零，则力系应简化为合力或合力偶；若主矢和主矩都不等于零时，则力系应简化为合力。上述情况下力系都不能平衡，只有当主矢和主矩都等于零时，力系才能平衡，因此，式(3-7)又是平面任意力系平衡的**必要**条件。

因此，平面任意力系平衡的必要与充分条件是：力系的主矢和力系对于任意点的主矩都等于零。

3.4.2 平面任意力系的平衡方程

将式(3-3)、式(3-4)代入式(3-7)可得平衡条件的解析式：

$$\begin{cases} \sum F_x = 0 \\ \sum F_y = 0 \\ \sum M_A = 0 \end{cases} \tag{3-8}$$

即平面任意力系平衡的解析条件是：力系中各力在作用面内任意不平行的两个坐标轴上投影的代数和分别等于零，以及各力对于平面内任意点之矩的代数和等于零。式(3-8)称为**平面任意力系**的平衡方程。

例 3-2 如图 3.13 所示构件 AB 上，作用有力 $\boldsymbol{F}_1$、$\boldsymbol{F}_2$ 及矩为 M 的力偶。试求 A、B 处的约束力。

解 取构件 AB 为研究对象。

A 为固定铰链支座，B 为链杆约束，约束力分别为：$\boldsymbol{F}_{Ax}$，$\boldsymbol{F}_{Ay}$，$\boldsymbol{F}_B$，指向均为假设。主动力有：力偶 M，集中力 $\boldsymbol{F}_1$、$\boldsymbol{F}_2$，受力如图 3.13(b)所示，建立如图所示坐标系。

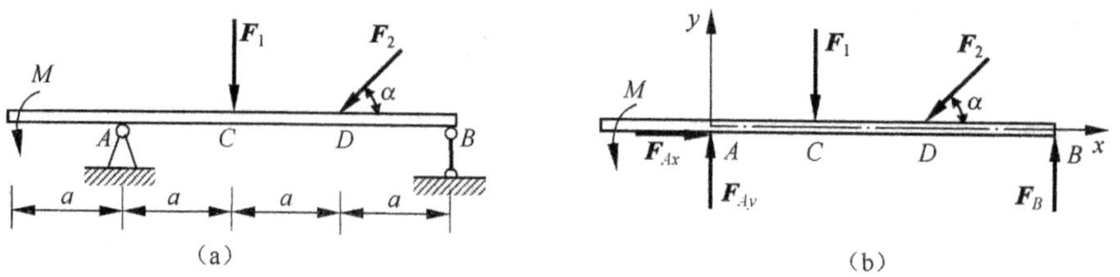

图 3.13

列平衡方程

$$\sum F_x = 0 \qquad F_{Ax} - F_2 \cdot \cos\alpha = 0 \tag{a}$$

$$\sum F_y = 0 \qquad F_{Ay} - F_1 - F_2 \cdot \sin\alpha + F_B = 0 \tag{b}$$

$$\sum M_A(\boldsymbol{F}) = 0 \qquad F_B \cdot 3a + M - F_1 \cdot a - F_2 \cdot \sin\alpha \cdot 2a = 0 \tag{c}$$

解得

$$F_{Ax} = F_2 \cdot \cos\alpha$$

$$F_B = \frac{F_1 \cdot a + F_2 \cdot \sin\alpha \cdot 2a - M}{3}$$

$$F_{Ay} = \frac{F_1 \cdot 2a + F_2 \cdot \sin\alpha \cdot a + M}{3}$$

例 3-3 如图 3.14 所示直角刚架，$M=Fa$，载荷及尺寸如图，试求固定端 A 处约束力。

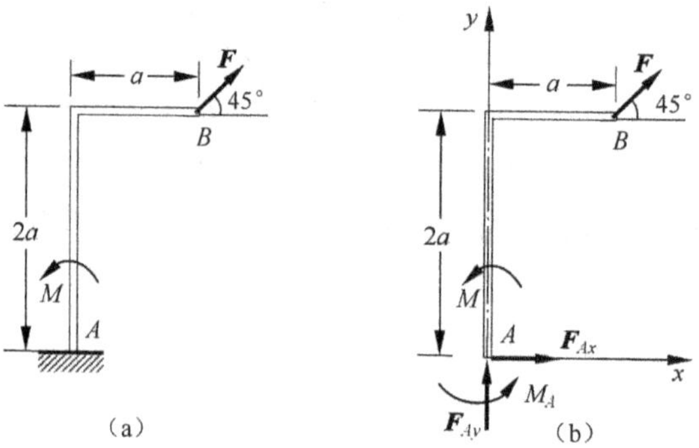

图 3.14

解 取刚架 AB 为研究对象。

A 端为固定端约束，约束力有：M_A、$\boldsymbol{F}_{Ax}$、$\boldsymbol{F}_{Ay}$，主动力有：力偶 M、集中力 $\boldsymbol{F}$，受力如图 3.14(b)所示。建立如图 3.14(b)所示坐标系。

列平衡方程

$$\sum F_x = 0 \qquad F_{Ax} + F \cdot \cos45^\circ = 0$$

$$\sum F_y = 0 \qquad F_{Ay} + F \cdot \sin45^\circ = 0$$

$$\sum M_A(\boldsymbol{F}) = 0 \qquad M_A + M - F \cdot \cos45^\circ \cdot 2a + F \cdot \sin45^\circ \cdot a = 0$$

解得

$$F_{Ax} = -\frac{\sqrt{2}}{2}F, \quad F_{Ay} = -\frac{\sqrt{2}}{2}F, \quad M_A = \left(\frac{\sqrt{2}}{2} - 1\right)Fa$$

求得的 3 个约束力均为负值，说明所设的 A 点约束力方向均与实际方向相反。

例 3-4 悬臂吊车如图 3.15(a)所示，横梁 AB 水平，梁长 $l=2.5\text{m}$，A 端以铰链固定，B 端用拉杆 BC 拉住，拉杆倾斜角 $\alpha=30°$，拉杆自重不计。若梁重 $P=1.2\text{kN}$，移动绞车连同重物共重 $Q=7.5\text{kN}$。求图示位置 $a=2\text{m}$ 时，拉杆的拉力和铰链 A 的约束力。

解 取横梁 AB 及重物为研究对象。

作用在横梁上的力有：梁重 $\boldsymbol{P}$(在梁的中点)，载荷 $\boldsymbol{Q}$，拉杆(二力杆)的拉力 $\boldsymbol{F}_{\text{T}}$ 和铰链 A 的约束力 $\boldsymbol{F}_{Ax}$，$\boldsymbol{F}_{Ay}$。各力构成平面任意力系，处于平衡，受力如图 3.15(b)所示，建立如图所示坐标系。

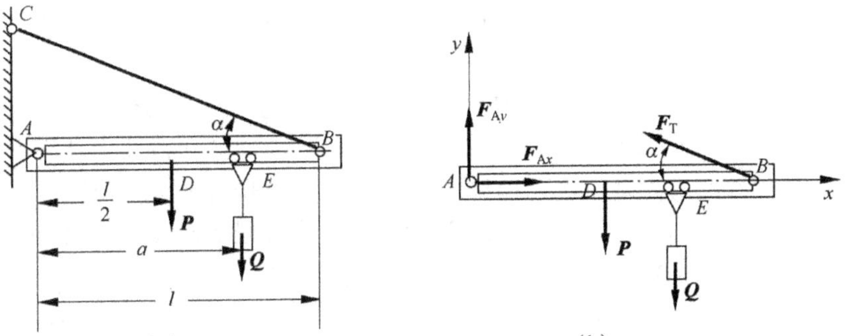

(a) (b)

图 3.15

列平衡方程

$$\sum F_x=0 \qquad F_{Ax}-F_{\text{T}}\cdot\cos\alpha=0 \tag{a}$$

$$\sum F_y=0 \qquad F_{Ay}-P-Q+F_{\text{T}}\cdot\sin\alpha=0 \tag{b}$$

$$\sum M_A(\boldsymbol{F})=0 \qquad F_{\text{T}}\cdot\sin\alpha\cdot l-P\cdot\frac{l}{2}-Q\cdot a=0 \tag{c}$$

联立求解式(a)、(b)、(c)，得

$$F_{\text{T}}=13.2\text{kN},\quad F_{Ax}=11.43\text{kN},\quad F_{Ay}=2.1\text{kN}$$

在上述方程中，式(c)只有一个未知量，可直接求得结果。因此，若用方程 $\sum M_B(\boldsymbol{F})=0$ 取代(b)式，即平衡方程为

$$\sum M_B(\boldsymbol{F})=0 \qquad P\cdot\frac{l}{2}+Q\cdot(l-a)-F_{Ay}\cdot l=0 \tag{d}$$

联立求解式(a)、(c)、(d)，也会得到同样结果。

同理，若用方程 $\sum M_C(\boldsymbol{F})=0$ 取代式(c)，即平衡方程为

$$\sum M_C(\boldsymbol{F})=0 \qquad F_{Ax}\cdot\tan\alpha\cdot l-P\cdot\frac{l}{2}-Q\cdot a=0 \tag{e}$$

联立求解式(c)、(d)、(e)，也会得到同样结果。

由此可见，平面任意力系的平衡方程除式(3-8)的基本形式外，还有另外两种形式：

二矩式

$$\begin{cases}\sum F_x=0\\ \sum M_A=0\\ \sum M_B=0\end{cases} \tag{3-9}$$

式中，$\sum M_A$ 是 $\sum M_A(\boldsymbol{F})$ 的简写，以后同。其中，x 轴不能垂直于 A、B 两点的连线。

三矩式

$$\begin{cases}\sum M_A = 0 \\ \sum M_B = 0 \\ \sum M_C = 0\end{cases} \tag{3-10}$$

其中，A、B、C 三点不共线。

为什么上述形式的平衡方程也能满足力系平衡的必要和充分条件呢？

首先讨论式(3-9)，平面力系向已知点简化只可能有 3 种结果：合力、力偶或平衡。如果力系对点 A 的主矩等于零，即 $M_A=\sum M_A=0$，则表明力系不可能简化为一力偶，只可能是作用线通过 A 点的一合力或平衡。同理，如果力系对另一点 B 的主矩也同时为零，即 $M_B=\sum M_B=0$，则该力系或有一沿 A、B 连线的合力，或平衡，如图 3.16 所示。但当力系又满足方程 $\sum F_x=0$ 时，那么力系如有合力，则此合力必与 x 轴垂直。而连线 A、B 不垂直于 x 轴，显然力系不可能有合力。这就表明，只要适合以上 3 个方程及连线 A、B 不垂直于投影轴的附加条件，则力系必平衡。式(3-10)读者可自己讨论。

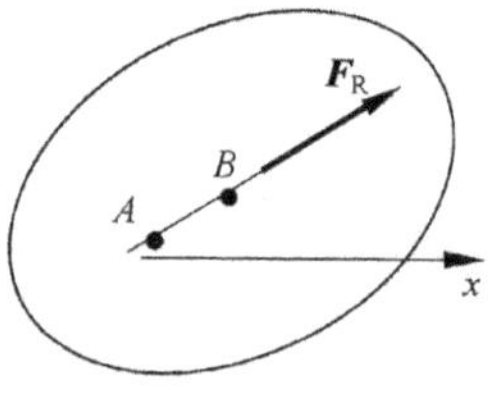

图 3.16

上述三种形式的平衡方程式(3-8)～式(3-10)均可求解平面任意力系的平衡问题。解决问题时需注意，对于一个研究对象，只能列出 3 个独立的平衡方程，求解 3 个未知量。任何其他方程只是前 3 个方程的线性组合，而不是独立的。

3.5 平面平行力系的合成与平衡

各力作用线位于同一平面内且相互**平行的力系**，称为**平面平行力系**。它是平面任意力系的特殊情况，也可以应用力线平移定理进行简化。

设物体受平面平行力系 $\boldsymbol{F}_1,\boldsymbol{F}_2,\cdots,\boldsymbol{F}_n$ 的作用，如图 3.17 所示。令 y 轴与各力矢平行，则 $\sum F_x\equiv 0$，故平面平行力系的平衡方程为

$$\begin{cases}\sum F_y = 0 \\ \sum M_O = 0\end{cases} \tag{3-11}$$

平面平行力系的平衡方程也可以用两个力矩方程来表示，即

$$\begin{cases}\sum M_A = 0 \\ \sum M_B = 0\end{cases} \tag{3-12}$$

其中，A、B 的连线不与各力的作用线平行。

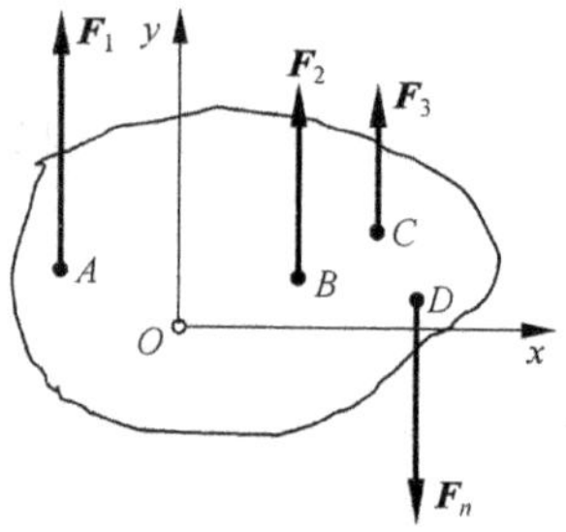

图 3.17

当 x、y 取其他方向时，独立的平衡方程也只有两个，可以求解两个未知量。

例 3-5 试求三角形分布载荷的合力大小及合力作用点位置，如图 3.18(a)所示。

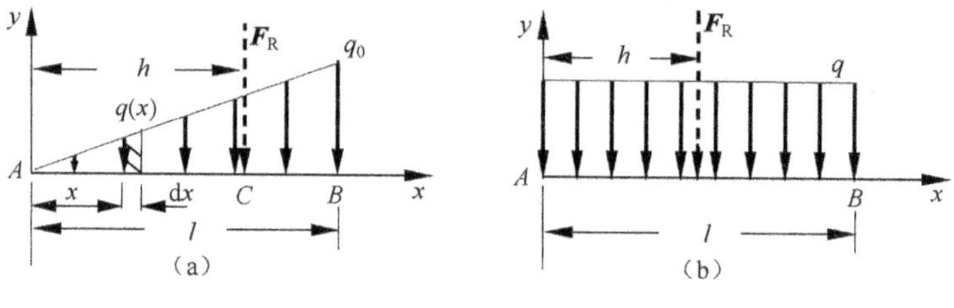

图 3.18

解 建立图示坐标系，分布力集度可以写成

$$q(x)=\frac{q_0}{l}(l-x)$$

作用在 dx 微段上的力为 $dF=q(x)\cdot dx$。由平行力系的合成可知，该三角形分布载荷的合力大小由积分得到

$$F_R=\int_0^l q(x)\cdot dx=\int_0^l \frac{q_0}{l}(l-x)\cdot dx=\frac{q_0\cdot l}{2}$$

其合力作用点位置可由合力矩定理确定，设合力作用在 C 点，则

$$M_C(F_R)=\sum M_C(dF)$$

即

$$F_R\cdot h=\int_0^l \frac{q_0}{l}(l-x)\cdot x\cdot dx$$

故
$$h=\frac{2l}{3}$$

计算结果表明，三角形分布力，其合力的大小为三角形面积，作用在三角形中心。

同样方法可知：线性分布的同向平行力的合力大小等于载荷分布图形的面积，合力作用线通过载荷分布图形的中心，方向不变。

如均匀分布力（简称均布力）合力的大小为矩形面积，作用在矩形的中心，即 $F_R=ql$，$h=\frac{l}{2}$，如图 3.18(b)所示；梯形分布力合力的大小为梯形面积，作用在梯形的中心。也可将梯形分布力分为均布力和三角形分布力分别计算。

例 3-6 如图 3.19(a)所示塔式起重机，机架重为 $\boldsymbol{G}$，其作用线离右轨 B 的距离为 e，轨距为 b，最大载重 $\boldsymbol{P}$ 离右轨 B 的距离为 l，平衡锤的重力 $\boldsymbol{Q}$ 的作用线离左轨 A 的距离为 a。欲使起重机满载、空载时均不翻倒，试求平衡锤的重力 $\boldsymbol{Q}$。

解 取塔式起重机整体为研究对象。作用于起重机上的力有：机架重 $\boldsymbol{G}$，重物重 $\boldsymbol{P}$，平衡锤重 $\boldsymbol{Q}$，钢轨的约束力 $\boldsymbol{F}_A$、$\boldsymbol{F}_B$，所有力构成平面平行力系，受力如图 3.19(b)所示。

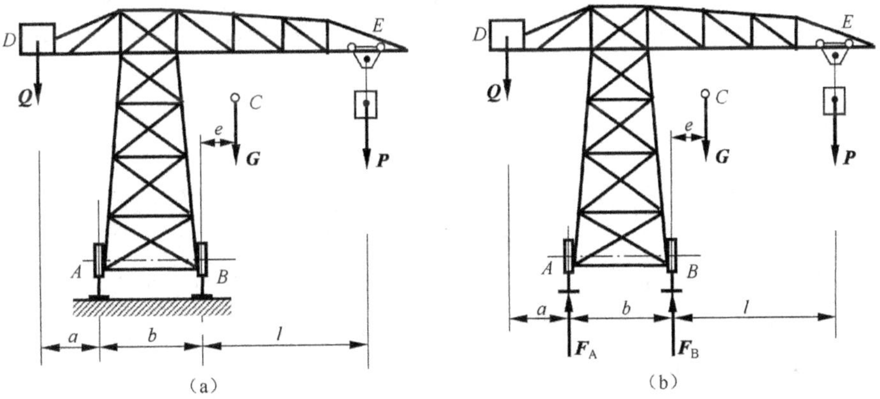

图 3.19

满载时，若起重机翻倒，将绕 B 点顺时针转动，而轮 A 离开钢轨，$\boldsymbol{F}_A$ 为零。若使起重机满载时平衡而不翻倒，必须满足平衡方程

$$\sum M_B(\boldsymbol{F})=0 \qquad Q(a+b)-Ge-Pl-F_Ab=0$$

及限制条件

$$F_A \geqslant 0$$

解得
$$Q \geqslant \frac{Ge + Pl}{a + b}$$

空载时，$P=0$，若起重机翻倒，将绕 A 点逆时针转动，而轮 B 离开钢轨，$\boldsymbol{F}_B$ 为零。若使起重机空载时平衡而不翻倒，必须满足平衡方程

$$\sum M_A(\boldsymbol{F}) = 0 \qquad Qa - G(e + b) + F_B b = 0$$

及限制条件

$$F_B \geqslant 0$$

解得
$$Q \leqslant \frac{G(b + e)}{a}$$

因此，起重机满载、空载都不翻倒（稳定）时，平衡锤重 $\boldsymbol{Q}$ 满足的条件为

$$\frac{Ge + Pl}{a + b} \leqslant Q \leqslant \frac{G(b + e)}{a}$$

3.6 物体系统的平衡·静定与静不定问题

3.6.1 静定与静不定问题概述

几个物体通过一定的约束而组成的系统称为**物体系统**，如组合构架、三铰拱等。若物体系统平衡时，则组成该系统的每一个物体也必然是平衡的。受平面任意力系作用的每一个物体，都存在 3 个独立的平衡方程，可以确定 3 个未知量。若系统由 n 个物体组成，且每一个物体都受平面任意力系作用，则该系统可以列出 $3n$ 个独立的平衡方程，可以确定 $3n$ 个未知量。如果系统中的物体受平面汇交力系或平面平行力系的作用时，独立平衡方程的总数则会相应地减少。在所研究的问题中，未知量个数等于独立平衡方程个数时，所有未知量都能由平衡方程确定，这样的问题称为静定问题，相应的结构称静定结构。工程实际中，有时为了提高结构的坚固性，常常增加多余的约束，使结构未知量个数多于独立平衡方程个数。在所研究的问题中，未知量个数多于独立的平衡方程个数时，未知量不能全部由独力平衡方程确定，这样的问题称为**静不定问题**，或**超静定问题**，相应的结构称静不定结构。总未知量个数与总平衡方程个数之差称为**静不定次数**。

3.6.2 静定与静不定问题举例

如图 3.20(a)所示的梁，受有固定铰支座和可动铰支座的 3 个未知的约束反力，与主动力构成平面任意力系，可列出 3 个独立的平衡方程，是静定问题。而图 3.20(b)、(c)、(d)中的梁都有 4 个未知约束力，梁受平面任意力系作用，只能列出 3 个独立的平衡方程，是一次静不定问题。图(e)中的梁由两部分铰接组成，每部分有 3 个独立的平衡方程，共有 6 个平衡方程。未知约束力除固定铰支座和两个可动铰支座的 4 个量外，还有铰链 C 处的 2 个约束力，共有 6 个未知量，是静定问题。

又如图 3.20(f)所示，水平梁受到的两杆约束力与主动力 $\boldsymbol{F}_1$ 构成平面平行力系，可列 2 个独立平衡方程，未知量个数为 2 个，是静定的；在图 3.20(g)、(h)中，有 3 杆的约束力未知，分别受到平面平行力系和平面汇交力系的作用，只有 2 个独立平衡方程，是一次静不定问题。

静不定问题仅用刚体平衡方程不能完全求解，必须考虑物体的受力及变形，已经超出了本篇的范围，将在材料力学篇中研究。

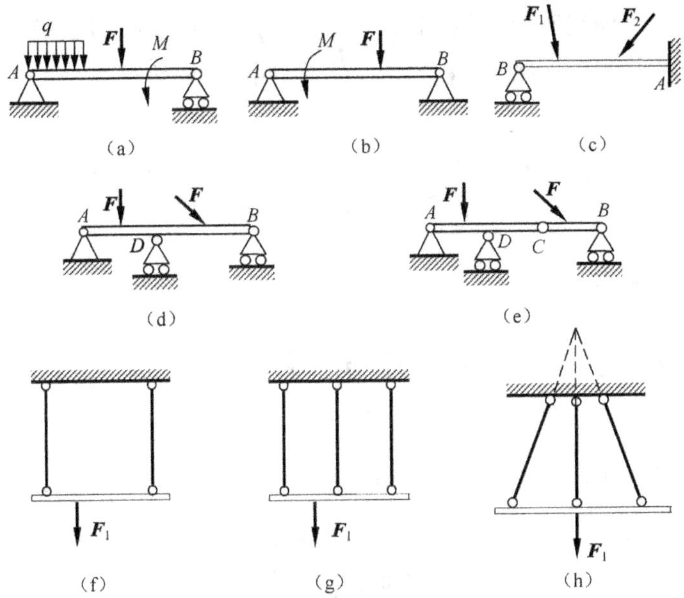

图 3.20

3.6.3 物体系统平衡问题举例

物体系统中，物体受力是相互联系的，因此，在研究物体系统平衡问题时，不仅要求出系统所受的外力，还要求出系统内部各物体之间相互作用的内力。这就需要将系统中某个物体（或某些个物体或整体）单独取出来研究才能求出全部未知力。如何选择研究对象及平衡方程的形式，没有统一不变的方法。最基本的方法是取系统中除二力构件以外的每个物体为研究对象，列出全部平衡方程，然后联立求解，但很烦琐，一般不用。

通常先对整体进行受力分析，画出受力图，若未知量小于或等于 3 个，或虽然多于 3 个，但是，有多个未知量汇交于一点，只有一个未知量不通过该汇交点，则先取整体为研究对象，求出未知量。否则，先取未知量少的物体为研究对象，列出需要的平衡方程，再取其他物体（或局部或整体）为研究对象，列出另外的平衡方程。亦即，在选择研究对象及平衡方程的形式时，应使每一个方程中的未知量个数尽可能地少，最好只含有一个未知量，不解或少解联立方程。

例 3-7 如图 3.21(a)所示多跨静定组合梁（不计自重）由 AB 和 BC 铰接而成。支承如图所示，已知，$q=20\text{kN/m}$，$M=40\text{kN}\cdot\text{m}$，$l=1\text{m}$。求：插入端 A 及可动铰支座 C 处的约束力。

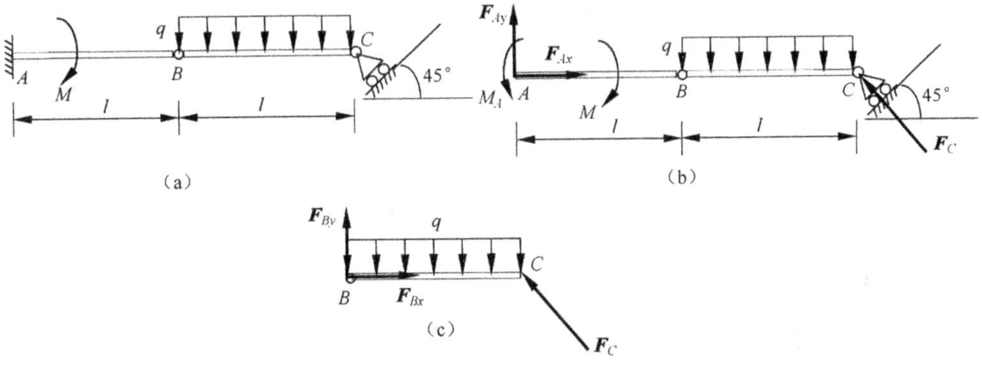

图 3.21

解 取构件 BC 为研究对象。BC 上有均布力 q 及约束力 $\boldsymbol{F}_C$、$\boldsymbol{F}_{Bx}$、$\boldsymbol{F}_{By}$。其中，均布载荷的合力大小为 ql，作用线通过 BC 的中点。受力如图 3.21(c)所示。

列平衡方程

$$\sum M_B(\boldsymbol{F}) = 0 \qquad F_C \cdot \cos45° \cdot l - ql \cdot \frac{l}{2} = 0 \tag{a}$$

解得
$$F_C = 14.14(\text{kN})$$

再取整体为研究对象，受力如图 3.22(b)所示。

列平衡方程

$$\sum F_x = 0 \qquad F_{Ax} - F_C \cdot \sin45° = 0 \tag{b}$$

$$\sum F_y = 0 \qquad F_{Ay} - ql + F_C \cdot \cos45° = 0 \tag{c}$$

$$\sum M_A(\boldsymbol{F}) = 0 \qquad M_A - M - ql \cdot \frac{3}{2}l + F_C \cdot \cos45° \cdot 2l = 0 \tag{d}$$

解得 $\quad F_{Ax} = 10(\text{kN}),\qquad F_{Ay} = 10(\text{kN}),\qquad M_A = 50(\text{kN} \cdot \text{m})$

例 3-8 构架由 ABC、CDE、BD 铰接而成。载荷及尺寸如图 3.22 所示，不计各构件自重，试求：D、E 点约束力及 BD 杆受力。

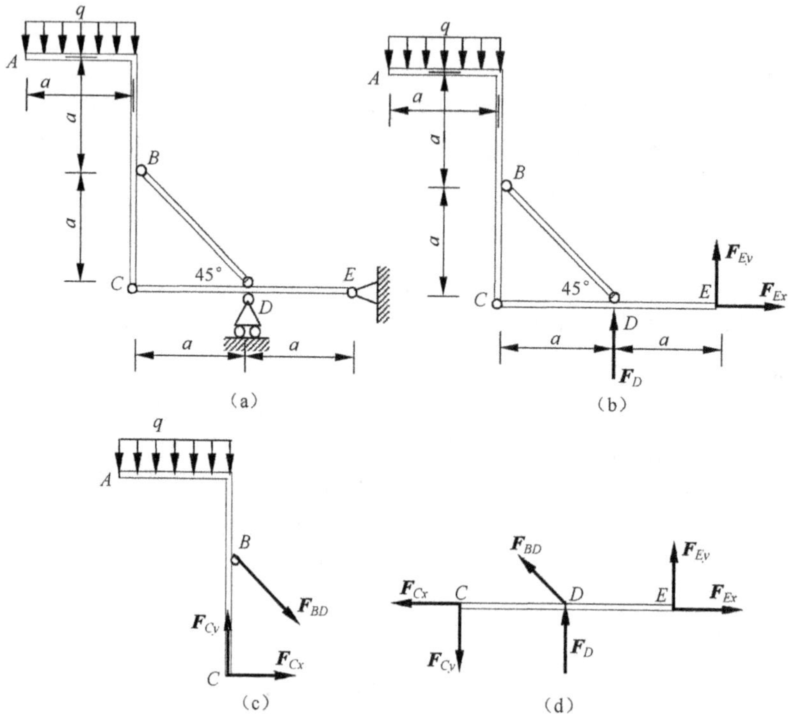

图 3.22

解 取整体为研究对象，受力有均布力 q，其大小为 qa，约束力有 E 点的正交分力 $\boldsymbol{F}_{Ex}$、$\boldsymbol{F}_{Ey}$ 和 D 点的约束力 $\boldsymbol{F}_D$，受力如图 3.22(b)所示。

列平衡方程

$$\sum F_x = 0 \qquad F_{Ex} = 0$$

$$\sum F_y = 0 \qquad F_D + F_{Ey} - qa = 0$$

$$\sum M_E(\boldsymbol{F}) = 0 \qquad F_D \cdot a - qa \cdot \left(2a + \frac{a}{2}\right) = 0$$

解得
$$F_{Ex} = 0, \qquad F_{Ey} = -\frac{3}{2} qa, \qquad F_C = \frac{5}{2} qa$$

再取 ABC(或 CDE)为研究对象,受力如图 3.22(c)所示。

列平衡方程

$$\sum M_C(\boldsymbol{F}) = 0 \qquad -F_{BD}\cos 45^\circ \cdot a - qa\,\frac{a}{2} = 0$$

解得
$$F_{BD} = \frac{\sqrt{2}}{2} qa$$

本题也可以分别取 ABC 及 CDE 为研究对象,如图 3.22(c)、(d)所示,列 6 个平衡方程求解。但是增加了并不需要求解的 C 铰链的未知量。读者可自己练习。

例 3-9 如图 3.23(a)所示,略去杆及轮的自重,重为 $\boldsymbol{P}$ 的物体,由绳绕过半径为 a 的滑轮,固定在杆 ACD 的 D 点,在 D 点作用一水平力 $\boldsymbol{P}$,尺寸如图 3.23 所示,求 A、B 铰支座的约束力。

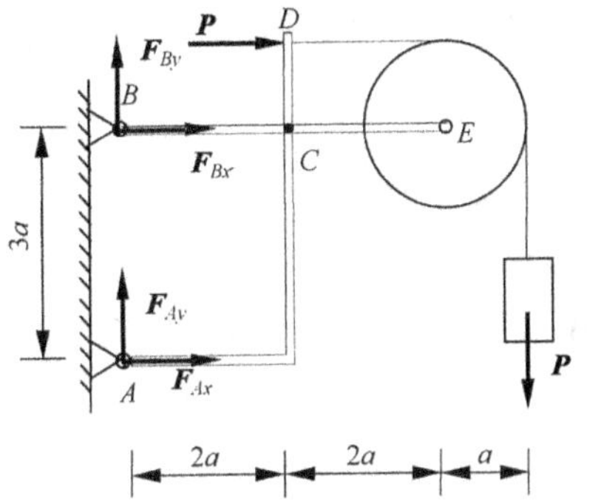

(a)

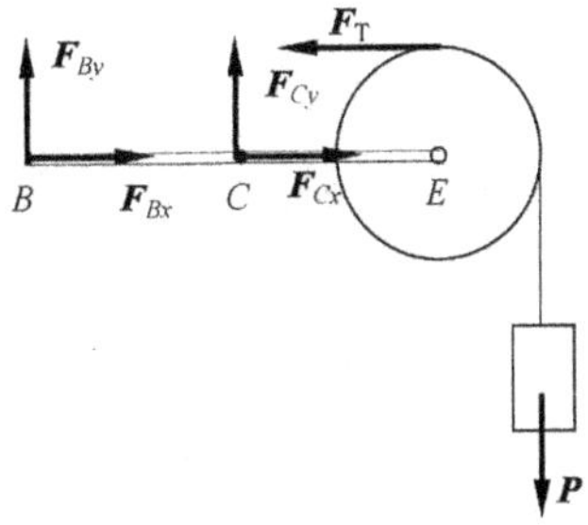

(b)

图 3.23

解 取整体为研究对象。受力有两个主动力 $\boldsymbol{P}$,A、B 固定铰支座的正交分力 $\boldsymbol{F}_{Ax}$、$\boldsymbol{F}_{Ay}$,$\boldsymbol{F}_{Bx}$、$\boldsymbol{F}_{By}$,受力如图 3.23(a)所示。

列平衡方程

$$\sum M_B(\boldsymbol{F}) = 0 \qquad F_{Ax} \cdot 3a - Pa - P(4a + a) = 0 \tag{a}$$

$$\sum M_A(\boldsymbol{F}) = 0 \qquad F_{Bx} \cdot 3a - P(3a + a) - P(4a + a) = 0 \tag{b}$$

$$\sum F_y = 0 \qquad F_{Ay} + F_{By} - P = 0 \tag{c}$$

解得
$$F_{Ax} = 2P, \quad F_{Bx} = -3P$$

再取 BCE 及滑轮为研究对象。受力有柔体拉力 $\boldsymbol{F}_T$($F_T = P$),重力 $\boldsymbol{P}$ 及约束反力 $\boldsymbol{F}_{Cx}$、$\boldsymbol{F}_{Cy}$,$\boldsymbol{F}_{Bx}$、$\boldsymbol{F}_{By}$,受力如图 3.23(b)所示。

列平衡方程

$$\sum M_C(\boldsymbol{F}) = 0 \qquad -F_{By} \cdot 2a + F_T \cdot a - P(2a + a) = 0 \tag{d}$$

解得
$$F_{By} = -P$$

代入式(c)得
$$F_{Ay} = 2P$$

在本题中,当 A、B 两点不在同一铅垂线上时,(即 A 或 B 点左右移动一个位置),先取哪一部分为研究对象,才能少解或不解联立方程,读者可自己分析。

例 3-10 如图 3.24(a)所示机构，$O_1A=10\text{cm}$，$O_2C=20\text{cm}$，AB 平行于 O_1O_2，求平衡时，主动力偶 M 与主动力 Q 之间的关系。

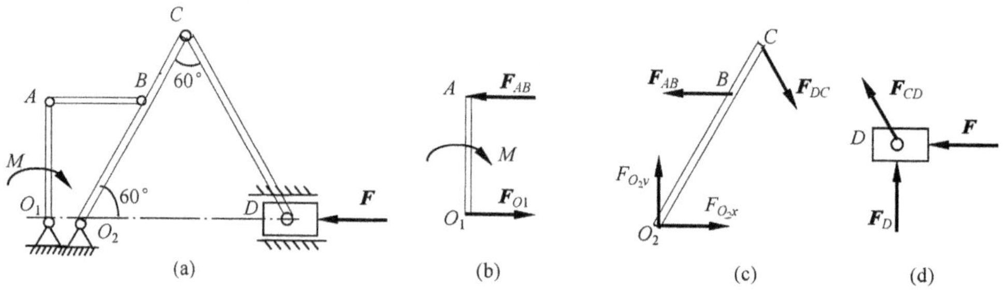

图 3.24

解 取 O_1A 为研究对象，受力如图 3.24(b)所示。

列平衡方程

$$\sum M_{O_1}(\boldsymbol{F})=0 \qquad F_{AB}\cdot O_1A-M=0$$

解得

$$F_{AB}=\frac{M}{O_1A}$$

取 O_2BC 为研究对象。已知力 $\boldsymbol{F}_{AB}$，待求量 $\boldsymbol{F}_{DC}$，受力如图 3.24(c)所示。

列平衡方程

$$\sum M_{O_2}(\boldsymbol{F})=0 \qquad F_{AB}\cdot O_1A-F_{DC}\cdot\sin60^\circ\cdot O_2C=0$$

解得

$$F_{DC}=\frac{M}{10\sqrt{3}}$$

取滑块 D 为研究对象。已知 CD 为二力杆，则力 $\boldsymbol{F}_{CD}$ 与 $\boldsymbol{F}_{DC}$ 大小相等，方向相反。待求量 $\boldsymbol{F}$，受力如图 3.24(d)所示。

列平衡方程

$$\sum F_x=0 \qquad F_{CD}\cdot\cos60^\circ+F=0$$

解得

$$F=\frac{M}{20\sqrt{3}}$$

由以上例题可知，求解物体系统平衡问题的步骤及注意事项如下。

1)根据题意，选取合适的研究对象

研究物体系统的平衡问题，对研究对象的选取并无限制，可以取整个物体系统(整体)，也可以取系统中的某个或几个物体为研究对象。由于物体系统的结构和连接方式多种多样，很难有一成不变的选取方法，大致如下思路：

①如果待求的未知量与系统的约束力有关，并且未知量个数不超过 3 个(如例 3.8)或者虽然超过 3 个，但是有多个未知量汇交于一点，只有一个未知量不汇交(一般都有两个铰接点在同一水平线上或同一铅垂线上，如例 3.8)，不取分离体也可求出全部或部分约束力时，可先取整体为研究对象。

②如果取整体不能求出题目要求的未知个数，则应选取与待求量有关、受力又相对简单(最好有已知力作用)的一个物体(或几个物体的组合体)为研究对象，尽量避开不必求出的未知力。

2)对选取的研究对象作受力分析，正确画出受力图

受力图上只画外力不画内力，不能漏画，也不能多画。当几个物体拆分后，要注意物体间

相互作用力与反作用力的关系，内力与外力的转化关系，同一约束力在几个受力图上的指向必须一致。

3)列平衡方程

根据受力图上不同类型的力系及需要求解的未知力的个数，灵活应用平衡方程的各种形式，建立相应的平衡方程。为解题简捷，尽可能使每个平衡方程只包含一个未知量，避免解联立方程。这就要能选取合适的投影坐标轴和矩心，使坐标轴尽可能与未知力垂直，矩心可取在两个未知力作用线的交点上。此外应注意，除了建立求解待求量所必需的平衡方程外，其余平衡方程不必列出。

4)求解平衡方程

解题时最好先用字母运算，最后再代入数据，这样可以节省计算量。若求得的力为负值，说明力的实际指向(或力偶的转向)与受力图中假设的方向(或转向)相反，将它代入另一方程求解其他未知量时，负号也应一并代入计算。

3.7 平面静定桁架的内力计算

桁架是工程中常见的结构，如房屋建筑、桥梁、起重机架等都可以简化成桁架结构。**桁架**是一种由杆件在两端用铰链铰接而成，且几何形状不变的结构。结构中各杆的连接点称为**节点**。所有杆件的轴线都在同一平面内的桁架称为**平面桁架**。桁架的优点是：杆件主要承受拉力或压力，因此，在设计桁架时，可以充分利用材料，节约材料，减轻结构的重量。要设计桁架，需要计算桁架各杆件的内力，为了简化计算，工程中对桁架常采用下面几个假设：

(1)桁架中的杆件都是直杆(二力杆)，其轴线位于同一平面内；

(2)杆件两端用光滑铰链连接；

(3)桁架所受的载荷及约束力都作用在桁架平面内的节点上；

(4)不计桁架中各杆件的自重或将自重平均分配到两端的节点上。

这样的桁架称为**理想桁架**。

计算平面简单桁架内力的方法有两种：**节点法**和**截面法**。

3.7.1 节点法

节点法是取每个节点为研究对象，求解平面汇交力系的平衡。求桁架内力时一般需要先求出桁架的支座反力。

例 3-11 平面桁架的尺寸及支座如图 3.25(a)所示，在节点 D 处受有集中载荷 $F=1\text{kN}$ 的作用。试求桁架中各杆的内力。

解 求支座约束力。

取整体为研究对象，受力及坐标系如图 3.25(b)所示。

列平衡方程

$$\sum F_x = 0 \qquad F_{Ax} = 0$$

$$\sum M_A(\boldsymbol{F}) = 0 \qquad F_B \cdot 4 - F \cdot 2 = 0$$

$$\sum M_B(\boldsymbol{F}) = 0 \qquad F \cdot 2 - F_{Ay} \cdot 4 = 0$$

解得

$$F_{Ax} = 0, \qquad F_{Ay} = F_B = 0.5(\mathrm{kN})$$

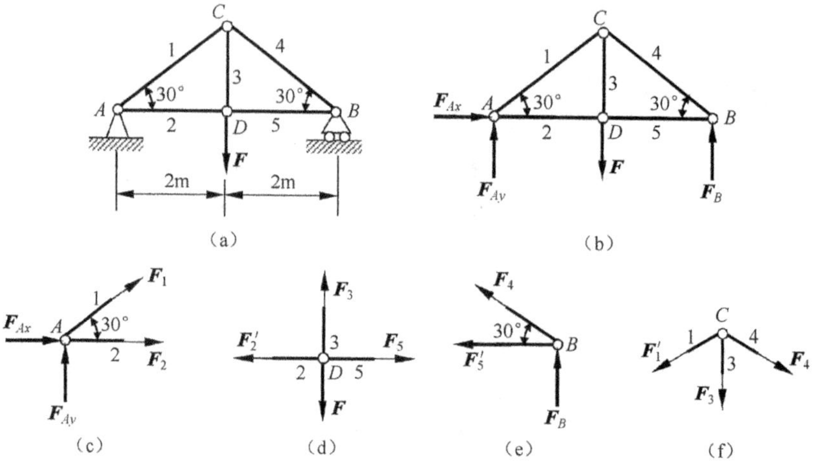

图 3.25

分别取每一个节点为研究对象，计算各杆内力。假设各杆均受拉力，各节点受力分别如图 3.25(b)、(c)、(d)、(e)、(f)所示。

节点 A：

$$\sum F_x = 0 \qquad F_2 + F_1\cos30^\circ = 0$$

$$\sum F_y = 0 \qquad F_{Ay} + F_1\sin30^\circ = 0$$

解得

$$F_1 = -1(\mathrm{kN}), \qquad F_2 = 0.866(\mathrm{kN})$$

节点 C：

$$\sum F_x = 0 \qquad F_4\cos30^\circ - F'_1\cos30^\circ = 0$$

$$\sum F_y = 0 \qquad -F_3 - (F'_1 + F_4)\sin30^\circ = 0$$

代入 $F'_1 = F_1 = -1\mathrm{kN}$，解得

$$F_4 = -1(\mathrm{kN}), \qquad F_3 = 1(\mathrm{kN})$$

节点 D：

$$\sum F_x = 0 \qquad F_5 - F'_2 = 0$$

解得

$$F_5 = 0.866(\mathrm{kN})$$

节点法是适宜求每根杆件的内力的方法。

3.7.2 截面法

截面法是假想用一截面将桁架截开，取其中一部分为研究对象，求解平面任意力系的平衡问题。所取的研究对象中至少有两个节点，构成平面任意力系的平衡。

例 3-12 如图 3.26(a)所示平面桁架，各杆长度为 a，单位为 m。在节点 E 和 K 上分别作用载荷 $\boldsymbol{F}_K = \boldsymbol{F}_E = \boldsymbol{F}$。试计算杆 1、2、3 的内力。

解 求支座约束力。

取整体为研究对象，受力如图 3.26(b)所示。

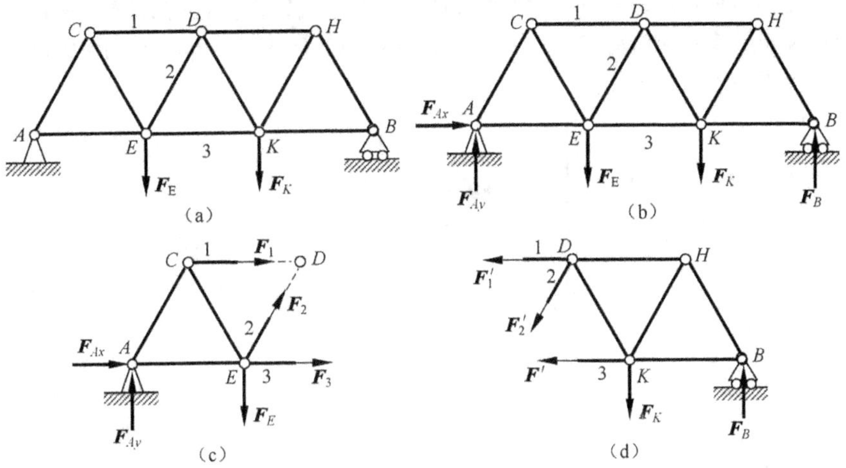

图 3.26

列平衡方程

$$\sum F_x = 0 \qquad F_{Ax} = 0$$

$$\sum F_y = 0 \qquad F_{Ay} + F_B - 2F = 0$$

$$\sum M_A(\boldsymbol{F}) = 0 \qquad F_B \cdot 3a - F \cdot a - F \cdot 2a = 0$$

解得

$$F_{Ax} = 0, \qquad F_{Ay} = F, \qquad F_B = F$$

作一平截面将 1、2、3 杆截开，取左半部分为研究对象，假设各杆都受拉，各力构成平面任意力系，受力如图 3.26(c)所示。

列平衡方程

$$\sum F_y = 0 \qquad F_{Ay} + F_2 \cdot \sin 60^\circ - F = 0$$

$$\sum M_E(\boldsymbol{F}) = 0 \qquad -F_1 \cdot \sin 60^\circ \cdot a - F_{Ay} \cdot a = 0$$

$$\sum M_D(\boldsymbol{F}) = 0 \qquad F_3 \cdot a \cdot \sin 60^\circ + F \cdot \frac{a}{2} + F_{Ax} \cdot a \cdot \sin 60^\circ - F_{Ay} \cdot 1.5a = 0$$

解得

$$F_1 = -0.437F, \qquad F_2 = 7F, \qquad F_3 = 1.077F。$$

计算结果表明，1 杆受压，2、3 杆受拉。同样，若取右半部分桁架为研究对象，可得同样的结果。截面法适宜计算桁架部分杆件的内力。

习　题

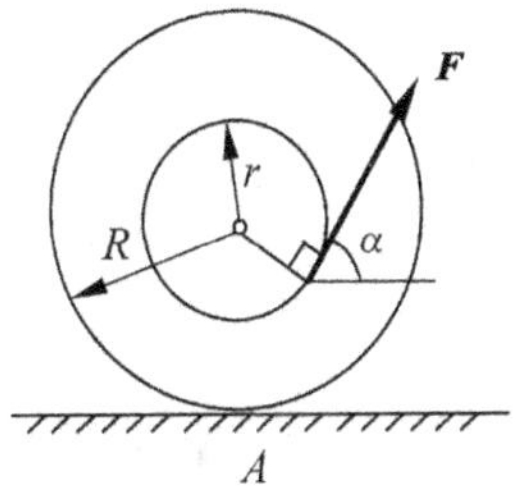

习题 3-1 图

3-1　试利用力线平移定理求如习题 3-1 图所示力 $\boldsymbol{F}$ 对轮与地面接触点 A 之矩。

3-2　作用在悬臂梁上的分布荷载如习题 3-2 图所示，试求该荷载对 A 端的力矩(不用积分法)。

3-3　习题 3-3 图所示正方形板 $OABC$ 的边长为 a，在 O、A、B 三点分别作

用有 $\boldsymbol{F}_1$、$\boldsymbol{F}_2$、$\boldsymbol{F}_3$，且 $F_1=F_2=F$，$F_3=2F$。试将力系向 O、A 简化，并求简化的最后结果。两者是否等效？

3-4　习题 3-4 图所示为一平面力系，$F_1=200\text{N}$，$F_2=100\text{N}$，$M=300\text{N}\cdot\text{m}$，欲使力系的合力通过 O 点，则水平力 F_3 的大小为多少？

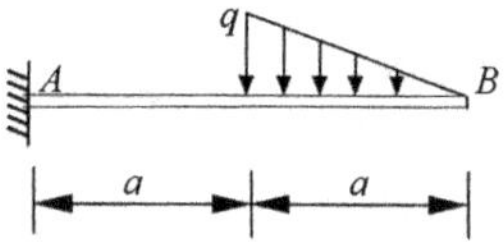

习题 3-2 图

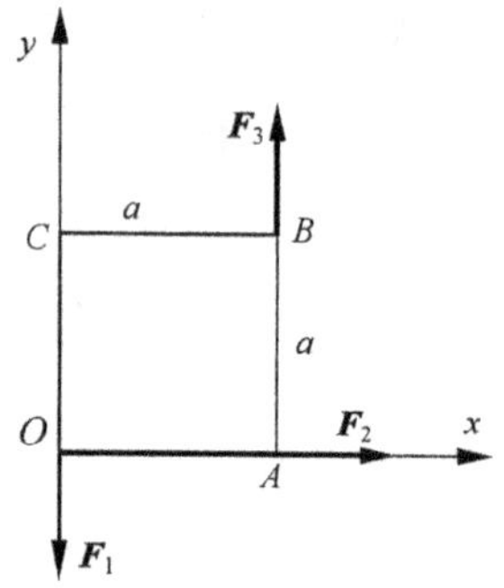

习题 3-3 图

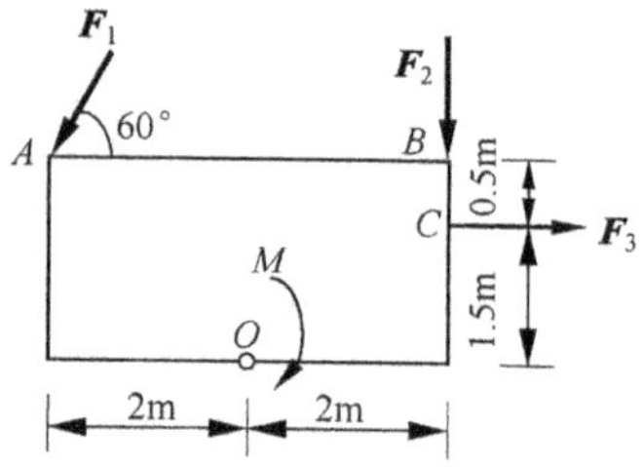

习题 3-4 图

3-5　如习题 3-5 图所示，已知 $F_1=150\text{N}$，$F_2=200\text{N}$，$F_3=300\text{N}$，$F=F'=200\text{N}$。求力系向 O 点简化的结果，并求力系的合力大小及其与原点 O 的距离 d。

3-6　已知物体所受力系如习题 3-6 图所示，$F=10\text{kN}$，$M=20\text{kN}\cdot\text{m}$。(1)若选择 x 轴上 B 点为简化中心，其主矩 $M_B=10\text{kN}\cdot\text{m}$，转向为顺时针，试求 B 点的位置及主矢 $\boldsymbol{F}'_R$。(2)若选择 CD 线上 E 点为简化中心，其主矩 $M_E=30\text{kN}\cdot\text{m}$，转向为顺时针，$\alpha=45°$，试求位于 CD 直线上的 E 点的位置及主矢 $\boldsymbol{F}'_R$。

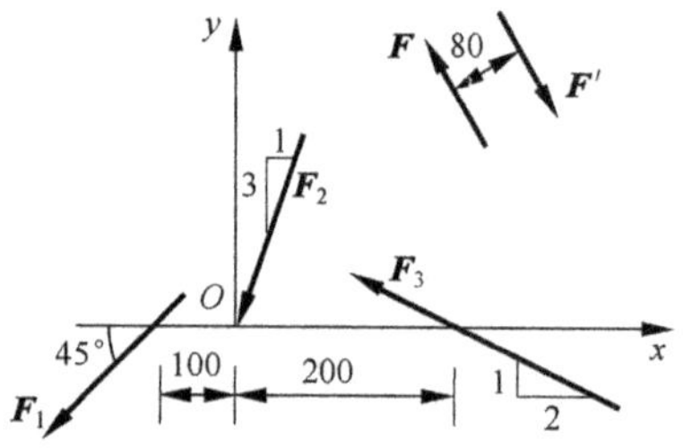

习题 3-5 图

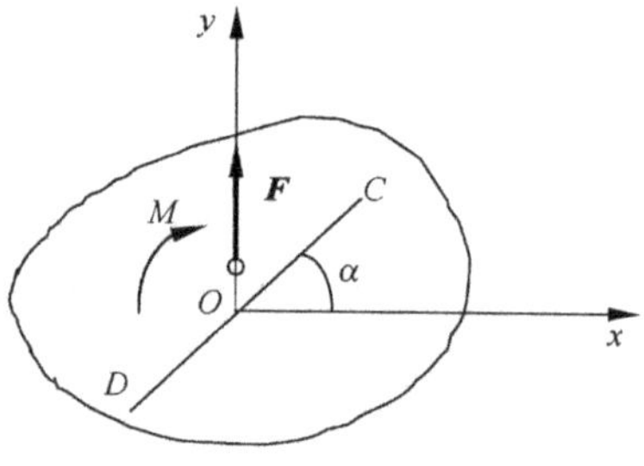

习题 3-6 图

3-7　求如习题 3-7 图所示各梁的支座反力。

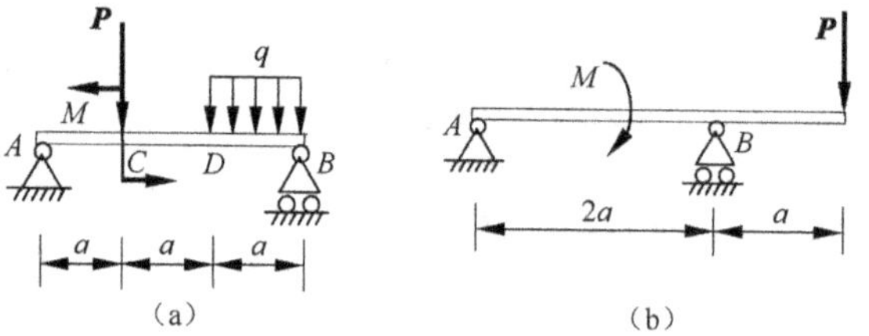

(a)　　(b)

习题 3-7 图

3-8　求如习题 3-8 图所示各个刚架支座处的约束力，已知：(a)$q=1\text{kN/m}$，$F=5\text{kN}$；(b)$q=4\text{kN/m}$，$P=5\text{kN}$，$F=3\text{kN}$；(c)$q=3\text{kN/m}$，$P=6\sqrt{2}\text{kN}$，$M=10\text{kN}\cdot\text{m}$。

3-9　习题 3-9 图所示汽车起重机，车重 $\boldsymbol{P}$，平衡块重 $\boldsymbol{F}_1$，各部分尺寸如图所示。试求最大的起吊重量 $\boldsymbol{F}_2$ 及两轮间的最小距离。

3-10　水平梁 AB 由铰链 A 和杆 BC 所支持，如习题 3-10 图所示。梁上安装半径为 $r=0.1\text{m}$ 的滑轮。有一跨过滑轮的绳子，其一端水平地系于墙上，另一端悬挂有重 $P=1.8\text{kN}$ 的重物。不计梁、杆、滑轮和绳的重量，$AD=0.2\text{m}$，$BD=0.4\text{m}$。求铰链 A 和杆 BC 对梁的约束力。

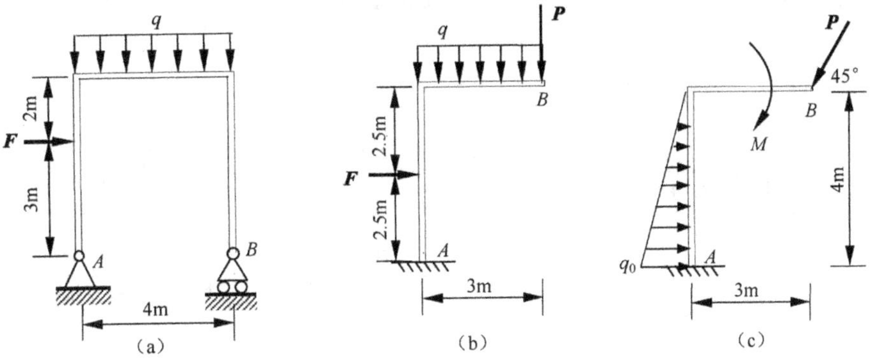

习题 3-8 图

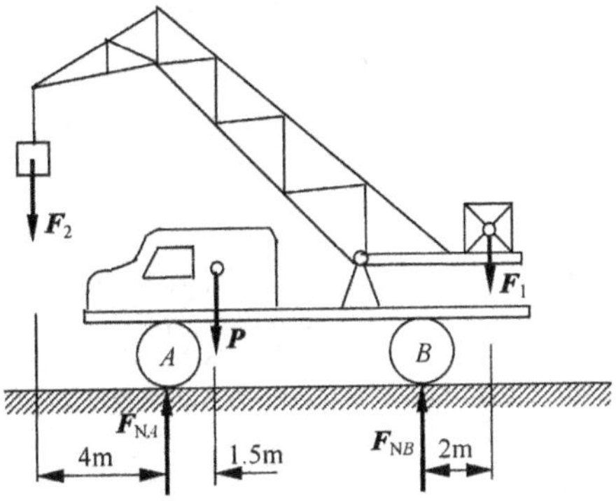

习题 3-9 图

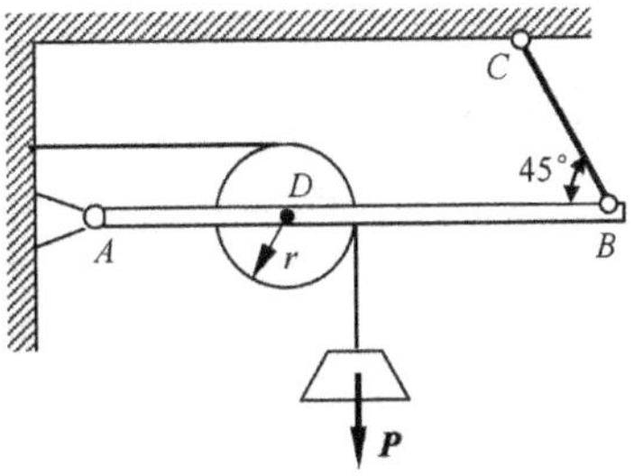

习题 3-10 图

3-11　载荷及尺寸如习题 3-11 图所示的平面机构，不计各杆自重，力偶 $M=5\text{kN}\cdot\text{m}$，$P=5\text{kN}$。求 B、C、E 处约束力。

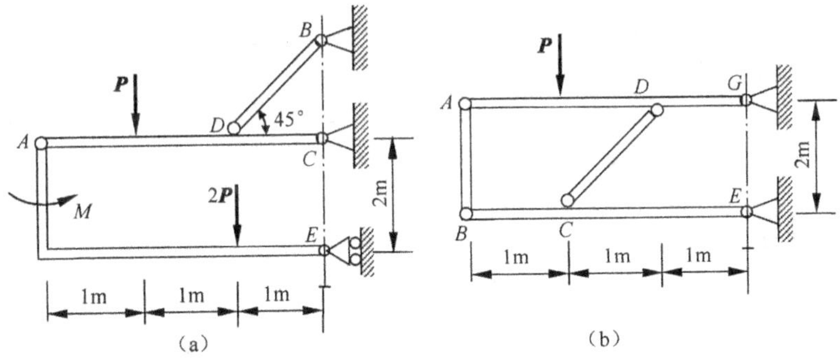

习题 3-11 图

3-12　求习题 3-12 图所示各多跨静定梁的支座反力。载荷及尺寸如图所示，长度单位为 m。

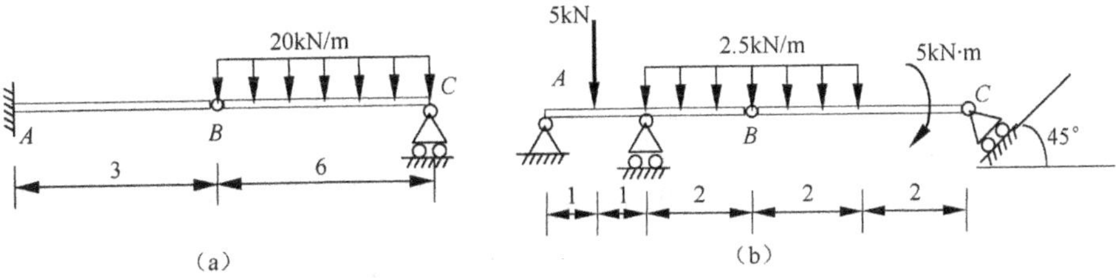

习题 3-12 图

3-13　习题 3-13 图所示结构由丁字梁与直梁铰接而成，自重不计。载荷及尺寸如图，试求支座 C 及固定端 A 的约束力。

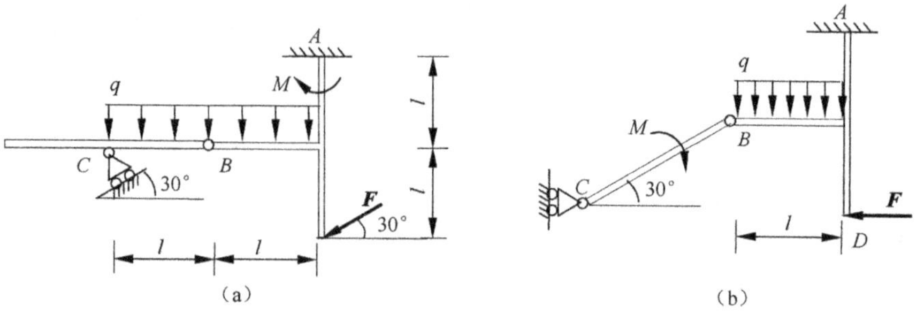

习题 3-13 图

3-14　习题 3-14 图所示机构，由 AB、CD 两杆组成，固连在杆 AB 上的销钉 E 可沿杆 CD 上的光滑槽滑动。机构在图示位置处于平衡，杆 AB 铅直。若 $P_1=3\text{kN}$，求 P_2 及 A、C 处的约束力。

3-15　组合结构的荷载及尺寸如习题 3-15 图所示，长度单位为 m。求支座约束力和 1、2、3 链杆的内力。

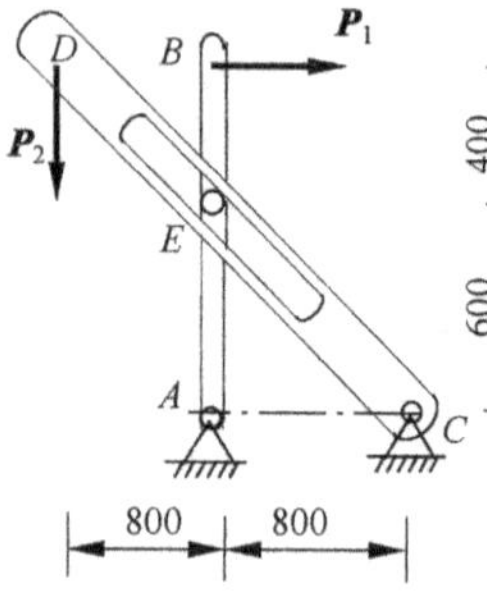

习题 3-14 图

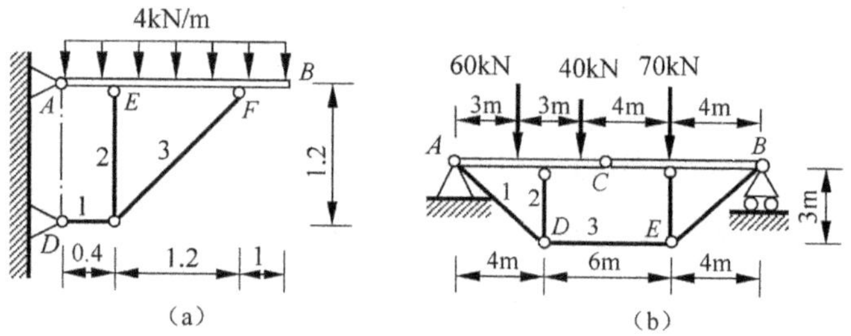

习题 3-15 图

3-16　支架 CDE 上受均布载荷作用，载荷集度 $q=100\text{N/m}$，E 端悬挂重力 $P=500\text{N}$ 的物体，几何尺寸及约束如习题 3-16 图所示。求支座 A 的约束力和杆 BD 所受的力。

3-17　构架如习题 3-17 图所示，已知：$F=10\text{kN}$，$l=2.5\text{m}$，试求支座 A 的约束力。

3-18　如习题 3-18 图所示结构，由刚体 AB、BD、DE 所组成。已知：$F=50\text{kN}$，$q=20\text{kN/m}$，$m=40\text{kN}\cdot\text{m}$，$a=2\text{m}$。试求固定端 A 的约束力。

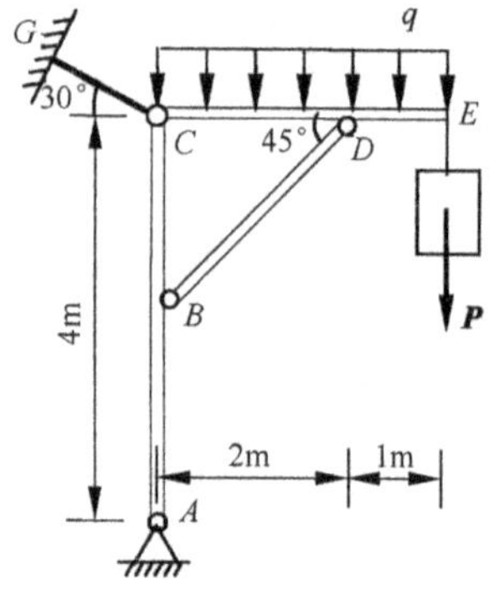

习题 3-16 图

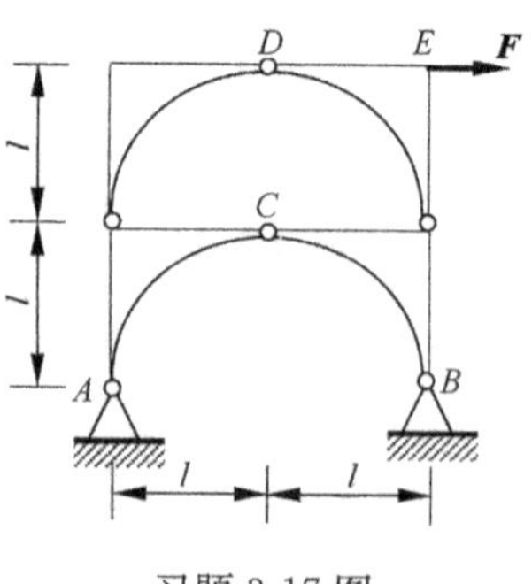

习题 3-17 图

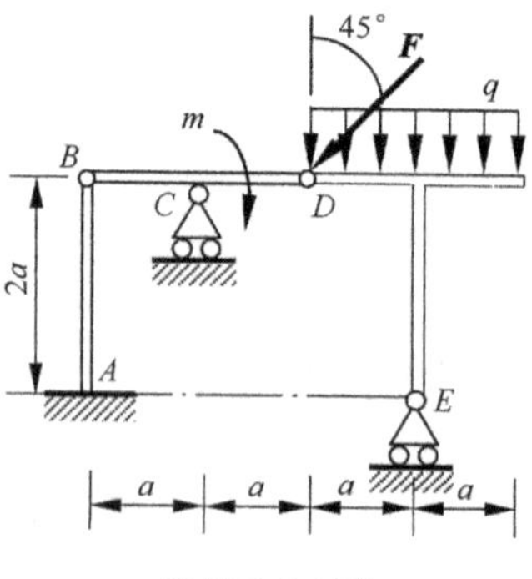

习题 3-18 图

3-19　平面屋架桁架，$F_1=F_2=20\text{kN}$，几何尺寸如习题 3-19 图所示。试求各杆内力。

3-20　平面悬臂桁架所受载荷及尺寸如习题 3-20 图所示。试求杆 1、2、3 的内力。

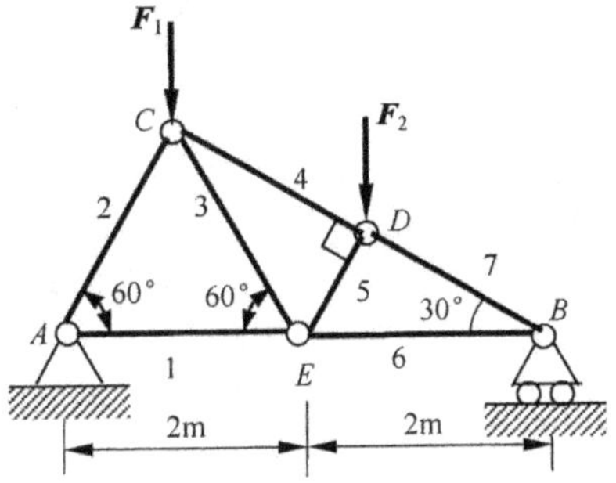

习题 3-19 图

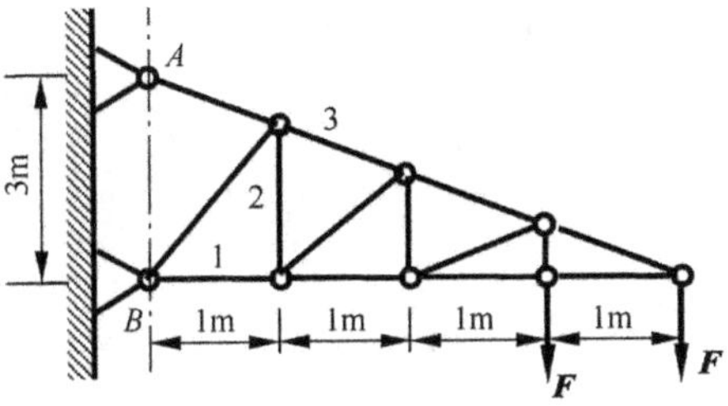

习题 3-20 图

第4章 摩　擦

4.1 概　述

前面几章中，我们在讨论物体的平衡问题时，假设两物体间的接触面是绝对光滑的，没有摩擦力的作用。有许多工程问题，由于物体之间具有良好的润滑条件或接触面比较光滑，此时，摩擦力的数值与法向反力相比非常小，在对问题作近似计算时，可将摩擦作为次要因素而略去不计，这样能够使问题的求解得到简化。

但是，绝对光滑的表面事实上是不存在的，在两物体间的接触面上一般都存在有摩擦。在很多问题中，摩擦往往是影响物体平衡或运动的重要因素，而必须加以考虑。例如，在图4.1(a)中所示的摩擦轮传动，在图4.1(b)中所示的摩擦制动器，车辆的启动和制动等，都是依靠摩擦来工作的。这些都是摩擦在工程中有利的一面。但在各种机械的运转中，摩擦使零部件产生磨损，消耗系统的能量，降低工作效率和使用寿命，从而影响机械的正常工作。研究摩擦的任务就在于掌握摩擦的基本规律，在工程中能够有效地利用摩擦或尽量地减小摩擦，避免它的不利影响。

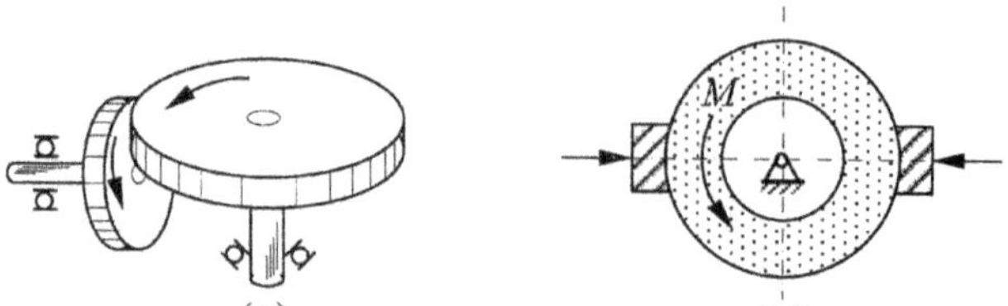

(a)　　　　　　　　(b)

图4.1

摩擦是机械运动中普遍存在着的客观现象。研究摩擦的机理和摩擦力的性质是一个非常复杂的问题，现已形成一门新的分支学科。在本章中，仅限于根据摩擦的基本理论，研究有关存在摩擦时物体的平衡问题，作为对理想化光滑约束的补充。

按照两接触物体之间的相对运动形式，摩擦可分为滑动摩擦和滚动摩阻，滑动摩擦又可分为静滑动摩擦和动滑动摩擦。本章主要讨论静滑动摩擦问题，对于滚动摩阻只介绍基本概念。

4.2 滑动摩擦

4.2.1 静滑动摩擦

1. 静滑动摩擦力

当两个相互接触的物体在其接触面之间有相对滑动趋势，但仍保持相对静止时，彼此间作用着的阻碍物体相对滑动的力称为**静滑动摩擦力**，简称为**静摩擦力**，表示为 $\boldsymbol{F}_s$。设重量为 $\boldsymbol{P}$ 的物块置放在固定水平面上，在没有其他主动力作用时，如图4.2(a)所示，显然，物块在重力 $\boldsymbol{P}$ 和法向反力 $\boldsymbol{F}_N$ 的作用下处于平衡，这时物块相对于支承面无相对滑动，在接触面之间也不存在摩擦力，故 $\boldsymbol{F}_s=\mathbf{0}$。现施加一个水平向右的外力 $\boldsymbol{F}$，如图 4.2(b)所示，当 $\boldsymbol{F}$ 由零开始逐渐增加且其大小不超过某一数值时，物块虽有水平向右的滑动趋势，但仍保持平衡。此时，支承面作用在物块上的约束反力，除了有法向反力 $\boldsymbol{F}_N$外，还有一个与 $\boldsymbol{F}$ 方向相反的静摩擦力 $\boldsymbol{F}_s$，它阻碍了物块的相对滑动。可见，静摩擦力的方向沿着接触处的公切线且与物块的相对滑动趋势方向相反。这样，可把静摩擦力看作为支承面对物块作用的切线方向的约束反力。同其他的约束反力一样，静摩擦力的大小需由平衡条件来确定，即

$$\sum F_x = 0 \qquad -F_s + F = 0$$

得

$$F_s = F$$

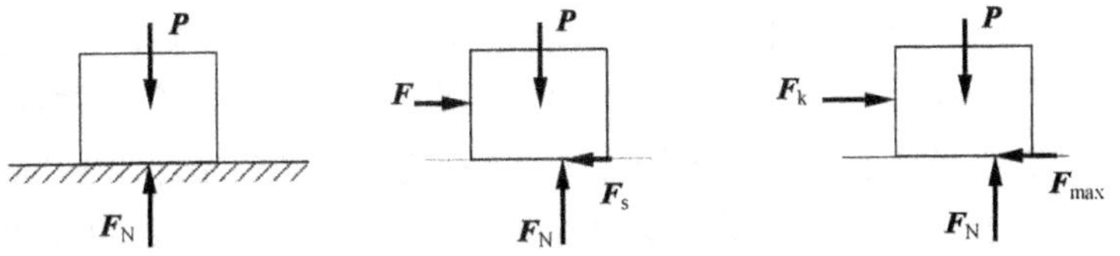

图 4.2

从上式可知，静摩擦力 $\boldsymbol{F}_s$的大小随主动力 $\boldsymbol{F}$ 的增加而增加。但是，静摩擦力又与一般的约束反力不同，它不可能随着主动力的增加而无限度地增加。当力 $\boldsymbol{F}$ 的大小达到某极限数值 $\boldsymbol{F}_k$时，如图 4.2(c)所示，物块就会处于将要滑动但尚未开始滑动的临界平衡状态，此时，静摩擦力达到最大值称为**最大静滑动摩擦力**，简称为**最大静摩擦力**，表示为 $\boldsymbol{F}_{max}$。若主动力 $\boldsymbol{F}$ 再继续增大，这时静摩擦力不会再随之增大，物块的平衡就会被破坏从而发生滑动。由上可知，静摩擦力的大小随主动力而变化，但介于零与最大值之间，即

$$0 \leqslant F_s \leqslant F_{max} \tag{4-1}$$

2. 静滑动摩擦定律

大量的实验表明，最大静摩擦力的大小与相互接触的两物体间的法向反力成正比，即

$$F_{max} = f_s F_N \tag{4-2}$$

这就是**静滑动摩擦定律**，又称**库仑摩擦定律**。式中 f_s是一个无量纲的比例常数，称为**静滑动摩擦系数**，简称为**静摩擦系数**，其大小需由实验测定，它与相互接触两物体的材料及其表面状况(如粗糙度、润滑程度、湿度等)有关，而与接触面积的大小无关。

应当指出，式(4-2)仅是一个近似公式，它远不能完全反映出静滑动摩擦的复杂性。但由于公式简单，计算方便，并且有足够的准确性，所以在工程中仍被广泛使用。

静滑动摩擦定律给我们提供了利用和减小摩擦的途径。当需要增大摩擦时，可以通过加大法向反力或提高静摩擦系数的方法来实现，例如，在皮带传动中，可以使用张紧轮，也可以用三角皮带来代替平皮带，从而提高皮带与皮带轮之间的摩擦力。需要减小摩擦时，可设法减小静摩擦系数，例如，采用提高接触表面的光洁度、加入润滑剂等方法。

4.2.2 动滑动摩擦

1. 动滑动摩擦力

当两个相互接触的物体在其接触面之间有相对滑动时，彼此间作用着的阻碍物体相对滑

动的力称为**动滑动摩擦力**，简称为**动摩擦力**，表示为 $\boldsymbol{F}'$。由前面的分析可知，当静摩擦力 $\boldsymbol{F}_s$达到最大静摩擦力 $\boldsymbol{F}_{max}$时，若主动力 $\boldsymbol{F}$ 再继续增大，这时 $\boldsymbol{F}_{max}$已不足以阻碍物块的滑动，物块将失去平衡而发生相对滑动。此时，接触面给物体作用的摩擦力为动摩擦力 $\boldsymbol{F}'$，动摩擦力的方向沿着接触处的公切线且与物体的相对速度方向相反。

2. 动滑动摩擦定律

通过实验也可以得到与静滑动摩擦定律相似的动滑动摩擦定律，动摩擦力的大小与相互接触的两物体间的法向反力成正比，即

$$F' = fF_N \tag{4-3}$$

式中，f 也是一个无量纲的比例常数，称为**动滑动摩擦系数**，简称为**动摩擦系数**，其大小需由实验测定。一般情形下，动摩擦系数小于静摩擦系数，即 $f<f_s$。动摩擦系数除了与相互接触两物体的材料及表面状况（如粗糙度、润滑程度、湿度等）有关外，还与相对滑动速度的大小有关，随着相对滑动速度的增大，动摩擦系数略有减小。在工程计算中，若计算精度要求不高时，可以不考虑速度变化对动摩擦系数的影响，而近似认为动摩擦系数为一个常数。

一般材料摩擦系数的数值可在机械工程手册中查到，在表 4.1 中给出了部分常用材料的 f 和 f_s数值。

表 4.1　常用材料的滑动摩擦系数

接触面的材料	静摩擦系数 f_s		动摩擦系数 f	
	无润滑剂	有润滑剂	无润滑剂	有润滑剂
钢-钢	0.14	0.10～0.12	0.14	0.04～0.10
钢-铸铁	0.30		0.18	0.04～0.14
钢-青铜	0.14	0.10～0.14	0.14	0.10～0.14
铸铁-铸铁		0.18	0.14	0.07～0.12
铸铁-青铜			0.14～0.20	0.07～0.14
青铜-青铜		0.10	0.20	0.07～0.10
皮革-铸铁	0.30～0.40	0.14	0.60	0.14
橡皮-铸铁			0.80	0.40
木-木	0.40～0.60	0.10	0.20～0.40	0.07～0.14

注：此表摘自《机械设计手册》（燃料化学工业出版社）

4.3　摩擦角与自锁现象

4.3.1　摩擦角

物块置放在固定水平面上（图中主动力未画出）。在考虑摩擦时，如图 4.3(a)所示，支承面对平衡物块作用的约束反力包括两个分量，即法向反力 $\boldsymbol{F}_N$和切向反力-静摩擦力 $\boldsymbol{F}_s$，这两个反力的矢量和 $\boldsymbol{F}_R=\boldsymbol{F}_N+\boldsymbol{F}_s$称为支撑面对物块的**全反力**，$\boldsymbol{F}_R$的作用线与接触面公法线的夹角为 φ，可知

$$\tan\varphi = \frac{F_s}{F_N}$$

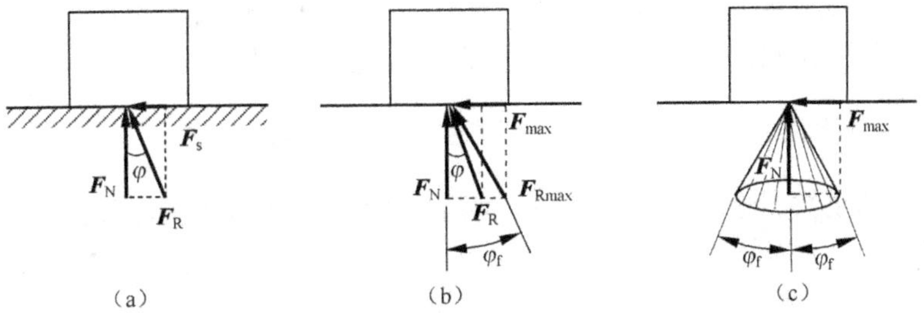

图 4.3

随着静摩擦力的增大，角 φ 也相应增大。当物块处于将滑未滑的临界平衡状态时，如图 4.3(b)所示，静摩擦力 $\boldsymbol{F}_s$达到最大值 $\boldsymbol{F}_{max}$，全反力 $\boldsymbol{F}_R$也达到**最大全反力** $\boldsymbol{F}_{Rmax}=\boldsymbol{F}_N+\boldsymbol{F}_{max}$，此时，$\boldsymbol{F}_{Rmax}$的作用线与公法线的夹角 φ_f 称为**摩擦角**，并有

$$\tan\varphi_f=\frac{F_{max}}{F_N}=\frac{f_sF_N}{F_N}=f_s \tag{4-4}$$

式(4-4)表明：摩擦角的正切等于静摩擦系数。摩擦角 φ_f 与摩擦系数 f_s一样，也是一个反映材料摩擦性质的物理量。

当物块平衡时，由于静摩擦力 $\boldsymbol{F}_s$可在零与最大值 $\boldsymbol{F}_{max}$之间变化，即 $0\leqslant F_s\leqslant F_{max}$，所以，全反力 $\boldsymbol{F}_R$的作用线与公法线的夹角 φ 也在零与摩擦角 φ_f 之间变化，即

$$0\leqslant\varphi\leqslant\varphi_f \tag{4-5}$$

又由于静摩擦力不可能超过其最大值，因此，全反力的作用线也不可能超出摩擦角以外，即，平衡时全反力的作用线必在摩擦角内。

当物体的滑动趋势方向发生改变时，全反力作用线的方位也随之发生改变，对应于每一个方向，都有一个全反力的极限位置。由这些最大全反力的作用线组成的锥面，称为**摩擦锥**。如果物体与支承面之间沿任何方向的静摩擦系数都相同，即摩擦角 φ_f 是一个常量时，如图 4.3(c)所示，摩擦锥是一个顶角为 $2\varphi_f$ 的圆锥面。

4.3.2 自锁现象及自锁条件

设作用在物块上的全部主动力的合力为 $\boldsymbol{F}_p$，其作用线与公法线的夹角为 θ。当$\theta\leqslant\varphi_f$时，如图 4.4(a)所示，只要 $\boldsymbol{F}_p$的作用线位于摩擦锥之内或其表面时，则不论这个力有多大，全反力 $\boldsymbol{F}_R$ 与 $\boldsymbol{F}_p$ 一定能够满足二力平衡条件，即 $\theta=\varphi\leqslant\varphi_f$，物块总能平衡。依靠摩擦维持平衡的物体，不论所受主动力的大小如何，物体总能处于平衡状态，这种现象称为**自锁**。而当$\theta>\varphi_f$时，如图 4.4(b)所示，只要 $\boldsymbol{F}_p$的作用线位于摩擦锥之外时，则不论这个力有多小，$\boldsymbol{F}_R$与 $\boldsymbol{F}_p$一定不可能满足二力平衡条件，物块必不平衡。可见，引入摩擦角的概念后

$$\theta\leqslant\varphi_f \tag{4-6}$$

是考虑摩擦时物体平衡的一个几何条件。这种与力的大小无关而与摩擦角有关的平衡条件，称为**自锁条件**。

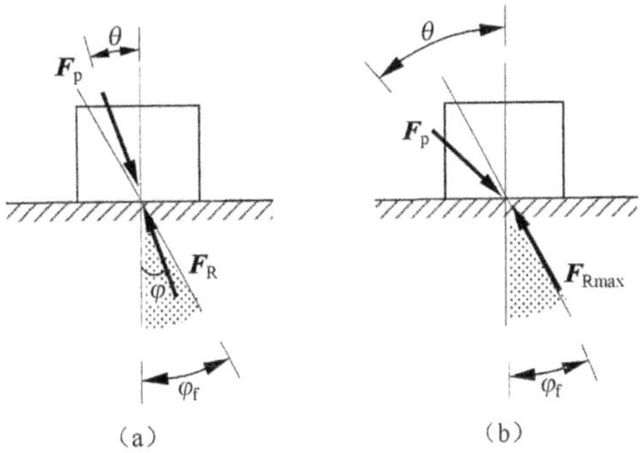

图 4.4

在工程中往往利用摩擦自锁原理，例如，螺旋千斤顶举起重物后不会自行滑落，设计夹具来夹紧工件，电工使用脚套钩时不会沿电线杆向下滑动等。

4.3.3 物块在斜面上的自锁条件——一种测定静摩擦系数的方法

设自重为 $\boldsymbol{P}$ 的物块置放在倾角为 α 的斜面上，物块与斜面间的摩擦角为 φ_f 。当主动力即自重 $\boldsymbol{P}$ 的作用线与斜面法线的夹角（也就是斜面的倾角）不大于摩擦角，即当 $\alpha \leqslant \varphi_f$ 时，如图 4.5(a)、(b)所示，不论该物块有多重，它都不可能沿斜面向下发生滑动，而始终处于二力平衡状态；当 $\alpha > \varphi_f$时，由图 4.5(c)所示，由于 $\boldsymbol{P}$ 的作用线已在摩擦角之外，这时，不论该物块有多轻，它一定要沿斜面向下发生滑动，而不可能平衡。由此可得到物块在斜面上的自锁条件是：斜面倾角小于等于摩擦角，它与物块本身重量的大小无关，即

$$\alpha \leqslant \varphi_f \tag{4-7}$$

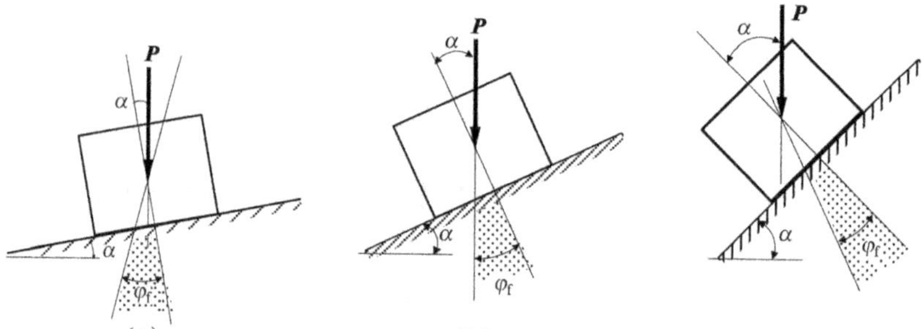

图 4.5

在测定两种材料间的静摩擦系数时，可把一种材料做成物块，另一种材料做成可绕点 O 转动的平板，如图 4.6 所示。然后逐渐增加平板的倾角，直至物块在平板上处于将滑未滑的临界平衡状态，此时，量出的平板倾角 α 就是所测两种材料的摩擦角 φ_f，再由 $\tan\varphi_f = f_s$，即可计算出静摩擦系数。

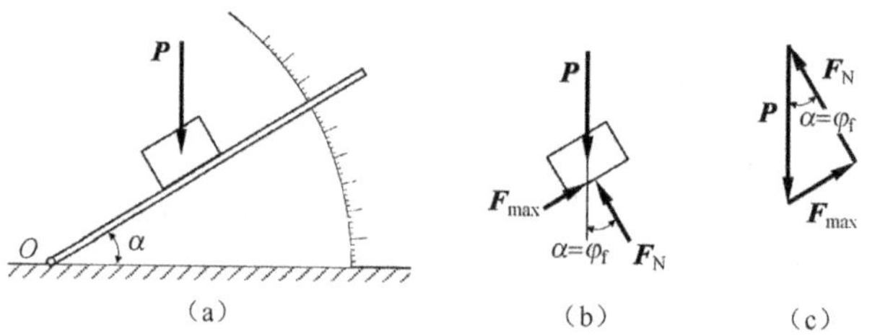

图 4.6

4.4 考虑摩擦时平衡问题的求解

求解考虑摩擦时的有关平衡问题，其解题方法及步骤和前几章基本相同。不同的是，在受力分析时必须要考虑静摩擦力。由于物体平衡时静摩擦力的大小介于零与最大值之间，即 $0 \leqslant F_s \leqslant F_{max}$，所以，在求解时应根据题目给定的具体条件，首先判断物体处于何种平衡状态。当物体处于非临界平衡状态时，静摩擦力 $\boldsymbol{F}_s$ 是一个独立的未知量，其大小与方向要由平衡条件来确定；当物体处于临界平衡状态时，由于静摩擦力达到最大值 F_{max}，应补充方程

$$F_{max} = f_s F_N$$

F_{max}的方向总是与物体的相对滑动趋势方向相反。

考虑摩擦时，在求解物体平衡的问题中，可以采用解析法或几何法。解析法的特点是，除了要列出平衡方程外，还需列出补充方程(即静摩擦定律)$F_{max}=f_sF_N$，然后再联立求解。几何法的特点是，不需要考虑单独的法向反力和静摩擦力，而只考虑全反力，当物体处于临界平衡状态时，还需应用摩擦角的概念，通常用于求解有关平面汇交力系的平衡问题。

由于物体平衡时静摩擦力有一个取值范围，所以考虑摩擦时平衡问题的解也往往具有一个取值范围。一般需要考虑临界平衡状态，求得结果后，再分析讨论其解的取值范围。

例 4-1 重量为 $\boldsymbol{P}$ 的物块置放在倾角为 α 的斜面上，如图 4.7(a)所示。已知物块与斜面间的摩擦系数为 f_s，摩擦角为 φ_f，且知 $\alpha>\varphi_f$。试求：使物块在斜面上保持平衡时，作用在物块上的水平推力 $\boldsymbol{F}$ 的取值范围。

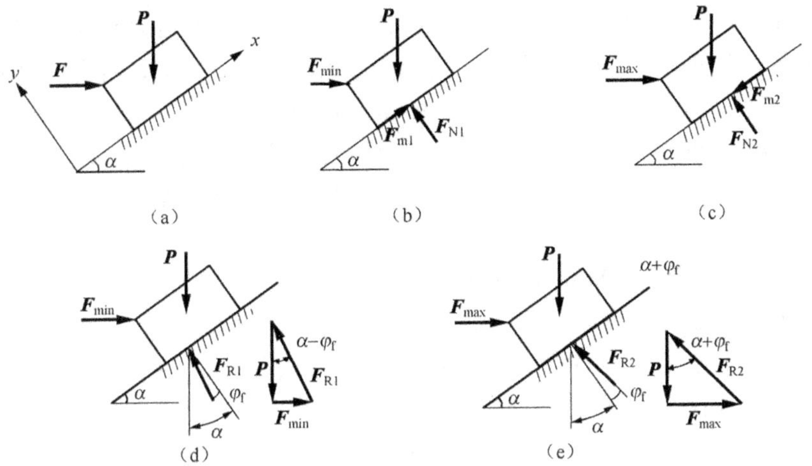

图 4.7

解 由题目可知，由于斜面的倾角 α 大于摩擦角 φ_f，所有在没有水平推力 $\boldsymbol{F}$ 作用时，物块不满足自锁条件将沿着斜面向下发生滑动。在水平推力作用下，若 $\boldsymbol{F}$ 太小，物块仍将沿斜面向下滑动；而 $\boldsymbol{F}$ 太大时，物块又将沿斜面向上滑动。因此，要使物块在斜面上处于平衡，应当区分以下两种情形来加以讨论。下面我们分别采用解析法和几何法来进行求解。

1)解析法

先求使物块不致下滑时所需水平推力的最小值 F_{min}。取物块为研究对象。在此时，物块处于沿斜面向下滑动的临界平衡状态，最大静摩擦力 $\boldsymbol{F}_{m1}$ 与物块的相对滑动趋势方向相反，即沿斜面向上，斜面作用在物块上的法向反力为 $\boldsymbol{F}_{N1}$，受力如图 4.7(b)所示。列平衡方程和静摩擦定律

$$\sum F_x=0\quad F_{min}\cos\alpha+F_{m1}-P\sin\alpha=0 \tag{a}$$

$$\sum F_y=0\quad -F_{min}\sin\alpha+F_{N1}-P\cos\alpha=0 \tag{b}$$

$$F_{m1}=f_sF_{N1} \tag{c}$$

把式(c)代入式(a)，再与式(b)解得

$$F_{min}=\frac{\sin\alpha-f_s\cos\alpha}{\cos\alpha+f_s\sin\alpha}P$$

再求使物块不致上滑时所需水平推力的最大值 F_{max}。在此时，物块处于沿斜面向上滑动的临界平衡状态，最大静摩擦力 $\boldsymbol{F}_{m2}$ 与物块的相对滑动趋势方向相反，即沿斜面向下，斜面作用在物块上的法向反力为 $\boldsymbol{F}_{N2}$，受力如图 4.7(c)所示。列平衡方程和静摩擦定律

$$\sum F_x = 0 \quad F_{max}\cos\alpha - F_{m2} - P\sin\alpha = 0 \tag{d}$$

$$\sum F_y = 0 \quad -F_{max}\sin\alpha + F_{N2} - P\cos\alpha = 0 \tag{e}$$

$$F_{m2} = f_s F_{N2} \tag{f}$$

同理可解得
$$F_{max} = \frac{\sin\alpha + f_s\cos\alpha}{\cos\alpha - f_s\sin\alpha}P$$

最后可以得到，使物块在斜面上处于平衡时水平推力 $\boldsymbol{F}$ 应当满足的条件为

$$\frac{\sin\alpha - f_s\cos\alpha}{\cos\alpha + f_s\sin\alpha}P = F_{min} \leqslant F \leqslant F_{max} = \frac{\sin\alpha + f_s\cos\alpha}{\cos\alpha - f_s\sin\alpha}P \tag{g}$$

2）几何法

当物块处于向下滑动的临界平衡状态时，斜面作用在物块上的最大全反力为 $\boldsymbol{F}_{R1} = \boldsymbol{F}_{m1} + \boldsymbol{F}_{N1}$，它的作用线与斜面法线的夹角为 φ_f。此时，$\boldsymbol{F}_{min}$、$\boldsymbol{P}$ 和 $\boldsymbol{F}_{R1}$ 满足三力平衡汇交定理，根据平面汇交力系平衡的几何法，可画出封闭的力三角形，如图 4.7(d)所示。由力三角形直接可得

$$F_{min} = \tan(\alpha - \varphi_f)P$$

同理，当物块处于向上滑动的临界平衡状态时，最大全反力为 $\boldsymbol{F}_{R2} = \boldsymbol{F}_{m2} + \boldsymbol{F}_{N2}$，它的作用线与斜面法线的夹角仍为 φ_f。由 $\boldsymbol{F}_{max}$、$\boldsymbol{P}$ 和 $\boldsymbol{F}_{R2}$ 做出的力三角形如图 4.7(e)所示，可得

$$F_{max} = \tan(\alpha + \varphi_f)P$$

最后可以得到，物块平衡时力 $\boldsymbol{F}$ 的取值范围为

$$\tan(\alpha - \varphi_f)P = F_{min} \leqslant F \leqslant F_{max} = \tan(\alpha + \varphi_f)P \tag{h}$$

在式(h)中，把 $\tan(\alpha - \varphi_f)$ 和 $\tan(\alpha + \varphi_f)$ 展开，并代入 $\tan\varphi_f = f_s$，同样也可得到式(g)。当物块处于临界平衡状态时，在受力分析中最大静摩擦力的方向不能假设，一定要与物块的相对滑动趋势方向相反。用解析法求解时，列出平衡方程后，需再补充建立方程 $F_{max} = f_s F_N$，然后联立求解；用几何法求解时，由于采用了摩擦角的概念，使解题过程得到简化，它比解析法具有更直观、简便的特点。

例 4-2 如图 4.8(a)所示，水平杆 AB 左端的套筒套在直径为 d 的圆柱上。已知套筒与圆柱间的静摩擦系数为 f_s，摩擦角为 φ_f，套筒的宽度为 b，杆 AB 自重不计。试求：杆 AB 在载荷 $\boldsymbol{P}$ 作用下不致发生向下滑动时，载荷作用线与圆柱中心线距离的最小值 l_{min}。

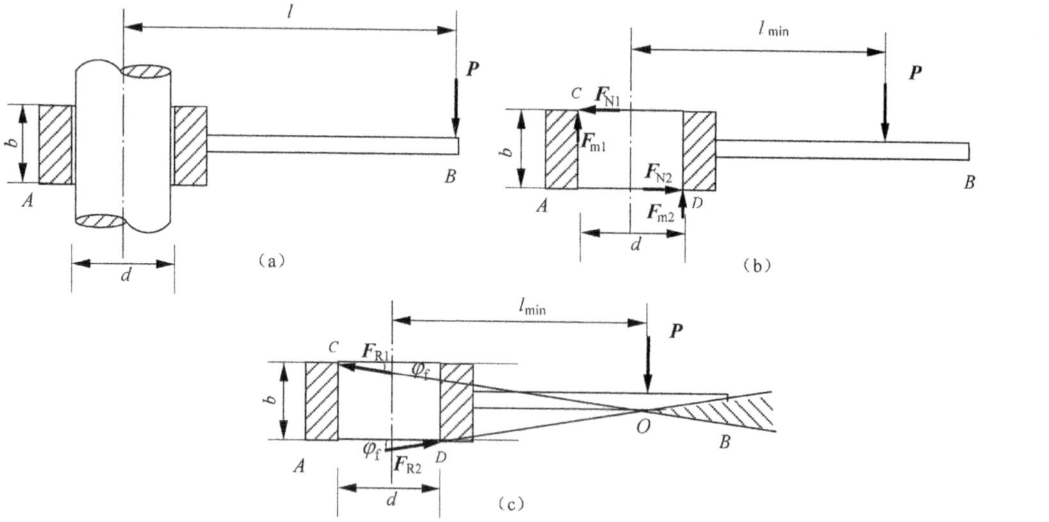

图 4.8

解 取杆 AB 为研究对象。在载荷 $\boldsymbol{P}$ 的作用下，杆 AB 将发生顺时针方向的微小偏转，并有沿圆柱向下的相对滑动趋势，圆柱在 C、D 两点处与套筒相接触，由此产生的法向反力和静摩擦力与载荷相平衡。设杆 AB 处于将滑未滑的临界平衡状态，此时 $l=l_{\min}$，在套筒的 C、D 两点处分别作用有 $\boldsymbol{F}_{N1}$、$\boldsymbol{F}_{m1}$ 及 $\boldsymbol{F}_{N2}$、$\boldsymbol{F}_{m2}$。其中最大静摩擦力 $\boldsymbol{F}_{m1}$ 和 $\boldsymbol{F}_{m2}$ 与杆 AB 的相对滑动趋势方向相反，如图 4.8(b)所示。下面，我们分别采用解析法和几何法来求解。

1)解析法

列平衡方程和静摩擦定律

$$\sum F_x = 0 \qquad -F_{N1} + F_{N2} = 0 \tag{a}$$

$$\sum F_y = 0 \qquad F_{m1} + F_{m2} - P = 0 \tag{b}$$

$$\sum M_D(\boldsymbol{F}) = 0 \qquad F_{N1}b - F_{m1}d - P(l_{\min} - d/2) \tag{c}$$

$$F_{m1} = f_s F_{N1} \tag{d}$$

$$F_{m2} = f_s F_{N2} \tag{e}$$

由式(a)和式(d)、(e)知 $\quad F_N = F_{N1} = F_{N2}, F_m = F_{m1} = F_{m2} = f_s F_N$

由式(b)得 $$F_N = \frac{P}{2f_s}$$

最后由式(c)可解得 $$l_{\min} = \frac{b}{2f_s} \tag{f}$$

2)几何法

取杆 AB 为研究对象。这时用最大全反力 $\boldsymbol{F}_{R1}$、$\boldsymbol{F}_{R2}$ 分别表示 C、D 两点处的法向反力和最大静摩擦力，并自 C、D 两点分别作与法线成夹角为 φ_f（即摩擦角）的直线，两直线相交于点 O，而点 O 至圆柱中心线的距离即为题目所求的 $l_{\min}$。由图 4.8(c)可得

$$b = \left(l_{\min} + \frac{d}{2}\right)\tan\varphi_f + \left(l_{\min} - \frac{d}{2}\right)\tan\varphi_f \tag{g}$$

把 $\tan\varphi_f = f_s$ 代入上式，同样可得到与式(f)相同的结果。由计算结果可知，当载荷 $\boldsymbol{P}$ 作用线与圆柱中心线的距离满足条件 $l \geqslant l_{\min}$ 时，杆 AB 一定不会发生向下的滑动，即必能被“卡在”圆柱上而处于自锁状态；反之，若要求不被卡住时，应满足条件 $l < l_{\min}$。

例 4-3 如图 4.9(a)所示，杆 OA 和杆 OB 用铰链 O 相连接，两杆间置放重量为 $\boldsymbol{P}$、半径为 r 的圆柱，在大小相等、方向相反的两个水平力的作用下处于平衡，且 $\boldsymbol{F}_1 = -\boldsymbol{F}_2$。已知杆与圆柱间的摩擦系数为 f_s，摩擦角为 φ_f，不计两杆自重及铰链 O 处的摩擦。试求：系统平衡时水平力的取值范围。

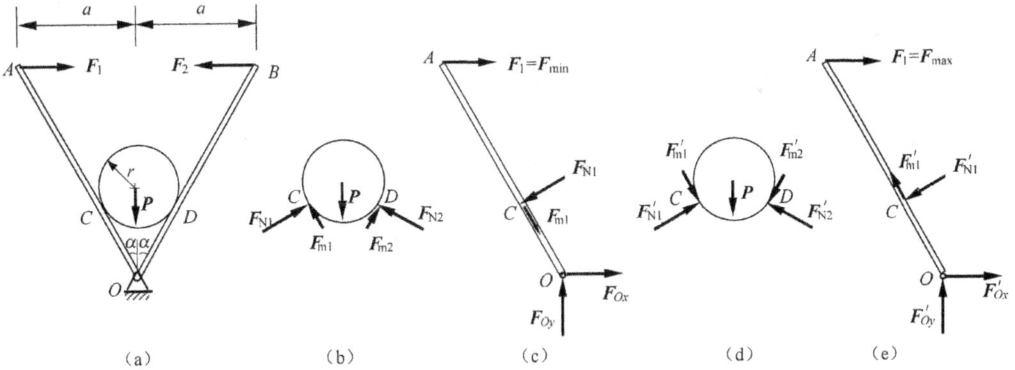

图 4.9

解 本题是求解考虑摩擦时物体系统的平衡问题。由对称性可知，$F_1=F_2=F$。要确定系统平衡时水平力 F 的取值范围，应当考虑两种临界平衡状态：一种情形是，当 F 取 $F_{\min}$ 时，力仅仅阻止圆柱向下滑动；另一种情形是，当 F 取 $F_{\max}$ 时，圆柱又即将向上发生滑动。

(1)当 $F=F_{\min}$ 时，圆柱处于向下滑动的临界平衡状态。先取圆柱为研究对象。在圆柱上除了作用有自重 $\boldsymbol{P}$ 外，在点 C、D 还分别作用有 $\boldsymbol{F}_{N1}$、$\boldsymbol{F}_{m1}$ 和 $\boldsymbol{F}_{N2}$、$\boldsymbol{F}_{m2}$，而 $\boldsymbol{F}_{m1}$ 及 $\boldsymbol{F}_{m2}$ 的方向分别沿杆 OA、OB 斜向上，受力如图 4.9(b)所示。列平衡方程和静摩擦定律：

由对称性或从 $\sum F_x=0$ 可得

$$F_N=F_{N1}=F_{N2}$$

$$F_m=F_{m1}=F_{m2}=f_sF_N$$

再由 $\qquad \sum F_y=0 \qquad 2F_m\cos\alpha+2F_N\sin\alpha-P=0$

解得

$$F_N=\frac{P}{2(\sin\alpha+f_s\cos\alpha)}$$

再取杆 OA 为研究对象，受力如图 4.9(c)所示。

$$\sum M_O(\boldsymbol{F})=0 \qquad \frac{r}{\tan\alpha}F_N-\frac{a}{\tan\alpha}F_{\min}=0$$

解得

$$F_{\min}=\frac{r}{2a(\sin\alpha+f_s\cos\alpha)}P$$

(2)当 $F=F_{\max}$ 时，圆柱处于向上滑动的临界平衡状态。同理，再分别取圆柱和杆 OA 为研究对象，受力如图 4.9(d)、(e)所示，可解得

$$F_{\max}=\frac{r}{2a(\sin\alpha-f_s\cos\alpha)}P$$

最后可以得到，系统平衡时水平力 F 应当满足的条件为

$$\frac{r}{2a(\sin\alpha+f_s\cos\alpha)}P=F_{\min}\leqslant F\leqslant F_{\max}=\frac{r}{2a(\sin\alpha-f_s\cos\alpha)}P$$

若采用摩擦角表示上式，把 $f_s=\tan\varphi_f$ 代入后，上式又可以表示为

$$\frac{r\cos\varphi_f}{2a\sin(\alpha+\varphi_f)}P=F_{\min}\leqslant F\leqslant F_{\max}=\frac{r\cos\varphi_f}{2a\sin(\alpha-\varphi_f)}P$$

由上式可见，当 $\alpha\to\varphi_f$ 时，水平力 $F_{\max}\to\infty$，即不论 F 有多大，圆柱都不会向上发生滑动而一定会产生自锁。求解此题时，采用解析法要比几何法更简单些(为什么?)。另外，读者可自行分析，若圆柱的自重不计时，确定圆柱被两杆夹紧而不产生滑动时，两杆间的夹角 $2\alpha_{\max}$ 应等于多少?

例 4-4 制动器如图 4.10(a)所示。起吊重物 E 的重量为 $\boldsymbol{P}$，鼓轮 D 的重量为 $\boldsymbol{P}_1$，图中 a、b、h 及 r、R 均为已知。试求：在杆 AB 上作用制动力 $\boldsymbol{F}$ 并使整个系统处于平衡时，闸块与鼓轮表面间的静摩擦系数 f_s 的数值应为多大?

解 本题也是求解考虑摩擦时物体系统的平衡问题。可先设整个系统处于一般平衡位置，此时，闸块与鼓轮表面间的静摩擦力 $\boldsymbol{F}_s$ 可视为一个独立的未知数。由于系统平衡时，$\boldsymbol{F}_s$ 有一个取值范围，即 $0\leqslant F_s\leqslant F_{\max}$，所以可由平衡方程求出 F_s 后，再通过不等式来进行求解。

先取鼓轮 D 和重物 E 为研究对象。受力如图 4.10(c)所示，在固定铰链支座 O 处作用有约束反力 $\boldsymbol{F}_{Ox}$、$\boldsymbol{F}_{Oy}$，鼓轮 D 在重力 $\boldsymbol{P}$ 的作用下有逆时针方向的转动趋势，闸块在鼓轮上作用有法向反力 $\boldsymbol{F}_N$，还有过点 C 沿着切线方向且水平向右的静摩擦力 $\boldsymbol{F}_s$。

列平衡方程：

$$\sum M_O(\boldsymbol{F})=0 \qquad -F_sR+Pr=0 \tag{a}$$

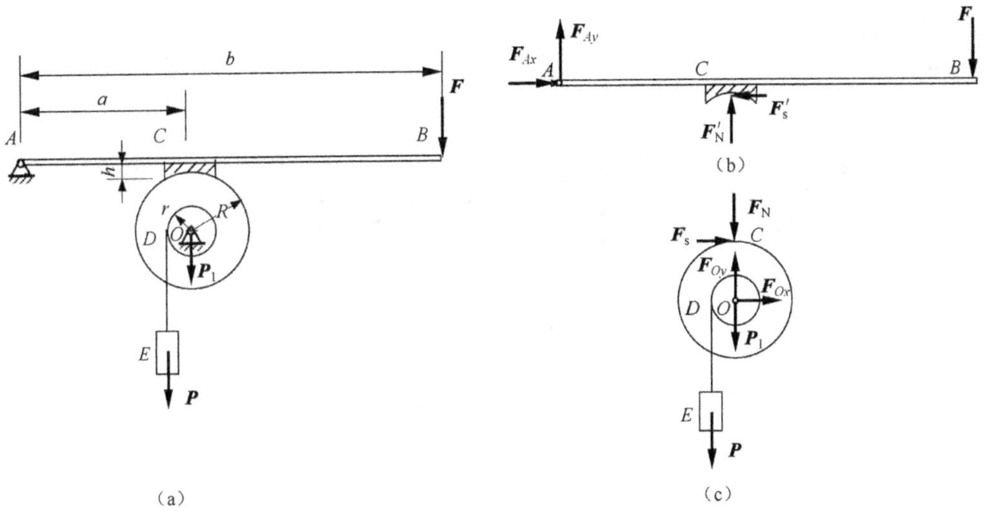

图 4.10

再取杆 AB 为及闸块 C 为研究对象。受力如图 4.10(b)所示，列平衡方程

$$\sum M_A(\boldsymbol{F}) = 0 \qquad -F_s h + F_N a - Fb = 0 \tag{b}$$

补充方程

$$F_s \leqslant F_{max} = f_s F_N \tag{c}$$

由式(a)得

$$F_s = \frac{r}{R}P \tag{d}$$

将上式代入式(b)

$$F_N = \frac{hrP + bRF}{aR} \tag{e}$$

再把式(d)、(e)代入式(c)，最后可得

$$f_s \geqslant f_{s\min} = \frac{arP}{hrP + bRF}$$

由计算结果可知，当制动力 $\boldsymbol{F}$ 保持不变时，在选取闸块与鼓轮表面间的摩擦系数 f_s时，只有满足力学条件 $f_s \geqslant f_{s\min}$，系统才能够处于平衡。并可知，当制动力 $\boldsymbol{F}$ 增大时，f_s的数值可较小些。另外读者还可自行分析，在已知 f_s时，使鼓轮制动时所必需作用的制动力 $\boldsymbol{F}$ 的大小为多少？固定铰链支座 O、A 处的约束反力又如何求解？

例 4-5 重量为 $\boldsymbol{P}$ 的物块置放在水平面上，在距物块底面 h 处作用水平向右的力 $\boldsymbol{F}$，如图 4.11(a)所示。已知 b、h，物块与水平面间的静摩擦系数为 f_s。试问：当力 $\boldsymbol{F}$ 逐渐增加时，物块是先开始发生滑动还是先开始发生翻倒？并计算物块刚开始发生运动时力 $\boldsymbol{F}$ 的数值。

解 取物块为研究对象。当 $\boldsymbol{F}=\mathbf{0}$，即在物块上没有作用水平力时，物块无运动趋势，底面上没有摩擦力，此时，物块在重力 $\boldsymbol{P}$ 与法向反力 $\boldsymbol{F}_N$的作用下处于二力平衡状态，如图 4.11(b)所示。当物块在水平力 $\boldsymbol{F}$ 的作用下处于平衡时，在底面上产生静摩擦力 $\boldsymbol{F}_s$的同时，法向反力 $\boldsymbol{F}_N$作用线的位置，也要从底面中点 C 向物块相对滑动趋势的前方平行偏移一个距离 d。当力 $\boldsymbol{F}$ 的大小逐渐增加时，偏移距离 d 的长度以及 $\boldsymbol{F}_s$的大小都要随着同时增加，但这两者的值都有一个极限值。当静摩擦力达到其最大值即 $F_s = F_{max}$时，物块可能要发生滑动并处于将滑而未滑的临界平衡状态，如图 4.11(c)所示；当法向反力 $\boldsymbol{F}_N$的作用线偏移到底面上的点 B 即 $d=b/2$ 时，物块又可能要发生翻倒并处于将翻而未翻的临界平衡状态，如图 4.11(d)所示。一般来说，$\boldsymbol{F}_s$和 d 的值不一定会同时达到极限值。因此，在解决此类问题时要分别讨论以下两种情形，并进行分析比较。

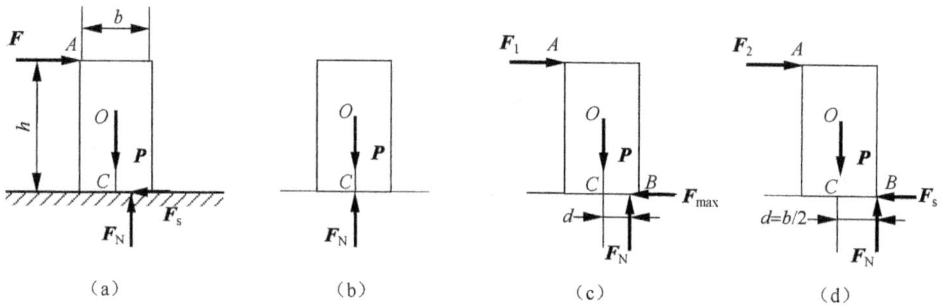

图 4.11

(1)先假设物块在力 $\boldsymbol{F}_1$的作用下处于滑动的临界平衡状态,受力如图 4.11(c)所示。列平衡方程和静摩擦定律方程

$$\sum F_x = 0 \qquad -F_{max} + F_1 = 0 \tag{a}$$

$$\sum F_y = 0 \qquad F_N - P = 0 \tag{b}$$

补充方程
$$F_{max} = f_s F_N \tag{c}$$

由以上方程解得
$$F_1 = f_s P \tag{d}$$

(2)再假设物块在力 $\boldsymbol{F}_2$的作用下处于翻倒的临界平衡状态,受力如图 4.11(d)所示。列平衡方程

$$\sum M_B(\boldsymbol{F}) = 0 \qquad -F_2 h + Pb/2 = 0 \tag{e}$$

解得
$$F_2 = \frac{b}{2h}P \tag{f}$$

由式(d)、(f)可知,若不滑动时,须有 $F \leqslant F_1$;而不翻倒时,须有 $F \leqslant F_2$。通过进一步分析还可知:

当 $F_1 < F_2$,即 $f_s < \dfrac{b}{2h}$ 时,在未翻倒前,物块一定先开始发生滑动;

当 $F_1 > F_2$,即 $f_s > \dfrac{b}{2h}$ 时,在未滑动前,物块一定先开始发生翻倒;

当 $F_1 = F_2$,即 $f_s = \dfrac{b}{2h}$ 时,滑动与翻倒将同时发生。

例如,已知 $P=4\text{kN}$,$f_s=0.24$,$b=1\text{m}$,$h=1.4\text{m}$ 时,可得 $F_1=0.96\text{kN}$,$F_2=1.43\text{kN}$。由于 $F_1<F_2$(或 $f_s=0.24<\dfrac{b}{2h}=0.36$),所以物块是先开始发生滑动的,表明物块刚开始发生运动时所需作用水平力的大小为 $F=F_1=0.96\text{kN}$。

4.5 滚动摩阻

4.5.1 滚动摩阻力偶

设重量为 $\boldsymbol{P}$、半径为 R 的圆滚置放在固定水平面上,如图 4.12(a)所示。显然,圆滚在重力 $\boldsymbol{P}$ 和法向反力 $\boldsymbol{F}_N$的作用下处于平衡,这时圆滚相对于支撑面无相对滚动,在接触面之间也不存在摩擦力,故 $F_s=0$。现在圆滚中心 O 点处施加一个较小的水平向右的外力 $\boldsymbol{F}$,如图 4.12(b)所示,当 $\boldsymbol{F}$ 由零开始逐渐增加且其大小不超过某一数值时,圆滚虽有沿支承面水平向右的滚动趋势，但仍处于平衡状态。通过受力分析可知，在接触点 A 处有法向反力 $\boldsymbol{F}_N$，它与重力 $\boldsymbol{P}$ 等值、反向且共线；还有切向反力-静摩擦力 $\boldsymbol{F}_s$，它阻止圆滚的滑动，但 $\boldsymbol{F}_s$ 与 $\boldsymbol{F}$ 等值、反向而不共线，又组成为一个主动力偶($\boldsymbol{F}$,$\boldsymbol{F}_s$)，它促使圆滚发生滚动。事实上，当 $\boldsymbol{F}$ 较小时，圆滚仍然保持平衡。这表明，在接触处产生静滑动摩擦力的同时，还一定会产生一个与主动力偶($\boldsymbol{F}$,$\boldsymbol{F}_s$)相平衡的约束反力偶，从而阻止圆滚的滚动，把该约束反力偶称为**滚动摩阻力偶**，简称为**滚阻力偶**，其矩称为**滚阻力偶矩**，表示为 M_f，它的转向与圆滚的滚动趋势方向相反。由静力学平衡方程

$$\sum F_x = 0 \qquad -F_s + F = 0$$

$$\sum M_A(\boldsymbol{F}) = 0 \qquad M_f - FR = 0$$

得

$$F_s = F, \qquad M_f = FR$$

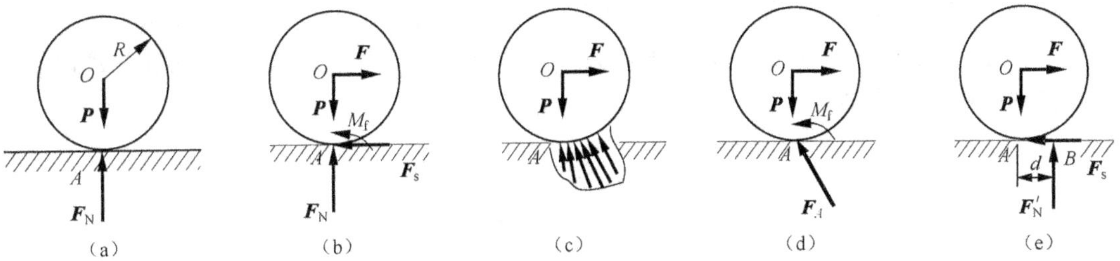

图 4.12

关于滚阻力偶产生的原因可作如下分析：实际上，支承面并不是刚性的，在外力的作用下会发生变形，当两者压紧时，在圆滚的接触面上受到了一个分布力系的作用，如图 4.12(c)所示。若将该力系向圆滚的最低点 A 进行简化，如图 4.12(d)所示，可得到一个力 $\boldsymbol{F}_A$ 和一个力偶 M_f，力 $\boldsymbol{F}_A$ 又可以分解为法向反力 $\boldsymbol{F}_N$ 和静滑动摩擦力 $\boldsymbol{F}_s$，而该力偶就是滚阻力偶 M_f。另外，还可以根据力线平移定理的逆过程，把作用在 A 点的法向反力 $\boldsymbol{F}_N$ 与 M_f 合成为作用在 B 点的一个力 $\boldsymbol{F}'_N$，如图 4.12(e)所示，且 $\boldsymbol{F}'_N = \boldsymbol{F}_N$。这样，可认为把 $\boldsymbol{F}_N$ 向滚动趋势的前方平移了一段距离 d，即

$$d = M_f / F_N$$

当力 $\boldsymbol{F}$ 逐渐增大时，滚阻力偶 M_f 的大小或 $\boldsymbol{F}_N$ 向滚动趋势前方平移的距离 d 也随之增加，而力 $\boldsymbol{F}$ 的大小增大到某一数值时，圆滚就会处于将要滚动但尚未开始滚动的临界平衡状态，这时，滚阻力偶 M_f 达到最大值，称为**最大滚阻力偶** M_{fmax}，而平移距离 d 也达到最大值 δ。由上可知，滚阻力偶矩的大小随主动力而变化，并介于零与最大值之间，即

$$0 \leqslant M_f \leqslant M_{fmax} \tag{4-8}$$

4.5.2 滚动摩阻定律

大量实验表明，最大滚阻力偶矩的大小与相互接触的两物体间的法向反力成正比，即

$$M_{fmax} = \delta F_N \tag{4-9}$$

这就是**滚动摩阻定律**。式中 δ 是一个具有长度量纲的比例常数，单位一般用 cm 或 mm，称为**滚动摩阻系数**，其大小由实验测定，它与相互接触两物体的材料及表面状况(如硬度、润滑程度、湿度等)有关。δ 可看成为圆滚处于将滚未滚的临界平衡状态时，法向反力 $\boldsymbol{F}_N$ 向滚动趋势前方平移的最大距离，也就是最大滚阻力偶($\boldsymbol{F}'_N$, $\boldsymbol{P}$)的力偶臂。

当圆滚发生滚动时，可把滚阻力偶 M_f 近似看作等于最大滚阻力偶 M_{fmax}。另外，由于滚动摩阻系数的数值比较小，因此，在许多情形中往往可把滚动摩阻当作次要因素而略去不计。

一般材料滚动摩阻系数的数值可在机械工程手册中查到，在表 4.2 中给出了部分常用材料的 δ 数值。

表 4.2　常用材料的滚动摩阻系数　　（单位：δ/cm）

接触面的材料	滚动摩擦系数
软钢-软钢	0.005
淬火钢-淬火钢	0.001
铸铁-铸铁	0.005
木材-钢	0.03～0.04
木材-木材	0.05～0.08

注：此表摘自《机械设计手册》（燃料化学工业出版社）

例 4-6　如图 4.13(a)所示，重量为 $\boldsymbol{P}$、半径为 r 的圆轮置放在水平面上。在轮心 O 点处作用水平力 $\boldsymbol{F}$。已知圆轮与水平面间的静摩擦系数为 f_s，滚动摩阻系数为 δ。试问：$\boldsymbol{F}$ 值多大时，才能保持圆轮的平衡？

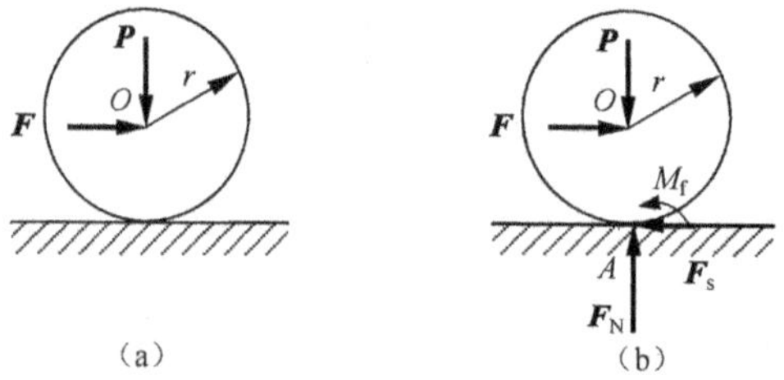

图 4.13

解　取圆轮为研究对象。在圆轮上除了作用有静摩擦力 $\boldsymbol{F}_s$ 外，还作用有滚阻力偶 M_f，受力如图 5.13(b)所示。列平面一般力系的平衡方程

$$\sum F_x = 0 \qquad -F_s + F = 0$$

$$\sum F_y = 0 \qquad F_N - P = 0$$

$$\sum M_A(\boldsymbol{F}) = 0 \qquad M_f - Fr = 0$$

由此可得　$$F_s = F, \quad F_N = P, \quad M_f = Fr$$

若使圆轮不发生滑动，应有 $F_s \leqslant F_m$，且

$$F_m = f_s F_N = f_s P$$

可得　$$F_1 \leqslant f_s P$$

若使圆轮不发生滚动，应有 $M_f \leqslant M_{fman}$，且

$$M_{fmax} = \delta F_N = \delta P$$

又可得　$$F_2 \leqslant \frac{\delta}{r} P$$

最后可得，使圆轮平衡时力 $\boldsymbol{F}$ 应满足的条件是：

$$F_1 \leqslant f_s P, \quad F_2 \leqslant \frac{\delta}{r} P$$

当 $F_2 \leqslant F_1$ 即 $\frac{\delta}{r} < f_s$ 时，则圆轮先发生滚动；而当 $\frac{\delta}{r} > f_s$ 时，则圆轮先发生滑动。

例如，汽车在公路上时，$f_s \approx 0.6$，$\delta \approx 0.24\text{cm}$，车轮半径 $r=40\text{cm}$，可以得到使车轮开始滚动时的力 F_2 与使车轮开始滑动时的力 F_1 之间的比值为

$$K=\frac{F_2}{F_1}=\frac{\frac{\delta}{r}}{f_s}=\frac{\delta}{f_s \cdot r}=\frac{0.24}{0.6 \cdot 40}=0.01$$

可见，在一般情形下，有

$$\frac{\delta}{r} \ll f_s$$

在本例中，使车轮滚动所需水平力只有使车轮滑动所需水平力的 1%。因此，使车轮发生滚动要比滑动省力得多。

习　　题

4-1　在习题 4-1 图中，如果物块重 $\boldsymbol{G}=10\text{N}$，力 $\boldsymbol{P}=30\text{N}$，物块与墙之间的摩擦系数 $f=0.5$，则其摩擦力的大小等于多少？

4-2　如习题 4-2 图所示，物块 A、B 相叠，摩擦系数 $f_1=0.25$，A 重 490.5N，B 重 196.2N，下面的物块与地面的摩擦系数 $f_2=0.2$，求图示两种情况下拉动 B 块的最小水平力 $\boldsymbol{F}$。在(b)图中，A 块被绳拉在墙上。

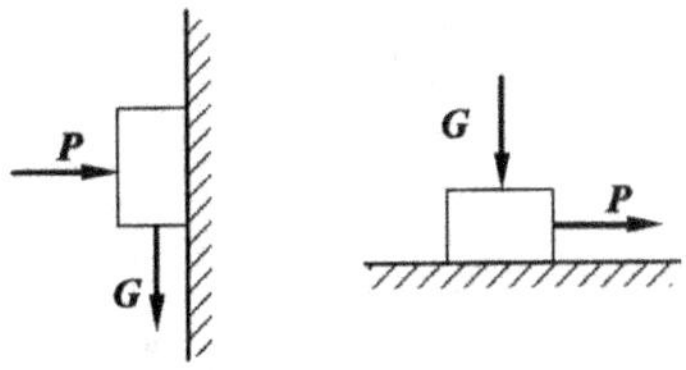

(a)　　(b)

习题 4-1 图

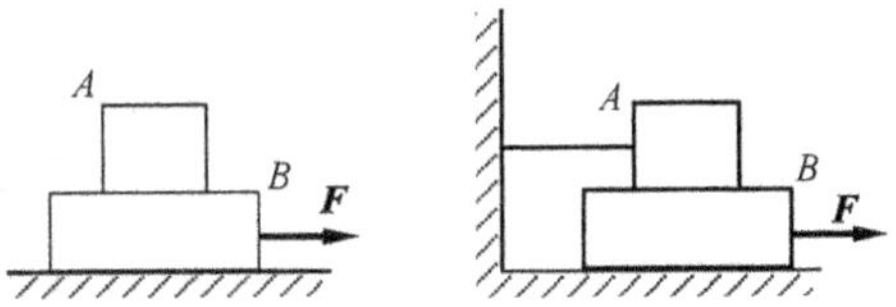

(a)　　(b)

习题 4-2 图

4-3　在倾角为 α 的斜面上，放置一个重量为 $\boldsymbol{G}$ 的物体，已知物体与斜面之间的摩擦角 φ_m，且 $\alpha > \varphi_m$，如习题 4-3 图所示，在物体上作用一个与斜面平行的力 $\boldsymbol{F}$，求物体平衡时力 $\boldsymbol{F}$ 的范围。

4-4　如习题 4-4 图所示质量分布均匀的长方体物块重 $\boldsymbol{W}$，位于粗糙的斜面上，当斜面的倾角由零逐渐变大时，该物块先翻倒还是先滑动？（物块与斜面的静滑动摩擦系数为 f_s）

4-5　如习题 4-5 图所示一均质木板 AB 重 100N，一个体重为 530N 的成年人，从板与地面的接触点 B 点缓慢向上走，静滑动摩擦系数 $f_A=f_B=0.2$。求当木板开始滑动之前，人所能行走的最大距离 BC。(单位：m)

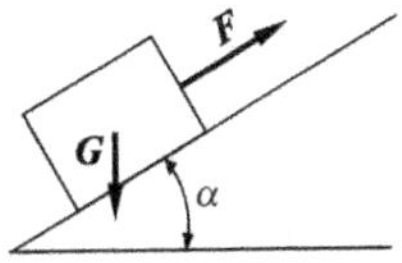

习题 4-3 图

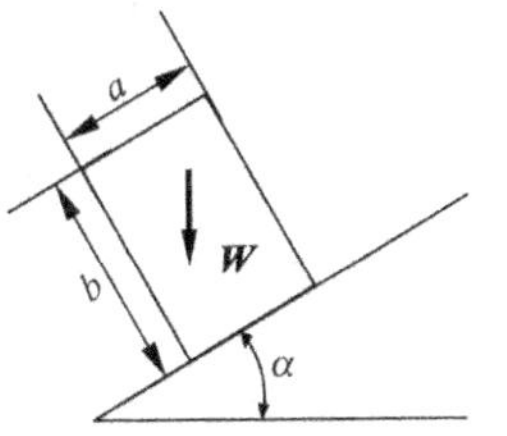

习题 4-4 图

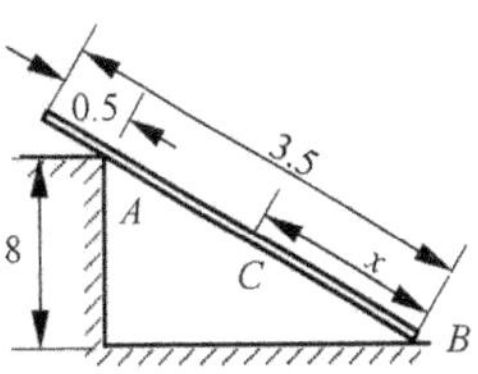

习题 4-5 图

4-6　习题 4-6 图所示 DE 梁水平，右端放置于尖劈上，不计梁的自重，设尖劈与斜面（与水平面的夹角为 20°）和 DE 梁的摩擦系数均为 0.25。C 点作用有铅垂力 $\boldsymbol{P}$，大小为 10kN，$BD=BC=3\text{m}$，$AC=BE=7\text{m}$。求推动尖劈向上滑动的最小水平力 $\boldsymbol{F}$。

4-7　如习题 4-7 图所示的尖劈顶重机构。A、B 块重量不计，A、B 间光滑接触，物块 B 与斜面间摩擦系数为 0.35，已知力 $Q=300\text{N}$，问机构平衡时，作用在 B 物块上的水平力 $\boldsymbol{P}$ 的范围。

4-8　曲柄摇杆机构如习题 4-8 图所示，BE 杆与滑块 E 直角固结，某瞬时曲柄上作用有力偶 M，且处于水平位置，求机构平衡时，垂直作用于摆杆 CD 上的力 $\boldsymbol{P}$ 和 M 的关系。假设滑块 E 与摆杆 CD 之间的静滑动摩擦系数为 f_s。

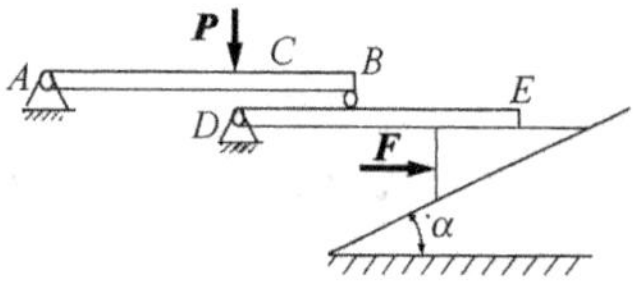

习题 4-6 图

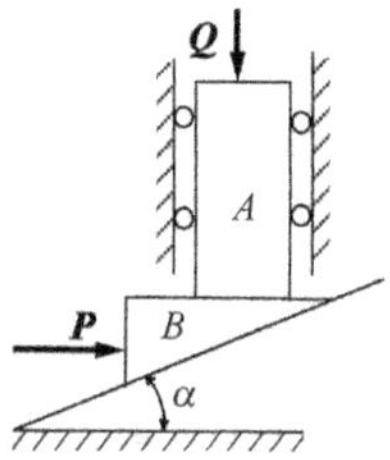

习题 4-7 图

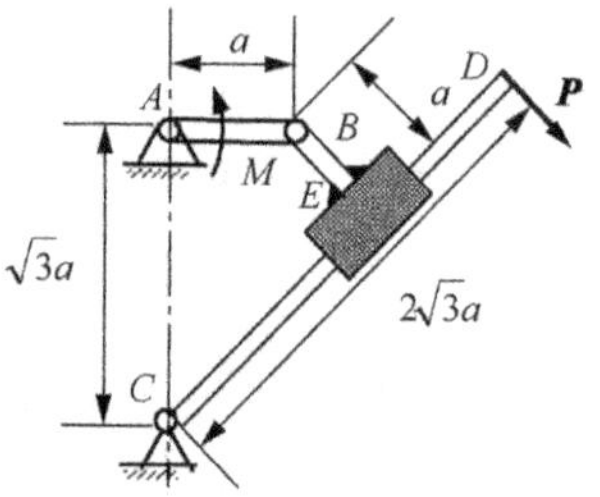

习题 4-8 图

4-9　习题 4-9 图所示长度为 l 的梯子 AB，自重 $G=200\text{N}$，上端靠在光滑的墙上，下端搁在粗糙的地板上，摩擦系数为 0.25，要想使重 650N 的人登上顶点 A 而梯子不致滑动，问梯子与地面之间的夹角 α 应为多大？

4-10　习题 4-10 图所示砖夹由曲杠杆 AOB 和 OCD 在 O 点铰接而成。工作时在 AD 中点 K 施压力 $\boldsymbol{P}$，若砖夹与砖间的摩擦系数 $f_s=0.5$，问距离 b 为多少才能把砖夹起？图中长度单位为 cm。

4-11　习题 4-11 图所示的凸轮机构，如果推杆与滑道间的摩擦系数为 f，滑道厚度为 b。推杆不被卡住能正常工作，则凸轮与推板的接触点到推杆轴线的距离 a 为多大？

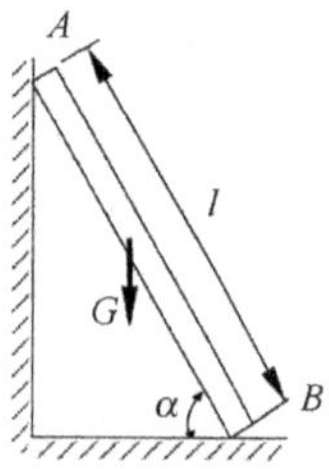

习题 4-9 图

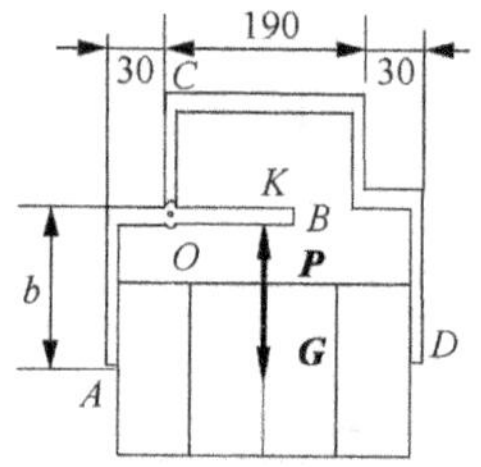

习题 4-10 图

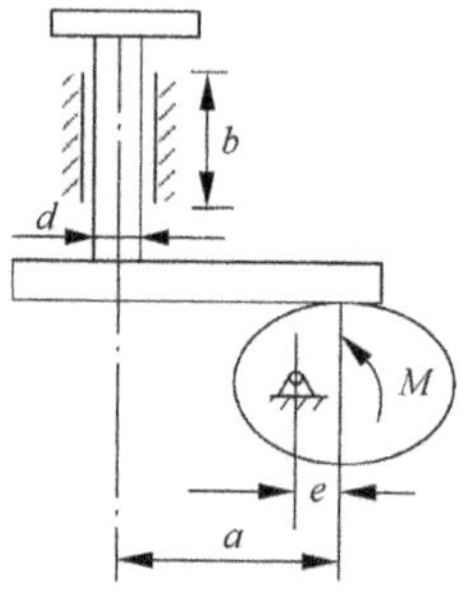

习题 4-11 图

4-12　习题 4-12 图所示物块 B 被夹在另一物块 A 与墙壁之间，斜面夹角 $\alpha=30°$，物块 B 与物块 A 及墙壁的摩擦角 $\varphi_m=11.31°$，物块 A 重 $W_A=200\text{N}$，求物块 A 能保持静止时，物块 B 重量的极大值。

4-13　习题 4-13 图所示 A、B、C 三个物体叠放在一起，重量 $G_A=1\text{kN}$，$\boldsymbol{G}_B=0.5\text{kN}$，$\boldsymbol{G}_C=0.2\text{kN}$，不计小轮处的摩擦，已知静滑动摩擦系数 $f_{AB}=0.6$，$f_{BC}=0.4$，$f_{CD}=0.3$，求物块开始滑动时力 $\boldsymbol{P}$ 有多大？

4-14　习题 4-14 图所示的摩擦夹紧装置 $OABC$，圆轮自重不计，半径为 r，与地面的摩擦系数为 f_s，在手柄 D 处施加压力，则此装置可将工件 E 夹紧，卸去手柄上的力以后，由于自锁，夹紧状态可持续。试求圆轮偏心距 $e=OA$ 的范围。

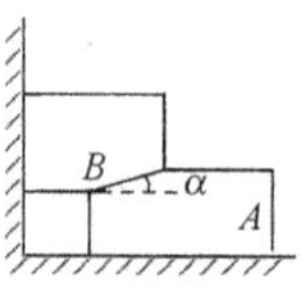

习题 4-12 图

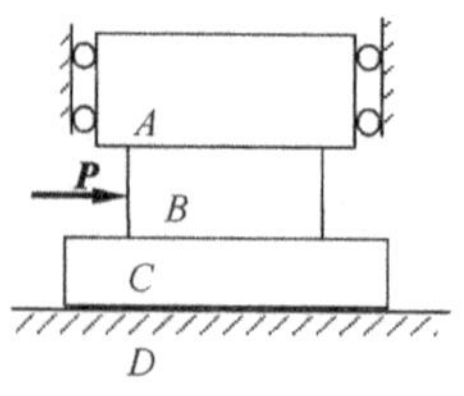

习题 4-13 图

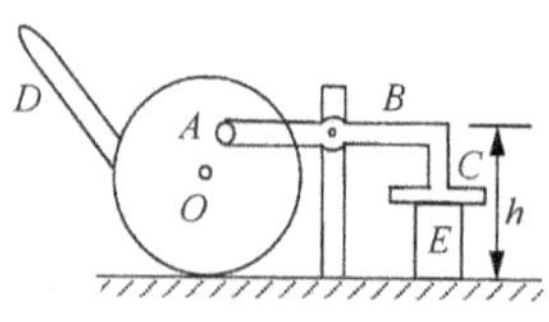

习题 4-14 图

4-15　梁 AB 重 $\boldsymbol{G}$，放置于平行摆放的水平导轨上，已知梁 AB 与水平导轨相垂直，且梁与导轨在 C、D 接触处的摩擦系数为 f_s，如习题 4-15 图所示，若施加一个垂直于 AB 梁的水平推力 $\boldsymbol{F}$，则 $\boldsymbol{F}$ 多大可推动梁 AB？

4-16　写字台的大抽屉宽 a，深 b，在距轨道两侧 c 处装了两个拉手，各尺寸如习题 4-16 图所示，为节约成本只装一个拉手时，要保证抽屉能顺利拉出，不发生自锁，设计时对尺寸有何要求？假设抽屉与轨道的摩擦系数为 f_s。

4-17　滑块机构如习题 4-17 图所示。两滑块的重量均为 98.1N，与接触面的摩擦系数均为 0.5，不计杆重，问机构平衡时，C 点所能承受的最大力 $\boldsymbol{P}$ 有多大？

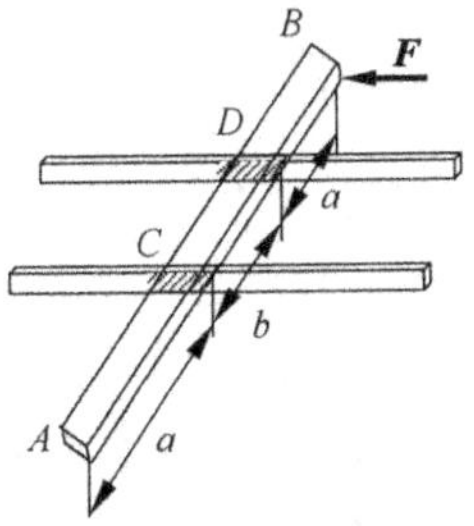

习题 4-15 图

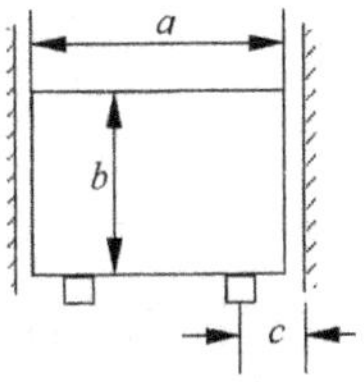

习题 4-16 图

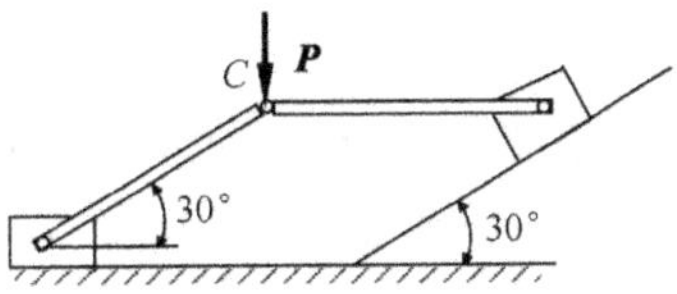

习题 4-17 图

4-18　习题 4-18 图所示的轧钢机。直径均为 50cm 的两个压辊，其间距 $a=0.5\text{cm}$，转向相反。工作时，通过辊子对烧红的钢板施加的摩擦力，而将钢板带入压辊。已知钢板与辊子的摩擦系数为 0.1，求所能轧制钢板的最大厚度 b。

4-19　如习题 4-19 图所示的辊式碎矿机。直径均为 50cm 的两个压辊，转向相反，相距 $a=51.2\text{cm}$。矿石与辊子的摩擦系数为 0.3，求所能轧制圆形物料的最大直径 d。

4-20　如习题 4-20 图所示，在较软的地面上推动一个重量为 1kN 的木箱，要借助木板和辊子。先在地面上铺上木板，第一种方法，使木箱直接在铺的木板上滑动，接触面的静滑动摩擦系数为 0.4，求使木箱滑动所需的水平力 $\boldsymbol{F}_1$。第二种方法，在箱和木板之间再放上钢管作为辊子，钢管直径 5cm，与板和箱之间的滚动摩擦系数均为 0.25，求此时推动木箱的水平力 $\boldsymbol{F}_2$。

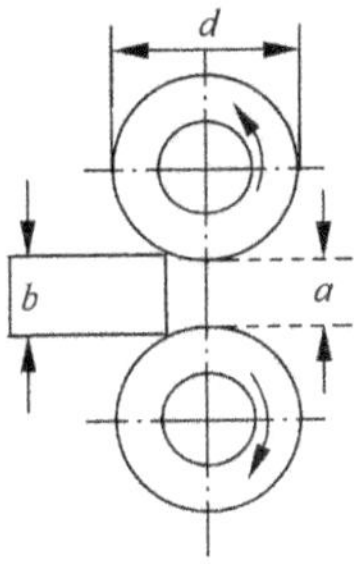

习题 4-18 图

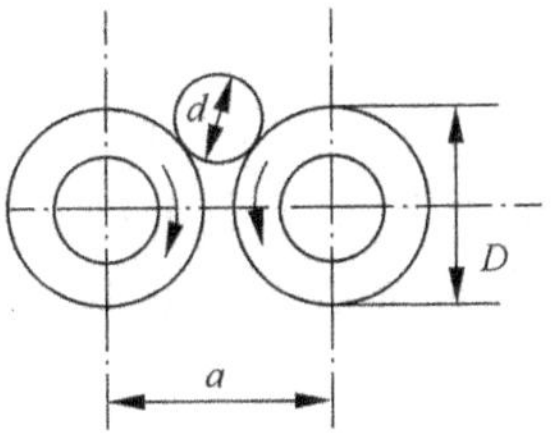

习题 4-19 图

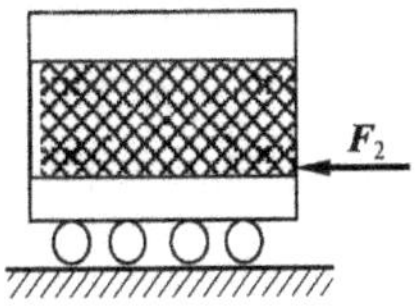

习题 4-20 图

第 5 章　空间力系　重心

5.1　概　　述

各力的作用线不在同一平面且在空间任意分布的力系称为**空间任意力系**。在工程实际中，有许多物体受到空间力系的作用。例如：车床加工零件时，如图 5.1 所示，车刀在工件上 D 点作用有切削力 $\boldsymbol{F}_x$、$\boldsymbol{F}_y$、$\boldsymbol{F}_z$，在齿轮 C 的啮合处还受到 $\boldsymbol{F}'$ 的作用，另外，在止推轴承 A 和向心轴承 B 处还受到约束反力的作用，这些力构成为空间力系。在设计起重设备、输电塔和飞机起落架等空间结构时，都需要采用空间力系的平衡条件进行计算。

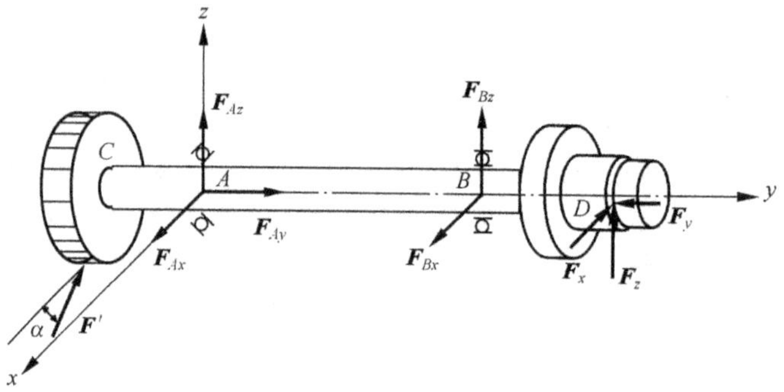

图 5.1

本章在平面力系的基础上，进一步研究物体在空间力系作用下的简化与平衡问题。同平面力系一样，空间力系也可分为空间汇交力系、空间平行力系和空间任意力系。本章着重研究空间任意力系的平衡问题。最后介绍重心的概念及确定重心位置的方法。

5.2　力在空间直角坐标轴上的投影

5.2.1　力的直接投影法

设力 $\boldsymbol{F}$ 用有向线段 $\overrightarrow{OA}$ 来表示，即 $\boldsymbol{F}=\overrightarrow{OA}$ 。$\boldsymbol{F}$ 与空间直角坐标系 3 坐标轴 x、y、z 正向间的夹角分别为 α、β、γ，如图 5.2(a)所示。根据力的投影的定义，将 $\boldsymbol{F}$ 直接向 3 个坐标轴进行投影，可得力在 3 个直角坐标轴上的投影为

$$F_x = F\cos\alpha,\qquad F_y = F\cos\beta,\qquad F_z = F\cos\gamma \tag{5-1}$$

5.2.2　力的二次投影法(间接投影法)

设力 $\boldsymbol{F}$ 与某一坐标轴(如 z 轴)的夹角为 γ，并知 $\boldsymbol{F}$ 在坐标平面 Oxy 上的投影 $\boldsymbol{F}_{xy}$ 与另一轴(如 x 轴)的夹角为 φ，如图 5.2(b)所示，则可得力在 3 个直角坐标轴上的投影为

$$F_x = F\sin\gamma\cos\varphi,\qquad F_y = F\sin\gamma\sin\varphi,\qquad F_z = F\cos\gamma \tag{5-2}$$

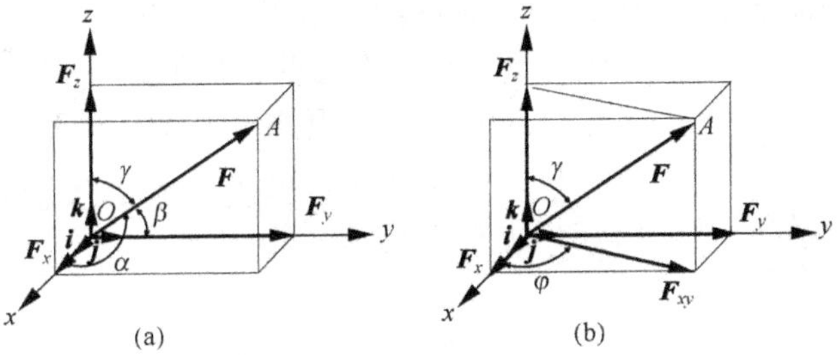

图 5.2

利用二次投影法计算力的投影时,力在平面上的投影不能与力在轴上的投影那样表示为一个代数量,而要用一个矢量来表示。在实际计算中,采用哪种方法计算力的投影,要根据题目给定的具体条件来确定。

5.2.3 已知 $\boldsymbol{F}_x$、$\boldsymbol{F}_y$、$\boldsymbol{F}_z$时,确定 $\boldsymbol{F}$ 的大小和方向

若已知力 $\boldsymbol{F}$ 在 3 个直角坐标轴上的投影 F_x、F_y、F_z,则可求出 $\boldsymbol{F}$ 的大小和方向,即

$$F=\sqrt{F_x^2+F_y^2+F_z^2}$$

$$\cos\alpha=\frac{F_x}{\sqrt{F_x^2+F_y^2+F_z^2}},\quad \cos\beta=\frac{F_y}{\sqrt{F_x^2+F_y^2+F_z^2}},\quad \cos\gamma=\frac{F_z}{\sqrt{F_x^2+F_y^2+F_z^2}} \tag{5-3}$$

5.2.4 力沿直角坐标轴的分解　力的解析表达式

将力 $\boldsymbol{F}$ 沿直角坐标轴进行分解时,如图 5.2(a)、(b)所示,根据力的平行四边形法则,$\boldsymbol{F}$ 是 $\boldsymbol{F}_{xy}$、$\boldsymbol{F}_z$或 $\boldsymbol{F}_x$、$\boldsymbol{F}_y$、$\boldsymbol{F}_z$的矢量和,表示为

$$\boldsymbol{F}=\boldsymbol{F}_{xy}+\boldsymbol{F}_z=\boldsymbol{F}_x+\boldsymbol{F}_y+\boldsymbol{F}_z$$

若已知力 $\boldsymbol{F}$ 在 3 个直角坐标轴上的投影 F_x、F_y、F_z,并设沿三轴的单位向量为 $\boldsymbol{i}$、$\boldsymbol{j}$、$\boldsymbol{k}$,则**力的解析表达式**为

$$\boldsymbol{F}=F_x\boldsymbol{i}+F_y\boldsymbol{j}+F_z\boldsymbol{k} \tag{5-4}$$

在式(5-4)中,若 $\boldsymbol{F}$ 在某轴上的投影为正,则表明 $\boldsymbol{F}$ 沿该轴分解时所得的分力与该轴正向相一致,反之则相反。

5.3 力对点之矩与力对轴之矩

5.3.1 力对点之矩的矢量表示　力矩矢

在平面力系中,把力对点之矩用一个代数量 $M_O(\boldsymbol{F})$来表示。由于力系中各力与矩心所构成的**力矩作用平面**均在同一个平面内,所以 $M_O(\boldsymbol{F})$决定于两个要素:力矩的大小和力矩在其作用平面内的转向。而在空间问题中,讨论力对点之矩时,不仅要考虑力矩的大小和转向,还要考虑力矩作用平面在空间的方位。当力矩作用平面在空间的方位不同时,即使力矩的大小相同,但力矩对刚体的作用效果也会完全不同。例如作用在飞机机翼上的力和作用在尾部水平舵上的力,对飞机绕其重心的转动效应是不同的,前者使飞机发生侧倾,后者使飞机发生俯仰。显然,这 3 个要素无法用一个代数量来表示,而需要用一个矢量即**力矩矢** $\boldsymbol{M}_O(\boldsymbol{F})$来予以描述。

设力 $\boldsymbol{F}=\overrightarrow{AB}$ 作用在刚体上的 A 点(刚体在图中未作出),如图 5.3 所示。取 O 点为矩心。

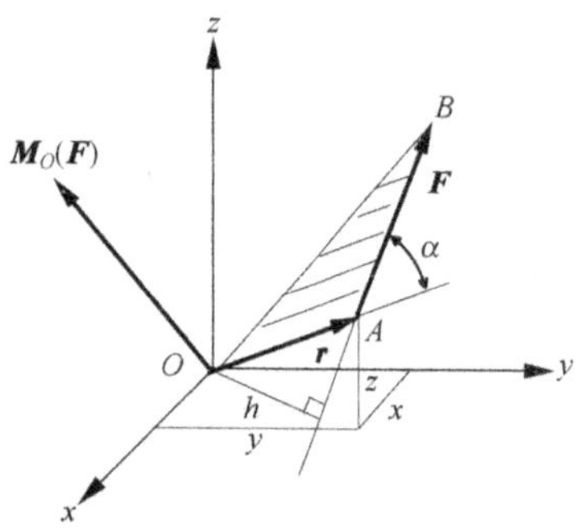

图 5.3

从 O 点向 $\boldsymbol{F}$ 的作用点 A 作矢量 $\boldsymbol{r}=\overrightarrow{OA}$,$\boldsymbol{r}$ 称为点 A 对于矩心 O 的**矢径**(或**位置矢**),且知 $\boldsymbol{r}$ 与 $\boldsymbol{F}$ 的夹角为 α。在空间问题中力 $\boldsymbol{F}$ 对 O 点之矩等于矩心 O 到该力作用点的矢径 $\boldsymbol{r}$ 与 $\boldsymbol{F}$ 的矢量积,表示为

$$\boldsymbol{M}_O(\boldsymbol{F})=\boldsymbol{r}\times\boldsymbol{F} \tag{5-5}$$

上式称为**力对点之矩的矢量表达式**。在式中,用它的模 $|\boldsymbol{r}\times\boldsymbol{F}|=rF\sin\alpha=Fh=2A_{\triangle OAB}$ 来表示力矩矢的大小;由于 $\boldsymbol{r}$ 与 $\boldsymbol{F}$ 构成的平面和 $\boldsymbol{F}$ 与矩心 O 构成的力矩作用平面相同,所以,$\boldsymbol{M}_O(\boldsymbol{F})$ 的方位与力矩作用平面相垂直,表明可用 $\boldsymbol{M}_O(\boldsymbol{F})$ 的方位来表示力矩作用平面在空间的方位;而 $\boldsymbol{M}_O(\boldsymbol{F})$ 的指向按右手螺旋法则确定:以力矩的转向为右手螺旋的转向,则螺旋前进的方向表示力矩矢的指向(或从力矩矢的末端来看,力矩的转向为逆时针转向),表明可用 $\boldsymbol{M}_O(\boldsymbol{F})$ 的指向来表示力矩在其作用平面内的转向。因此,在空间问题中需用力矩矢 $\boldsymbol{M}_O(\boldsymbol{F})$ 来度量力使刚体绕一点转动效应的强弱程度。由于 $\boldsymbol{F}$ 对不同的矩心(即 $\boldsymbol{r}$ 变化时)取力矩时,力矩矢 $\boldsymbol{M}_O(\boldsymbol{F})$ 的大小和方向也是不相同的,表明力矩矢与矩心的相对位置有关,它是一个**定位矢量**,其始端要在矩心处加以标出。另外读者还可以进一步证明,对刚体而言,力确实可以用一个滑动矢量来表示,当力沿其作用线滑动时,既不会改变力对刚体的移动效应,也不会改变力对刚体的转动效应。

5.3.2 力对轴之矩

若刚体可绕某轴转动,则作用在刚体上的力可使它的转动状态发生改变。力使刚体绕某轴的转动效应是用**力对轴之矩** $M_z(\boldsymbol{F})$ 来表示的。

设力 $\boldsymbol{F}$ 作用在可绕 z 轴转动的刚体上的 A 点(刚体在图中未画出),如图 5.4 所示。任取平面 xy 与 z 轴相垂直,其交点为 O 点。由力的平行四边形法则,可把 $\boldsymbol{F}$ 分解为与 z 轴相平行的分力 $\boldsymbol{F}_z$ 和与 z 轴相垂直的分力 $\boldsymbol{F}_{xy}$,即 $\boldsymbol{F}=\boldsymbol{F}_{xy}+\boldsymbol{F}_z$。由图 5.4 可知,$\boldsymbol{F}$ 在 xy 平面上的投影,其大小和方向与 $\boldsymbol{F}_{xy}$ 完全相同。由于分力 $\boldsymbol{F}_z$ 不可能使刚体绕 z 轴发生转动,显然,$\boldsymbol{F}_z$ 对 z 轴之矩为零,即 $M_z(\boldsymbol{F}_z)=0$,而只有 $\boldsymbol{F}_{xy}$ 可以使刚体的转动状态发生改变。以 d 表示 $\boldsymbol{F}_{xy}$ 到 O 点的垂直距离,则力 $\boldsymbol{F}$ 对 z 轴(也称为**矩轴** z)之矩 $M_z(\boldsymbol{F})$ 定义为

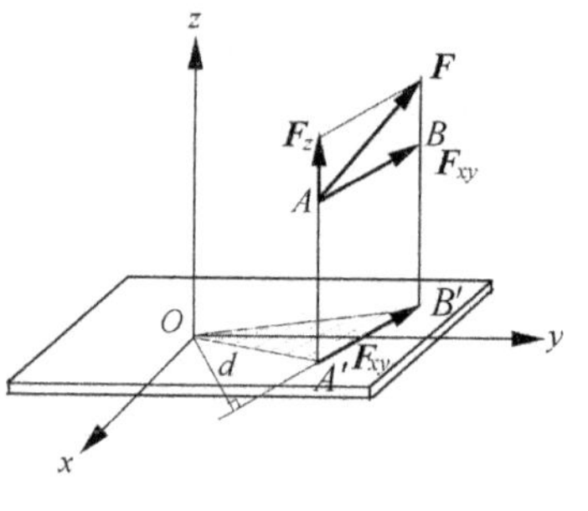

图 5.4

$$M_z(\boldsymbol{F})=M_z(\boldsymbol{F}_{xy})=\pm F_{xy}d=\pm 2A_{\triangle OA'B'} \tag{5-6}$$

式(5-6)表明:可用代数量 $M_z(\boldsymbol{F})$ 来度量力使刚体绕一轴转动效应的强弱程度,力对轴之矩等于力在垂直于该轴平面上的投影对轴与平面的交点之矩。式中的正负号按右手螺旋法则确定:即顺着力的方向握 z 轴,螺旋前进的方向与 z 轴正向同向时为正,反之为负(或从 z 轴正向看,力使刚体绕 z 轴逆时针转向时为正,反之为负)。力对轴之矩的单位为 N·m 或kN·m。由图可知,$F_{xy}d$ 也是 $\boldsymbol{F}_{xy}$ 对 O 点之矩,这与平面问题中的力对点之矩相同,其大小为 $\triangle OA'B'$ 面积的两倍。

力对轴之矩 $M_z(\boldsymbol{F})=0$ 的条件:(1)力与矩轴相平行(即 $F_{xy}=0$);(2)力与矩轴相交(即 $d=0$)。表明当力的作用线与矩轴共面时,力对该轴之矩一定为零。

例 5-1 在节圆半径为 r 的斜齿轮上作用有力 $\boldsymbol{F}$，如图 5.5 所示。求力 $\boldsymbol{F}$ 在 3 个坐标轴上的投影及力对 y 轴之矩。

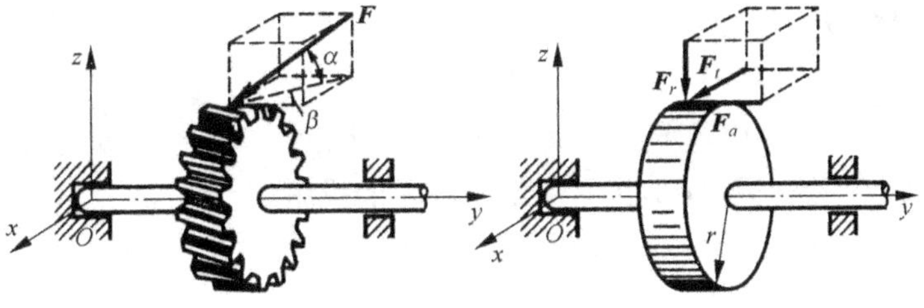

图 5.5

解 先求力 $\boldsymbol{F}$ 的投影。根据题目给定的具体条件，宜采用二次投影法。

圆周力 $$F_x = F_t = F\cos\alpha \cdot \sin\beta$$

轴向力 $$F_y = F_a = -F\cos\alpha \cdot \cos\beta$$

径向力 $$F_z = F_r = -F\sin\alpha$$

再求力 $\boldsymbol{F}$ 对 y 轴之矩。径向力 $\boldsymbol{F}_r$ 通过 y 轴，而轴向力 $\boldsymbol{F}_a$ 平行于 y 轴，这两个力对 y 轴之矩均为零，只有圆周力 $\boldsymbol{F}_t$ 对 y 轴有力矩。最后可得力 $\boldsymbol{F}$ 对 y 轴之矩为

$$M_y(\boldsymbol{F}) = M_y(\boldsymbol{F}_t) = F \cdot r \cdot \cos\alpha \cdot \sin\beta$$

5.3.3 力对轴之矩的解析表达式

设力 $\boldsymbol{F}$ 在空间直角坐标系三个轴上的投影分别为 F_x、F_y、F_z，$\boldsymbol{F}$ 作用点 A 的位置坐标分别为 x、y、z，如图 5.6 所示。由式(5-6)可得

$$M_z(\boldsymbol{F}) = M_z(\boldsymbol{F}_{xy}) = M_z(\boldsymbol{F}_x) + M_z(\boldsymbol{F}_y) = xF_y - yF_x$$

同样可得其余两式。将此三式合并写出，可得**力对轴之矩的解析表达式**

$$M_x(\boldsymbol{F}) = yF_z - zF_y,\quad M_y(\boldsymbol{F}) = zF_x - xF_z,\quad M_z(\boldsymbol{F}) = xF_y - yF_x \tag{5-7}$$

5.3.4 力对点之矩与力对轴之矩的关系

以矩心 O 点为原点建立空间直角坐标系 $Oxyz$，如图 5.7 所示，以 x、y、z 分别表示力 $\boldsymbol{F}$ 作用点 A 的坐标，并以 F_x、F_y、F_z 分别表示 $\boldsymbol{F}$ 在 3 个坐标轴上的投影，则有

$$\boldsymbol{r} = x\boldsymbol{i} + y\boldsymbol{j} + z\boldsymbol{k}$$
$$\boldsymbol{F} = F_x\boldsymbol{i} + F_y\boldsymbol{j} + F_z\boldsymbol{k} \tag{a}$$

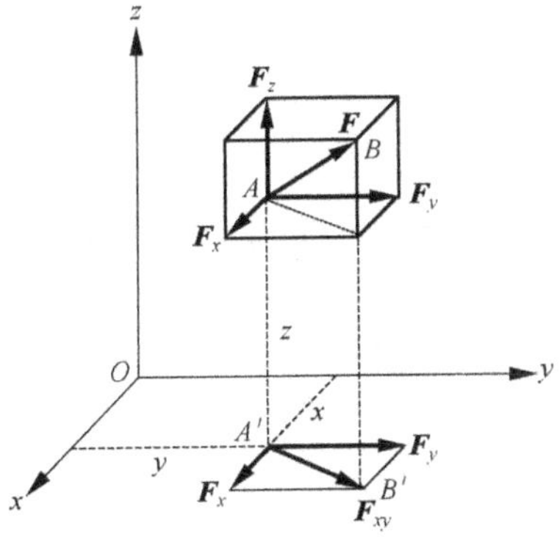

图 5.6

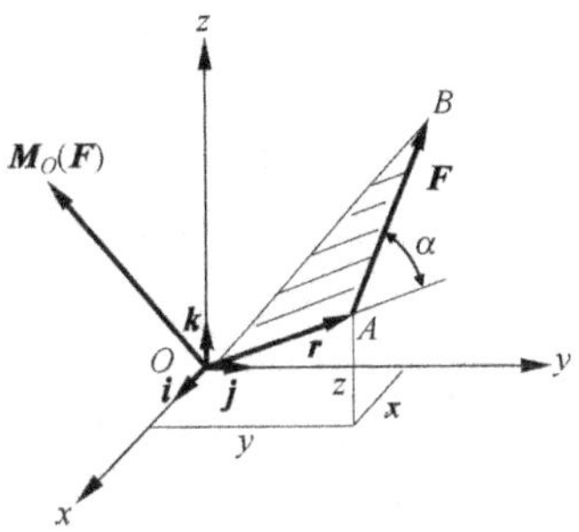

图 5.7

把上面两式代入式(5-5)，并采用行列式表示，有

$$\boldsymbol{M}_O(\boldsymbol{F}) = \boldsymbol{r} \times \boldsymbol{F} = \begin{vmatrix} \boldsymbol{i} & \boldsymbol{j} & \boldsymbol{k} \\ x & y & z \\ F_x & F_y & F_z \end{vmatrix}$$

$$= (yF_z - zF_y)\boldsymbol{i} + (zF_x - xF_z)\boldsymbol{j} + (xF_y - yF_x)\boldsymbol{k} \quad \text{(b)}$$

于是可得力 $\boldsymbol{F}$ 对 O 点之矩 $\boldsymbol{M}_O(\boldsymbol{F})$ 在 3 个坐标轴上的投影为

$$[\boldsymbol{M}_O(\boldsymbol{F})]_x = yF_z - zF_y,\ [\boldsymbol{M}_O(\boldsymbol{F})]_y = zF_x - xF_z,\ [\boldsymbol{M}_O(\boldsymbol{F})]_z = xF_y - yF_x \quad \text{(c)}$$

把式(5-7)与式(c)进行比较，得

$$M_x(\boldsymbol{F}) = [\boldsymbol{M}_O(\boldsymbol{F})]_x,\quad M_y(\boldsymbol{F}) = [\boldsymbol{M}_O(\boldsymbol{F})]_y,\quad M_z(\boldsymbol{F}) = [\boldsymbol{M}_O(\boldsymbol{F})]_z \quad \text{(d)}$$

上式称为**力矩关系定理**，表明力对一点的力矩矢在过该点的任一轴上的投影等于力对该轴之矩。

5.3.5 力对点之矩的解析表达式

由式(c)和式(d)，式(b)又可表示为

$$\boldsymbol{M}_O(\boldsymbol{F}) = M_x(\boldsymbol{F})\,\boldsymbol{i} + M_y(\boldsymbol{F})\boldsymbol{j} + M_z(\boldsymbol{F})\boldsymbol{k} \quad (5\text{-}8)$$

式(5-8)称为力**对点之矩的解析表达式**，表明力使刚体绕某点的转动效应，等于力使刚体绕通过该点且互相垂直的三轴的转动效应之和。

5.3.6 力偶的矢量表示　力偶矩矢

在空间问题中，力偶对刚体的转动效应同样与力偶作用平面在空间的方位有关。与力对点之矩 $\boldsymbol{M}_O(\boldsymbol{F})$ 相同，力偶矩也是以一个矢量——**力偶矩矢** $\boldsymbol{M}$ 来表示的。$\boldsymbol{M}$ 的方位垂直于力偶作用平面，其指向由右手螺旋法则确定，而它的长度表示力偶矩的大小，如图 5.8 所示。力偶矩的大小为

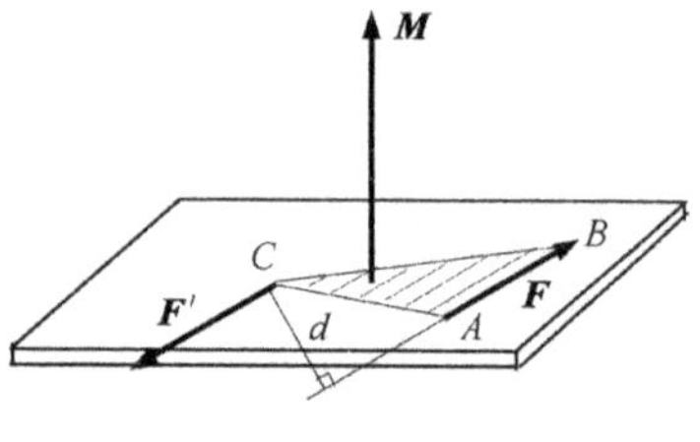

图 5.8

$$M = \pm Fd = \pm 2A_{\triangle ABC}$$

力偶对刚体的转动效应完全由力偶矩矢 $\boldsymbol{M}$ 来确定。在空间问题中，力偶矩矢 $\boldsymbol{M}$ 是用一个**自由矢量**来表示的，即 $\boldsymbol{M}$ 可平行于自身任意移动或滑移，而不改变它对刚体的转动效应。

5.4 空间任意力系的平衡条件

5.4.1 空间任意力系向一点简化　主矢和主矩

设刚体上作用有空间任意力系($\boldsymbol{F}_1, \boldsymbol{F}_2, \cdots, \boldsymbol{F}_n$)，如图 5.9(a)所示。在刚体上任选一点 O 作为简化中心，由力线平移定理，将力系中的每个力平移到 O 点后，可得到作用在 O 点的空间汇交力系 ($\boldsymbol{F}'_1, \boldsymbol{F}'_2, \cdots, \boldsymbol{F}'_n$) 和由附加力偶组成的空间力偶系($\boldsymbol{M}_1, \boldsymbol{M}_2, \cdots, \boldsymbol{M}_n$)，如图 5.9(b)所示。空间汇交力系可合成为一个通过简化中心的力 $\boldsymbol{F}'_R$，空间力偶系可合成为一个力偶 $\boldsymbol{M}_O$，如图 5.9(c)所示。因为 $\boldsymbol{F}'_i = \boldsymbol{F}_i$，且 $\boldsymbol{M}_i = \boldsymbol{M}_O(\boldsymbol{F}_i)$，则有

$$\boldsymbol{F}'_R = \sum \boldsymbol{F}'_i = \sum \boldsymbol{F}_i \quad (5\text{-}9)$$

$$\boldsymbol{M}_O = \sum \boldsymbol{M}_i = \sum \boldsymbol{M}_O(\boldsymbol{F}_i) \quad (5\text{-}10)$$

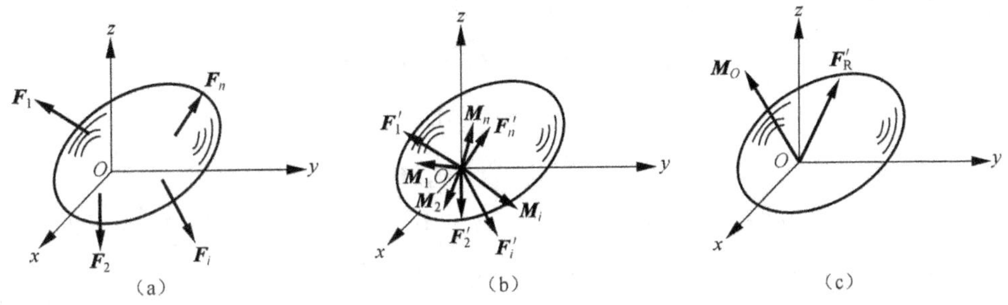

图 5.9

类似于平面任意力系的简化，空间任意力系向一点进行简化，可得到一个力 $\boldsymbol{F}'_{\mathrm{R}}$ 和一个力偶 $\boldsymbol{M}_O$，这个力 $\boldsymbol{F}'_{\mathrm{R}}$ 称为原力系的**主矢**，其大小和方向等于原力系中所有各力的矢量和，且该力通过简化中心；这个力偶 $\boldsymbol{M}_O$称为原力系对于点 O 的**主矩**，其力偶矩矢的大小和方向等于原力系中所有各力对简化中心之矩的矢量和。同平面任意力系一样，主矢与简化中心位置的选取无关，而主矩与简化中心位置的选取有关。

由式(5-4)，式(5-9)又可表示为

$$\boldsymbol{F}'_{\mathrm{R}}=\sum\boldsymbol{F}_i=\sum\left[F_{ix}\boldsymbol{i}+F_{iy}\boldsymbol{j}+F_{iz}\boldsymbol{k}\right]=\left[\sum F_{ix}\right]\boldsymbol{i}+\left[\sum F_{iy}\right]\boldsymbol{j}+\left[\sum F_{iz}\right]\boldsymbol{k}\qquad(\mathrm{e})$$

在式(e)中，力系的主矢 $\boldsymbol{F}'_{\mathrm{R}}$ 在 3 个直角坐标轴上的投影分别为

$$F'_{\mathrm{R}x}=\sum F_{ix},\quad F'_{\mathrm{R}y}=\sum F_{iy},\quad F'_{\mathrm{R}z}=\sum F_{iz}\qquad(5\text{-}11)$$

由式(5-8)，式(5-10)又可表示为

$$\begin{aligned}\boldsymbol{M}_O&=\sum\boldsymbol{M}_O(\boldsymbol{F}_i)=\sum\left[M_x(\boldsymbol{F}_i)\,\boldsymbol{i}+M_y(\boldsymbol{F}_i)\boldsymbol{j}+M_z(\boldsymbol{F}_i)\boldsymbol{k}\right]\\&=\left[\sum M_x(\boldsymbol{F}_i)\right]\boldsymbol{i}+\left[\sum M_y(\boldsymbol{F}_i)\right]\boldsymbol{j}+\left[\sum M_z(\boldsymbol{F}_i)\right]\boldsymbol{k}\end{aligned}\qquad(\mathrm{f})$$

在式(f)中，力系的主矩 $\boldsymbol{M}_O$在 3 个直角坐标轴上的投影分别为

$$M_{Ox}=\sum M_x(\boldsymbol{F}_i),\quad M_{Oy}=\sum M_y(\boldsymbol{F}_i),\quad M_{Oz}=\sum M_z(\boldsymbol{F}_i)\qquad(5\text{-}12)$$

5.4.2 空间任意力系的合力矩定理

与平面力系相类似，**空间任意力系的合力矩定理**表明：若空间力系可以合成为一个合力，则合力对任一点(轴)之矩，等于力系中所有各分力对同一点(轴)之矩的矢量和(代数和)：

$$\boldsymbol{M}_O(\boldsymbol{F}_{\mathrm{R}})=\sum\boldsymbol{M}_O(\boldsymbol{F}_i)$$

$$M_x(\boldsymbol{F}_{\mathrm{R}})=\sum M_x(\boldsymbol{F}_i),\quad M_y(\boldsymbol{F}_{\mathrm{R}})=\sum M_y(\boldsymbol{F}_i),\quad M_z(\boldsymbol{F}_{\mathrm{R}})=\sum M_z(\boldsymbol{F}_i)\qquad(5\text{-}13)$$

该定理在此未作证明。随后在讨论重心问题时要应用到以上几式。

5.4.3 空间任意力系的平衡条件与平衡方程

若空间任意力系平衡，则力系的主矢 $\boldsymbol{F}'_{\mathrm{R}}$ 和主矩 $\boldsymbol{M}_O$均为零，即

$$\begin{cases}\boldsymbol{F}'_{\mathrm{R}}=\sum\boldsymbol{F}_i=0\\\boldsymbol{M}_O=\sum\boldsymbol{M}_O(\boldsymbol{F}_i)=0\end{cases}\qquad(5\text{-}14)$$

反之，若式(5-14)成立，则力系必平衡。表明**空间任意力系平衡的必要充分条件**是：力系的主矢和力系对简化中心的主矩都等于零。

考虑到式(5-11)、式(5-12),式(5-14)又可表示为

$$\begin{cases}\sum F_{ix}=0\\ \sum F_{iy}=0,\\ \sum F_{iz}=0\end{cases}\quad \begin{cases}\sum M_x(\boldsymbol{F}_i)=0\\ \sum M_y(\boldsymbol{F}_i)=0\\ \sum M_z(\boldsymbol{F}_i)=0\end{cases} \tag{5-15}$$

表明**空间任意力系平衡的必要充分条件**是:力系中所有各力在3个坐标轴上投影的代数和分别等于零,所有各力对3个坐标轴之矩的代数和分别等于零。

式(5-15)称为**空间任意力系的平衡方程**,式中包含6个独立的平衡方程,可以求解6个未知数,它是空间任意力系平衡方程的基本形式。

空间任意力系是最一般的力系,其他各种力系均可看作是空间任意力系的特殊情形。从空间任意力系的平衡方程,很容易得到空间汇交力系和空间平行力系的平衡方程。

5.4.4 空间汇交力系的平衡条件与平衡方程

各力的作用线均汇交于同一点的空间力系称为**空间汇交力系**,如图5.10(a)所示。若把力系的汇交点作为空间直角坐标系的坐标原点,则在式(5-15)中

$$\sum M_x(\boldsymbol{F}_i)=0,\quad \sum M_y(\boldsymbol{F}_i)=0,\quad \sum M_z(\boldsymbol{F}_i)=0$$

三式自然满足。即**空间汇交力系的平衡方程**为

$$\begin{cases}\sum F_{ix}=0\\ \sum F_{iy}=0\\ \sum F_{iz}=0\end{cases} \tag{5-16}$$

表明**空间汇交力系平衡的必要充分条件**是:力系中所有各力在3个坐标轴上投影的代数和分别等于零。空间汇交力系有3个独立的平衡方程,可以求解3个未知数。

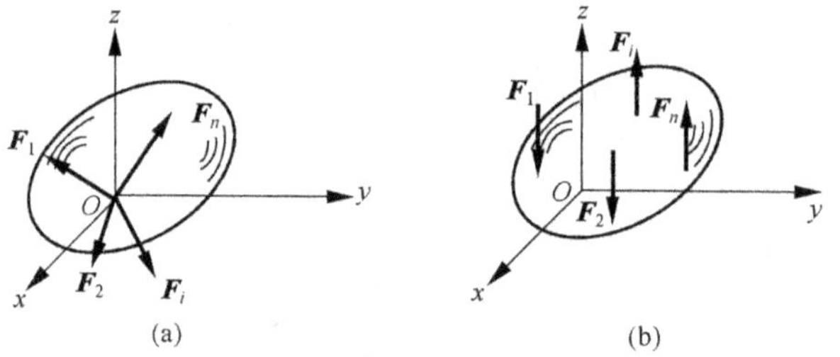

图5.10

5.4.5 空间平行力系的平衡条件与平衡方程

各力的作用线均彼此平行的空间力系称为**空间平行力系**。如图5.10(b)所示,若取z轴与各力的作用线平行,则在式(5-15)中

$$\sum F_{ix}=0,\quad \sum F_{iy}=0,\quad \sum M_z(\boldsymbol{F}_i)=0$$

三式自然满足。即**空间平行力系的平衡方程**为

$$\begin{cases}\sum F_{iz}=0\\ \sum M_x(\boldsymbol{F}_i)=0\\ \sum M_y(\boldsymbol{F}_i)=0\end{cases} \tag{5-17}$$

表明**空间平行力系平衡的必要充分条件**是:力系中所有各力在与力线相平行的坐标轴上投影的代数和等于零,所有各力对与力线相垂直的两个坐标轴之矩的代数和分别等于零。空间平行力系也是有 3 个独立的平衡方程,可以求解 3 个未知数。

例 5-2 互相垂直的两杆 OA、OB 铰接于 O 点,其下端悬挂重量为 P 的物体,A、B 两处均铰接于互相垂直的固定平面上,并由绳 OC 使两杆位于水平面内,如图 5.11(a)所示。已知 $P=10\text{kN}$,$OA=40\text{cm}$,$OB=30\text{cm}$,绳 OC 与水平面的夹角为 30°,两杆自重不计。试求:绳 OC 的拉力及两杆所受的力。

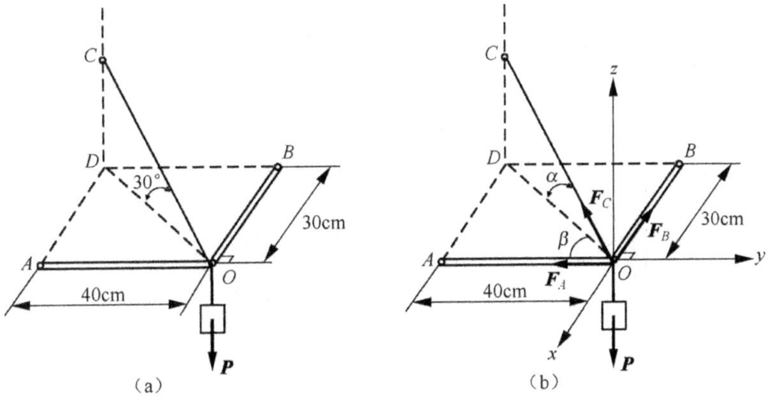

图 5.11

解 取铰链 O 为研究对象。杆 OA、OB 自重不计时,均为二力杆件。$\boldsymbol{F}_A$、$\boldsymbol{F}_B$、$\boldsymbol{F}_C$ 及 $\boldsymbol{P}$ 构成一个空间汇交力系,受力如图 5.11(b)所示。在 O 点建立图示坐标系 $Oxyz$,并设 $\alpha=30°$,$\beta=\angle AOD$。列平衡方程

$$\sum F_x = 0 \qquad -F_B - F_C\cos\alpha\sin\beta = 0 \tag{a}$$

$$\sum F_y = 0 \qquad -F_A - F_C\cos\alpha\cos\beta = 0 \tag{b}$$

$$\sum F_z = 0 \qquad F_C\sin\alpha - P = 0 \tag{c}$$

由式(c)解得 $$F_C = \frac{P}{\sin\alpha} = \frac{10}{\sin 30°} = 20\ (\text{kN})$$

再把上式代入式(a)、式(b),可得

$$F_A = -\frac{\cos\beta}{\tan\alpha}P = -\frac{4/5}{\tan 30°}\cdot 10 = -13.9(\text{kN})$$

$$F_B = -\frac{\sin\beta}{\tan\alpha} = -\frac{3/5}{\tan 30°}\cdot 10 = -10.4(\text{kN})$$

计算结果表明,$\boldsymbol{F}_A$、$\boldsymbol{F}_B$ 与原假设方向相反,即杆 OA、OB 均为受压杆件。

例 5-3 电线杆 OAD,如图 5.12(a)所示,其根部 O 处可视为球形铰链支座,在顶端 D 点作用水平向左的力 $\boldsymbol{P}$,在 A 点处对称地系有两根钢索 AB 与 AC。已知 $P=10\text{kN}$,所有尺寸如图所示。试求:两钢索的拉力及球形铰链支座 O 处的约束反力。

解 取电线杆 OAD 为研究对象。在球形铰链支座 O 处有 $\boldsymbol{F}_{Ox}$、$\boldsymbol{F}_{Oy}$、$\boldsymbol{F}_{Oz}$ 三个约束反力,两根钢索 AB、AC 的拉力 $\boldsymbol{F}_B$、$\boldsymbol{F}_C$ 及水平向左的力 $\boldsymbol{P}$,这些力构成为一个空间任意力系,受力如图 5.12(b)所示。在 O 点建立图示坐标系 $Oxyz$。为了简化本题的计算,可设 $\boldsymbol{F}_B$、$\boldsymbol{F}_C$ 与 z 轴的夹角均为 α,且两力在 Oxy 平面上的投影与 x 轴的夹角为 β,并设 $a=7\text{m}$,$b=5\text{m}$,$c=4\text{m}$,

$d=3\text{m}$。注意到在受力图中所有各力的作用线均通过 z 轴，所以 $\sum M_z(\boldsymbol{F}_i)=0$ 自然满足，只需列出其余 5 个平衡方程

$$\sum F_x=0 \qquad F_{Ox}+F_B\sin\alpha\cdot\cos\beta-F_C\sin\alpha\cdot\cos\beta=0 \tag{a}$$

$$\sum F_y=0 \qquad F_{Oy}+F_B\sin\alpha\cdot\sin\beta+F_C\sin\alpha\cdot\sin\beta-P=0 \tag{b}$$

$$\sum F_z=0 \qquad F_{Oz}-F_B\cos\alpha-F_C\cos\alpha=0 \tag{c}$$

$$\sum M_x(\boldsymbol{F}_i)=0 \qquad -F_B\sin\alpha\cdot\sin\beta\cdot b-F_C\sin\alpha\cdot\sin\beta\cdot b+Pa=0 \tag{d}$$

$$\sum M_y(\boldsymbol{F}_i)=0 \qquad F_B\sin\alpha\cdot\cos\beta\cdot b-F_C\sin\alpha\cdot\cos\beta\cdot b=0 \tag{e}$$

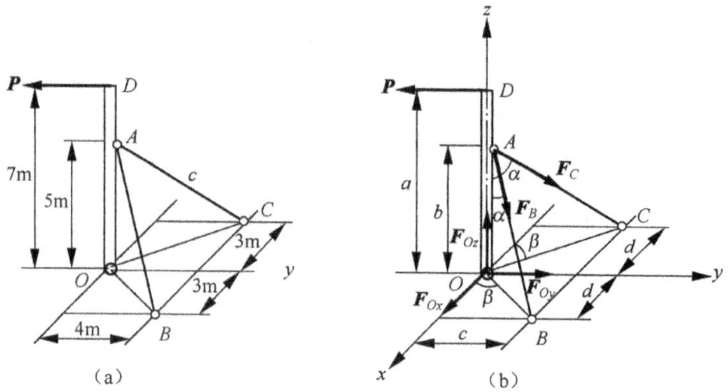

图 5.12

由式(e)可得 $\qquad F_B=F_C=F$

由式(d)，并注意到 $\alpha=45°$，可得

$$F=F_B=F_C=\frac{a\cdot P}{2b\sin\alpha\cdot\sin\beta}=\frac{7\cdot 10}{2\cdot 5\sin 45°\cdot\frac{4}{5}}=12.4(\text{kN})$$

再由式(a)、式(b)、式(c)，可得

$$F_{Ox}=0$$

$$F_{Oy}=\left(1-\frac{a}{b}\right)P=\left(1-\frac{7}{5}\right)10=-4(\text{kN})$$

$$F_{Oz}=\frac{a\cdot P}{b\tan\alpha\cdot\sin\beta}=\frac{7\cdot 10}{5\cdot\tan 45°\cdot\frac{4}{5}}=17.5(\text{kN})$$

上面计算结果中的负号，表示此力与原假设方向相反。

例 5-4 传动轴如图 5.13(a)所示。已知皮带轮 C 的直径 $D=300\text{mm}$，皮带拉力 $F_1=500\text{N}$，$F_2=60\text{N}$，两力作用线与铅垂线的夹角均为 $\beta=18°$；直齿圆柱齿轮 D 的节圆直径 $d=100\text{mm}$，其啮合点 E 位于齿轮的最低点，力 $\boldsymbol{F}$ 与水平线的夹角为 $\alpha=20°$；A、B 处均为向心轴承，尺寸如图所示。试求：力 $\boldsymbol{F}$ 的大小及轴承 A、B 处的支座反力。

解 选取整个传动轴为研究对象。作用在传动轴上的皮带拉力 $\boldsymbol{F}_1$、$\boldsymbol{F}_2$，齿轮压力 $\boldsymbol{F}$ 及轴承 A、B 处的支座反力 $\boldsymbol{F}_{Ax}$、$\boldsymbol{F}_{Az}$、$\boldsymbol{F}_{Bx}$、$\boldsymbol{F}_{Bz}$ 构成为一个空间任意力系，受力如图 5.13(b)所示，在 A 点建立图示空间直角坐标 $Axyz$。

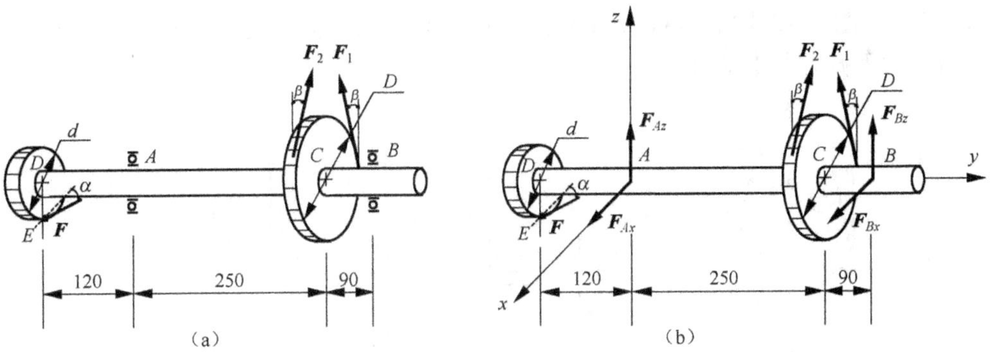

图 5.13

方法 1 直接列出空间力系的平衡方程。可采用作表格的方法(表 5.1),其中任一列是某力在 3 个轴上的投影及对 3 个轴的力矩。表格完成后,其中的一行就对应于一个平衡方程。

表 5.1 各力在三轴上的投影及各力对三轴之矩

	$\boldsymbol{F}_{Ax}$	$\boldsymbol{F}_{Az}$	$\boldsymbol{F}_{Bx}$	$\boldsymbol{F}_{Bz}$	$\boldsymbol{F}$	$\boldsymbol{F}_1$	$\boldsymbol{F}_2$
F_x	f_{Ax}	0	F_{Bx}	0	$F\cos\alpha$	$F_1\sin\beta$	$-F_2\sin\beta$
F_y	0	0	0	0	0	0	0
F_z	0	F_{Az}	0	F_{Bz}	$F\sin\alpha$	$F_1\cos\beta$	$F_2\cos\beta$
$M_x(\boldsymbol{F})$	0	0	0	$F_{Bz}(90+250)$	$-F\sin\alpha\cdot 120$	$F_1\cos\beta\cdot 250$	$F_2\cos\beta\cdot 250$
$M_y(\boldsymbol{F})$	0	0	0	0	$-F\cos\alpha\cdot\dfrac{d}{2}$	$F_1\cdot\dfrac{D}{2}$	$-F_2\cdot\dfrac{D}{2}$
$M_2(\boldsymbol{F})$	0	0	$-F_{Bx}(90+250)$	0	$F\cos\alpha\cdot 120$	$-F_1\sin\beta\cdot 250$	$F_2\sin\beta\cdot 250$

由表 5.1 可写出平衡方程(其中 $\sum F_y=0$ 自然满足),即

$$\sum F_x=0 \qquad F_{Ax}+F_{Bx}+F\cos\alpha+(F_1-F_2)\sin\beta=0 \tag{a}$$

$$\sum F_z=0 \qquad F_{Az}+F_{Bz}+F\sin\alpha+(F_1+F_2)\cos\beta=0 \tag{b}$$

$$\sum M_x(\boldsymbol{F})=0 \qquad F_{Bz}(90+250)-F\sin\alpha\cdot 120+(F_1+F_2)\cos\beta\cdot 250=0 \tag{c}$$

$$\sum M_y(\boldsymbol{F})=0 \qquad -F\cos\alpha\cdot\frac{d}{2}+(F_1-F_2)\cdot\frac{D}{2}=0 \tag{d}$$

$$\sum M_z(\boldsymbol{F}_i)=0 \qquad -F_{Bx}(90+250)+F\cos\alpha\cdot 120-(F_1-F_2)\sin\beta\cdot 250=0 \tag{e}$$

由式(d)可得
$$F=\frac{(F_1-F_2)D}{\cos\alpha\cdot d}=\frac{(500-60)\cdot 300}{\cos 20^\circ\cdot 100}=1405(\text{N})$$

把上式代入(c)、式(e),可得

$$F_{Bz}=\frac{1}{(90+250)}[F\sin\alpha\cdot 120-(F_1+F_2)\cos\beta\cdot 250]$$
$$=\frac{1}{(90+250)}[1405\cdot\sin 20^\circ\cdot 120-(500+60)\cos 18^\circ\cdot 250]=-222(\text{N})$$

$$F_{Bx}=\frac{1}{(90+250)}[F\cos\alpha\cdot 120-(F_1-F_2)\sin\beta\cdot 250]$$
$$=\frac{1}{(90+250)}[1405\cdot\cos 20^\circ\cdot 120-(500-60)\sin 18^\circ\cdot 250]=366(\text{N})$$

由(a)、式(b)可得 $F_{Ax}=-1822(\text{N})$, $F_{Az}=-566(\text{N})$

在求解有关空间力系的平衡问题时,由于求解过程比平面力系更繁杂些,采用作表格的方法,可以避免在求解过程中发生错误,从而保证计算结果的正确性。

方法 2 将图 5.13(b)分别投影到 3 个坐标平面上,从而把空间力系的平衡问题转化为 3 个平面力系的平衡问题来求解。

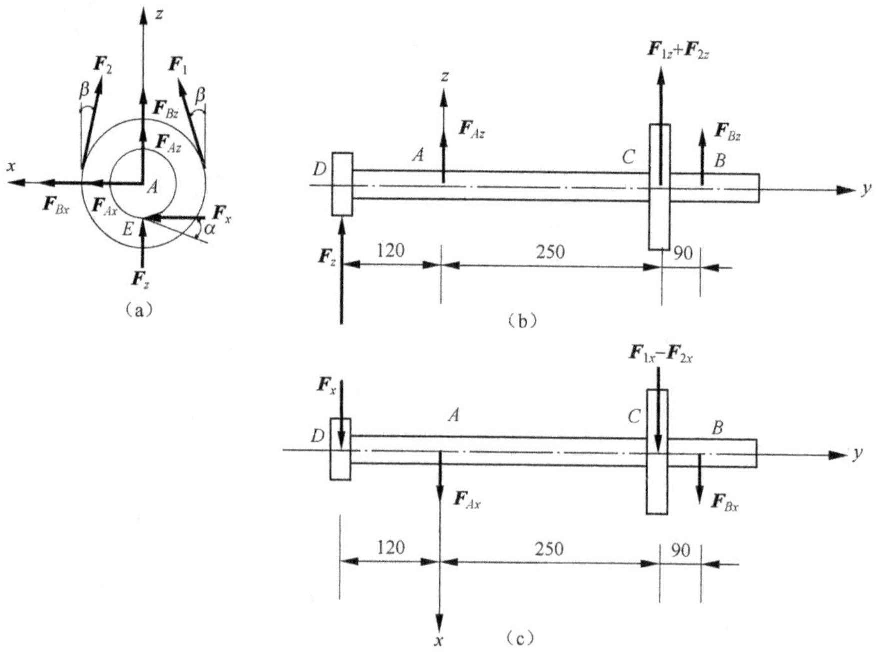

图 5.14

在 Axz 平面上,如图 5.14(a)所示,可建立 1 个平衡方程

$$\sum M_A(\boldsymbol{F})=0 \qquad -F_x\cdot\frac{d}{2}+(F_1-F_2)\cdot\frac{D}{2}=0$$

在 Ayz 平面上,如图 5.14(b)所示,可建立 2 个平衡方程

$$\sum M_A(\boldsymbol{F})=0 \qquad F_{Bz}(90+250)-F_z\cdot 120+(F_{1z}+F_{2z})\cdot 250=0$$

$$\sum F_z=0 \qquad F_{Az}+F_{Bz}+F_z+F_{1z}+F_{2z}=0$$

在 Axy 平面上,如图 5.14(c)所示,可建立 2 个平衡方程

$$\sum M_A(\boldsymbol{F}_i)=0 \qquad -F_{Bx}(90+250)+F_x\cdot 120-(F_{1x}-F_{2x})\cdot 250=0$$

$$\sum F_x=0 \qquad F_{Ax}+F_{Bx}+F_x+F_{1x}-F_{2x}=0$$

把 $F_x=F\cos\alpha$、$F_z=F\sin\alpha$、$F_{1x}=F_1\sin\beta$、$F_{1z}=F_1\cos\beta$、$F_{2x}=-F_2\sin\beta$、$F_{2z}=F_2\cos\beta$ 代入以上 5 式后可知,在方法 2 中所列出的 5 个平衡方程同前面的平衡方程完全相同,最后计算结果也是完全相同的。要注意,在这 3 个平面力系的平衡问题中,总共只能够建立 5 个独立的平衡方程。

5.5 重心的概念

讨论重心的概念并确定重心的位置,在工程中有重要的意义。重心的位置对于物体的平衡和运动都有很大的关系。例如,要使起重机保持工作状态的稳定,其重心的位置必须满足一定的条件;设计挡土墙、重力坝时,重心的位置直接关系到建筑物的抗倾稳定性及其内部的受力分布;机械工程中的偏心轮,应使其重心离开转轴一定的距离,而高速运转的飞轮却必须尽可能不偏离转动轴,以避免产生激烈的振动而影响它的使用寿命。

重力是地球对物体的引力，如果将物体视为由无数的微小部分组成，则在每个微小部分上都受到重力的作用，这些微重力组成一个汇交于地心的空间汇交力系。由于物体的尺寸比地球的半径小得多，因此，可近似地认为这个力系是一个空间平行力系。而空间平行力系合力的大小就是物体的重量；不论物体如何放置，该力系合力的作用线相对于物体总是通过一个确定点——这个点称为**物体的重心**。

下面来导出确定物体重心位置的一般公式。如图 5.15 所示，取固连于物体的空间直角坐标系 $Oxyz$，设物体重心 C 的坐标分别为 x_C、y_C、z_C，把物体分割成许多微小部分，其任一微小部分的重量为 W_i，其坐标分别为 x_i、y_i、z_i，则整个物体的重量为 $W=\sum W_i$。由式(5-13)即空间力系的合力矩定理，可先对坐标轴 y 和 x 取矩

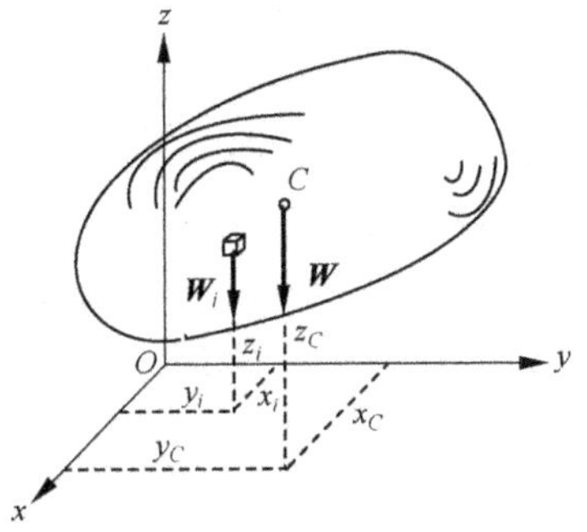

图 5.15

由 $$M_y(\boldsymbol{W}) = \sum M_y(\boldsymbol{W}_i)$$

可得 $$W \cdot x_C = \sum W_i \cdot x_i \tag{a}$$

由 $$M_x(\boldsymbol{W}) = \sum M_x(\boldsymbol{W}_i)$$

可得 $$W \cdot y_C = \sum W_i \cdot y_i \tag{b}$$

将物体连同坐标系绕 y 轴转过 90°，使 x 轴铅垂向上，此时重心位置保持不变，再应用合力矩定理，对新的 y 轴取力矩

又可得 $$W \cdot z_C = \sum W_i \cdot z_i \tag{c}$$

将式(a)、式(b)、式(c)合并写在一起，得到**确定物体重心位置坐标的一般公式**为

$$x_C = \frac{\sum W_i \cdot x_i}{W}, \quad y_C = \frac{\sum W_i \cdot y_i}{W}, \quad z_C = \frac{\sum W_i \cdot z_i}{W} \tag{5-18}$$

物体置放在地球表面附近时，重力加速度为 g，把 $W_i=m_i g$，$W=Mg$，$M=\sum m_i$ 代入上式，可得到**确定物体质心(质量中心)位置坐标的计算公式**

$$x_C = \frac{\sum m_i \cdot x_i}{M}, \quad y_C = \frac{\sum m_i \cdot y_i}{M}, \quad z_C = \frac{\sum m_i \cdot z_i}{M} \tag{5-19}$$

对于**均质物体**，设单位体积的重量为 γ，其任一微小部分的体积为 V_i，整个物体的体积为 V，把 $W_i=\gamma V_i$、$W=\gamma V$、$V=\sum V_i$ 代入式(5-18)，又可得到**确定均质物体重心位置坐标的计算公式**

$$x_C = \frac{\sum V_i \cdot x_i}{V}, \quad y_C = \frac{\sum V_i \cdot y_i}{V}, \quad z_C = \frac{\sum V_i \cdot z_i}{V} \tag{5-20}$$

可见，对于均质物体来说，其重心的位置完全决定于物体的几何形状，而与它的重量无关。均质物体的重心、质心和形心是重合的。

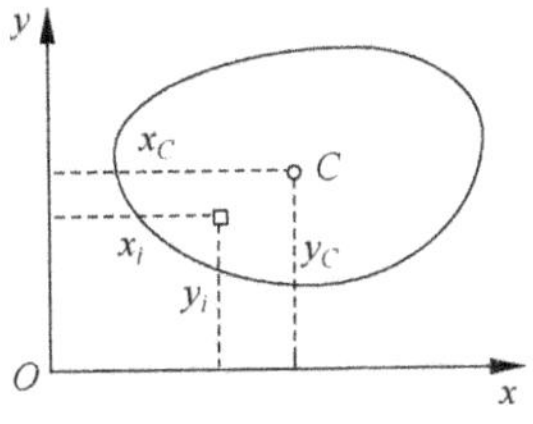

图 5.16

均质等厚度薄板，如图 5.16 所示，设薄板的厚度为 h，其任一微小部分的面积为 A_i，整个薄板的面积为 A，把 $V_i=hA_i$，$V=hA$，$A=\sum A_i$ 代入上式，又可得到**确定均质薄板重心位置坐标的计算公式**

$$x_C = \frac{\sum A_i \cdot x_i}{A}, \quad y_C = \frac{\sum A_i \cdot y_i}{A} \tag{5-21}$$

在式(5-21)中,由于 $\sum A_i \cdot x_i = \int_A x \mathrm{d}A$, $\sum A_i \cdot y_i = \int_A y \mathrm{d}A$

式(5-21)可改写为

$$\int_A y \mathrm{d}A = y_C \cdot A = S_x \qquad \int_A x \mathrm{d}A = x_C \cdot A = S_y \tag{5-22}$$

式中,S_x、S_y分别称为平面图形对 x、y 轴的**静矩**。

在这里需要讨论一种特殊情形:若 $\int_A y \mathrm{d}A = 0$ 时,即有 $y_C \cdot A = S_x = 0$。显然,平面图形的面积 $A \neq 0$,故有平面图形形心的坐标 $y_C = 0$。表明平面图形对某轴的静矩为零时,该坐标轴必然通过这个平面图形的形心。这个结论在材料力学中会应用到。

从以上的讨论可知,对于均质物体来说,重心位置的确定已转化成为该物体形心位置的确定,这样,具有对称面、对称轴或对称中心的几何形体,其重心(形心)一定在它的对称面、对称轴或对称中心上。在表 5.2 中列出了常用的简单几何图形的重心位置。

表 5.2　常见几何图形的面积和重心

形状	图形	面(体)积	重心
三角形	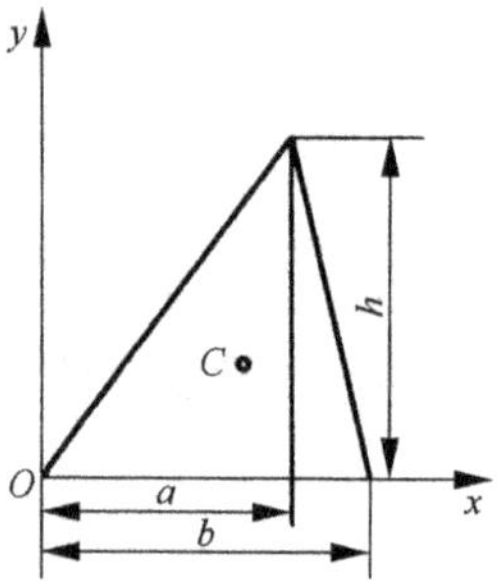	$A = \frac{1}{2}bh$	$x_C = \frac{1}{3}(a+b)$ $y_C = \frac{1}{3}h$
梯形	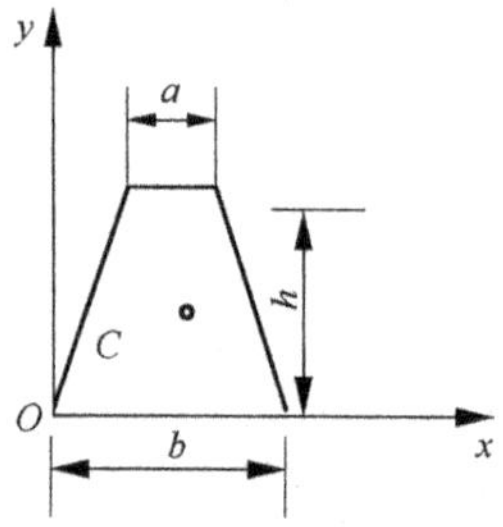	$A = \frac{h}{2}(a+b)$	$y_C = \frac{1}{3} \cdot \frac{h(2a+b)}{a+b}$ (在上下底中点的连线上)
半圆	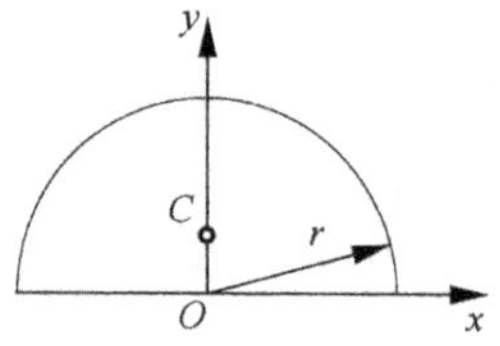	$A = \frac{1}{2}\pi r^2$	$x_C = 0$ $y_C = \frac{4r}{3\pi}$
扇形	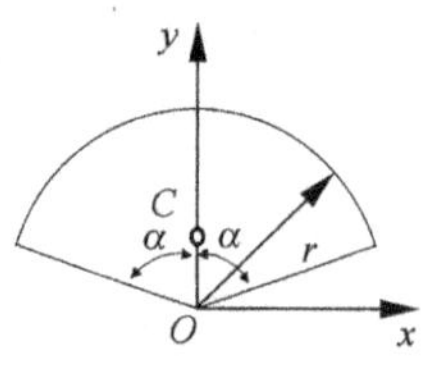	$A = \frac{1}{2}\alpha r^2$	$x_C = 0$ $y_C = \frac{2}{3}r \cdot \frac{\sin\alpha}{\alpha}$

续表

形状	图形	面(体)积	重心
圆弧	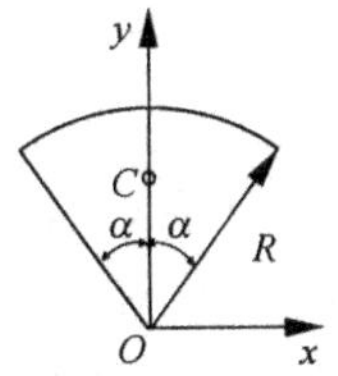	弧长 $S=2\alpha R$	$x_C=0$ $y_C=R\cdot\dfrac{\sin\alpha}{\alpha}$
正圆锥体	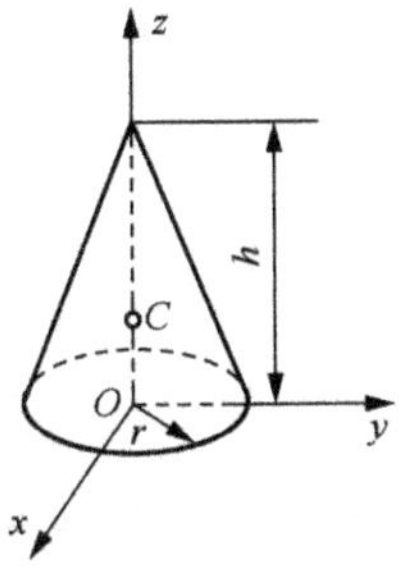	$V=\dfrac{1}{3}\pi r^2h$	$x_C=0$ $y_C=0$ $z_C=\dfrac{1}{4}h$
球面扇形体	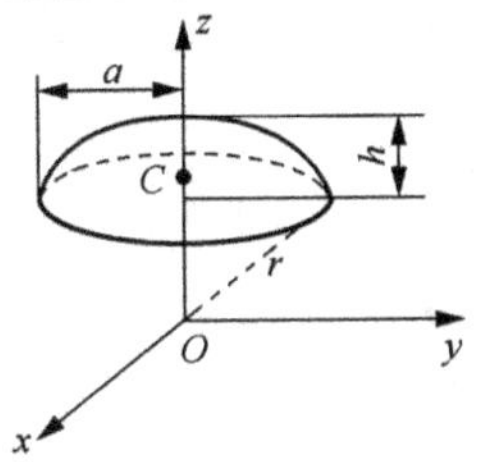	$V=\dfrac{2}{3}\pi r^2h$	$x_C=0$ $y_C=0$ $z_C=\dfrac{3}{8}(2r-h)$
抛物线面	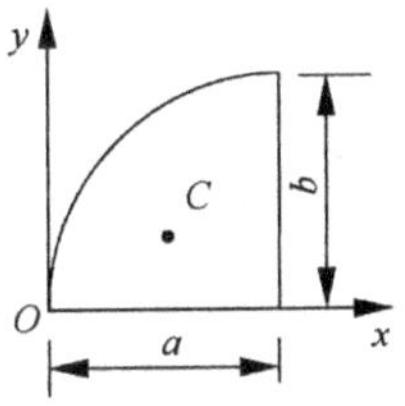	$A=\dfrac{1}{3}ab$	$x_C=\dfrac{3}{5}a$ $y_C=\dfrac{3}{8}b$

确定重心位置的方法很多,这里只介绍在工程中常用的两种方法。

(1)**组合法**。一个复杂图形由若干个简单图形组合而成,而这些简单图形的重心已知时,可由式(5-21)求出该组合图形的重心。

例 5-5 T 型截面如图 5.17 所示,求该平面图形的形心。

解 建立图示坐标系 Oxy。由于图形对称于 y 轴,所以其形心在 y 轴上,即 $x_C=0$。把图形分割为两个矩形,它们的面积和坐标分别为

$$A_1=bh,\quad x_1=0,\quad y_1=\frac{b}{2};$$

$$A_2=bh,\quad x_2=0,\quad y_2=b+\frac{h}{2}$$

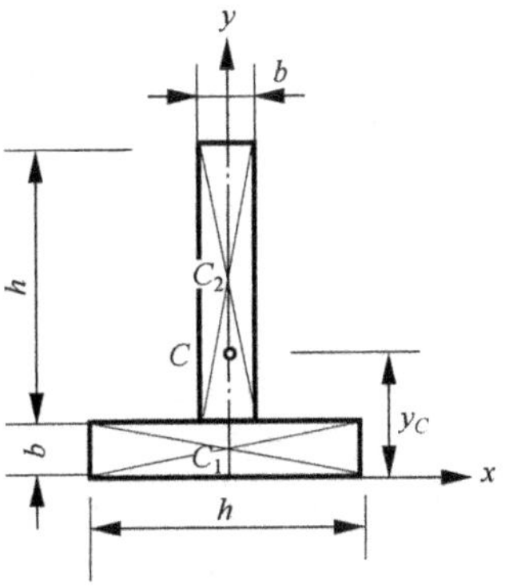

图 5.17

由式(5-21),形心 C 的位置坐标 y_C 为

$$y_C=\frac{\sum A_i\cdot y_i}{\sum A_i}=\frac{A_1\cdot y_1+A_2\cdot y_2}{A_1+A_2}=\frac{bh\cdot\dfrac{b}{2}+bh\cdot\left(b+\dfrac{h}{2}\right)}{bh+bh}=\frac{1}{4}(3b+h)$$

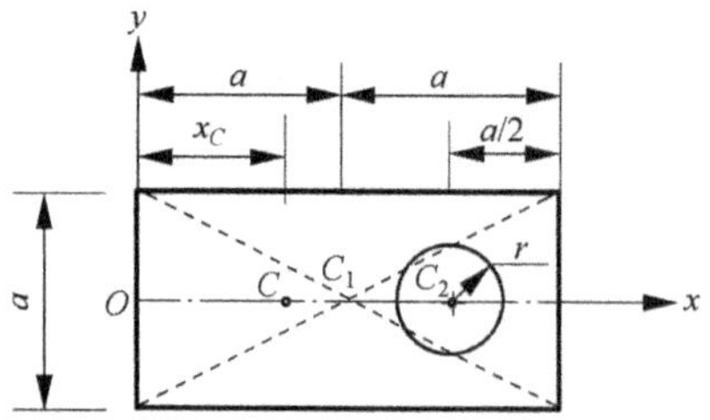

图 5.18

(2)**负面积法**。在一个图形内部切去一部分，要求该图形的重心时，切去部分的面积(或体积)应取负值。

例 5-6 平面薄板如图 5.18 所示，求该平面图形的形心。

解 建立图示坐标系 Oxy。由于图形对称于 x 轴，所以其形心在 x 轴上，即 $y_C=0$。把该图形可看成为矩形中挖去一个圆，它们的面积和坐标分别为

$$A_1=2a^2,\quad x_1=a,\quad y_1=0\ ;\qquad A_2=-\pi r^2,\quad x_2=\frac{3}{2}a,\quad y_2=0$$

由式(5-21)，形心 C 的位置坐标 x_C 为

$$x_C=\frac{\sum A_i\cdot x_i}{\sum A_i}=\frac{A_1\cdot x_1+A_2\cdot x_2}{A_1+A_2}=\frac{2a^2\cdot a+(-\pi r^2)\cdot\frac{3}{2}a}{2a^2+(-\pi r^2)}=\frac{4a^3-3a\pi r^2}{2(2a^2-\pi r^2)}$$

在工程实际中，确定非均质物体或复杂几何形体的重心位置是非常重要的。当不便于采用公式计算时，可以采用许多方法来确定，如悬挂法、称重法等，这些方法可参考有关资料。

习　　题

5-1　如习题 5-1 图所示，已知力 $F=250\text{N}$，且它与 z 轴的夹角 $\gamma=45°$，在 xy 平面的投影 $\boldsymbol{F}xy$ 与 y 轴的夹角 $\theta=30°$，求力在 3 个坐标轴上的投影。

5-2　习题 5-2 图所示的正方体，A 点作用有一个沿棱方向的力 $\boldsymbol{F}$，问

(1)在 B 点加一个不为零的力，向 A 点简化，主矩会为零吗？

(2)在 B、C 两处各加一个不为零的力，向 B 点简化，力系能平衡吗？

(3)在 B、C 两处各加一个不为零的力，力系能平衡吗？

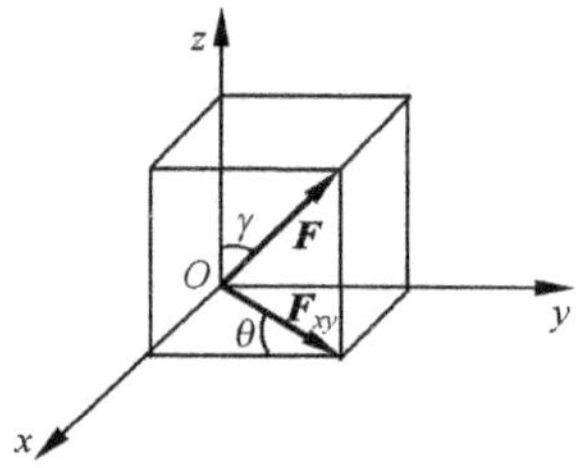

习题 5-1 图

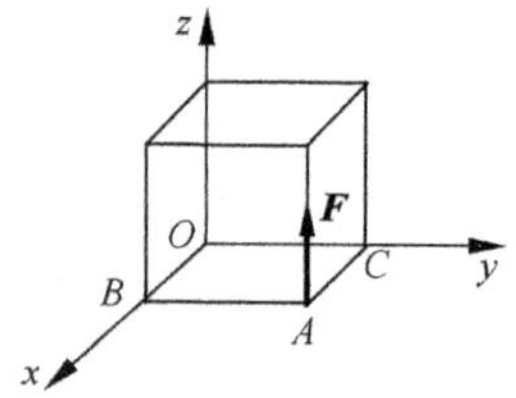

习题 5-2 图

5-3　问满足下列情况的空间力系，最多能列出几个独立的平衡方程：

(1)各分力的作用线均与某一直线相交；

(2)各分力的作用线均平行于某一固定平面；

(3)各分力的作用线均垂直于某一固定平面；

(4)各分力的作用线汇交于两个不同的点；

(5)各分力的作用线分别通过不共线的三点。

5-4　如习题 5-4 图所示三杆 AB、BC、BD 在 B 点铰接，下端悬挂一重量 $G=1000\text{N}$ 的重物，AB、BC 长度相等，互相垂直，求三杆所受的力。

5-5　如习题 5-5 图所示，要想将重量 $P=1000\text{N}$ 的均质矩形平板水平悬挂，从其重心铅垂线上的 D 点，引出绳索 DA、DC、DB，求绳子受到的拉力。

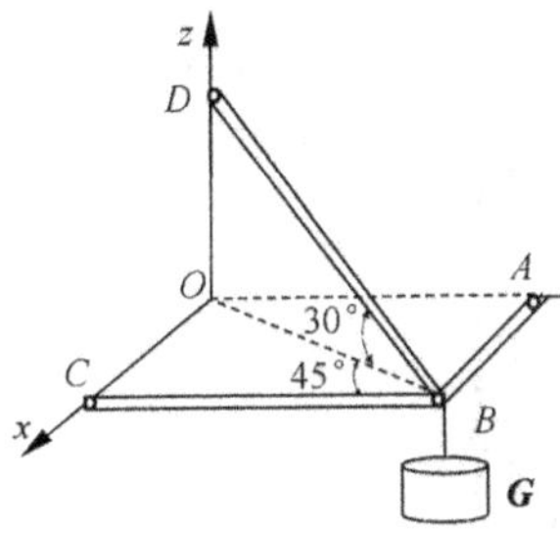

习题 5-4 图

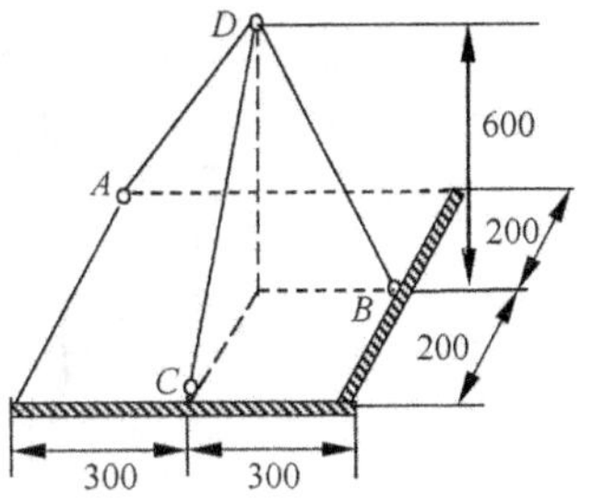

习题 5-5 图

5-6　习题 5-6 图所示的直三棱柱，$BCDE$ 面对角线 CE 方向有力 $\boldsymbol{P}$ 作用。尺寸 $OD=a$，$OC=b$，$OA=c$，求力 $\boldsymbol{P}$ 对 3 个坐标轴的力矩。

5-7　如习题 5-7 图所示将力 $P=200\mathrm{N}$ 向矩形截面悬臂梁的形心处 O 简化，最后的结果是什么？

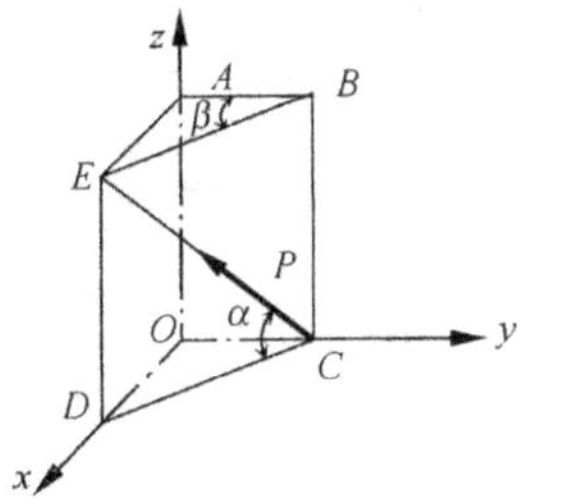

习题 5-6 图

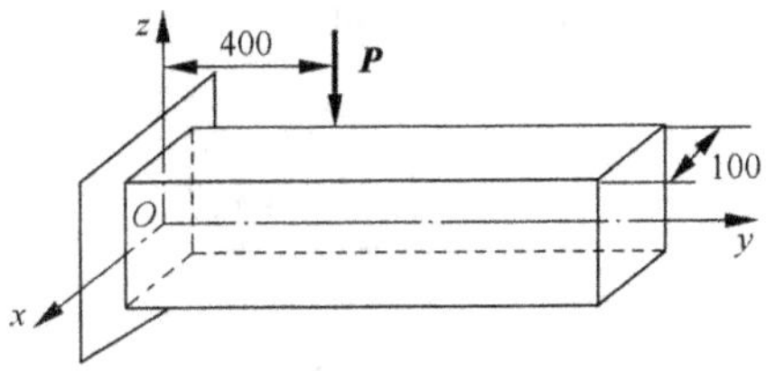

习题 5-7 图

5-8　习题 5-8 图所示均质杆 AB、BC 重 $\boldsymbol{W}$ 和 $\boldsymbol{Q}$，端点 A、B、C 均为球铰链连接，B 端也为球铰连接，靠在光滑铅垂的墙上，铰 A、C 位于水平面内，两点连线与墙面平行，AB 杆与水平线的夹角为 45°，$\angle BAC=90°$，$OA=AC$，求铰链 A、B、C 处的约束反力。

5-9　习题 5-9 图所示的传动轴，A 处为向心止推轴承，B 处为向心轴承，左侧 C 处是一直齿轮，直径 $d=200\mathrm{mm}$，齿轮受到的压力 $\boldsymbol{F}_{\mathrm{N}}$ 与铅垂线成 20°角，D 处皮带轮直径 $D=400\mathrm{mm}$，皮带拉力 $F_1=2000\mathrm{N}$，$F_2=1000\mathrm{N}$，皮带拉力与水平线夹角为 15°。试求轴承 A、B 处的反力和齿轮 C 处的压力 $\boldsymbol{F}_{\mathrm{N}}$ 的大小。

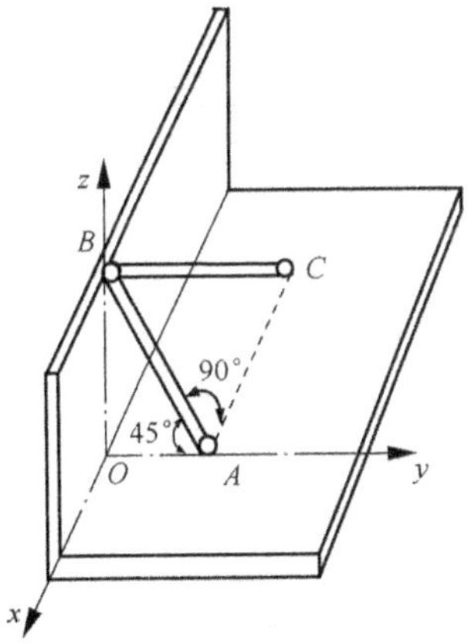

习题 5-8 图

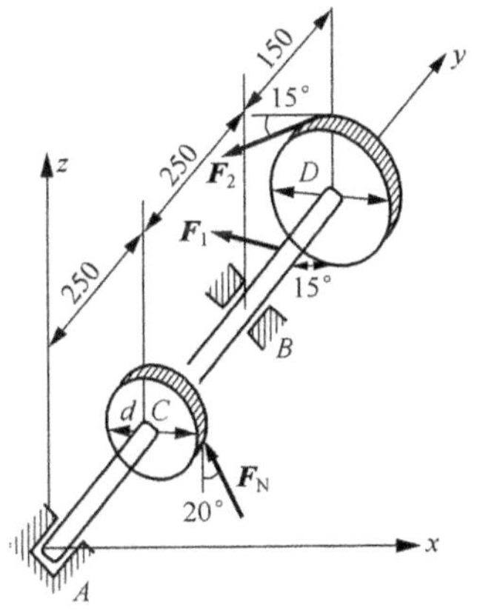

习题 5-9 图

5-10　求习题 5-10 图所示平面图形的形心(单位为 cm)。

5-11　习题 5-11 图所示斜井箕斗的侧板，求其重心的位置(单位为 m)。

5-12　习题 5-12 图所示均质薄圆板，半径 $R=10\mathrm{cm}$，距圆心右侧 $c=4\mathrm{cm}$ 处，挖去一个半径 $r=3\mathrm{cm}$ 的小圆柱。求此薄圆板重心的位置。

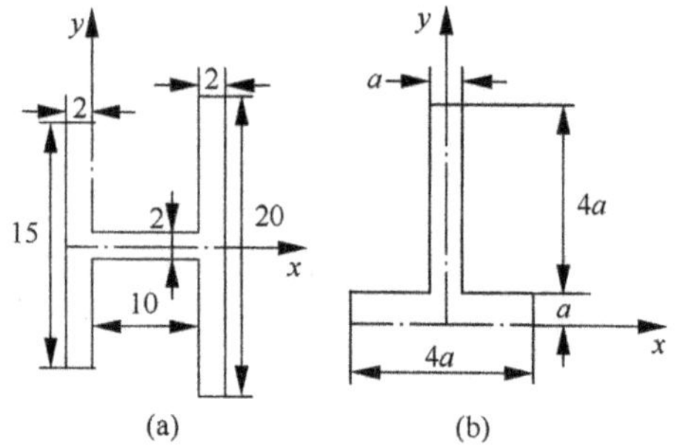

习题 5-10 图

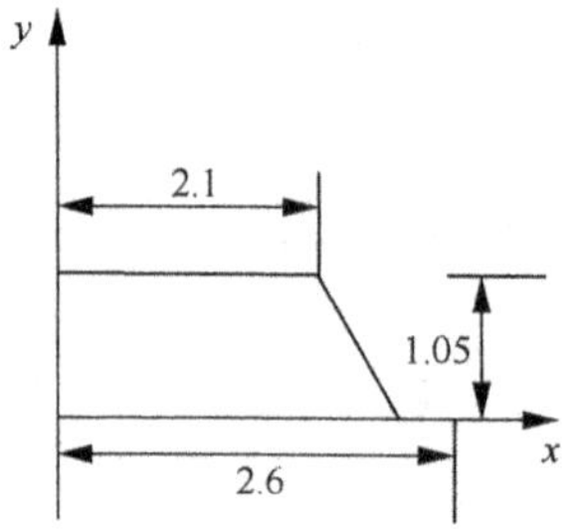

习题 5-11 图

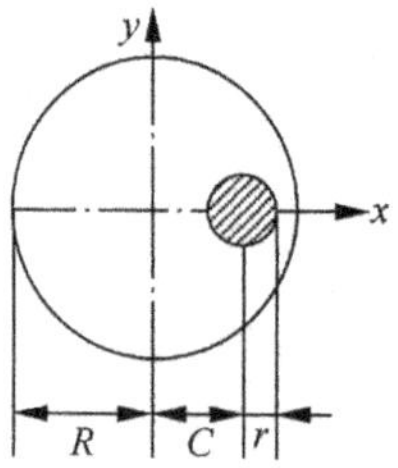

习题 5-12 图

5-13　如习题 5-13 图所示一均质等厚度半圆环杆，其重量为 **W**，半径为 R，A 端为铰链连接，O 端接触面可视为无摩擦，求杆在 O、A 处的约束反力。

5-14　如习题 5-14 图所示测卡车重心位置的方法是将卡车开到地秤上，可读到卡车及货物的总重量 **W**，假设重心到后轮的距离为 b，再将后轮开到地秤上，可读到后轮的压力 $\boldsymbol{F}_N$，已知前后轮之间的距离为 a，由力矩平衡可求得重心的位置，试写出 b 的计算公式。

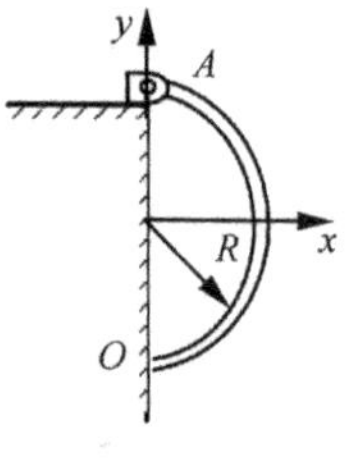

习题 5-13 图

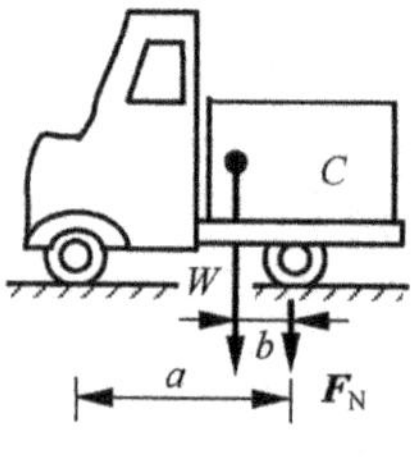

习题 5-14 图

第2篇 材料力学

第6章 材料力学绪论

6.1 材料力学的任务

在工程实际中,各种机构与机械得到广泛应用。组成机构与机械的每一部分,统称为**构件**。当结构或机械在正常工作时,组成它们的各个构件一般都要承受一定的力。例如,房屋中的梁要承受楼板传给它的重量;机器中的螺栓被拧紧后也要受力,这些重量和力统称为作用在构件上的载荷。

要想使机构或机械正常地工作,就必须保证组成它们的每个构件在载荷作用下能安全、正常地工作。因此,工程上对所设计的构件,在力学上有一定的要求,这些要求有以下3个方面:

1. 强度要求

所谓**强度**,是指构件在载荷作用下抵抗破坏的能力。强度有高低之分,在一定载荷作用下,说某种材料或某个构件的强度高,是指其比较坚固,不易破坏;说某种材料或某个构件强度低,则是指其不够坚固,较易破坏。

任何构件都不允许在正常工作情况下破坏,这就要求构件必须具有足够的强度。

2. 刚度要求

所谓**刚度**,是指构件在载荷作用下抵抗变形的能力。在一定载荷作用下,构件将产生形状与尺寸的改变,称为**变形**。说某个构件的刚度大,是指这个构件不易变形,即抵抗变形的能力强;说某个构件的刚度小,是指这个构件较易变形,即抵抗变形的能力弱。

在工程中,对构件来说,只满足强度要求是不够的,如果变形过大,也会影响正常工作。因此,根据不同的用途,对某些构件的变形给予一定的限制,使构件在载荷作用下产生的变形不能超过一定范围,这就要求构件具有足够的刚度。

3. 稳定性要求

所谓**稳定性**,是指构件保持其原有平衡形态的能力。对于细长受压构件,当压力较小时,构件能保持原有的直线平衡形态。若压力增大至某一数值时,构件会突然变弯,使结构不能正常工作,这种现象称为丧失稳定性。因此,对于这类细长受压构件,必须具有始终保持原有平衡形态的能力,即具有足够的稳定性。

满足了上述要求,才能保证构件安全正常地工作。

构件的强度、刚度和稳定性都与所用的材料有关。因此材料力学还要研究材料在载荷作用下表现出的力学性能。材料的力学性能需要通过实验来测定。此外,许多理论分析的结果,是在某些假设的前提下，经过简化得到的，是否可靠，有待实验的验证。工程中还有些单靠理论分析解决不了的问题，也需借助于实验来解决。所以实验研究和理论分析均为材料力学解决问题的手段。

在设计构件时，除应满足强度、刚度和稳定性要求外，还必须尽可能地合理选用材料和节省材料，以降低成本，减轻构件的重量。为了安全可靠，往往要求选用优质材料与较大的截面尺寸，这样就可能造成材料浪费与结构笨重。可见，安全与经济及安全与重量之间存在着矛盾。

材料力学的任务是：在满足强度、刚度和稳定性的要求下，为设计既经济又安全的构件，提供必要的理论基础和计算方法。

综上可知：材料力学研究的对象是构件，研究的主要内容是构件的强度、刚度和稳定性以及材料的力学性能；在材料力学的研究中，既包括理论分析又包括实验研究。

6.2 变形固体及其基本假设

制造构件的材料是多种多样的，但它们都是固体，在外力作用下，所有固体都将发生变形，故称为**变形固体**。变形固体的性质是多方面的，而且很复杂，以不同的角度研究问题，侧重面也不一样。为了便于进行强度、刚度和稳定性的理论分析，通常忽略一些次要因素，作出某些假设，将变形固体抽象为一种理想化的力学模型。材料力学对变形固体采用如下的基本假设。

1. 连续性假设

认为整个物体体积内毫无空隙地充满物质，即认为结构是密实的。根据这一假设，构件内的一些力学量既可用坐标的连续函数表示，也可在受力构件内任意一点处截取微小体积单元来进行研究。同时，连续性不仅存在于变形前，而且存在于变形后，也就是说，构件内变形前相邻的质点在变形后保持相邻，既不产生新的空隙或孔洞，也不出现重叠现象。

2. 均匀性假设

认为物体内的任何部分，其力学性质相同。根据这一假设，从构件内部任何部位截取的微小体积单元，都具有与构件完全相同的性质。于是，通过试样所测得的材料性质，也可用于构件内的任何部位。

在实际中，材料组成部分的力学性质往往存在不同程度的差异，例如金属是由无数微小晶粒组成，各个晶粒的力学性质不完全相同，但构件的任一部分中包含了数量极大的晶粒，而且无规则地排列，固体的力学性质是各晶粒的力学性质的统计平均值，所以可认为各部分的力学性质是相同的。

3. 各向同性假设

认为在材料内沿各个不同方向具有相同的力学性质，具有这种属性的材料称为**各向同性材料**。就金属的单一晶粒来说，在不同方向上，其力学性质并不一样。但金属物体包含着数量极多的晶粒，而且各晶粒又是杂乱无章地排列的，这样其在各个方向上的性质就接近相同了。

沿不同方向力学性质不同的材料，称为**各向异性材料**，如木材，胶合板和纤维织品等。

工程上所用的材料，在载荷作用下均要产生变形。对于大多数材料，当载荷不超过一定限度时，去除载荷后，物体将恢复原有的形状和尺寸，这种性质称为**弹性**。随着载荷卸除而消失的变形，称为**弹性变形**。当载荷过大时，去掉载荷后，变形只能部分消失而残留下一部分变形，材料的这种性质称为**塑性**，残留的变形称为**塑性变形**。

去掉载荷后能完全恢复原状的物体称为**理想弹性体**。

本书研究的内容，将限于材料处于弹性阶段，即将物体视为理想弹性体。

工程中大多数构件在载荷作用下，其几何尺寸的改变量与构件本身的尺寸相比，通常是很微小的，这类变形称为**小变形**。本书研究的内容将限于小变形范围。由于变形很微小，在研究构件的平衡、运动等问题时，就可以采用构件变形前的原始尺寸进行计算，使问题大为简化。

综上所述，在材料力学中，是把研究对象视为连续、均匀、各向同性的变形体，而所研究的范围，主要限于材料处于弹性阶段，且构件的变形是微小的。

6.3 内力、截面法和应力的概念

作用于构件上的载荷和支反力称为**外力**。构件不受外力时，内部各部分之间存在着相互作用的力，使构件维持一定的形状。当构件受到外力作用而变形时，其内部各部分之间的相互作用力将发生改变。这种因外力作用而引起的构件内各部分之间相互作用力的改变量，称为附加内力，简称**内力**。构件的内力随外力的增加而增大，当内力达到某一限度时，构件就会破坏，可见内力与构件的强度是密切相关的。

在研究构件的强度、刚度等问题时，均与内力有关，因此需要知道构件在已知外力作用下某一截面上的内力值。任一截面上的内力值的确定，需要用下述的**截面法**。

如图 6.1(a)所示构件在外力作用下处于平衡状态，欲求 *m-m* 截面的内力，假想地将构件沿 *m-m* 截面截开，分为Ⅰ、Ⅱ两部分，如图 6.1(b)、(c)所示。任取其中一部分，例如Ⅰ为研究对象，称为**脱离体**，此时Ⅱ部分作用于Ⅰ部分的内力，根据连续性假设，沿 *m-m* 截面连续分布。通常是将截面上的分布内力用位于该截面形心处的合力来代替，尽管内力的合力是未知的，但总可以用 6 个内力分量来表示。因构件在外力作用下处于平衡状态，所以截开后的保留部分也应该是平衡的，这样由空间力系的平衡方程，即可求得 6 个内力的分量。事实上，截面上的内力并不是都同时存在上述 6 个分量，可能只存在其中一个或几个。

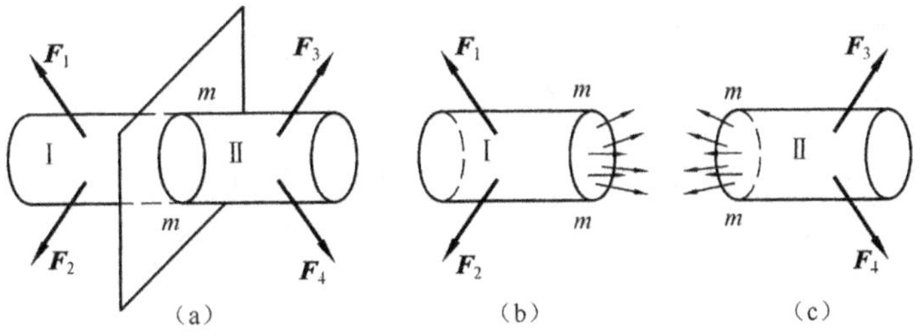

图 6.1

用截面法求内力的步骤可归纳如下：

(1)在要求内力的截面处，用一假想的平面将构件截为两部分；

(2)留下一部分，去掉一部分，用内力代替去掉的部分对留下部分的作用；

(3)考虑留下部分的平衡，由平衡方程即可确定内力值。

在确定了构件截面上的内力后，还不能判断这个构件的强度是否满足，因为同样的内力在直观上来说，分布在较大的截面上就安全，反之就危险。因此还得知道内力在截面上的分布规律以及在各点处的强弱程度，即内力的集度，称为**应力**。如图 6.2(a)所示，要研究受力构件内某截面 m-m 上 k 点处的应力，围绕 k 点取一微小面积 ΔA，设作用在该面积上的微内力为 $\Delta \boldsymbol{F}$，则 ΔF 与 ΔA 的比值，称为 ΔA 内的**平均应力**，用 p_m 表示，即

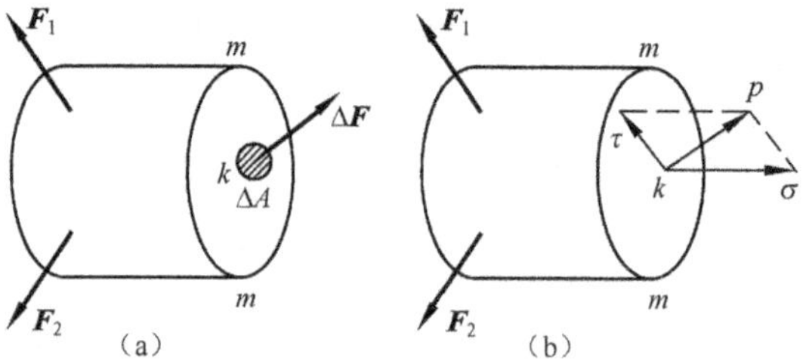

图 6.2

$$p_m = \frac{\Delta F}{\Delta A} \tag{6-1}$$

一般情况下，内力沿截面并非均匀分布，平均应力 p_m 之值及其方向将随所取面积 ΔA 的变化而改变。为了精确地描述内力的分布情况，当 ΔA 趋近于零，平均应力 p_m 的极限值，称为截面 m-m 上 k 点处的**应力**，并用 p 表示，即

$$p = \lim_{\Delta A \to 0} p_m = \lim_{\Delta A \to 0} \frac{\Delta F}{\Delta A} \tag{6-2}$$

通常把应力 p 沿截面的法向与切向分解为两个分量，如图 6.2(b)所示，沿截面法向的应力分量称为**正应力**，用 σ 表示；沿截面切向的应力分量称为**切应力**，用 τ 表示。显然

$$p^2 = \sigma^2 + \tau^2 \tag{6-3}$$

必须指出，一般情况，构件在外力作用下，任一截面上不同点处的应力值是不相同的；而同一点处位于不同方位的截面上的应力值也不相同。因此，当提到应力时，必须指明应力所在的截面和点所在的位置。

在国际单位制中，应力的单位是牛顿/米^2(N/m^2)，称为帕斯卡，简称帕(Pa)。由于这个单位太小，工程中常用的应力单位为兆帕(MPa)或吉帕(GPa)，其关系为：1MPa=10^6Pa，1GPa=10^9Pa。

6.4 变形和应变的概念

构件在外力作用下，既要产生应力，同时又要发生变形。构件的变形包括几何形状和尺寸的改变两部分。为了研究构件的变形，设想将其分割成无数个单元体，整个构件的变形可看成是这些单元体变形累积的结果。如图 6.3(a)所示是从构件中取出的一个单元体，其变形可用棱边长度的改变和棱边所夹直角的改变来描述。设棱边 AB 的原长为 Δx，变形后长度的改变量为 Δu，如图 6.3(b)所示，则比值 $\varepsilon_m = \dfrac{\Delta u}{\Delta x}$ 称为 AB 的**平均线应变**。一般情况下，AB 内各点处的变形程度并不相同，为了精确描述 A 点沿 AB 方向的变形程度，当 Δx 趋近于零时，平均线应变 ε_m 的极限值

$$\varepsilon_x = \lim_{\Delta x \to 0} \frac{\Delta u}{\Delta x} = \frac{du}{dx} \tag{6-4}$$

称为 A 点处沿 x 方向的**线应变**。用类似的方法，还可确定 A 点处沿其他方向的线应变。

单元体变形时，除棱边的长度改变外，棱边所夹直角也将发生改变，如图 6.3(c)所示。直角的改变量 γ 称为 A 点在 xy 平面内的**切应变**。线应变 ε 和切应变 γ 均为无量纲的量。

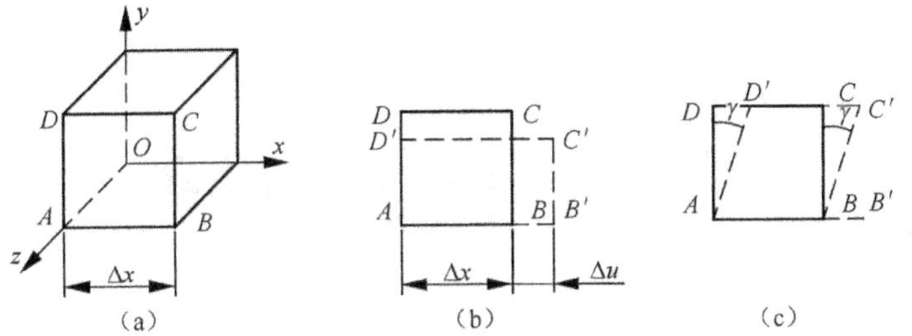

图 6.3

6.5 杆件变形的基本形式

工程中构件的种类很多,如杆、板、壳、块体等。材料力学所研究的主要是其中的**杆件**。所谓杆件,是指其长度相对于其他两个横向尺寸大得多的构件。一般地,建筑工程中的梁、柱以及机器上的轴等均属杆件。

杆件按轴线的形状可分为直杆、曲杆和折杆。按横截面沿轴线的变化情况可分为等截面杆和变截面杆。本书中将着重讨论等截面的直杆,简称**等直杆**。

在不同形式的外力作用下,杆件发生的变形形式也不相同,在工程结构中,杆件的基本变形形式有以下 4 种:

(1)**轴向拉伸或压缩**。如图 6.4(a)、(b)所示,杆件的变形是由大小相等、方向相反且作用线与杆件轴线重合的一对力引起的,表现为杆件的长度发生伸长或缩短。

(2)**剪切**。如图 6.4(c)所示,杆件的变形是由一对大小相等、方向相反且作用线相距很近的横向力引起的,表现为受剪杆件的两部分沿外力作用方向发生相对错动。

(3)**扭转**。如图 6.4(d)所示,杆件的变形是由大小相等、转向相反、作用面都垂直于杆轴线的两个力偶引起的,表现为杆件的任意两个横截面发生绕轴线的相对转动。

(4)**弯曲**。如图 6.4(e)所示,杆件的变形是由垂直于杆件轴线的横向力,或由作用于包含杆轴线的纵向平面内的一对大小相等、转向相反的力偶引起的,表现为杆件轴线由直线变为曲线。

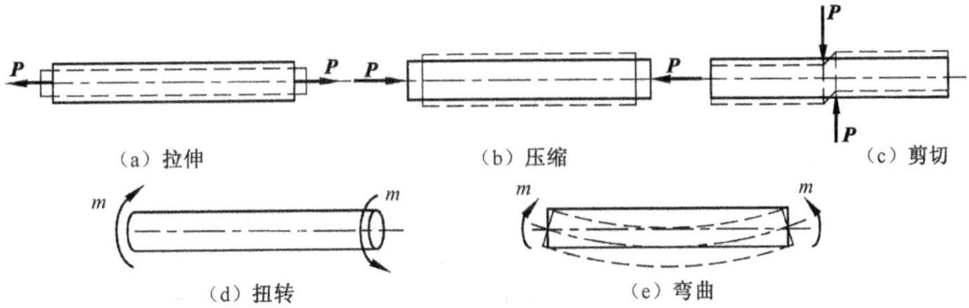

图 6.4

工程实际中的杆件可能同时承受不同形式的外力,变形情况可能比较复杂,但不论怎样复杂,其变形均是由基本变形的组合。

第 7～15 章将就上述各基本变形形式及同时存在两种或两种以上基本变形的组合情况分别加以讨论。

第 7 章　轴向拉伸和压缩

7.1　概　　述

工程中有很多承受轴向拉伸和压缩的构件。例如，钢木组合桁架中的钢拉杆(见图 7.1)、机械中的操纵杆(见图 7.2)。这些构件除连接部分外都是等直杆，作用于杆件上的外力(或外力合力)的作用线均与杆件轴线重合，其变形主要表现为轴向伸长或缩短，这种变形形式称为**轴向拉伸或压缩**。

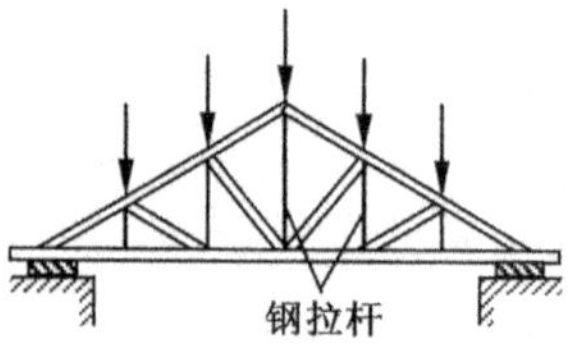

图 7.1

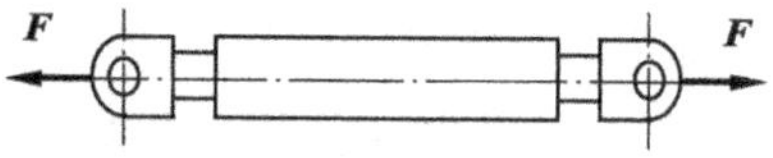

图 7.2

若不考虑实际拉(压)杆端部的连接情况，则可将其简化为如图 7.3(a)、(b)所示的计算简图，即等直杆在其两端各受一集中力 F 作用，两个力 F 大小相等，方向相反，且作用线与杆件轴线重合。

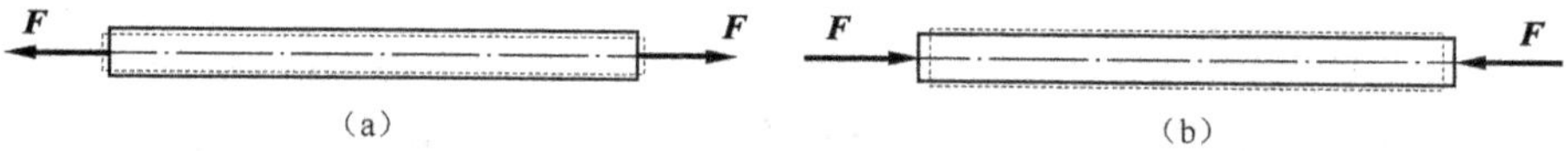

图 7.3

7.2　轴向拉伸与压缩时横截面上的内力

要对杆件进行强度和刚度计算，首先需要求出杆件的内力。

如图 7.4(a)所示为一拉杆，欲求其任意横截面 m-m 上的内力，可应用截面法。首先，假想地用一截面从要求内力的 m-m 截面将杆截开，使其成为两部分，如图 7.4(b)所示。然后在这两部分中，任意留下一部分作为研究对象进行分析，现取左半部分为研究对象，并将去掉部分对留下部分的作用以截开面的内力 $\boldsymbol{F}_{\mathrm{N}}$ 来代替。对于留下部分来说截面 m-m 上的内力 $\boldsymbol{F}_{\mathrm{N}}$ 就成为外力。由于整个杆件受平衡外力系作用处于平衡状态，杆件的任一部分也必然保持平衡，故其留下部分也保持平衡。于是杆横截面 m-m 上的内力 $\boldsymbol{F}_{\mathrm{N}}$ 将与其左端外力 $\boldsymbol{F}$ 共线，与杆的轴线重合，即垂直于横截面并通过其形心，受力如图 7.4(b)所示。

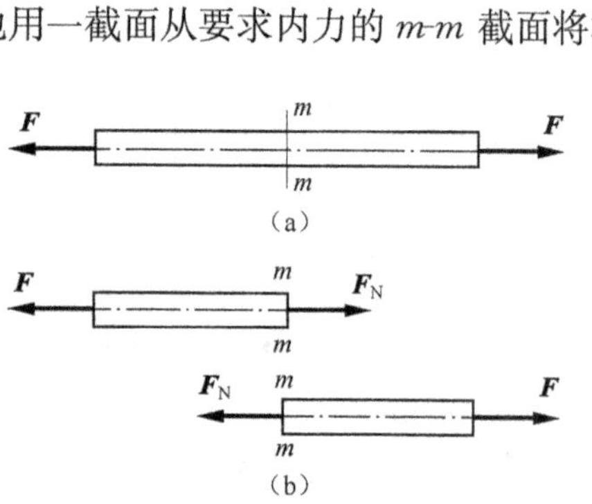

图 7.4

考虑脱离体的平衡，由平衡方程

$$\sum F_x = 0 \qquad F_N - F = 0$$

得
$$F_N = F$$

F_N 称为**轴力**。

同样，取右半部分为研究对象，亦可求得截面 m-m 上的内力。

为了使左、右两段所得同一截面 m-m 上的轴力具有相同的正负号，规定：当轴力的方向与横截面外法线方向一致时，即杆件受拉伸，其轴力为正；反之，杆件受压缩，其轴力为负。

若杆件受到的轴向外力多于两个，则在杆件各部分的横截面上，轴力各不相同。为了表明横截面上的轴力随横截面的位置变化的情况，可用**轴力图**来表示。由轴力图即可确定最大轴力的数值及其所在截面的位置。轴力图的绘制方法通过例题说明如下，且习惯上将正的轴力画在坐标轴的上侧，负的画在下侧。

例 7-1 试画出如图 7.5 所示等直杆的轴力图。

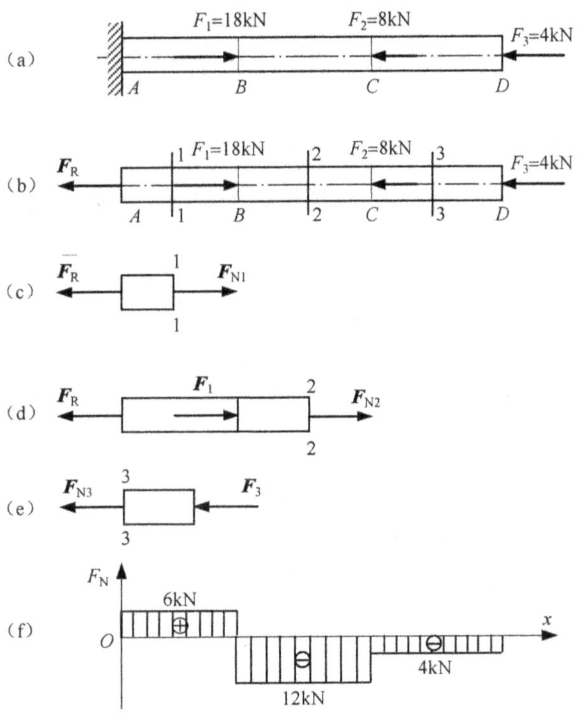

图 7.5

解 1)求约束反力

以杆为研究对象，其受力如图 7.5(b)所示，列平衡方程

$$\sum F_x = 0 \qquad F_1 - F_2 - F_3 - F_R = 0$$

解得
$$F_R = 6(\text{kN})$$

2)计算轴力

在 AB 段内，沿 1-1 截面假想地将杆截开，取左半段为研究对象，其受力如图 7.5(c)所示，列平衡方程

$$\sum F_x = 0 \qquad F_{N1} - F_R = 0$$

解得 $$F_{N1}=F_R=6(\text{kN})$$

在 BC 段内，沿 2-2 截面假想地将杆截开，取左半段为研究对象，其受力如图 7.5(d)所示，列平衡方程

$$\sum F_x=0 \qquad F_{N2}-F_R+F_1=0$$

解得 $$F_{N2}=-12(\text{kN})$$

在 CD 段内，沿 3-3 截面假想地将杆截开，取右段为研究对象，其受力如图 7.5(e)所示，列平衡方程

$$\sum F_x=0 \qquad -F_{N3}-F_3=0$$

解得 $$F_{N3}=-F_3=-4(\text{kN})$$

3)画轴力图

建立如图 7.5(f)所示的坐标系，横坐标表示横截面的位置，纵坐标表示相应截面上的轴力，便可绘制出轴力与截面位置的关系曲线，即轴力图。

7.3 轴向拉伸与压缩时的应力

7.3.1 横截面上的应力

要判断受力构件能否发生强度破坏，仅知道某个截面上的内力是不够的，还须进一步研究横截面上的应力。

拉(压)杆件横截面上的内力为轴力，其方向垂直于横截面，且通过横截面的形心，而横截面上各点处应力与微面积乘积在整个横截面面积上的积分即为该截面上的内力。显然，截面上各点处的切应力不可能合成为垂直于截面的轴力。因而，与轴力相应的只可能是垂直于截面的正应力，即拉(压)杆件横截面上只有正应力没有切应力。要计算正应力，还须知道正应力在截面上的分布规律，为此，借助实验观察杆件受力作用后表面上的变形情况，并由表及里地作出杆件内部变形情况的几何假设，再根据力与变形间的物理关系，得到应力在截面上的分布规律，然后再通过应力与微面积乘积在整个横截面面积上的积分即为该截面上内力这一静力学关系，得到拉(压)杆件横截面上正应力的计算公式。

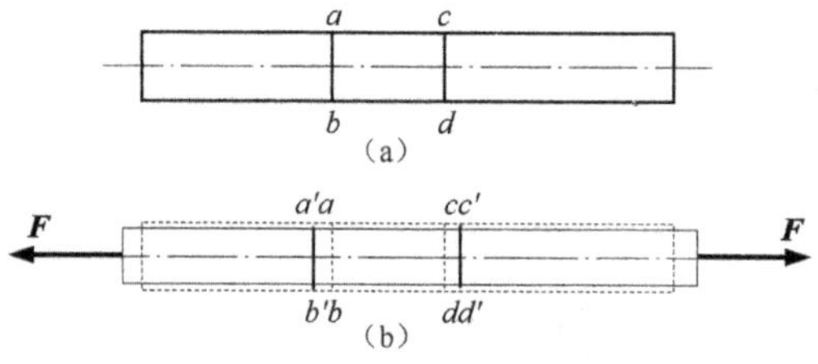

图 7.6

如图 7.6(a)所示，取一等直杆，在其侧面作相邻的两条横向直线 ab 和 cd，然后在杆两端施加一对轴向拉力 $\boldsymbol{F}$ 使杆发生拉伸变形，观察发现 ab 和 cd 仍为直线，且仍然垂直于轴线，只是分别平行移至 $a'b'$ 和 $c'd'$，如图 7.6(b)所示。根据这一现象，设想横向线代表杆的横截面，于是，可假设原为平面的横截面在杆变形后仍为平面，称为**平面假设**。若设想杆由无数纵向纤维所组成，由平面假设可知，任意两横截面间各条纤维的伸长相同。因材料是均匀的，各纵向纤维的力学性能相同。由此可知各纵向纤维所受的力是一样的，即横截面上的应力是均匀分布的，即 σ 是常量。于是有

$$F_N=\int_A \sigma \mathrm{d}A=\sigma A$$

则
$$\sigma=\frac{F_N}{A} \tag{7-1}$$

式中，σ 为杆件横截面上的正应力；F_N 为轴力；A 为杆的横截面面积。对于轴向压缩的杆，上式同样适用。正应力 σ 的符号规定为拉应力为正，压应力为负。

式(7-1)是根据正应力在杆件横截面上均匀分布这一结论而导出的。应该指出，这一结论实际上只在杆上离外力作用点稍远的部分才正确，而在外力作用点附近，由于杆端连接方式的不同，其应力情况较为复杂。圣维南原理指出："力作用于杆端方式的不同，只会使与杆端距离不大于杆的横向尺寸的范围内受到影响"。因此，在拉(压)杆的应力计算中，除杆端外，式(7-1)均适用。

例 7-2 起吊三角架如图 7.7(a)所示，已知 AB 杆由 2 根截面面积为 10.86 cm^2 的角钢制成，$F=130kN$，$\alpha=30°$。求 AB 杆横截面上的应力。

解 (1)计算 AB 杆的内力

取节点 A 为研究对象，受力如图 7.7(b)所示。

$$\sum F_y = 0 \qquad F_{NAB}\sin 30° - F = 0$$

则

$$F_{NAB} = 2F = 260(\text{kN})$$

(2)应力计算

$$\sigma_{AB} = \frac{F_{NAB}}{A} = \frac{260\times10^3}{2\times10.86\times10^{-4}} = 119.7\times10^6(\text{Pa}) = 119.7(\text{MPa})$$

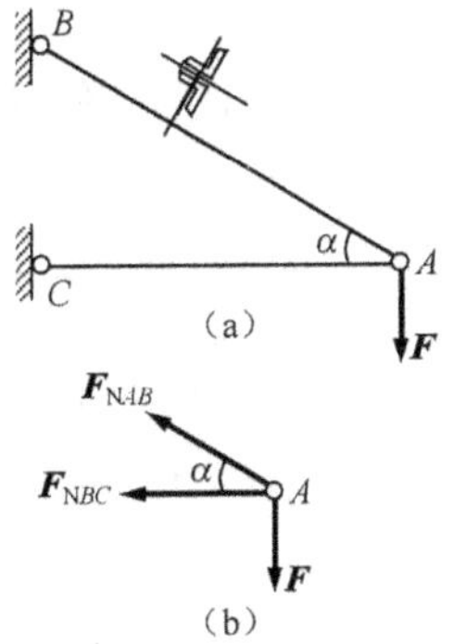

图 7.7

7.3.2 斜截面上的应力

前面研究了轴向拉伸(压缩)时杆件横截面上的应力，它是强度计算的依据。但不同材料的实验表明，拉(压)杆的破坏并不总是沿横截面发生，有时却是沿斜截面发生的。为了更全面的对杆件进行强度计算，需要讨论斜截面上的应力。

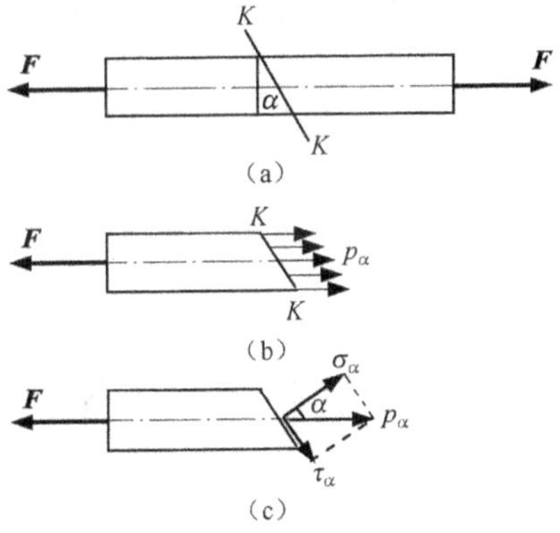

图 7.8

如图 7.8(a)所示拉杆，利用截面法，假想地用任意斜截面 K-K 将杆件分为两段，取左半段为研究对象，其受力如图 7.8(b)所示。

考虑其平衡，可求出该截面的内力为

$$F_N = F$$

类似于分析横截面上正应力分布规律的过程，同样可得到斜截面上的应力 p_α 也是均匀分布的结论。于是，有

$$p_\alpha = \frac{F_N}{A_\alpha} \tag{a}$$

式中，A_α 为斜截面的面积。它与横截面面积 A 的关系为

$$A_\alpha = A/\cos\alpha \tag{b}$$

将式(b)代入式(a)，得

$$p_\alpha = \frac{F_N}{A}\cos\alpha = \sigma\cos\alpha \tag{c}$$

将 p_α 分解为垂直于斜截面的正应力 σ_α 和相切于斜截面的切应力 τ_α，如图 7.8(c)所示，可得

$$\sigma_\alpha = p_\alpha\cdot\cos\alpha = \sigma\cdot\cos^2\alpha \tag{7-2}$$

$$\tau_\alpha = p_\alpha\cdot\sin\alpha = \sigma\cdot\cos\alpha\cdot\sin\alpha = \frac{\sigma}{2}\sin 2\alpha \tag{7-3}$$

式(7-2)和式(7-3)表明:杆件任一斜截面上的正应力 σ_α,切应力 τ_α 均是截面方位角 α 的函数。若已知横截面上的正应力 σ,便可求得任意斜截面上的正应力 σ_α 和切应力 τ_α。

当 $\alpha = 0°$ 时,正应力 σ_α 达到最大,其值为 $\sigma_{max} = \sigma$,即最大正应力发生在横截面上;若 $\alpha = 45°$,切应力 τ_α 达到最大,其值为 $\tau_{max} = \frac{\sigma}{2}$,即最大切应力发生在与杆轴线成 45° 的斜截面上。

7.4 轴向拉伸与压缩时的变形

杆件在轴向拉伸(压缩)时,将引起轴向尺寸的伸长(或缩短)和横向尺寸的缩短(或伸长)。如图 7.9 所示,图中实线为变形前的形状,虚线为变形后的形状。

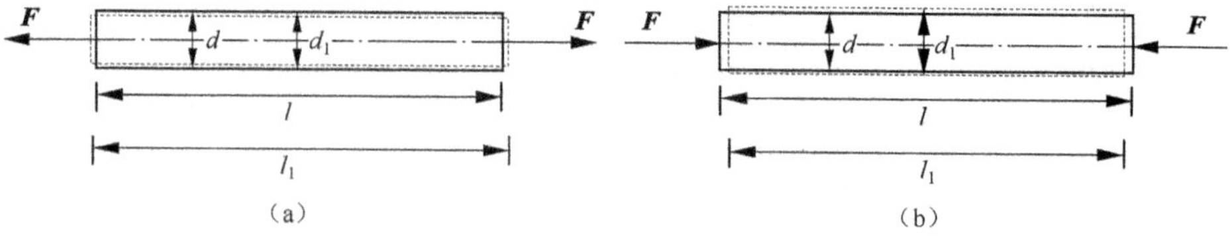

图 7.9

设 l 和 d 分别为杆件变形前的长度和直径,l_1 和 d_1 为杆件变形后的长度和直径,则变形后长度改变量 Δl 与直径改变量 Δd 分别为

$$\Delta l = l_1 - l$$

$$\Delta d = d_1 - d$$

式中,Δl 与 Δd 称为杆件的绝对伸长或缩短,即总的伸长量或缩短量。

将绝对伸长量除以杆件的初始尺寸,即得单位伸长,称为线应变。对轴力为常量的等直杆,分别为

$$\varepsilon = \frac{\Delta l}{l} \tag{7-4}$$

$$\varepsilon' = \frac{\Delta d}{d} \tag{7-5}$$

式中,ε 为轴向线应变,ε' 为横向线应变。

今后规定,Δl 和 Δd 伸长为正,缩短为负;ε 和 ε' 的正负号分别与 Δl 和 Δd 一致,即规定:拉应变为正,压应变为负。

实验表明,在弹性变形范围内,杆件的伸长 Δl 与力 F 及杆长 l 成正比,与横截面面积 A 成反比,即

$$\Delta l \propto \frac{Fl}{A}$$

引入比例系数 E,则

$$\Delta l = \frac{Fl}{EA} \tag{7-6}$$

E 值与材料的性质有关,称为材料的**弹性模量**,其单位为 Pa。

上式表明,Δl 与乘积 EA 成反比,即该乘积越大,伸长 Δl 越小,所以 EA 代表杆件抵抗拉伸(压缩)变形的能力,称为杆件的**抗拉(压)刚度**。

由于此时,杆的轴力 F_N 与拉力 F 大小相等,于是将上式写成

$$\Delta l=\frac{F_N l}{EA} \tag{7-7}$$

更为确切,因为伸长的大小与轴力 F_N 是直接联系着的。若将 $\varepsilon=\frac{\Delta l}{l}$、$\sigma=\frac{F_N}{A}$ 代入式(7-7),可得

$$\varepsilon=\frac{\sigma}{E} \quad 或 \quad \sigma=E\varepsilon \tag{7-8}$$

此式表明,在弹性变形范围内,应力与应变成正比。

式(7-6)、式(7-7)、式(7-8)均称为**胡克定律**。

实验结果表明,在弹性变形范围内,横向线应变 ε' 与轴向线应变 ε 的绝对值之比为一常数,即

$$\nu=\left|\frac{\varepsilon'}{\varepsilon}\right| \tag{7-9}$$

ν 称为**横向变形系数**或**泊松比**,为一无量纲量。它也是材料固有的弹性常数。

考虑到轴向线应变和横向线应变的正负号相反,故有

$$\varepsilon'=-\nu\varepsilon \tag{7-10}$$

将式(7-8)中的 $\varepsilon=\frac{\sigma}{E}$ 代入,则得

$$\varepsilon'=-\nu\frac{\sigma}{E} \tag{7-11}$$

上式表明一点处的横向线应变与该点处的轴向正应力也成正比,但正负号相反。

弹性模量 E 和泊松比 ν 是材料的弹性常数,可由实验测定。工程中常用材料的 E 和 ν 值可在工程手册中查阅。

例 7-3 如图 7.10(a)所示等直钢杆,材料的弹性模量 $E=210\text{GPa}$,试计算:(1)每段杆的伸长;(2)每段杆的线应变;(3)全杆的总伸长。

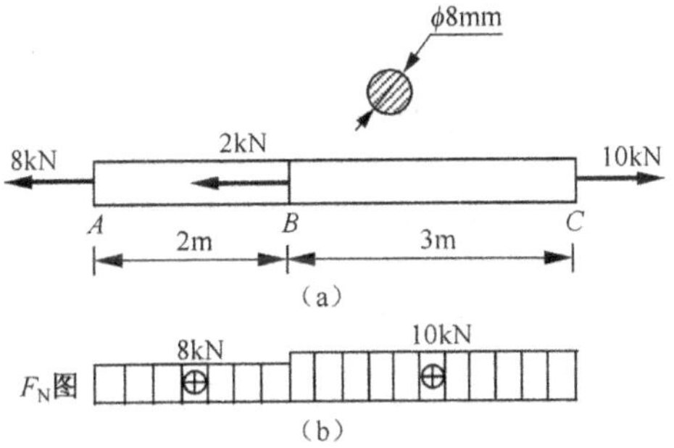

图 7.10

解 先求出每段杆的轴力,并作轴力图,如图 7.10(b)所示。

(1)求每段杆的伸长。根据式(7-7)

$$\Delta l_{AB}=\frac{F_{NAB}l_{AB}}{EA}=\frac{8\times10^3\times2}{210\times10^9\times\frac{\pi\times8^2\times10^{-6}}{4}}=0.00152(\text{m})$$

$$\Delta l_{BC}=\frac{F_{NBC}l_{BC}}{EA}=\frac{10\times10^3\times3}{210\times10^9\times\frac{\pi\times8^2\times10^{-6}}{4}}=0.00284(\text{m})$$

(2)求每段杆的线应变。根据式(7-4)

$$\varepsilon_{AB}=\frac{\Delta l_{AB}}{l_{AB}}=\frac{0.00152}{2}=7.6\times10^{-4}$$

$$\varepsilon_{BC}=\frac{\Delta l_{BC}}{l_{BC}}=\frac{0.00284}{3}=9.47\times10^{-4}$$

(3)求全杆总伸长。

$$\Delta l_{AC}=\Delta l_{AB}+\Delta l_{BC}=0.00152+0.00284=0.00436(\mathrm{m})=4.36(\mathrm{mm})$$

例 7-4 如图 7.11(a)所示支架，AB 和 AC 两杆均为钢杆，弹性模量 $E_1=E_2=200\mathrm{GPa}$，两杆横截面面积分别为 $A_1=200\ \mathrm{mm}^2$ 、$A_2=250\ \mathrm{mm}^2$，AB 杆长 $l_1=2\mathrm{m}$，载荷 $F=10\mathrm{kN}$。试求节点 A 的位移。

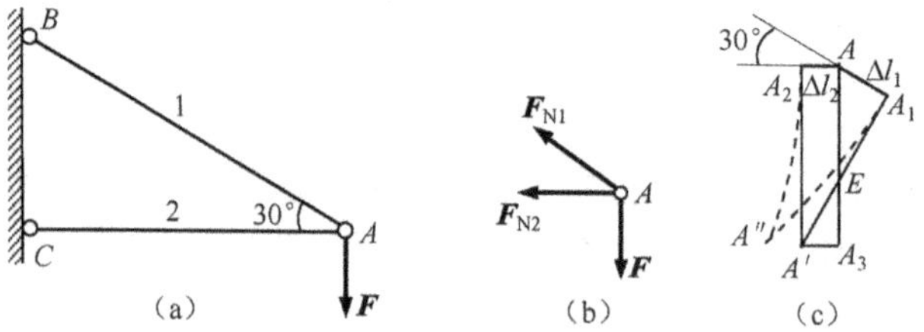

图 7.11

解 1)求各杆的轴力

以节点 A 为研究对象，其受力如图 7.11(b)所示。在小变形的情况下，求各杆的轴力时可将两杆间的夹角的微小变化忽略不计。列平衡方程

$$\sum F_x=0 \qquad -F_{N2}-F_{N1}\cos30^\circ=0$$

$$\sum F_y=0 \qquad F_{N1}\sin30^\circ-F=0$$

解得

$$F_{N1}=2F=20(\mathrm{kN}),\qquad F_{N2}=-F_{N1}\cos30^\circ=-20\cos30^\circ=-17.3(\mathrm{kN})$$

2)求各杆的变形

由式(7-7)，求得 AB 、AC 杆的变形量分别为

$$\Delta l_1=\frac{F_{N1}l_1}{E_1A_1}=\frac{20\times10^3\times2}{200\times10^9\times200\times10^{-6}}=1\times10^{-3}(\mathrm{m})=1(\mathrm{mm})$$

$$\Delta l_2=\frac{F_{N2}l_2}{E_2A_2}=\frac{F_{N2}l_1\cos30^\circ}{E_2A_2}=-\frac{17.3\times10^3\times2\times\frac{\sqrt{3}}{2}}{200\times10^9\times250\times10^{-6}}=-0.6\times10^{-3}(\mathrm{m})=-0.6(\mathrm{mm})$$

3)求节点 A 的位移

为了求节点 A 的位移，可假想地将两杆在节点 A 处拆开，并在其原位置上使 AB 杆伸长 Δl_1，使 AC 杆缩短 Δl_2。显然，变形后两杆仍应铰接在一起，即应满足变形的几何相容条件。于是，分别以 B 、C 为圆心，以两杆伸缩后的长度 BA_1 、CA_2 为半径作圆弧，它们的交点 A'' 即为 A 点的新位置，如图 7.11(c)所示。$\overline{AA''}$即为 A 点的位移。因变形微小，上述两圆弧可用其切线(分别垂直于直线 BA_1 和 CA_2)代替，两条切线相交于 A' 点，略去高阶微量，可认为 A' 点即为 A 的新位置，则$\overline{AA'}$为节点 A 的位移。下面计算节点 A 位移的大小。

节点 A 的水平位移

$$AA_2=|\Delta l_2|=0.6(\mathrm{mm})(\leftarrow)$$

节点 A 的垂直位移

$$AA_3 = AE + EA_3 = \frac{\Delta l_1}{\sin 30^\circ} + \frac{\Delta l_2}{\tan 30^\circ} = \frac{1.0}{\sin 30^\circ} + \frac{0.6}{\tan 30^\circ} = 3.0(\text{mm})(\downarrow)$$

故节点 A 的位移的大小

$$AA' = \sqrt{(AA_2)^2 + (AA_3)^2} = \sqrt{0.6^2 + 3^2} = 3.06(\text{mm})$$

至于节点 A 的位移方向，读者可自行求解。

例 7-5 如图 7.12(a)所示一等直杆，长为 l，横截面面积为 A，其材料的密度为 ρ，求整个杆件由自重引起的伸长 Δl。

解 在自重作用下，不同截面上的轴力是变量，所以不能直接用式(7-7)计算杆的伸长，而需取一微段杆来考虑。

在离下端距离 x 处，取长为 dx 的微段杆作为脱离体，受力如图 7.12(b)所示，图中 $F_N(x)$ 是长为 x 的下半段杆的自重，即

$$F_N(x) = xA\rho g$$

dG 为微段杆的自重，即

$$dG = dx \cdot A\rho g$$

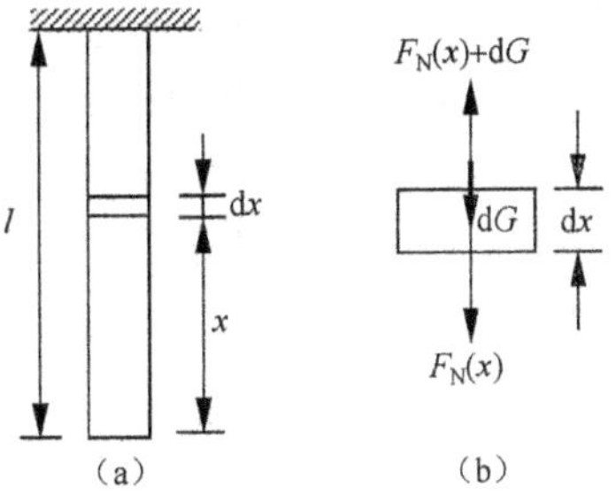

图 7.12

此值与 $F_N(x)$ 相比是微量，可忽略不计。这样即可认为微段杆内各截面的轴力都等于 $F_N(x)$，是常量，于是就可直接用式(7-7)计算微段杆的伸长 $\Delta(dx)$

$$\Delta d(x) = \frac{F_N(x)dx}{EA} = \frac{\rho g x dx}{E}$$

整个杆的伸长为

$$\Delta l = \int_l \Delta(dx) = \int_0^l \frac{\rho g x dx}{E} = \frac{\rho g l^2}{2E}$$

将此结果改写为

$$\Delta l = \frac{(\rho g A l)l}{2EA} = \frac{1}{2}(\Delta l)'$$

式中 $(\Delta l)'$ 等于把整个杆的自重作为集中载荷作用在杆端所引起的伸长。由此可得结论：等直杆由自重所引起的伸长等于把自重当作集中载荷作用在杆端所引起的伸长的一半。

7.5 材料拉伸和压缩时的力学性能

材料在外力作用下所表现出的有关强度和变形方面的性质，称为**材料的力学性能**，也称为**机械性质**。材料的力学性能要通过试验来测定。测定材料力学性能的试验种类较多，这里主要介绍在室温下以缓慢平稳的加载方式所进行的试验，即**常温静载试验**，以及通过试验所得到的一些力学性能。

工程上常用的材料种类繁多，下面主要以低碳钢和铸铁为代表，介绍材料拉伸和压缩时的力学性能。

7.5.1 材料拉伸时的力学性能

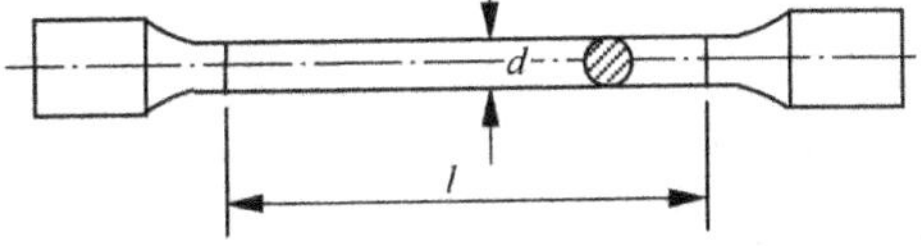

图 7.13

拉伸试验是测定材料力学性能最常用、最基本的试验之一。国家标准(《金属拉伸试验方法》，GB228—1987)规定，试件应做成标准试件。如图 7.13所示，在试件中间等直部分取长为 l 的一

段作为试验段，称为**标距**。对圆截面标准试件的标距 l 与直径 d 有两种比例，即

$$l = 10d \quad 和 \quad l = 5d$$

1. 低碳钢拉伸时的力学性能

低碳钢是指含碳量在 0.3%以下的碳素钢，是工程中广泛使用的材料，它在拉伸试验中表现出来的力学性能比较全面和典型。

通过拉伸试验可以看到，随着拉力 F 的缓慢增加，标距 l 的伸长量 Δl 有规律地变化，由此可绘制出表示 F 和 Δl 的关系曲线，称为**拉伸图**或 F-Δl 曲线，如图 7.14 所示。

F-Δl 曲线与试件尺寸有关，为了消除试件尺寸的影响，将 F-Δl 曲线中的纵坐标即载荷 F 除以试件横截面的原始面积 A，则为横截面上的正应力 σ；横坐标即伸长量 Δl 除以标距的原始长度 l，则为轴向线应变 ε，于是便得到应力 σ 与应变 ε 的关系曲线，称为**应力—应变图**或 σ-ε **曲线**，如图 7.15 所示。

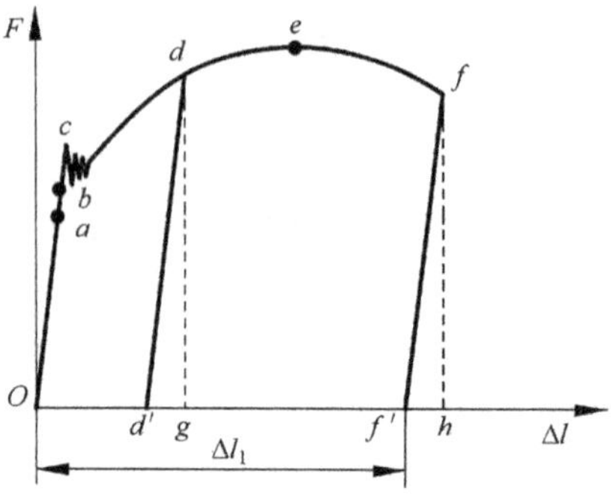

图 7.14

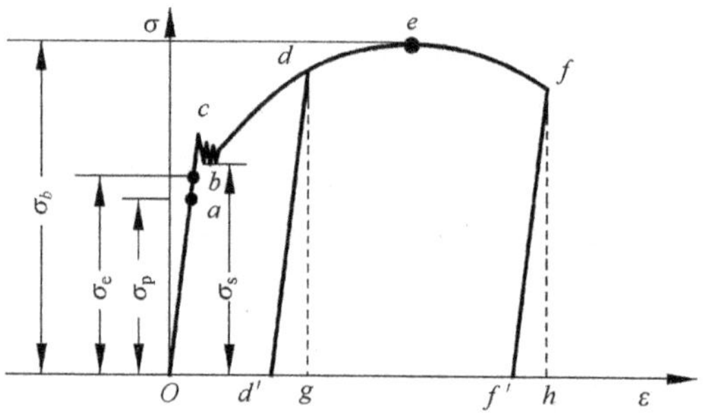

图 7.15

根据试验结果，低碳钢的力学性能大致如下。

1)**弹性阶段**

在拉伸的初始阶段，σ 与 ε 的关系为直线 Oa，表示在这一阶段内，应力 σ 与应变 ε 成比例，其比例常数就是弹性模量 E，即

$$\sigma = E\varepsilon$$

这就是上一节所介绍的胡克定律。利用这个关系，可由拉伸试验测出材料的弹性模量。直线部分的最高点 a 所对应的应力值 σ_p，称为**比例极限**。显然，只有应力低于比例极限时，应力才与应变成正比，材料才服从胡克定律。这时，称材料是线弹性的。

超过 a 点后，从 a 点到 b 点，σ 与 ε 之间的关系不再是直线，是一段很短的微弯曲线，但卸载后变形仍能完全消失，表明此阶段材料的变形仍是弹性的。b 点所对应的应力值 σ_e，称为**弹性极限**。应力超过 σ_e，便开始出现塑性变形，即 σ_e 是材料只出现弹性变形的极限值。在 σ-ε 曲线上，a 、b 两点非常接近，所以在实际应用中对比例极限和弹性极限并不严格区分。

2)**屈服阶段**

当应力超过 b 点增加到某一值时，应力不再增加，而是在一微小范围内波动，此时应变显著增加，材料暂时失去抵抗变形的能力。这种应力几乎保持不变，而应变却显著增加的现象，称为**屈服现象**，这一阶段称为**屈服阶段**。在屈服阶段内的最高点和最低点分别称为**上屈服点**和**下屈服点**。由于上屈服点的值受试验时的各种因素的影响较大，不如下屈服点稳定，且下屈服点能够反映材料的性能。因此工程上将下屈服点所对应的应力 σ_s，称为**屈服极限**。

在屈服阶段，若试件经过抛光，这时可看到与试件轴线大致成 45°倾角的条纹，这是因为材料沿试件的最大切应力作用面发生滑移而出现的，称为**滑移线**。

材料屈服表现为显著的塑性变形，工程实际中构件产生较大的塑性变形会影响机械或结构的正常工作，所以屈服极限 σ_s 是衡量材料强度的重要指标。

3)**强化阶段**

经过屈服阶段后，材料又恢复了抵抗变形的能力，要使它继续变形必须增大拉力，这种现象称为材料的**强化**，这一阶段称为**强化阶段**。强化阶段的最高点 e 所对应的应力 σ_b 是材料能承受的最大应力，称为**强度极限**，它是衡量材料强度的另一重要指标。

4)**局部变形阶段**

在应力达到 e 点的相应值之前，沿试件的长度，变形是均匀的。当应力达到 σ_b 后，试件的变形开始集中在某一局部范围内，在此局部范围内横截面面积出现急剧收缩，这种现象称为**颈缩现象**，如图 7.16 所示，这一阶段称为**局部变形阶段**。由于颈缩处横截面面积迅速减小，试件伸长所需拉力也相应减小，所以，由横截面原始面积 A，计算得到的横截面的应力 σ 也逐渐减小。最后试件在颈缩处被拉断。

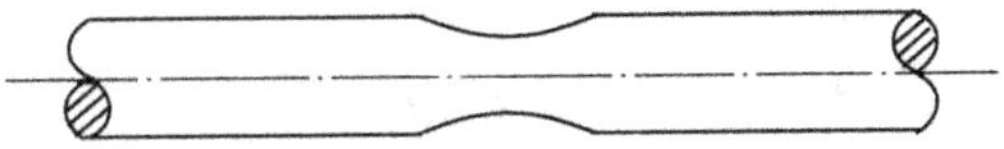

图 7.16

5)**延伸率和断面收缩率**

试件拉断后，由于保留了塑性变形，标距的长度由 l 变为 $l_1 = l + \Delta l$，塑性变形 Δl 与标距 l 之比，用百分数表示称为材料的**延伸率**(或**伸长率**)，用 δ 表示。即

$$\delta = \frac{\Delta l}{l} \times 100\% \tag{7-12}$$

延伸率能够衡量材料塑性变形的程度，是材料重要的塑性指标。工程中按延伸率 δ 的大小把材料分为两大类：$\delta > 5\%$ 的材料称为**塑性材料**，如钢、硬铝、青铜、黄铜等，A_3 钢的 $\delta \approx 20\% \sim 30\%$；$\delta < 5\%$ 的材料称为**脆性材料**，如铸铁、混凝土、石料等。

除延伸率 δ 之外，还可用**断面收缩率** ψ 作为材料的塑性指标。其值为试件拉断后，断口处横截面面积的缩减量与原横截面面积的比，用百分数表示。即

$$\psi = \frac{A_0 - A_1}{A_0} \times 100\% \tag{7-13}$$

式中，A_1 为试件拉断后断口处的横截面面积，A_0 为试件横截面的原始面积。A_3 钢的 $\psi \approx 60\%$。

6)**卸载定律和冷作硬化**

当应力超过屈服极限以后，若在强化阶段某点 d 开始卸载，如图 7.15 所示，卸载曲线 dd' 为一条几乎平行于直线 Oa 的斜直线。这说明在卸载过程中，应力和应变按直线规律变化，这就是**卸载定律**。外力完全卸除后，图 7.15 中的 $d'g$ 表示消失了的弹性变形，而 Od' 表示消失不掉的塑性变形。

卸载后，若在短期内继续加载，则应力和应变大致上沿卸载时的斜直线 $d'd$ 变化，然后由 d 点按原来的 σ-ε 曲线变化至 f 点。可见，在再次加载时，材料的比例极限得到提高，而断裂时的残余应变减少，这种现象称为**冷作硬化**。工程中常利用冷作硬化来提高构件在弹性范围内的承载能力，但降低了材料的塑性。冷作硬化现象经退火后可消除。

通过低碳钢的拉伸试验，得到了材料在拉伸时的一些力学性质。其中，弹性模量是反映材料抵抗弹性变形的指标；屈服极限 σ_s 和强度极限 σ_b 是反映材料强度的两个指标；延伸率 δ 和断面收缩率 ψ 则是反映材料塑性的指标。

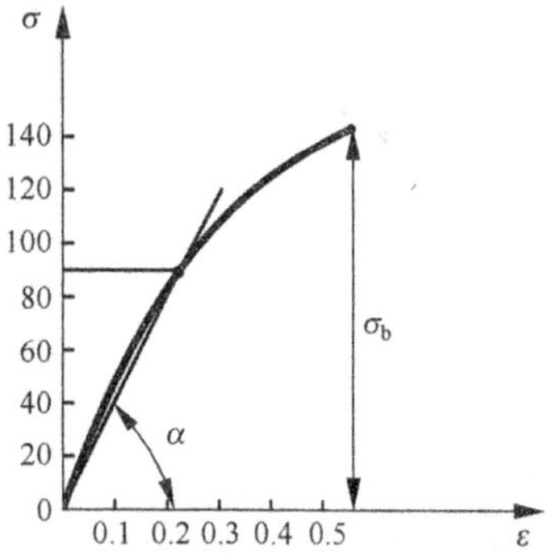

图 7.17

2. 铸铁拉伸时的力学性能

灰口铸铁拉伸时的 σ-ε 曲线，如图 7.17 所示，它具有如下特点：

σ-ε 曲线中没有明显的直线阶段，在实际工程中所使用的应力范围内，σ-ε 曲线的曲率很小，工程中常以割线代替曲线，如图 7.17所示，并以割线斜率作为弹性模量，称为**割线弹性模量**。

拉伸过程中既无屈服阶段，也无颈缩现象，拉断时的最大应力即为其强度极限 σ_b，它是衡量材料强度的唯一指标。试件在拉伸过程中，变形很小，断裂时的应变只有 0.4%～0.5%，断口垂直于试件的轴线。

3. 其他材料拉伸时的力学性能

如图 7.18 所示，是常见几种塑性材料的 σ-ε 曲线。

由图可见，有些材料，如 16Mn 钢，和低碳钢一样，有明显的弹性阶段、屈服阶段、强化阶段和局部变形阶段；有些材料，如黄铜 H62，没有屈服阶段，但其他 3 个阶段却很明显；还有些材料，如 T10A，没有屈服阶段和局部变形阶段，只有弹性阶段和强化阶段。对这些没有明显屈服阶段的塑性材料，可以将产生 0.2%塑性应变时的应力作为屈服指标，称为**名义屈服极限**，并用 $\sigma_{0.2}$ 来表示，如图 7.19 所示。

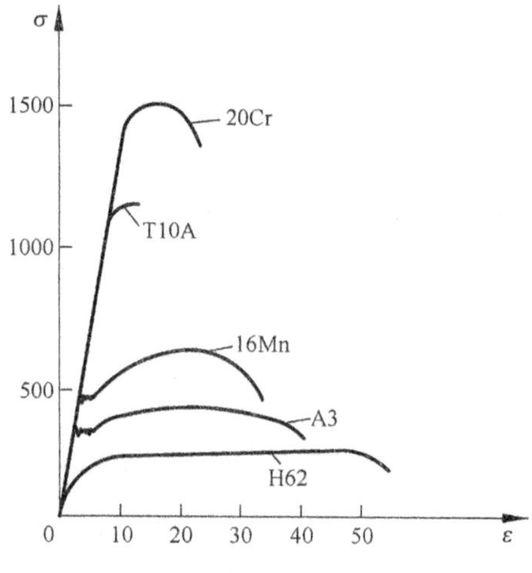

图 7.18

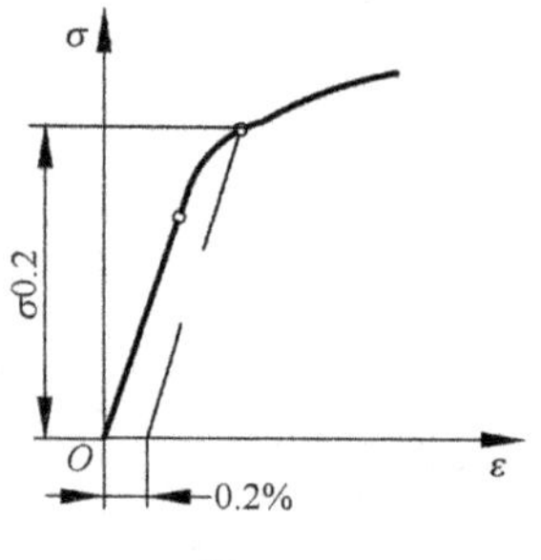

图 7.19

各类碳素钢中，随含碳量的增加，屈服和强度极限相应提高，但延伸率降低，例如合金钢、工具钢等高强度钢材，屈服极限较高，但塑性性能却较差。

7.5.2 材料压缩时的力学性能

材料的压缩试验也是测定材料力学性能的基本试验之一。金属材料的压缩试件为圆柱形，为避免试件被压弯，圆柱不能太高，通常取高度为直径的 1.5～3.0 倍；混凝土、石料等的试样为立方块。

低碳钢压缩时的 σ-ε 曲线如图 7.20 所示。在屈服阶段以前，压缩曲线与拉伸曲线基本重合，因此低碳钢压缩时的弹性模量 E、屈服极限 σ_s 等均与拉伸试验结果基本相同。进入强化阶段后，压缩曲线一直上升，这是由于试件越压越扁，截面面积越来越大，试件抗压能力也继续提高，试件产生很大的塑性变形而不破坏，因此，无法得到低碳钢的压缩强度极限，但可以从拉伸试验测出低碳钢压缩时的主要性能。

与塑性材料不同，脆性材料压缩时的力学性能与拉伸时有较大差异，如图 7.21 所示，为铸铁压缩时的 σ-ε 曲线。由图可见，试件在较小的变形下突然破坏。破坏断面的法线与轴线大致成 $45^\circ \sim 55^\circ$ 的倾角，表明试件沿最大切应力面发生错动而被剪断。铸铁的抗压强度极限比抗拉强度极限高 3～5 倍。其他脆性材料，如混凝土、石料等，抗压强度也高于抗拉强度，混凝土的抗拉强度约为抗压强度的 $\frac{1}{20} \sim \frac{1}{5}$。

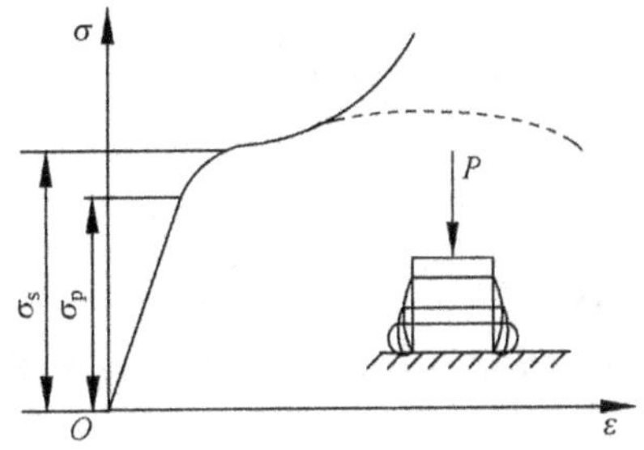

图 7.20

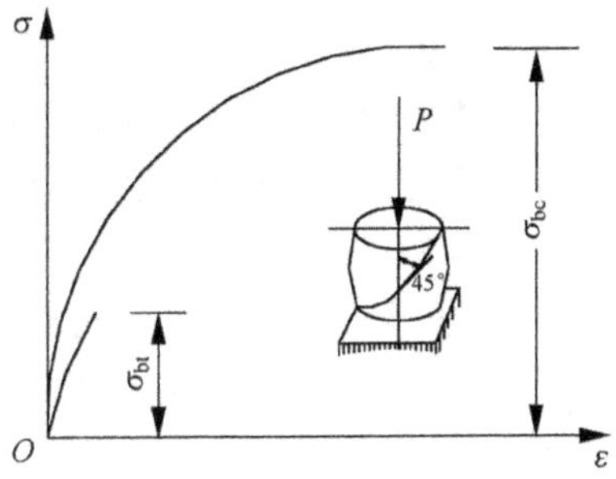

图 7.21

混凝土压缩时的 σ-ε 曲线如图 7.22(a)所示。在加载初期有很短的一直线段，以后明显弯曲，在变形不大的情况下突然断裂。混凝土的弹性模量规定以 $\sigma = 0.4\sigma_b$ 时的割线斜率来确定。混凝土在压缩试验中的破坏形式，与两端压板和试块的接触面的润滑条件有关。图 7.22(b)、(c)分别为不同端部条件下的破坏形式，其标号就是根据其抗压强度标定的。

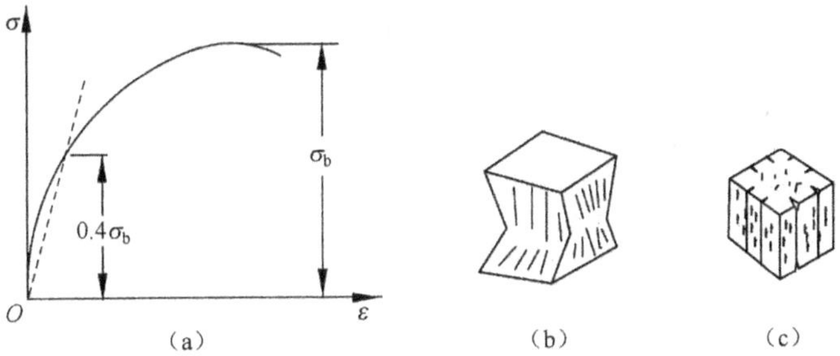

图 7.22

脆性材料抗拉强度低，塑性性能差，但抗压能力强，且价格低廉，宜作为抗压构件的材料。铸铁坚硬耐磨，易于铸成形状复杂的零部件，是良好的耐压、减震材料，在工程中得到广泛应用；混凝土作为非金属的人造材料更是广泛用于工业与民用建筑当中。因此脆性材料的压缩试验比拉伸试验更为重要。

7.6　轴向拉伸和压缩时的强度计算

前面已经分别介绍了轴向拉伸和压缩时的应力计算，以及材料的力学性能。在此基础上，下面进一步讨论强度计算问题。

1. 安全系数、许用应力

试验结果表明：对于脆性材料，当正应力达到强度极限 σ_b 时，会引起构件的断裂；对于塑性材料，当正应力达到屈服极限 σ_s 时，构件将产生显著的塑性变形。在工程实际中，为了确保构件安全正常地工作，既不允许构件断裂，也不允许构件产生显著塑性变形。因此，对于低碳钢等塑性材料，要求其应力不超过屈服极限 σ_s；对于铸铁等脆性材料，要求其应力不超过强度极限 σ_b。这些不允许超过的应力值称为**极限应力**，用 σ_u 来表示。

但是，仅仅将构件的工作应力限制在极限应力的范围内还是不够的，这是因为基于以下几方面的考虑：

(1)实际材料的均匀性并不能完全符合材料的均匀性假设；

(2)作用在构件上的载荷估计是近似的；

(3)计算简图不能精确地符合实际结构的工作情况；

(4)公式和理论都是在一定的假设的基础上建立的，所以有一定的近似性；

(5)结构在使用过程中可能会遇到超载的情况。

由此可见，为了使构件具有足够的强度，在载荷作用下构件的工作应力必须低于极限应力，不仅如此，还要有一定的安全储备，将材料的极限应力除以一个大于 1 的系数 n，作为构件应力所不允许超过的值，这个应力值称为材料的**许用应力**，用 $[\sigma]$ 表示，系数 n 称为**安全系数**，它们有如下关系

$$[\sigma]=\frac{\sigma_u}{n} \tag{7-14}$$

对于塑性材料，其许用应力应为 $$[\sigma]=\frac{\sigma_S}{n_S}$$

对于脆性材料，其许用应力应为 $$[\sigma]=\frac{\sigma_b}{n_b}$$

式中，n_s 和 n_b 分别为塑性材料和脆性材料的安全因数。

2. 强度计算

为了确保拉(压)杆不致因强度不足而破坏，应使最大工作应力 σ_{max} 不超过许用应力 $[\sigma]$，即

$$\sigma_{max}\leqslant[\sigma] \tag{7-15}$$

对于等截面直杆，上式可写为

$$\frac{F_{Nmax}}{A}\leqslant[\sigma] \tag{7-16}$$

这就是杆件在轴向拉伸和压缩时的**强度条件**。根据以上强度条件，可以进行下面 3 种类型的强度计算。

1)**强度校核**

已知杆件的材料、所受载荷及尺寸，由式(7-16)校核杆件是否满足强度要求。

2)**设计截面**

已知杆件所受载荷和材料的许用应力，由式(7-16)得

$$A\geqslant\frac{F_N}{[\sigma]} \tag{7-17}$$

于是可确定构件的横截面面积和相应的尺寸。

3)**确定许可荷载**

已知杆件的尺寸和材料的许用应力，由式(7-16)得

$$F_N \leqslant A[\sigma] \tag{7-18}$$

由此再利用载荷和轴力的关系，即可确定结构所能承受的最大荷载。

例 7-6 如图 7.23(a)所示，平面屋架受到竖向均布荷载 $q=4.2\text{kN/m}$，水平钢拉杆的直径 $d=20\text{mm}$，钢的许用应力 $[\sigma]=160\text{MPa}$。(1)校核拉杆的强度；(2)重新选择拉杆的直径。

解 1)求拉杆的轴力

由于屋架荷载和反力左右对称，所以

$$F_A = F_B = \frac{1}{2}\times 4.2\times 8.5 = 17.85(\text{kN})$$

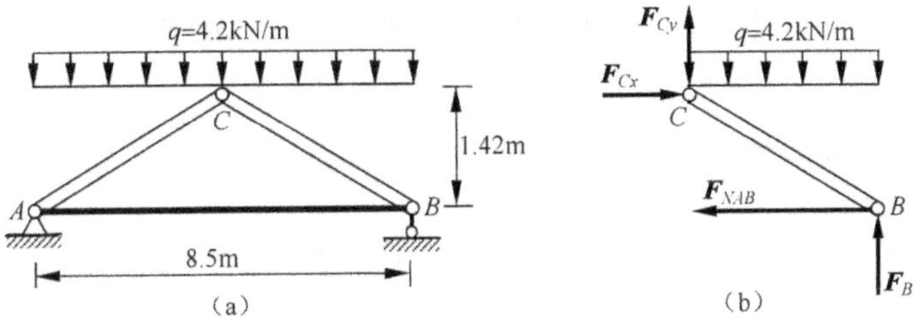

图 7.23

用截面法取右半部分为脱离体，受力如图 7.23(b)所示。

$$\sum M_C = 0 \qquad 4.25F_B - 4.25q\frac{4.25}{2} - 1.42F_{NAB} = 0$$

解得

$$F_{NAB} = 26.7(\text{kN})$$

2)强度校核

$$\sigma = \frac{F_{NAB}}{A} = \frac{26.7\times 10^3}{\frac{\pi}{4}\times 20^2\times 10^{-6}} = 85\times 10^6(\text{Pa}) = 85(\text{MPa}) < [\sigma]$$

所以钢拉杆满足强度要求。

3)重新选择钢拉杆的直径

由强度条件式(7-17)可得，钢拉杆的横截面面积应满足以下要求

$$A = \frac{\pi}{4}d_1^2 \geqslant \frac{F_{NAB}}{[\sigma]}$$

于是 $$d_1 \geqslant \sqrt{\frac{4F_{NAB}}{\pi[\sigma]}} = \sqrt{\frac{4\times 26.7\times 10^3}{\pi\times 160\times 10^6}} = 14.6\times 10^{-3}(\text{m}) = 14.6(\text{mm})$$

最后将拉杆的直径取为 $d_1 = 15(\text{mm})$。

例 7-7 如图 7.24(a)所示，简易起重设备中，AC 杆为钢杆，横截面积 $A_1 = 1000\ \text{mm}^2$ 许用应力 $[\sigma]_1 = 160\text{MPa}$；$BC$ 杆为木杆，横截面积 $A_2 = 20000\ \text{mm}^2$，许用应力 $[\sigma]_2 = 7\text{MPa}$。试确定设备的许可载荷 $[F]$。

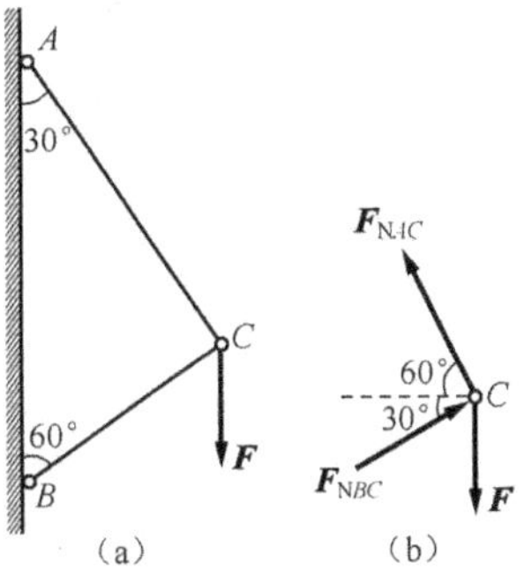

图 7.24

解 (1)建立杆 AC 和杆 BC 的轴力与载荷的关系。

用截面法截取节点 C 为脱离体，受力如图 7.24(b)所示。

$$\sum F_x = 0 \qquad -F_{NAC}\cos 60^\circ + F_{NBC}\cos 30^\circ = 0$$

$$\sum F_y = 0 \qquad F_{NAC}\sin 60^\circ + F_{NBC}\sin 30^\circ - F = 0$$

解得 $$F_{NAC}=\frac{\sqrt{3}}{2}F,\qquad F_{NBC}=\frac{1}{2}F$$

(2)计算各杆的许可轴力。根据强度条件式(7-18),有

$$[F_{NAC}]=[\sigma]_1A_1=160\times10^6\times1000\times10^{-6}=160\times10^3(\mathrm{N})=160(\mathrm{kN})$$

$$[F_{NBC}]=[\sigma]_2A_2=7\times10^6\times20000\times10^{-6}=140\times10^3(\mathrm{N})=140(\mathrm{kN})$$

(3)计算许可荷载。将许可轴力代入轴力与荷载的关系,得

$$[F_{AC}]=\frac{2}{\sqrt{3}}[F_{NAC}]=184.7(\mathrm{kN}),\qquad [F_{BC}]=2[F_{NBC}]=280(\mathrm{kN})$$

所以该设备的许可载荷应取 $[F]=184.7(\mathrm{kN})$。

7.7 拉伸和压缩超静定问题

7.7.1 超静定问题的求解方法

在前面所讨论的问题中,构件的约束反力和杆件的轴力均可以用静力学平衡方程求得,这类问题称为静定问题。

在工程实际中,为了提高构件和结构物的强度和刚度,或根据构造上的要求,经常需要给构件增加一些约束,在结构物中增加一些杆件,这时构件的约束反力或杆件的轴力,仅用静力学平衡方程就不能求解。例如图 7.25(a)所示两端固定杆,在杆的中部受轴向力 $\boldsymbol{F}$ 作用,要求此杆两端的反力 $\boldsymbol{F}_{RA}$ 和 $\boldsymbol{F}_{RB}$,仅由平衡方程无法实现。因为反力 $\boldsymbol{F}_{RA}$、$\boldsymbol{F}_{RB}$ 和力 $\boldsymbol{F}$ 三力构成共线力系,如图 7.25(b)所示,所以只有 1 个独立的平衡方程,显然不能求出 2 个未知的反力。又如图 7.26(a)所示的结构,要求杆①和杆②的轴力,可取刚性杆 AB 为研究对象,受力如图 7.26(b)所示,共有 4 个未知数,刚性杆 AB 受的力构成平面任意力系,只能列 3 个独立的平衡方程,同样不能求出杆①和杆②的轴力。像这类仅用平衡方程不能完全确定所有反力和内力的问题,称为**超静定问题**或**静不定问题**。未知数个数与独立平衡方程个数的差,称为**超静定次数**。

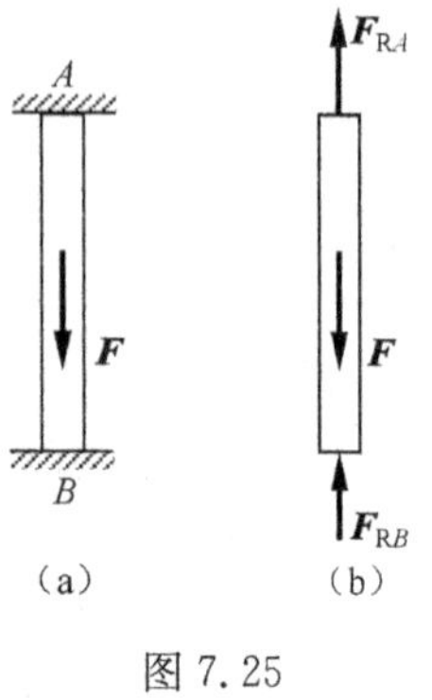

图 7.25

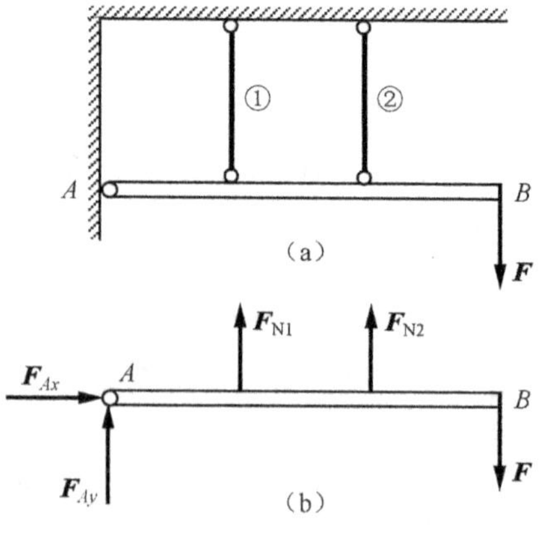

图 7.26

为了求解超静定问题，除了平衡方程外，必须补充与超静定次数相同个数的有效方程，称为补充方程。将补充方程和平衡方程联立求解，即可求得全部未知力。

下面就图 7.26(a)所示的结构为例来说明超静定问题的求解方法和步骤。

图 7.27(a)所示的结构中，设 AB 为刚性杆，杆①和杆②为弹性杆，其刚度分别为 E_1A_1 和 E_2A_2，荷载和尺寸如图。求杆①和杆②的轴力。

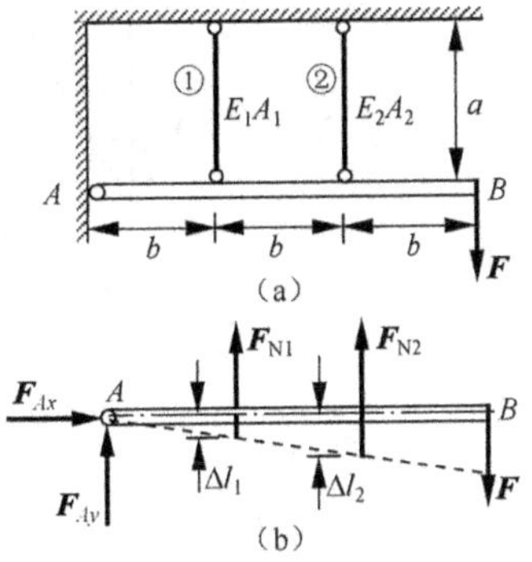

图 7.27

为求解此题，须从以下 3 方面进行研究。

1)静力学方面

取 AB 为研究对象，受力如图 7.27(b)所示，这是一个平面任意力系，可列 3 个独立的平衡方程，有 4 个未知数，要求杆①和杆②的轴力，只须列所有的力对 A 点取矩的平衡方程，即

$$\sum M_A = 0 \qquad bF_{N1} + 2bF_{N2} - 3bF = 0$$

亦即

$$F_{N1} + 2F_{N2} - 3F = 0 \tag{a}$$

2)几何方面

结构受载荷作用后，杆件就会发生变形，在一个超静定结构中，各杆的变形是不能任意的，必须与其所受的约束相适应，他们之间必须互相协调，保持一定的几何关系。这种几何关系称为**变形协调条件**，其数学方程称为**变形协调方程**。下面分析各杆间应满足的几何关系。

由于 AB 为刚性杆，它不发生变形，在载荷作用下，将绕 A 点转过一个微小的角度，如图 7.27(b)所示。设杆①和杆②的伸长分别为 Δl_1 和 Δl_2，由变形后的几何关系可得

$$\frac{\Delta l_1}{\Delta l_2} = \frac{b}{2b}$$

即

$$2\Delta l_1 = \Delta l_2 \tag{b}$$

3)物理方面

当应力不超过材料比例极限时，由胡克定律，有

$$\Delta l_1 = \frac{F_{N1}a}{E_1A_1}, \qquad \Delta l_2 = \frac{F_{N2}a}{E_2A_2} \tag{c}$$

称为**物理方程**。

将式(c)代入式(b)得

$$\frac{2F_{N1}a}{E_1A_1} = \frac{F_{N2}a}{E_2A_2} \tag{d}$$

即为补充方程。

将补充方程(d)和平衡方程(a)联立求解，得

$$F_{N1} = \frac{3E_1A_1}{E_1A_1 + 4E_2A_2}F, \qquad F_{N2} = \frac{6E_2A_2}{E_1A_1 + 4E_2A_2}F$$

结果表明，对于超静定结构，各构件内力的大小与其刚度成正比。

例 7-8 如图 7.28(a)所示，由三杆组成的结构，在节点 A 受力 F 作用。设杆①和杆②的刚度同为 E_1A_1，杆③的刚度为 E_3A_3。试求三杆的内力。

解 分析此结构的受力情况可知，有 3 个未知轴力，节点 A 所受力构成的是平面汇交力系，只有两个独立的平衡方程，是一次超静定问题。需找一个补充方程。为此，须从以下 3 方面进行研究。

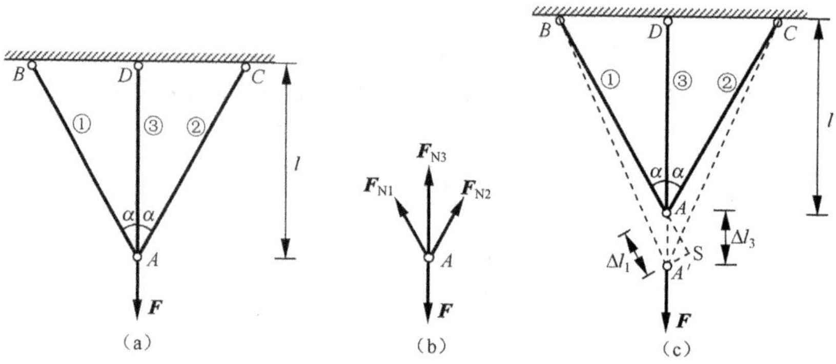

图 7.28

1)静力学方面

取节点 A 为研究对象,受力如图 7.28(b)所示,列平衡方程

$$\sum F_x=0 \qquad -F_{N1}\sin\alpha+F_{N2}\sin\alpha=0$$

$$\sum F_y=0 \qquad F_{N1}\cos\alpha+F_{N2}\cos\alpha+F_{N3}-F=0$$

2)几何方面

结构受力后,三杆均要伸长,节点 A 将移动。根据对称性,节点 A 将移动到 A',如图 7.28(c)所示。由图中几何关系,得

$$\Delta l_3\cos\alpha=\Delta l_1$$

即为变形协调方程。

3)物理方面

由胡克定律,有

$$\Delta l_1=\frac{F_{N1}l}{E_1A_1\cos\alpha},\quad \Delta l_3=\frac{F_{N3}l}{E_3A_3}$$

即为物理方程。

将物理方程代入变形协调方程,即得补充方程

$$\frac{F_{N3}l}{E_3A_3}\cos\alpha=\frac{F_{N1}l}{E_1A_1\cos\alpha}$$

将补充方程和平衡方程联立求解,即得

$$F_{N1}=F_{N2}=\frac{E_1A_1\cos^2\alpha}{2E_1A_1\cos^3\alpha+E_3A_3}F,\quad F_{N3}=\frac{E_3A_3}{2E_1A_1\cos^3\alpha+E_3A_3}F$$

7.7.2 温度应力

温度变化时,构件的形状和大小将发生变化。对于静定结构,由于各杆件可以自由变形,在温度均匀变化时,杆件的伸长或缩短不会引起内力的变化,因而在杆件内不会产生内力。但对于超静定结构,由于约束的增加,杆件由于温度变化引起的变形受到限制,因而将在杆件中产生内力,这种内力称为**温度内力**,相应的应力称为**温度应力**。

如图 7.29(a)所示的杆件,左端固定,右端自由,是一静定杆。设温度为 t_1 时,其长度为 l;当温度升高 Δt 而成为 $t_2=t_1+\Delta t$ 时,其长度增加 Δl_t,此时杆件可以自由地伸长到 B',杆件内不会引起内力和应力。但对于图 7.29(b)所示的杆件,两端均固定,为超静定杆。当温度升

高时，杆件要伸长 Δl_t，像图 2-29(a)那样，要达到 B' 的位置，但由于右端是固定的，使杆件的伸长受到阻碍，这就相当于在已经伸长了的杆件的右端作用一压力 $\boldsymbol{F}_{RB}$，如图 7.29(c)所示，此力使杆缩短 Δl_F，由于杆件两端被固定，其长度不能改变，于是可得变形几何条件

$$|\Delta l_F| = \Delta l_t \tag{a}$$

由物理方程得

$$\left.\begin{aligned}\Delta l_t &= \alpha l \Delta t \\ \Delta l_F &= \frac{F_{RB} l}{EA}\end{aligned}\right\} \tag{b}$$

式中，α 为材料的线膨胀系数。将式(b)代入式(a)得

$$\frac{F_{RB} l}{EA} = \alpha l \Delta t \tag{c}$$

由此即可解得

$$F_{RB} = \alpha EA \Delta t \tag{d}$$

再利用截面法，即可求得杆件的内力

$$F_N = F_{RB} = \alpha EA \Delta t \tag{7-19}$$

应力为

$$\sigma = \frac{F_N}{A} = \alpha E \Delta t \tag{7-20}$$

此内力 F_N 即为温度内力，应力 σ 即为温度应力。

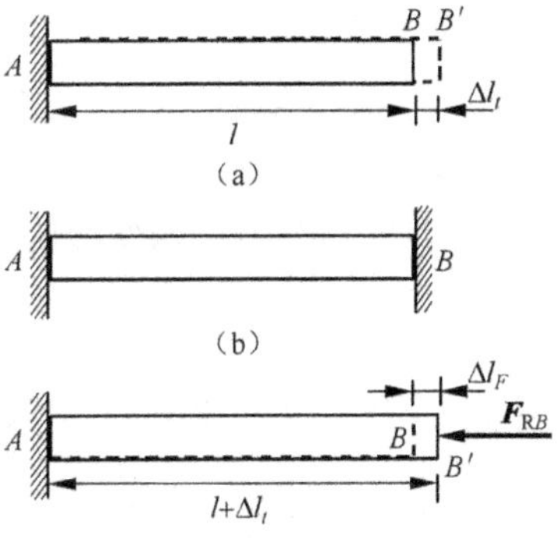

图 7.29

7.7.3 装配应力

构件制成后，由于加工的原因往往会遇到尺寸不符合要求而发生误差的情况。对于静定结构，加工误差只会造成结构几何形状的微小改变，并不会在杆件中引起内力。但对于超静定结构，由于约束的增加，杆件尺寸发生误差时，需要强行安装，因而在安装后将在杆件中引起内力，这种内力称为**装配内力**，相应的应力称为**装配应力**，装配应力是杆件在载荷作用之前已经具有的应力，称为**初应力**。

例如在例 7-8 中，设杆③在制造时比要求短了 δ，如图 7.30(a)所示。为了使杆③与杆①和杆②强行安装在一起，如图 7.30(b)中虚线所示，则必须使杆③拉长 Δl_3，使杆①和杆②缩短 Δl_1，才能在点 A'' 处连接。这样，在结构未使用前，在杆③内产生了拉应力，而在杆①和杆②内产生了压应力。要计算这些应力，须从以下 3 方面进行研究。

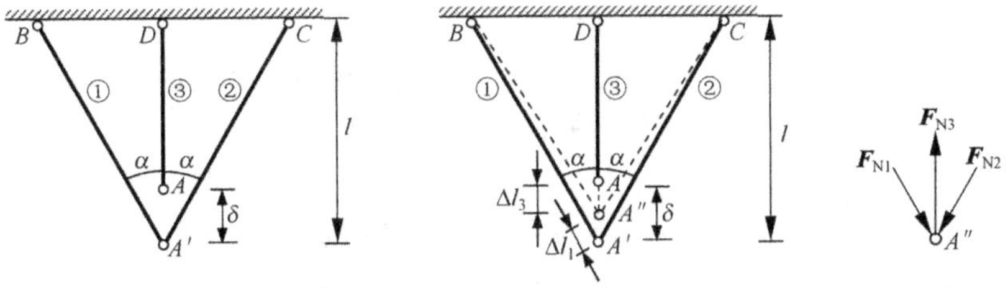

图 7.30

1)静力学方面

取节点 A'' 为研究对象，受力如图 7.32(c)所示，列平衡方程

$$\sum F_x = 0 \qquad F_{N1}\sin\alpha - F_{N2}\sin\alpha = 0$$

$$\sum F_y = 0 \qquad F_{N3} - F_{N1}\cos\alpha - F_{N2}\cos\alpha = 0 \tag{a}$$

2)几何方面

如图 7.32(b)所示。由图中几何关系,得

$$\Delta l_3 + \left|\frac{\Delta l_1}{\cos\alpha}\right| = \delta \tag{b}$$

即为变形协调方程。

3)物理方面

由胡克定律,有

$$\Delta l_1 = \frac{F_{N1} l}{E_1 A_1 \cos\alpha}, \qquad \Delta l_3 = \frac{F_{N3} l}{E_3 A_3} \tag{c}$$

即为物理方程。

将物理方程(c)代入变形协调方程(b),即得补充方程

$$\frac{F_{N3} l}{E_3 A_3} + \frac{F_{N1} l}{E_1 A_1 \cos^2\alpha} = \delta \tag{d}$$

将补充方程(d)和平衡方程(a)联立求解,即得

$$F_{N1} = F_{N2} = \frac{E_1 A_1 \cdot E_3 A_3 \cos^2\alpha}{l(2E_1 A_1 \cos^3\alpha + E_3 A_3)}\delta, \qquad F_{N3} = \frac{2E_1 A_1 \cdot E_3 A_3 \cos^3\alpha}{l(2E_1 A_1 \cos^3\alpha + E_3 A_3)}\delta$$

即为装配内力。

$$\sigma_1 = \sigma_2 = \frac{E_1 \cdot E_3 A_3 \cos^2\alpha}{l(2E_1 A_1 \cos^3\alpha + E_3 A_3)}\delta, \qquad \sigma_3 = \frac{2E_1 A_1 \cdot E_3 \cos^3\alpha}{l(2E_1 A_1 \cos^3\alpha + E_3 A_3)}\delta$$

即为装配应力。

通过以上分析可见,在超静定问题中,杆件尺寸的误差,将会引起装配应力。装配应力既有有利的一面,也有有害的一面。在工程实际中,要尽量利用装配应力有利的一面,避免或减小有害的一面。建筑工程中的预应力钢筋混凝土构件,就是利用装配应力来提高构件承载能力的例子。

7.8 轴向拉伸和压缩的应变能

固体在外力作用下发生变形,在变形过程中,外力所做的功将转变为储存于固体内的能量。当外力逐渐减小时,变形逐渐恢复,固体又将释放出储存的能量而做功。固体在外力作用下,因变形而储存的能量称为**应变能**或**变形能**。

在弹性体的变形过程中,若不考虑能量的损失,积蓄在弹性体内的应变能 V_ε 在数值上等于外力所做的功 W,即

$$V_\varepsilon = W \tag{7-21}$$

上式称为弹性体的**功能原理**。根据这一关系,只需计算出外力所做的功,便可知道积蓄在弹性体内的应变能。

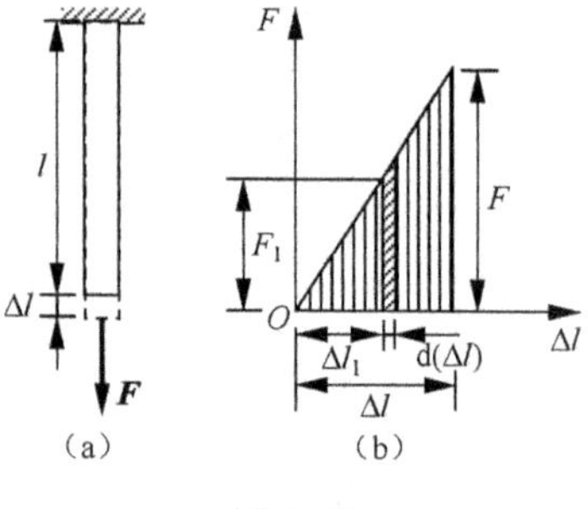

图 7.31

为推导拉(压)杆件应变能的计算公式,先求外力所做的功。如图 7.31(a)所示的拉杆,设拉力 $\boldsymbol{F}$ 由零开始缓慢增加,杆件逐渐伸长了 Δl。当应力不超过材料的比例极限时,由胡克定律,Δl 与 F 为线性关系,如图 7.31(b)所示。设外

力为 $\boldsymbol{F}_1$ 时，变形增加了 $\mathrm{d}(\Delta l)$，此时拉力 $\boldsymbol{F}_1$ 所做的功为

$$\mathrm{d}W = F_1\mathrm{d}(\Delta l)$$

当外力由零增至 $\boldsymbol{F}$，即变形由零增至 Δl 时，外力所做的则为

$$W = \int_0^{\Delta l} F_1\mathrm{d}(\Delta l)$$

上式积分的结果即为图 7.31(b)中阴影部分的三角形面积。故

$$W = \frac{1}{2}F\Delta l$$

由式(7-21)知，这就是杆内的应变能，即

$$V_\varepsilon = \frac{1}{2}F\Delta l$$

由于此时杆的轴力 $F_\mathrm{N} = F$，则上式又可写为

$$V_\varepsilon = \frac{1}{2}F_\mathrm{N}\Delta l \tag{7-22}$$

将胡克定律式(7-7)式代入，得

$$V_\varepsilon = \frac{F_\mathrm{N}^2 l}{2EA} \tag{7-23}$$

这就是拉(压)杆件应变能的计算公式。

由于拉(压)杆件的各横截面上各点的应力均相同，故杆单位体积内所积蓄的应变能，可由杆的应变能 V_ε，除以杆的体积 V 来计算。这种单位体积内的应变能，称为**应变能密度**，用 v_ε 表示，于是

$$v_\varepsilon = \frac{V_\varepsilon}{V} = \frac{\frac{1}{2}F_\mathrm{N}\Delta l}{Al} = \frac{1}{2}\sigma\varepsilon \tag{7-24}$$

利用式(7-8)，又可得

$$v_\varepsilon = \frac{\sigma^2}{2E} \tag{7-25}$$

或

$$v_\varepsilon = \frac{E\varepsilon^2}{2} \tag{7-26}$$

应变能密度的单位为 $\mathrm{J/m^3}$。

利用应变能的概念可以求解与构件或结构的弹性变形有关的问题，这种方法称为**能量法**。下面举例说明。

例 7-9 如图 7.32(a)所示结构，已知两杆长为 l，横截面面积为 A，材料的弹性模量为 E。试求在力 F 作用下节点 A 的位移。

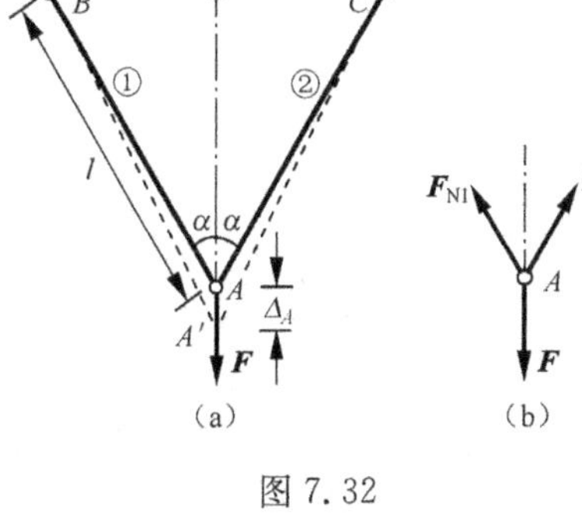

图 7.32

解 取节点 A 为研究对象，受力如图 7.32(b)所示，列平衡方程

$$\sum F_x = 0 \qquad -F_{\mathrm{N1}}\sin\alpha + F_{\mathrm{N2}}\sin\alpha = 0$$

$$\sum F_y = 0 \qquad F_{\mathrm{N1}}\cos\alpha + F_{\mathrm{N2}}\cos\alpha - F = 0$$

解得

$$F_{\mathrm{N1}} = F_{\mathrm{N2}} = \frac{F}{2\cos\alpha}$$

由于结构中两杆的材料相同，长度和横截面面积相等，

受力也相等。因此，两杆的应变能相等。由式(7-23)求得结构的应变能为

$$V_\varepsilon = 2 \times \frac{F_N^2 l}{2EA} = \frac{F^2 l}{4EA\cos^2\alpha}$$

由结构的对称性可知，结点 A 的位移 Δ_A 与荷载 F 的方向相同，则力 F 所做的功为

$$W = \frac{1}{2} F \Delta_A$$

由弹性体的功能原理式(7-21)，得

$$\frac{F^2 l}{4EA\cos^2\alpha} = \frac{1}{2} F \Delta_A$$

解得

$$\Delta_A = \frac{Fl}{2EA\cos^2\alpha}$$

7.9 应力集中的概念

7.3 节中的应力计算公式(7-1)只适用于等截面直杆。对于横截面平缓变化的拉(压)杆件，按等截面直杆的应力计算公式进行计算，在工程实际中一般是允许的。由于工程的需要，有些拉(压)杆件必须有开孔、沟槽、肩台和螺纹等，以致在这些部位截面尺寸有急剧变化。实验结果和理论分析表明，在构件尺寸急剧变化的横截面上，应力不再均匀分布。如图 7.33 所示，具有圆孔(或切口)的板受拉时，在通过圆心的横截面上的应力分布就不再是均匀的，在孔、槽附近应力急剧增大；离孔、槽稍远处应力又迅速下降并趋于均匀。这种由于杆件横截面面积的突然减小而引起局部应力急剧增大的现象，称为**应力集中**。

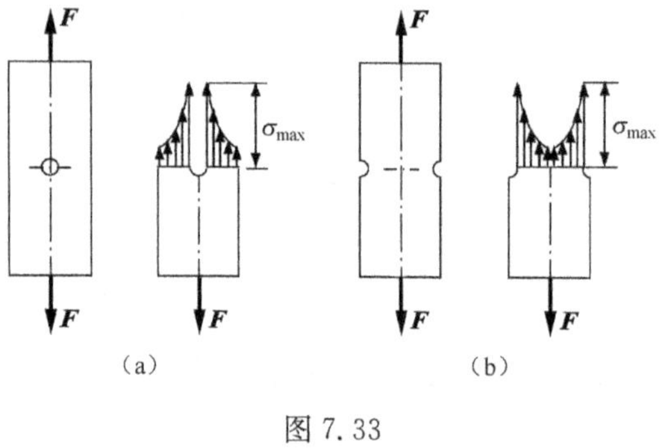

图 7.33

应力集中处的最大应力 σ_{max} 与该截面上的名义应力 σ_m(假设在减小了的截面上应力均匀分布，并由此算出的平均应力)的比值，称为**理论应力集中因数**，用 k 表示，即

$$k = \frac{\sigma_{max}}{\sigma_m} \tag{7-27}$$

k 反映了应力集中的程度，是一个大于 1 的系数。实验和理论分析表明：杆件的截面尺寸改变越急剧，孔越小，缺口的角越尖，应力集中程度就越严重。因此，杆件上应尽可能地避免带尖角的孔和槽，若相邻两段的截面形状，尺寸不同，则须用圆弧过渡，并且尽可能用半径大的圆弧。

各种不同材料对应力集中的敏感程度并不相同。塑性材料有屈服阶段，当局部的最大应力 σ_{max} 达到屈服极限 σ_s 以后，若继续增大外力，则该处材料的变形因屈服而继续增大，但应力数值却不再增大。所增加外力由截面上尚未屈服的材料承担，使截面上这些点的应力继续增大到屈服

极限，如图 7.34 所示。这样就限制了最大应力的数值，并使截面上的应力逐渐趋于平均。可见屈服现象有缓和应力集中的作用。因此，在设计中，对于用塑性材料制成的构件，在静载作用下，可以不考虑应力集中对强度的影响。但是，对于由脆性材料制成的构件，情况就不同了。因为脆性材料没有屈服阶段，当外力逐渐增加时，最大应力点的应力值一直领先，直到其值达到强度极限后，构件将首先在该处产生断裂，在裂纹根部又产生更严重的应力集中，使裂纹迅速扩大而导致构件断裂。可见，脆性材料制成的构件，对应力集中是很敏感的。因此，即使在静载荷下，也必须考虑应力集中的影响。不过也有例外，如有些脆性材料的内部，本身就不均匀，存在不少孔隙和缺陷，例如，含有大量片状石墨的灰铸铁，其内部不均匀性和孔隙等已造成严重的应力集中，而构件形状尺寸所引起的应力集中则处于次要地位。测定这些材料的强度指标时，已包含了内部应力集中的影响，自然降低了强度极限和许用应力。因此，计算工作应力时，构件外形所引起的应力集中就可以不再考虑了。

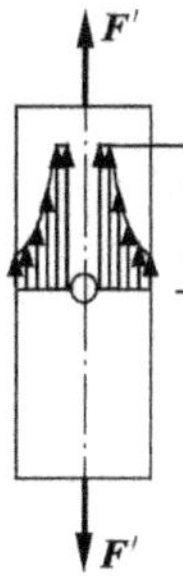

图 7.34

习　　题

7-1　(1)如习题 7-1 图所示，求：杆 1-1、2-2 和 3-3 截面的轴力；(2)作出各杆的轴力图。

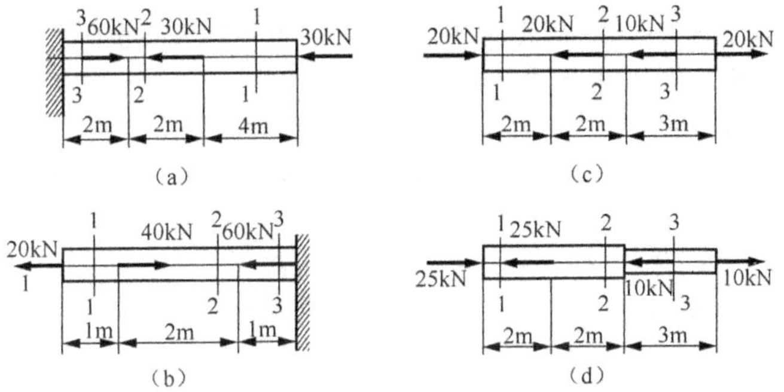

习题 7-1 图

7-2　在习题 7-1 图(d)中，1-1 和 2-2 截面直径为 $d_1 = d_2 = 24\text{mm}$，3-3 截面直径为 $d_3 = 15\text{mm}$，试用图线表示横截面上的应力沿轴线的变化情况。

7-3　试求习题 7-3 图所示阶梯状直杆横截面 1-1、2-2 和 3-3 上的轴力，并作轴力图。若横截面面积 $A_1 = 200\ \text{mm}^2$，$A_2 = 300\ \text{mm}^2$，$A_3 = 400\ \text{mm}^2$，求各横截面上的应力。

7-4　习题 7-4 图所示杆件，承受轴向载荷 $\boldsymbol{P}$ 作用。该杆由两根木杆粘接而成，若欲使粘接面上的正应力为其切应力的 2 倍，则粘接面的方位角 θ 应为何值。

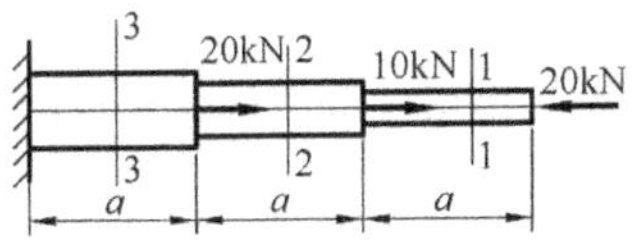

习题 7-3 图

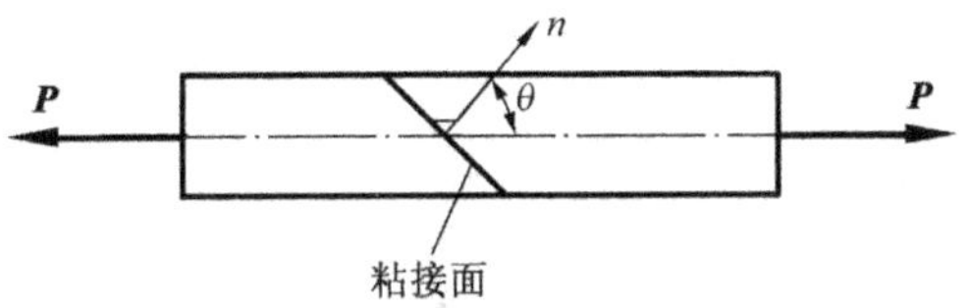

习题 7-4 图

7-5　习题 7-5 图所示结构，由圆截面杆 1 与 2 组成，并在节点 A 承受载荷 $F = 80\text{kN}$ 作用。杆 1、杆 2 的直径分别为 $d_1 = 30\text{mm}$ 和 $d_2 = 20\text{mm}$，两杆材料相同，屈服极限 $\sigma_s = 320\text{MPa}$，安全系数 $n_s = 2.0$。试校核结构的强度。

7-6　习题 7-6 图所示横截面为 250mm×250mm 的短木柱，用 4 根 40mm×40mm×5mm 的等边角钢加固，并承受压力 $\boldsymbol{F}$ 的作用。已知角钢的许用应力 $[\sigma]_{钢}=160\text{MPa}$，弹性模量 $E_{钢}=200\text{GPa}$；木材的许用应力 $[\sigma]_{木}=12\text{MPa}$，弹性模量 $E_{木}=12\text{GPa}$。试求短木柱的许可载荷 $[F]$。

7-7　习题 7-7 图所示结构中，BC 和 BD 两杆的材料相同，且抗拉和抗压许用应力相等。同为 $[\sigma]$。为使杆系所用材料最省，试求夹角 θ 的值。

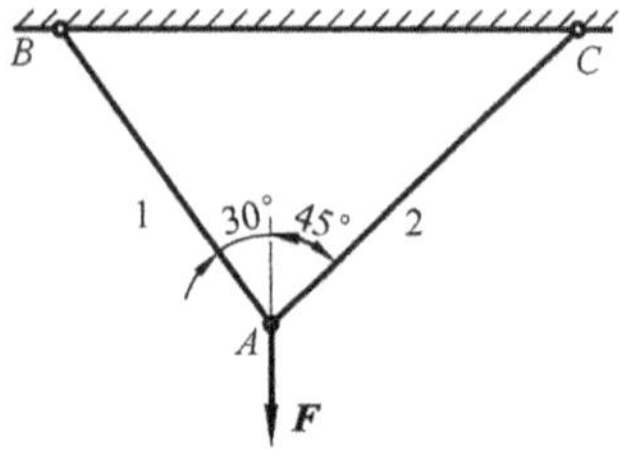

习题 7-5 图

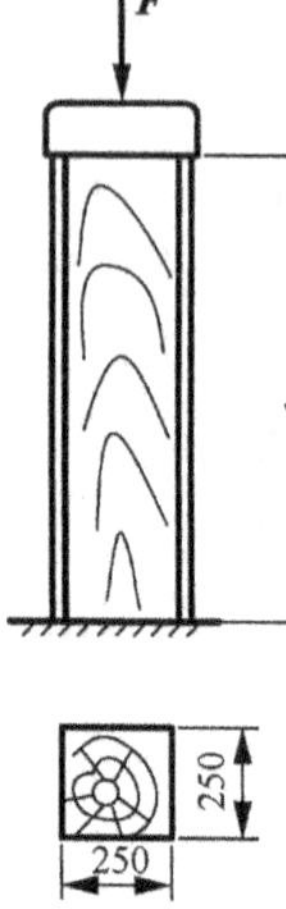

习题 7-6 图

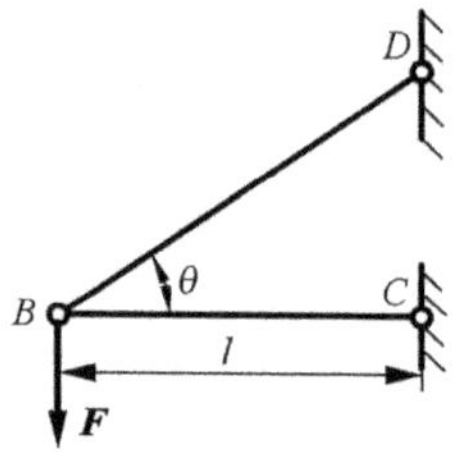

习题 7-7 图

7-8　习题 7-8 图所示为水塔的结构简图，水塔总重力 $G=400\text{kN}$，并受侧向水平力 $F=100\text{kN}$ 作用，各杆材料相同，$[\sigma]=100\text{MPa}$，设计各杆所需截面积 A。

7-9　习题 7-9 图所示的杆件结构中，杆 1、2 为木制，杆 3、4 为钢制。已知各杆的横截面面积和许用应力如下：杆 1、2 为 $A_1=A_2=4000\,\text{mm}^2$，$[\sigma]_{木}=20\text{MPa}$，杆 3、4 为 $A_3=A_4=800\,\text{mm}^2$，$[\sigma]_{钢}=120\text{MPa}$。求许可载荷 $[F]$。

7-10　习题 7-10 图所示铰接正方形结构，各杆材料均为铸铁，许用拉应力 $[\sigma^+]=50\text{MPa}$，许用压应力 $[\sigma^-]=60\text{MPa}$，各杆截面面积都等于 $25\,\text{cm}^2$，试求结构的许可载荷 $[F]$。

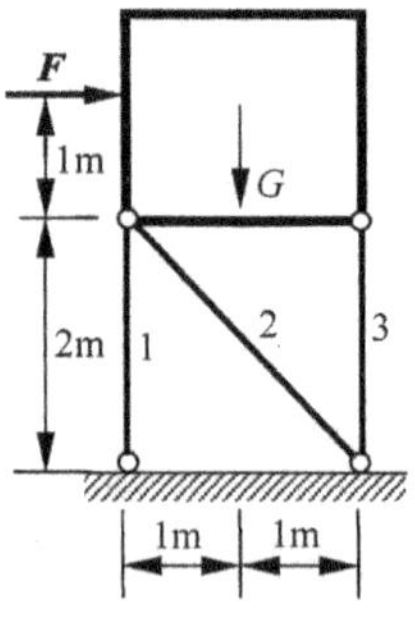

习题 7-8 图

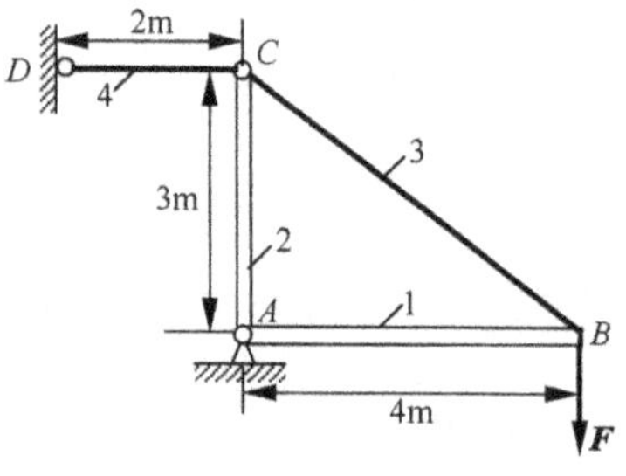

习题 7-9 图

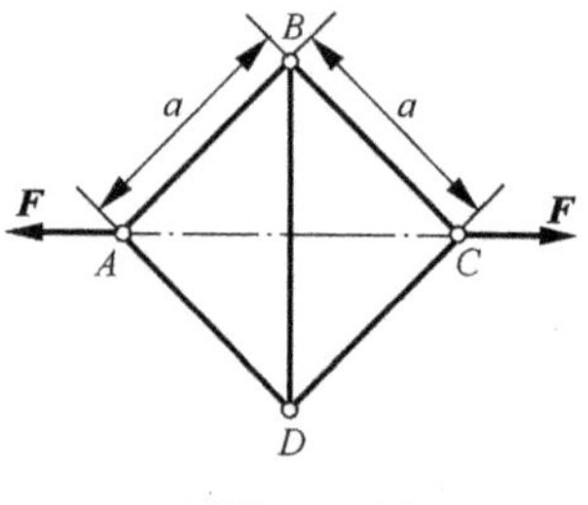

习题 7-10 图

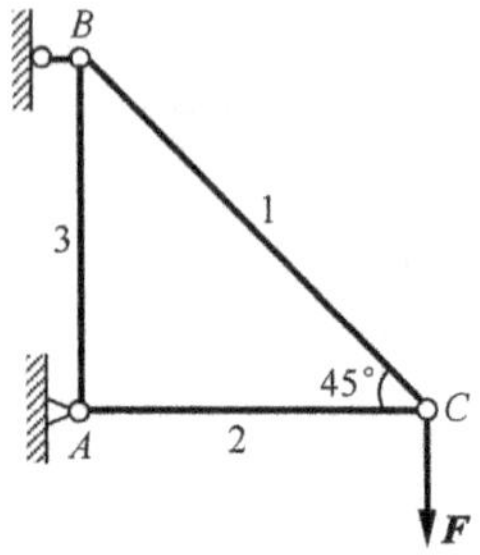

习题 7-11 图

7-11　习题 7-11 图所示桁架，承受载荷 $\boldsymbol{F}$ 作用。试计算该载荷的许可值 $[F]$。设各杆的横截面面积均为 A，许用应力均为 $[\sigma]$。

7-12　习题 7-12 图所示双杆夹紧机构，需产生一对 20kN 的夹紧力，试求水平杆 AB 及斜杆 BC 和 BD 的横截面直径。已知：该三杆的材料相同，$[\sigma]=100\text{MPa}$，$\alpha=30°$。

7-13　一等直杆受力如习题 7-13 图所示，已知杆的横截面面积 A 和材料的弹性模量 E。试求杆端点 D 的位移。

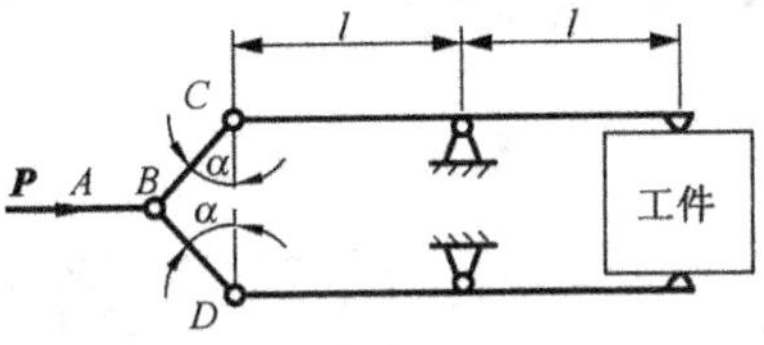

习题 7-12 图

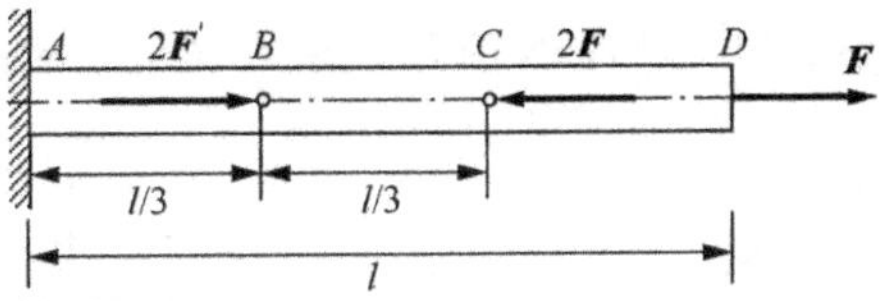

习题 7-13 图

7-14　习题 7-14 图所示桁架，杆 1 为圆截面钢杆，杆 2 为方截面木杆，在节点 A 承受载荷 $\boldsymbol{F}$ 作用。试确定钢杆的直径 d 与木杆截面的边宽 b。已知载荷 $F=50\text{kN}$，钢的许用应力 $[\sigma]_1=160\text{MPa}$，木材的许用应力 $[\sigma]_2=10\text{MPa}$。

7-15　习题 7-15 图所示，实心圆钢杆 AB 和 AC 在 A 点作用有铅直向下的力 $F=35\text{kN}$。已知 AB 杆和 AC 杆的直径分别为 $d_1=12\text{mm}$ 和 $d_2=15\text{mm}$，钢的弹性模量 $E=210\text{GPa}$。试求 A 点在铅垂方向的位移。

7-16　习题 7-16 图所示，AB 为刚性杆，CD 杆的抗拉刚度 EA 为已知，试求 $\boldsymbol{F}$ 作用下水平刚性杆 B 端的竖向位移。

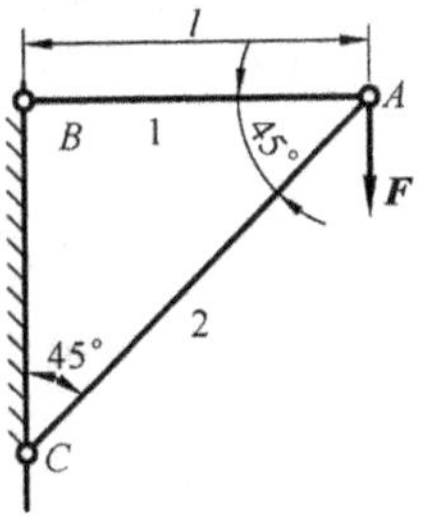

习题 7-14 图

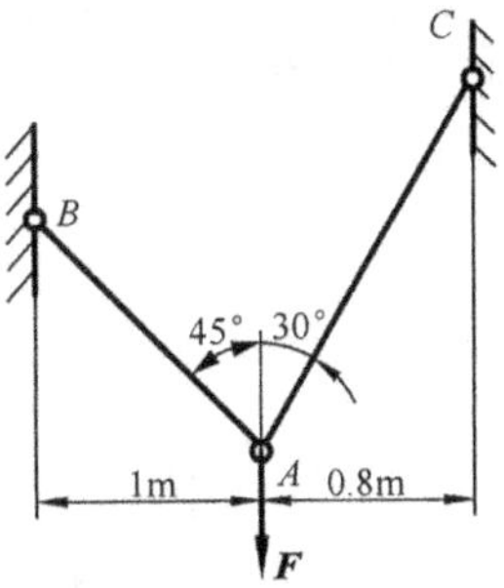

习题 7-15 图

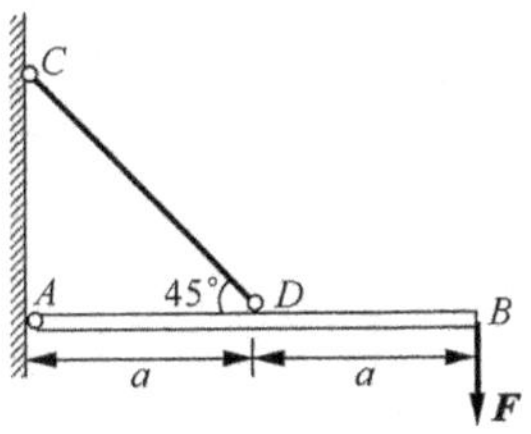

习题 7-16 图

7-17　习题 7-17 图所示吊架结构。CA 是钢杆，长 $l_1=2\text{m}$，横截面面积 $A_1=200\ \text{mm}^2$，弹性模量 $E_1=200\text{GPa}$；DB 是铜杆，长 $l_2=1\text{m}$，横截面面积 $A_2=800\ \text{mm}^2$，弹性模量 $E_2=100\text{GPa}$。设水平梁 AB 的刚度很大，其变形可忽略不计，试求：

(1)要使梁仍保持水平时，载荷 $\boldsymbol{F}$ 离 DB 杆的距离 x；

(2)如果使梁保持水平且竖向位移不超过 2mm，则最大的力 $\boldsymbol{F}$ 应等于多少?

7-18　习题 7-18 图所示结构中，AB 为刚性杆，AC 和 BD 为钢杆，已知两杆的长度 l 和刚度 EA 均相同，试求在力 $\boldsymbol{F}$ 作用下 AC 和 BD 杆的内力。

7-19　习题 7-19 图所示结构中，假设 AC 为刚性杆，杆 1、2、3 的横截面面积相等，材料相同。试求三杆的轴力。

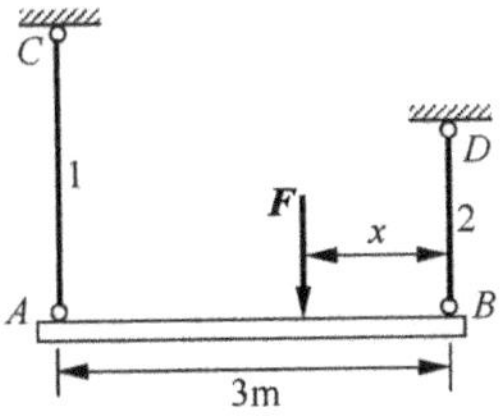

习题 7-17 图

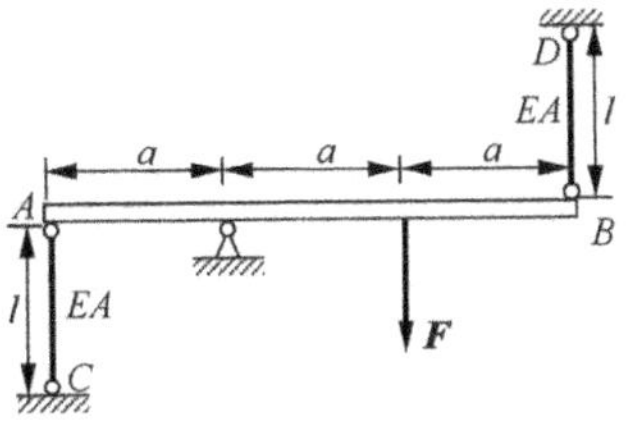

习题 7-18 图

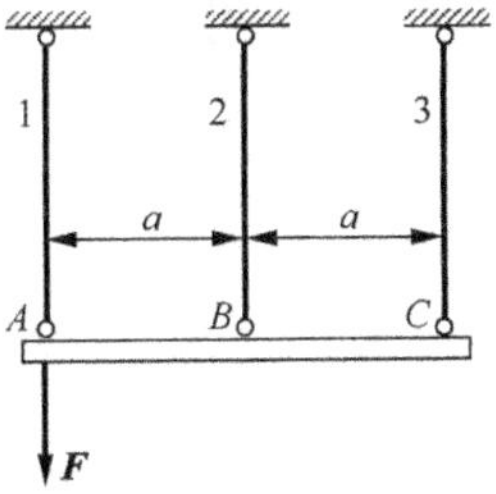

习题 7-19 图

7-20　习题 7-20 图所示支架中，三根杆材料相同，杆 1 的横截面面积为 $A_1=200\ \text{mm}^2$，杆 2 的横截面面积为 $A_2=300\ \text{mm}^2$，杆 3 的横截面面积为 $A_3=400\text{mm}^2$，若 $F=30\text{kN}$，试求各杆内的应力。

7-21　一桁架受力如习题 7-21 图所示。各杆件由两等边角钢组成。已知材料的许用应力 $[\sigma]=170\text{MPa}$，试选择 AC 和 CD 的角钢型号。

7-22　习题 7-22 图所示由 5 根钢杆组成的结构，各杆的横截面面积均为 500mm^2，$E = 200\text{GPa}$，设沿对角线方向作用一对 20kN 的力，试求 A 、C 两点的距离改变。

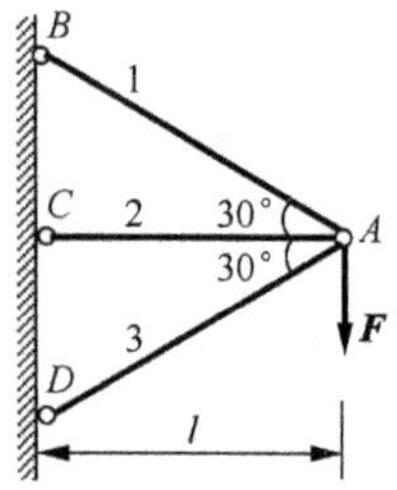

习题 7-20 图

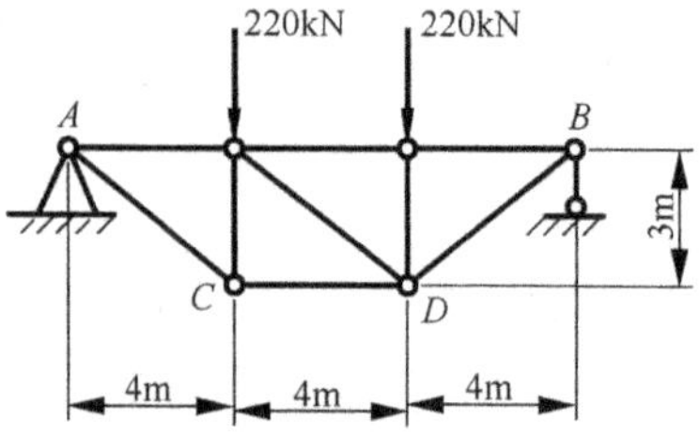

习题 7-21 图

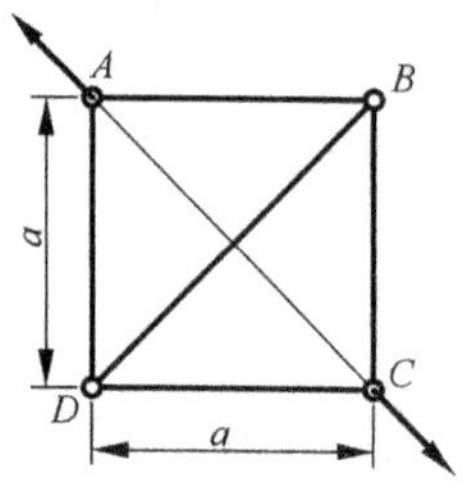

习题 7-22 图

7-23　习题 7-23 图所示桁架由 3 根钢杆组成，各杆的横截面面积均为 $A = 300\ \text{mm}^2$，弹性模量 $E = 200\text{GPa}$，$F = 15\text{kN}$。试求 C 点的垂直及水平位移。

7-24　如习题 7-24 图所示，刚性梁 AB 放在 3 根材料相同、截面积均为 $A = 400\ \text{cm}^2$ 的支柱上。因制造误差，中间柱短了 $\Delta = 1.5\text{mm}$，材料的弹性模量 $E = 14\text{GPa}$，求梁上受集中力 $F = 720\text{kN}$ 时三柱内的应力。

7-25　如习题 7-25 图所示，阶梯形杆上端固定，下端与地面留有空隙 $\Delta = 0.08\text{mm}$。上段是铜杆，$A_1 = 40\ \text{cm}^2$，$E_1 = 100\text{GPa}$；下段是钢杆，$A_2 = 20\ \text{cm}^2$，$E_2 = 200\text{GPa}$，在两段交界处受力 $\boldsymbol{F}$ 作用。试求：

(1)力 $\boldsymbol{F}$ 为多大时空隙消失；

(2) $F = 500\text{kN}$ 各段杆的应力。

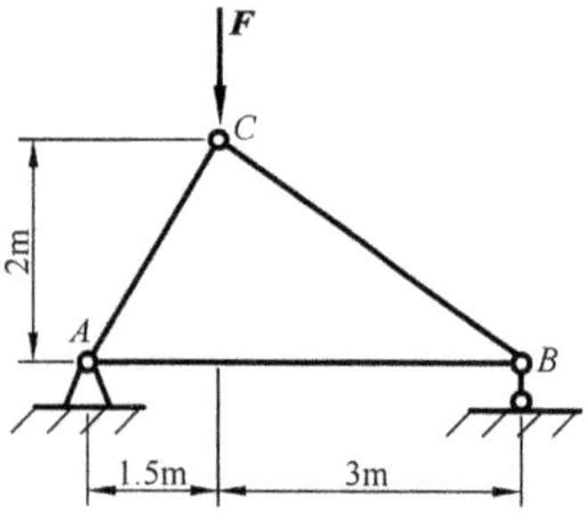

习题 7-23 图

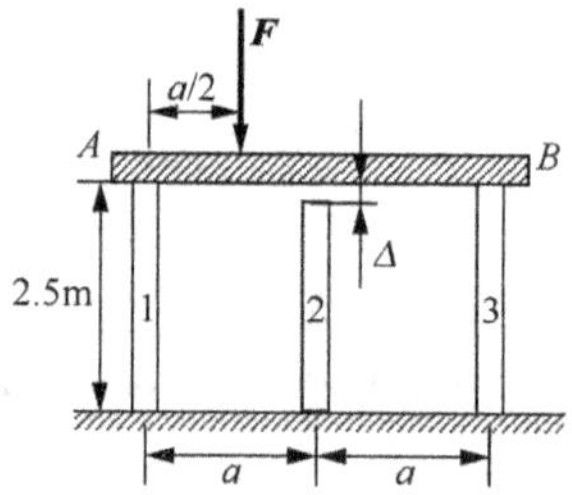

习题 7-24 图

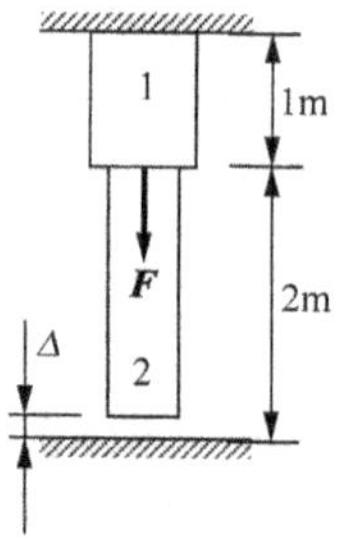

习题 7-25 图

第 8 章　剪　　切

8.1　概　　述

在工程实际中，常会遇到剪切问题。例如，图 8.1 所示的销钉、图 8.2 所示的螺栓、图 8.3 所示的平键等连接件都是主要发生剪切变形的构件。这类构件的受力和变形特点是：作用在构件两侧面上的横向外力的合力大小相等、方向相反、作用线相距很近，致使两力间的横截面发生相对错动，这种变形形式称为**剪切**。发生剪切变形的截面称为**受剪面**或**剪切面**。

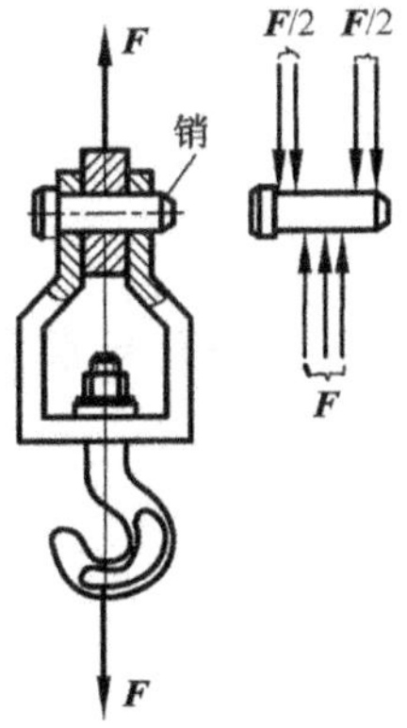

图 8.1

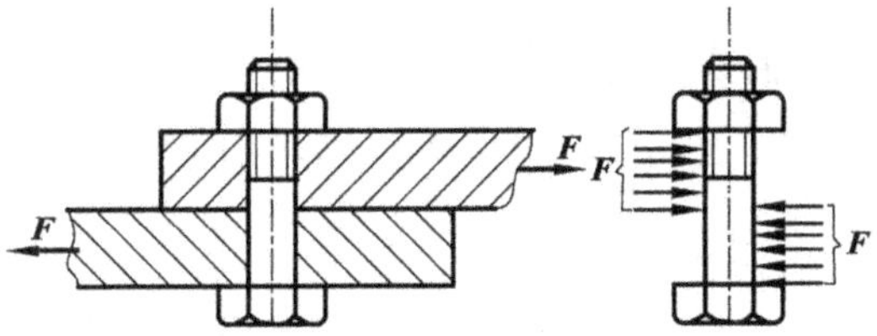

图 8.2

剪切构件在剪切变形的同时常伴随有其他形式的变形。例如，图 8.2 所示螺栓上的两个外力 **F** 并不沿同一条直线作用，它们形成一个力偶，要保持螺栓平衡，必然还有其他的外力作用，如图 8.4 所示，这就出现了拉伸、弯曲等其他形式的变形。但这些附加的变形一般都不是影响剪切构件强度的主要因素，可以不予考虑。

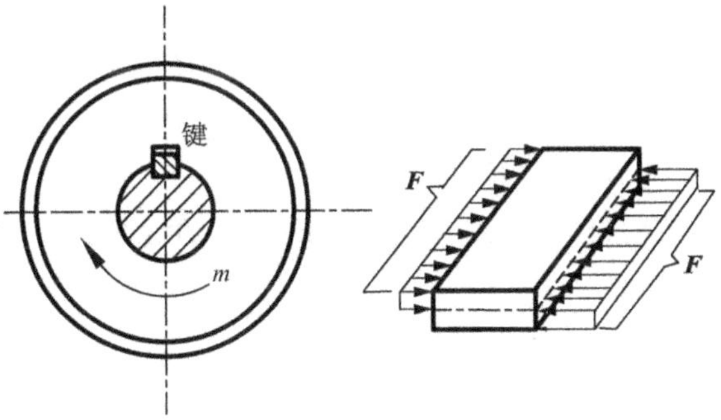

图 8.3

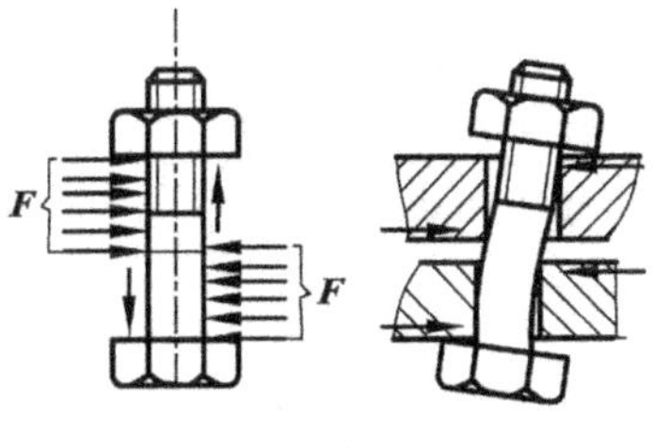

图 8.4

8.2　剪切的实用计算

1. 内力计算

如图 8.5(a)所示，两钢板用螺栓连接后承受拉力 **F** 作用，螺栓的受力如图 8.5(b)所示。

若作用力 $\boldsymbol{F}$ 过大，则螺栓可沿着剪切面 $m\text{-}m$ 被剪断。欲求剪切面上的内力，可应用截面法，假想地将螺栓沿剪切面 $m\text{-}m$ 分为两部分，取其中一部分作为研究对象，受力如图 8.5(c)所示。由平衡条件可知，在剪切面内必然有与外力大小相等，方向相反的内力存在，这个内力称为**剪力**，用 F_S 表示，它是剪切面上分布内力的合力，其大小为

$$F_S = F$$

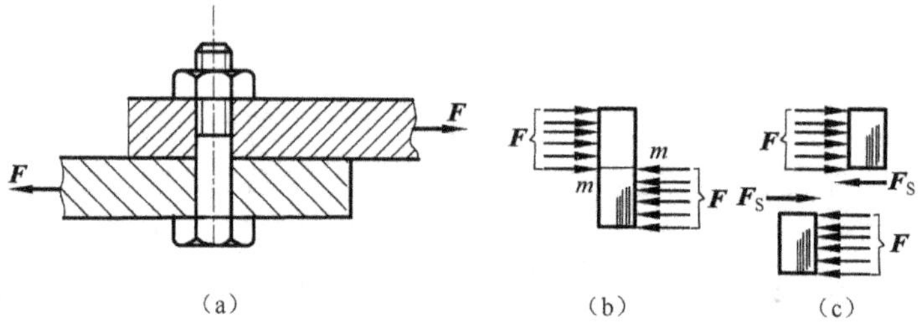

图 8.5

2. 切应力计算，强度条件

因在剪切面上，切应力的实际分布情况比较复杂。工程实际中，切应力的计算常采用实用计算方法，即假设切应力在剪切面上均匀分布。于是剪切面上的切应力为

$$\tau = \frac{F_S}{A} \tag{8-1}$$

式中，A 为剪切面面积。

按此假设计算出的平均切应力称为**名义切应力**。

为了确保受剪构件安全可靠地工作，要求其工作时的切应力不得超过许用值，因此其强度条件为

$$\tau = \frac{F_S}{A} \leqslant [\tau] \tag{8-2}$$

式中，$[\tau]$ 为材料的许用切应力，其值等于剪切破坏时材料的极限切应力除以安全系数。

虽然名义切应力公式求得的切应力值，并不反映剪切面上切应力的精确理论值，它仅是剪切面上的平均应力，但对于用低碳钢等塑性材料制成的连接件，当变形较大而临近破坏时，剪切面上切应力的变化规律将逐渐趋于均匀。而且，满足式(8-2)时，一般不至于发生剪切破坏，从而满足工程实际的要求，因此在工程实际中得到广泛的应用。

例 8-1 图 8.6 所示是用来确定胶接处的抗剪强度的装置，若已知破坏时的载荷为 10kN，试求胶接处的极限切应力。

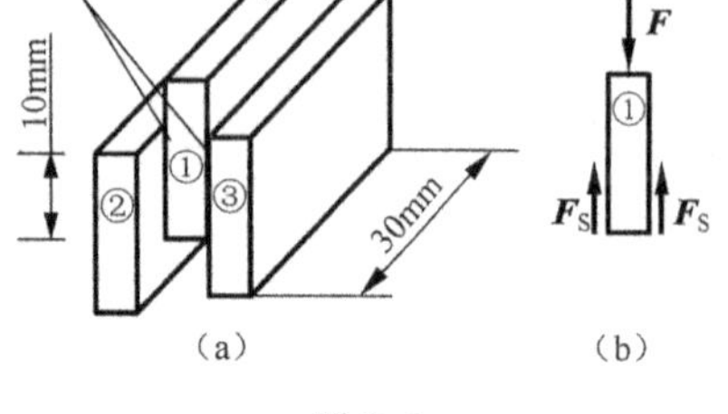

图 8.6

解 1)计算内力

取构件①为研究对象，受力如图 8.6(b)所示，由平衡方程

$$\sum F_y = 0 \quad 2F_S - F = 0$$

得 $$F_S = \frac{F}{2} = \frac{10}{2} = 5(\text{kN})$$

2)计算应力

由图 8.6(a)知，胶接处的胶缝面积即为剪切面积，

其大小

$$A = 0.03 \times 0.01 = 3 \times 10^{-4}(\mathrm{m}^2)$$

由式(8-1)可知,胶接处的极限切应力为

$$\tau = \frac{F_S}{A} = \frac{5 \times 10^3}{3 \times 10^{-4}} = 16.7(\mathrm{MPa})$$

例 8-2 图 8.7 所示的销钉连接中,构件 A 通过安全销 C 将力偶矩传递到构件 B,已知载荷 $F = 2\mathrm{kN}$,施力臂长 $l = 1.2\mathrm{m}$,构件 B 的直径 $D = 65\mathrm{mm}$,销钉的极限切应力 $\tau_p = 200\mathrm{MPa}$ 求安全销所需的直径 d。

解 1)计算应力

取构件 B 及安全销为研究对象,受力如图 8.7(b)所示,由平衡方程

$$\sum m = 0 \quad F_S D - Fl = 0$$

可得传到销子上的剪力 F_S

$$F_S = \frac{Fl}{D} = \frac{2 \times 1.2}{0.065} = 36.92(\mathrm{kN})$$

2)计算直径

当安全销截面上的切应力达到极限值时,销钉被剪断,即

$$\tau = \frac{F_S}{A} = \frac{F_S}{\pi d^2/4} = \tau_P$$

所以安全销的直径为

$$d = \sqrt{\frac{4F_S}{\pi \tau_P}} = \sqrt{\frac{4 \times 36.92 \times 10^2}{\pi \times 200 \times 10^3}} = 0.0153(\mathrm{m}) = 15.3(\mathrm{mm})$$

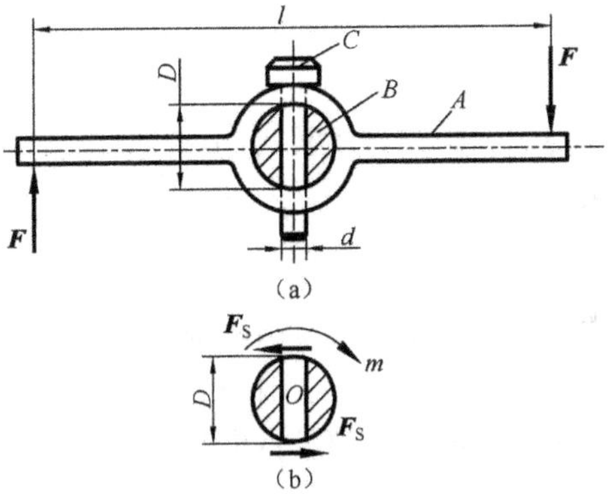

图 8.7

8.3 挤压的实用计算

图 8.5 所示的螺栓连接中,在螺栓与钢板相互接触的侧面上,将发生彼此间的局部承压现象,称为**挤压**。作用在接触面上的压力称为**挤压力**,记为 $\boldsymbol{F}_{bs}$。挤压力的大小可根据被连接件所受的外力,由平衡方程求得。当挤压力过大时,可能引起螺栓压扁或钢板在孔边压皱,从而导致连接松动而失效,如图 8.8 所示。

挤压力的作用面称为**挤压面**,由挤压力而引起的应力称为**挤压应力**,以 σ_{bs} 表示。因挤压应力在挤压面上的分布比较复杂,在工程实际中,常采用实用计算方法,即认为挤压应力在挤压面上是均匀分布的。因此挤压应力可按下式计算

$$\sigma_{bs} = \frac{F_{bs}}{A_{bs}} \tag{8-3}$$

式中,A_{bs} 为挤压面面积。当接触面为**圆柱面**时,计算挤压面面积取实际接触面在直径平面上的投影面积,即 $A_{bs} = dt$,如图 8.9(c)所示。理论分析表明:这类圆柱状连接件与钢板孔壁间接触面上的理论挤压应力沿圆柱变

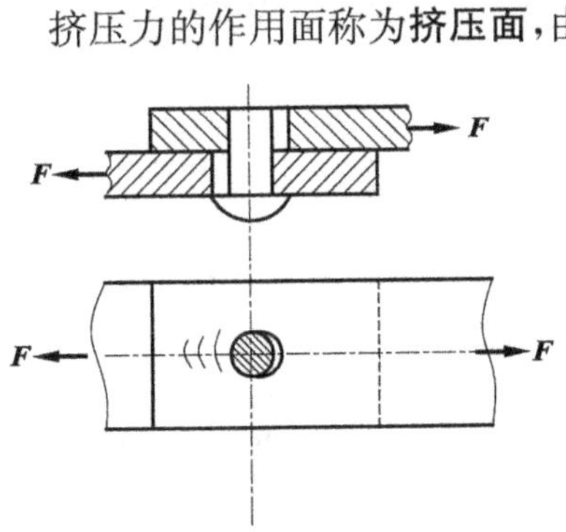

图 8.8

化情况如图 8.9(a)、(b)所示。而式(8-3)所得的挤压应力与接触面中点处的最大理论挤压应力很接近。当接触面为平面时,挤压面面积就是实际接触面的面积。

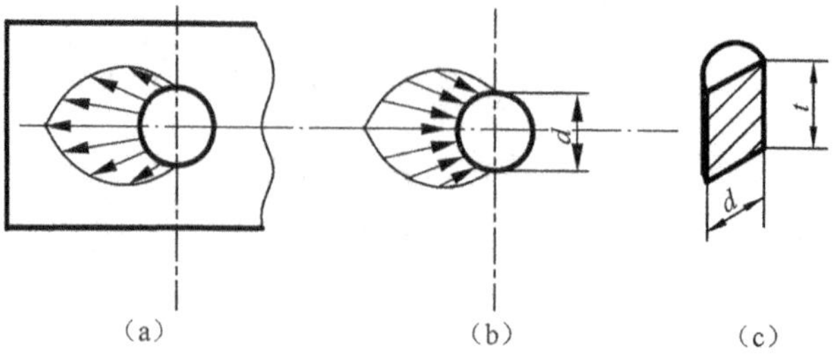

图 8.9

为了确保构件正常工作,要求构件工作时所引起的挤压应力不得超过许用值,因此挤压强度条件为

$$\sigma_{bs}=\frac{F_{bs}}{A_{bs}}\leqslant[\sigma_{bs}] \tag{8-4}$$

式中,$[\sigma_{bs}]$ 为材料的许用挤压应力,其值可从有关设计规范中查得。

注意,挤压应力是在连接件和被连接件之间相互作用的。因而,当两者材料不同时,应校核其中许用压应力值较低的材料的挤压强度。

例 8-3 图 8.10(a)所示的销钉连接中,已知外力 $F=18\text{kN}$,被连接的构件 A 和 B 的厚度分别为 $t=8\text{mm}$ 和 $t_1=5\text{mm}$,销钉直径 $d=1.5\text{mm}$,销钉材料的 $[\tau]=60\text{MPa}$,$[\sigma_{bs}]=200\text{MPa}$。试校核销钉的强度。

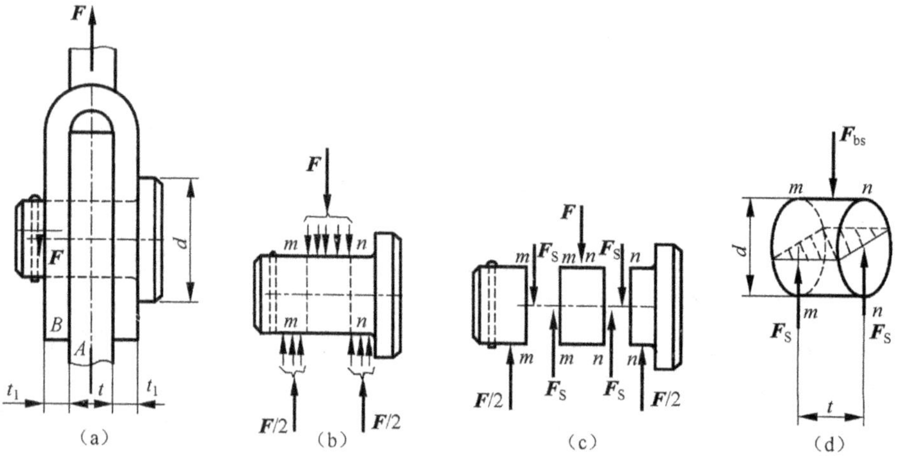

图 8.10

解 1)校核剪切强度

取销钉为研究对象,受力如图 8.10(b)所示。用截面 m-m 和 n-n 假想将销钉沿剪切面截开,如图 8.10(c)所示,由平衡方程可得两个剪切面上的剪力 F_S 均为

$$F_S=\frac{F}{2}$$

由式(8-1)有

$$\tau=\frac{F_S}{A}=\frac{F}{2A}=\frac{18000}{2\pi\times(15\times10^{-3})^2/4}=51(\text{MPa})<[\tau]$$

2)校核挤压强度

如图 8.10(b)所示,力 F 和 $F/2$ 均为侧面上的挤压力。因中间挤压部分的长度 t 小于两边挤压部分的长度之和 $2t_1$,故应取中间长度为 t 的一段来进行挤压强度校核,如图 8.10(d)所示。由式(8-3)有

$$\sigma_{bs}=\frac{F_{bs}}{A_{bs}}=\frac{F}{dt}=\frac{18000}{8\times15\times10^{-6}}=150(\text{MPa})<[\sigma_{bs}]$$

故销钉安全。

例 8-4 如图 8.11(a)所示,齿轮用平键和轴连接。已知轴的直径为 $d=70\text{mm}$,键的尺寸为 $b\times h\times l=20\text{mm}\times12\text{mm}\times100\text{mm}$,传递的扭转力偶矩 $m=2\text{kN}\cdot\text{m}$,键的许用应力 $[\tau]=60\text{MPa}$,$[\sigma_{bs}]=100\text{MPa}$。试校核键的强度。

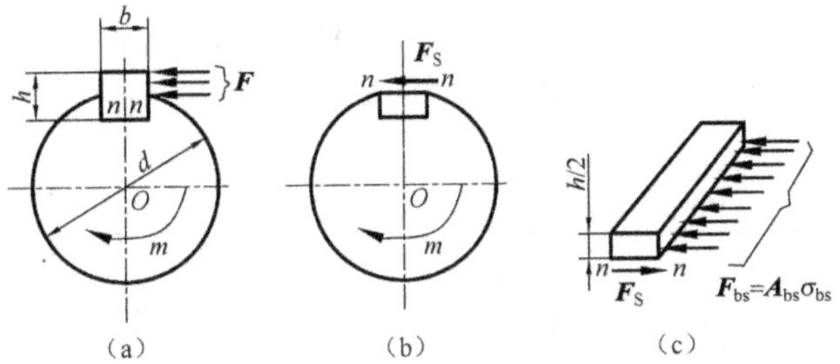

图 8.11

解 1)校核剪切强度

将平键沿 n-n 截面分成两部分,取下部分和轴作为研究对象,受力如图 8.11(b)所示。由平衡方程

$$\sum m=0\quad F_S\cdot\frac{d}{2}-m=0$$

得

$$F_S=\frac{2m}{d}$$

由式(8-1)有

$$\tau=\frac{F_S}{A}=\frac{2m}{bld}=\frac{2\times2000}{20\times100\times70\times10^{-9}}=28.6(\text{MPa})<[\tau]$$

满足剪切强度条件。

2)校核挤压强度

取 n-n 截面以上部分为研究对象,受力如图 8.11(c)所示,列平衡方程为

$$\sum F_x=0\quad F_S-F_{bs}=0$$

由式(8-3)有

$$\sigma_{bs}=\frac{F_{bs}}{A_{bs}}=\frac{F_S}{hl/2}=\frac{2m}{dlh/2}=\frac{4m}{dlh}=\frac{4\times2000}{70\times100\times12\times10^{-9}}=95.3(\text{MPa})<[\sigma_{bs}]$$

满足挤压强度条件。

习　题

8-1 试确定习题 8-1 图所示连接杆或接头中的剪切面和挤压面。

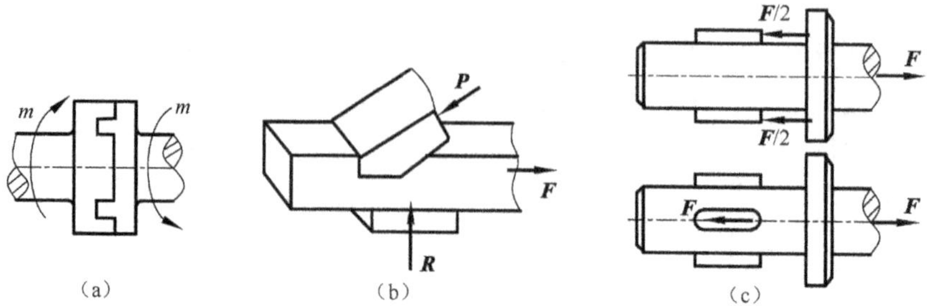

习题 8-1 图

8-2　习题 8-2 图所示螺栓连接中，已知 $F = 200\text{kN}$，$\delta = 2\text{cm}$，螺栓的许用应力 $[\tau] = 80\text{MPa}$，试求螺栓的直径。

8-3　试校核习题 8-3 图所示拉杆头部的剪切强度和挤压强度。已知：$D = 32\text{mm}$，$d = 20\text{mm}$，$h = 12\text{mm}$，杆的许用切应力 $[\tau] = 100\text{MPa}$，许用挤压应力 $[\sigma_{bs}] = 240\text{MPa}$。

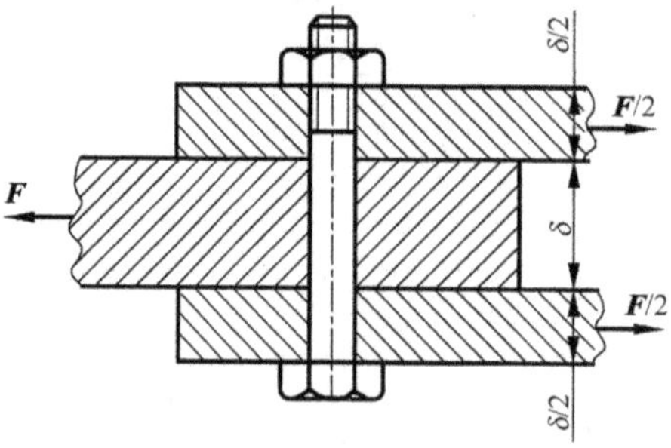

习题 8-2 图

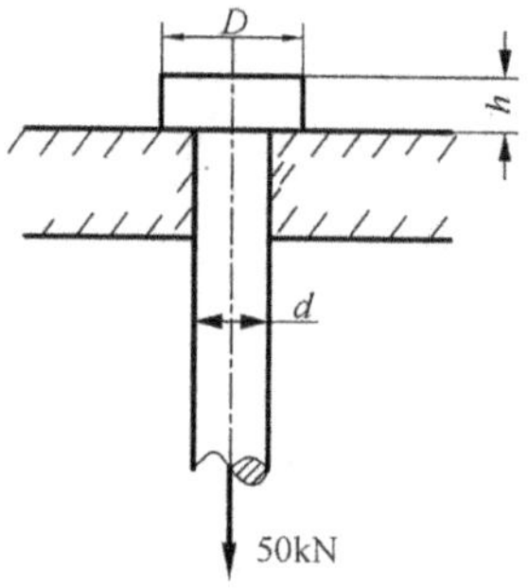

习题 8-3 图

8-4　习题 8-4 图所示螺钉受拉力 $\boldsymbol{F}$ 作用。已知材料的许用切应力 $[\tau]$ 和拉伸许用应力 $[\sigma]$ 之间的关系约为 $[\tau] = 0.6[\sigma]$。试求螺钉直径 d 与钉头高度 h 的合理比值。

8-5　习题 8-5 图所示圆截面杆件，承受轴向拉力 $\boldsymbol{F}$ 作用。设拉杆的直径为 d，端部墩头的直径为 D，高度为 h，试从强度方面考虑，建立三者间的合理比值。已知许用应力 $[\sigma] = 120\text{MPa}$，许用切应力 $[\tau] = 90\text{MPa}$，许用挤压应力 $[\sigma_{bs}] = 240\text{MPa}$。

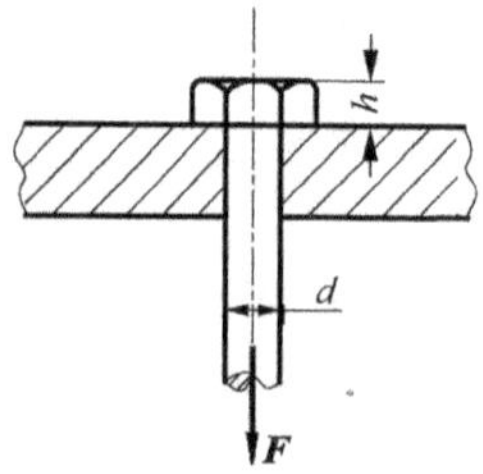

习题 8-4 图

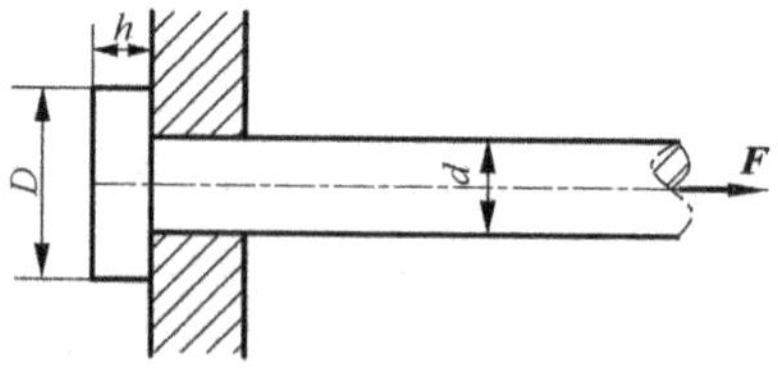

习题 8-5 图

8-6　习题 8-6 图所示凸缘联轴节传递的力偶矩为 $m = 200\text{N}\cdot\text{m}$，凸缘之间用 4 只螺栓连接，螺栓内径 $d = 10\text{mm}$，对称地分布在 $D_0 = 80\text{mm}$ 的圆周上，如螺栓的许用切应力 $[\tau] = 60\text{MPa}$，试校核螺栓的剪切强度。

8-7　习题 8-7 图所示木榫接头，$a = b = 12\text{cm}$，$h = 35\text{cm}$，$c = 4.5\text{cm}$，$F = 40\text{kN}$。试求接头的剪切和挤压应力。

8-8　习题 8-8 图所示铆钉连接，铆钉直径 $d = 20\text{mm}$，许用剪切切应力 $[\tau] = 130\text{MPa}$，许用挤压应力 $[\sigma_{bs}] = 300\text{MPa}$，钢板的许用拉应力 $[\sigma] = 170\text{MPa}$，试确定该连接的许可载荷 $[F]$。

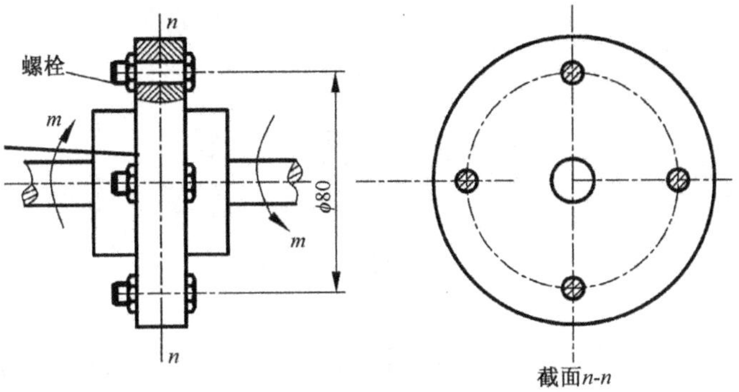

习题 8-6 图

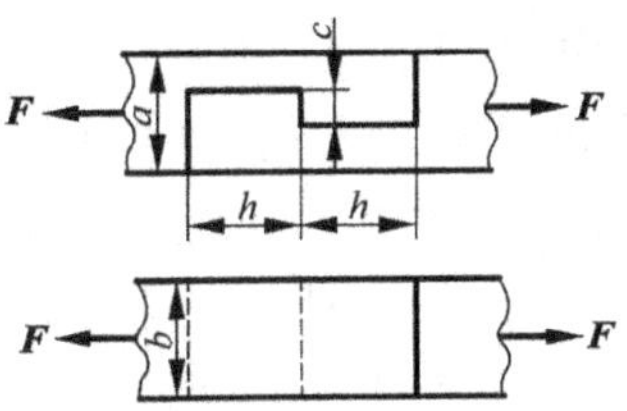

习题 8-7 图

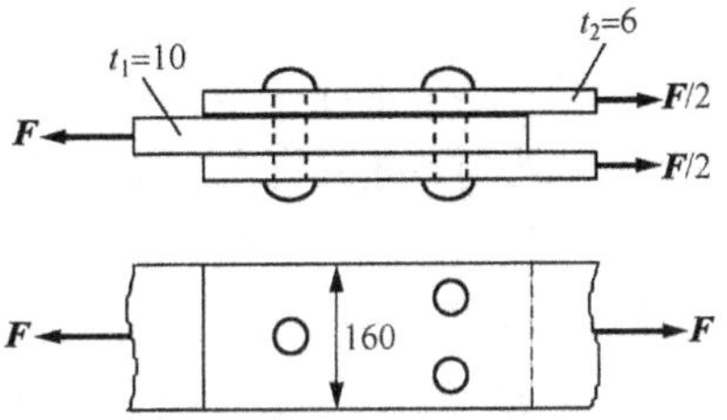

习题 8-8 图

第 9 章　扭　　转

9.1　概　　述

扭转是杆件的基本变形形式之一。杆在作用平面垂直于轴线的力偶系作用下，产生扭转变形。扭转变形的特点是：杆的轴线保持不变，各横截面绕轴线作相对转动，同时，杆表面的纵向线将变成螺旋线。小变形情况下纵向线变为斜直线。扭转的变形程度用两截面绕轴线转过的相对角位移衡量，称为**扭转角**。以扭转为主要变形的直杆称作**轴**，图 9.1 为小变形情况下，圆截面轴在作用平面与轴线垂直的一对大小相等、方向相反的力偶作用下的受力简图。

实际工程中承受纯扭转变形的构件并不多，大多数构件在扭转变形的同时，还伴随有其他形式的变形。图 9.2 为汽车方向盘的转向轴，当汽车转弯时，驾驶员用双手在方向盘的平面内施加一个力偶，对垂直于方向盘的转向轴来说，上端受到这个力偶的作用，下端就会受到来自转向器的转向相反的阻抗力偶作用，转向轴在这两个力偶作用下产生扭转变形。机器中的传动轴受到作用于皮带轮或齿轮圆周方向上的力的作用，此力方向与传动轴轴线垂直但不通过轴线。因此，传动轴在产生扭转变形的同时还伴随有弯曲变形(见图 9.3)。

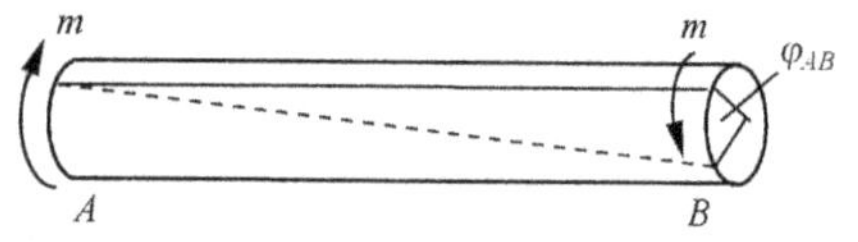

图 9.1

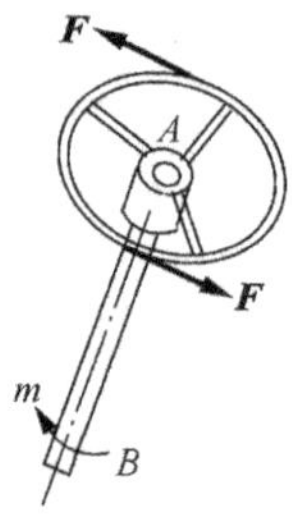

图 9.2

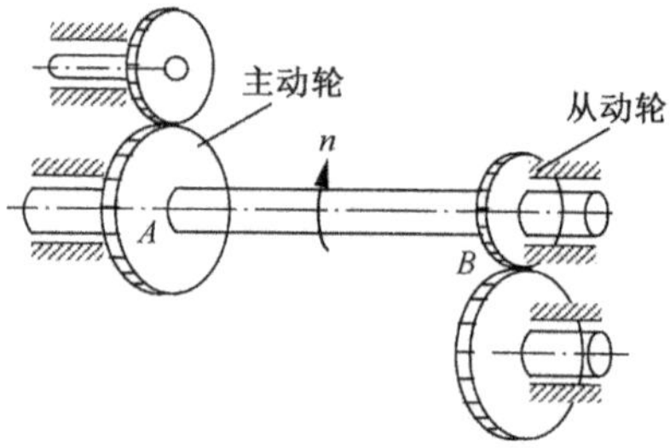

图 9.3

首先研究杆扭转时横截面上的内力，再研究其应力与变形，然后建立强度和刚度条件。与拉压变形不同，扭转变形时，杆横截面几何形状不同，截面上的应力与杆的变形也不相同。在研究薄壁圆筒扭转的基础上，本章重点研究圆轴扭转时的应力与变形。

9.2　扭转时的内力——扭矩

9.2.1　外力偶矩

研究轴扭转时的内力，必须知道其承受的外力偶矩。工程中的传动轴往往已知其传递的功率和转速，不直接给出其承受的外力偶矩。

若传动轴的转速为 n (r/min)，传递的功率为 P 千瓦(kW)，则外力偶矩

$$M_e = \frac{1000P}{\frac{2\pi}{60}n} = 9549\,\frac{P}{n} \qquad (\mathrm{N \cdot m}) \tag{9-1}$$

如果传递的功率是 P 马力(PS)，则外力偶矩

$$M_e = \frac{735P}{\frac{2\pi}{60}n} = 7024\frac{P}{n} \qquad (\text{N} \cdot \text{m}) \tag{9-2}$$

从式(9-1)、式(9-2)看出，轴承受的外力偶矩与轴的功率成正比，与轴的转速成反比，当两轴传递同样的功率时，低速轴承受的外力偶矩比高速轴大。因此，在设计传动系统时，低速轴的直径比高速轴粗。

主动轴传递的外力偶的转向与轴的转动方向相同，从动轴传递的外力偶的转向与轴的转动方向相反，如图 9.4 所示。

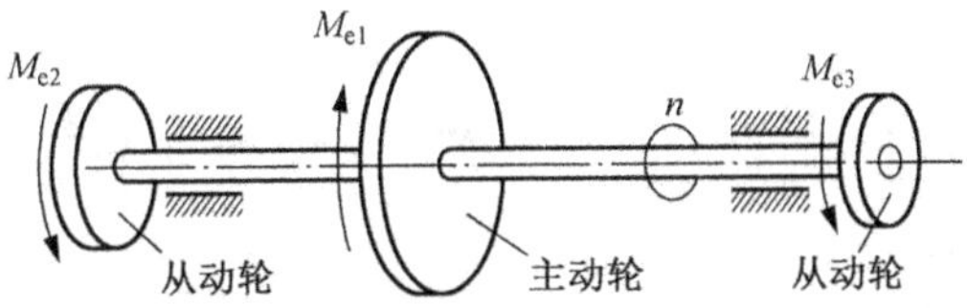

图 9.4

9.2.2 内力——扭矩

图 9.5(a)所示圆截面轴在大小相等、转向相反的外力偶作用下产生扭转变形，现采用截面法研究其任意横截面上的内力。

首先，假想将圆轴沿 n-n 截面分为两部分，然后取左端为研究对象，如图 9.5(b)所示。由于整个轴在外力偶作用下处于平衡状态，左端也应处于平衡，为保持左端的平衡，在 n-n 截面上必然存在一个力偶，此力偶为 n-n 截面上分布内力系的合力，根据内力的概念，此力偶即为扭转时横截面上的内力(内力偶)。由平衡条件 $\sum m_x = 0$，可以求得 n-n 截面力偶(内力)的大小，即

$$T = M_e$$

通过以上分析知，扭转时横截面上的内力为一力偶，其力偶矩称为**扭矩**。

同样，若取圆轴右端为研究对象(见图 9.5(c))，n-n 截面上的扭矩仍为 M_e，但转向与取左端为研究对象所得扭矩的转向相反。

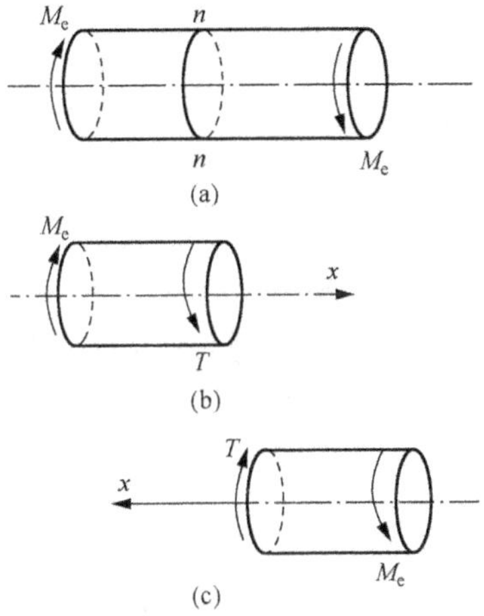

图 9.5

同一截面的扭矩应是唯一的，可以通过规定扭矩的正、负使取左、右两端为研究对象求得的扭矩数值和符号都相同。扭矩正、负可以规定如下：采用右手螺旋法则，右手四指表示扭矩转向，拇指指向与截面外法线方向一致时扭矩为正，如图 9.6(a)所示；反之，拇指指向与截面外法线方向相反时扭矩为负，如图 9.6(b)所示。

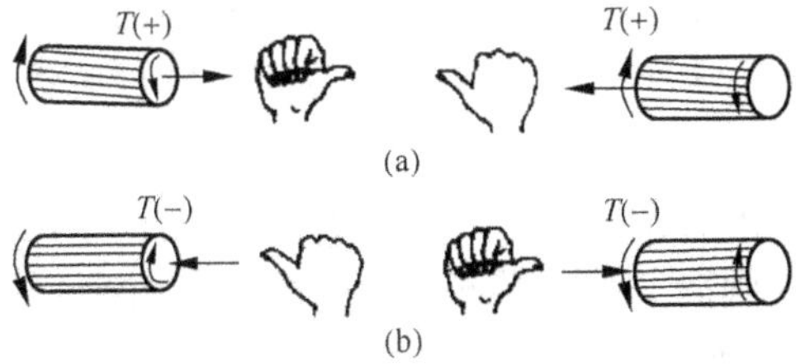

图 9.6

当轴同时承受两个以上外力偶作用时，各横截面上的扭矩并不相同，为确定最大扭矩所在截

面位置，工程中常用一个图形表示横截面上的扭矩随横截面位置的变化情况，这种图形称为扭矩图，其绘制方法与作轴力图类似：取直角坐标系，横坐标轴平行于轴线，表示横截面位置，纵坐标表示相应横截面上扭矩数值。下面举例说明。

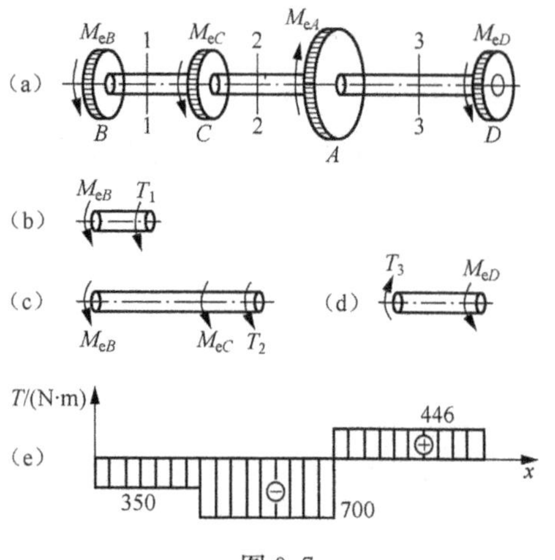

图 9.7

例 9-1 图 9.7(a)所示传动轴做匀速运动，转速 $n=300\text{r/min}$，轴上装有 4 个轮子，主动轮 A 输入的功率为 36kW，从动轮 B、C、D 依次输出功率 11kW、11kW 和 14kW。试作轴的扭矩图。

解 1)外力偶矩

$$M_{eA}=9549\frac{P_A}{n}=9549\times\frac{36}{300}=1146(\text{N}\cdot\text{m})$$

$$M_{eB}=M_{eC}=9549\frac{P_B}{n}=9549\times\frac{11}{300}=350(\text{N}\cdot\text{m})$$

$$M_{eD}=9549\frac{P_D}{n}=9549\times\frac{14}{300}=446(\text{N}\cdot\text{m})$$

2)各段轴的扭矩

BC 段：假想用 1-1 截面将轴截开，取左段为研究对象，受力如图 9.7(b)所示。由平衡方程

$$T_1+M_{eB}=0$$

得

$$T_1=-M_{eB}=-350(\text{N}\cdot\text{m})$$

CA 段：假想用 2-2 截面将轴截开，取左段为研究对象，受力如图 9.7(c)所示。由平衡方程

$$T_2+M_{eB}+M_{eC}=0$$

得

$$T_2=-M_{eB}-M_{eC}=-700(\text{N}\cdot\text{m})$$

DA 段：假想用 3-3 截面将轴截开，取右段为研究对象，受力如图 9.7(d)所示。由平衡方程

$$T_3-M_{eD}=0$$

得

$$T_3=M_{eD}=446(\text{N}\cdot\text{m})$$

3)扭矩图

用平行于轴线的坐标表示横截面位置，以垂直于轴线的另一坐标表示扭矩，根据计算出扭矩的数值即可画出扭矩图，如图 9.7(e)所示，最大扭矩发生在 CA 段。

$$|T_{\max}|=700(\text{N}\cdot\text{m})$$

9.3 薄壁圆筒扭转

9.3.1 横截面上的应力

由截面法知，薄壁圆筒任意横截面上的内力是作用于横截面内的力偶，它是由什么应力合成的呢？要研究薄壁圆筒扭转时横截面上的应力，首先要明确横截面上产生什么应力？分布规律如何？很显然，应力是不能直接观察到的，但应力与变形有关，因此首先研究薄壁圆筒扭转时的变形现象。

图 9.8(a)所示薄壁圆筒，其长度为 l，其平均半径为 r，厚度为 δ，$\delta\ll r$。首先在薄壁圆筒表面画一系列圆周线和与轴线平行的纵向线，然后在圆筒两端的横截面内施加大小相等、方向相反的力偶 M_e，使其产生微小的扭转变形，此时可以观察到如下现象(见图 9.8(b))：

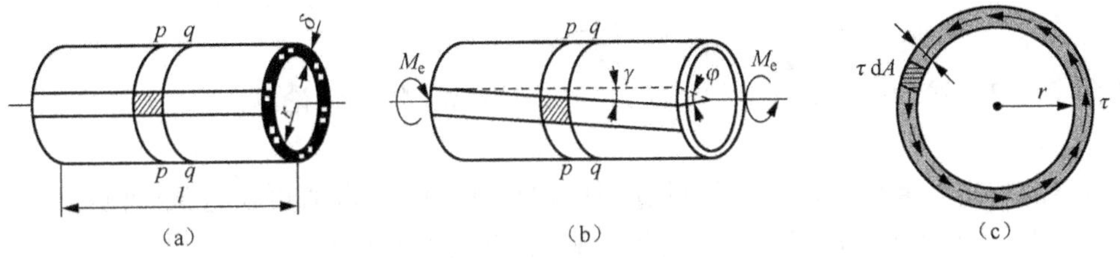

图 9.8

(1)圆周线之间距离不变，大小、形状不变，但圆周线绕轴线发生相对转动；

(2)各纵向线倾斜了相同角度 γ，表面的矩形变成了平行四边形。

根据圆筒扭转后圆周线之间距离不变及圆筒无轴向外力作用，可以推断圆筒横截面上没有正应力，只有切应力；根据圆周线大小、形状不变，可以推断横截面边缘各点处的剪应力方向与圆周相切；根据圆筒扭转后各纵向线倾斜了相同角度 γ，可知横截面边缘各点处的切应力数值相等，因为根据材料的连续、均匀性假设，各点处有相同的物理关系，变形相同，应力一定相同，又由于圆筒壁很薄，可以认为剪应力沿壁厚均匀分布(见图 9.8(c))。因此整个横截面上各点处的切应力数值都相同。

根据内力与应力静力关系知，截面上各点应力的合力应等于该截面上的内力，具体到扭转变形，此静力关系为，横截面上各点切应力对截面形心取矩的代数和(积分)等于该截面之扭矩，即

$$\int_A \tau \mathrm{d}A \cdot r = T$$

由于 τ 、r 为常量，$\int_A \mathrm{d}A = A = 2\pi r\delta$ 为薄壁圆筒横截面的面积，故横截面上各点的剪应力

$$\tau = \frac{T}{2\pi r^2 t} = \frac{M_e}{2\pi r^2 \delta} \tag{9-3}$$

9.3.2 剪切胡克定律

研究一点的变形，通常围绕点取一个单元体(微小的六面体)，当边长趋于零时单元体的变形可代表点的变形。而每个单元体的变形包括其边长长度的改变和边长之间夹角的改变。边长长度的改变可以用线应变度量，边长之间夹角的改变可用切应变度量。因此线应变和切应变是度量一点处变形程度的两个基本量。与线应变对应的应力是正应力，与切应变对应的应力是切应力。拉压实验证明，在比例极限内，正应力与线应变成正比，同样，由薄壁圆筒的扭转试验可知，在剪切比例极限内，切应力与切应变成正比，这就是剪切胡克定律，如图 9.9 所示，说明如下：

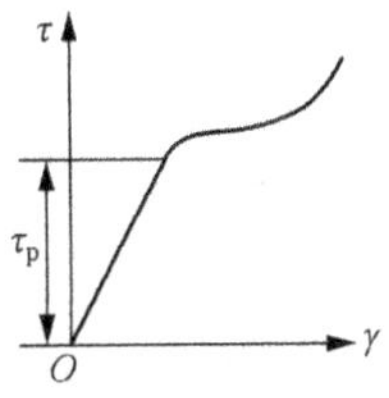

图 9.9

由薄壁圆筒的扭转试验知道，横截面会绕其轴线转动，两横截面相对转过的角位移称为扭转角，用 φ 表示，它是衡量薄壁圆筒扭转变形程度大小的物理量，与外力偶矩(数值上等于扭矩)成正比。横截面绕轴线发生相对转动导致圆筒表面纵向线倾斜角度 γ，也是圆筒扭转时表面矩形直角的改变量，称为切应变，这个切应变与横截面上沿圆周方向的切应力相对应。

由图 9.8(b)可知，薄壁圆筒表面上的切应变和相距 l 的两截面间的相对扭转角 φ 之间的关系为

$$\gamma = \varphi \frac{r}{l} \tag{9-4}$$

结合式(9-3)、式(9-4)，即可得到切应力与切应变成正比的结论，即

$$\tau = G\gamma \tag{9-5}$$

G 称为材料的剪切弹性模量，表征材料抵抗剪切变形的能力，数值可通过试验测定，单位与弹性模量 E 相同。表 9.1 列出了常用的几种材料剪切弹性模量的数值。

表 9.1　常用材料的剪切弹性模量　　(单位:GPa)

材料	钢	铸铁	铜	铝	木材
G	80～81	45	40～46	26～27	0.55

实验证明，对于各向同性材料，剪切弹性模量 G 和弹性模量 E、横向变形系数 ν 有如下关系

$$G = \frac{E}{2(1+\nu)}$$

由此可见，各向同性材料只有两个独立的弹性常数。

9.3.3　切应力互等定理

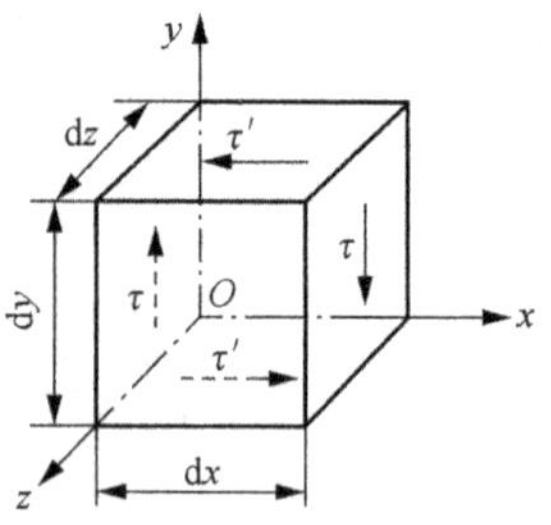

图 9.10

用两个相邻的横截面、两个相邻的纵向截面、相邻的两个前后截面从薄壁圆筒表面取出一个单元体(图 9.10)，边长分别为 dx、dy、dz。下面研究此单元体平衡。

单元体左、右两侧面是圆筒横截面的一部分，这两个侧面上只有切应力 τ，要保持 y 方向的平衡，左、右两侧面上的切应力必然等值反向，它们将组成一个力偶，其力偶矩为 $(\tau dydz)dx$，这个力偶将使单元体发生顺时针方向转动的趋势。为保证单元体的平衡，单元体上、下面必然有等值反向的切应力 τ' 存在，并且它们组成另一逆时针转向的力偶，其力偶矩为 $(\tau' dxdz)dy$。由平衡方程　$\sum M_z = 0$，得

$$(\tau dydz)dx - (\tau' dxdz)dy = 0$$

即

$$\tau = \tau'$$

上式表明，单元体互相垂直的两个平面上，切应力必然成对存在，且数值相等；两者都垂直于两个平面的交线，方向同时指向或同时背离这一交线。这就是**切应力互等定理**。此定理不仅对只有切应力的单元体适用，对同时有正应力的单元体也适用。如果单元体在其两对互相垂直的平面上只有剪应力，而无正应力，这种受力状态称为**纯剪切应力状态**，如图 9.10 所示。

9.4　圆轴扭转时横截面上的应力

研究圆轴扭转时横截面上的应力分布是一静不定问题。首先观察圆轴扭转时的表面变形现象，对其内部变形做出假设，在此基础上找出变形几何关系，然后利用应力、应变之间的物理关系、内力与应力之间的静力关系，推导出横截面上各点的应力计算公式。

为观察圆轴扭转时的表面变形现象，在其表面作圆周线和纵向线，然后在两端截面内施加一对大小相等、方向相反的力偶后发现：各圆周线绕轴线相对转过不同角度，圆周线大小、形状

不变，小变形情况下圆周线间距也未改变，纵向线倾斜了相同角度 γ（见图 9.11(a)）。把圆轴想象成无数薄壁圆筒的组合，内部变形规律与表层相同，这样就可以假设：圆轴扭转时横截面如同刚性平面般绕轴线转动，大小、形状不变，半径仍保持为直线。这就是圆轴扭转的平面假设。由观察到的表面现象和平面假设可知，圆轴扭转时横截面上各点没有正应力，只有与半径方向垂直的切应力。

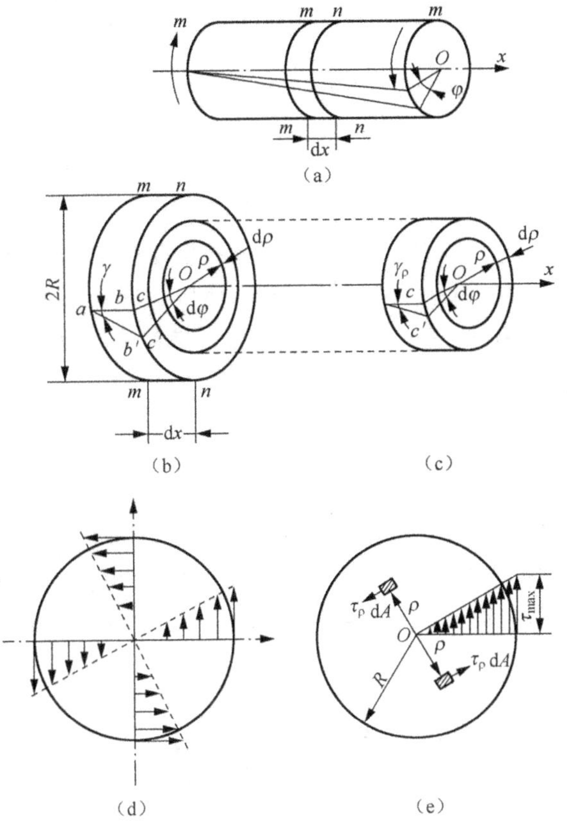

图 9.11

9.4.1 横截面上的切应力

1. 变形几何关系

下面首先确定横截面上任一点处的切应变。

用截面 m-m 和 n-n 从圆轴中截取微段 $\mathrm{d}x$，变形后截面 n-n 相对于截面 m-m 转过角度 $\mathrm{d}\varphi$，截面 n-n 上的半径 ob 转过角度 $\mathrm{d}\varphi$ 到达 Ob'，圆轴表面的纵向线 ab 倾斜了角度 γ，γ 即为 b 点的切应变。显然切应变发生在垂直于半径 Ob 的平面内，如图 9.11(b)所示。同理，如果从圆轴中截取长度为 $\mathrm{d}x$，半径为 ρ 的微圆柱体，其表面纵向线倾斜的角度 γ_ρ 即为横截面上半径为 ρ 处（c 点）的切应变，如图 9.11(c)所示。显然切应变发生在垂直于半径的平面内。由几何关系知

$$\gamma_\rho = \rho \frac{\mathrm{d}\varphi}{\mathrm{d}x} \tag{a}$$

式中，$\frac{\mathrm{d}\varphi}{\mathrm{d}x}$ 表示相对扭转角沿杆长的变化率（单位长度的扭转角），对于给定的横截面是常量。

式(a)说明表示横截面上任一点处的切应变与该点到圆心的距离成正比，而且距圆心为 ρ 的圆周各点处的切应变相同。式(a)即为圆轴扭转时的变形几何关系。由式(a)可知最大切应变发生在圆周边缘各点，即

$$\gamma_{\max} = R\frac{\mathrm{d}\varphi}{\mathrm{d}x}$$

2. 物理关系

据剪切胡克定律，线弹性范围内，横截面上距圆心为 ρ 处的切应力与该点处的切应变成正比，即

$$\tau_\rho = G\rho\frac{\mathrm{d}\varphi}{\mathrm{d}x} \tag{b}$$

式(b)表明，横截面任一点的切应力与该点到圆心的距离成正比，同一半径的圆周上各点切应力数值相同，因切应变在垂直于半径的平面内，所以切应力方向必然垂直于半径，横截面切应力分布规律如图 9.11(d)所示。虽然已经知道了横截面上切应力分布规律，但式(b)中 $\frac{\mathrm{d}\varphi}{\mathrm{d}x}$ 尚且未知，须借助静力关系来确定。

3. 静力平衡关系

如图 9.11(e)所示，在横截面上距圆心为 ρ 处取微面积 $\mathrm{d}A$，其上有微内力 $\tau_\rho\mathrm{d}A$，由于圆截面具有对称性，整个截面上微内力之合力必然为零。因 τ_ρ 方向垂直于半径，$\tau_\rho\mathrm{d}A$ 对圆心之矩为 $\rho\tau_\rho\mathrm{d}A$，而微内力对截面圆心之矩在整个横截面上积分即为该截面上的扭矩，即

$$T = \int_A \rho\tau_\rho\mathrm{d}A \tag{c}$$

将式(b)代入式(c)，因 $\frac{\mathrm{d}\varphi}{\mathrm{d}x}$ 为常数，于是有

$$T = \int_A G\rho\frac{\mathrm{d}\varphi}{\mathrm{d}x}\mathrm{d}A\cdot\rho = G\frac{\mathrm{d}\varphi}{\mathrm{d}x}\int_A\rho^2\mathrm{d}A$$

令 $I_\mathrm{p} = \int_A\rho^2\mathrm{d}A$，将其代入上式得

$$\frac{\mathrm{d}\varphi}{\mathrm{d}x} = \frac{T}{GI_\mathrm{p}} \tag{9-6}$$

将其代入式(b)得

$$\tau_\rho = \frac{T\rho}{I_\mathrm{p}} \tag{9-7}$$

式中，T 为横截面上的扭矩；ρ 为所求切应力的点到圆心之距离；I_p 为横截面对形心的极惯性矩。式(9-7)就是圆轴扭转时横截面上距圆心为 ρ 处的切应力计算公式。

应该注意的是，上述公式的推导依赖于平面假设，这就要求外力偶的施加方式应使两端面保持平面并只产生刚性转动，这种加载方式可以通过将外力偶矩施加在与轴端固结的刚性板上而实现。这个条件如果不能满足，根据圣维南原理，应力公式只适用于离端部较远处的截面。

9.4.2 横截面上的最大切应力

通过前面讨论知道，圆轴扭转时横截面上的应力计算公式为

$$\tau = \frac{T}{I_\mathrm{p}}\rho$$

显然，截面边缘处切应力最大，即 $\rho=\rho_{max}$ 时，

$$\tau_{max}=\frac{T}{I_p}\rho_{max}=\frac{T}{I_p/\rho_{max}}=\frac{T}{W_t} \tag{9-8}$$

式中，$I_p=\int_A \rho^2 dA$ 是仅与横截面大小、形状有关的几何量，称为横截面对形心的极惯性矩，对于给定截面，它是常数，量纲为长度的四次方；$W_t=\frac{I_p}{\rho_{max}}=\frac{I_p}{R}$ 也是一个仅与横截面大小、形状有关的几何量，称为抗扭截面系数，量纲为长度的三次方。

可见，圆轴扭转时横截面上的最大切应力与截面的扭矩成正比，与抗扭截面系数成反比。

9.4.3 扭转变形

扭转角是衡量圆轴扭转变形程度的物理量，因此计算扭转变形就是要计算横截面之间的相对扭转角。实际上在推导扭转切应力公式时，已经得到了扭转变形的计算公式

$$\frac{d\varphi}{dx}=\frac{T}{GI_p}$$

$\frac{d\varphi}{dx}$ 表明扭转角沿轴线的变化规律，又称为圆轴单位长度的扭转角。从该式可以看到，扭矩一定的情况下，GI_p 愈大，单位长度的扭转角愈小，GI_p 反映了圆轴抵抗扭转变形的能力，称为抗扭刚度。

对于用同一材料制成的等直圆轴，当所有截面上的扭矩为常数时，相距为 l 的两截面间的扭转角

$$\varphi=\frac{Tl}{GI_p} \tag{9-9}$$

式(9-9)是计算圆轴扭转变形的基本公式。该式表明，扭转角 φ 与两截面之间的扭矩和距离成正比，与抗扭刚度 GI_p 成反比。

若扭矩 T 或抗扭刚度 GI_p 随截面连续变化时，将式(9-9)沿轴线积分可以得到相距为 l 的两截面间的相对扭转角

$$\varphi=\int_l d\varphi=\int_0^l \frac{T(x)}{GI_p(x)}dx$$

若圆轴各段的扭矩 T 不同或 I_p 变化，应分别计算各段扭转角的代数和，然后相加即得两端截面的相对扭转角

$$\varphi=\sum_{i=1}^{n}\frac{T_i l_i}{GI_{pi}} \tag{9-10}$$

式中，扭转角的正负可以根据扭矩的正、负确定。

9.4.4 极惯性矩、抗扭截面模量

在用式(9-7)、式(9-8)和式(9-9)计算切应力、最大切应力、两截面间的扭转角时首先要计算极惯性矩 I_p 和抗扭截面系数 W_t。

图 9.12(a)所示圆截面，在距圆心为 ρ 切处取厚为 $d\rho$ 的圆环作为面积元素，$dA=2\pi\rho d\rho$，则极惯性矩

$$I_p=\int_A \rho^2 dA=\int_0^{\frac{D}{2}}\rho^2 2\pi\rho d\rho=\frac{\pi D^4}{32}$$

抗扭截面系数

$$W_t = \frac{I_p}{\rho_{max}} = \frac{\frac{\pi D^4}{32}}{\frac{D}{2}} = \frac{\pi D^3}{16}$$

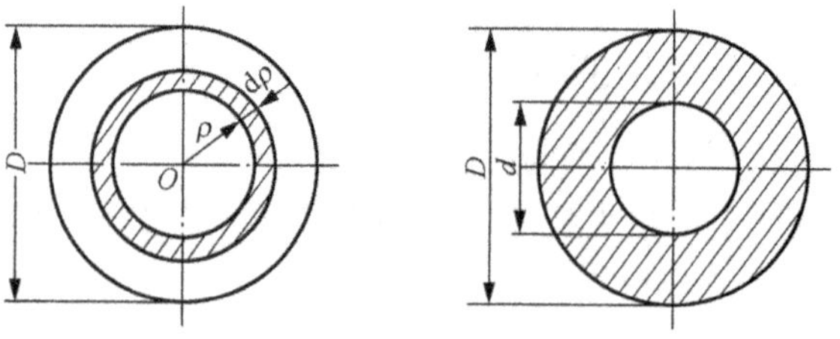

(a) (b)

图 9.12

图 9.12(b)所示空心圆轴,用同样的方法可求出其极惯性矩和抗扭截面系数

$$I_p = \int_A \rho^2 dA = \int_{d/2}^{D/2} \rho^2 2\pi\rho d\rho = \frac{\pi(D^4 - d^4)}{32}$$

如令 $\alpha = \frac{d}{D}$,则

$$I_p = \frac{\pi D^4(1-\alpha^4)}{32}$$

$$W_t = \frac{I_p}{\rho_{max}} = \frac{\frac{\pi D^4(1-\alpha^4)}{32}}{\frac{D}{2}} = \frac{\pi D^3(1-\alpha^4)}{16}$$

例 9-2 图 9.13(a)所示实心圆轴长 $l = 1$m,直径 $d = 100$mm,两端受外力偶矩14kN·m作用,材料剪切弹性模量 $G = 80$GPa。

试求:(1)最大切应力及两端截面的相对扭转角;

(2)图示截面上 A、B、C 三点处的切应力的数值及方向;

(3)假设材料处于弹性范围内,求 C 点出的切应变。

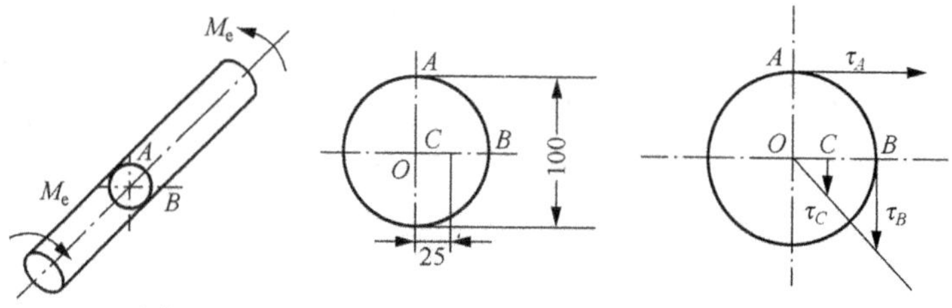

(a) (b)

图 9.13

解 1)最大切应力及两端截面间的相对扭转角

圆轴任意截面的扭矩 $T = 14$kN·m,最大切应力发生在圆轴任意截面的边缘处。

$$\tau_{max} = \frac{T}{W_t} = \frac{T}{\frac{\pi}{16}d^3} = \frac{14 \times 10^3}{\frac{\pi}{16}(100 \times 10^{-3})^3} = 71.3(\text{MPa})$$

相距 l 的两截面间的相对扭转角

$$\varphi = \frac{Tl}{GI_p} = \frac{14 \times 10^3 \times 1}{80 \times 10^9 \times \frac{\pi}{32}(100 \times 10^{-3})^4} = 0.0178(\text{rad}) = 1.02(°)$$

2)A、B、C 三点处切应力数值

$$\tau_A = \frac{T \times \rho_A}{I_p} = \frac{T \times \frac{d}{2}}{\frac{\pi}{32}d^4} = \frac{14 \times 10^3 \times 0.5}{\frac{\pi}{32}(100 \times 10^{-3})^4} = 71.3(\text{MPa})$$

$$\tau_B = \frac{T \times \rho_B}{I_p} = \frac{T \times \frac{d}{2}}{\frac{\pi}{32}d^4} = \frac{14 \times 10^3 \times 0.5}{\frac{\pi}{32}(100 \times 10^{-3})^4} = 71.3(\text{MPa})$$

$$\tau_C = \frac{T \times \rho_C}{I_p} = \frac{T \times \frac{d}{4}}{\frac{\pi}{32}d^4} = \frac{14 \times 10^3 \times 0.25}{\frac{\pi}{32}(100 \times 10^{-3})^4} = 35.65(\text{MPa})$$

A、B、C 三点切应力方向如图 9.13(b)所示。

3)C 点的切应变

由剪切胡克定律知,C 点的切应变

$$\gamma_C = \frac{\tau_C}{G} = \frac{35.65 \times 10^6}{80 \times 10^9} = 0.45 \times 10^{-3} = 4.5 \times 10^{-4}$$

9.5 圆轴扭转时的强度条件及刚度条件

9.5.1 强度条件

为使圆轴正常安全工作,必须限制其最大切应力不超过材料的许用切应力。对于变截面圆轴最大的切应力不一定发生在扭矩最大截面,而应该综合考虑扭矩和抗扭截面系数的变化情况确定最大的切应力。对于等直圆轴,轴中最大的切应力一定发生在扭矩最大截面的边缘处,故

$$\tau_{max} = \frac{T_{max}}{W_t} \leqslant [\tau] \tag{9-11}$$

式中,$[\tau]$ 为材料扭转许用切应力,需要通过扭转试验并考虑安全系数得到,也可以利用材料的许用正应力 $[\sigma]$ 估计材料扭转许用切应力 $[\tau]$。

与轴向拉压变形正应力强度条件情况相似,利用扭转切应力强度条件可解决三方面的问题:强度校核,设计截面尺寸,确定许可载荷。

试验证明,材料不同,扭转变形时破坏截面、破坏原因各不相同。对于低碳钢等塑性材料沿横截面被剪断,发生塑性屈服破坏,只要通过横截面上的最大切应力来建立强度条件即可。对于铸铁等脆性材料,扭转时沿 45°的斜截面被拉断,发生脆性断裂破坏,应该按斜截面上的最大拉应力建立强度条件。但是,扭转变形情况下,斜截面上的最大拉应力与横截面上的最大切应力有固定关系,可以按与低碳钢相同的方式(横截面上的切应力)来建立强度条件。两种材料扭转时的强度条件从形式上看完全相同,但强度条件反映的本质却大相径庭。

9.5.2 刚度条件

扭转构件要安全工作必须在满足强度条件的同时满足刚度条件。例如:精密机床主轴的扭转角过大将影响工件的加工精度,传动轴的扭转角过大会使机器在运转过程中产生较大振

动。因此，必须限制扭转构件的变形，限制变形的条件称为刚度条件。刚度条件通常通过单位长度的许可扭转角给出，即构件中最大的单位长度的扭转角不超过单位长度许可扭转角。

对于等直圆轴，单位长度的扭转角的最大值发生在扭矩最大的截面，即

$$\varphi'_{\max} = \frac{T_{\max}}{GI_p} \times \frac{180^\circ}{\pi} \leqslant [\varphi'] \tag{9-12}$$

工程实际中单位长度的许可扭转角$[\varphi']$的单位是°/m，数值一般根据机器的精度要求、载荷的性质和工作情况等因素而定，可从有关手册查得。

上述刚度条件可解决三方面的问题：刚度校核，设计截面尺寸，确定许可载荷。

对于变截面轴，应综合考虑扭矩和轴径的变化情况确定扭转角的最大值，然后建立刚度条件。

例 9-3 传动轴横截面上的扭矩为 T，许用切应力为 $[\tau]$。

(1)若传动轴为实心圆轴，试设计其直径 d。

(2)若传动轴为空心轴，外径 D 和内径 d_0 之比 $\alpha = \frac{d_0}{D} = 0.8$，试设计直径 D。

(3)试比较空心轴与实心轴的重量和刚度

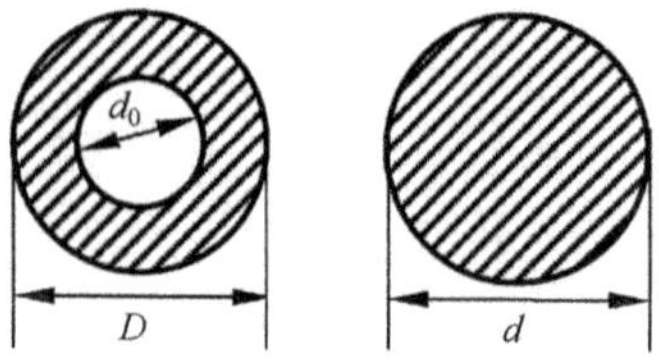

图 9.14

解 1)设计实心截面直径 d

由强度条件

$$\tau_{\max} = \frac{T}{W_t} = \frac{T}{\frac{\pi}{16}d^3} \leqslant [\tau]$$

$$d \geqslant \sqrt[3]{\frac{16T}{\pi[\tau]}} \tag{a}$$

2)设计空心轴直径 D

由强度条件

$$\tau_{\max} = \frac{T}{W_t} = \frac{T}{\frac{\pi}{16}D^3(1-\alpha^4)} \leqslant [\tau]$$

$$D \geqslant \sqrt[3]{\frac{16T}{\pi[\tau](1-\alpha^4)}} \tag{b}$$

3)比较空心轴和实心轴的重量和刚度

由式(a)、式(b)得

$$\frac{D}{d} = \sqrt[3]{\frac{1}{1-\alpha^4}} = \sqrt[3]{\frac{1}{1-0.8^4}} = 1.192$$

在轴的长度、材料相同的情况下，空心轴与实心轴重量比就等于其面积比，即

$$\frac{A_1}{A_2} = \frac{\frac{\pi}{4}D^2(1-\alpha^2)}{\frac{\pi}{4}d^2} = \left(\frac{D}{d}\right)^2(1-\alpha^2) = 1.192^2 \times (1-0.8^2) = 0.51$$

空心轴与实心轴刚度之比

$$\frac{GI_{p1}}{GI_{p2}} = \frac{\frac{\pi}{32}D^4(1-\alpha^4)}{\frac{\pi}{32}d^4} = \left(\frac{D}{d}\right)^4(1-\alpha^4) = 1.192^4 \times (1-0.8^4) = 1.192$$

由此可见，空心轴远比实心轴轻，但刚度比实心轴高。

由于切应力沿半径呈线形分布，对实心轴而言，截面边缘处切应力最大，当其达到材料的许

用切应力时，圆心附近各点的切应力较小，这部分材料没有充分发挥作用。若将圆轴设计成空心轴，材料离圆心较远，截面的极惯性矩 I_p 和抗扭截面系数 W_t 增大，强度、刚度将大幅度提高，故空心轴在工程中得到了广泛的应用。但空心轴涉及加工成本、体积、稳定性等问题，应综合考虑。

例 9-4 图 9.15(a)所示实心圆轴，承受力偶 m_1 、m_3 作用。已知：$m_1=3\text{kN}\cdot\text{m}$，$m_2=2\text{kN}\cdot\text{m}$，截面 A、B 之间的距离 $l_1=30\text{cm}$，截面 B、C 之间的距离 $l_2=70\text{cm}$，轴的直径 $d=88\text{cm}$，剪切弹性模量 $G=80\text{GPa}$，试求：截面 A、C 之间的相对扭转角。

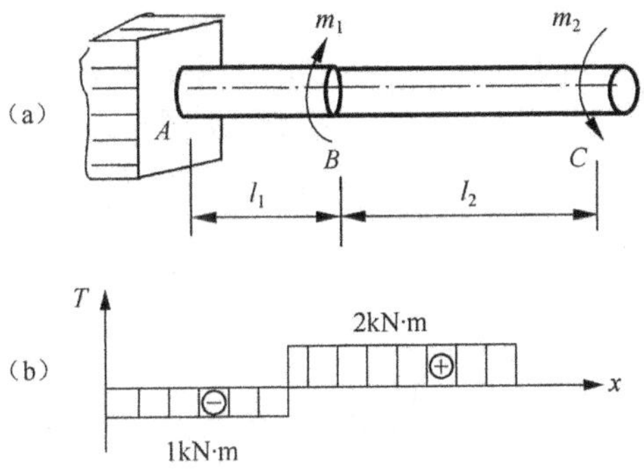

图 9.15

解 1)作圆轴的扭矩图

用截面法求各段扭矩

AB 段扭矩 $T_{AB}=m_2-m_1=2-3=-1(\text{kN}\cdot\text{m})$

BC 段扭矩 $T_{BC}=m_2=2(\text{kN}\cdot\text{m})$

扭矩图如图 9.15(b)所示。

2)计算扭转角

A、C 截面的相对扭转角 φ_{AC} 可以看成是 A、B 两截面的相对扭转角 φ_{AB} 与 B、C 两截面之间的相对扭转角 φ_{BC} 的代数和。即

$$\varphi_{AC}=\varphi_{AB}+\varphi_{BC}=\left(\frac{T_{AB}l_1}{GI_p}+\frac{T_{BC}l_2}{GI_p}\right)\times\frac{180}{\pi}$$

$$=\left(\frac{-1\times10^3\times30\times10^{-2}+2\times10^3\times70\times10^{-2}}{80\times10^9\times\frac{\pi}{32}\times88^4\times10^{-12}}\right)\times\frac{180}{\pi}=0.134(°)$$

例 9-5 图 9.16 所示左端固定的圆截面杆 AB，承受集度为 m 的均布力偶作用。试求 B 截面的扭转角。

解 据截面法知，距 B 端为 x 的截面的扭矩

$$T(x)=mx$$

在 x 截面处取微段 $\mathrm{d}x$，微段两截面的相对扭转角

$$\mathrm{d}\varphi=\frac{T(x)\mathrm{d}x}{GI_p}=\frac{mx}{GI_p}\mathrm{d}x$$

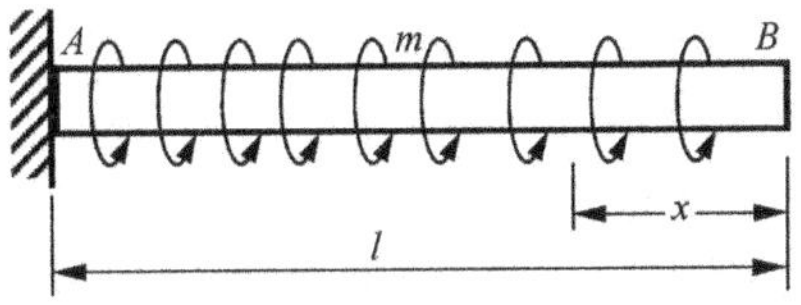

图 9.16

因此，长度为 l 的圆杆内 AB 两截面的相对扭转角

$$\varphi_{AB}=\int_0^l\mathrm{d}\varphi=\int_0^l\frac{mx}{GI_p}\mathrm{d}x=\frac{m}{GI_p}\cdot\frac{1}{2}x^2\Big|_0^l=\frac{ml^2}{2GI_p}$$

又由于 A 端固定，扭转角为零，故 B 截面的扭转角 φ_B 为 $\dfrac{ml^2}{2GI_p}$。

例 9-6 图 9.17 所示截面圆杆，外力偶矩 $m_A = 2.99\text{kN} \cdot \text{m}, m_B = 7.20\text{kN} \cdot \text{m}, m_C = 4.21\text{kN} \cdot \text{m}$，许用切应力 $[\tau] = 70\text{MPa}$，许用的单位长度的扭转角 $[\varphi'] = 1°/\text{m}$，剪切弹性模量 $G = 80\text{GPa}$。试确定轴的直径 d。

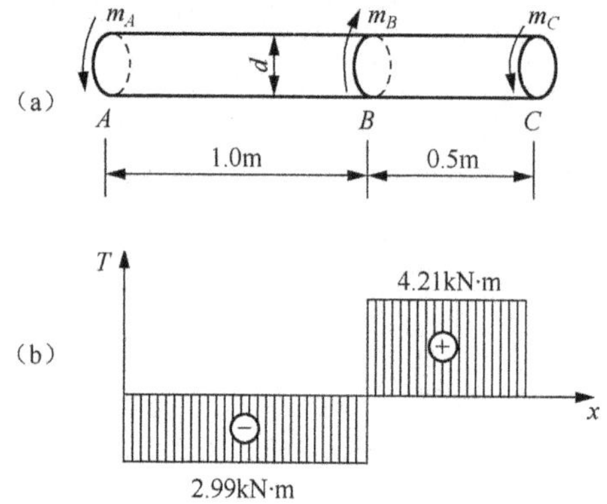

图 9.17

解 1)轴内最大扭矩 $T_{\max}$

用截面法求得 AB、BC 段的扭矩

$$T_{AB} = -m_A = 2.99(\text{kN} \cdot \text{m})$$

$$T_{BC} = m_C = 4.21(\text{kN} \cdot \text{m})$$

扭矩图如图 9.17(b)所示，$|T_{\max}| = 4.21(\text{kN} \cdot \text{m})$。

2)按强度条件设计轴的直径

$$\tau_{\max} = \frac{T_{\max}}{W_t} = \frac{T_{\max}}{\frac{\pi}{16}d^3} \leqslant [\tau]$$

$$d \geqslant \sqrt[3]{\frac{16T_{\max}}{\pi[\tau]}} = \sqrt[3]{\frac{16 \times 4.21 \times 10^3}{\pi \times 70 \times 10^6}} = 0.067(\text{m}) = 67(\text{mm})$$

3)由刚度条件设计轴的直径

单位长度的扭转角

$$\varphi' = \frac{T_{\max}}{GI_P} \cdot \frac{180°}{\pi} \leqslant [\varphi']$$

$$d \geqslant \sqrt[4]{\frac{32 \times T_{\max}}{G\pi[\varphi']} \times \frac{180°}{\pi}} = \sqrt[4]{\frac{32 \times 4.21 \times 10^3 \times 180°}{80 \times 10^9 \times \pi^2 \times 1}} = 0.074(\text{m}) = 74(\text{mm})$$

为了使圆轴同时满足强度和刚度条件，轴的直径 d 应取为 74mm。

例 9-7 图 9.18(a)所示阶梯型圆轴做匀速转动，转速 $n = 200\text{r/min}$，轴上有 3 个皮带轮，轮 3 输入功率 $P_3 = 30\text{kW}$，轮 1 输出功率 $P_1 = 13\text{kW}$，直径分别为 $d_1 = 40\text{mm}, d_2 = 70\text{mm}$，材料的许用切应力 $[\tau] = 60\text{MPa}$，G=80GPa，许用的扭转角 $[\varphi'] = 2°/\text{m}$。试校核轴的刚度和强度。

解 1)作扭矩图判定危险截面

外力偶矩

$$M_{e1} = 9549\frac{P_1}{n} = 9549 \times \frac{13}{200} = 621(\text{N} \cdot \text{m})$$

$$M_{e3} = 9549\frac{P_3}{n} = 9549 \times \frac{30}{200} = 1432(\text{N} \cdot \text{m})$$

由截面法知：

$$T_{AC} = T_{CD} = -M_{e1} = -621(\text{N} \cdot \text{m})$$

$$T_{BD} = -M_{e3} = -1432(\text{N} \cdot \text{m})$$

扭矩图如图 9.18(b)所示，$|T_{\max}| = 1432(\text{N} \cdot \text{m})$。

虽然 $T_{AC} < T_{BD}$，但 $d_1 < d_2$，故危险截面有可能发生在 BD 段，也有可能发生在 AC 段，两段的强度和刚度均应校核。

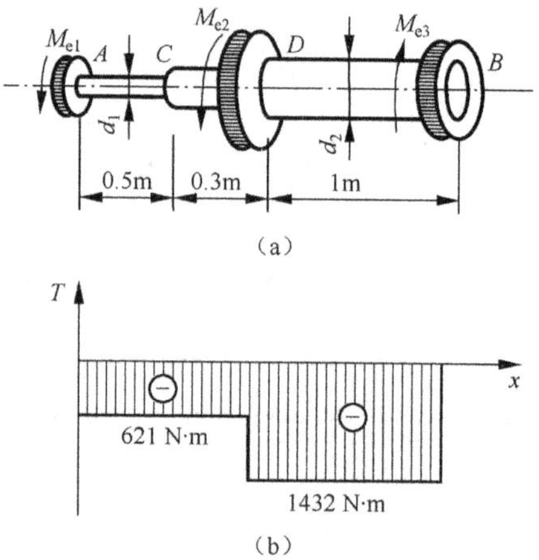

图 9.18

2)AC段强度和刚度

最大切应力

$$\tau_{\max}=\frac{T_{AC}}{W_{t1}}=\frac{T_{AC}}{\frac{\pi}{16}d_1^3}=\frac{621}{\frac{\pi}{16}\times(40\times10^{-3})^3}=49.4(\text{MPa})<[\tau]=60(\text{MPa})$$

单位长度的相对扭转角

$$\varphi'_{AC}=\frac{T_{AC}}{GI_{p1}}=\frac{T_{AC}}{G\frac{\pi}{32}d_1^4}$$

$$=\frac{621}{80\times10^9\times\frac{\pi}{32}\times(40\times10^{-3})^4}=0.031(\text{rad/m})=1.77(°/\text{m})<[\varphi']$$

3)DB段的强度和刚度

最大的切应力

$$\tau_{\max}=\frac{T_{DB}}{W_{t2}}=\frac{T_{DB}}{\frac{\pi}{16}d_2^3}=\frac{1432}{\frac{\pi}{16}\times(70\times10^{-3})^3}=21.3(\text{MPa})<[\tau]$$

单位长度的相对扭转角

$$\varphi'_{DB}=\frac{T_{DB}}{GI_{p2}}=\frac{T_{DB}}{G\frac{\pi}{32}d_2^4}$$

$$=\frac{1432}{80\times10^4\times\frac{\pi}{32}\times(70\times10^{-3})^4}=0.0076(\text{rad/m})=0.435(°/\text{m})<[\varphi']$$

综上所述，轴同时满足刚度和强度要求。

习　　题

9-1　作习题 9-1 图所示各杆的扭矩图。

9-2　习题 9-2 图所示钻探机功率为 10kW，转速 $n=180\text{r/min}$，钻入土层深度为 $l=40\text{m}$。如土壤对钻杠的阻力看作均匀分布的力偶，试求分布力偶的集度，并绘制钻杆的扭矩图。

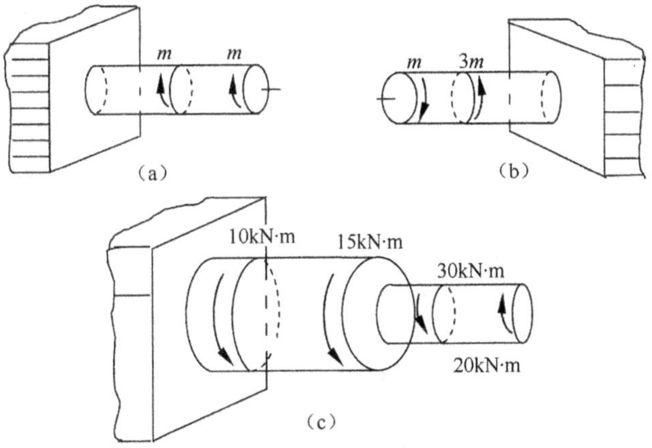

习题 9-1 图

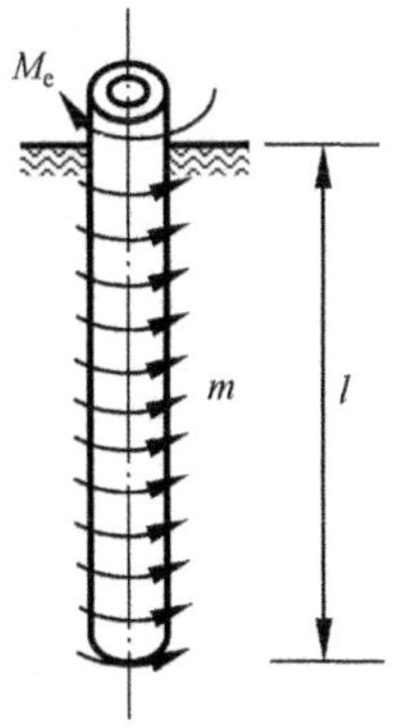

习题 9-2 图

9-3　T为圆杆横截面上的扭矩，试画出习题9-3图所示截面上与T对应的切应力分布图。

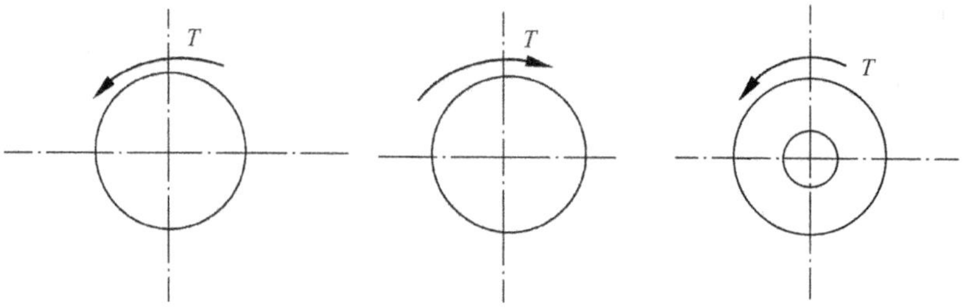

习题9-3图

9-4　直径$D=50\text{mm}$的圆轴，受到扭矩$T=2.15\text{kN}\cdot\text{m}$的作用。试求在距离轴心10mm处的切应力，并求轴横截面上的最大切应力。

9-5　圆轴的直径$d=50\text{mm}$，转速$n=120\text{r/min}$。若该轴横截面上的最大切应力为60MPa，试求该圆轴所传递的功率。

9-6　传动轴的功率$P=3\text{kW}$，转速$n=27\text{r/min}$，材料为45钢，许用切应力$[\tau]=40\text{MPa}$，试计算轴的直径。

9-7　习题9-7图所示实心轴和空心轴牙嵌式离合器连接在一起。已知轴的转速$n=100\text{r/min}$，传递的功率$P=7.5\text{kW}$，材料的许用应力$[\tau]=40\text{MPa}$。试选择实心轴的直径d_1和内外径比值为0.5的空心轴的外径D_2。

9-8　汽车的驾驶盘如习题9-8图所示。驾驶盘的直径$D_1=52\text{cm}$，驾驶员每只手作用于盘上的最大切向力$F=200\text{N}$，转向轴材料的许用切应力$[\tau]=50\text{MPa}$，试设计实心转向轴的直径。若改为$\alpha=\dfrac{d}{D}=0.8$的空心轴，则空心轴的内径和外径各多大？并比较两者的重量。

9-9　习题9-9图所示的空心圆轴，外径$D=8\text{cm}$，内径$d=6.25\text{cm}$，承受扭矩$T=1000\text{N}\cdot\text{m}$。

(1)求$\tau_{\max}$和$\tau_{\min}$。

(2)绘出横截面上的切应力分布图。

(3)求单位长度扭转角，已知$G=80\text{GPa}$。

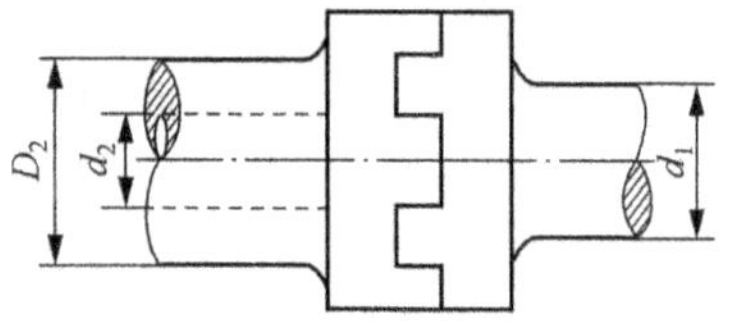

习题9-7图

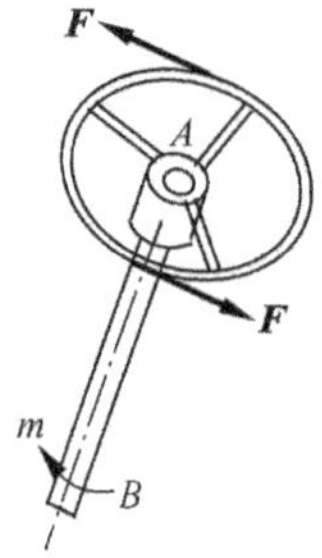

习题9-8图

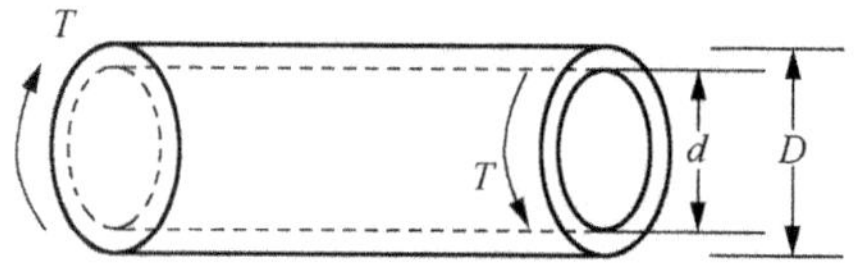

习题9-9图

9-10　习题9-10图所示变截面钢轴上的外力偶矩$m_B=1800\text{N}\cdot\text{m}$，$m_C=1200\text{N}\cdot\text{m}$，试求最大切应力和最大相对扭转角。已知$G=80\text{GPa}$。

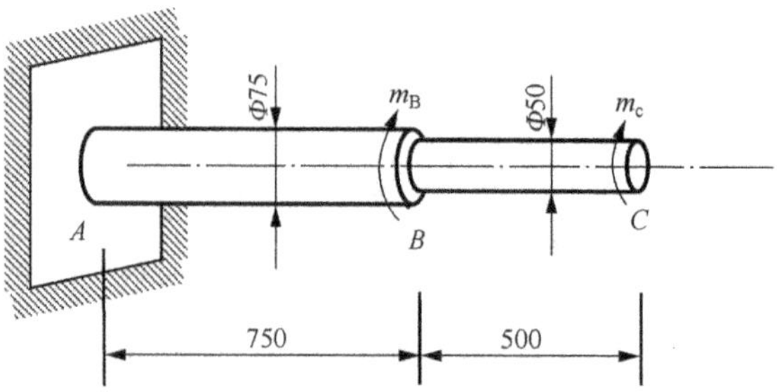

习题9-10图

9-11　习题 9-11 图所示由厚度 $\delta = 8\text{mm}$ 的钢板卷制成的圆筒，平均直径 $D=200\text{mm}$。接缝处用铆钉铆接。若铆钉直径 $d=20\text{mm}$，许用切应力 $[\tau] = 60\text{MPa}$，许用挤压应力 $\sigma_{bs} = 160\text{MPa}$，筒的两端受扭转力偶矩 $M_e = 30\text{kN} \cdot \text{m}$ 作用，试求铆钉的间距 s。

9-12　习题 9-12 图所示钻头横截面直径为 20mm，在顶部受均匀的阻抗 m(单位为 $\text{N} \cdot \text{m/m}$)作用，许用切应力 $[\tau] = 70\text{MPa}$。

(1)求许可的 M_e；

(2)若 $G = 80\text{GPa}$，求上端对下端的相对扭转角。

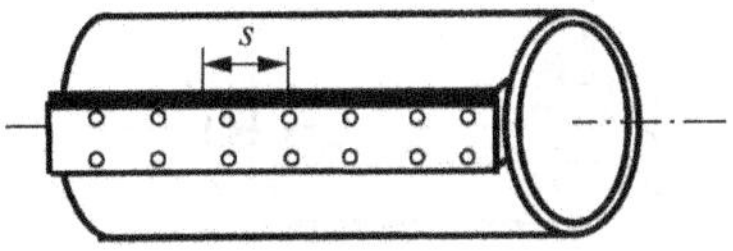

习题 9-11 图

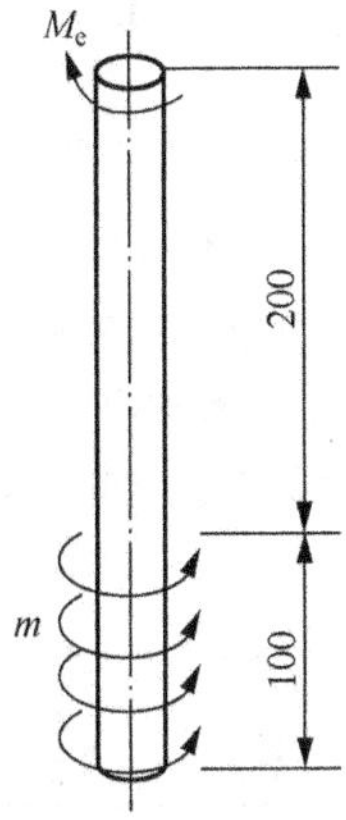

习题 9-12 图

9-13　习题 9-13 图中杆件为圆锥体的一部分，设其锥度不大，两端的直径分别为 d_1 和 d_2，长度为 l。沿轴线作用均匀分布的扭转力偶矩，它在每单位长度内的集度为 m。试计算两端截面的相对扭转角。

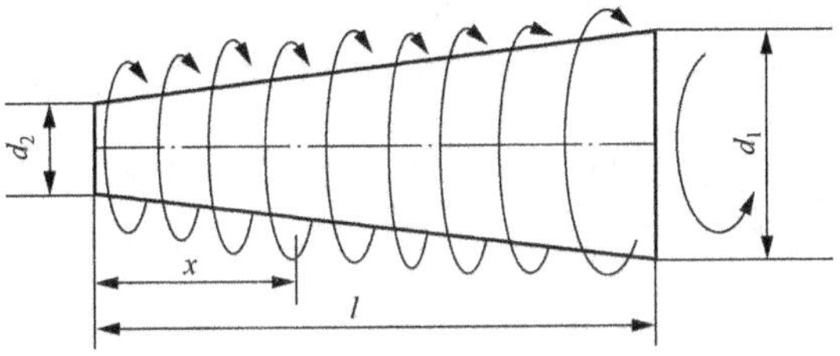

习题 9-13 图

9-14　某圆截面钢轴，转速 $n = 250\text{r/min}$，所传功率 $P = 60\text{kW}$，许用切应力 $[\tau] = 40\text{MPa}$，单位长度的许用扭转角 $[\varphi'] = 0.8°/\text{m}$，切变模量 $G = 80\text{GPa}$，试确定轴径。

9-15　习题 9-15 图所示阶梯形圆杆，AE 段是空心，外径 $D = 140\text{mm}$，内径 $d = 100\text{mm}$；BC 段是实心，直径 $d = 100\text{mm}$。外力偶 $m_A = 18\text{kN} \cdot \text{m}$，$m_B = 32\text{kN} \cdot \text{m}$，$m_C = 14\text{kN} \cdot \text{m}$。已知 $[\tau] = 80\text{MPa}$，$[\varphi'] = 1.2°/\text{m}$，$G = 80\text{GPa}$。试校核该轴的强度和刚度。

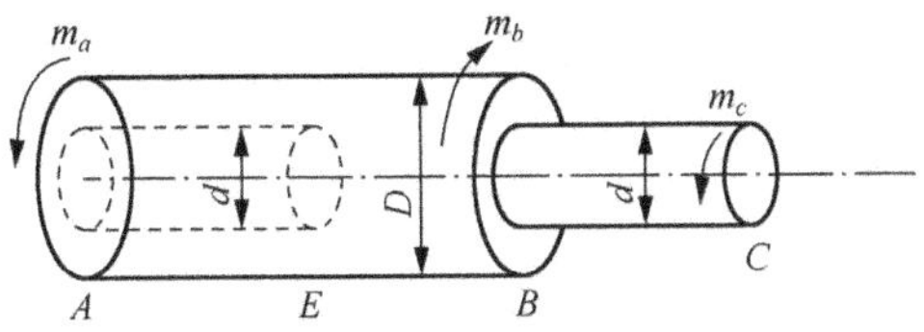

习题 9-15 图

9-16　习题 9-16 图所示传动轴的转速 $n = 500\text{r/min}$，主动轮 1 的输入功率 $P_1 = 368\text{kW}$，从动轮 2 和 3 分别输出功率 $P_2 = 147\text{kW}$，$P_3 = 221\text{kW}$。已知 $[\tau] = 70\text{MPa}$，$[\varphi] = 1°/\text{m}$，$G = 80\text{GPa}$。

(1)试确定 AB 段的直径 d_1 和 BC 段的直径 d_2。

(2)若 AB 和 BC 两段选用同一直径，试确定 d。

(3)主动轮和从动轮应如何安排才比较合理？

9-17　习题 9-17 图所示直径为 d 的实心杆在承受扭转力偶矩 M_e 后，测得杆表面与纵向线成 45°方向上的线应变为 ε。试导出用 M_e、d 和 ε 表示的切变模量 G 的表达式。

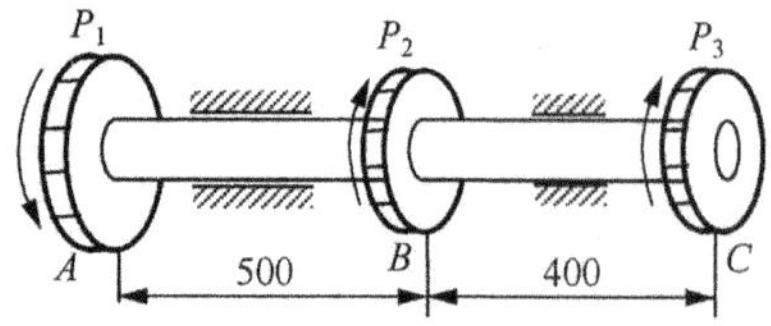

习题 9-16 图

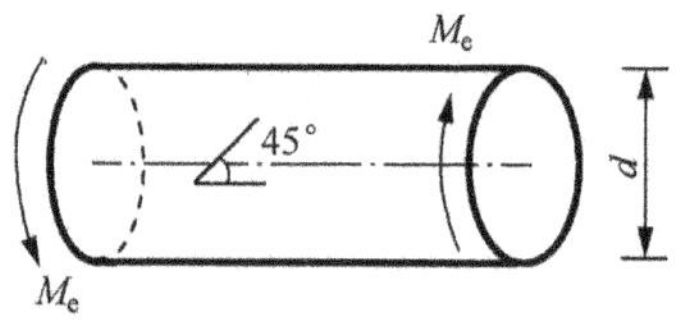

习题 9-17 图

9-18　用截面 ABE，CDF 和包含轴线的纵向面 $ABCD$ 从受扭轴(见习题 9-18 图(a))中截出一部分，如习题图 9-18(b)所示。根据切应力互等定理，纵向截面上的切应力 τ' 已表示在图中。这一纵向截面上的内力系最终将组成一个力偶矩。试问它与这一截出部分上的什么内力平衡？

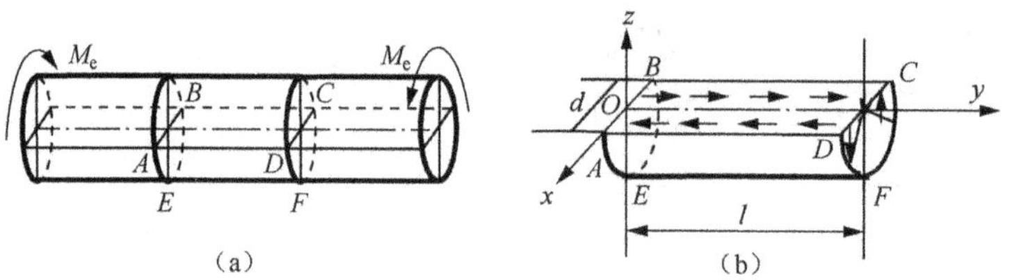

习题 9-18 图

9-19　已知习题 9-19 图所示圆轴承受扭转力偶矩 $M_{e1}=400\text{N}\cdot\text{m}$，$M_{e2}=600\text{N}\cdot\text{m}$ 作用，许用切应力 $[\tau]=40\text{MPa}$，单位长度的许用扭转角 $[\varphi']=0.25°/\text{m}$，切变模量 $G=80\text{GPa}$。试确定圆轴的直径。

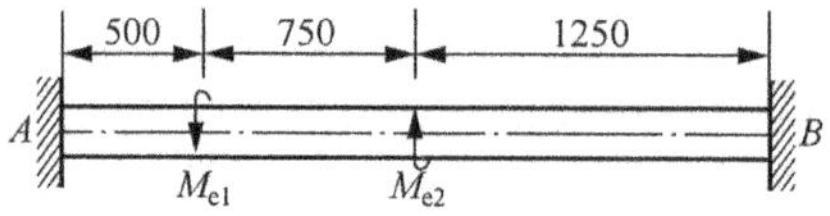

习题 9-19 图

第10章 弯曲内力

10.1 平面弯曲的概念和实例

受弯杆件是工程中非常常用的一类变形杆件，如图10.1(a)所示的桥式起重机横梁，图10.2(a)所示的建筑物中的大梁，图10.3(a)所示的火车轮轴及图10.4(a)所示的受气流冲击的汽轮机片等。这些杆件的受力特点是：作用在杆件上的外力作用线垂直于杆轴线；这些杆件的变形特点是：杆件的轴线由变形前的直线变为变形后的曲线。这种形式的变形称为**弯曲**，这种以弯曲变形为主的杆件，通常称之为**梁**。

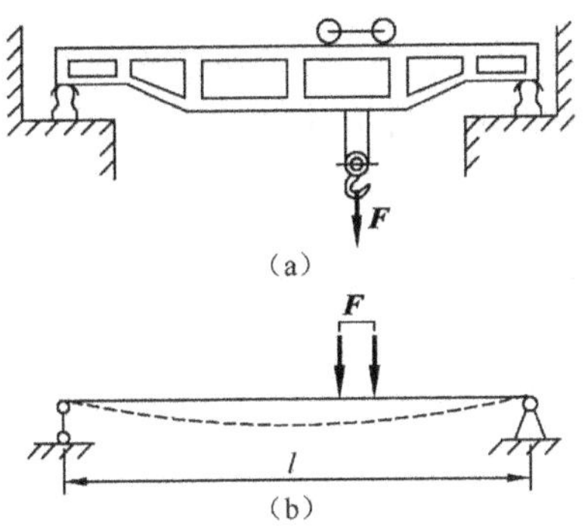

图10.1

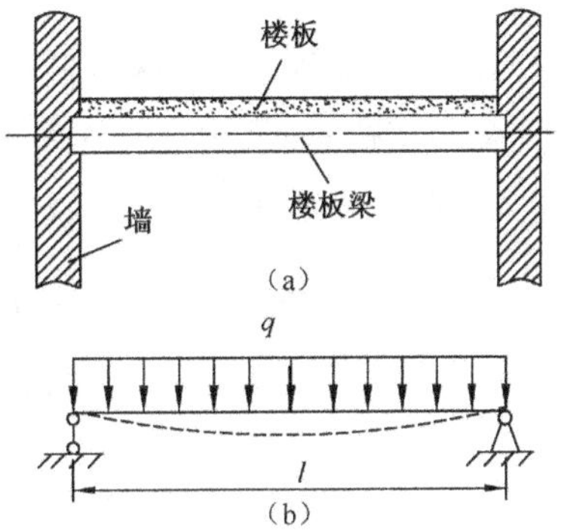

图10.2

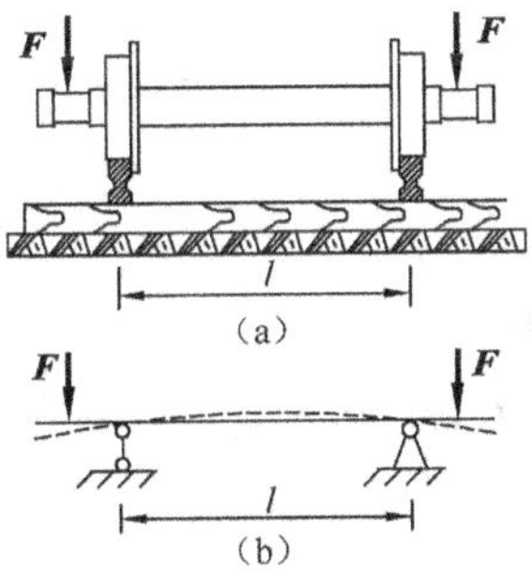

图10.3

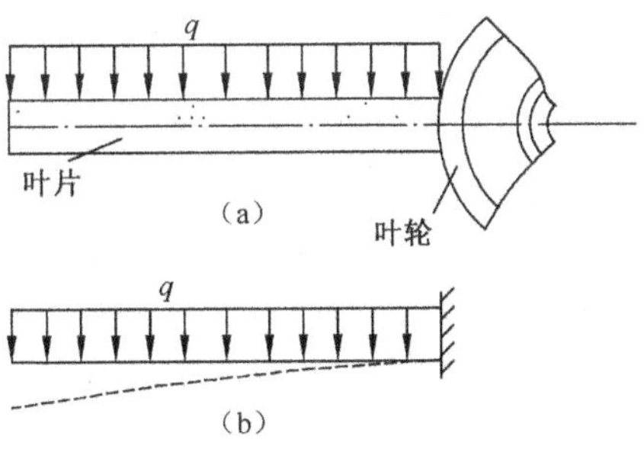

图10.4

工程实际中绝大多数梁的横截面一般都有一根对称轴，如图10.5所示，此时梁的所有横截面的竖向对称轴形成**纵向对称面**，当作用在梁上的所有外力都在纵向对称平面时，梁变形后，梁的轴线依旧在此平面内，这种梁的弯曲称为**平面弯曲**，亦称为**对称弯曲**。如图10.6所示。若梁不具有对称面或梁虽有纵向对称面，但外力不作用在此平面内，这种弯曲称为**非对称弯曲**。平面弯曲是弯曲问题中最常见且最基本的情况。

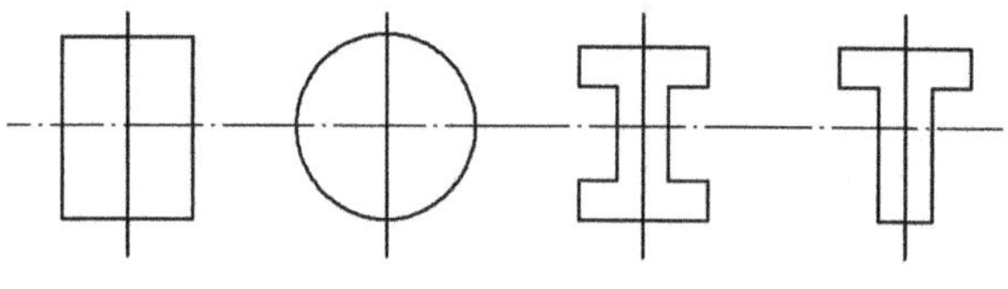

图 10.5

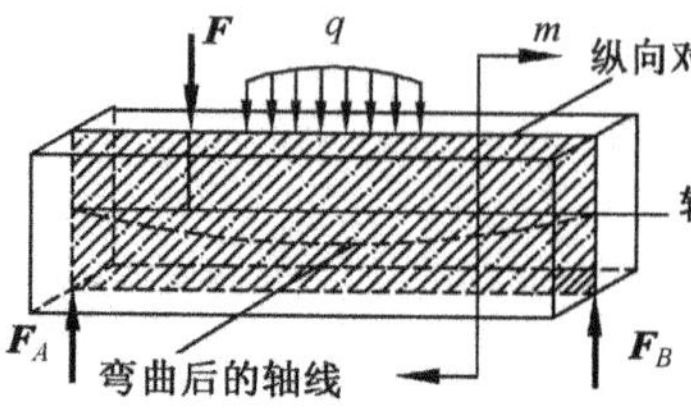

图 10.6

本章仅讨论梁平面弯曲时的内力计算，以后两章将对梁的强度和刚度计算问题进行讨论。

10.2 梁的力学模型

工程问题中，为了便于对梁进行分析计算，将根据具体情况简化为计算简图，即建立力学模型。

1. 梁的计算简图

由于 10.1 节的例子中的截面形状和尺寸对内力计算并无影响，所以在梁的计算简图中都可用梁轴线代表梁，如图 10.1(b)、图 10.2(b)、图 10.3(b)、图 10.4(b)所示。

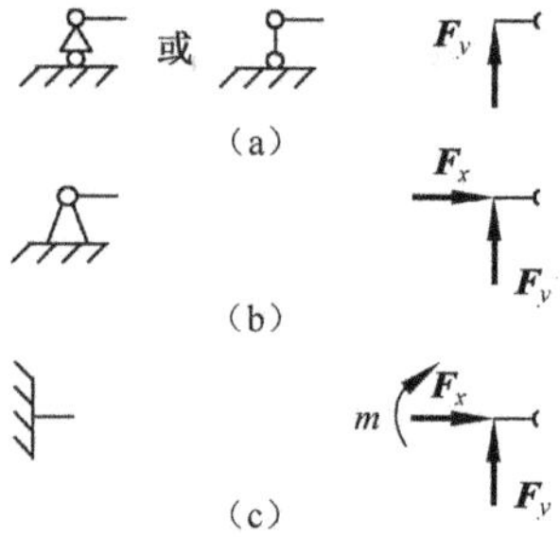

图 10.7

2. 支座的几种基本形式

梁的支承方式可以简化为可动铰支座、固定铰支座和固定端 3 种，如图 10.7 所示。

3. 载荷的简化

载荷的简化一般为 3 种形式：集中力 $\boldsymbol{F}$，分布载荷 q 和集中力偶 m，如图 10.6 所示。

4. 静定梁的基本形式

(1)简支梁。一端为固定铰支座，另一端为可动铰支座的梁，如图 10.2(b)所示。

(2)外伸梁。具有一个或两个外伸部分的梁，如图 10.1(b)所示。

(3)悬臂梁。一端固定而另一端自由的梁，如图 10.4(b)所示。

以上各种梁的支反力均可以由静力平衡条件确定，统称为静定梁。至于梁的支反力仅用静力平衡条件无法确定的梁，这种梁称为静不定梁或超静定梁，将在后续章节讨论。

10.3 剪力和弯矩

已知作用在梁上的全部外力(包括载荷和支反力)后，可利用截面法确定梁的内力。为了计算梁的应力和变形，首先应分析清楚梁在外力作用下任一横截面上的内力。

10.3.1 梁横截面上的内力

一简支梁 AB，上有集中力 $\boldsymbol{F}_1$、$\boldsymbol{F}_2$及 $\boldsymbol{F}_3$外力作用(见图 10.8(a))。根据静力平衡条件可求出支反力 $\boldsymbol{F}_A$和 $\boldsymbol{F}_B$。现求距左端 A 距离为 x 的任一横截面 m-m 上的内力。

首先用截面法沿横截面 $m\text{-}m$ 假想把梁截为两段。取左段为研究对象，如图 10.8(b)所示。为了保持左段的平衡，$m\text{-}m$ 截面上必然存在与截面相切的一个内力 $\boldsymbol{F}_S$和保持左段梁不发生转动的内力偶矩 M，截面上的内力 $\boldsymbol{F}_S$称为剪力，内力偶矩 M 称为弯矩。

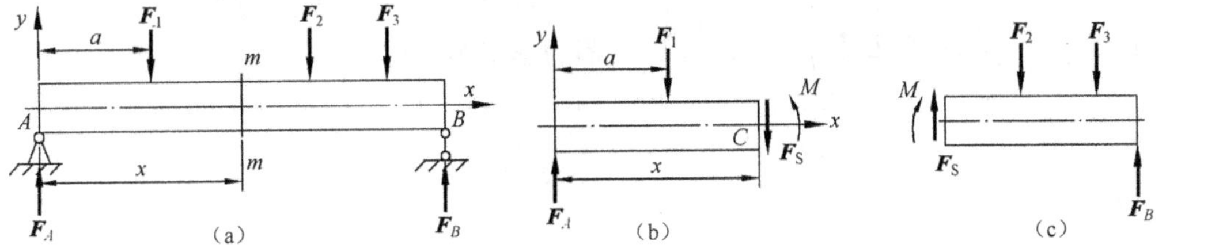

图 10.8

根据左段梁的平衡方程

$$\sum F_y = 0 \quad F_A - F_1 - F_S = 0$$

得

$$F_S = F_A - F_1$$

剪力 F_S是与横截面相切的分布内力系的合力。

$$\sum m_O = 0 \quad M - F_A x + F_1(x - a) = 0$$

得

$$M = F_A x - F_1(x - a)$$

O 为 $m\text{-}m$ 截面上的形心，M 为截面上的弯矩，它是与横截面垂直的分布内力系的合力偶矩。

左段梁横截面 $m\text{-}m$ 的剪力和弯矩，实际上是右段梁对左段梁的作用，若取梁之右段为研究对象，用同样方法可得横截面 $m\text{-}m$ 的剪力、弯矩，与左段所得大小一致，方向相反(作用与反作用力关系)如图 10.8(c)所示。

10.3.2 剪力和弯矩的正负号规定

为了使左、右两段梁上在同一横截面上的内力，不仅数值相等，而且符号相同，必须根据梁的变形情况对剪力和弯矩的符号做出如下规定。

剪力：取紧靠所截截面的微段梁，使微段梁产生顺时针转动趋势的剪力为正，如图 10.9(a)所示；反之为负，如图 10.9(b)所示。

弯矩：使微段梁弯曲变形后，向下凸时弯矩为正(图 10.9(c))，上凸时弯矩为负(图 10.9(d))。

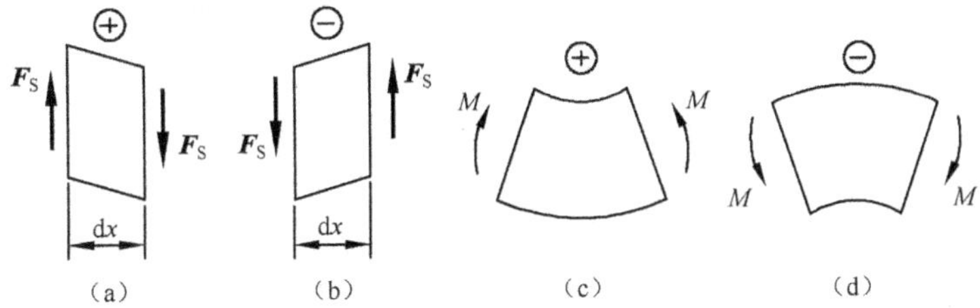

图 10.9

按照上述正负号规定，一个截面上的剪力和弯矩无论以截面左侧还是右侧一段梁来计算，其结果都是大小相等，方向一致。

例 10-1 如图 10.10 所示，已知 $F=3\text{kN}$，$q=1\text{kN/m}$，$m=2\text{kN}\cdot\text{m}$，尺寸如图所示。试求梁 A 支座稍左截面（$A_{左}$）、稍右截面（$A_{右}$）以及 $C_{左}$、$C_{右}$ 截面上的内力。

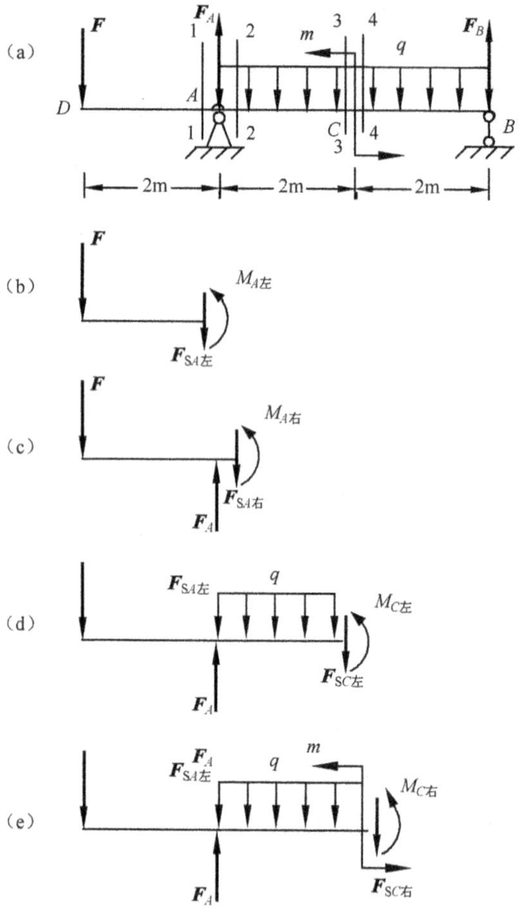

图 10.10

解 1）求支反力

设 A、B 支座处的反力 $\boldsymbol{F}_A$、$\boldsymbol{F}_B$ 是向上的，由静力学平衡方程

$$\sum m_B = 0 \quad F\times 6 - F_A\times 4 + q\times 4\times 2 + m = 0$$

$$\sum F_y = 0 \quad -F + F_A + F_B - q\times 4 = 0$$

得

$$F_A = 7(\text{kN})$$

$$F_B = 0$$

2）求指定截面上的剪力和弯矩

假设截开截面上剪力，弯矩均为正，如图 10.10(a)所示。

1-1 截面　取左段梁为研究对象(图 10.10(b))，由静力学平衡方程

$$\sum F_y = 0 \quad -F - F_{SA} = 0$$

得

$$F_{SA左} = -3(\text{kN})$$

由

$$\sum m_A = 0 \quad M_{A左} + F\times 2 = 0$$

得

$$M_{A左} = -6(\text{kN}\cdot\text{m})$$

2-2 截面　取左段梁为研究对象(图 10.10(c))，由静力学平衡方程

$$\sum F_y = 0 \quad -F + F_A - F_{SA右} = 0$$

得

$$F_{SA右} = 4(\text{kN})$$

由

$$\sum m_A = 0 \quad M_{A右} + F\times 2 = 0$$

得

$$M_{A右} = -6(\text{kN}\cdot\text{m})$$

3-3 截面　取左段梁为研究对象(图 10.10(d))，由静力学平衡方程

$$\sum F_y = 0 \quad -F + F_A - q\times 2 - F_{SC左} = 0$$

得

$$F_{SC左} = 2(\text{kN})$$

由

$$\sum m_C = 0 \quad M_{C左} + F\times 4 - F_A\times 2 + q\times 2\times 1 = 0$$

得

$$M_{C左} = 0$$

4-4 截面　取左段梁为研究对象(图 10.10(e))，由静力学平衡方程

$$\sum F_y = 0 \quad -F + F_A - q\times 2 - F_{SC右} = 0$$

得

$$F_{SC右} = 2(\text{kN})$$

由

$$\sum m_C = 0 \quad M_{C右} + F \times 4 - F_A \times 2 + q \times 2 \times 1 + m = 0$$

得

$$M_{C右} = -2(\text{kN} \cdot \text{m})$$

分析和讨论：

(1)可取左段为研究对象，同样也可取右段，其结果是一致的。

(2)解题时，一般采用设正法。即：假设剪力、弯矩均为正。计算结果若为正，则说明与假设方向相同；若为负，则说明与假设方向相反。

(3)从例 10.1 可看出，梁内任意横截面上的剪力 F_S 的大小，等于截面左边(或右边)与截面平行的各外力的代数和。

若考虑左段为研究对象，则此段梁上所有向上外力都会使该截面产生正号剪力，所有向下外力都会使该截面产生负号剪力。若取右段，则与之相反。

(4)梁的任意横截面上的弯矩 M 的大小，等于此截面左边(或右边)所有外力(包括力偶)对于这个截面形心的力矩的代数和。

若考虑左段为研究对象，则此段梁上所有向上外力会使该截面产生正号弯矩，所有向下外力会使该截面产生负号弯矩。此段梁上所有顺时针转向的外力偶会使该截面产生正号弯矩，此段梁上所有逆时针转向的外力偶会使该截面产生负号弯矩。若取右段为研究对象，则与左段相反。

(5)应注意的是在集中力作用截面处，剪力会有“跳跃”(突变)。如：在 A 处其“跳跃”值就是这个集中力的大小。在集中力偶作用截面处，弯矩也有“跳跃”(突变)，其跳跃值为这个力偶矩的大小。如，在 C 处其“跳跃”值就是这个集中力偶的大小。

因此，集中力截面处不能含糊地说该截面剪力为多大，而应该说在集中力稍左截面上，剪力如何；集中力稍右截面上，剪力如何，对集中力偶也同样处理。

(6)在熟练掌握截面法基础上，也可运用上述规律，根据外力作用情况直接写出梁中任意截面剪力、弯矩表达式。举例如下。

例 10-2 简支梁受载荷作用如图 10.11 所示。已知 $F=4\text{kN}$，$q=2\text{kN/m}$，$a=2\text{m}$，$b=3\text{m}$。试求截面 1-1和 2-2 上的剪力和弯矩。

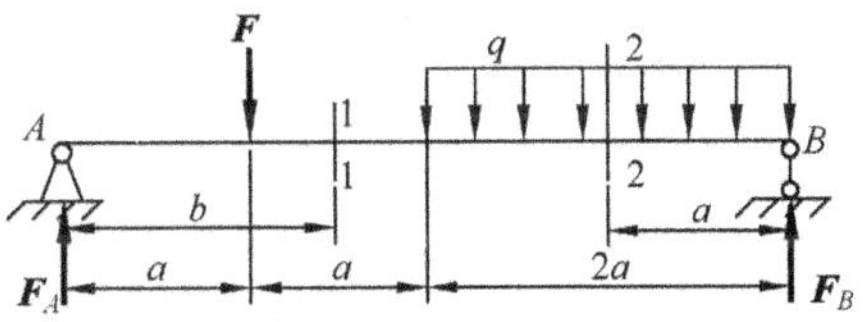

图 10.11

解 1)求支座反力

设 A、B 支座处的反力 $\boldsymbol{F}_A$、$\boldsymbol{F}_B$ 是向上的，由静力学平衡方程

$$\sum m_A = 0 \qquad 4F_Ba - Fa - 2qa \times 3a = 0$$

$$4F_B \times 2 - 4 \times 10^3 \times 2 - 2 \times 2 \times 10^3 \times 2 \times 3 \times 2 = 0$$

解得

$$F_B = 7 \times 10^3(\text{N}) = 7(\text{kN})$$

$$\sum m_B = 0 \qquad 4F_Aa - 3Fa - 2qa \times a = 0$$

$$4F_A \times 2 - 3 \times 4 \times 10^3 \times 2 - 2 \times 2 \times 10^3 \times 2^2 = 0$$

解得

$$F_A = 5 \times 10^3 = 5(\text{kN})$$

2)求指定截面上的剪力和弯矩

1-1 截面　取左段梁为研究对象，根据剪力符号规定

$$F_{S1} = F_A - F = 5 \times 10^3 - 4 \times 10^3 = 1 \times 10^3(\text{N}) = 1(\text{kN})$$

根据弯矩符号规定

$$M_1 = F_A b - F(b-a) = 5\times10^3\times3 - 4\times10^3(3-2) = 11(\text{kN}\cdot\text{m})$$

2-2 截面　由于右段外力比较简单，所以取右段梁为研究对象，根据剪力符号规定：

$$F_{S2} = qa - F_B = 2\times10^3\times2 - 7\times10^3 = -3(\text{kN})$$

求得的剪力为负，说明该截面上剪力的真实方向为向下的。

根据弯矩符号规定：

$$M_2 = F_B a - \frac{1}{2}qa^2 = 7\times10^3\times2 - \frac{1}{2}\times2\times10^3\times2^2 = 10(\text{kN}\cdot\text{m})$$

该值为正，说明此截面上的弯矩转向为顺时针转。

10.4　剪力图与弯矩图

梁在外力作用下，梁横截面上的剪力和弯矩随截面位置变化而不同。而我们所关心的是最大剪力、最大弯矩所在截面位置，即危险截面。因此，必须知道剪力 F_S、弯矩 M 沿轴线变化的规律。以横坐标 x 表示横截面在梁轴线上的位置，则梁的各个截面上的剪力和弯矩可以表示为坐标 x 的函数，即

$$F_S = F_S(x)$$
$$M = M(x)$$

以上两式分别表示沿梁轴线各横截面上剪力和弯矩变化规律的函数表达式，称为剪力方程和弯矩方程。

与绘制轴力图、扭矩图一样，可根据剪力方程和弯矩方程，用图线来表示沿梁轴线剪力 F_S、弯矩 M 变化的情况。绘出的剪力和弯矩沿轴线变化的图线称为剪力图和弯矩图。从剪力图和弯矩图上可直观地判断出最大剪力和最大弯矩所在截面的位置和数值。

下面通过举例说明如何建立剪力方程和弯矩方程，如何根据方程绘制剪力图和弯矩图。

例 10-3　图 10.12(a)所示悬臂梁 AB，在自由端受集中力 $\boldsymbol{F}$ 作用，试列出剪力方程和弯矩方程；绘制剪力图和弯矩图，并求出最大剪力和最大弯矩值。

解　由于本题是悬臂梁，取左段计算任一横截面内力时，左段梁上只有集中力 $\boldsymbol{F}$，而无支反力，故可不计算梁的支反力。

1)列剪力、弯矩方程

以截面 A 的形心为坐标原点，建立坐标系如图 10.12(a)所示，x 轴与梁轴线重合。在距原点为 x 处假想将梁截开，取左段梁为研究对象，则该截面上的剪力和弯矩分别为

$$F_S(x) = -F \quad (0 < x < l) \qquad \text{(a)}$$

$$M(x) = -Fx \quad (0 \leqslant x < l) \qquad \text{(b)}$$

由于截面位置任意，所以式中 x 是变量，式(a)、式(b)即为剪力方程和弯矩方程。

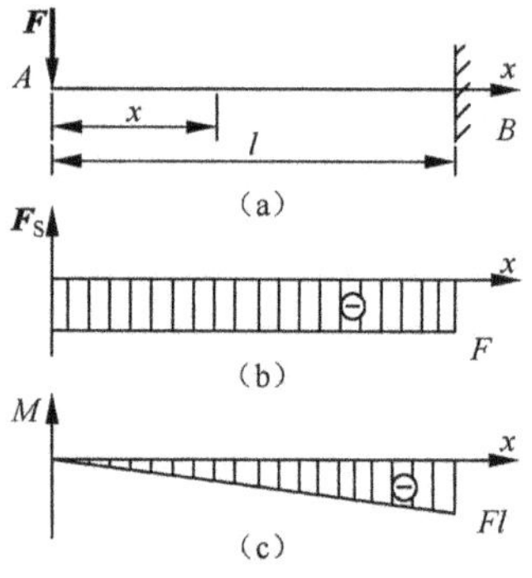

图 10.12

2)绘剪力图、弯矩图

建立坐标系如图 10.12(b)、(c)所示，x 轴取向右为正，F、M 取向上为正。

由式(a)可知，剪力 F_S 不随 x 而变化，即剪力 F_S 为一负的常量，故剪力图为一平行于 x 轴且位于 x 轴下方的一条水平线(见图 10.12(b))。

由式(b)可知，弯矩 M 是 x 的一次函数，故弯矩图为一条斜直线，可由两个截面的 M 值确定。如当 $x=0$ 时，即在自由端，$M=0$；当 $x=l$ 时，即在固定端，$M=-Fl$，于是绘出 M 图(见图 10-12(c))。

3)求最大剪力、弯矩值

由图 10.12 可见，梁截面上的剪力都相同，而最大弯矩作用在梁的固定端截面。最大剪力和最大弯矩的绝对值为

$$|F_S|_{max}=F$$

$$|M|_{max}=Fl$$

例 10-4 如图 10.13 所示悬臂梁 AB，受均布荷载 q 作用，绘制剪力图和弯矩图，并求出最大剪力和最大弯矩值。

解 1)列剪力方程、弯矩方程

以截面 A 的形心为坐标原点，建立坐标系如图 10.13(a)所示，x 轴与梁轴线重合。在距原点为 x 处假想将梁截开，取右段梁为研究对象，则该截面上的剪力方程和弯矩方程分别为

$$F_S(x)=q(l-x)\quad(0<x<l)\tag{a}$$

$$M(x)=-\frac{1}{2}q\,(l-x)^2\quad(0<x\leqslant l)\tag{b}$$

2)绘剪力图、弯矩图

建立坐标系如图 10.13(b)、(c)所示，x 轴取向右为正，F、M 取向上为正。

由式(a)可知，剪力 F_S是 x 的一次函数，故剪力图为一条斜直线，当 $x=0$ 时，即在固定端，$F_S=ql$，当 $x=l$ 时，即在自由端，$M=0$，于是绘出 F_S图，如图 10.13(b)所示。

由式(b)可知，弯矩 M 是 x 的二次函数，故弯矩图为一条抛物线，可由至少 3 个截面的 M 值确定。如当 $x=0$ 时，即在自由端，$M=0$；当 $x=\frac{1}{2}l$ 时，$M=-\frac{1}{8}ql^2$；当 $x=l$ 时，即在固定端，$M=-\frac{1}{2}ql^2$，于是绘出 M 图，如图 10.13(c)所示。

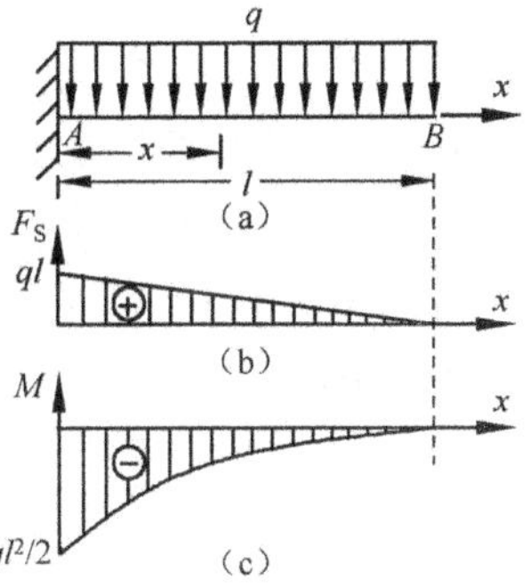

图 10.13

3)求最大剪力、弯矩值

由图 10.13 可见，梁截面上的最大剪力、最大弯矩都作用在梁的固定端截面。最大剪力和最大弯矩的绝对值为

$$|F_S|_{max}=ql$$

$$|M|_{max}=\frac{1}{2}ql^2$$

例 10-5 如图 10.14 所示简支梁 AB，在截面 C 处承受集中力 $\boldsymbol{F}$ 的作用。试建立梁的剪力、弯矩方程，并绘剪力图、弯矩图。

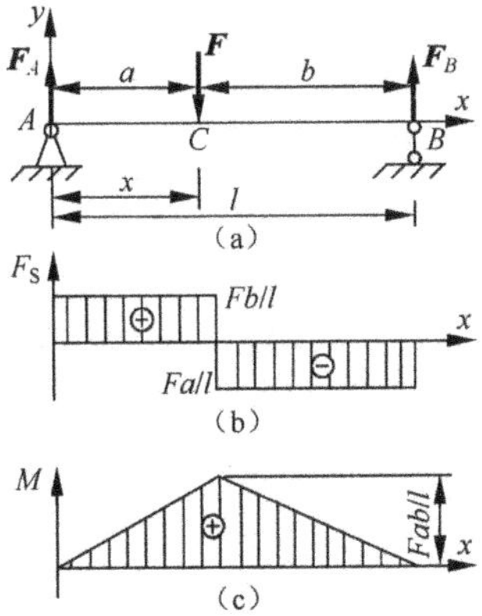

图 10.14

解 1)求支反力

由平衡方程

$$\sum m_B=0\quad Fb-F_Al=0$$

$$\sum m_A=0\quad F_Bl-Fa=0$$

求得支反力为

$$F_A=\frac{Fb}{l},F_B=\frac{Fa}{l}$$

2)列剪力方程、弯矩方程

由于在截面 C 处作用有集中力 $\boldsymbol{F}$,梁 AC 和 CB 段内的剪力或弯矩不能用同一方程式表达,故须以该截面为界,分段建立剪力与弯矩方程。

选 A 点为原点,并用 x 表示截面的位置,对于 AC 段,根据剪力和弯矩的计算方法,求得该段梁的剪力和弯矩方程为

$$F_S(x) = F_A = \frac{Fb}{l} \qquad (0 < x < a) \tag{a}$$

$$M(x) = F_A x = \frac{Fb}{l}x \qquad (0 \leqslant x \leqslant a) \tag{b}$$

对于 CB 段,该段梁的剪力和弯矩方程为

$$F_S(x) = F_A - F = \frac{Fb}{l} - F = -\frac{Fa}{l} \qquad (a < x < l) \tag{c}$$

$$M(x) = F_A x - F(x-a) = \frac{Fa}{l}(l-x) \qquad (a \leqslant x \leqslant l) \tag{d}$$

3)绘剪力图、弯矩图

根据式(a)、式(c)画剪力图,如图 10.14(b)所示;根据式(b)、式(d)画弯矩图,如图 10.14(c)所示。若 $b>a$,则 AC 段的剪力最大,其值为

$$|F_S|_{\max} = \frac{Fb}{l}$$

横截面 C 的弯矩最大,其值为

$$|M|_{\max} = \frac{Fab}{l}$$

由剪力、弯矩图中可以看出,在集中力作用处,其左、右两侧横截面上剪力发生突变,突变量等于该集中力之值;而弯矩值相等,故弯矩图连续但其上有尖点。

例 10-6 图 10.15(a)所示简支梁 AB,在 C 截面处受一集中力偶 m 作用,试绘此梁的剪力图和弯矩图。

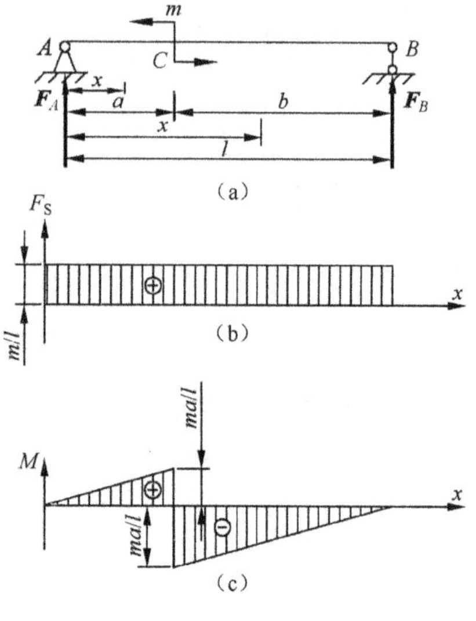

图 10.15

解 1)求支反力

由平衡方程

$$\sum m_B = 0 \qquad F_A l - m = 0$$

$$\sum m_A = 0 \qquad F_B l + m = 0$$

得

$$F_A = \frac{m}{l}(\uparrow), F_B = -\frac{m}{l}(\downarrow)$$

F_B 为负值,表示其方向与假设方向相反。

2)列剪力方程、弯矩方程

C 处作用一集中力偶 m,故须以该截面为界,分段建立剪力与弯矩方程。选 A 点为原点,用 x 表示截面位置,AC 段则由剪力、弯矩计算方法得

$$F_S(x) = \frac{m}{l} \qquad (0 < x \leqslant a) \tag{a}$$

$$M(x) = \frac{m}{l}x \qquad (0 \leqslant x < a) \tag{b}$$

BC 段则得

$$F_S(x)=\frac{m}{l} \qquad (a\leqslant x<l) \tag{c}$$

$$M(x)=-\frac{m}{l}(l-x) \qquad (a<x\leqslant l) \tag{d}$$

3)绘剪力图、弯矩图

根据式(a)、式(c)绘剪力图,如图 10.15(b)所示,根据式(b)、式(d)绘弯矩图,如图 10.15(c)所示。

由剪力、弯矩图中可以看出,在集中力偶作用处,其左、右两侧截面上的剪力相同,而弯矩则发生突变,突变量等于该力偶之矩。

例 10-7 图 10.16(a)所示的简支梁,在全梁上受集度为 q 的均布载荷作用。试绘梁的剪力图和弯矩图。

解 1)求支反力

由于梁左右对称,可知两支反力相等,由平衡方程

$$\sum F_y=0 \qquad F_A+ql+F_B=0$$

得

$$F_A=F_B=\frac{ql}{2}$$

2)列剪力方程、弯矩方程

取距 A 点(坐标原点)为 x 处的截面,以左段梁为研究对象,则梁的剪力和弯矩方程为

$$F(x)=F_A-qx=\frac{ql}{2}-qx \qquad (0<x<l) \tag{a}$$

$$M(x)=F_Ax-qx\cdot\frac{x}{2}=\frac{ql}{2}x-\frac{qx^2}{2} \qquad (0\leqslant x\leqslant l) \tag{b}$$

3)根据方程绘剪力图、弯矩图

由式(a)可知,剪力 F_S 是 x 的一次函数,故剪力图为一倾斜直线,确定两点即可作出此图。当 $x=0$ 时,$F_S=\frac{ql}{2}$,当 $x=l$ 时,$F_S=-\frac{ql}{2}$,于是绘出剪力图,如图 10.16(b)所示。

由式(b)可知,弯矩 M 是 x 的二次函数,故弯矩图是一条二次抛物线,可由至少 3 个截面的 M 值确定。如当 $x=0$ 时,$M=0$;当 $x=\frac{l}{2}$ 时,$M=\frac{ql^2}{8}$;当 $x=l$ 时,$M=0$;于是绘出 M 图,如图 10.16(c)所示。

4)求最大剪力、弯矩值

由图 10.16 可见,梁截面上的最大剪力作用在靠近两支座的内侧截面上,其最大剪力的绝对值为

$$|F_S|_{\max}=\frac{ql}{2}$$

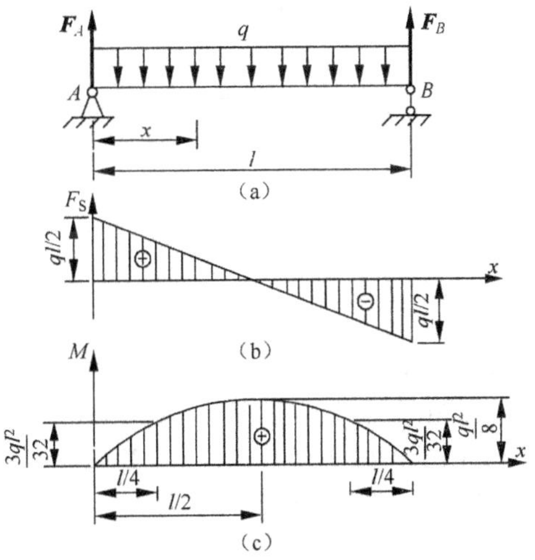

图 10.16

梁截面上的最大弯矩作用在梁的中点截面上,且此位置剪力 F_S 为零,其最大弯矩的绝对值为

$$|M|_{\max}=\frac{ql^2}{8}$$

10.5 载荷集度、剪力和弯矩之间的微分关系

图 10.17(a)所示梁轴线为直线的梁,梁受任意的分布载荷作用,以梁轴线的左端 A 点为坐标原点建立坐标系,梁上分布载荷的集度 $q(x)$在作用段内是 x 的连续函数,并规定 $q(x)$向上为正。用坐标为 x 和 $x+\mathrm{d}x$ 处的两个相邻截面,假想从梁中截出长为 $\mathrm{d}x$ 的一段,并放大,如图 10.17(b)所示。坐标为 x 的 m-m 截面上的剪力为 $F_S(x)$,弯矩为 $M(x)$,坐标为 $x+\mathrm{d}x$ 的 n-n 截面上的剪力为 $F_S(x)+\mathrm{d}F_S(x)$,弯矩为 $M(x)+\mathrm{d}M(x)$,均为正值。由于 $\mathrm{d}x$ 为微量,因此作用在微段上的 $q(x)$可视为均匀分布。由于梁处于平衡。故 $\mathrm{d}x$ 段也处于平衡,由微段的平衡方程

$$\sum F_y=0 \qquad F_S(x)+q(x)\mathrm{d}x-[F_S(x)+\mathrm{d}F_S(x)]=0$$

得

$$\frac{\mathrm{d}F_S(x)}{\mathrm{d}x}=q(x) \tag{10-1}$$

由

$$\sum m_C=0 \quad M(x)+\mathrm{d}M(x)-q(x)\mathrm{d}x\cdot\frac{\mathrm{d}x}{2}-M(x)-F_S(x)\mathrm{d}x=0$$

略去二阶微量 $q(x)\cdot\frac{(\mathrm{d}x)^2}{2}$,得

$$\frac{\mathrm{d}M(x)}{\mathrm{d}x}=F_S(x) \tag{10-2}$$

如将(10-2)对 x 求导,并利用式(10-1),可得

$$\frac{\mathrm{d}^2M(x)}{\mathrm{d}x^2}=\frac{\mathrm{d}F_S(x)}{\mathrm{d}x}=q(x) \tag{10-3}$$

以上 3 式就是载荷集度、剪力和弯矩间的导数关系。

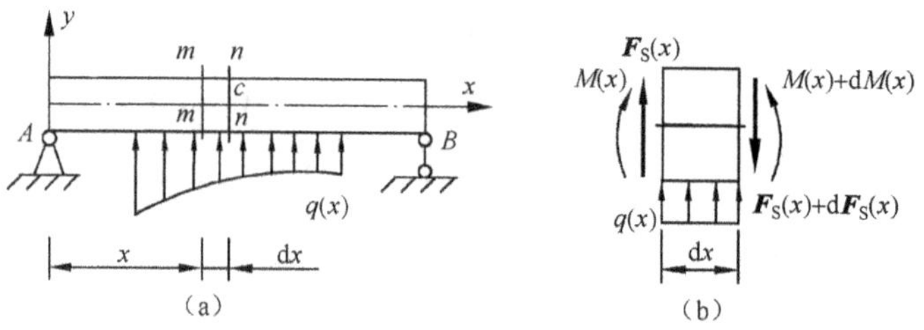

图 10.17

式(10-1)和式(10-2)的几何意义为:剪力图上某点处切线的斜率等于该点处载荷集度的大小;弯矩图上某点处切线的斜率等于该点处剪力的大小。

根据上述导数关系,以及有关剪力图和弯矩图的规律,可得出以下推论,这些推论可用来检验所绘剪力图、弯矩图的正确性,也可用来不必写出剪力方程和弯矩方程而直接绘出梁的剪力图和弯矩图。

1)在梁的某一段内,无载荷作用

$q(x)=0$,由 $\frac{\mathrm{d}F_S(x)}{\mathrm{d}x}=q(x)=0$,得 $F_S(x)=$常数,剪力图是一条平行于 x 轴的直线。因为 $F_S(x)=$常数,所以,$\frac{\mathrm{d}M(x)}{\mathrm{d}x}=F_S(x)=$常数,$M(x)$是 x 的一次函数,相应的弯矩图是一条斜直线。

2)在梁的某一段内,有均布载荷作用

$q(x)$=常数$\neq 0$,由$\dfrac{d^2M(x)}{dx^2}=\dfrac{dF_S(x)}{dx}=q(x)$=常数$\neq 0$,可知$F_S(x)$是$x$的一次函数,相应的剪力图是一条斜直线,其斜率随$q$值而定。$M(x)$是$x$的二次函数,相应的弯矩图是二次抛物线。若$q(x)$向上,即$q>0$时,$\dfrac{d^2M(x)}{dx^2}=q>0$,弯矩图为向下凸的曲线;反之,若$q(x)$向下,即$q<0$时,$\dfrac{d^2M(x)}{dx^2}=q<0$,弯矩图为向上凸的曲线。

若在梁的某一截面上,$\dfrac{dM(x)}{dx}=F_S(x)=0$,则弯矩图的斜率为零,在此截面上,弯矩为一极值,即剪力为零的截面弯矩是一极值。

3)在集中力作用处

在集中力作用处的左、右两侧截面,剪力$F_S(x)$发生突然变化,突变的数值和方向与集中力相同;该处弯矩图连续,但弯矩图的斜率也发生突然变化,成为一个转折点。

4)在集中力偶作用处

在集中力偶作用处的左、右两侧截面,弯矩图发生突变,突变的数值与集中力偶相同,而剪力图连续无变化。

下面利用内力和外力的关系及特殊点的内力值来绘图。

例 10-8 图 10.18 所示一简支梁,右半段承受均布载荷q作用。试绘出梁的剪力与弯矩图。

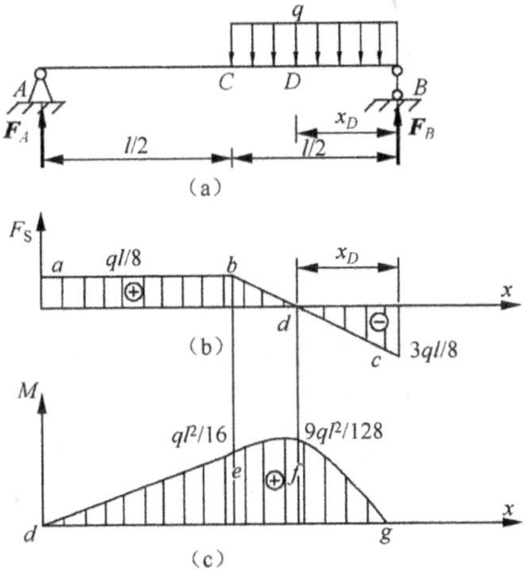

图 10.18

解 1)求支反力

由平衡方程

$$\sum m_B=0 \qquad F_A l - q\frac{l}{2}\cdot\frac{l}{4}=0$$

$$\sum F_y=0 \qquad F_A+F_B-q\frac{l}{2}=0$$

得

$$F_A=\frac{ql}{8}(\uparrow),\quad F_B=\frac{3}{8}ql(\uparrow)$$

2)判断剪力图和弯矩图的形状

将梁分为AC和CB两段,由载荷集度、剪力与弯矩之微分关系,可知AC与CB两段梁的剪力、弯矩图的形状具有表 10.1 特征。

表 10.1

梁段	AC	CB
载荷	$q=0$	$q=$常数<0
F_S图	水平直线	向右下方斜直线
M图	斜直线	上凸抛物线

3)计算剪力与弯矩

利用梁截面上内力的计算方法求得各段起点与终点的剪力与弯矩如表 10.2 所示。

表 10.2

梁段	AC		CB	
截面	$A_右$	$C_左$	$C_右$	$B_左$
F_S值	$ql/8$	$ql/8$	$ql/8$	$-3ql/8$
M值	0	$ql^2/16$	$ql^2/16$	0

根据表 10.2 中数据，在 x-F_S平面内确定三点 a、b 和 c(见图 5-20(b))；在 x-M 平面内确定三点 d、e 与 g，如图 10.18(c)所示。

4)绘剪力图与弯矩图

按照上述分析，分别连直线 ab 与 bc 绘出梁的剪力图。

由剪力图看到，在梁段 CB 的横截面 D 处 $F_S=0$，M 曲线在该截面处存在极值。则由图 10.18(b)可得

$$x_D\Big/\left(\frac{l}{2}-x_D\right)=\frac{3ql}{8}\Big/\frac{ql}{8}$$

由此计算出 D 截面距右端的位置

$$x_D=\frac{3}{8}l$$

则截面 D 的弯矩为

$$M_D=F_Bx_D-\frac{q}{2}x_D^2=\frac{3ql}{8}\cdot\frac{3l}{8}-\frac{q}{2}\left(\frac{3l}{8}\right)^2=\frac{9ql^2}{128}$$

由坐标(x_D,M_D)在 x-M 平面内得到极值点 f。连接直线 de，过 e、f 与 g 绘出梁的弯矩图。

例 10-9 外伸梁受力如图 10.19(a)示。已知 $a=2\text{m}$，集中力 $F=20\text{kN}$，集中力偶 $m=160\text{kN}$，均布载荷集度 $q=20\text{kN/m}$，试绘出梁的剪力与弯矩图并确定其最大值。

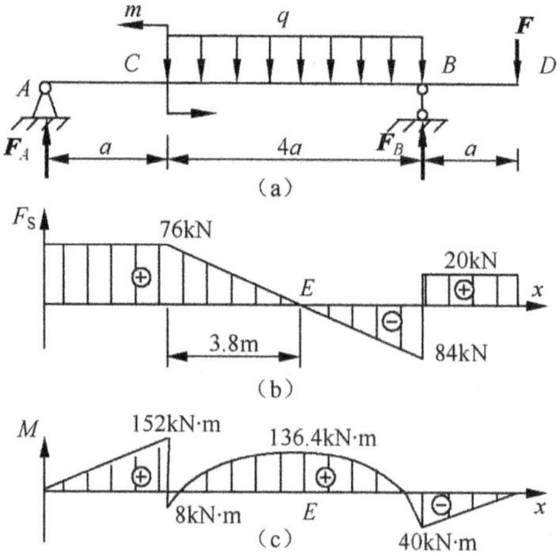

图 10.19

解 1)求支反力

由平衡方程

$$\sum m_B = 0 \qquad -F_A \cdot 5a + m + 4qa \cdot 2a - Fa = 0$$

得

$$F_A = 76(\text{kN})$$

$$\sum m_A = 0 \qquad m - 4qa \cdot 3a + F_B \cdot 5a - Fa = 0$$

得

$$F_B = 104(\text{kN})$$

2)绘制剪力图

①判断剪力图的形状

该梁应分为 AC、CB 和 BD 三段。在 AC 和 BD 段 $q=0$,所以 F_S图为水平线;在 CB 段,q 向下为负,所以 F_S图为向右下方斜直线。

②计算剪力

根据突变规律,A、B 和 D 处剪力突变;C 处剪力连续。所以确定 A 截面右侧 B 截面左、右两侧的剪力,即可作出剪力图。由截面法

$$F_{SB左} = -84(\text{kN})$$

由突变规律得

$$F_{SB右} = F_{SB左} + F_B = 20(\text{kN})$$

$$F_{SA右} = F_A = F_{SC左} = F_{SC右} = 76(\text{kN})$$

③绘图

根据各段 F_S的端值和形状,绘制出 F_S图,如图 10.19(b)所示。由图可知 $B_{左}$截面剪力最大;最大剪力为 $|F_S|_{max} = 84\text{kN}$。

3)绘制弯矩图

①判断弯矩图的形状

该梁应分为 AC、CB 和 BD 三段。在 AC 和 BD 段 $q=0$,$F_S>0$,M 图为向右上方斜直线;在 CB 段,q 向下为负,M 图为上凸抛物线。

②计算弯矩

根据突变规律,A、B 和 D 处弯矩连续;C 处弯矩突变。所以对于弯矩图而言,不仅要确定 A、B、D 截面的弯矩值,而且要确定 C 截面左、右两侧的弯矩值及抛物线顶点的弯矩值。由截面法

$$M_{C左} = F_A \times a = 152(\text{kN} \cdot \text{m})$$

$$M_B = -F \times a = -40(\text{kN} \cdot \text{m})$$

$$M_A = M_D = 0$$

CB 段剪力有零点,弯矩有极值。根据 CB 段剪力图的几何关系,算得 $F_S=0$ 的截面 E 距 C 截面为 3.8m,由截面法可得该截面的弯矩为

$$M_E = F_A(a + 3.8) - m - \frac{1}{2}q \times 3.8^2 = 136.4(\text{kN} \cdot \text{m})$$

③绘图

根据各段 M 的端点值和形状,绘制出 M 图,如图 10.19(c)所示。由图可知 $C_{左}$截面弯矩最大;最大弯矩为 $|M|_{max} = 152\text{kN} \cdot \text{m}$。

10.6 用叠加原理作弯矩图

从前面所列举例题中看到，当梁在载荷作用下产生微小变形时，截面上的剪力或弯矩都与载荷（如 q、F、m 等）保持线性关系。在这种情况下，梁上受多个载荷共同作用时，每个载荷引起的剪力、弯矩将不受其他载荷的影响。也就是说，某一横截面上的内力就等于梁在各载荷单独作用下同一横截面上的内力的代数和。这样由几个载荷引起的某一参数（内力、应力或位移等），等于每个荷载单独作用时所引起的该参数的代数和。这个结论称为叠加原理（力的独立作用原理）。

用叠加原理作几个载荷作用下梁的剪力图、弯矩图时，先分别作出梁在每个荷载单独作用下的剪力图和弯矩图，然后将各图的相应纵坐标叠加起来，就得到梁在几个荷载共同作用下的剪力图和弯矩图，如图 10.20 所示。

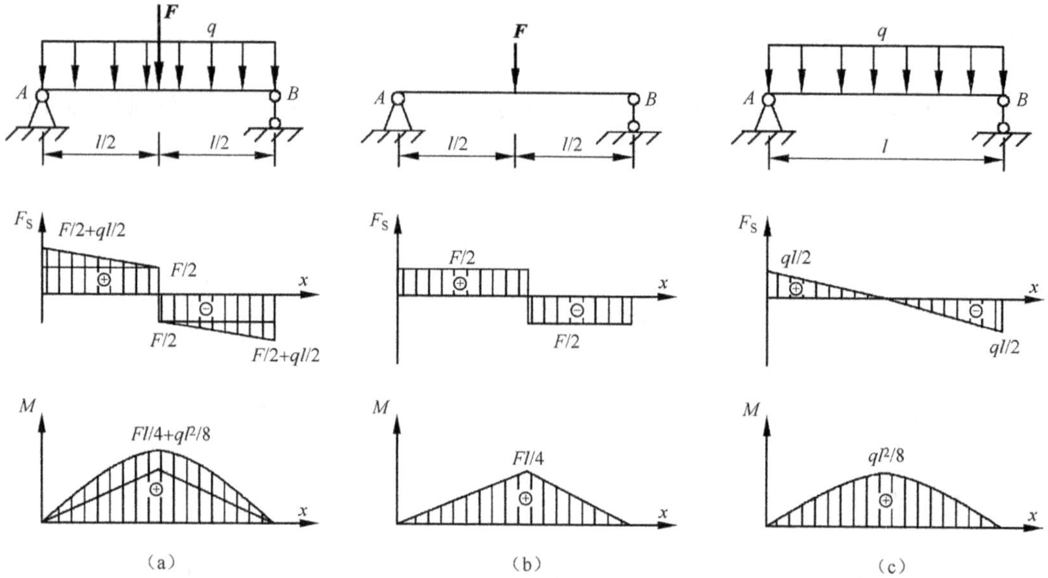

图 10.20

下面通过例子说明用叠加原理作梁的剪力图、弯矩图的方法。

例 10-10 用叠加法作图 10.20(a)所示简支梁在集中力 $\boldsymbol{F}$ 和均布荷载 q 共同作用下的剪力图和弯矩图。

解 梁上的每个载荷单独作用时。分别作出梁上只有集中力 $\boldsymbol{F}$ 和均布载荷 q 的剪力图和弯矩图（见图 10.20(b)、(c)）。然后分别将两个剪力图和弯矩图的相应纵坐标叠加起来，如图 10.20(a)所示，也就得到简支梁在集中力 $\boldsymbol{F}$ 和均布荷载 q 共同作用下的剪力图和弯矩图。

叠加法的优点明显，将载荷分解后，每一个载荷产生的剪力图和弯矩图简单，一般不需要求出约束反力或能很方便地求出约束反力后，即可画出剪力图和弯矩。因此，如果对一些简单载荷的剪力图和弯矩图及其最大弯矩值熟悉，那么利用叠加原理画剪力图和弯矩图是非常方便的。

习　题

10-1 试求习题 10-1 图示各梁中指定截面上的剪力和弯矩。

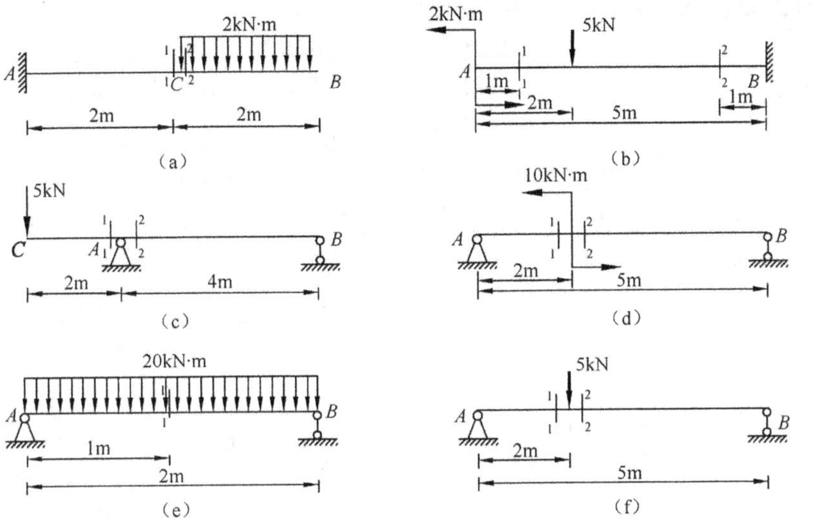

习题 10-1 图

10-2　试作出习题 10-2 图所示各梁的剪力方程和弯矩方程,并作剪力图和弯矩图。

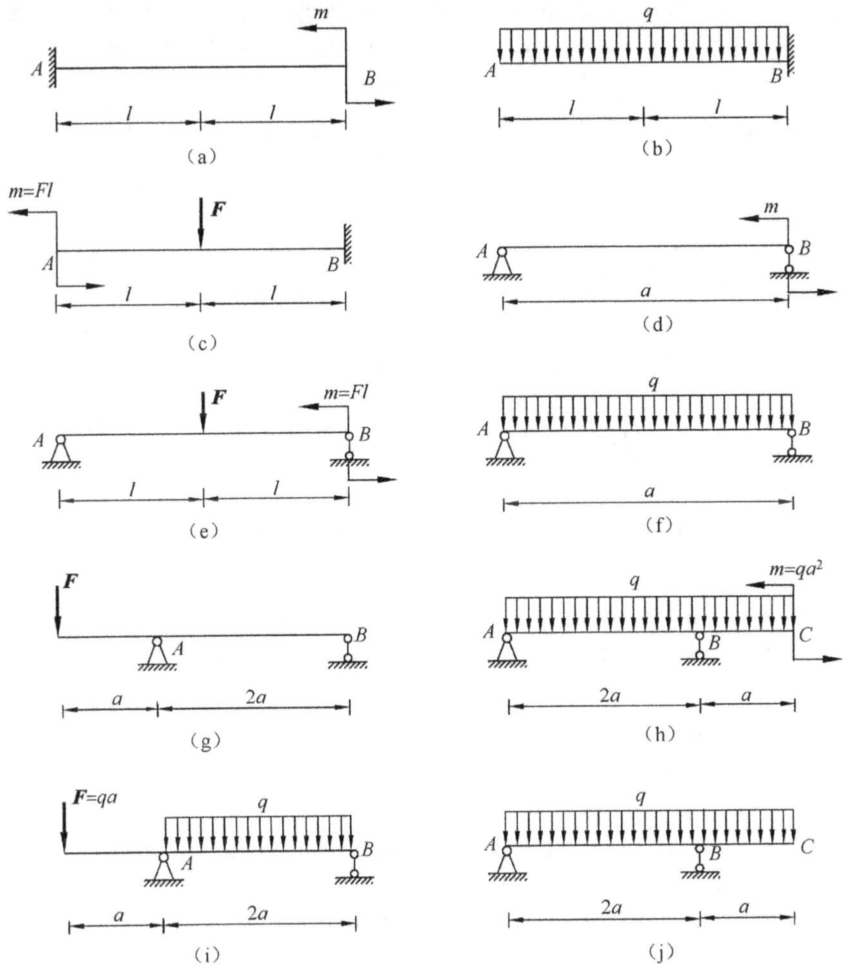

习题 10-2 图

10-3　用叠加法绘出习题 10-3 图所示各梁的弯矩图。

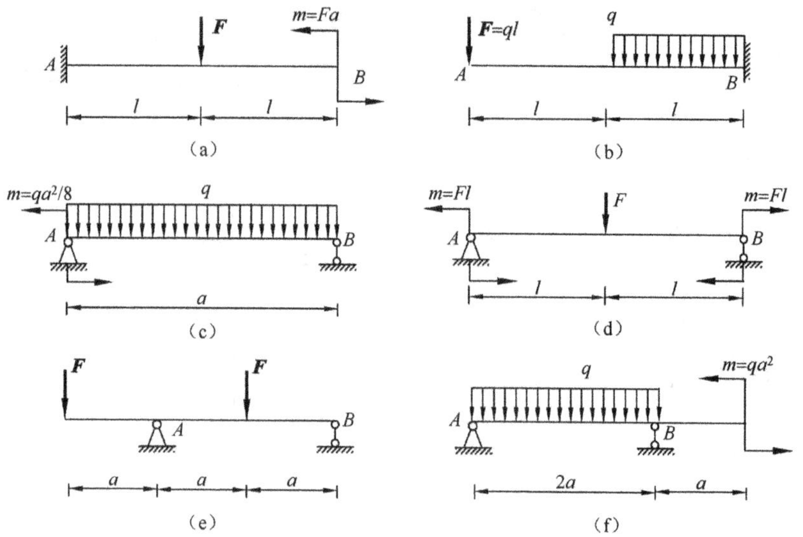

习题 10-3 图

10-4　试利用载荷集度、剪力和弯矩间的微分关系校核前面绘制的剪力图和弯矩图是否正确。

10-5　试根据载荷集度、剪力与弯矩之间的微分关系绘出习题 10-5 图所示各梁的剪力图和弯矩图。

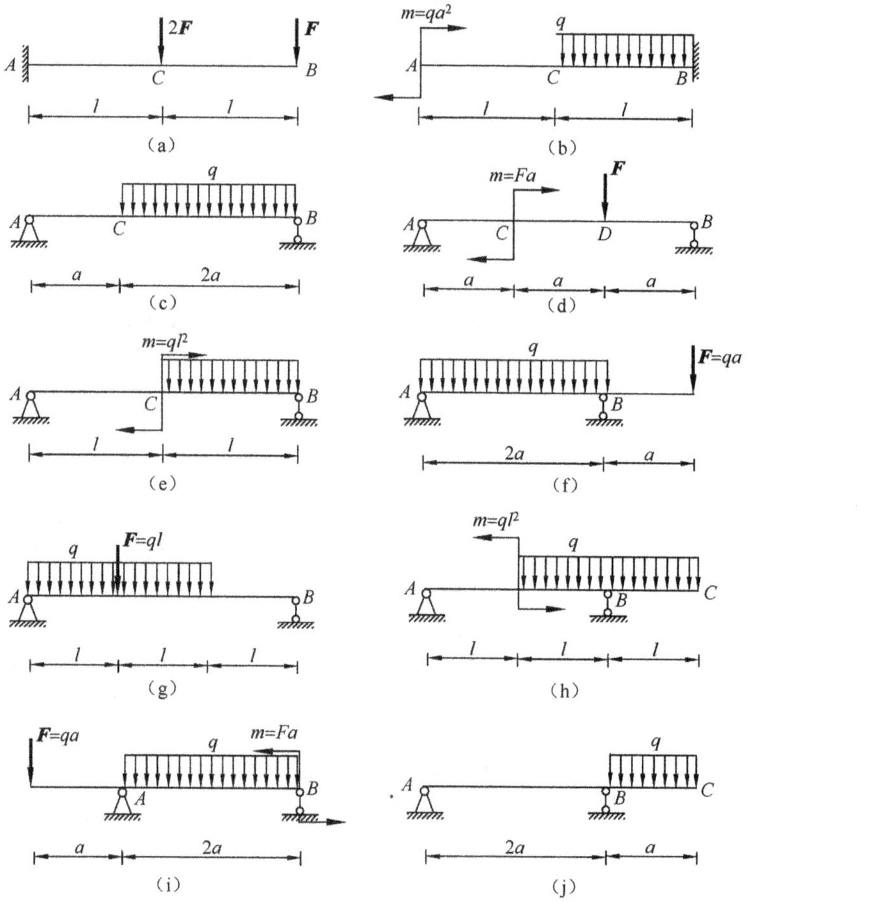

习题 10-5 图

*10-6　试作习题 10-6 图所示具有中间铰的梁的剪力图和弯矩图。

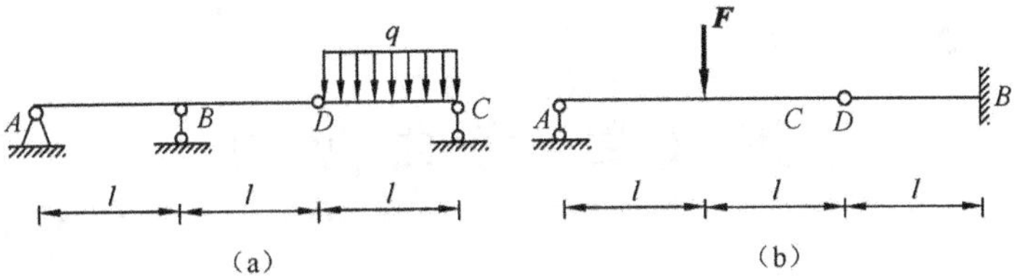

习题 10-6 图

10-7　如欲使习题 10-7 图所示外伸梁的跨度中点处的正弯矩值等于支点处负弯矩值，则支座到端点的距离 a 与梁长度 l 之比 $\frac{a}{l}$ 应等于多少？

10-8　习题 10-8 图所示桥式起重机梁上的小车的每个轮子对大梁的压力均为 $\boldsymbol{F}$，试问小车行至什么位置时梁的弯矩为最大？并求其最大弯矩值。设小车的轮距为 c，大梁的跨度为 l。

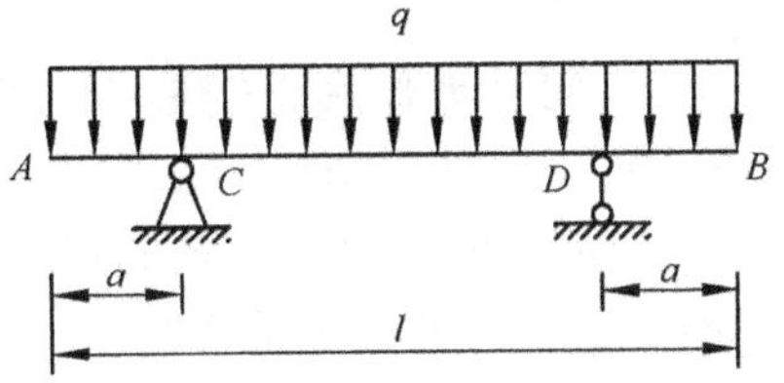

习题 10-7 图

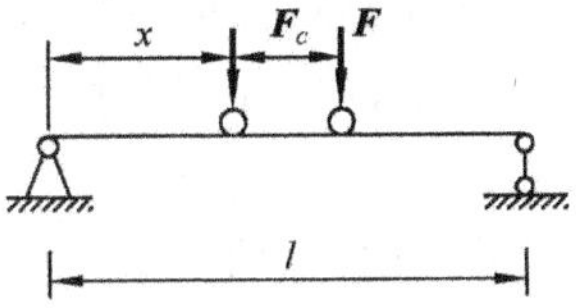

习题 10-8 图

第 11 章　弯 曲 应 力

11.1　概　　述

上一章中求出了梁横截面上的剪力 F_S和弯矩 M。由静力学关系可知，弯矩 M 是横截面上法向分布内力系组成的合力偶矩，剪力 F_S是切向分布内力系组成的合力。因此，梁横截面上有剪力 F_S时，必有切应力 τ；有弯矩 M 时，必有正应力 σ。为了解决梁的强度问题，必须进一步研究梁弯曲时横截面上的应力分布规律。为了方便起见，本章先研究正应力 σ 的分布规律，然后再研究切应力 τ 的分布规律。

图 11.1(a)所示简支梁，两个垂直于轴线的外力 $\boldsymbol{F}$，对称地作用于矩形梁的纵向对称面内。梁的计算简图，剪力图和弯矩图分别如图 11.1(b)、(c)和(d)所示。由图中可见，在 AC 和 DB 两段内，梁横截面上既有弯矩 M 也有剪力 F_S，这种弯曲称为**横力弯曲或剪切弯曲**。在 CD 段内的梁横截面上，剪力 F_S为零，而弯矩 M 为常量，这种弯曲称为**纯弯曲**。

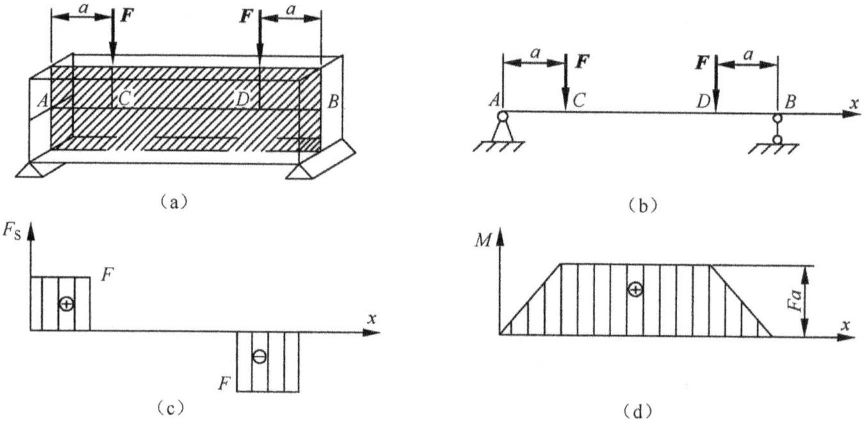

图 11.1

11.2　平面图形的几何性质

为了计算构件在外力作用下产生的应力和变形，就要涉及与构件截面的形状和尺寸有关的几何量。这些反映截面形状和尺寸的某些性质的几何量，如拉伸时遇到的截面面积、扭转时遇到的极惯性矩和这一章将遇到的惯性矩、抗弯截面系数等，统称为截面的几何性质。现在来讨论截面的一些主要的几何性质。

11.2.1　形心和静矩

任意截面图形如图 11.2 所示，其面积为 A。y 轴和 z 轴为图形所在平面的任意直角坐标轴。若截面形心 C 的坐标为 y_C和 z_C，若将面积看成等厚、均质薄板，显然薄板的重心与平面图

形的形心相重合,可根据合力矩定理求得重心坐标,即形心坐标公式

$$z_C=\frac{\int_A z\mathrm{d}A}{A},\qquad y_C=\frac{\int_A y\mathrm{d}A}{A}\tag{a}$$

在任意截面内取一点 $M(y、z)$处,取微面积 $\mathrm{d}A$,则 $y\mathrm{d}A$ 和 $z\mathrm{d}A$ 分别定义为微面积 $\mathrm{d}A$ 对于 z 轴和 y 轴的**静矩**,静矩又称**面积矩**。则整个截面对 z 和 y 轴的静矩分别为:

$$\begin{aligned}S_z&=\int_A y\mathrm{d}A\\ S_y&=\int_A z\mathrm{d}A\end{aligned}\tag{b}$$

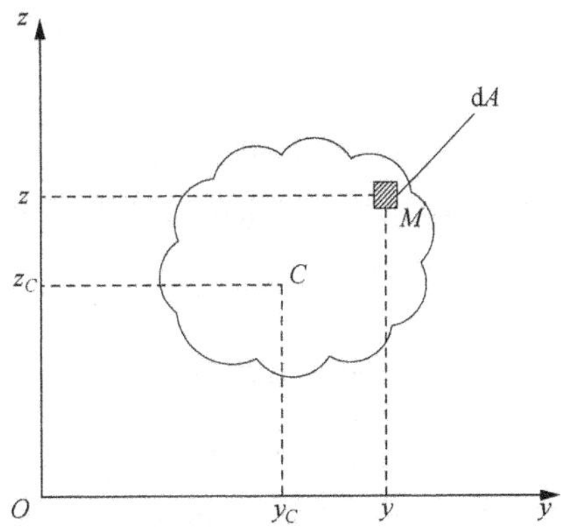

图 11.2

静矩是对某一坐标轴而言的,它不仅与图形有关,还与坐标轴的位置有关。同一截面图形对于不同的坐标轴,其静矩不同。静矩是代数量,其数值可能为正或负,也可能为零。静矩的量纲是[长度]^3,常用单位为 m^3 或 cm^3。

由形心坐标公式

$$\int_A y\mathrm{d}A=Ay_C\quad,\quad\int_A z\mathrm{d}A=Az_C$$

得

$$S_z=\int_A y\mathrm{d}A=Ay_C\quad,\quad S_y=\int_A z\mathrm{d}A=Az_C\tag{c}$$

则已知截面的面积 A 及其形心坐标 y_C、z_C时,即可按式(c)确定此截面对于 z 轴和 y 轴的静矩。

当截面由几个规则图形(例如矩形、圆形、三角形等)组合而成时,由于规则图形的面积及其形心的位置均为已知,且由静矩定义可知,截面对某轴的静矩,应等于各个图形对该轴静矩的代数和。其表达式为

$$S_z=\sum_{i=1}^{n}A_iy_{Ci}\tag{d}$$

$$S_y=\sum_{i=1}^{n}A_iz_{Ci}\tag{e}$$

式中,A_i 和 z_{Ci}、y_{Ci}分别的面积及其形心坐标;n 为组成此截面的规则图形的个数。

而截面形心坐标公式也可以写成

$$z_C=\frac{\sum A_iy_i}{\sum A_i}\tag{f}$$

$$y_C=\frac{\sum A_iz_i}{\sum A_i}\tag{g}$$

11.2.2 惯性矩、惯性积

任意截面图形如图 11.2 所示,其截面积为 A,y 轴和 z 轴为图形所在平面内的任意直角坐标轴。在坐标(y,z)处,取微面积 $\mathrm{d}A$,则 $y^2\mathrm{d}A$ 和 $z^2\mathrm{d}A$ 分别称为微面积 $\mathrm{d}A$ 对于 z 轴和 y 轴

的惯性距，则整个面积对 z 轴和 y 轴的惯性矩分别记为 I_z 和 I_y，而惯性积记为 I_{zy}，则定义

$$I_z = \int_A y^2 \mathrm{d}A$$

$$I_y = \int_A z^2 \mathrm{d}A \tag{h}$$

$$I_{zy} = \int_A zy \mathrm{d}A \tag{i}$$

若以 ρ 表示微面积 $\mathrm{d}A$ 到坐标原点 O 的距离，则 $\rho^2\mathrm{d}A$ 称为微面积 $\mathrm{d}A$ 对于 O 的极惯性距。则该截面对于 O 点的极惯性距定义为

$$I_\mathrm{p} = \int_A \rho^2 \mathrm{d}A$$

由图 11.2 可以看出，$\rho^2 = y^2 + z^2$，于是有

$$I_\mathrm{p} = \int_A \rho^2 \mathrm{d}A = \int_A (y^2 + z^2)\mathrm{d}A = \int_A y^2 \mathrm{d}A + \int_A z^2 \mathrm{d}A = I_z + I_y$$

即截面对任意一对正交坐标轴的惯性矩之和，等于它对该两轴交点的极惯性矩。

从上面可以看出，惯性矩总是大于零，因为坐标的平方总是正数，惯性积可以是正、负和零；惯性矩、惯性积和极惯性矩的单位都是长度的四次方，用 m^4 或 cm^4、mm^4 等表示。

在某些问题中，为了应用的方便，可将惯性距表示为截面面积 A 与某一长度平方的乘积，即

$$I_y = i_y^2 A, \qquad I_z = i_z^2 A \tag{j}$$

式中，i_y 和 i_z 分别称为截面对 y 轴和 z 轴的惯性半径，其单位为 m 或 mm。

例 11-1 试计算图 11.3(a)所示矩形截面对其对称轴 y 和 z 的惯性矩。矩形的高为 h，宽为 b。

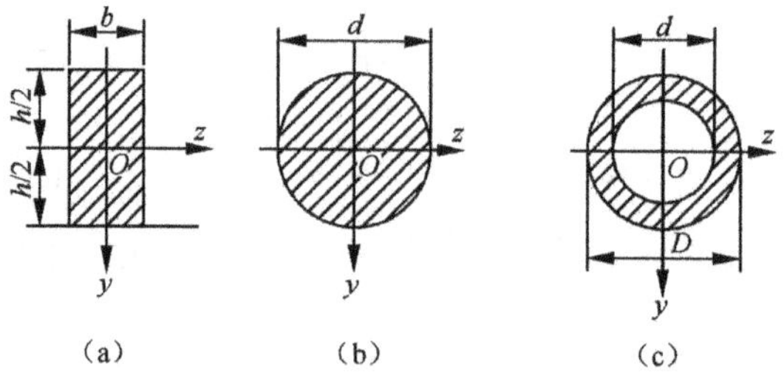

图 11.3

解 取平行于 y 轴的狭长条作为微面积 $\mathrm{d}A$，即 $\mathrm{d}A = b\mathrm{d}z$，则由式(h)可得

$$I_y = \int_A z^2 \mathrm{d}A = \int_{-\frac{h}{2}}^{\frac{h}{2}} z^2 b \mathrm{d}z = \frac{bh^3}{12}$$

用同样的方法可求得

$$I_z = \frac{hb^3}{12}$$

例 11-2 试计算图 11.3(b)所示圆截面对于其形心轴(即直径轴)的惯性矩。

解 取平行于 y 轴的狭长条作为微面积 $\mathrm{d}A$，即 $\mathrm{d}A = 2b(z)\mathrm{d}z = 2\sqrt{R^2 - z^2}\mathrm{d}z$。则由式(h)可得

$$I_z = \int_A z^2 \mathrm{d}A = 2\int_0^R z^2 2\sqrt{R^2 - z^2}\mathrm{d}z = \frac{\pi R^4}{4} = \frac{\pi D^4}{64}$$

由圆对过形心坐标轴的对称性可得

$$I_z = I_y = \frac{\pi D^4}{64}$$

在工程中常遇到组合截面。根据惯性矩的定义可知，组合截面对于某些坐标轴的惯性矩等于其各组成部分对于同一轴的惯性矩之和。若截面是由几个部分组成，则组合截面对于 y、z 轴的惯性矩为

$$\left.\begin{aligned} I_y &= \sum_{i=1}^{n} I_{yi} \\ I_z &= \sum_{i=1}^{n} I_{zi} \end{aligned}\right\}$$

例如求图 11.3(c)所示空心圆截面的惯性矩时就可用大圆的惯性矩减去小圆的惯性矩的方法来计算，即

$$I_y = I_z = \frac{\pi D^4}{64} - \frac{\pi d^4}{64} = \frac{\pi D^4}{64}(1 - \alpha^4)$$

式中，$\alpha = \dfrac{d}{D}$，指内外径比。

11.2.3 平行移轴公式

同一截面对不同的平行坐标轴，它们的惯性矩和惯性积是不同的。同一截面对两根平行轴的惯性矩和惯性积虽然不同，但它们之间存在一定的关系。下面讨论两根平行轴的惯性矩、惯性积之间的关系。

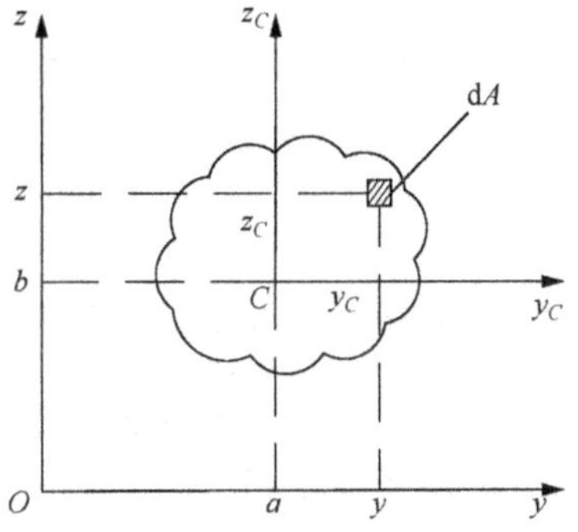

图 11.4

图 11.4 所示任意形状的截面，C 为此截面的形心，y_C 轴和 z_C 轴是通过形心的一对坐标轴。y 轴和 z 轴为分别与 y_C 轴和 z_C 轴平行的另一对坐标轴，a、b 分别为截面形心 C 在 Oyz 坐标系中的纵、横坐标值。截面上选取微面积 dA，dA 在两个坐标系内的坐标(y,z)和(y_C,z_C)之间的关系为

$$z = z_C + a$$
$$y = y_C + b$$

则按照惯性矩的定义有

$$I_y = \int_A z^2 \mathrm{d}A = \int_A (z_C + a)^2 \mathrm{d}A = \int_A z_C^2 \mathrm{d}A + 2a\int_A z_C \mathrm{d}A + a^2\int_A \mathrm{d}A$$

上式中第二项 $\int_A z_C \mathrm{d}A$ 为截面对形心轴 y_C 的静矩。根据静矩公式，其值为零。这样上式可写为

$$I_y = I_{y_C} + a^2 A \tag{k}$$

同理得

$$I_z = I_{z_C} + b^2 A \tag{l}$$

$$I_{zy} = I_{z_C y_C} + abA \tag{m}$$

这就是惯性矩和惯性积的平行移轴公式。显然在一组互相平行的轴中，截面对形心轴的惯性矩最小。

例 11-3 试计算图 11.5 所示 T 形截面对过其形心 y_C 轴的惯性矩。

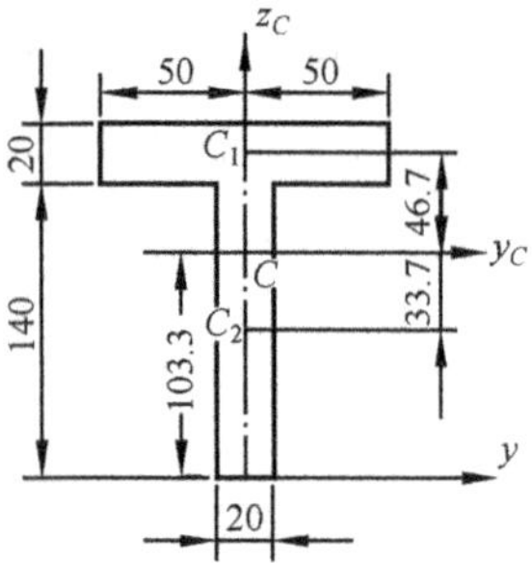

图 11.5

解 1)确定截面形心位置

取对称轴为 z 轴,截面的形心应在此轴上,即 $y_C=0$。为了确定形心的另一个坐标 z_C 值,取与底边重合的 y 轴为参考轴,如图 11.5所示。将截面分解为上面和下面两个矩形部分,截面形心 C 的纵坐标为

$$z_C=\frac{A_1 z_{C1}+A_2 z_{C2}}{A_1+A_2}$$

$$=\frac{100\times 20\times\left(140+\dfrac{20}{2}\right)+20\times 140\times\dfrac{140}{2}}{100\times 20+20\times 140}=103.3(\text{mm})$$

2)计算对过其形心 y_C 轴的截面惯性矩

设上面矩形与下面矩形对形心轴 z_C 的惯性矩分别为 $(I_{y_C})_1$ 、$(I_{y_C})_2$,则

$$(I_{y_C})_1=\frac{1}{12}\times 100\times 20^3+(150-103.3)^2\times 100\times 20=443\times 10^4\ (\text{mm}^4)$$

$$(I_{y_C})_2=\frac{1}{12}\times 20\times 140^3+(103.3-70)^2\times 20\times 140=768\times 10^4\ (\text{mm}^4)$$

有

$$I_{y_C}=(I_{yC})_1+(I_{yC})_2=443\times 10^4+768\times 10^4=1211\times 10^4\ (\text{mm}^4)$$

11.3 梁弯曲时横截面上的正应力

11.3.1 纯弯曲时梁横截面上的正应力

为了研究正应力 σ 的分布规律,取一段纯弯曲梁来研究。此段梁的横截面上只有弯矩,对应的也只有与弯矩相关的正应力。与研究圆轴扭转一样,也需研究梁的变形几何关系、物理关系和静力学关系,从而得出梁纯弯曲时的横截面上的正应力。

1. 变形几何关系

分析纯弯曲变形规律应从观察试验开始,取一对称截面梁(例如矩形截面梁),变形前在其侧表面画两条垂直于梁轴线的横向线 mm 和 nn,并作与它们垂直的纵向线 ab 和 cd,如图 11.6(a)所示。然后如图 11.1(a)所示加载,使梁 CD 段发生纯弯曲变形。从 CD 段可观察到,两纵向线变为弧线,而且靠近梁顶面的纵向线缩短,靠近梁底面的纵向线伸长;两横向线仍为直线,且仍与变为弧线的纵向线正交,只是转过一个角度,如图 11.6(b)所示。

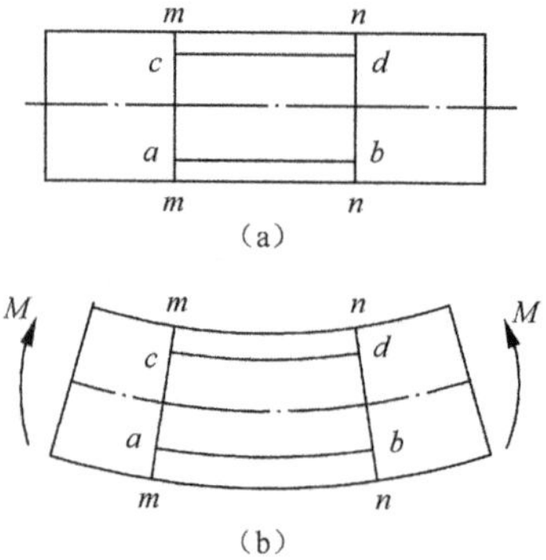

图 11.6

根据上述现象,假想梁的内部变形也如此,因此对梁作如下假设:梁变形后,梁的横截面仍保持平面,并仍然与纵向线正交,只是转了一个角度而已,这个称为平面假设。这个假设已为实验与理论分析所证实。

根据平面假设,假想梁是由无数层纵向纤维组成的,梁弯曲时沿截面高度,由靠近凸边的纤维伸长,逐渐变为靠近凹边的纤维缩短,由于从伸长区到缩短区,纤维的变形是连续的,其间

必存在纤维长度不变的一层，称为**中性层**，中性层与横截面的交线，称为**中性轴**，如图 11.7 所示。平面弯曲时，梁的变形对称于纵向对称面，因而中性轴必与截面的对称轴垂直。

为分析纵向线段的变形，用横截面 m-m 与 n-n 从梁中截取长度为 $\mathrm{d}x$ 的微段，取截面对称轴为 y 轴，中性轴为 z 轴，此时中性轴位置还未确定，如图 11.8(a)所示。梁弯曲后，纵坐标为 y 的纵向纤维 ab，由直线变为弧线 $a'b'$，如图 11.8(b)所示。设截面 m-m 与 n-n 间的相对转角为 $\mathrm{d}\theta$，中性层 O_1O_2 的曲率半径为 ρ，因中性层在梁变形后长度不变，所以

$$\widehat{O_1O_2} = \rho\mathrm{d}\theta = \mathrm{d}x$$

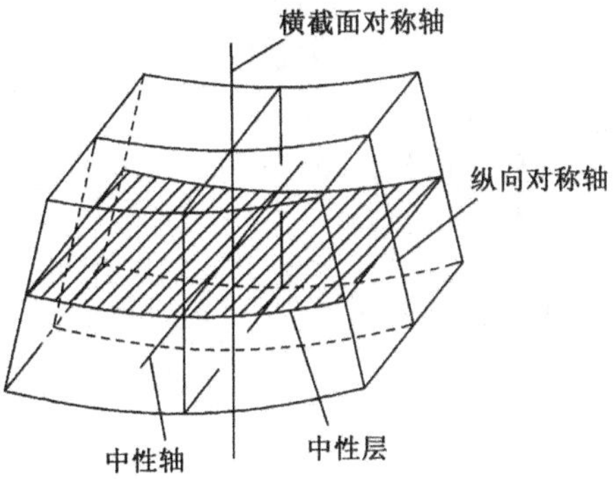

图 11.7

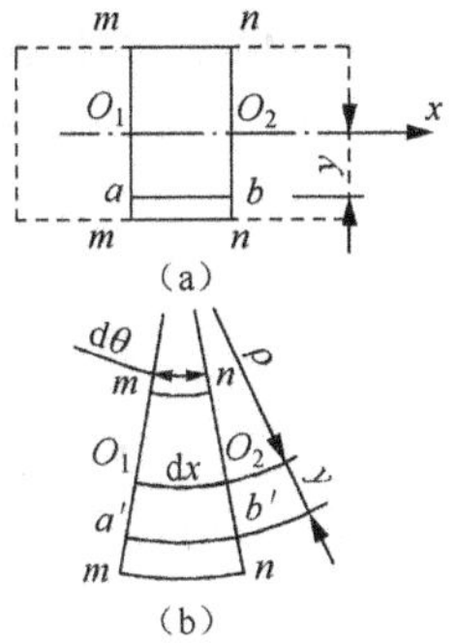

图 11.8

则纵线 ab 的线应变为

$$\varepsilon = \frac{\widehat{a'b'} - \overline{ab}}{\overline{ab}} = \frac{(\rho + y)\mathrm{d}\theta - \rho\mathrm{d}\theta}{\rho\mathrm{d}\theta} = \frac{y}{\rho} \tag{a}$$

式(a)中 ρ 不变，梁的纵向线应变 ε 则沿截面高度按线性分布，离中性层越远，ε 越大。梁内纵向纤维的线应变 ε 与坐标 y 成正比。

2. 物理关系

假设梁的纵向纤维之间无挤压，只是发生简单拉伸或压缩，每根纤维都处于单向受力状态，当正应力小于材料的比例极限时，纤维上的正应力与线应变的关系服从胡克定律，可得

$$\sigma = E\varepsilon = E\frac{y}{\rho} \tag{b}$$

该式表明，横截面上各点的正应力 σ 与坐标 y 成正比，即横截面上的正应力沿截面高度按线性分布；中性轴 z 上各点的正应力为零，中性轴以上各点的正应力为压应力，中性轴以下各点的正应力为拉应力。沿横截面宽度均匀分布。距中性轴越远，应力值越大，如图 11.9(b)所示。

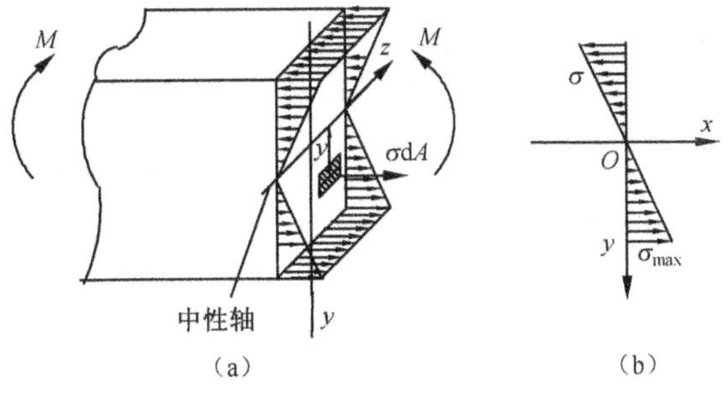

图 11.9

式(b)只说明正应力分布规律，而由于中性轴的位置与中性层曲率半径 ρ 的大小均未知，所以该式还不能计算正应力的大小，这要通过静力学关系解决。

3. 静力学关系

如图 11.9 所示，作用在横截面上各点处的法向微内力 σdA 构成一个与截面垂直的空间平行力系，它可简化为 3 个内力分量，即平行于 x 轴的轴力 F_N，对 y 轴的力偶矩 M_y 和对 z 轴的力偶矩 M_z。它们分别是

$$F_N = \int_A \sigma dA, \qquad M_y = \int_A z\sigma dA, \qquad M_z = \int_A y\sigma dA$$

在纯弯曲条件下，梁横截面上内力只有弯矩 M，由静力学平衡条件

$$F_N = \int_A \sigma dA = 0 \tag{c}$$

$$M_y = \int_A z\sigma dA = 0 \tag{d}$$

$$M_z = \int_A y\sigma dA = M \tag{e}$$

将式(b)代入式(c)得

$$\int_A E\frac{y}{\rho}dA = \frac{E}{\rho}\int_A y dA = 0 \tag{f}$$

式中，积分 $\int_A y dA = y_C A = S_z$ 为横截面对 z 轴(中性轴)的静矩，y_C 是截面形心 C 的坐标，A 是截面面积。静矩是与 z 轴有关的几何量；当坐标轴过形心时，横截面对该轴的静矩为零。由于 $\frac{E}{\rho}$ 不为零，故必有 $S_z = 0$，得到 $y_C = 0$。由此可见，中性轴必然通过横截面的形心，这就确定了中性轴的位置。

将式(b)代入式(d)得

$$\int_A z\left(E\frac{y}{\rho}\right)dA = \frac{E}{\rho}\int_A yz dA = 0 \tag{g}$$

式中，积分 $\int_A yz dA = I_{yz}$ 为横截面对 y 和 z 轴的惯性积。只要横截面对称于 y、z 的任一轴，其值为零。由于 y 轴是截面的对称轴，因此 $I_{yz} = 0$，式(g)自然满足。

将式(b)代入式(e)得

$$\int_A y\left(E\frac{y}{\rho}\right)dA = \frac{E}{\rho}\int_A y^2 dA = M \tag{h}$$

式中，积分 $\int_A y^2 dA = I_z$ 为截面对中性轴的惯性距。于是式(h)可写成

$$\frac{1}{\rho} = \frac{M}{EI_z} \tag{11-1}$$

式(11-1)是用曲率表示的弯曲变形公式。它表明 EI_z 越大，中性层的曲率 $\frac{1}{\rho}$ 越小，即梁愈不易变形，故 EI_z 称为梁的**抗弯刚度**。

将式(11.1)代入式(b)，得

$$\sigma = \frac{My}{I_z} \tag{11-2}$$

此式为梁纯弯曲时横截面任一点正应力的计算公式。式中 M 为截面上的弯矩；I_z 为截面对中

性轴的惯性矩；y 为所求应力点到中性轴的距离。当弯矩为正时，梁下部纤维伸长，故产生拉应力，上部纤维缩短而产生压应力；弯矩为负时，则与上相反。用式(11-2)计算正应力时，可不考虑式中弯矩 M 和 y 的正负号，均以绝对值代入，正应力是拉应力还是压应力可由梁的变形来判断，即以中性轴为界，梁凸出的一侧受拉，凹入的一侧受压。

应该指出，以上公式虽然是纯弯曲的情况下，以矩形梁为例推导的，但对于具有纵向对称面的其他截面形式的梁，如工字形、T 字形和圆形截面梁等仍然可以使用。

由式(11-2)可知，梁弯曲时最大正应力在截面上离中性轴最远的各点处，即 $y=y_{\max}$的点，其值为

$$\sigma_{\max}=\frac{My_{\max}}{I_z} \tag{11-3}$$

引用记号

$$W_z=\frac{I_z}{y_{\max}} \tag{11-4}$$

于是，最大弯曲正应力即为

$$\sigma_{\max}=\frac{M}{W_z} \tag{11-5}$$

式中，W_z与截面的几何形状与尺寸有关，称为**抗弯截面系数**，也叫**抗弯截面模量**，单位都是长度的三次方，用 m^3或 cm^3、mm^3等表示。可见，最大弯曲正应力与弯矩成正比，与抗弯截面系数成反比。抗弯截面系数综合反映了横截面的形状与尺寸对弯曲正应力的影响。

对于矩形截面(见图 11.3(a))，由式(11-4)得

$$W_z=\frac{I_z}{y_{\max}}=\frac{\frac{1}{12}bh^3}{\frac{h}{2}}=\frac{1}{6}bh^2 \tag{11-6}$$

同理，对于如图 11.3(b)所示圆截面与如图 11.3(c)所示空心圆截面

$$W_z=\frac{I_z}{y_{\max}}=\frac{\frac{\pi d^4}{64}}{\frac{d}{2}}=\frac{\pi d^3}{32} \tag{11-7}$$

$$W_z=\frac{\pi D^3}{32}(1-\alpha^4) \tag{11-8}$$

式中，$\alpha=\dfrac{d}{D}$，代表内、外径的比值。

至于各种型钢截面的抗弯截面系数，则可从型钢规格表中查得。

11.3.2 横力弯曲时梁横截面上的正应力

当梁弯曲时，在其横截面上有拉应力也有压应力。对于中性轴为对称轴的截面，比如矩形、圆形和工字形等截面，其最大拉应力和最大压应力在数值上是相等的，可按式(11-5)求得。但对于中性轴不是对称轴的截面，例如 T 字形截面，则其上拉应力和压应力的最大值是不相等的，这时应以横截面上受拉和受压部分距中性轴最远的距离 $y_{t,\max}$ 和 $y_{c,\max}$ 分别直接代入式(11-3)求得相应的最大拉应力和压应力。

公式(11-3)是纯弯曲条件下导出的。在横力弯曲的情况下，梁的横截面上不但有正应力还有切应力。由于切应力的存在，此时梁的截面将发生翘曲。因此。梁在纯弯曲时所作的平面假设和单向受力状态的假设都不能成立。但按弹性理论的分析，在均布载荷作用下的矩形

截面简支梁，对于跨度与截面高度之比 l/h 大于 5 的梁，截面上的最大正应力按式(11-3)来计算，其误差仅为 1%。而在工程实际中常用的梁，其 l/h 远大于 5，应用纯弯曲时的正应力计算公式来计算梁在横力弯曲时截面上的正应力，足以满足工程中的精度要求。因此式(11-3)可推广应用为

$$\sigma(x)=\frac{M(x)y}{I_z} \tag{11-9}$$

式中，弯矩 $M(x)$ 随截面位置变化，因此用式(11-5)计算横力弯曲时等直梁截面上的最大正应力要用最大弯矩 $M_{\max}$ 代替 M，即

$$\sigma_{\max}=\frac{M_{\max}}{W_z} \tag{11-10}$$

此式表明等直梁最大正应力出现在弯矩最大的截面上，且在离中性轴最远处。

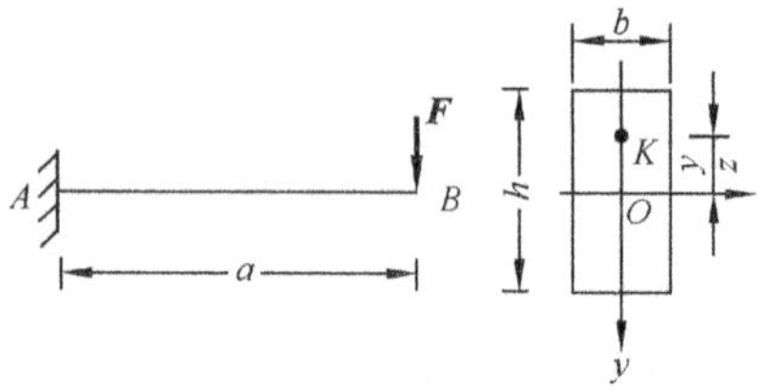

图 11.10

例 11-4 图 11.10 所示矩形截面悬臂梁，自由端承受集中荷载 $\boldsymbol{F}$ 作用，已知：$h=18\text{cm}$，$b=12\text{cm}$，$y=6\text{cm}$，$a=2\text{m}$，$F=1.5\text{kN}$。计算 A 截面上 K 点的弯曲正应力。

解 先计算截面上的弯矩

$$M_A=-Fa=-1.5\times 2=-3(\text{kN}\cdot\text{m})$$

截面对中性轴的惯性矩

$$I_z=\frac{bh^3}{12}=\frac{120\times 180^3}{12}=5.832\times 10^7\ (\text{mm}^4)$$

则

$$\sigma_K=\frac{M_A}{I_z}y=\frac{3\times 10^6}{5.832\times 10^7}\times 60=3.09(\text{MPa})$$

A 截面上的弯矩为负，K 点是在中性轴的上边，所以为拉应力。

11.3.3 正应力强度条件

最大弯曲正应力出现在离中性轴最远处，而该处的切应力一般为零，处于单向受力形态。这样只要求梁内的最大弯曲正应力 $\sigma_{\max}$ 不超过材料在单向受力时的许用应力 $[\sigma]$，就可保证梁的安全。因此，弯曲正应力强度条件为

$$\sigma_{\max}=\left(\frac{M}{W_z}\right)_{\max}\leqslant[\sigma] \tag{11-11}$$

对于等截面直梁，上式变为

$$\sigma_{\max}=\frac{M_{\max}}{W_Z}\leqslant[\sigma] \tag{11-12}$$

式(1-11)与式(11-12)仅适用于许用拉力 $[\sigma_t]$ 与许用压应力 $[\sigma_c]$ 相同的梁。如果二者不同，例如铸铁等脆性材料的许用压应力 $[\sigma_c]$ 超过许用拉应力 $[\sigma_t]$，则应按照梁内最大的拉应力 $\sigma_{t,\max}$ 和最大的压应力 $\sigma_{c,\max}$ 都不超过材料的许用应力计算，即

$$\sigma_{t,\max}\leqslant[\sigma_t],\qquad \sigma_{c,\max}\leqslant[\sigma_c]$$

利用上述强度条件，可对梁进行正应力强度校核、截面选择和确定许可荷载。

例 11-5 一矩形截面的简支木梁如图 11.11 所示，梁上作用有均布荷载，已知：$l=4\text{m}$，$b=140\text{mm}$，$h=210\text{mm}$，$q=2\text{kN/m}$，木材的许用正应力 $[\sigma]=10\text{MPa}$，试校核该梁的强度。

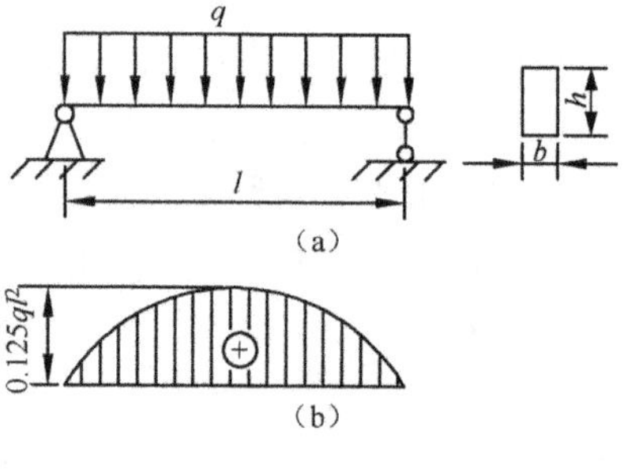

图 11.11

解 1)作弯矩图(如图 11.11(b)所示)

梁中的最大正应力发生在跨中弯矩最大的截面上,最大弯矩为

$$M_{max}=\frac{1}{8}ql^2=\frac{1}{8}\times 2\times 10^3\times 4^2=4\times 10^3(\text{N}\cdot\text{m})$$

2)校核正应力强度

抗弯截面模量为

$$W_z=\frac{1}{6}bh^2=\frac{1}{6}\times 0.14\times 0.21^2=0.103\times 10^{-2}(\text{m}^3)$$

由式(11.12)可得梁的最大正应力

$$\sigma_{max}=\frac{M_{max}}{W_z}=\frac{4\times 10^3}{0.103\times 10^{-2}}=3.88\times 10^6(\text{Pa})=3.88(\text{MPa})<[\sigma]$$

故梁满足强度要求。

例 11-6 试求上例中的梁所能承受的最大荷载(即求 q_{max})。

解 根据强度条件

$$M_{max}=W_z[\sigma]$$

跨中最大弯矩与荷载 q 的关系为

$$M_{max}=\frac{1}{8}ql^2$$

所以

$$W_z[\sigma]=\frac{1}{8}ql^2$$

从而得

$$q=\frac{8W_z[\sigma]}{l^2}=\frac{8\times 0.103\times 10^{-2}\times 10\times 10^6}{4^2}=5150(\text{N/m})=5.15(\text{kN/m})$$

即梁能承受的最大荷载为

$$q_{max}=5.15(\text{kN/m})$$

另解 由于在弹性范围内,应力与荷载成正比,即

$$q_{max}/q=[\sigma]/\sigma$$

得

$$q_{max}=\frac{[\sigma]}{\sigma}q=\frac{10}{3.88}\times 2=5.15(\text{kN/m})$$

例 11-7 悬臂工字钢梁 AB 如图 11.12(a)所示,长$l=1.2\text{m}$,在自由端有一集中荷载 $\boldsymbol{F}$,工字钢的型号为 18 号,已知钢的许用应力$[\sigma]=170\text{MPa}$,略去梁的自重,试计算集中荷载 $\boldsymbol{F}$ 的最大许可值。

解 梁的弯矩图如图 11.12(b)所示,最大弯矩在靠近固定端处,其绝对值为

$$M_{max}=Fl=1.2F$$

由附录中查得,18 号工字钢的抗弯截面模量为

$$W_z=185\times 10^3\ (\text{mm}^3)$$

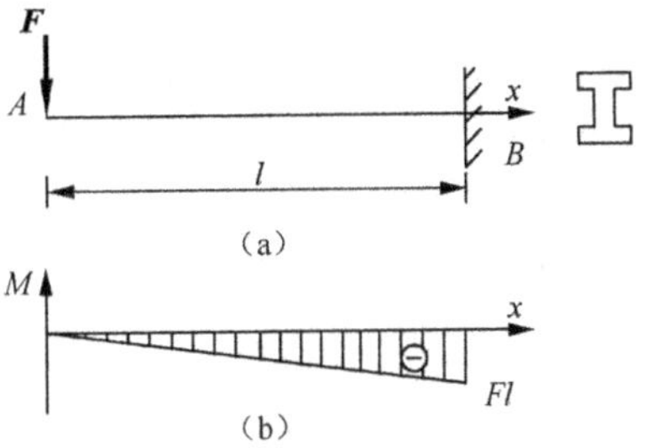

图 11.12

由式(11.12)得

$$\sigma_{max}=\frac{M_{max}}{W_z}\leqslant[\sigma]$$

得

$$1.2F\leqslant 185\times 10^{-6}\times 170\times 10^6$$

因此,可知 F 的最大许可值为

$$[F]_{max}=\frac{185\times 170}{1.2}=26.2\times 10^3(\text{N})=26.2(\text{kN})$$

例 11-8 T 形截面铸铁梁的载荷与尺寸如图 11.13(a)所示。铸铁的抗拉许用力为 $[\sigma_t]=30\text{MPa}$，抗压许用力 $[\sigma_c]=160\text{MPa}$。已知截面对形心轴 z 的惯性距 $I_z=763\text{ cm}^4$，且 $|y_1|=52\text{mm}$。试校核梁的强度。

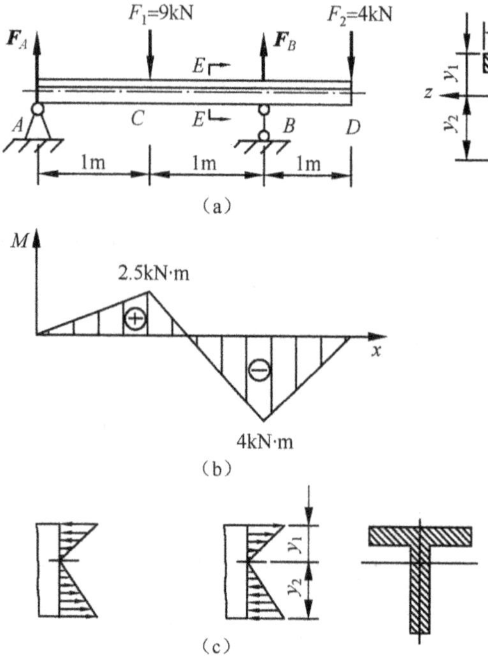

图 11.13

解 1)求支反力

由静力平衡方程求出梁的支反力为

$$F_A=2.5(\text{kN})(\uparrow),\qquad F_B=10.5(\text{kN})(\uparrow)$$

2)绘弯矩图(见图 11.13(b))

最大正弯矩在截面 C 上　　　　$M_C=2.5(\text{kN}\cdot\text{m})$

最大负弯矩在截面 B 上　　　　$M_B=-4(\text{kN}\cdot\text{m})$

3)危险截面与危险点判断

T 形截面由于中性轴不对称，梁的最大拉应力和最大压应力并不发生在同一截面上，因此作用有最大正弯矩的 C 截面和作用最负弯矩的 B 截面均为危险截面。

截面 C 与 B 的弯曲正应力分布分别绘在图 11.13(c)中。在截面 B 上，M 为负，最大拉应力发生在上边缘各点，最大压应力发生在下边缘各点；在截面 C 上，M 为正，最大拉应力发生在下边缘各点；最大压应力发生在上边缘各点。

由于 $|M_B|>|M_C|$，$|y_2|>|y_1|$，因此，梁内的最大弯曲压应力 $\sigma_{c,\max}$ 发生在 B 截面的下边缘各点。至于最大弯曲拉应力究竟发生在 B 截面上边缘各点还是 C 截面下边缘各点，经计算才能确定。这些可能最先破坏的点称为危险点。

4)强度校核

由式(11-9)得 B 截面

$$\sigma_t=\frac{M_B y_1}{I_z}=\frac{4\times10^3\times52\times10^{-3}}{763\times10^{-8}}=27.2(\text{MPa})$$

$$\sigma_c = \frac{M_B y_2}{I_z} = \frac{4\times10^3\times(120+20-52)\times10^{-3}}{763\times10^{-8}} = 46.2(\text{MPa})$$

C 截面

$$\sigma_t = \frac{M_C y_2}{I_z} = \frac{2.5\times10^3(120+20-52)\times10^{-3}}{763\times10^{-8}} = 28.8(\text{MPa})$$

所以，最大拉应力是在截面 C 的下边缘各点处，得

$$\sigma_{t,\max} = 28.8\text{MPa} < [\sigma_t]$$

$$\sigma_{c,\max} = 46.2\text{MPa} < [\sigma_c]$$

可见，梁的弯曲强度符合要求。

11.4 提高梁弯曲强度的措施

在工程实际中，设计梁的主要依据是梁的弯曲正应力强度条件

$$\sigma_{\max} = \frac{M_{\max}}{W_Z} \leqslant [\sigma]$$

从这个条件可看出，提高梁的承载能力，就要降低最大弯矩、提高抗弯截面系数，据此提出下面几个提高梁抗弯能力的措施。

11.4.1 合理配置梁的支座与载荷

在工程实际容许的情况下，提高梁强度的一重要措施是合理安排梁的支座和加载方式。例如，图 11.14(a)所示简支梁，承受均布载荷 q 作用，其最大的弯矩 $M_{\max} = \frac{ql}{8} = 0.125ql^2$，若将梁两端的铰支座各向内移动少许，例如移动 $0.2l$，如图 11.14(b)所示，则后者的最大弯矩 $M_{\max} = 0.025ql^2$，仅为前者的 1/5。工程中常见的锅炉筒体，如图 11.14(c)所示，其支承点向内移动少许，就是利用这个原理来降低最大弯矩。

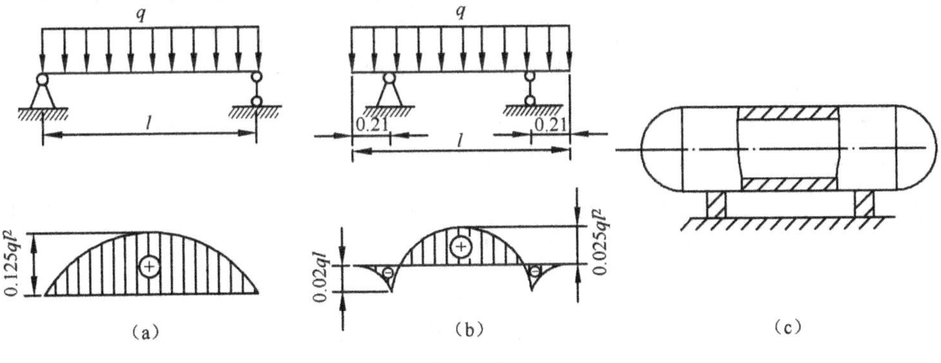

图 11.14

又如，图 11.15(a)所示简支梁 AB，在跨度中点承受集中荷载 **F** 作用，梁的最大弯矩为 $M_{\max} = \frac{Fl}{4}$。若条件允许，在梁的中部设置一长为 $l/2$ 的辅助梁 CD，如图 11.15(b)所示，将一个集中载荷通过辅梁再作用到梁上，这时，梁 AB 内的最大弯矩 $M_{\max} = \frac{Fl}{8}$，只有原来的一半。

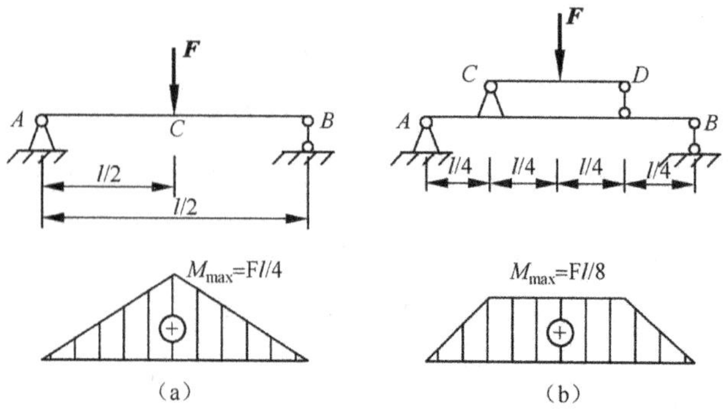

图 11.15

上述实例说明，合理安排支座和加载方式，将显著减小梁内的最大弯矩。

11.4.2 选用合理的截面形状

从梁的弯曲正应力强度条件可知，抗弯截面系数越大越好。而在获得较大的抗弯截面系数的同时，应尽量使用较少的材料，即减少梁的截面面积。因此，合理的截面形状应是截面面积比较小，抗弯截面系数比较大。例如高为h宽为b且$h>b$的矩形截面梁，如把截面竖放，抗弯截面系数为$\frac{bh^2}{6}$；如把截面横放，抗弯截面系数为$\frac{b^2h}{6}$；两者之比$\frac{h}{b}>1$，所以竖放比横放的弯曲强度高。因此用在土木工程中的矩形截面梁通常都是竖放的。

而截面形状不同$\frac{W_z}{A}$比值不同，可用比值$\frac{W_z}{A}$来衡量截面的合理性，比值愈大，所采用的截面就愈合理。如从列于表11.1中常见的几种截面的比值$\frac{W_z}{A}$可以看出，环形截面比圆形截面合理；竖放矩形截面比环形截面合理；工字形截面比竖放矩形截面合理。从正应力分布规律分析，由于正应力沿截面高度线性分布，当离中性轴最远的上下边缘处各点处的正应力达到许用应力值时，中性轴附近各点处的正应力仍很小。因此，在离中性轴较远的位置，配置较多的材料，将充分发挥材料的作用。工程中，使用工字形截面就基于这一原理。

表 11.1　W_z 和 A 的比值

截面形状	矩形	圆形	环形	槽钢	工字钢
W_z/A	$0.167h$	$0.125h$	$0.205h$	$(0.27\sim0.31)h$	$(0.27\sim0.31)h$

选择梁截面的合理形状，还要考虑到材料的特性。对于抗拉与抗压强度相同的塑性材料梁，宜采用对中性轴对称的截面，这样可使最大拉应力$\sigma_{t,max}$和最大压应力$\sigma_{c,max}$相等，并同时达到许用应力$[\sigma]$，使材料得到充分利用，如工字形截面等。但对于抗拉强度低于抗压强度的脆性材料，例如铸铁等，最好采用中性轴偏于受拉一侧的截面，使截面上最大拉应力$\sigma_{t,max}$小于最大压应力$\sigma_{c,max}$，如图11.16所示T字形截面。如能使截面上最大拉应力$\sigma_{t,max}$和最大压应力$\sigma_{c,max}$同时达到材料抗拉和抗压的许用应力，就要满足以下条件：

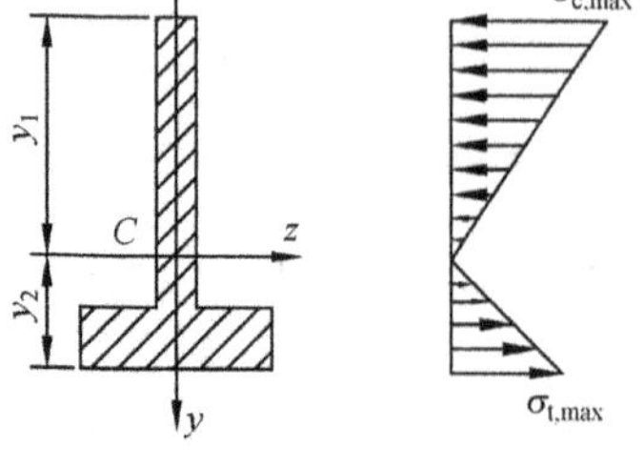

图 11.16

$$\frac{\sigma_{c,max}}{\sigma_{t,max}}=\frac{\frac{My_1}{I_z}}{\frac{My_2}{I_z}}=\frac{y_1}{y_2}=\frac{[\sigma_c]}{[\sigma_t]}$$

11.4.3 采用变截面梁

横力弯曲时，梁内不同截面的弯矩不同。因此，在按危险截面的最大弯矩设计的等截面梁中，除最大弯矩所在的危险截面外，其余截面的材料强度均未被充分利用。因此，在工程实际中，常根据弯矩沿梁轴线的变化情况，将梁相应地设计成变截面的梁是比较合理的。这种截面尺寸沿梁轴线变化的梁，称为变截面梁。如图 11.17(a)、(b)所示矩形悬壁梁和阶梯轴，就是根据各截面上弯矩的不同而采用的变截面梁。如果使变截面梁上所有截面的最大正应力都相等，且等于材料的许用应力时，此种梁就称为等强度梁。从弯曲强度方面考虑，等强度梁是理想变截面梁。显然，等强度梁是最经济、合理的。但在工程实际中，由于加工制造等因素，一般只能做到近似等强度梁的形式，例如图 11.18 所示的鱼腹梁。

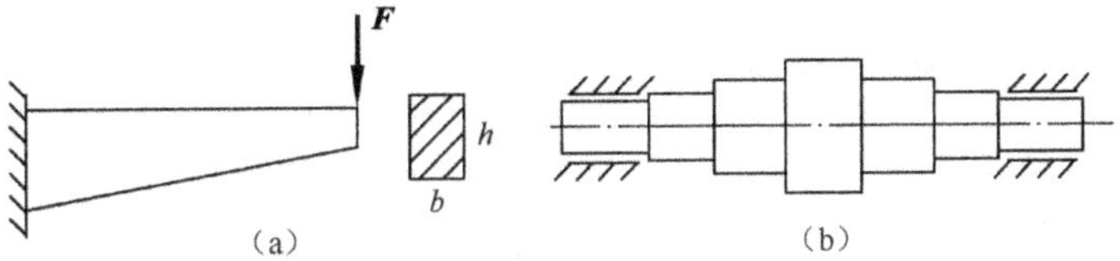

图 11.17

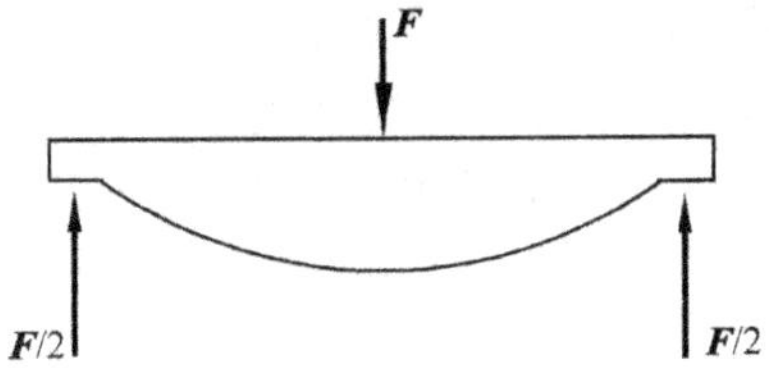

图 11.18

11.5 梁弯曲时横截面上的切应力

横力弯曲时，梁的横截面上既有弯矩又有剪力，故梁的横截面上既有相应的正应力又有相应的切应力。对于截面为圆形、矩形，且跨度比其截面高度大得多的梁，一般说正应力是强度计算的主要因素，切应力可忽略不计。但对于跨度短截面高的梁，腹板较薄的工字梁等，这时切应力可达到相当大的数值，切应力就不能忽略了。下面介绍两种常见截面上弯曲切应力的分布规律和计算公式。

11.5.1 矩形截面梁

图 11.19 所示一矩形截面梁，其横截面的高度为 h，宽度为 b。截面上有方向向上的剪力 $\boldsymbol{F}_S$ 作用，假设横截面上各点处的切应力 τ 均平行剪力 $\boldsymbol{F}_S$；切应力 τ 沿矩形截面宽度均匀分布。通过分析，这时横截面上距离中性轴为 y 的各点处的切应力 τ 为

$$\tau = \frac{F_S S_z^*}{I_z b} \qquad (11\text{-}13)$$

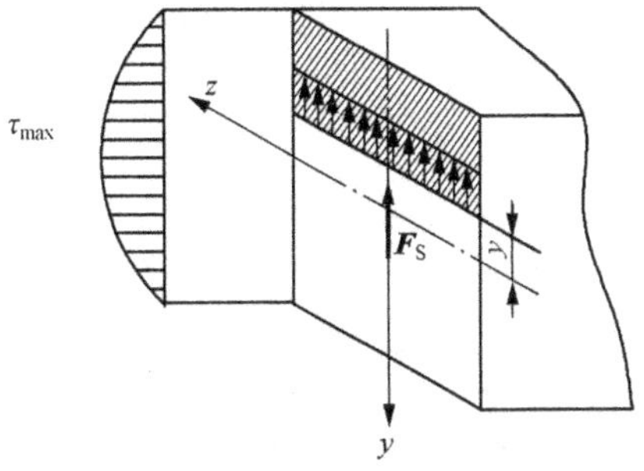

图 11.19

式中，I_z代表整个截面对中性轴 z 的惯性矩；$S_z{}^*$ 代表

y 处横线至上边缘的部分截面对中性轴 z 轴的静矩，其值为

$$S_z^* = b\left(\frac{h}{2} - y\right) \times \frac{1}{2}\left(\frac{h}{2} + y\right) = \frac{b}{2}\left(\frac{h^2}{4} - y^2\right)$$

将上式及 $I_z = \dfrac{bh^3}{12}$ 代入式(11-13)得矩形截面梁的弯曲切应力公式

$$\tau = \frac{3F_S}{2bh}\left(1 - \frac{4y^2}{h^2}\right) \tag{11-14}$$

由此可见：矩形截面梁的弯曲切应力沿截面高度按抛物线分布，如图 11.19 所示；在截面的上、下边缘$\left(y = \pm\dfrac{h}{2}\right)$，切应力 $\tau = 0$；在中性轴上($y=0$)，切应力最大，其值为

$$\tau_{max} = \frac{3}{2}\frac{F_S}{bh} \tag{11-15}$$

根据假设所得到的上述公式，对于狭长矩形截面梁足够精确，而对于一般高度大于宽度的矩形截面梁，在工程中也是适用的。

11.5.2 工字形截面梁

工字形截面梁由腹板和上下翼缘组成，中间狭长部分为腹板，上、下扁平部分为翼缘，其横截面如图 11.20(a)所示。横截面上的切应力主要分布于腹板上，翼缘部分的切应力情况比较复杂，数值很小，可不予考虑。由于腹板比较狭长，因此可以假设：腹板的切应力平行于腹板竖边，并沿腹板宽度均匀分布。与矩形截面梁一样，得到腹板上 y 处的弯曲切应力为：

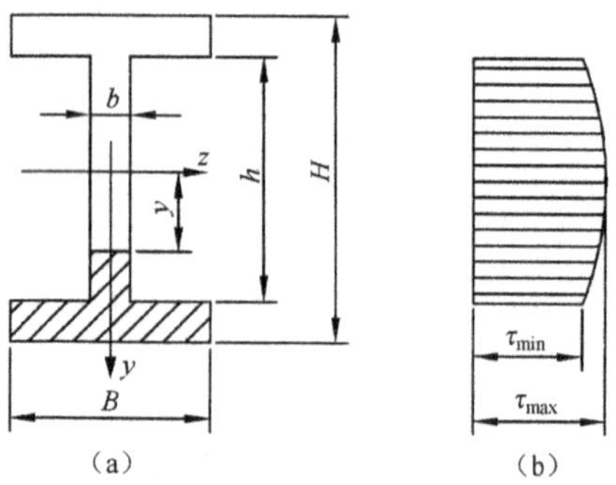

图 11.20

$$\tau = \frac{F_S S_z^*}{I_z b}$$

式中，b 为腹板宽度；I_z 为工字形截面对中性轴的惯性距；S_z^* 为距中性轴为 y 的横线以外部分的横截面(图 11.20(a)所示的阴影线面积)对中性轴的静矩。腹板上的弯曲切应力沿腹板高度按抛物线分布，如图 11.20(b)所示。其最大切应力发生在中性轴上，其值为

$$\tau_{max} = \frac{F_S S_{z\,max}^*}{I_Z b}$$

式中，$S_{z\,max}^*$ 为中性轴任意一侧的半个横截面面积对中性轴的静距。在具体计算工字钢的 τ_{max} 时，$I_z/S_{z\,max}^*$ 可由型钢规格表中查得。

当腹板宽度 b 远小于翼缘宽度 B 时，腹板上的最大切应力 τ_{max} 与最小切应力 τ_{min} 的差值不大，如图 11.20(b)所示，切应力可近似看成是均匀分布的。因此可按下式估算腹板上的最大切应力 τ_{max}

$$\tau_{max} = \frac{F_S}{bh} \tag{11-16}$$

式中，h 为腹板的高度。

至于翼缘上的切应力，其值与腹板切应力相比较小，一般不考虑。

此外，如圆截面梁、箱形截面梁、T 形截面梁等，都可采用式(11-13)计算截面上的切应力。

11.5.3 切应力强度条件

对于等直梁而言，其最大切应力 τ_{max} 在最大剪力 F_{Smax} 所在的横截面上，而且一般是在该

截面的中性轴上，此处弯曲正应力为零。因此，最大弯曲切应力作用点处于纯剪切状态，弯曲切应力的强度条件为

$$\tau_{\max} = \frac{F_{S\max} S_{z\max}^*}{I_z b} \leqslant [\tau] \tag{11-17}$$

式中，$S_{z\max}^*$ 是横截面上中性轴一侧的面积对中性轴的静矩；b 是横截面在中性轴处的宽度；I_z 是整个横截面对中性轴的惯性矩；$[\tau]$ 是材料的许用切应力。

在梁的强度计算中，对于实心截面的细长梁，由于弯曲正应力是主要控制因素，通常只考虑用正应力强度条件分析，不用再进行切应力校核。但对于薄壁截面梁、短而粗的梁、集中载荷作用在支座附近的梁等，则不仅要考虑正应力强度条件，还要考虑切应力强度条件。

例 11-9 一矩形截面悬臂梁 AB，在自由端承受梁中载荷 $\boldsymbol{F}$，如图 11.21 所示，试求最大正应力 $\sigma_{\max}$ 和最大切应力 $\tau_{\max}$ 的比值。

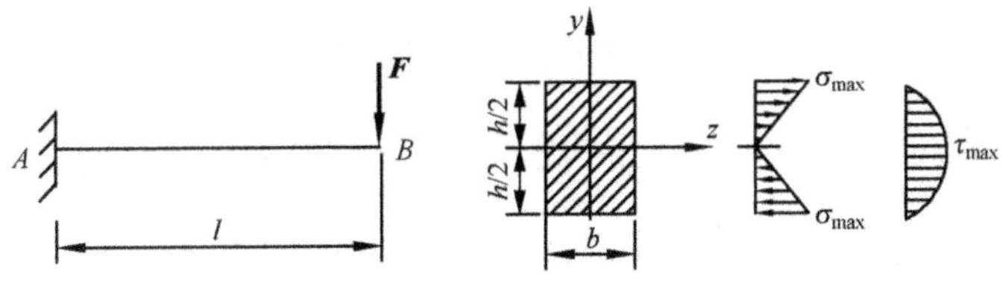

图 11.21

解 梁的最大弯矩在固定端处，最大弯矩为 $|M|_{\max} = Fl$，剪力在梁的各截面均为常数，最大切应力为 $|F_S|_{\max} = F$，危险截面在固定端处。

如图 11.21(c)所示，由应力分布规律得，最大正应力发生在 A 截面的上、下边缘处，为

$$\sigma_{\max} = \frac{M_{\max}}{W_z} = \frac{Fl}{\frac{bh^2}{6}} = \frac{6Fl}{bh^2}$$

最大切应力发生在各截面的中性轴处，为

$$\tau_{\max} = \frac{3}{2}\frac{F_S}{A} = \frac{3}{2}\frac{F}{bh}$$

两者之比为

$$\frac{\sigma_{\max}}{\tau_{\max}} = \frac{6Fl}{bh^2}\frac{2bh}{3F} = 4\left(\frac{l}{h}\right)$$

由上式可知，当细长梁($l>5h$)的跨度 l 远大于其截面高度 h 时，$\tau_{\max} \leqslant 0.05\sigma_{\max}$，可见梁的最大弯曲正应力远大于弯曲切应力。这一结论适用于通常的非薄壁截面梁(指厚壁截面梁及实心截面梁)。因此，非薄壁截面细长梁横力弯曲时，可只计算正应力，而不必考虑切应力。但对于顺纹方向抗剪强度差的材料如木制梁及切应力较大的薄壁截面梁或短梁(跨度与梁的高度比小于 5)则需同时进行正应力和切应力的计算。

例 11-10 一简支梁 AB 如图 11.22(a)所示。已知 $q=10\text{kN/m}$，$F=200\text{kN}$，$l=2\text{m}$，$a=0.2\text{m}$。材

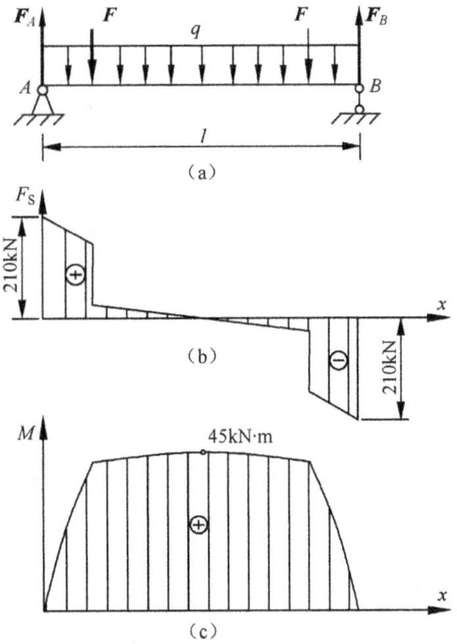

图 11.22

料的许用弯曲应力$[\sigma]=160\text{MPa}$,许用切应力$[\tau]=100\text{MPa}$。试选择工字钢的型号。

解 此梁的集中力 $\boldsymbol{F}$ 离支座较近,故剪力较大,弯矩较小,且工字钢的腹板较窄,所以既要考虑正应力强度,也要校核切应力强度

1)作剪力图和弯矩图如图 11.22(b)所示

$$|F_S|_{\max}=210\text{kN},\quad |M|_{\max}=45\text{kN}$$

2)按正应力强度条件选择截面

由弯曲正应力强度条件,有

$$W_z \geqslant \frac{M_{\max}}{[\sigma]}=\frac{45\times 10^3}{160\times 10^6}=281\times 10^{-6}(\text{m}^3)=281\ (\text{cm}^3)$$

查型钢表,选用 22a 工字钢,其 $W_z=309\ \text{cm}^3$。

3)校核切应力强度

查型钢表,$b=0.75\text{cm}$,$\dfrac{I_z}{S^*_{z,\max}}=18.9\text{cm}$,由式(11-17)得

$$\tau_{\max}=\frac{F_{S\max}S^*_{z\ \max}}{bI_z}=\frac{210\times 10^3}{0.75\times 10^{-2}\times 18.9\times 10^{-2}}=148(\text{MPa})>[\tau]$$

$\tau_{\max}$ 超过 $[\tau]$ 很多,不满足切应力强度条件,需重新选择截面。

4)重新选择截面

现选择更大的截面 25b 工字钢,再次校核切应力强度。由型钢表查得

$$b=1\text{cm},\qquad \frac{I_z}{S^*_{z,\max}}=21.3\text{cm}$$

则

$$\tau_{\max}\ \frac{F_{S\ \max}S^*_{z\ \max}}{bI_z}=\frac{210\times 10^3}{1\times 10^{-2}\times 21.3\times 10^{-2}}=98.6(\text{MPa})<[\tau]$$

因此,满足切应力强度条件,最后选用型号为 25b 的工字钢。

习　　题

11-1 试求习题 11-1 图所示对形心轴 z 的惯性距 I_z。

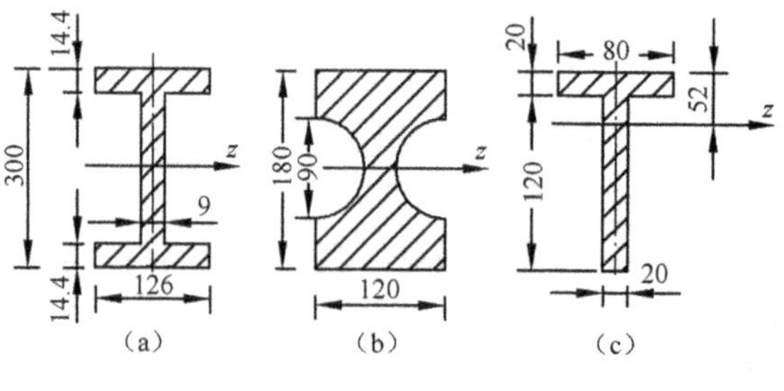

习题 11-1 图

11-2 矩形截面的悬臂梁受集中力和集中力偶作用,如习题 11-2 图所示。试求截面 m-m 和固定端截面 n-n 上 A、B、C、D 四点处的正应力。

11-3 一简支梁承受均布荷载作用,如习题 11-3 图所示。已知:$l=2\text{m}$,$q=2\text{kN/m}$,$D_1=40\text{mm}$,$\dfrac{d_2}{D_2}=\dfrac{3}{5}$,若分别采用截面面积相等的实心和空心圆截面,试分别计算它们的最大正应力,并问空心截面比实心截面的最大正应力减小了百分之几?

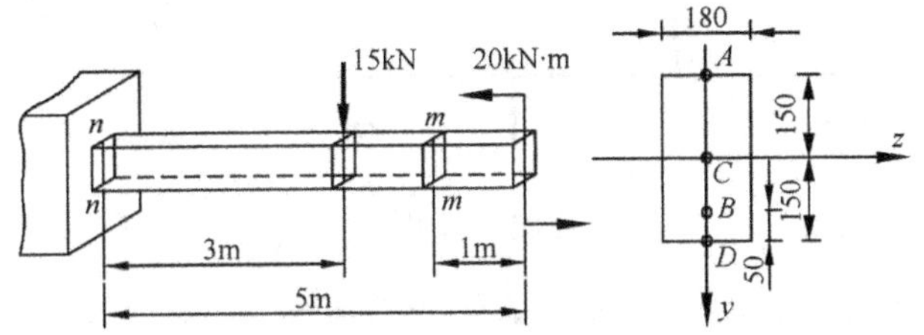

习题 11-2 图

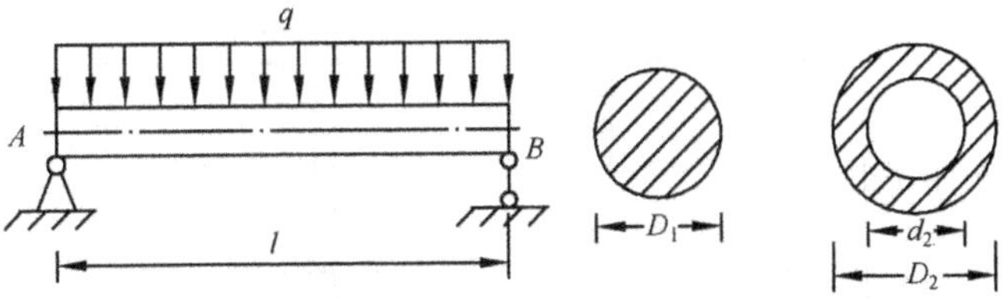

习题 11-3 图

11-4 一矩形截面梁的简支梁，梁上作用均布荷载，如习题 11-4 图所示，已知：$l=4$m，$b=140$mm，$h=210$mm，$q=2$kN/m，弯曲时木材的许用应力 $[\sigma]=11$MPa，试校核梁的强度。

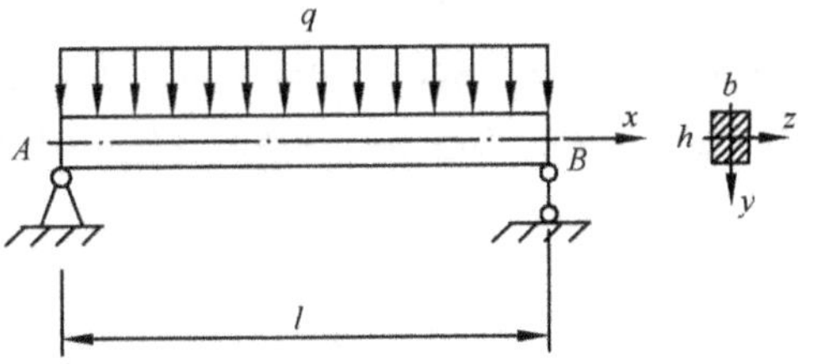

习题 11-4 图

11-5 一矩形截面的悬臂梁受均布荷载作用，如习题 11-5 图所示，已知：$l=4$m，$\dfrac{b}{h}=\dfrac{2}{3}$，$q=10$kN/m，$[\sigma]=100$MPa。试确定此梁横截面的尺寸。

11-6 习题 11-6 图所示轧辊轴直径 $D=280$mm，跨度 $L=1000$mm，$l=450$mm，$b=100$mm；轧辊材料的弯曲许用应力 $[\sigma]=100$MPa。求轧辊能承受的最大轧制力。

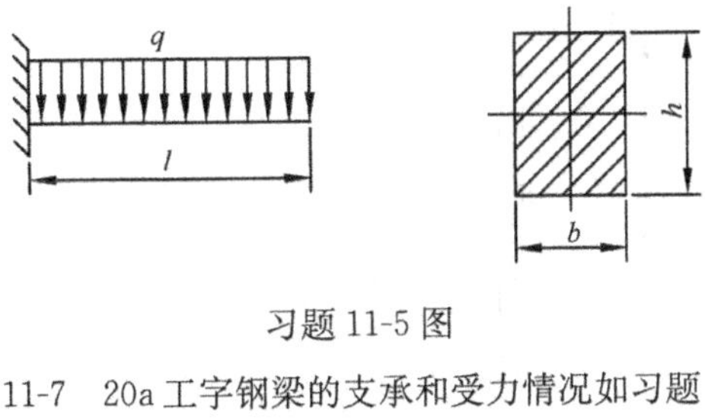

习题 11-5 图

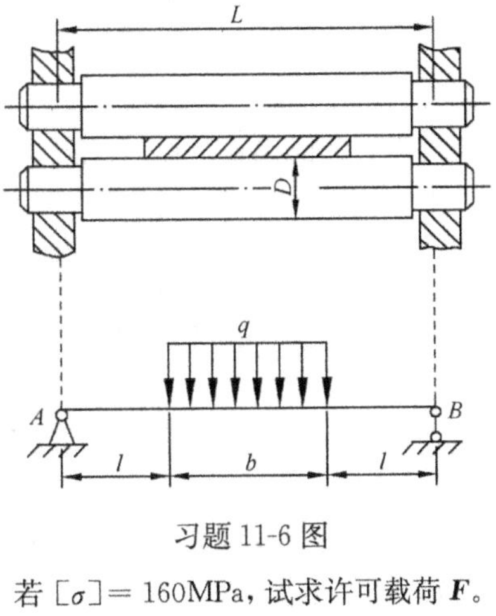

习题 11-6 图

11-7 20a 工字钢梁的支承和受力情况如习题 11-7 图所示。若 $[\sigma]=160$MPa，试求许可载荷 $\boldsymbol{F}$。

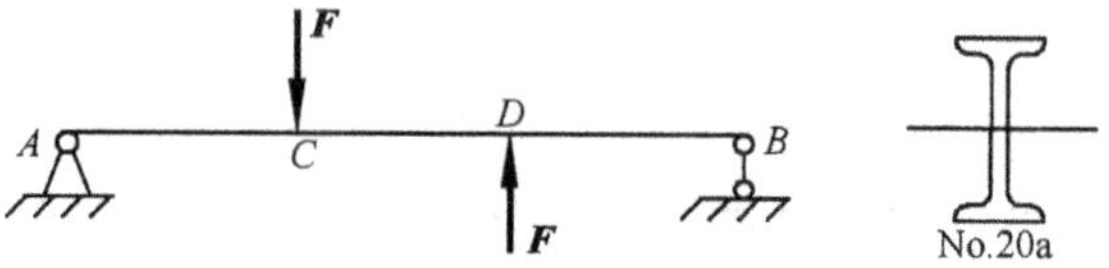

习题 11-7 图

11-8　习题 11-8 图所示为一承受纯弯曲的铸铁梁，其截面为⊥形，材料的拉伸和压缩许用应力之比 $\frac{[\sigma_t]}{[\sigma_c]}=\frac{1}{4}$。试求水平翼板的合理宽度 b。

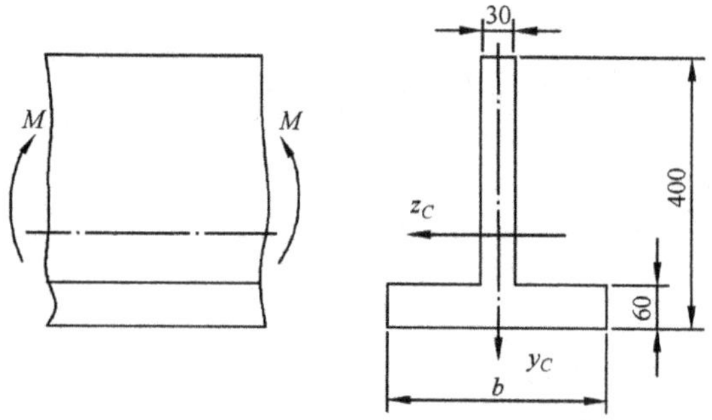

习题 11-8 图

11-9　截面为⊥形的截面铸铁截面梁，尺寸及载荷如习题 11-9 图所示，若材料的拉伸许用应力 $[\sigma_t]=$ 40MPa，压缩许用应力 $[\sigma_c]=160$MPa，截面对形心轴 z_C 的惯性距 $I_{z_C}=10180\ \text{cm}^4$，$h_1=9.64$cm，试计算该梁的许可载荷 $\boldsymbol{F}$。

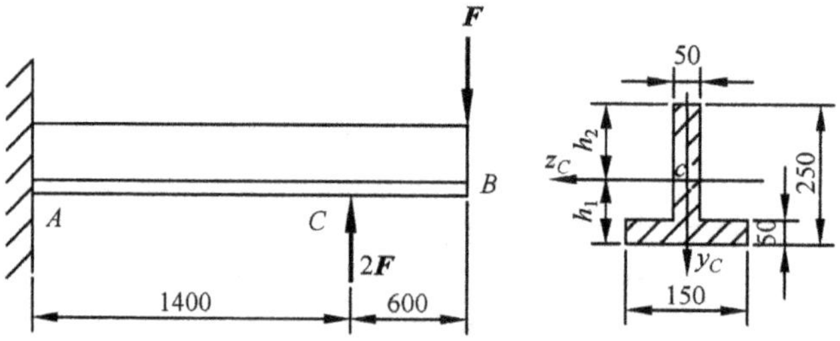

习题 11-9 图

11-10　习题 11-10 所示 T 形截面铸铁梁承受载荷作用。已知：$F=20$kN，$q=10$kN/m，铸铁的许用拉应力 $[\sigma_t]=40$ MPa，许用压应力 $[\sigma_c]=160$ MPa。试按正应力强度条件校核梁的强度。若载荷不变，将横截面由 T 形倒置成⊥形，是否合理？为什么？

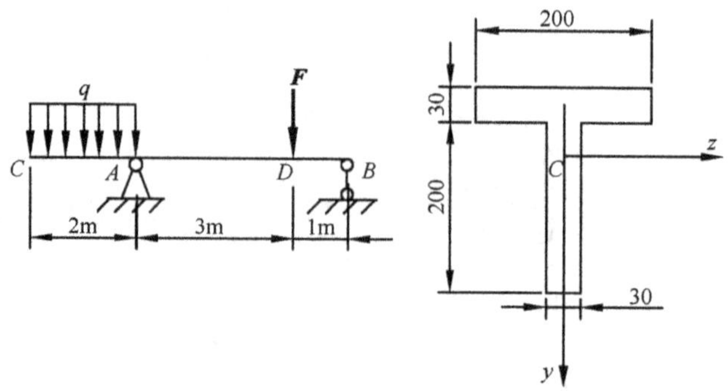

习题 11-10 图

11-11　习题 11-11 图所示铸铁槽形截面梁，C 为截面的形心，$I_z = 40 \times 10^6\ \text{mm}^4$，$y_1 = 140\text{mm}$，$y_2 = 60\text{mm}$，$l = 4\text{m}$，$q = 20\text{kN/m}$，$m = 20\text{kN} \cdot \text{m}$，$[\sigma_t] = 40\text{MPa}$，$[\sigma_c] = 150\text{MPa}$。

(1)作出最大正弯矩和最大负弯矩所在截面的应力分布图，并标明应力数值；

(2)校核梁的强度。

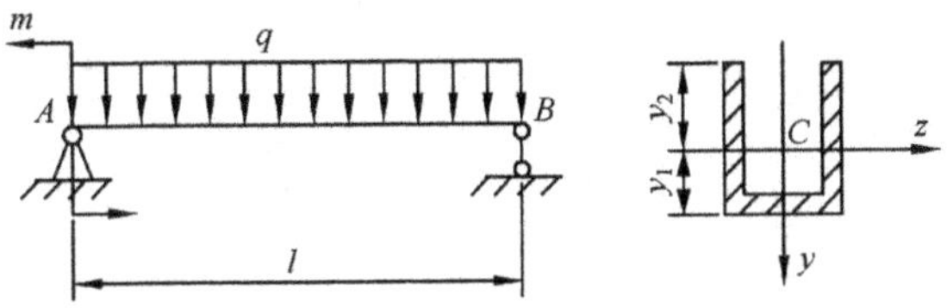

习题 11-11 图

11-12　一正方形截面木梁，受力如习题 11-12 图所示，$q=2\text{kN/m}$，$F=5\text{kN}$，木料的许用应力 $[\sigma]=10\text{MPa}$。若在 C 截面的高度中间沿 z 方向钻一直径为 d 的横孔，在保证该梁的正应力强度条件下，试求圆孔的最大直径 d。

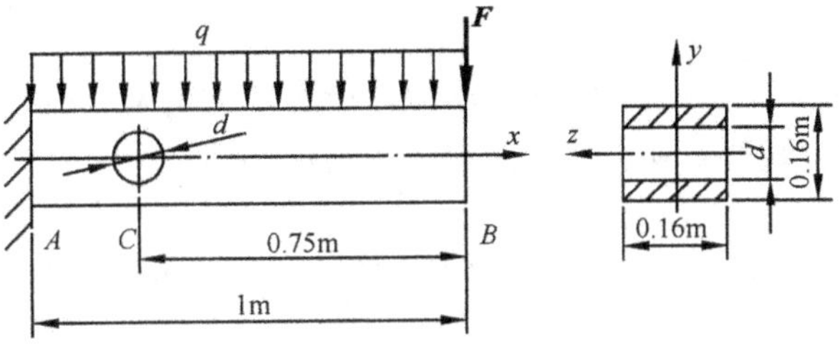

习题 11-12 图

11-13　当载荷 $\boldsymbol{F}$ 直接作用在跨长为 $l=6\text{m}$ 的简支梁 AB 的中点时，梁内最大正应力超过允许值 30%。为了消除此过载现象，配置如习题 11-13 图所示的辅助梁 CD，试求此辅助梁的最小跨长 a。

11-14　习题 11-14 图所示矩形截面简支梁受均布载荷 q 作用。已知梁长 l，截面尺寸 b 和 h，若 $l=5h$，求梁内最大弯曲正应力与最大弯曲切应力之比。

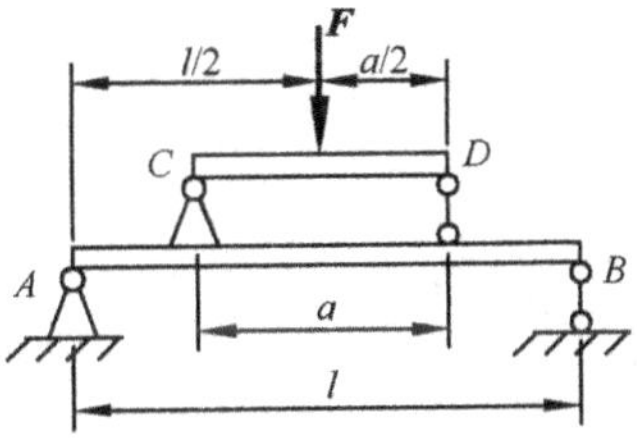

习题 11-13 图

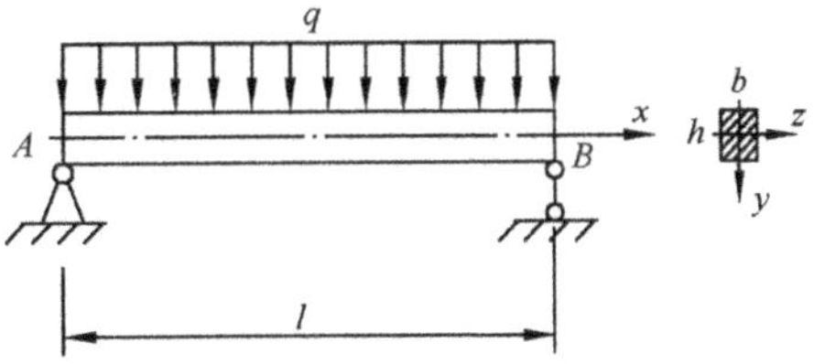

习题 11-14 图

11-15　习题 11-15 图所示外伸木梁受移动载荷 $F = 40\ \text{kN}$ 作用。已知木材的许用应力 $[\sigma] = 10\ \text{MPa}$，许用切应力 $[\tau] = 3\ \text{MPa}$，木梁的横截面为矩形截面，其高宽比 $h/b = 3/2$。试选择此梁的横截面尺寸。

11-16　简支梁受力如习题 11-16 图所示，截面为工字钢。已知 $F=40\text{kN}$，$q=1\text{kN/m}$，$[\sigma]= 100\text{MPa}$，$[\tau]= 80\text{MPa}$。试选用工字钢型号。

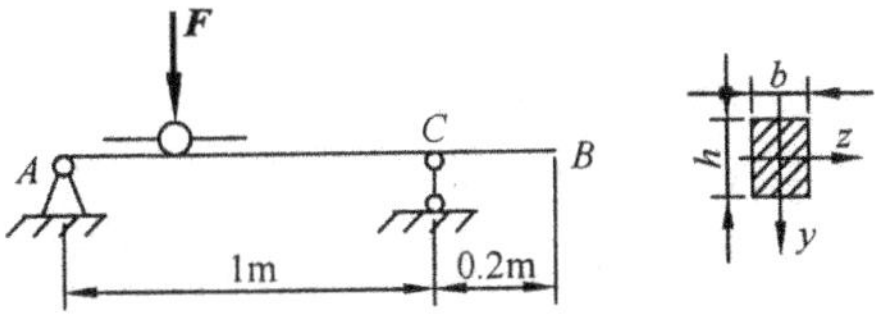

习题 11-15 图

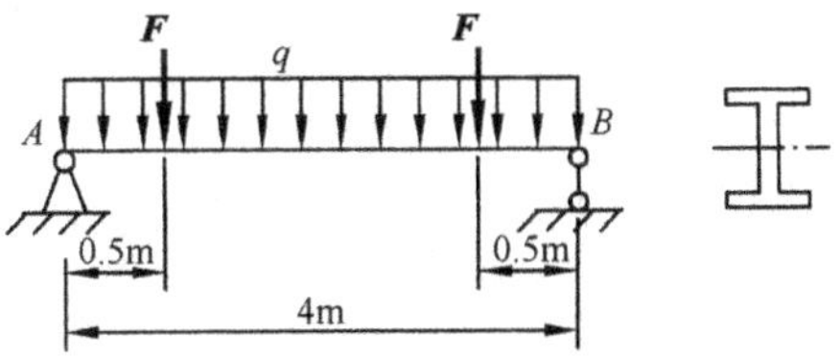

习题 11-16 图

第12章 弯曲变形

12.1 概　述

工程实际中，为保证某些弯曲构件正常工作，不仅要求构件具有足够的强度，而且还要求它们具有足够的刚度，即要求它们不能变形过大。以机床主轴为例，如图12.1所示，若其变形过大时，将影响齿轮间的正常啮合、轴承之间的配合，造成齿轮和轴承的不均匀磨损，使机床产生噪音，降低寿命，且影响工件的加工精度。再以吊车梁为例，当吊车梁的变形过大时，将会引起梁上小车行走困难，出现爬坡现象以及车体严重振动。因此，为保证构件正常的工作，必须限制构件的弯曲变形。

但在另外某些情况下，工程上又常常利用构件产生较大的弯曲变形来达到某种目的。例如，汽车轮轴上的叠板弹簧就是利用其较大的弯曲变形，来减小车身的颠簸，达到缓冲减振的目的，如图12.2所示。

此外，在求解静不定梁的问题时，也需要考虑梁的变形。本章主要研究梁在平面弯曲时梁的变形问题。

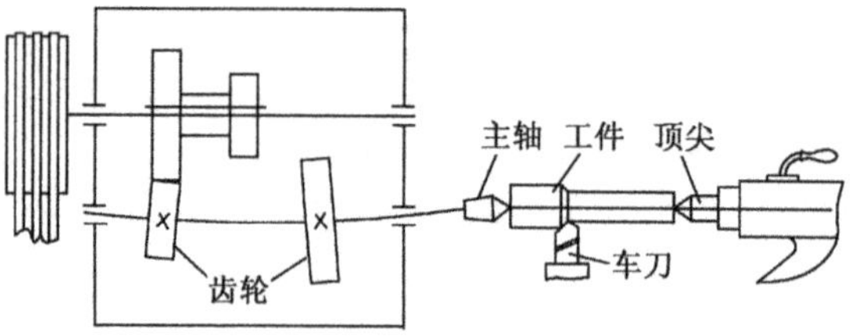

图12.1

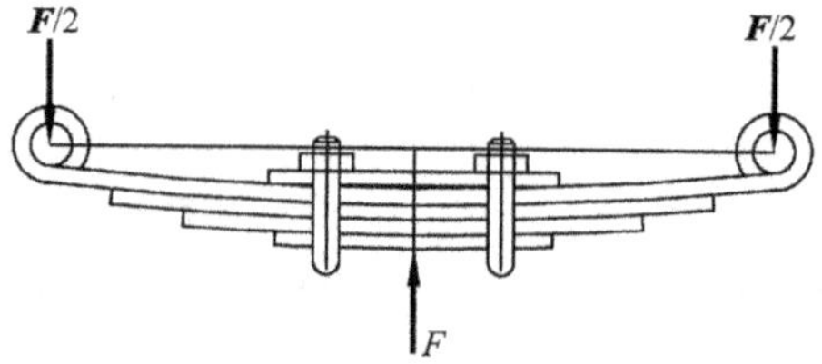

图12.2

12.2 梁的挠曲线近似微分方程

12.2.1 挠度和转角

为讨论梁的变形，设有一简支梁，在梁上建立坐标系，取梁的左端为原点，以变形前的梁轴线为 x 轴，向右为正，铅垂的轴为 w 轴，向上为正，如图12.3所示。梁在平面弯曲的情况下，其轴线在载荷作用的平面内将成为一条光滑而连续的曲线，该曲线称为梁的挠曲线。

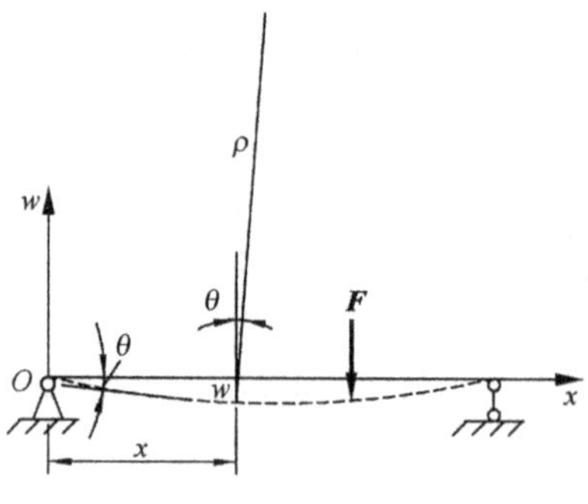

图12.3

与此同时，在梁的变形过程中，将产生两种形式的位移。

(1)**挠度**。梁轴线上的任一点 C(梁横截面的形心)在 w 轴方向的线位移，称为该点的**挠度**。通常用 w 表示。在图12.3所示的坐标系中，挠度向上为正，向下为负。应当指出的是，由于梁的变形很小，梁轴线弯曲成曲线后，梁的挠度远小于跨长，因此 C 点产生水平方向的线位移可以忽略不计。

(2)**转角**。梁弯曲时，梁的任一横截面绕中性轴转动一个角位移，称为该截面的**转角**。通常用 θ 表示。由于梁横截面变形后仍与弯曲后的梁轴线(挠曲线)垂直，因此转角 θ 也可用挠曲线在该点的切线与 x 轴的夹角表示，如图 12.3 所示。转角 θ 以逆时针转向为正，顺时针转向为负。

梁的挠度和转角都随截面位置 x 而改变，均为坐标 x 的函数。因此，挠度可表示为

$$w = f(x) \tag{12-1}$$

式(12-1)称为**挠曲线方程或挠度方程**。

工程实际中，由于常见梁的转角 θ 在小变形时一般都很小，故转角可表示为

$$\theta(x) \approx \tan\theta = \frac{\mathrm{d}w}{\mathrm{d}x} = f'(x) \tag{12-2}$$

式(12-2)称为**转角方程**，即挠曲线上任一点切线的斜率近似等于该点处横截面的转角。

由上可见，求得挠曲线方程，很容易确定梁任一截面上的挠度和转角。因此，求梁的变形，归结为确定挠曲线方程。

12.2.2 挠曲线近似微分方程

上一章在纯弯曲情况下推导梁的正应力公式时，得到了用中性层曲率表示的弯曲变形公式

$$\frac{1}{\rho} = \frac{M}{EI}$$

如果对于细长梁忽略了剪力 F_S 对变形的影响，则上式也适用于横力弯曲。这样，曲率半径和弯矩均为 x 的函数，即

$$\frac{1}{\rho(x)} = \frac{M(x)}{EI} \tag{12-3}$$

此外，由高等数学可知，挠曲线 $w = f(x)$ 上任一点的曲率又可表示为

$$\frac{1}{\rho(x)} = \pm \frac{\dfrac{\mathrm{d}^2 w}{\mathrm{d}x^2}}{\left[1 + \left(\dfrac{\mathrm{d}w}{\mathrm{d}x}\right)^2\right]^{\frac{3}{2}}}$$

由于工程中梁的弯曲多属小变形问题，梁的挠曲线通常是一条及其平坦的曲线，斜率 $\dfrac{\mathrm{d}w}{\mathrm{d}x}$ 数值很小。故 $\left(\dfrac{\mathrm{d}w}{\mathrm{d}x}\right)^2$ 与 1 相比可忽略不计，于是得到近似式

$$\frac{1}{\rho(x)} = \pm \frac{\mathrm{d}^2 w}{\mathrm{d}x^2}$$

将上式代入式(12-3)得

$$\pm \frac{\mathrm{d}^2 w}{\mathrm{d}x^2} = \frac{M(x)}{EI} \tag{12-4}$$

上式中正、负号则取决于坐标系的选择。

当梁受到正的弯矩 $M(x)$ 作用时，挠曲线为凹曲线，如图 12.4(a)所示，凹曲线的二阶导数 $\dfrac{\mathrm{d}^2 w}{\mathrm{d}x^2}$ 为正，即弯矩 $M(x)$ 与 $\dfrac{\mathrm{d}^2 w}{\mathrm{d}x^2}$ 同号。反之，当梁受到负的弯矩 $M(x)$ 作用时，挠曲线为凸曲线，如图 12.4(b)所示，二阶导数 $\dfrac{\mathrm{d}^2 w}{\mathrm{d}x^2}$ 为负。即弯矩 $M(x)$ 与 $\dfrac{\mathrm{d}^2 w}{\mathrm{d}x^2}$ 同号。

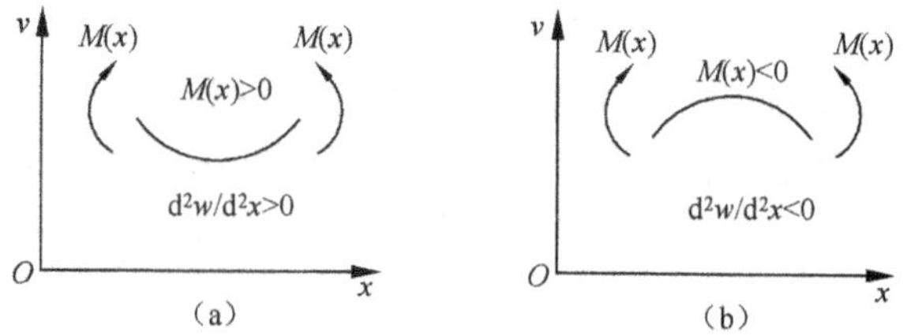

图 12.4

所以,在式(12-4)中等号两端的符号是一致的,这样,应将式(12-4)写成

$$\frac{d^2w}{dx^2}=\frac{M(x)}{EI} \tag{12-5}$$

式(12-5)称为梁的**挠曲线近似微分方程**。之所以为近似,是因为式(12-5)略去了剪力的影响,并在 $(1+w'^2)^{\frac{3}{2}}$ 中略去了 w'^2 项后得到的。实践表明,此结果用于工程中是足够精确的。

12.3 用积分法求弯曲变形

上一节得到了梁的挠曲线近似微分方程,为进一步求得梁的挠曲线方程,就须对这个微分方程进行积分。

对于等截面直梁,抗弯刚度 EI 为一常数,挠曲线近似微分方程式(12-5)又可改为如下形式

$$EIw''=M(x) \tag{12-6}$$

将此式两边乘 dx,积分一次可得转角方程

$$EI\theta=EIw'=\int M(x)dx+C \tag{12-7}$$

再将上式两边乘 dx,积分一次可得挠曲线方程

$$EIw=\int\left[\int M(x)dx\right]dx+Cx+D \tag{12-8}$$

式(12-7)、式(12-8)中的积分常数 C、D 可通过具体梁的约束所提供的已知位移条件来确定。这些条件称为边界条件。例如在简支梁的两端铰支座处的挠度为零,即 $w_A=0$、$w_B=0$,如图 12.5(a)所示;又如在悬臂梁固定端处的挠度和转角均为零,即 $w_A=0$、$\theta_A=0$,如图 12.5(b)所示。将这些已知边界条件代入式(12-7)和式(12-8),可确定积分常数 C 和 D。将已确定的积分常数 C 和 D 代回方程式(12-7)和式(12-8),就可得到该梁的转角方程和挠曲线方程,从而求得梁任意横截面的转角和挠度。

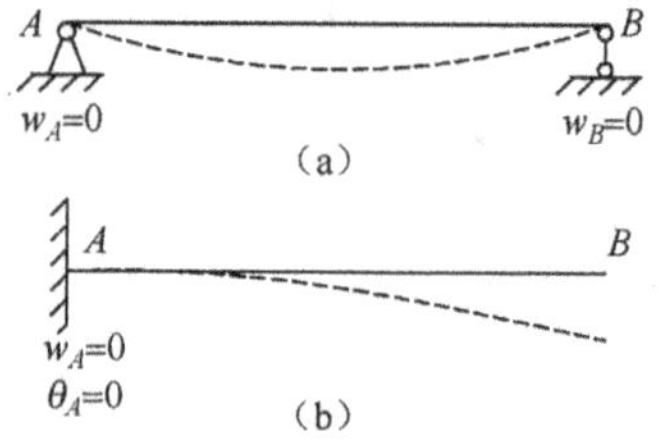

图 12.5

以上求梁的变形的方法,称为**积分法**。下面通过例题说明积分法求解弯曲变形的过程。

例 12-1 图 12.6(a)所示为镗刀在工件上镗孔的示意图。为保证镗孔精度,镗刀杆的弯曲变形不能过大。设径向力 $F=200$kN,镗刀杆直径 $d=10$mm,外伸长度 $l=50$mm。材料的弹性模量 $E=210$GPa。试求镗刀杆上的最大转角和最大挠度及安装镗刀头的截面 B 的转角和挠度。

解 镗刀杆可简化为悬臂梁(见图 12.6(b))。

(1)列弯矩方程。取坐标如图,列出弯矩方程为

$$M(x)=-F(l-x) \tag{a}$$

(2)列挠曲线近似微分方程并积分。将式(a)代入式(12-6)

$$EIw'' = M = Fx - Fl \tag{b}$$

积分得

$$EI\theta = EIv' = \frac{F}{2}x^2 - Flx + C \tag{c}$$

$$EIw = \frac{F}{6}x^3 - \frac{Fl}{2}x^2 + Cx + D \tag{d}$$

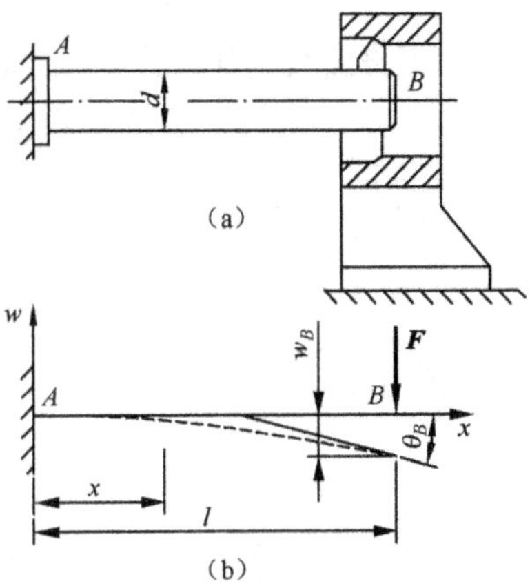

图 12.6

(3)确定积分常数。在悬臂梁固定端处的转角和挠度均为零,即

当 $x=0$ 时　　$w' = \theta_A = 0$　　(e)

当 $x=0$ 时　　$w_A = 0$　　(f)

将式(e)代入式(c)式,得

$$C=0$$

将式(f)代入式(d)式,得

$$D=0$$

(4)列转角方程和挠度方程。将两个积分常数 C 和 D 代入式(c)和式(d),得梁的转角方程和挠曲线方程分别为

$$EI\theta = \frac{F}{2}x^2 - Flx$$

$$EIw = \frac{F}{6}x^3 - \frac{Fl}{2}x^2$$

(5)求最大转角 θ_{max} 和最大挠度 w_{max}。由图 12.6(b)看出,θ_{max} 和 w_{max} 均发生在自由端 B 截面处

$$\theta_{max} = \theta_B = \theta(x)\Big|_{x=l} = -\frac{Fl^2}{2EI}$$

$$w_{max} = w_B = w(x)\Big|_{x=l} = -\frac{Fl^3}{3EI}$$

θ_B 为负,说明截面 B 是顺时针转动的;w_B 为负,说明 B 点的挠度是向下的。

令 $F = 200\text{N}, E = 210\text{GPa}, l = 50\text{mm}, I_z = \frac{\pi d^4}{64} = 491\ \text{mm}^4$,得

$$\theta_B = -0.00242(\text{rad})$$

$$W_B = -0.0805(\text{mm})$$

例 12-2　一简支梁如图 12.7 所示,在梁上受载荷集度为 q 的均布载荷作用。已知梁的跨长为 l,抗弯刚度为 EI,求该梁的最大转角和最大挠度。

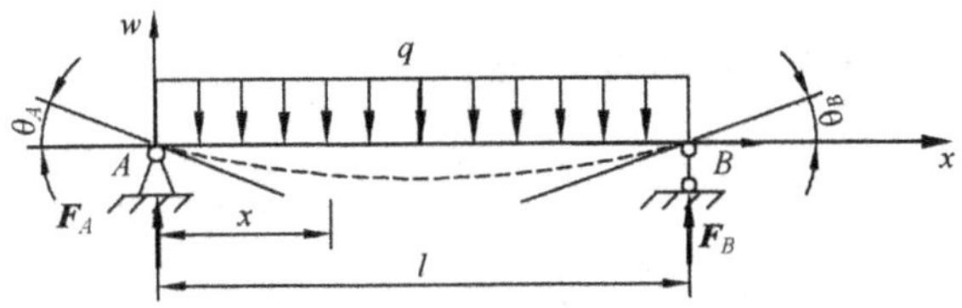

图 12.7

解　(1)列弯矩方程。由对称关系得梁的两个支反力为

$$F_A = F_B = \frac{1}{2}ql$$

梁的弯矩方程为

$$M(x)=F_{A}x-\frac{1}{2}qx^{2}=\frac{1}{2}qlx-\frac{1}{2}qx^{2} \tag{a}$$

(2)列挠曲线近似微分方程并积分

$$EIw''=M=\frac{1}{2}qlx-\frac{1}{2}qx^{2} \tag{b}$$

积分得转角方程为

$$EI\theta=\frac{1}{4}qlx^{2}-\frac{1}{6}qx^{3}+C \tag{c}$$

再积分得挠曲线方程为

$$EIw=\frac{1}{12}qlx^{3}-\frac{1}{24}qx^{4}+Cx+D \tag{d}$$

(3)确定积分常数。简支梁的边界条件是左、右两铰支座处的挠度均为零,即

在 $x=0$ 处　　　　　　　　$w=0$

在 $x=l$ 处　　　　　　　　$w=0$

根据边界条件,由式(d)得

$$D=0\ \text{及}\quad EIw\bigg|_{x=l}=\frac{1}{12}ql^{4}-\frac{1}{24}ql^{4}+Cl=0$$

解得

$$C=-\frac{ql^{3}}{24}$$

(4)列转角方程和挠曲线方程。将积分常数 C 和 D 代回式(c)、式(d),即求得 AB 梁的转角方程为

$$EI\theta=\frac{1}{4}qlx^{2}-\frac{1}{6}qx^{3}-\frac{ql^{3}}{24} \tag{e}$$

挠曲线方程为

$$EIw=\frac{1}{12}qlx^{3}-\frac{1}{24}qx^{4}-\frac{ql^{3}}{24}x \tag{f}$$

(5)求最大转角 $\theta_{\max}$ 和最大挠度 $w_{\max}$。梁上载荷及边界条件对于梁跨中点都是对称的,故梁的挠曲线也应是对称的,并可知两端铰支座处的转角,其绝对值也必然相等,即

$$\theta_{A}=\theta(x)\bigg|_{x=0}=-\frac{ql^{3}}{24EI}\quad(\text{顺时针})$$

$$\theta_{B}=\theta(x)\bigg|_{x=l}=\frac{ql^{3}}{24EI}\quad(\text{逆时针})$$

且由挠曲线形状可知,两端截面转角即为最大转角

$$\theta_{\max}=-\theta_{A}=+\theta_{B}=\frac{ql^{3}}{24EI}$$

最大挠度必在梁跨中点 $x=\dfrac{l}{2}$ 处,其值为

$$w_{\max}=w|_{x=\frac{l}{2}}=-\frac{59ql^{4}}{384EI}(\downarrow)$$

例 12-3　一齿轮轴如图 12.8(a)所示,在安装齿轮的截面 C 处作用有齿轮的铅垂径向力 $\boldsymbol{F}$,试求其转角方程和挠曲线方程,并求最大转角 $\theta_{\max}$和最大挠度 $w_{\max}$。

解 该齿轮轴可简化为一个简支梁，如图 12.8(b)所示。

(1)列弯矩方程。由平衡条件，得支座反力为

$$F_A=\frac{Fb}{l}(\uparrow),\qquad F_B=\frac{Fa}{l}(\uparrow)$$

力 **F** 的作用点 C 将梁分为两段，分段列出弯矩方程

AC 段 $\quad M(x)=R_Ax_1=\dfrac{Pb}{l}x \qquad (0\leqslant x_1\leqslant a)$

CB 段 $\quad M(x_2)=R_Ax_2-P(x_2-a)$

$$=\frac{Pb}{l}x_2-P(x_2-a)\qquad (a\leqslant x_2\leqslant l)$$

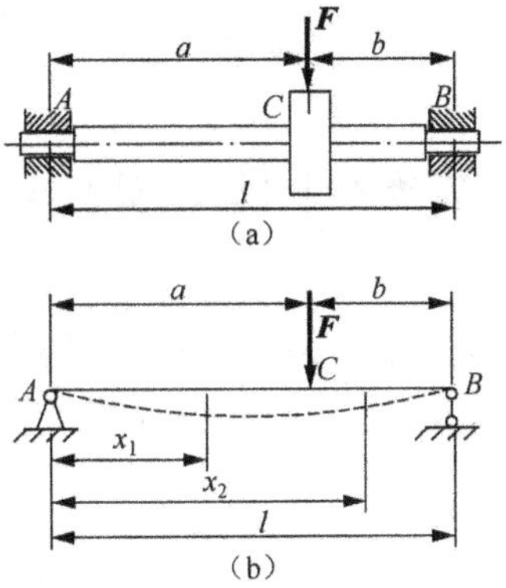

图 12.8

(2)列挠曲线近似微分方程并积分。因 AC 段和 CB 段两段梁的弯矩方程不同，故挠曲线近似微分方程需分段列出，并分别积分，结果如下。

AC 段$(0\leqslant x_1\leqslant a)$

$$EIw''_1(x_1)=\frac{Fb}{l}x_1$$

$$EI\theta_1(x_1)=\frac{Fb}{2l}x_1^2+C_1 \tag{a}$$

$$EIw_1(x_1)=\frac{Fb}{l}x_1^3+C_1x_1+D_1 \tag{b}$$

CB 段$(a\leqslant x_2\leqslant l)$

$$EIw''_2(x_2)=\frac{Fb}{l}x_2-F(x_2-a)$$

$$EI\theta_2(x_2)=\frac{Fb}{2l}x_2^2-\frac{F}{2}(x_2-a)+C_2 \tag{c}$$

$$EIw_2(x_2)=\frac{Fb}{6l}x_2^3-\frac{F}{6}(x_2-a)^3+C_2x_2+D_2 \tag{d}$$

(3)确定积分常数。积分结果出现了 4 个积分常数 C_1、D_1 和 C_2、D_2，需要用 4 个已知的位移条件来确定。

在支座 A、B 处的边界条件为

在 $x_1=0$ 处 $\qquad w_1=w_A=0 \qquad (1)$

在 $x_2=l$ 处 $\qquad w_2=w_B=0 \qquad (2)$

由于两段挠曲线相连接点 C 处应连续和光滑，因此两段挠曲线在 C 截面处有相同的挠度和转角，这样的条件称为光滑连续条件，即在连接点 C 处的位移应满足条件

在 $x_1=x_2=a$ 处 $\qquad w_1=w_2 \qquad (3)$

在 $x_1=x_2=a$ 处 $\qquad \theta_1=\theta_2 \qquad (4)$

利用连续条件(4)，将 $x_1=a$ 代入式(a)，将 $x_2=a$ 代入式(c)，并令其相等，即

$$\frac{Fb}{2l}a^2+C_1=\frac{Fb}{2l}a^2+C_2$$

由此得

$$C_1=C_2$$

利用连续条件(3)，将 $x_1=a$ 代入式(b)，将 $x_2=a$ 代入式(d)，并令其相等，即

$$\frac{Fb}{6l}a^3+C_1a+D_1=\frac{Fb}{6l}a^3+C_2a+D_2$$

因知 $C_1=C_2$，故得

$$D_1=D_2$$

将条件(1)代入式(b)，即在 $x_1=0$ 处，$EIw_1(x_1)|_{x_1=l}=D_1=0$，得

$$D_1=D_2=0$$

将条件(2)代入式(d)，即在 $x_2=l$ 处，$EIw_2(x_2)|_{x_2=0}=\frac{Fb}{6l}l_2^3-\frac{F}{6}(l_2-a)^3+C_2l_2=0$

得

$$C_1=C_2=-\frac{pb}{6l}(l^2-b^2)$$

(4)列转角方程和挠曲线方程。将所求得的4个积分常数分别代入式(a)～(d)，即可得出两段梁的转角方程和挠曲线方程：

AC 段($0\leqslant x_1\leqslant a$)

$$EI\theta_1=-\frac{Fb}{6l}(l^2-3x_1^2-b^2) \tag{a$'$}$$

$$EIw_1=-\frac{Fbx_1}{6l}(l^2-x_1^2-b^2) \tag{b$'$}$$

CB 段($a\leqslant x_2\leqslant l$)

$$EI\theta_2=-\frac{Fb}{6l}\left[(l^2-3x_2^2-b^2)+\frac{3l}{b}(x_2-a)^2\right] \tag{c$'$}$$

$$EIw_2=-\frac{Fb}{6l}\left[(l^2-x_2^2-b^2)x_2+\frac{l}{b}(x_2-a)^3\right] \tag{d$'$}$$

(5)求最大转角和最大扰度。由图12.8可见，最大转角可能发生在梁的 A 端或 B 端。将 $x_1=0$ 和 $x_2=l$ 分别代入(a$'$)和(c$'$)得

$$\theta_A=-\frac{Fb}{6EIl}(l^2-b^2)=-\frac{Fab}{6EIl}(l+b) \tag{e}$$

$$\theta_B=-\frac{Fb}{6EIl}[(l^2-3l^2-b^2)+\frac{3l}{b}(l-a)^2]=\frac{Fab}{6EIl}(l+a) \tag{f}$$

当 $a>b$ 时，绝对值的最大转角为 θ_B，即 $\theta_{\max}=\theta_B=\frac{Fab}{6EIl}(l+a)$；

当 $a>b$ 时，显然最大挠度在 AC 段内，于是设在 x_0 处的挠度最大，则该处截面的转角 $\theta_1=0$，以 x_0 代入式(a$'$)得

$$-\frac{Fb}{6l}(l^2-3x_0^2-b^2)=0$$

求得极值点的坐标为

$$x_0=\sqrt{\frac{l^2-b^2}{3}}$$

即当 $x_1=x_0$ 时，将 x_0 代入式(b$'$)，可得梁的最大挠度为

$$|w|_{\max}=\frac{Fb}{9\sqrt{3}EIl}\sqrt{(l^2-b^2)^3} \tag{g}$$

(6)讨论。由式(g)可以看出，当集中力 $\boldsymbol{P}$ 的作用点 C 越靠近支座 B，即 $b\rightarrow 0$ 时，则

$$x_0 = \frac{l}{\sqrt{3}} \approx 0.577l$$

这说明,在此情况下,最大挠度所在截面仍然在跨度中点附近。因此为了计算方便,可近似地以梁中点的挠度来代替梁的实际最大挠度。由式(b′)求得梁的中点挠度为

$$|w|_{x=\frac{1}{2}l} = \frac{Fb}{48EI}(3l^2 - 4b^2) \tag{h}$$

以式(h)代替式(g)所引起的误差不超过3%。因此,在工程上,当简支梁的挠曲线没有拐点时,常用其跨度中点的挠度代替最大挠度,即可简化计算,又能保证结果足够精确。

当集中力 $\boldsymbol{F}$ 位于梁跨中点时,即当 $a = b = \frac{l}{2}$ 时,可得梁的最大转角和最大挠度分别为

$$|\theta|_{\max} = -\theta_A = \theta_B = \frac{Fl^2}{16EI}$$

$$|w|_{\max} = |w|_{x=\frac{l}{2}} = \frac{Fl^3}{48EI}$$

12.4 用叠加法求弯曲变形

积分法是求梁变形的一种基本方法。优点是能用数学方法求得梁的转角和挠度方程。但当梁上的载荷复杂且只需求梁的特定截面的挠度和转角时,积分法的计算就过于繁琐。因此,在工程中,常用叠加法求梁的变形。

当梁的变形很小,且梁的材料在弹性范围内工作时,梁的挠度和转角与梁上的载荷成线性关系。所以当梁上同时作用几个载荷时,在梁上任一截面处所引起的转角和挠度,分别等于各载荷单独作用时在该截面处引起的转角和挠度的叠加。这种方法就是计算梁的变形的**叠加法**。

在工程实际中,往往需要计算梁在几项载荷同时作用下的最大挠度和最大转角。此时若已知梁在每个载荷单独作用下的挠度和转角(见表12.1),则用叠加法计算梁的最大挠度和最大转角是比较简便的。

表12.1 简单荷载下梁的变形

序号	梁的简图	挠曲线方程	端截面转角	最大挠度
1	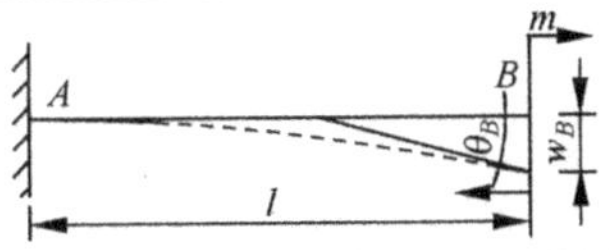	$w = -\frac{mx^2}{2EI}$	$\theta_B = -\frac{ml}{EI}$	$w_B = -\frac{ml^2}{2EI}$
2	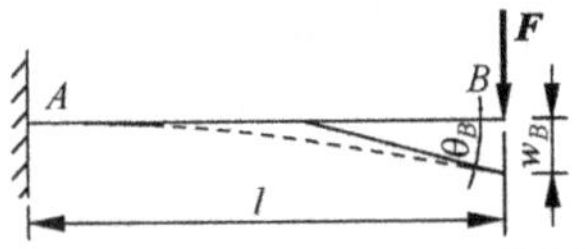	$w = -\frac{Fx^2}{6EI}(3l - x)$	$\theta_B = -\frac{Fl^2}{2EI}$	$w_B = -\frac{Fl^3}{3EI}$
3	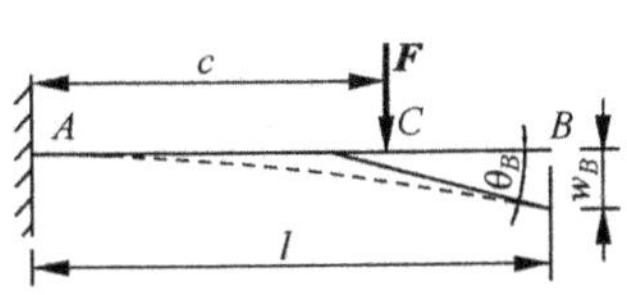	$0 \leqslant x \leqslant c$: $w = -\frac{Fx^2}{6EI}(3c - x)$; $c \leqslant x \leqslant l$: $w = -\frac{Fc^2}{6EI}(3x - c)$	$\theta_B = -\frac{Fc^2}{2EI}$	$w_B = -\frac{Fc^3}{6EI}(3l - c)$

续表

序号	梁的简图	挠曲线方程	端截面转角	最大挠度
4	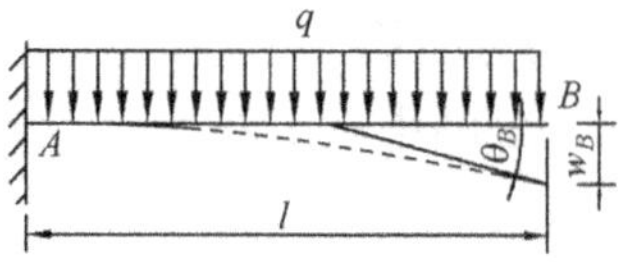	$w=-\dfrac{qx^2}{24EI}$ (x^2+6l^2-4lx)	$\theta_B=-\dfrac{ql^3}{6EI}$	$w_B=-\dfrac{ql^4}{8EI}$
5	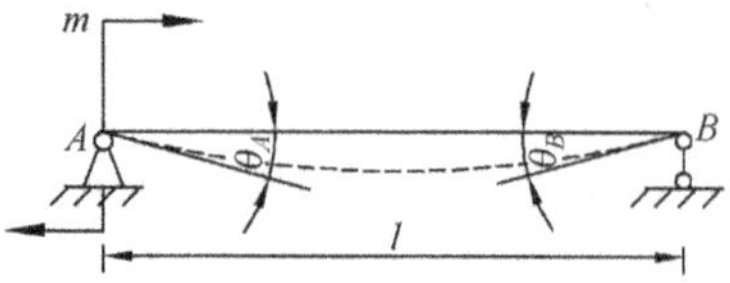	$w=-\dfrac{mx}{6EIl}$ $(l-x)(2l-x)$	$\theta_A=-\dfrac{ml}{3EI}$ $\theta_B=\dfrac{ml}{6EI}$	$x=(1-\dfrac{1}{\sqrt{3}})l$: $w_{\max}=-\dfrac{ml^2}{9\sqrt{3}EI}$; $x=\dfrac{l}{2}$: $w_{l/2}=-\dfrac{ml^2}{16EI}$
6	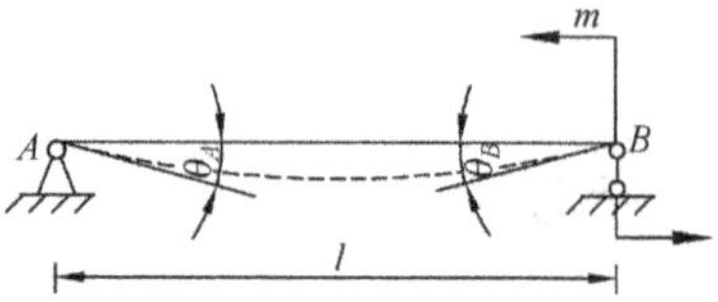	$w=-\dfrac{mx}{6EIl}(l^2-x^2)$	$\theta_A=-\dfrac{ml}{6EI}$ $\theta_B=\dfrac{ml}{3EI}$	$x=\dfrac{l}{\sqrt{3}}$: $w_{\max}=-\dfrac{ml^2}{9\sqrt{3}EI}$; $x=\dfrac{l}{2}$: $w_{l/2}=-\dfrac{ml^2}{16EI}$
7	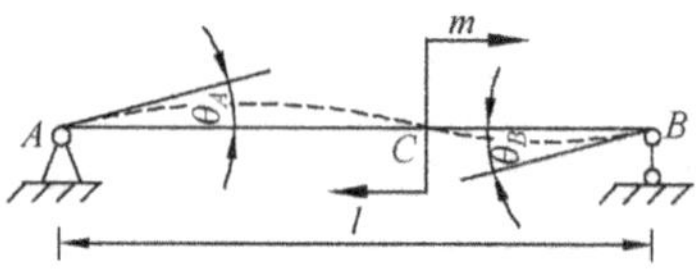	$0\leqslant x\leqslant a, w=-\dfrac{mx}{6EIl}$ $(l^2-3b^2-x^2)$ $a\leqslant x\leqslant l, w=-\dfrac{m(l-x)}{6EIl}$ $[l^2-3a^2-(l-x)^2]$	$\theta_A=-\dfrac{m}{6EIl}(l^2-3b^2)$ $\theta_B=\dfrac{m}{6EIl}(l^2-3a^2)$ $\theta_C=\dfrac{m}{6EIl}\times$ $(3a^2+3b^2-l^2)$	$x=\sqrt{\dfrac{l^2-3b^2}{3}}$ 处: $w_1=-\dfrac{m(l^2-3b^2)^{\frac{3}{2}}}{9\sqrt{3}EIl}$; $x=\sqrt{\dfrac{l^2-3a^2}{3}}$ 处: $w_2=-\dfrac{m(l^2-3a^2)^{\frac{3}{2}}}{9\sqrt{3}EIl}$
8	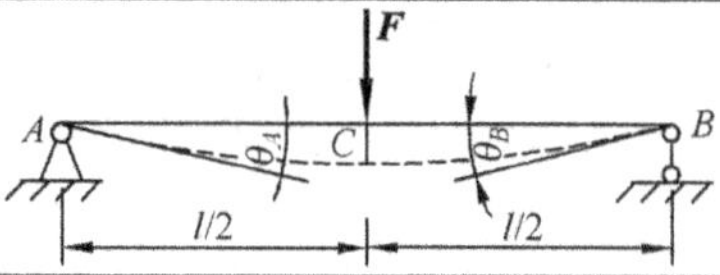	$0\leqslant x\leqslant \dfrac{l}{2}$ $w=-\dfrac{Fx}{48EI}(3l^2-4x^2)$	$\theta_A=-\theta_B=-\dfrac{Fl^2}{16EI}$	$w_C=-\dfrac{Fl^3}{48EI}$
9	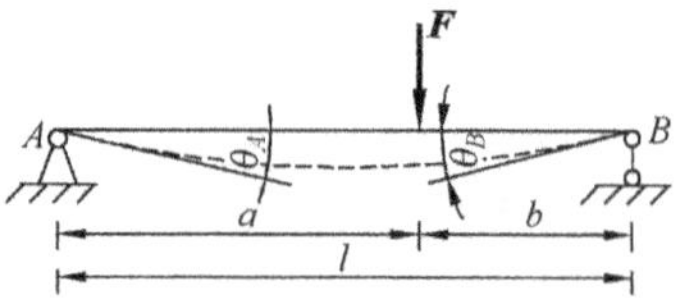	$0\leqslant x\leqslant a$: $w=-\dfrac{Fbx}{6EIl}(l^2-x^2-b^2)$; $a\leqslant x\leqslant l$: $w=-\dfrac{Fb}{6EIl}\times[(l^2-x^2)$ $x-x^3+\dfrac{l}{b}(x-a)^3]$	$\theta_A=-\dfrac{Fab(l+b)}{6EIl}$ $\theta_B=\dfrac{Fab(l+a)}{6EIl}$	$a>b$, $x=\sqrt{\dfrac{l^2-b^2}{3}}$ 处: $w=-\dfrac{\sqrt{3}Fb}{27EIl}$, $(l^2-b^2)^{\frac{3}{2}}$; $x=\dfrac{l}{2}$ 处: $w_{l/2}=-\dfrac{Fb}{48EI}$, $(3l^2-4b^2)$
10	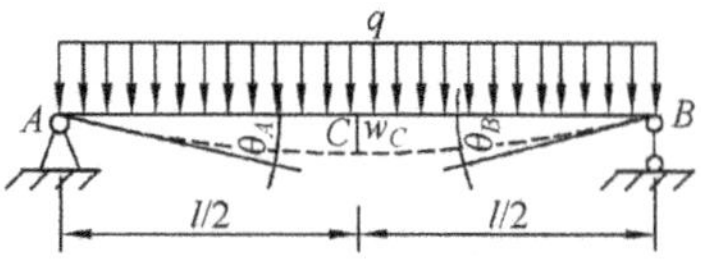	$w=-\dfrac{qx}{24EI}$ $(x^3+2lx^2+x^3)$	$\theta_A=-\theta_B=-\dfrac{ql^3}{24EI}$	$w_C=-\dfrac{5ql^4}{384EI}$

例 12-4 简支梁承受载荷如图 12.9(a)所示，试用叠加法求得梁跨中点的挠度和支座处截面的转角 θ_A 和 θ_B。

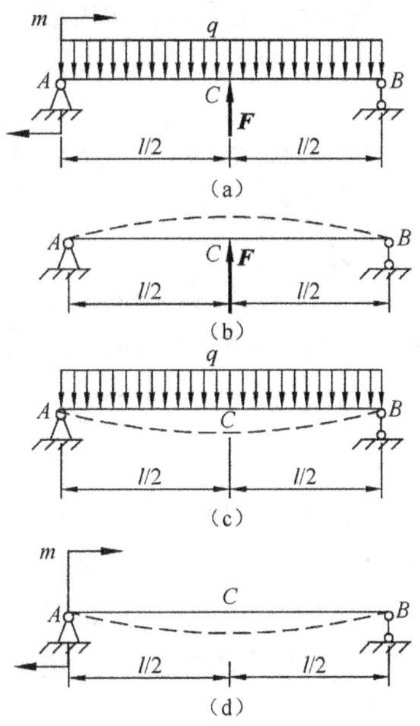

图 12.9

解 梁上载荷可分为 3 项简单的载荷，分别如图 12.9(b)、(c)、(d)所示。从表 12.1 中查出 3 个载荷单独作用时梁的挠度和转角，然后由叠加法得 C 点的总挠度为

$$w_C = w_{CF} + w_{Cq} + w_{CM} = \frac{Fl^3}{48EI} - \frac{5ql^4}{384EI} - \frac{ml^2}{16EI}$$

A、B 截面的总转角分别为

$$\theta_A = \theta_{AF} + \theta_{Aq} + \theta_{AM} = \frac{Fl^2}{16EI} - \frac{ql^3}{24EI} - \frac{ml}{3EI}$$

$$\theta_B = \theta_{BF} + \theta_{Bq} + \theta_{BM} = -\frac{Fl^2}{16EI} + \frac{ql^3}{24EI} + \frac{ml}{6EI}$$

注意：查表 12.1 时，要根据外力的实际方向来确定挠度和转角的正负，不要照抄书上公式及结果。

例 12-5 如图 12.10(a)所示外伸梁。试求截面 B 的转角和端点 C 的挠度。

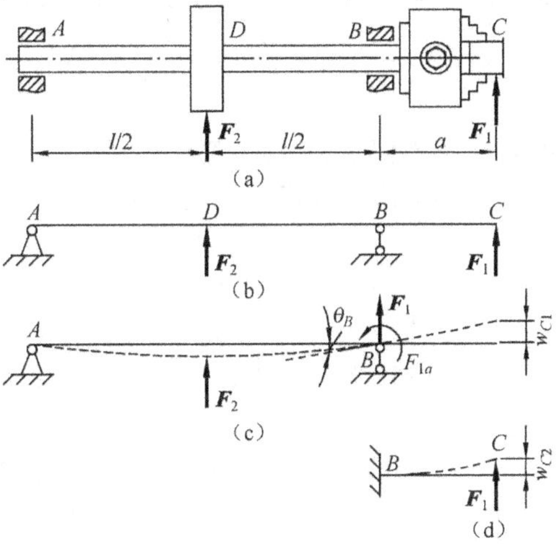

图 12.10

解 将外伸梁沿截面 B 假想截开，AB 段看成是简支梁，BC 段看成是悬臂梁。在两段梁的截面 B 上加上互相作用的力 $\boldsymbol{F}_1$ 和力偶矩 $M=F_1a$，即截面 B 右侧的剪力和弯矩值。由图 12.10(b)(图中梁的挠曲线上假定的)可见，简支梁 AB 上的 3 个载荷中，集中力 $\boldsymbol{F}_1$ 直接作用于支座处，不会使梁产生弯曲变形；由表 12.1 查出由 $\boldsymbol{F}_2$ 和 M 所引起的截面 B 的转角为

$$(\theta_B)_M = \frac{Ml}{3EI} = \frac{F_1al}{3EI} \quad （逆时针）$$

$$(\theta_B)_{F_2} = -\frac{F_2l^2}{16EI} \quad （顺时针）$$

右边的负号表示截面 B 因 $\boldsymbol{F}_2$ 引起的转角是顺时针的。利用叠加法，得 M 和 $\boldsymbol{F}_2$ 共同作用下截面 B 的转角为

$$\theta_B = -\frac{F_1al}{3EI} - \frac{F_2l^2}{16EI}$$

这也就是如图 12.10(a)所示外伸梁在截面 B 的转角。单独由这一转角引起 C 点的挠度为

$$w_{C1}=a\theta_B=\frac{F_1a^2l}{3EI}=-\frac{F_2al^2}{16EI}$$

BC 段作为悬臂梁在 F_1 作用下 C 点引起的挠度为

$$w_{C2}=\frac{F_1a^3}{3EI}(\uparrow)$$

原外伸梁 C 端挠度可看成是由于截面 B 的转动，带动 BC 段作刚体转动，从而使 C 端产生挠度 w_{C1} 和悬臂梁 BC 的挠度 w_{C2} 两部分叠加而成的，如图 12.10(c)、(d)所示。因此，C 端的总挠度为

$$w_C=w_{C1}+w_{C2}=\frac{F_1a^2}{3EI}(a+l)-\frac{F_2al^2}{16EI}$$

例 12-4 是利用载荷的分解，来实现变形的分解，利用载荷的叠加实现变形的叠加，这种方法称为**载荷叠加法**。例 12-5 是利用分离变形体的叠加，实现变形的叠加，在解决复合梁、连续梁、阶梯梁的变形中，有很好的作用，这种方法称为**逐段刚化法**或**变形叠加法**。在实际求解时，常常联合使用两种方法，习惯上又将二者统称为叠加法。

12.5 梁的刚度校核 提高梁弯曲刚度的措施

12.5.1 梁的刚度校核

在工程实际中，对于弯曲构件，不仅要满足强度条件。而且常常需要满足刚度要求，对其最大挠度和转角加以限制。因此用强度要求设计梁的截面尺寸后，还应对其进行刚度校核，其刚度条件为

$$w_{max}\leqslant[w] \tag{12-9}$$

$$\theta_{max}\leqslant[\theta] \tag{12-10}$$

式中，$[w]$ 构件的许用挠度，$[\theta]$ 构件的许用转角。式中的许用挠度和许用转角可从有关的设计规范或手册中查得。例如：

普通车床主轴 $[w]=(0.0001\sim0.0005)l$

$[\theta]=(0.0001\sim0.0005)\text{rad}$

起重机大梁 $[w]=(0.001\sim0.005)l$

发动机凸轮轴 $[w]=(0.05\sim0.06)\text{mm}$

式中，l 为梁的跨度。

例 12-6 一台起重量为 50kN 的单梁吊车如图 12.11(a)所示，由 45a 工字钢制成。已知电葫芦重 5kN，吊车梁跨度 $l=9.2\text{m}$，许用挠度 $[w]=\dfrac{l}{500}$，材料的许用应力 $[\sigma]=140\text{MPa}$，弹性模量 $E=210\text{GPa}$，试校核此吊车梁的刚度。

解 将吊车梁简化为如图 12.11(b)所示的简支梁。梁的自重为均布载荷，电葫芦的轮压视为一集中力 $\boldsymbol{F}$。当它行至梁中点 C 处时，产生的挠度最大。

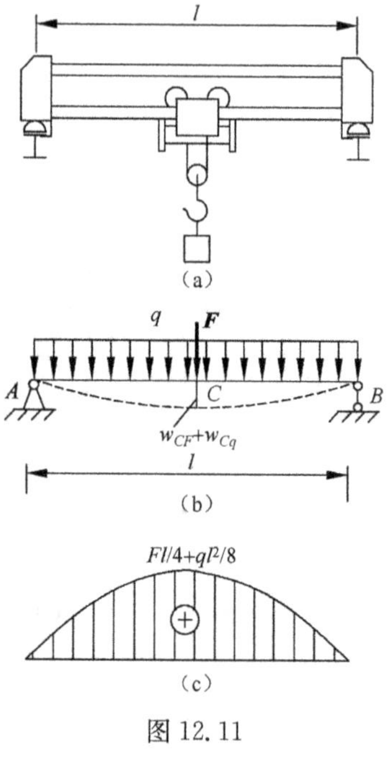

图 12.11

1）计算变形

由型钢表查得 45a 号工字钢的自重及惯性矩分别为

$$q = 80.4 \times 9.8 = 787.92(\text{N/m})$$

$$I = 32240(\text{cm}^4)$$

由叠加法计算求得由集中力 $\boldsymbol{F}$ 和均布力 q 而引起的最大挠度为

$$|w|_{\max} = |w_{CF}| + |w_{Cq}| = \frac{Fl^3}{48EI} + \frac{5ql^4}{384EI}$$

$$= \frac{55 \times 10^3 \times 9.2^3}{48 \times 210 \times 10^9 \times 32240 \times 10^{-8}} + \frac{5 \times 787.92 \times 9.2^4}{384 \times 210 \times 10^9 \times 32240 \times 10^{-8}}$$

$$= 0.01317 + 0.0011 = 0.01427(\text{m}) = 1.427(\text{cm})$$

2)校核刚度

吊车梁的许用挠度为

$$[w] = \frac{l}{500} = \frac{9.2}{500} = 0.0184(\text{m}) = 18.4(\text{mm})$$

由刚度条件

$$|w|_{\max} = 14.27\text{mm} < [w]$$

故梁满足刚度条件。

例 12-7 例 12.5 中外伸梁，如图 12.10(a)和(b)所示。已知 $F_1=2\text{kN}$，$F_2=1\text{kN}$；梁为空心截面梁，梁的外径 $D=80\text{mm}$，内径 $d=40\text{mm}$，$l=400\text{mm}$，$a=200\text{mm}$；梁 B 处的许用转角 $[\sigma]=0.001\text{rad}$，C 处的许用挠度 $[w]=0.0001l$；材料的弹性模量 $E=210\text{GPa}$，试校核其刚度。

解 1)计算变形

梁横截面的惯性矩为

$$I = \frac{\pi}{64}(D^4 - d^4) = \frac{\pi}{64}(80^4 - 40^4) = 1885000\ (\text{mm}^4) = 1885 \times 10^{-9}(\text{m}^4)$$

由例 12.5 得截面 B 的总转角为

$$\theta_B = \frac{F_1 al}{3EI} - \frac{F_2 l^2}{16EI}$$

$$= \frac{2 \times 10^3 \times 200 \times 10^{-3} \times 400 \times 10^{-3}}{3 \times 210 \times 10^9 \times 1885 \times 10^{-9}} - \frac{1 \times 10^3 \times 400^2 \times 10^{-6}}{16 \times 210 \times 10^9 \times 1885 \times 10^{-9}}$$

$$= 0.1347 \times 10^{-3} - 0.0253 \times 10^{-3} = 0.1094 \times 10^{-3}(\text{rad})$$

由例 12.5 得 C 端的总挠度为

$$w_C = \frac{F_1 a^2}{3EI}(a + l) - \frac{F_2 al^2}{16EI}$$

$$= \frac{2 \times 10^3 \times 200^2 \times 10^{-6}}{3 \times 210 \times 10^9 \times 1885 \times 10^{-9}}(400 \times 10^{-3} + 200 \times 10^{-3})$$

$$- \frac{1 \times 10^3 \times 200 \times 10^{-3} \times 400^2 \times 10^{-6}}{16 \times 210 \times 10^9 \times 1885 \times 10^{-9}}$$

$$= 0.0404 \times 10^{-3} - 0.00506 \times 10^{-3} = 0.0353 \times 10^{-3}(m) = 0.0353(\text{mm})$$

2)校核刚度

梁的许用转角和许用挠度为

$$[\theta] = 0.001\text{rad}$$

$$[w] = 0.0001l = 0.0001 \times 400 = 0.04(\text{mm})$$

而

$$\theta_B = 0.1094 \times 10^{-3}\text{rad} < [\sigma] = 0.001(\text{rad})$$

$$w_C = 0.0353\text{mm} < [w] = 0.04(\text{mm})$$

故梁满足刚度条件。

12.5.2 提高梁弯曲刚度的措施

以上讨论了梁的刚度计算，从表 12.1 可总结出统一的挠度和转角形式如下

$$\text{位移} = \frac{\text{载荷}}{\text{系数}} \frac{l^n}{EI}$$

这说明，影响位移（挠度、转角）的主要因素有 3 个：梁的长度 l、抗弯刚度 EI 及梁上作用载荷的类别和分布情况。因此，为了提高梁的弯曲刚度，可采用 11.4 节的一些措施。

1. 在条件允许的情况下减少梁的长度

梁的长度 l 对弯曲变形效果非常大。因为转角和挠度与跨度的二次方，三次方甚至四次方成正比，所以梁跨度的微小改变，将引起弯曲变形的显著变化。因此缩短梁的长度是提高梁的弯曲刚度的重要措施，如缩小支座距离、增加支座等。

2. 选择合理截面

抗弯刚度 EI 与梁的变形成反比，因此，增加抗弯刚度可以减小梁的变形。但就钢材而言，各种钢材的弹性模量 E 非常接近，故采用优质钢材来提高梁的抗弯刚度意义不大。因此，主要是在截面面积不变的条件下，采用合理截面形状，增大截面的惯性矩来提高梁的抗弯刚度。即选用合理截面，尽可能设法以较小的截面面积取得较大的惯性矩。

3. 调整加载方式

通过调整加载方式，改善结构设计，降低梁弯矩值的同时提高梁的弯曲刚度，如将一个集中力分散为多点加载等。

12.6 简单超静定梁

12.6.1 超静定梁的概念

前面所讨论的梁，其约束力可由静力学平衡方程求解，如图 12.12(a)所示梁，这类梁称为静定梁。

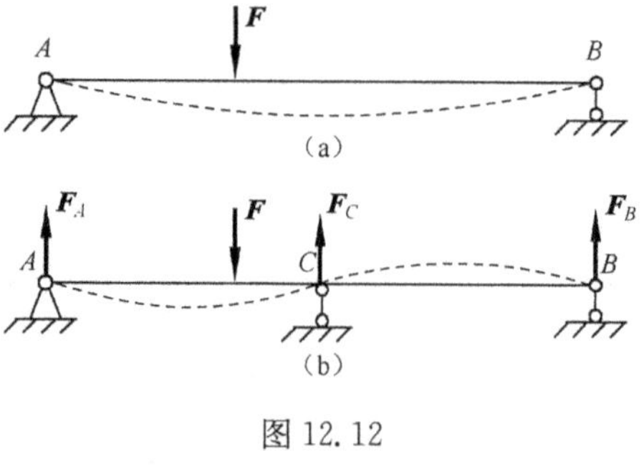

图 12.12

在工程实际中，经常遇到另一类的情况，如图 12.12(a)所示梁，为降低其最大弯矩和最大挠度，在跨中增加一个支座，如图 12.12(b)所示，此时，外载荷与各支座处约束力构成一个平面平行力系，这种力系独立的平衡方程只有两个，显然，由两个平衡方程不能解确定 3 个约束反力。这类仅靠静力平衡方程不能求解的梁，称为**超静定梁**。

在超静定梁中都存在超过维持梁平衡所必需的支座，如图 12.12(b)所示的支座 C，习惯上将其称为“多余”约束，与多余约束相对应的支座反力，称为多余支座力或多余支座反力。由于多余约束的存在，未知力的数目必然多于独立平衡方程的数目，两者之差，称为超静定次数。因此，超静定的次数就等于多余约束的次数，如图 12.12(b)所示梁为一次超静定梁。

12.6.2 超静定梁的解法

解超静定梁的方法与解拉压超静定问题相似，同样是综合运用变形协调条件，物理关系及静力学平衡条件三方程。其核心问题在于求解多余支座反力。若能正确求解出多余支座反力，其余的支反力以及梁的内力，应力和变形(位移)就可按静定问题求解。在具体求解多余支反力的过程中，例如图 12.13(a)所示，如果以 B 端的可动铰支座为多余约束予以解除，施加与所解除的约束相对应的支座反力，就得到一静定悬臂梁，如图 12.13(b)所示，此结构称为原超静定梁的**相当系统**。

相当系统在载荷 $\boldsymbol{F}$ 与未知的多余支座反力 $\boldsymbol{F}_B$ 的共同作用下产生变形，为使其变形完全等同于原超静定梁，多余约束处的位移须满足原超静定梁在该处的约束条件，这就是变形协调条件，即

$$w_B = 0 \tag{a}$$

利用叠加法求出相当系统 B 截面处的挠度，即

$$w_B = w_{BF} + w_{BR_B} = \frac{5Fl^3}{48EI} - \frac{F_B l^3}{3EI}$$

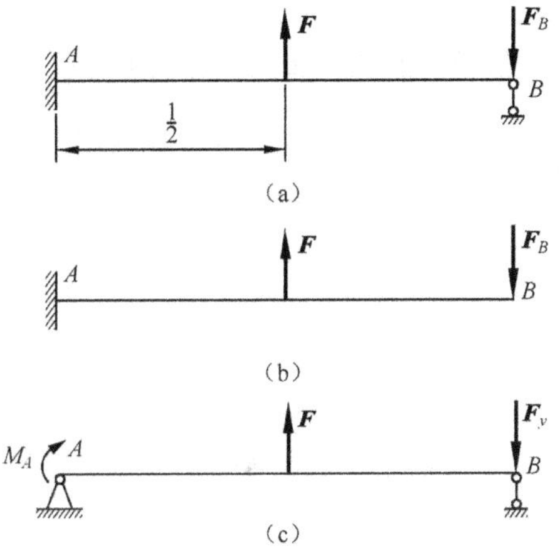

图 12.13

上式即为力与变形间的物理关系，将其代入式(a)，得

$$\frac{5Fl^3}{48EI} - \frac{F_B l^3}{3EI} = 0$$

这就是所需要的补充方程，由此可得

$$F_B = \frac{5}{16}F$$

多余支座反力确定后，由平衡方程算出固定端处的支反力为

$$F_A = \frac{11}{16}F, \qquad M_A = \frac{3}{16}Fl$$

这种利用相当系统的变形满足原超静定梁的约束条件，求解超静定梁的方法称为变形比较法。

解超静定梁时，选择哪个约束作为多余约束并不是固定的。因此，对于图 12.13(a)所示超静定梁，可将其固定端处限制截面 A 转动的约束当作多余约束。如果将该约束解除，并用支反力偶矩 M_A 替代，则原超静定梁的相当系统如图 12.13(c)所示，而相应的变形协调条件为

$$\theta_A = 0$$

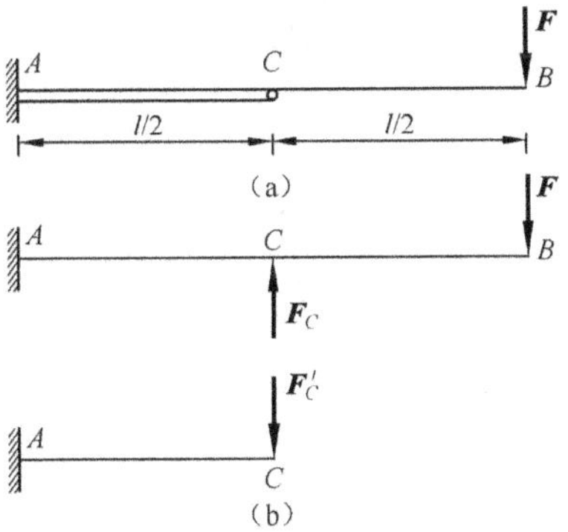

图 12.14

由此求得的支反力与支反力偶矩与上述结果完全相同。

例 12-8 一悬臂梁 AB，承受集中载荷 $\boldsymbol{F}$ 作用，因其刚度不够，用同材料同截面的一短梁加固，如图 12.14(a)所示。试计算梁 AB 加固前后的最大挠度并比较之。

解 1)求解超静定梁

梁 AB 与梁 AC 均为静定梁，但由于在截面 C 处铰链相连即增加一约束，因而由它们组成的结构属于一次超静定，需要建立一个补充方程才能求解。

选择铰链 C 作为多余约束予以解除，并以 $\boldsymbol{F}_C$ 代替，则原结构的相当系统如图 12.14(b)所示。设梁 AC 的截面

C 铅垂下移 w_1；梁 AB 的截面 C 铅垂下移 w_2。则变形协调条件为

$$w_1 = w_2 \tag{a}$$

由表 12.1 查得

$$w_1 = -\frac{F_C\left(\dfrac{l}{2}\right)^3}{3EI} = -\frac{F_C l^3}{24EI} \tag{b}$$

由表 12.1 并利用叠加法，得

$$w_2 = -\frac{(2F_C - 5F)l^3}{48EI} \tag{c}$$

将式(b)、式(c)代入式(a)得变形几何方程为

$$-\frac{F_C l^3}{24EI} = \frac{(2F_C - 5F)l^3}{48EI}$$

得

$$F_C = \frac{5}{4}F$$

2)刚度比较

梁 AB 加固前，最大挠度为

$$w_{\max} = -\frac{Fl^3}{3EI}$$

梁 AB 加固后，最大挠度为

$$w'_{\max} = \frac{5F_C l^3}{48EI} - \frac{Fl^3}{3EI} = -\frac{13Fl^3}{64EI}$$

得

$$\frac{w'_{\max}}{w_{\max}} = 60.9\%$$

习　　题

12-1　用积分法求习题 12-1 图所示各梁的转角方程、挠曲线方程以及最大转角和最大挠度。梁的抗弯刚度 EI 为已知。

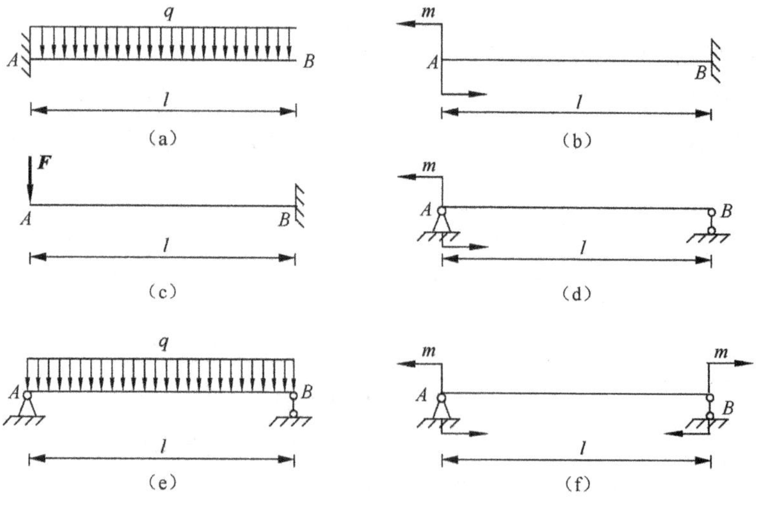

习题 12-1 图

12-2　用积分法求习题 12-2 图所示各梁的转角方程、挠曲线方程以及最大转角和最大挠度。梁的抗弯刚度 EI 为已知。

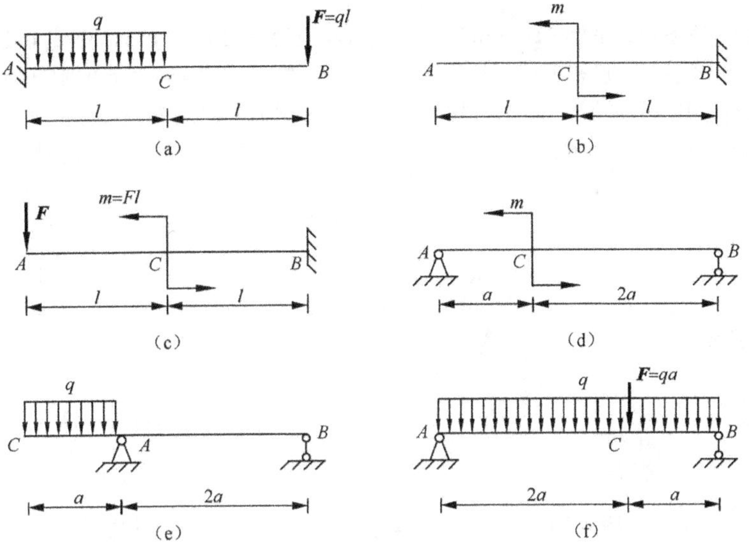

习题 12-2 图

12-3　用叠加法求习题 12-3 图所示各梁中指定截面 C 的转角和挠度。梁的抗弯刚度 EI 为已知。

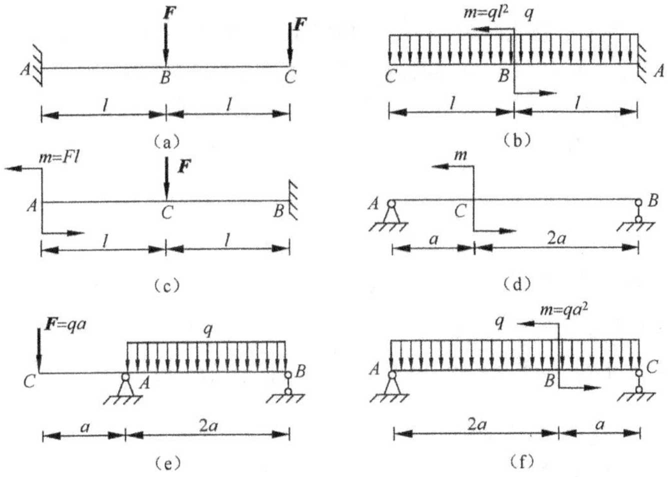

习题 12-3 图

12-4　简支梁左、右支座分别作用有力偶 m_A 和 m_B，如习题 12-4 图所示。为使该梁挠曲线的拐点位移距左端 $\frac{l}{3}$ 处，试求 m_A 与 m_B 之间的关系。

12-5　试用积分法求习题 12-5 图所示变截面梁的最大挠度和最大转角。

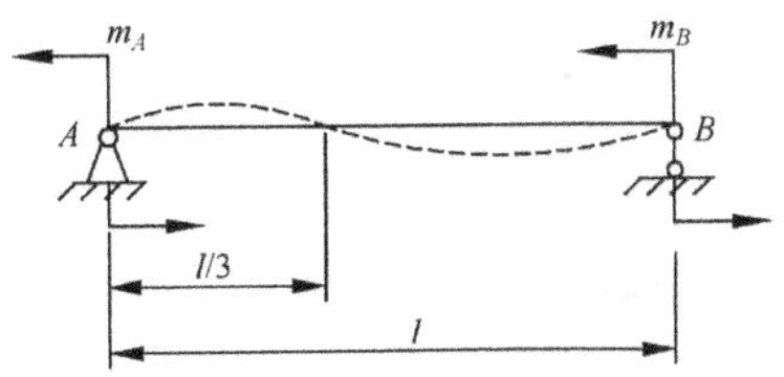

习题 12-4 图

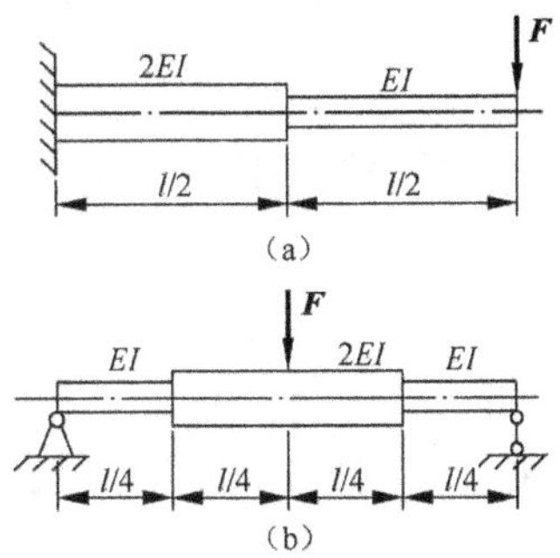

习题 12-5 图

12-6 习题 12-6 图所示直角拐 AB 与 AC 刚性连接，A 处为一轴承，允许 AC 轴的端截面在轴承内自由转动，但 A 处不能上、下移动。已知 $F=60\text{N}$，$E=210\text{GPa}$，$G=0.4E$。试求截面 B 的垂直位移。

12-7 习题 12-7 图所示木梁的右端由钢拉杆支承。已知梁的横截面为边长等于 0.20m 的正方形，$q=40\text{kN/m}$，$E_1=10\text{GPa}$；钢拉杆的横截面面积 $A_2=250\text{mm}^2$，$E_2=210\text{GPa}$。试求拉杆的伸长 Δl 及梁中点沿铅垂方向的位移 Δ。

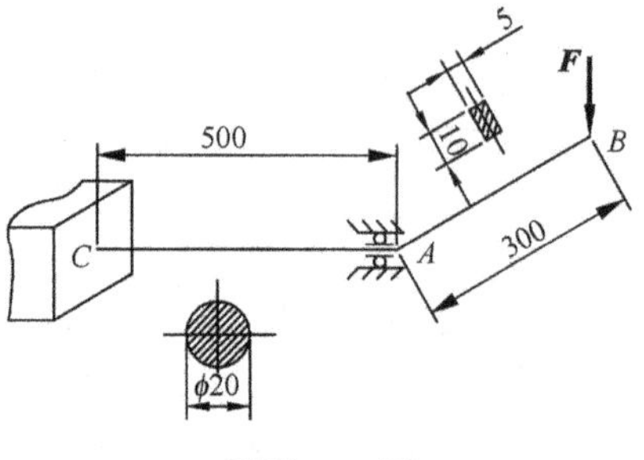

习题 12-6 图

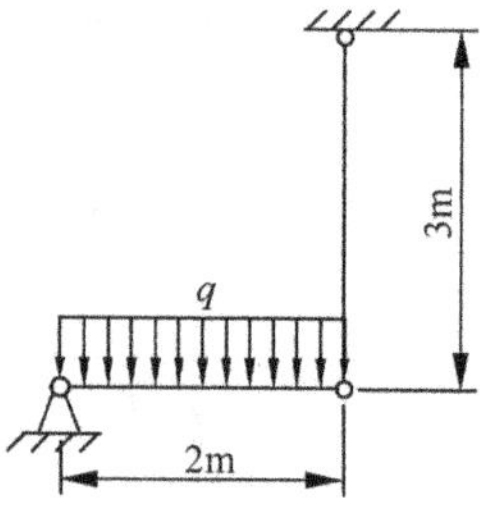

习题 12-7 图

12-8 习题 12-8 图所示简支梁由两根槽钢组成。已知 $l=4\text{m}$，$F=20\text{kN}$，$E=210\text{GPa}$，许用挠度 $[w]=\dfrac{l}{400}$，试按刚度条件选择槽钢的型号。

12-9 习题 12-9 图所示实心圆截面轴，两端用轴承支承，已知 $F=21\text{kN}$，$a=400\text{mm}$，$b=200\text{mm}$。轴承的许用转角 $[\theta]=0.05\text{rad}$，$[\sigma]=60\text{MPa}$，材料的弹性模量 $E=200\text{GPa}$，试确定轴的直径 d。

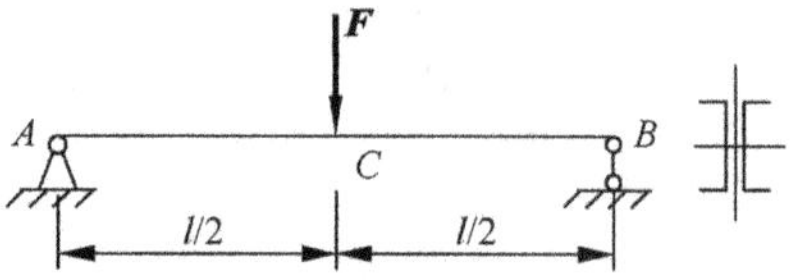

习题 12-8 图

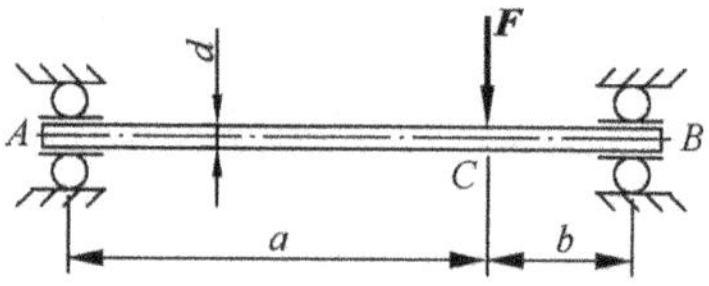

习题 12-9 图

12-10 习题 12-10 图所示简支梁，若跨度 $l=5\text{m}$，力偶矩 $m_1=5\text{kN}\cdot\text{m}$，$m_2=10\text{kN}\cdot\text{m}$，许用应力 $[\sigma]=160\text{MPa}$，弹性模量 $E=200\text{GPa}$，许用挠度 $[w]=\dfrac{l}{500}$，试选择工字型钢型号。

12-11 习题 12-11 图所示外伸梁，两端承受载荷 $\boldsymbol{F}$ 作用，抗弯刚度 EI 为常数。试问：

(1)当 x/l 为何值时，梁跨度中点的挠度与自由端的挠度数值相等；

(2)当 x/l 为何值时，梁跨度中点的挠度最大。

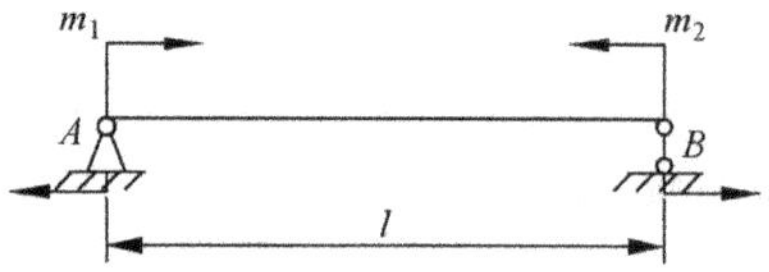

习题 12-10 图

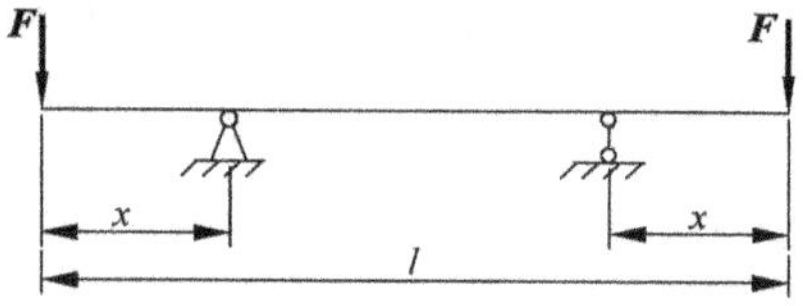

习题 12-11 图

＊12-12 试按叠加原理求习题 12-12 图所示梁中间铰 C 处的挠度 w_C，并描出梁挠曲线的大致形状。已知 EI 为常量。

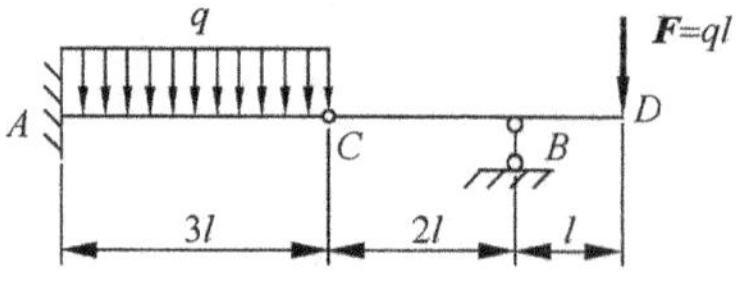

习题 12-12 图

12-13 试求习题 12-13 图所示各超静定梁的支反力。

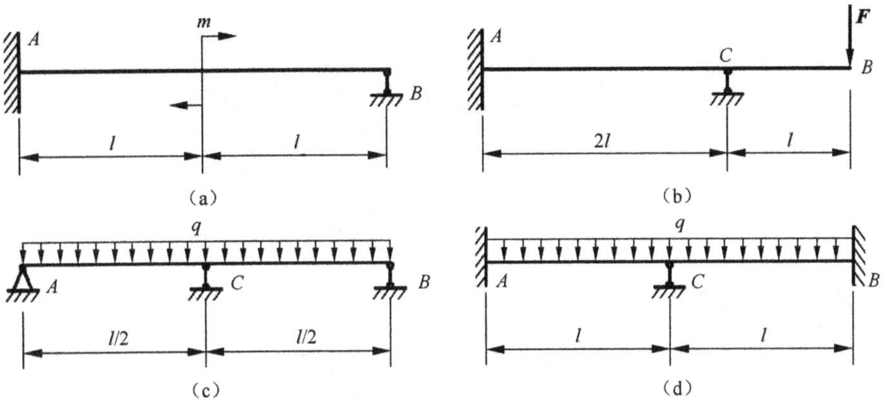

习题 12-13 图

12-14 习题 12-14 图所示结构，悬臂梁 AB 与简支梁 DG 均用 No. 18 工字钢制成，BC 为圆截面钢杆，直径 $d=20\text{mm}$，梁与杆的弹性模量均为 $E=200\text{GPa}$。若载荷 $F=30\text{kN}$，试计算梁内的最大弯曲正应力与杆内的最大正应力，以及横截面 C 的铅垂位移。

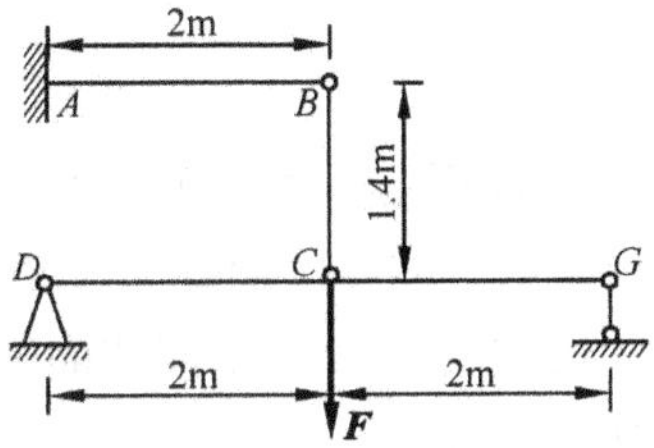

习题 12-14 图

第 13 章　应力状态与强度理论

13.1　应力状态概述

13.1.1　一点的应力状态

在第 7～12 章中，通过对几种基本变形的应力分析表明，在扭转或弯曲变形时，同一个横截面上不同点处的应力是不相同的；在轴向拉伸或压缩时，横截面上只有正应力，而在斜截面上既有正应力，还有切应力，并且在通过一点的不同方位斜截面上的应力也是不相同的。一般情形下，在构件内一点的应力是该点位置坐标的函数，另外，就一点而言，通过该点斜截面上的应力还随着截面方位的改变而变化。构件内任一点在不同方位斜截面上的应力及其相互关系称为**一点的应力状态**。

13.1.2　一点应力状态的研究方法

在描述一点的应力状态时，由于构件内应力的分布一般是不均匀的，所以不宜采用整个截面，通常是在构件内的一点处截取一个微小的正六面体——**单元体**来进行研究。例如：矩形截面杆在轴向拉伸时，如图 13.1(a)所示，可围绕 A 点以横向截面(即垂直于杆轴线的平面)和纵向截面(即平行于杆轴线的平面)来截取单元体，由于横截面上的正应力是均匀分布的，所以在单元体的左、右平面上有正应力 $\sigma_x = F_N/A$，而在其他两对平面上均没有应力；矩形截面梁在弯曲变形时，如图 13.1(b)所示，在梁的上、下边缘 B 点和 B' 点处，也可用横向和纵向截面来截取单元体，此单元体只在左、右平面上有正应力 $\sigma_x = M/W_z$；圆轴在扭转变形时，如图 13.1(c)所示，在轴的表面 C 点处，用横向截面、包含直径的纵向截面和同轴的圆柱面截取单元体，在单元体的左、右平面上有切应力 $\tau_x = T/W_t$，再由切应力互等定理，在上、下平面上有大小相等、符号相反的切应力 τ_y；而圆杆在发生弯曲和扭转两种变形时，如图 13.1(d)所示，在 D 点处可用同样的方法截取单元体，则在单元体上既存在有因弯曲产生的正应力 $\sigma_x = M/W_z$，又存在有因扭转产生的切应力 $\tau_x = T/W_t$ 和 τ_y。由此可见，在截取单元体时，应尽量使 3 对互相垂直的平面上的应力是已知的或可求得的，从而为随后的有关应力分析提供必要条件。

围绕一点截取的单元体，由于其 3 个正交方向上的边长无限小，所以，可用单元体来代表这个点，并认为作用在单元体各个平面上的应力是均匀分布的，且在任一对平行平面上的应力其大小和性质是完全相同的。若令单元体的边长趋近于零，则单元体 3 对互相垂直的平面上的应力情况，就可以表示该点的应力状态。由于整个构件处于平衡，所以从构件中截取的单元体也应满足平衡条件。因此，采用截面法由静力学平衡方程就可以确定通过单元体不同方位斜截面上的应力，从而对一点的应力状态作进一步的分析。这就是研究一点应力状态的基本方法。

研究一点的应力状态，就是讨论在受力构件内的哪一点、沿哪一个方位斜截面上的应力取最大值，从而对引起材料发生破坏的原因作深入分析，并且为建立复杂应力状态下的强度条件提供理论依据。

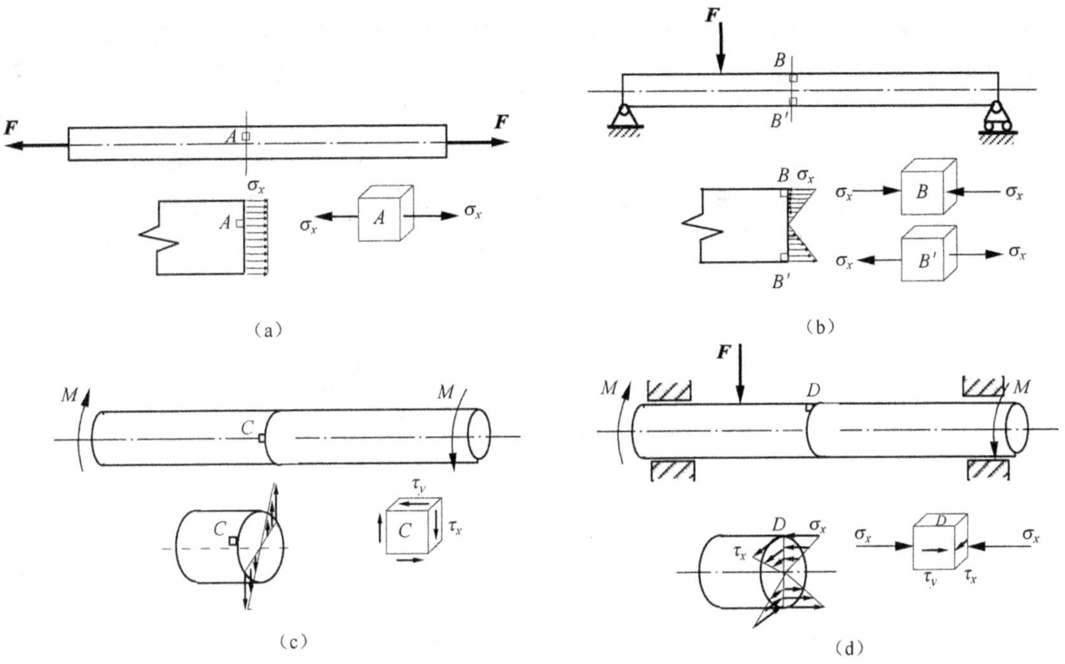

图 13.1

13.1.3 主平面、主应力、一点的应力状态的分类

在单元体上，切应力为零的平面称为**主平面**，而在主平面上的正应力称为**主应力**。例如在图 13.1 中，代表 A、B、B' 三点的单元体中，各平面均为主平面；而在代表 C 点（D 点）的单元体中，前后（上下）两个平面也都是主平面。由弹性理论可以证明，在受力构件的任一点处截取的单元体中，总可以找到一个由 3 对互相垂直的主平面构成的**主单元体**，并把主单元体上的 3 个主应力分别表示为 σ_1、σ_2 和 σ_3，并按代数值的大小来排列三者的顺序，即 $\sigma_1 \geqslant \sigma_2 \geqslant \sigma_3$。例如，已知 3 个主应力分别为 30MPa、−50MPa 和 120MPa，应将其排序为：$\sigma_1 = 120\text{MPa}$，$\sigma_2 = 30\text{MPa}$，$\sigma_3 = -50\text{Mpa}$。在受力构件内的任一点，皆可找到该点处惟一的一个主单元体，而一点的应力状态也可用主单元体上的 3 个主应力来表示。

在主单元体上某些主应力的值可能为零。若只有一个主应力不为零，其余两个为零，称为**单向应力状态**，如图 13.2(a)所示；若有两个主应力不为零，另一个为零，称为**二向应力状态**或**平面应力状态**，如图 13.2(b)所示；若 3 个主应力都不为零，称为**三向应力状态**或**空间应力状态**，如图 13.2(c)所示。在一般情形下，从构件中一点处截取的单元体往往不是主单元体，在其各个平面上既有正应力又有切应力，只有在确定了该点的 3 个主应力后，才能方便地判断其属于哪一种应力状态。

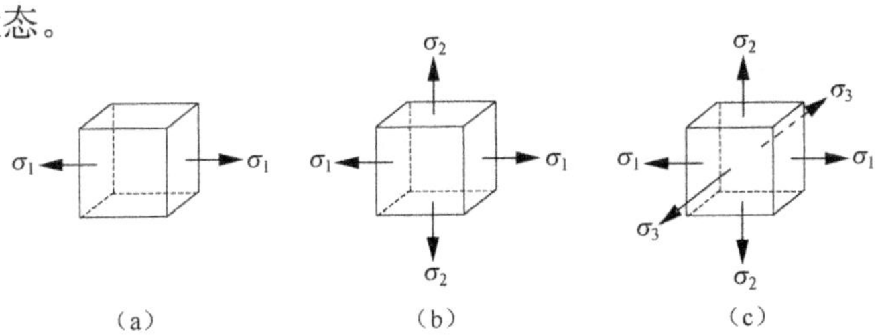

图 13.2

在前面已研究的几种基本变形中，轴向拉伸或压缩时杆内的各点，纯弯曲时除了中性层以外的梁内各点，以及剪切弯曲时梁的上、下边缘各点，都是单向应力状态；剪切弯曲时除了梁的上、下边缘各点以外的其他点，扭转时除了轴线上各点以外的其他点，都是二向应力状态；在滚珠轴承中，如图 13.3(a)所示，围绕滚珠与外圈的接触点 K，用平行和垂直于压力 $\boldsymbol{F}$ 的平面截取单元体，如图 13.3(b)所示，在上、下平面上有接触应力 σ_3，由于 σ_3 的作用，单元体向周围膨胀，引起周围材料对它的约束应力 σ_1 和 σ_2，由此所取的单元体为主单元体，且 3 个主应力皆不等于零，此情形属于三向应力状态。

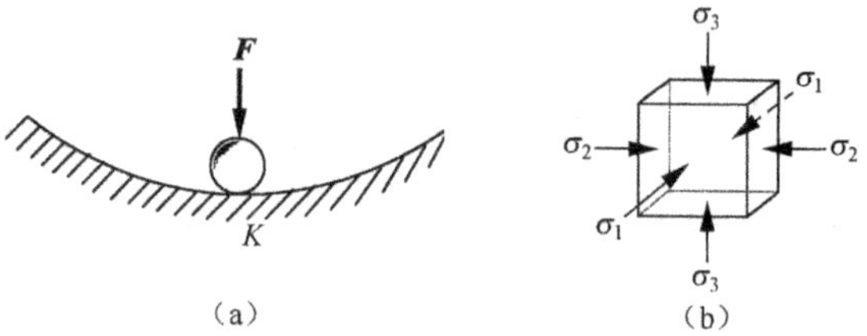

图 13.3

单向应力状态也称为简单应力状态。二向和三向应力状态也称为复杂应力状态。本章主要讨论二向应力状态即平面应力状态，对三向应力状态即空间应力状态只作简单介绍。

13.2 平面应力状态分析——解析法

平面应力状态是常见的一种应力状态。在图 13.1 中所截取的各个单元体都有一个共同的特点，即单元体中各个平面上的应力都平行于某一对平面，而在这一对平面上却没有应力，这种应力状态均为平面应力状态。在图 13.4(a)中所示的单元体就是平面应力状态的一般情形。平面应力状态分析是指在构件内的一点处截取单元体后，已知单元体 3 对互相垂直的平

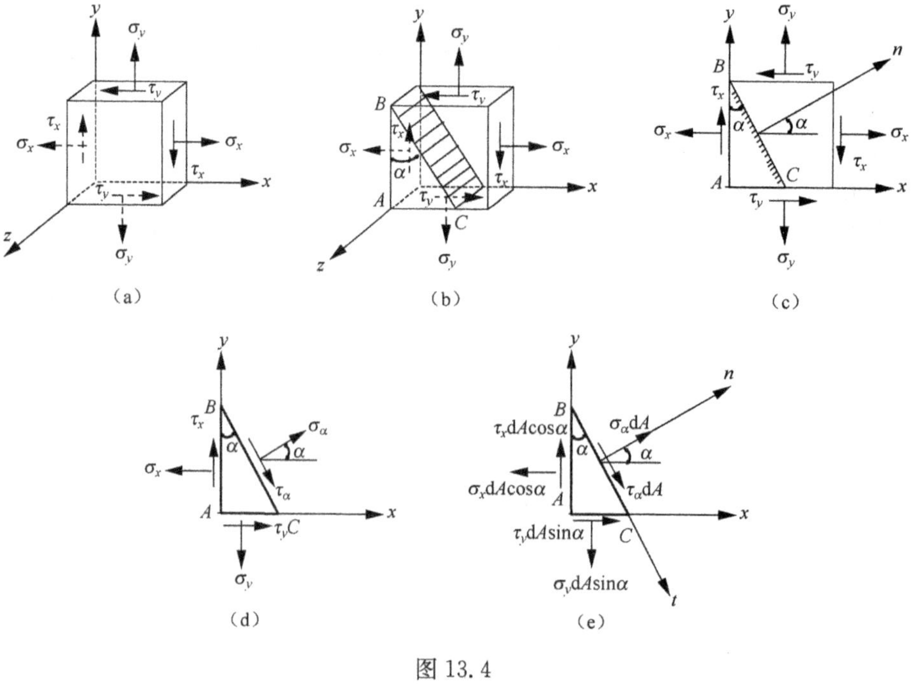

图 13.4

面上的应力，然后在此基础上，确定通过该点任意斜截面上的应力，并进一步确定该点的主平面、主应力及切应力极值等。

13.2.1 斜截面上的应力

设平面应力状态如图 13.4(a)所示，并建立图示直角坐标系。为了便于问题的讨论，把单元体中法线与 x(或 y、z)轴平行的平面，分别称作为 x(或 y、z)面。现已知 x 面上的正应力为 σ_x 、切应力为 τ_x ；y 面上的正应力为 σ_y 、切应力为 τ_y ；而在 z 面上没有应力作用。关于应力的符号规定为：正应力以拉应力为正，压应力为负；切应力对单元体内任一点之矩为顺时针转向时为正，反之为负。在图 13.4(a)中，σ_x、σ_y 和 τ_x 均为正值的应力，而 τ_y 为负值的应力。

取垂直于 xy 平面的任意斜截面 BC，如图 13.4(b)所示，单元体的正投影图可表示为图 13.4(c)。设斜截面 BC 的外法线与 x 轴的夹角为 α，并规定：由 x 轴正向到外法线为逆时针转向时，角 α 为正，反之为负。采用截面法把单元体沿斜截面 BC 截开，并取楔形单元体 ABC 为研究对象。一般来说，在 α 面(即斜截面 BC)上作用有任意方向的应力，可把它分解为与 α 面垂直的正应力 σ_α 和与 α 面相切的切应力 τ_α，如图 13.4(d)所示。设 BC 面的面积为 $\mathrm{d}A$，则 AB、AC 面的面积分别为 $\mathrm{d}A\cdot\cos\alpha$ 、$\mathrm{d}A\cdot\sin\alpha$。把各面上的应力乘以其作用面积后，楔形单元体 ABC 的受力情况如图 13.4(e)所示，并把全部力分别投影在 α 面的外法线 n 和切线 t 的方向上，可写出平衡方程

$$
\begin{aligned}
\sum F_{\mathrm{n}} = 0 \qquad & \sigma_\alpha \mathrm{d}A + (\tau_x \mathrm{d}A\cos\alpha)\sin\alpha - (\sigma_x \mathrm{d}A\cos\alpha)\cos\alpha \\
& + (\tau_y \mathrm{d}A\sin\alpha)\cos\alpha - (\sigma_y \mathrm{d}A\sin\alpha)\sin\alpha = 0 \\
\sum F_{\mathrm{t}} = 0 \qquad & \tau_\alpha \mathrm{d}A - (\tau_x \mathrm{d}A\cos\alpha)\cos\alpha - (\sigma_x \mathrm{d}A\cos\alpha)\sin\alpha \\
& + (\tau_y \mathrm{d}A\sin\alpha)\sin\alpha + (\sigma_y \mathrm{d}A\sin\alpha)\cos\alpha = 0
\end{aligned}
\tag{a}
$$

根据切应力互等定理，τ_y 和 τ_x 数值相等，以 τ_x 替换 τ_y，以上两式可简化为

$$
\begin{aligned}
\sigma_\alpha &= \sigma_x\cos^2\alpha + \sigma_y\sin^2\alpha - 2\tau_x\sin\alpha\cos\alpha \\
\tau_\alpha &= (\sigma_x - \sigma_y)\sin\alpha\cos\alpha + \tau_x(\cos^2\alpha - \sin^2\alpha)
\end{aligned}
\tag{b}
$$

又由三角函数关系

$$
\cos^2\alpha = \frac{1+\cos 2\alpha}{2}, \qquad \sin^2\alpha = \frac{1-\cos 2\alpha}{2}, \qquad 2\sin\alpha\cos\alpha = \sin 2\alpha \tag{c}
$$

把式(c)代入式(b)，最后可得

$$
\sigma_\alpha = \frac{\sigma_x + \sigma_y}{2} + \frac{\sigma_x - \sigma_y}{2}\cos 2\alpha - \tau_x\sin 2\alpha \tag{13-1}
$$

$$
\tau_\alpha = \frac{\sigma_x - \sigma_y}{2}\sin 2\alpha + \tau_x\cos 2\alpha \tag{13-2}
$$

以上两个方程称为**应力转换方程**。表明已知单元体 x 面和 y 面上的应力 σ_x 、τ_x 和 σ_y 、τ_y 时，即可求得任一斜截面上的正应力 σ_α 和切应力 τ_α。并可知，σ_α 与 τ_α 随角 α 的改变而变化，即 σ_α 与 τ_α 均为 α 的函数。通过应力转换方程还可以确定正应力和切应力的极值，并确定它们所在平面的方位。

例 13-1 单元体如图 13.5 所示，试求在 $\alpha = 30^\circ$ 斜截面上的应力。

解 首先确定单元体各个平面上的应力，要注意 x、y 面上应力的数值大小和正负号。由题知，$\sigma_x = -20\mathrm{MPa}$，$\sigma_y = 30\mathrm{MPa}$ ，$\tau_x = -20\mathrm{MPa}$ ；由于从 x 轴正向到斜截面外法线是逆时针转过 30°，所以 $\alpha = 30^\circ$。

再求该斜截面上的应力 σ_{30°，τ_{30°，由应力转换方程即式(13-1)、式(13-2)可得

$$\sigma_{30^\circ}=\frac{(-20)+30}{2}+\frac{(-20)-30}{2}\cos(2\cdot 30^\circ)-(-20)\sin(2\cdot 30^\circ)=9.82\text{MPa}$$

$$\tau_{30^\circ}=\frac{(-20)-30}{2}\sin(2\cdot 30^\circ)+(-20)\cos(2\cdot 30^\circ)=-31.8\text{MPa}$$

σ_{30°、τ_{30° 的方向如图 13.5 所示。σ_{30° 为正值，表明其方向与斜截面的外法线同向，即为拉应力；τ_{30° 为负值，表明其使三角形单元体有逆时针转向。

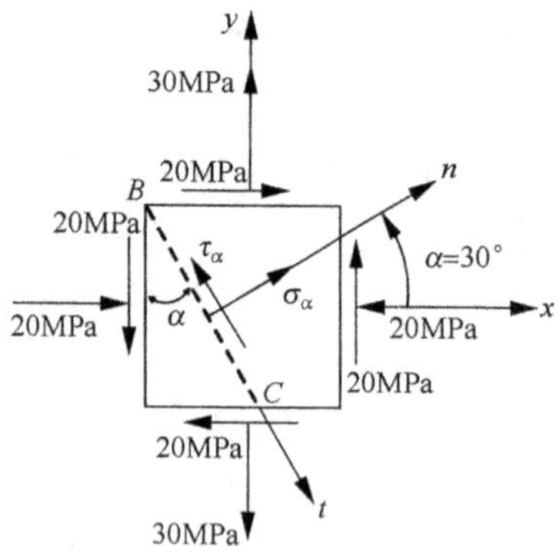

图 13.5

13.2.2 主应力、主平面

将式(13-1)对 α 求导数，有

$$\frac{d\sigma_\alpha}{d\alpha}=-2\left(\frac{\sigma_x-\sigma_y}{2}\sin 2\alpha+\tau_x\cos 2\alpha\right)$$

若 $\alpha=\alpha_0$ 时，能使导数 $\frac{d\sigma_\alpha}{d\alpha}=0$，则在 α_0 所确定的截面上正应力取极值。将 α_0 代入上式，并令其等于零，得

$$\frac{\sigma_x-\sigma_y}{2}\sin 2\alpha_0+\tau_x\cos 2\alpha_0=0 \tag{d}$$

由此可得

$$\tan 2\alpha_0=-\frac{2\tau_x}{\sigma_x-\sigma_y} \tag{13-3}$$

注意到

$$\tan 2\alpha_0=\tan(2\alpha_0+\pi)=\tan 2\left(\alpha_0+\frac{\pi}{2}\right)$$

表明，由式(13-3)可得到两个解 α_0 和 $\alpha_0+\frac{\pi}{2}$，从而可以确定两个互相垂直的平面，其中一个是正应力极大值 σ_{max} 所在的平面，另一个则是正应力极小值 σ_{min} 所在的平面。比较式(13-2)和式(d)可见，满足式(d)的 α_0 角恰好有 $\tau_{\alpha_0}=0$。也就是说，在切应力等于零的平面上，正应力取极大值或极小值。因为切应力为零的平面是主平面，而主平面上的正应力是主应力，所以主应力就是 σ_{max} 和 σ_{min}。由于通过式(13-3)确定的两个主平面是互相垂直的，因此两个主应力也一定是互相垂直的。由式(13-3)求出 $\sin 2\alpha_0$ 和 $\cos 2\alpha_0$，并代入式(13-1)化简后，可得 σ_{max} 和 σ_{min} 分别为

$$\left.\begin{matrix}\sigma_{max}\\ \sigma_{min}\end{matrix}\right\}=\frac{\sigma_x+\sigma_y}{2}\pm\sqrt{\left(\frac{\sigma_x-\sigma_y}{2}\right)^2+\tau_x^2} \tag{13-4}$$

这两个主应力 σ_{max} 和 σ_{min} 分别与由角 α_0 和 $\alpha_0+\frac{\pi}{2}$ 所确定的两个主平面相对应。而在两个互相垂直的主平面中，哪个面上作用有 σ_{max}，哪个面上作用有 σ_{min}，这种对应关系可由下述规则来确定：通过 α_0 和 $\alpha_0+\frac{\pi}{2}$ 确定了两个主平面之后，由正交两平面上“面对面”的 τ_x 和 τ_y “牵出”的那个主平面，一定是 σ_{max} 所在的平面，而与它相垂直的另一个平面就是 σ_{min} 所在的平面。在图 13.6(a)中，这两个主应力就是按照此规则画出来的。采用这种方法可以方便地确定出 σ_{max} 和 σ_{min} 所在平面的方位。在平面应力状态分析的几何法中，这点可以得到证明。另外，由式(13-4)还可得出

$$\sigma_{max}+\sigma_{min}=\sigma_x+\sigma_y \tag{13-5}$$

表明，求出两个主应力 σ_{max}、σ_{min} 后，可由上述关系式对计算结果进行校核。

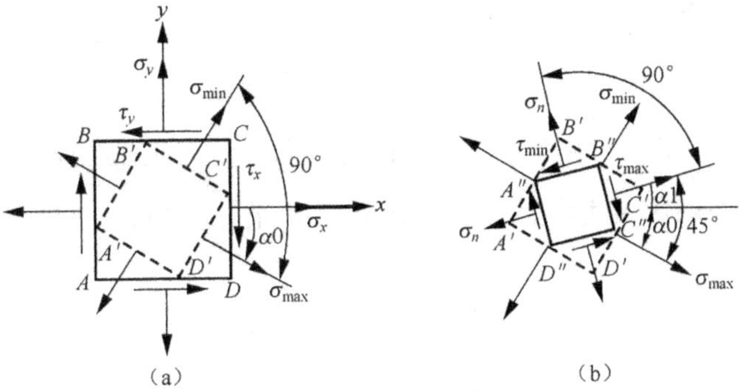

图 13.6

在平面应力状态中，单元体上没有应力作用的 z 面也是一个主平面，并与另外两个主平面相垂直。由于两个主应力不为零，所以，平面应力状态为二向应力状态。考虑到 z 面上的主应力为零，在对 3 个主应力按代数值 $\sigma_1 \geqslant \sigma_2 \geqslant \sigma_3$ 排序时，若由式(13-4)求出的 σ_{max}、σ_{min} 均为正值时，要将其分别表示为 σ_1、σ_2；求出的 σ_{max}、σ_{min} 一个为正值而另一个为负值时，可将其分别表示为 σ_1、σ_3；求出的 σ_{max}、σ_{min} 均为负值时，要将其分别表示为 σ_2、σ_3。显然，用主单元体及其 3 个主应力来表示一点的应力状态，这种表示方法更为简单。

13.2.3 剪应力极值及其所在平面

采用完全相似的方法，将式(13-2)对 α 求导数，有

$$\frac{d\tau_\alpha}{d\alpha} = (\sigma_x - \sigma_y)\cos 2\alpha - 2\tau_x \sin 2\alpha$$

若 $\alpha = \alpha_1$ 时，能使导数 $\frac{d\tau_\alpha}{d\alpha} = 0$，则在 α_1 所确定的截面上切应力取极值。将 α_1 代入上式，并令其等于零，得

$$(\sigma_x - \sigma_y)\cos 2\alpha_1 - 2\tau_x \sin 2\alpha_1 = 0$$

由此可得

$$\tan 2\alpha_1 = \frac{\sigma_x - \sigma_y}{2\tau_x} \tag{13-6}$$

表明由式(13-6)可得到两个解 α_1 和 $\alpha_1 + \frac{\pi}{2}$，从而可以确定两个互相垂直的平面，其上分别作用着切应力极大值 τ_{max} 和切应力极小值 τ_{min}。比较式(13-3)与式(13-6)，还可得

$$\tan 2\alpha_0 = -\frac{1}{\tan 2\alpha_1} = -\cot 2\alpha_1 = \tan\left(2\alpha_1 + \frac{\pi}{2}\right) = \tan 2\left(\alpha_1 + \frac{\pi}{4}\right)$$

即

$$\alpha_1 = \alpha_0 + \frac{\pi}{4} \tag{13-7}$$

表明 τ_{max} 和 τ_{min} 分别作用在两个互相垂直的平面上，并满足切应力互等定理，两者大小相等且符号相反。τ_{max} 和 τ_{min} 所在平面与主平面的夹角相差 45°。可由 σ_{max} 作用面逆时针转过 45° 至 τ_{max} 作用面，而顺时针转过 45° 至 τ_{min} 作用面，如图 13.6(b)所示。

由式(13-6)求出 $\sin 2\alpha_1$ 和 $\cos 2\alpha_1$，并代入式(13-2)化简后，可得 τ_{max} 和 τ_{min} 分别为

$$\left.\begin{matrix}\tau_{max}\\ \tau_{min}\end{matrix}\right\} = \pm\sqrt{\left(\frac{\sigma_x - \sigma_y}{2}\right)^2 + \tau_x^2}$$

考虑到式(13-4),上式又可表示为

$$\left.\begin{matrix}\tau_{\max}\\ \tau_{\min}\end{matrix}\right\}=\pm\frac{1}{2}(\sigma_{\max}-\sigma_{\min}) \tag{13-8}$$

一般情形下,在 $\tau_{\max}$ 和 $\tau_{\min}$ 所在平面上的正应力不等于零,通常用 σ_n 表示,如图 13.6(b)所示。把 α_1 和 $\alpha_1+\frac{\pi}{2}$ 分别代入式(13-1),经整理后可得,在 $\tau_{\max}$ 和 $\tau_{\min}$ 所在平面上的正应力 σ_n 数值相等且符号相同,可表示为

$$\sigma_n=\frac{\sigma_x+\sigma_y}{2}=\frac{\sigma_{\max}+\sigma_{\min}}{2} \tag{13-9}$$

另外还可证明,在图 13.6 中,当单元体由位置 $ABCD$ 转到位置 $A'B'C'D'$ 或 $A''B''C''D''$ 时,单元体各平面上的正应力与切应力的数值也随之发生改变,但是,在单元体互相垂直的两个平面上的正应力之和则保持不变。

例 13-2 单元体如图 13.7 所示。在例 13-1 中已经求出了在 $\alpha=30°$ 斜截面上的应力。现求:主应力及主平面的方位,切应力极值 $\tau_{\max}$ 、$\tau_{\min}$ 及其所在平面的方位。

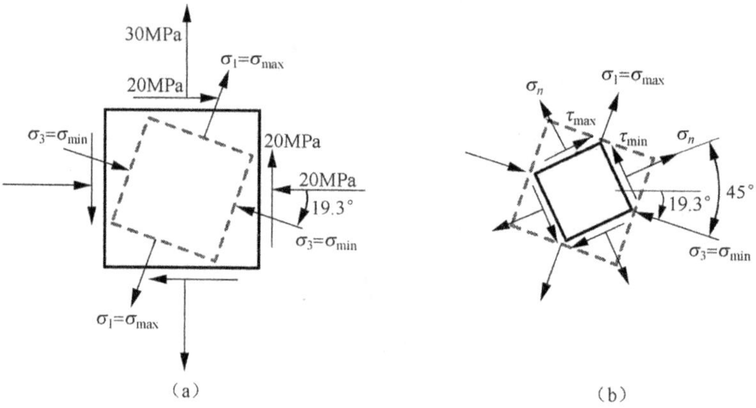

图 13.7

解 由题已知,$\sigma_x=-20\text{MPa},\sigma_y=30\text{MPa}$,$\tau_x=-20\text{MPa}$。

(1)主应力及主平面的方位。由式(13-4)可得

$$\left.\begin{matrix}\sigma_1=\sigma_{\max}\\ \sigma_3=\sigma_{\min}\end{matrix}\right\}=\frac{(-20)+30}{2}\pm\sqrt{\left(\frac{(-20)-30}{2}\right)^2+(-20)^2}=\left.\begin{matrix}+37(\text{MPa})\\ -27(\text{MPa})\end{matrix}\right\}$$

考虑到单元体前后平面上没有应力,因此可求出 3 个主应力为

$$\sigma_1=37\text{MPa},\qquad \sigma_2=0,\qquad \sigma_3=-27\text{MPa}$$

可通过式(13-5)验算其计算结果

$$\sigma_{\max}+\sigma_{\min}=37+(-27)=\sigma_x+\sigma_y=(-20)+30$$

再由式(13-3)得

$$\tan 2\alpha_0=-\frac{2(-20)}{(-20)-30}=-0.8$$

可得 $\alpha_0=-19.3°$,由此可以确定一个主平面的方位,而与其正交的平面就是另一个主平面。σ_1 所在的主平面,可由两个互相垂直平面上的 τ_x 和 τ_y “牵出”,而与该主平面相垂直的另一个主平面就是 σ_3 所在的平面。

(2)切应力极值 $\tau_{\max}$ 、$\tau_{\min}$ 及其所在平面的方位。由式(13-8)可得

$$\left.\begin{array}{l}\tau_{max}\\ \tau_{min}\end{array}\right\}=\pm\frac{1}{2}(\sigma_{max}-\sigma_{min})\pm\frac{1}{2}[37-(-27)]=\pm 32(\text{MPa})$$

再由式(13-7)得

$$\alpha_1=\alpha_0+\frac{\pi}{4}=-19.3°+45°=25.7°$$

由 $\alpha_1=25.7°$，可以确定 τ_{max} 或 τ_{min} 所在平面的方位。也可由两个互相垂直平面上的 τ_{max} 和 τ_{min}"牵出"σ_1 所在的主平面，由此确定 τ_{max} 和 τ_{min} 所在平面的方位。

在 τ_{max}、τ_{min} 所在平面上的正应力为 σ_n，由式(13-9)可得

$$\sigma_n=\frac{\sigma_{max}+\sigma_{min}}{2}=\frac{1}{2}[37+(-27)]=5(\text{MPa})$$

在某一点处，由 x、y 平面构成的单元体及 τ_{max}、τ_{min} 所在平面构成的单元体，这两个单元体都是对应于同一个主单元体。显然，用主单元体上的主应力来表示一点的应力状态，是一点应力状态的最简单的表达方式。

13.2.4 平面应力状态的几种特殊情形

1. 单向应力状态

轴向拉伸(或压缩)时杆内的任一点，如图 13.8(a)所示，以及弯曲变形时距中性轴最远的梁的上、下边缘各点，如图 13.8(b)所示，其单元体均处于单向应力状态。现以轴向拉伸为例，在杆内任一点 A 截取单元体。已知，$\sigma_x=\sigma=F_N/A$，$\sigma_y=0$，$\tau_x=0$，如图 13.8(c)所示。由式(13-1)和式(13-2)，可确定该单元体任一斜截面上的应力为

$$\sigma_\alpha=\frac{\sigma}{2}(1+\cos 2\alpha)$$

$$\tau_\alpha=\frac{\sigma}{2}\sin 2\alpha \tag{13-10}$$

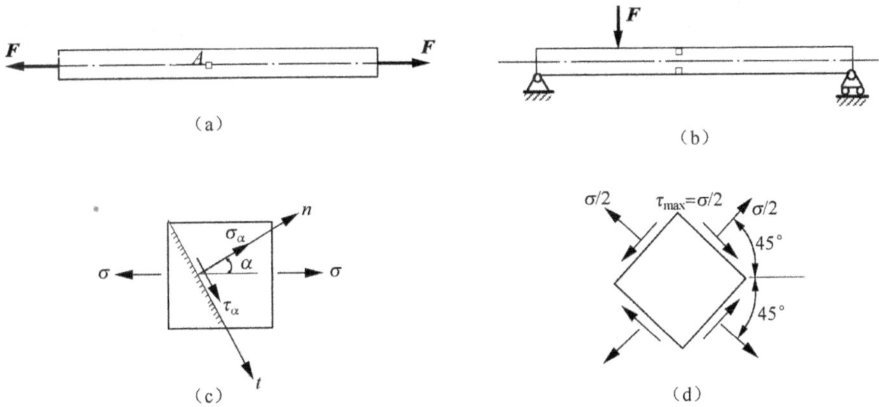

(a) (b) (c) (d)

图 13.8

以上两个方程称为**轴向拉伸(或压缩)时的应力转换方程**。由式(13-10)可知，当 $\alpha=0$ 时，正应力取极值，$\sigma_{\alpha=0}=\sigma_{max}=\sigma$，而 $\tau_{\alpha=0}=0$，表明在点 A 截取的单元体就是该点的主单元体。由于只有一个主应力不为零，因此它处于单向应力状态。其 3 个主应力可分别表示为

$$\sigma_1=\sigma,\qquad \sigma_2=0,\qquad \sigma_3=0$$

当 $\alpha = \pm 45^\circ$ 时，有

$$\left.\begin{array}{l}\tau_{max}\\ \tau_{min}\end{array}\right\} = \pm\frac{\sigma}{2}$$

表明切应力极值 τ_{max}、τ_{min} 所在平面与主平面(即横截面)的夹角分别为 $\pm 45^\circ$，且在此两平面上的正应力相等，即 $\sigma_n = \sigma_{\alpha=\pm 45^\circ} = \dfrac{\sigma}{2}$，如图 13.8(d)所示。

应当注意，若按 τ_{max}、τ_{min} 方位截取单元体，虽然在各个平面上既有正应力，又有切应力，看起来好像是平面应力状态，但实际上仍然是单向应力状态。

对于单向压缩应力状态，同样也可作类似的分析。应力转换公式(13-10)是单元体上任一斜截面上的应力计算公式，它与第 7 章中所得出的任一斜截面上的应力计算公式完全相同，其原因在于轴向拉伸和压缩时斜截面上的应力是均匀分布的。

2. 纯剪切应力状态

扭转时除了轴线上各点以外的圆轴内的任一点，如图 13.9(a)所示，以及剪切弯曲时梁内中性层上的各点，如图 13.9(b)所示，其单元体均处于纯剪切应力状态。现以圆轴扭转为例，在圆轴表面的任一点 B 截取单元体。已知，$\sigma_x = 0$，$\sigma_y = 0$，$\tau_x = \tau = T/W_t$，如图 13.9(c)所示。由式(13-1)和式(13-2)，可确定该单元体任一斜截面上的应力为

$$\sigma_\alpha = -\tau\sin 2\alpha$$
$$\tau_\alpha = \tau\cos 2\alpha \qquad (13\text{-}11)$$

以上两个方程称为**圆轴扭转时的应力转换方程**。可知，当 $\alpha = \mp 45^\circ$ 时，有 $\tau_{\alpha=\mp 45^\circ} = 0$，而

$$\left.\begin{array}{l}\sigma_{max}\\ \sigma_{min}\end{array}\right\} = \pm\tau$$

由于在 $\mp 45^\circ$ 的平面上切应力为零，表明这两个平面就是主平面，其 3 个主应力可分别表示为

$$\sigma_1 = \tau, \qquad \sigma_2 = 0, \qquad \sigma_3 = -\tau$$

纯剪切应力状态为二向应力状态。由于主平面与 τ_{max}、τ_{min} 所在平面相差 45°，由此可知，纯剪切单元体就是切应力极值 τ_{max}、τ_{min} 所在的单元体，而在圆轴表面的任一点 B 截取与轴线成 45°的单元体就是该点的主单元体。

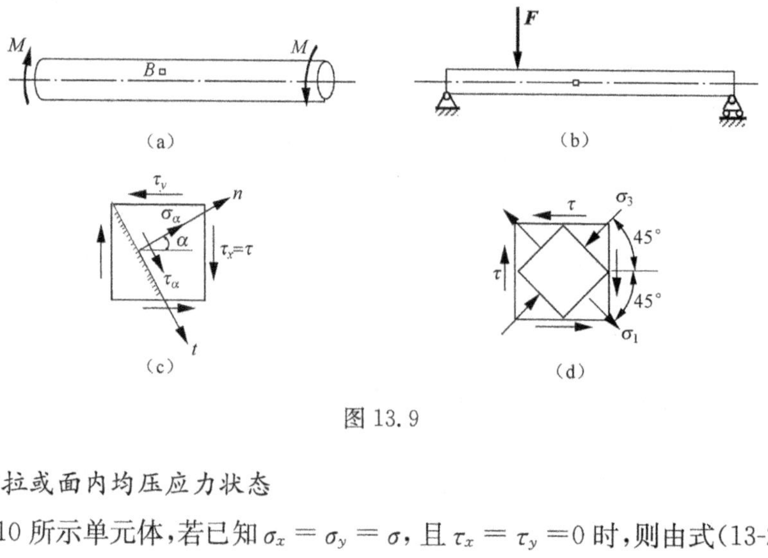

图 13.9

3. 面内均拉或面内均压应力状态

如图 13.10 所示单元体，若已知 $\sigma_x = \sigma_y = \sigma$，且 $\tau_x = \tau_y = 0$ 时，则由式(13-2)可得任一斜

截面上的切应力 τ_α 均等于零(即任一斜截面都是主平面),且由式(13-1)可得任一斜截面上的正应力 σ_α 均等于 σ。表明,当 $\sigma > o$ 时,该点处于面内均拉的平面应力状态;而当 $\sigma < 0$ 时,该点处于面内均压的平面应力状态。例如,受均匀内压作用的薄壁球形容器壁中的各点就是面内均拉应力状态。

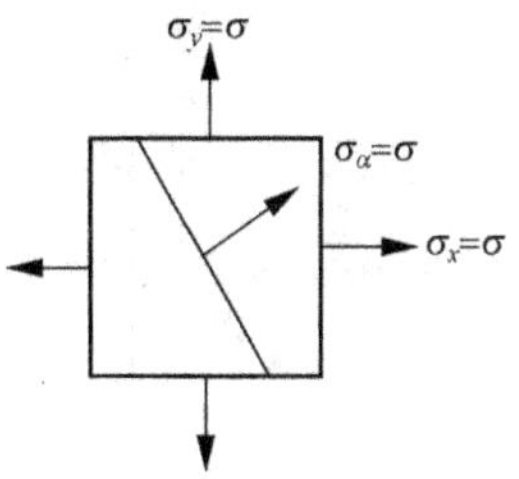

图 13.10

4. 一种常见的二向应力状态

在剪切弯曲及随后将要讨论的弯曲与扭转的组合变形中,经常会遇到图 13.11 所示的应力状态,其中 $\sigma_x = \sigma$, $\tau_x = \tau$, $\sigma_y = 0$。由于单元体前、后面上没有任何应力,故有一个主应力等于零,由式(13-4)可求得另外两个主应力为

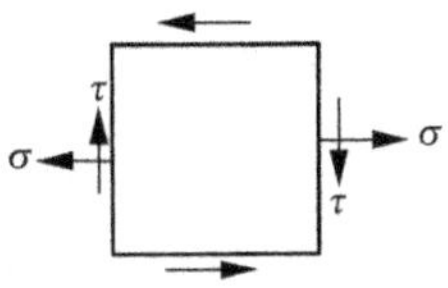

图 13.11

$$\left.\begin{matrix}\sigma_{\max}\\ \sigma_{\min}\end{matrix}\right\} = \frac{\sigma}{2} \pm \sqrt{\left(\frac{\sigma}{2}\right)^2 + \tau^2}$$

在上式中,因为 $\sqrt{\left(\frac{\sigma}{2}\right)^2 + \tau^2}$ 总是大于 $\frac{\sigma}{2}$,故 $\sigma_{\min} < 0$,于是 3 个主应力分别为

$$\sigma_1 = \frac{\sigma}{2} + \sqrt{\left(\frac{\sigma}{2}\right)^2 + \tau^2}, \quad \sigma_2 = 0, \quad \sigma_3 = \frac{\sigma}{2} - \sqrt{\left(\frac{\sigma}{2}\right)^2 + \tau^2} \tag{13-12}$$

13.3 空间应力状态

13.3.1 空间应力状态的概念

一般情形下,从受力构件中截取的空间应力状态的单元体,在其 3 对互相垂直的平面上的应力可能是任意方向的,但都可以把它们分解为垂直于其作用面的正应力和平行于单元体棱边的两个切应力,如图 13.12(a)所示。理论分析证明,与平面应力状态相类似,对于空间应力状态的单元体,也一定可以找到它的主单元体,并求出在互相垂直的 3 个主平面上的主应力 σ_1 、σ_2 、σ_3,如图 13.12(b)所示。

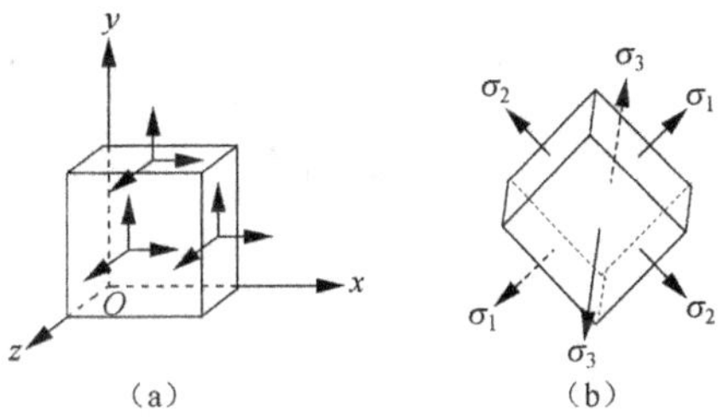

图 13.12

一点的应力状态可以用主单元体的 3 个主平面上的 3 个主应力来表示,这是一种表达空间应力状态最简单的常用方式。在前面所提到的图 13.3(b)和后面将要提到的图 13.16(b)及图 13.17(b)中的单元体,都是空间应力状态的典型实例。

13.3.2 最大正应力、最大切应力

理论分析证明,对各种应力状态的单元体,主应力 σ_1 与 σ_3 分别是所有各个不同方位截面上正应力的最大值 $\sigma_{\max}$ 与最小值 $\sigma_{\min}$,即

$$\sigma_{\max} = \sigma_1, \qquad \sigma_{\min} = \sigma_3 \tag{13-13}$$

理论分析还证明,对各种应力状态的单元体,切应力的最大值 $\tau_{\max}$ 为

$$\tau_{\max} = \frac{\sigma_1 - \sigma_3}{2} \tag{13-14}$$

τ_{max}作用面与σ_2作用面相垂直，且与σ_1和σ_3作用面各成顺时针转向及逆时针转向的45°角，如图13.13所示，而在τ_{max}作用面上的正应力为$\frac{\sigma_1+\sigma_3}{2}$。

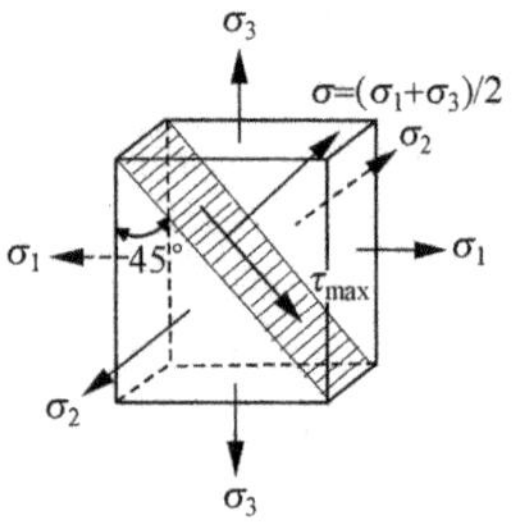

图13.13

应当注意，在平面应力状态问题中，由式(13-4)计算得到的σ_{max}和σ_{min}，只有分别为σ_1和σ_3时，由式(13-8)得到的极值切应力才是所有各个不同方位截面上切应力的最大值τ_{max}。

13.3.3 广义胡克定律

以下研究各向同性材料在空间应力状态下的应力与应变关系。根据单向拉伸(压缩)时的胡克定律及纵向应变与横向应变之间的关系，如图13.14所示，我们可知，在σ方向的纵向应变为

$$\varepsilon=\frac{\sigma}{E}$$

在垂直于σ方向的横向应变为

$$\varepsilon'=-\nu\varepsilon=-\nu\frac{\sigma}{E}$$

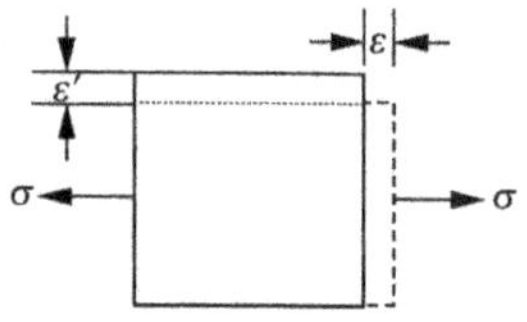

图13.14

在空间应力状态下，单元体同时受到σ_1、σ_2和σ_3的作用，如图13.15(a)所示。在计算沿σ_1方向棱边1的变形时，由σ_1引起的应变，如图13.15(b)所示，为

$$\varepsilon_1'=\frac{\sigma_1}{E}$$

由σ_2、σ_3引起的该棱边的应变，如图13.15(c)、(d)所示，则分别为

$$\varepsilon_1''=-\nu\frac{\sigma_2}{E},\quad \varepsilon_1'''=-\nu\frac{\sigma_3}{E}$$

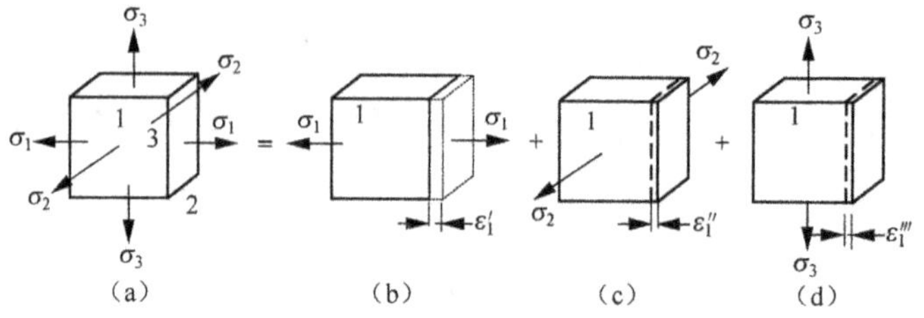

图13.15

因此，材料在线弹性和各向同性的条件下，根据叠加原理，沿σ_1方向的总应变为

$$\varepsilon_1=\varepsilon'_1+\varepsilon''_1+\varepsilon'''_1$$

得

$$\varepsilon_1=\frac{1}{E}[\sigma_1-\nu(\sigma_2+\sigma_3)]$$

同理可得

$$\varepsilon_2=\frac{1}{E}[\sigma_2-\nu(\sigma_3+\sigma_1)]\tag{13-15}$$

$$\varepsilon_3=\frac{1}{E}[\sigma_3-\nu(\sigma_1+\sigma_2)]$$

式(13-15)称为**广义胡克定律**。表明空间应力状态下，在任意一点处沿主应力方向的线应变与主应力之间的关系。式中的主应力σ_1、σ_2、σ_3为代数值，求出的主应变ε_1、ε_2、ε_3也为代数值。

若某个主应变为正值时，表示该线应变为伸长，为拉应变；反之表示缩短，为压应变。

与3个主应力的排列顺序相类似，3个主应变也按代数值排列，即 $\varepsilon_1 \geqslant \varepsilon_2 \geqslant \varepsilon_3$。由式(13-15)可知，沿主应力 σ_1 方向的线应变 ε_1 是所有不同方向线应变中的最大值，即

$$\varepsilon_{\max} = \varepsilon_1 \tag{13-16}$$

对于均匀、各向同性的线弹性体，切应力不引起线应变。因此，在空间应力状态下，若单元体不是主单元体时，则只需把式(13-15)中各个变量的下标1、2、3相应分别改为 x、y、z，即可得线应变 ε_x、ε_y、ε_z 与正应力 σ_x、σ_y、σ_z 之间的关系式

$$\begin{aligned} \varepsilon_x &= \frac{1}{E}[\sigma_x - \nu(\sigma_y + \sigma_z)] \\ \varepsilon_y &= \frac{1}{E}[\sigma_y - \nu(\sigma_z + \sigma_x)] \\ \varepsilon_z &= \frac{1}{E}[\sigma_z - \nu(\sigma_x + \sigma_y)] \end{aligned} \tag{13-17}$$

应用式(13-15)或式(13-17)，可通过材料力学试验测得构件表面任一点在正交方向上的线应变后，再进一步求出相应方向上的正应力。

13.4 强度理论

13.4.1 强度理论概述

在第7～12章中，已经讨论了轴向拉伸(或压缩)、扭转和弯曲变形时的强度计算，并建立了相应的强度条件。例如，杆件在轴向拉伸(或压缩)时，危险点处于单向应力状态，建立的强度条件为：

$$\sigma_{\max} = \frac{F_N}{A} \leqslant [\sigma] = \frac{\sigma_u}{n}$$

在上式中，σ_u 为材料发生破坏时的极限应力，通常以屈服极限 σ_s（或 $\sigma_{0.2}$）作为塑性材料的极限应力，以强度极限 σ_b 作为脆性材料的极限应力。极限应力 σ_u 除以安全系数 n 为材料的许用拉(压)应力 $[\sigma]$，而极限应力的数值可由轴向拉伸(或压缩)实验来测得。这表明，在单向应力状态条件下，可以通过把最大工作应力 $\sigma_{\max}$ 直接与实验结果进行比较的方法来建立它的强度条件。

但在工程实际中，经常遇到具有复杂变形的构件，在其危险点处往往并不是处于单向应力状态或纯剪切应力状态，而是处于复杂应力状态(例如在第14章将要讨论的组合变形问题)。在此情形下，已经难以采用把危险点处的最大工作应力与极限应力相比较的方法来建立它的强度条件了。其原因在于，对于任何一种复杂应力状态，虽可确定危险点处的3个主应力 σ_1、σ_2 和 σ_3，但由于 σ_1、σ_2 和 σ_3 的组合方式及每种组合方式下3个主应力之间的比值有无穷多种，要在实验室条件下实现每一种应力状态，所需采用的实验手段和实验方法是非常复杂的。因此，通过材料力学实验来确定各种不同材料在每一种应力状态下的极限应力并建立相应的强度条件，显然，这样做要比单向应力状态困难得多，是不切合实际的。为此，必须寻求解决这个问题的其他方法。

在研究强度问题中，人们对构件和材料的破坏现象进行了反复的观察和深入的研究。实践表明，各种材料在载荷作用下处于不同应力状态时，虽然其破坏形式是多种多样的，但是可以把它归纳为两种基本类型，即**脆性断裂**和**塑性屈服**。

脆性断裂是指材料在没有发生明显的塑性变形情况下突然发生断裂，从而使构件丧失了承载能力。例如，铸铁试件拉伸时，试件沿横截面呈脆性断裂，这是由横截面上的最大拉应力 σ_{max} 达到极限应力 σ_b 时引起的；铸铁圆试件扭转时，在与轴线成 45°的螺旋面上存在有最大拉应力 σ_{max}，试件沿此螺旋面被拉断。可见，脆性断裂发生在最大拉应力所作用的截面，当该截面上的 σ_{max} 达到 σ_b 时就会引起材料的破坏。

塑性屈服是指材料在屈服阶段时产生了显著的塑性变形，从而使构件丧失了正常的工作能力，这也是材料发生破坏的一种标志。例如，在低碳钢拉伸实验中，材料屈服时在试件表面发生与轴线成 45°的滑移线，就是由此斜截面上的最大切应力 τ_{max} 达到极限切应力 τ_s 时所致；低碳钢圆试件扭转时，由于横截面上的 τ_{max} 增加到 τ_s 后，首先使材料屈服而产生较大的塑性变形，随着应力的不断增加，试件沿横截面被剪断。可见，塑性屈服发生在最大切应力所作用的截面，当该截面上的 τ_{max} 达到 τ_s 时就会引起材料产生较大的塑性变形。

由上可知，通过对一点的应力状态进行分析，不仅可以对构件破坏所产生的原因进行深入的分析，另外，还可以对构件在复杂应力状态下的强度计算建立重要的理论基础。

依据上述两种类型的破坏形式，在长期的生产实践中，人们对材料在各种不同应力状态下发生的破坏现象做了大量的观察和研究，经过分析、推理，对导致材料发生破坏的主要原因提出了各种不同的假说。这类假说认为，材料之所以按某种方式（脆性断裂或塑性屈服）发生破坏，是由某一种主要因素（危险点处的拉应力、拉应变、最大切应力或畸变能密度等）引起的。按照这类假说，对于一种材料，无论它处于何种（简单或复杂）应力状态，当导致材料发生破坏的这一主要因素达到某一个极限值时，就会引起材料的破坏。因此，我们可以利用简单应力状态下的试验结果来确定这个因素的极限值，从而建立复杂应力状态下的强度条件。关于引起材料发生破坏的主要原因而提出的这类假说，称为**强度理论**。

在本章中只介绍工程中常用的 4 种强度理论，其正确性已经在长期的生产实践中得到了验证，它们都是在常温、静载下，适用于均匀、连续、各向同性材料的强度理论。

13.4.2 常用的 4 种强度理论

材料破坏的基本形式可分为两种，即脆性断裂和塑性屈服。由此，强度理论也相应地分为两类：一类是关于材料发生脆性断裂的强度理论，包括最大拉应力理论和最大伸长线应变理论；另一类是关于材料发生塑性屈服的强度理论，包括最大切应力理论和畸变能密度理论。

1)**最大拉应力理论（第一强度理论）**

这个理论认为，引起材料发生脆性断裂的主要因素是最大拉应力 σ_{max}，即无论材料处于何种应力状态，只要危险点处的最大拉应力 $\sigma_{max}=\sigma_1$ 达到材料的极限应力值 σ_u 时，材料就发生脆性断裂。根据此强度理论，材料发生脆性断裂的破坏条件是

$$\sigma_1=\sigma_u \tag{a}$$

式中，σ_u 为材料在各种应力状态下所共有的极限应力，当然也适用于单向应力状态。因此，可由单向拉伸试验来测定，其值为试件断裂时的抗拉强度 σ_b。引入安全系数 n，$[\sigma]=\dfrac{\sigma_b}{n}$ 为材料单向拉伸时的许用应力。于是，按此理论所建立的强度条件为

$$\sigma_1\leqslant[\sigma] \tag{13-18}$$

试验表明，该理论能较好地解释石料、玻璃、铸铁等脆性材料的破坏现象。但它没有考虑另外两个主应力的影响，并且不适用于不存在拉应力的情形。

2）**最大伸长线应变理论（第二强度理论）**

这个理论认为，引起材料发生脆性断裂的主要因素是最大伸长线应变 ε_{max}，即无论材料处于何种应力状态，只要危险点处的最大伸长线应变 $\varepsilon_{max}=\varepsilon_1$ 达到材料的极限线应变值 ε_u 时，材料就发生脆性断裂。根据此强度理论，材料发生脆性断裂的破坏条件是

$$\varepsilon_1=\varepsilon_u \tag{b}$$

由于材料在脆性断裂前发生的变形很小，可设材料仍服从胡克定律。在空间应力状态下主应变 ε_1 由广义胡克定律即式(13-15)表示为

$$\varepsilon_1=\frac{1}{E}[\sigma_1-\nu(\sigma_2+\sigma_3)]$$

而式中 ε_u 为材料在各种应力状态下所共有的极限应变值，因而可由单向拉伸试验来测定，其值为

$$\varepsilon_u=\frac{\sigma_b}{E}$$

因此，破坏条件又可用应力表示为

$$\frac{1}{E}[\sigma_1-\nu(\sigma_2+\sigma_3)]=\frac{\sigma_b}{E}$$

或

$$\sigma_1-\nu(\sigma_2+\sigma_3)=\sigma_b \tag{c}$$

将 σ_b 除以安全系数 n 得许用应力 $[\sigma]$，于是，按此理论所建立的强度条件为

$$\sigma_1-\nu(\sigma_2+\sigma_3)\leqslant[\sigma] \tag{13-19}$$

该理论能较好地解释石料、混凝土等脆性材料受轴向压缩时沿纵向截面开裂的现象，铸铁受拉、压二向应力状态且压应力比拉压力较大时，实验结果与这一理论大致符合。从形式上来看，它虽考虑了 σ_1 及 σ_2、σ_3 对脆性断裂的影响，但由于只与少数脆性材料在某些特殊受力形式下的实验结果相吻合，所以目前已较少采用。

3）**最大切应力理论（第三强度理论）**

这个理论认为，引起材料发生塑性屈服的主要因素是最大切应力 τ_{max}，即无论材料处于何种应力状态，只要危险点处的最大切应力 τ_{max} 达到材料的极限切应力值 τ_u 时，材料就发生塑性屈服。根据此强度理论，材料发生塑性屈服的破坏条件（或称屈服条件）是

$$\tau_{max}=\tau_u \tag{d}$$

在复杂应力状态下的最大切应力 τ_{max} 由式(13-14)表示为

$$\tau_{max}=\frac{\sigma_1-\sigma_3}{2}$$

而式中 τ_u 可由单向拉伸试验来测定，其值为试件在横截面上的正应力达到屈服极限 σ_s 时，45°斜截面上的切应力达到极限值，即

$$\tau_u=\frac{\sigma_s}{2}$$

因此，破坏条件又可用应力表示为

$$\frac{\sigma_1-\sigma_3}{2}=\frac{\sigma_s}{2}$$

或

$$\sigma_1-\sigma_3=\sigma_s \tag{e}$$

将 σ_s 除以安全系数 n 可得许用应力 $[\sigma]$。于是，按此理论所建立的强度条件为

$$\sigma_1-\sigma_3\leqslant[\sigma] \tag{13-20}$$

试验表明，该理论较好地解释了如Q235钢、45钢、铜、铝等常用塑性材料的屈服现象，在工程中得到了广泛应用。但它没有考虑主应力 σ_2 的影响，而在实验中 σ_2 对材料的破坏确实存在着一定影响。

4)**畸变能密度理论(第四强度理论)**

弹性体受力变形后，它的体积和形状都会发生改变，同时因变形在弹性体内部也积蓄了能量，此能量称为**应变能**。积蓄在单位体积内的应变能即**应变能密度**包括两部分：因体积改变和因形状改变(畸变)而产生的应变能密度，并把因形状改变产生的应变能密度称为**畸变能密度**。

这个理论认为，引起材料发生塑性屈服的主要因素取决于畸变能密度，即无论材料处于何种应力状态，只要危险点处的畸变能密度达到某一极限值时，材料就发生塑性屈服，而这个畸变能密度的极限值可由单向拉伸试验来测定。

在这里，略去详细的推导过程，直接给出由此强度理论而建立的材料发生塑性屈服的破坏条件(或称屈服条件)和强度条件，两者分别是

$$\sqrt{\frac{1}{2}[(\sigma_1-\sigma_2)^2+(\sigma_2-\sigma_3)^2+(\sigma_3-\sigma_1)^2]}=\sigma_s \tag{f}$$

$$\sqrt{\frac{1}{2}[(\sigma_1-\sigma_2)^2+(\sigma_2-\sigma_3)^2+(\sigma_3-\sigma_1)^2]}\leqslant[\sigma] \tag{13-21}$$

式中，σ_s 为单向拉伸试验中测定的屈服极限，$[\sigma]$ 为材料的许用拉应力。

试验表明，对于塑性材料采用第四强度理论比第三强度理论更符合试验结果。但由于第三强度理论的数学表达形式比较简单，因此，第三与第四强度理论在工程中均得到广泛应用。

由上述4个强度理论可以看出，所建立的强度条件在形式上都是把主应力的某个综合值与材料单向拉伸时的许用应力进行比较。这些主应力的综合值称为**相当应力**，用 σ_r 表示，并把上述4个强度条件的表达式归纳表示为统一的形式，即

$$\sigma_r\leqslant[\sigma] \tag{13-22}$$

对于不同的强度理论其相当应力分别为

$$\begin{cases}\sigma_{r1}=\sigma_1\\ \sigma_{r2}=\sigma_1-\nu(\sigma_2+\sigma_3)\\ \sigma_{r3}=\sigma_1-\sigma_3\\ \sigma_{r4}=\sqrt{\frac{1}{2}[(\sigma_1-\sigma_2)^2+(\sigma_2-\sigma_3)^2+(\sigma_3-\sigma_1)^2]}\end{cases} \tag{13-23}$$

需要注意的是，相当应力 σ_r 只是按不同强度理论得出的主应力的综合值，即 σ_r 为 σ_1、σ_2、σ_3 按不同的强度理论而形成的某种组合，并不是真实存在着的应力。

在通常情况下，脆性材料(如铸铁、高碳钢等)的破坏形式是脆性断裂，宜采用第一或第二强度理论；而塑性材料(如低、中碳钢和铜等)的破坏形式是塑性屈服，宜采用第三或第四强度理论。但是也应当注意到，材料可能发生什么形式的破坏，不仅与材料本身所具有的力学性质有关，而且还与其工作条件(所处的应力状态、温度以及加载速度等)有关。例如，铸铁在拉伸时发生脆性断裂，而在压缩时却有可能产生较大的塑性变形。例如，压力通过小钢球作用在铸铁上，如图13.16(a)所示，当压力较大时，在接触点 k 处也会被压出明显的凹陷来，这表明，在接触点 k 处的单元体处于三向压缩应力状态时，如图13.16(b)所示，铸铁等脆性材料也可能产生显著的塑性变形。又例如，有环形凹槽的低碳钢受拉杆件，如图13.17(a)所示，由于凹槽根部产生应力集中现象，在轴向变形急剧增大的同时，其横向变形显著收缩，但这种横向收缩

又受到凹槽周围材料的牵制，所以，在凹槽点 k 处的单元体在轴向主应力 σ_1 和侧向主应力 σ_2、σ_3 的作用下处于三向拉伸应力状态，如图 13.17(b)所示，在此情形下，拉杆在凹槽处呈脆性断裂的倾向最大。这时把脆性材料和塑性材料理解为材料处于脆性状态或塑性状态较为确切。因此，不论是塑性或脆性材料，在接近三向拉伸应力状态下，都将发生脆性断裂破坏，宜采用第一或第二强度理论，而在三向压缩应力状态下，都将发生塑性屈服破坏，宜采用第三或第四强度理论。

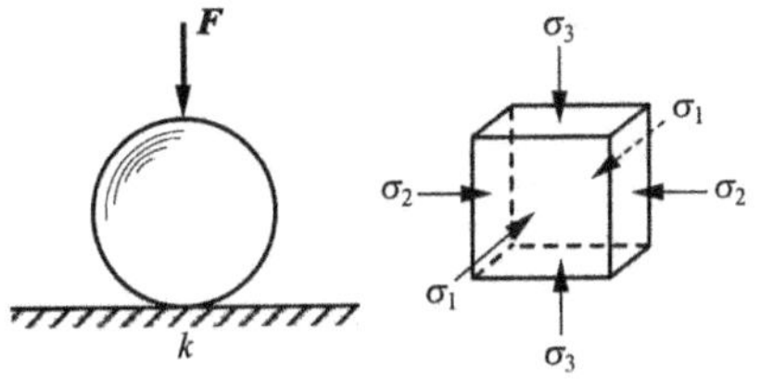

图 13.16

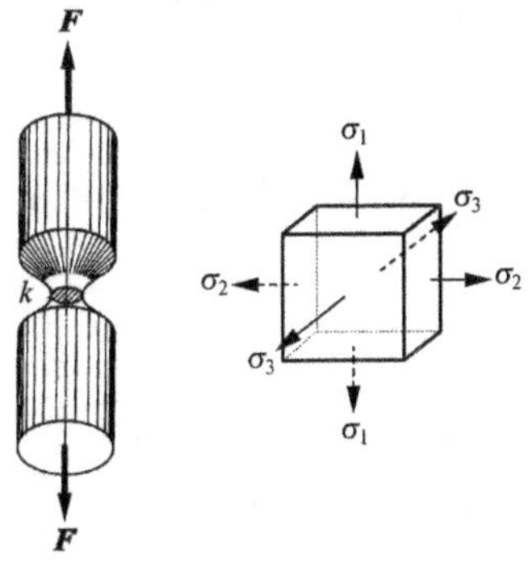

图 13.17

例 13-3 在 13.2.4 中，已经讨论了一种在工程中常见的二向应力状态，如图 13.11 所示。试由第三、第四强度理论建立相应的强度条件。

解 在图 13.11 所示的单元体中，已知 $\sigma_x = \sigma$，$\tau_x = \tau$，$\sigma_y = 0$。由式(13-4)可得它的 3 个主应力分别为

$$\left.\begin{aligned}\sigma_1 &= \sigma_{\max} \\ \sigma_3 &= \sigma_{\min}\end{aligned}\right\} = \frac{\sigma}{2} \pm \sqrt{\left(\frac{\sigma}{2}\right)^2 + \tau^2}, \qquad \sigma_2 = 0$$

在这种应力状态下，由于 $\frac{\sigma}{2} \leqslant \sqrt{\left(\frac{\sigma}{2}\right)^2 + \tau^2}$，所以不论 σ、τ 的数值大小和符号如何，总有 $\sigma_1 > 0$，$\sigma_3 < 0$，即 $\sigma_1 > \sigma_3$。

根据第三强度理论，由式(13-20)可得

$$\sigma_{r3} = \sqrt{\sigma^2 + 4\tau^2} \leqslant [\sigma] \tag{13-24}$$

根据第四强度理论，由式(13-21)可得

$$\sigma_{r4} = \sqrt{\sigma^2 + 3\tau^2} \leqslant [\sigma] \tag{13-25}$$

通过以上两式可知，相当应力 σ_{r3} 与 σ_{r4} 的值不会因 σ、τ 符号的改变而发生变化。这个分析结果，在随后讨论组合变形时将会得到应用。

例 13-4 试由强度理论建立纯剪切应力状态时的强度条件，并确定许用切应力 $[\tau]$ 与许用拉应力 $[\sigma]$ 之间的关系。

解 前面在 13.2.4 中，已经讨论了纯剪切应力状态。在图 13.9(c)所示的单元体中，已知 $\sigma_x = 0$，$\sigma_y = 0$，$\tau_x = \tau$。由式(13-4)可得它的 3 个主应力分别为

$$\sigma_1 = \tau, \qquad \sigma_2 = 0, \qquad \sigma_3 = -\tau \tag{a}$$

其剪切强度条件为

$$\tau \leqslant [\tau] \tag{b}$$

对于脆性材料，根据第一强度理论有

$$\sigma_{r1} = \sigma_1 = \tau \leqslant [\sigma]$$

把上式与式(b)进行比较,可得

$$[\tau]=1.0[\sigma] \tag{c}$$

对于脆性材料,再根据第二强度理论有

$$\sigma_{r2}=\sigma_1-\nu(\sigma_2+\sigma_3)=(1+\nu)\tau\leqslant[\sigma]$$

即
$$\tau\leqslant\frac{[\sigma]}{1+\nu}$$

一般情形下,脆性材料的泊松比 $\nu=0.2\sim0.25$。把上式与式(b)进行比较,又可得

$$[\tau]=\frac{[\sigma]}{1+\nu}=(0.8\sim0.83)[\sigma] \tag{d}$$

对于塑性材料,根据第三强度理论有

$$\sigma_{r3}=\sigma_1-\sigma_3=2\tau\leqslant[\sigma]$$

即
$$\tau\leqslant\frac{1}{2}[\sigma]=0.5[\sigma]$$

把上式与式(b)进行比较,可得

$$[\tau]=0.5[\sigma] \tag{e}$$

对于塑性材料,再根据第四强度理论有

$$\sigma_{r4}=\sqrt{\frac{1}{2}[(\sigma_1-\sigma_2)^2+(\sigma_2-\sigma_3)^2+(\sigma_3-\sigma_1)^2]}=\sqrt{\frac{1}{2}(\tau^2+\tau^2+4\tau^2)}=\sqrt{3}\tau\leqslant[\sigma]$$

即
$$\tau\leqslant\frac{1}{\sqrt{3}}[\sigma]=0.577[\sigma]\approx0.6[\sigma]$$

把上式与式(b)进行比较,又可得

$$[\tau]\approx0.6[\sigma] \tag{f}$$

综合以上分析,在工程中采用的许用切应力数值 $[\tau]$ 为:

脆性材料 $[\tau]=(0.8\sim1.0)[\sigma]$

塑性材料 $[\tau]=(0.5\sim0.6)[\sigma]$

例 13-5 封闭式薄壁圆筒如图 13.18(a)所示。已知圆筒的内径为 D,壁厚为 δ,圆筒内的压强为 p,材料的许用应力为 $[\sigma]$,试由第四强度理论建立该容器的强度条件。

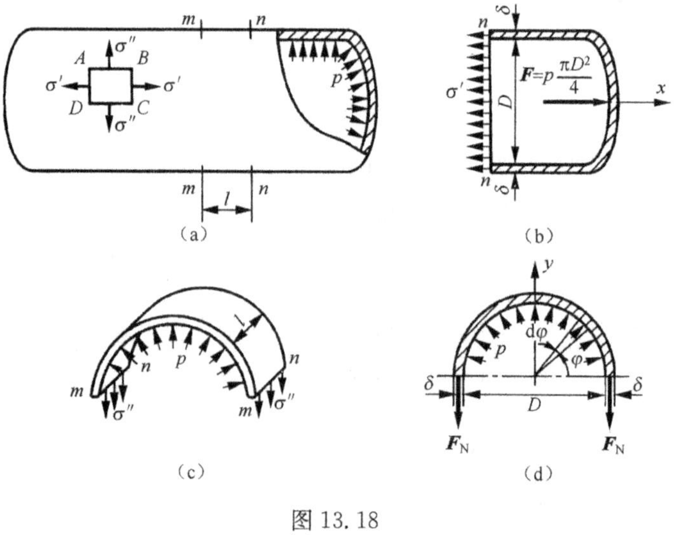

图 13.18

解 圆筒的几何形状对称于轴线，而作用在圆筒内部的内压力也是轴对称载荷。圆筒所发生的变形，一种是沿圆筒轴线方向的伸长变形，另一种是对称于轴线的径向扩张变形。这样，在垂直于圆筒轴线的横截面上和包含直径的纵向截面上，都只有拉应力而没有切应力。

1)应力分析

①轴向应力 σ'。在横截面上的正应力称为轴向应力，它是均匀分布在面积为 $\pi D\delta$ 的圆环状横截面上的，如图 13.18(b)所示，而沿圆筒轴线方向作用于筒底的总压力为

$$F = p \cdot \frac{\pi D^2}{4}$$

由平衡方程 $\qquad \sum F_x = 0 \qquad \sigma' \cdot \pi D\delta = F = p \cdot \dfrac{\pi D^2}{4}$

可得

$$\sigma' = \frac{pD}{4\delta} \tag{a}$$

②周向应力 σ''。在纵向截面上的正应力称为周向应力。用相距 l 的两个横截面和包含直径的纵向截面从圆筒中截取一部分，如图 13.18(c)所示，在面积为 δl 的纵向截面上有均匀分布的正应力 σ''，而其内力为

$$F_N = \sigma''\delta\, l$$

如图 13.18(d)所示，在这部分圆筒的内壁，取微面积 $l \cdot \dfrac{D}{2}\mathrm{d}\varphi$，其压力为 $pl \cdot \dfrac{D}{2}\mathrm{d}\varphi$，它在 y 轴方向上的投影为 $pl \cdot \dfrac{D}{2}\mathrm{d}\varphi \cdot \sin\varphi$。通过积分可求得该投影的总和为

$$\int_0^{\pi} pl \cdot \frac{D}{2}\sin\varphi \cdot \mathrm{d}\varphi = plD$$

由平衡方程 $\qquad \sum F_y = 0 \qquad 2F_N = 2\sigma''\delta l = plD$

可得

$$\sigma'' = \frac{pD}{2\delta} \tag{b}$$

比较式(a)、式(b)两式有

$$\sigma'' = 2\sigma' \tag{c}$$

可见，周向应力 σ'' 是轴向应力 σ' 的两倍。

2)主应力，主平面

由以上分析可知，σ' 和 σ'' 就是圆筒在轴向和周向的两个主应力，在图 13.18(a)中，单元体 $ABCD$ 的左右、上下两对平面就是主平面，而在单元体的前后平面上，虽有作用于内壁的内压力 p 和作用于外壁的大气压力，但当 $\delta \ll D$ 时，它们都远小于 σ' 和 σ''，可以认为等于零。于是，在圆筒表面一点处的主单元体上，其 3 个主应力分别为

$$\sigma_1 = \sigma'' = \frac{pD}{2\delta}, \qquad \sigma_2 = \sigma' = \frac{pD}{4\delta}, \qquad \sigma_3 = 0 \tag{d}$$

可见，该点处于二向应力状态。

3)按第四强度理论建立强度条件

把 σ_1、σ_2、σ_3 代入式(13-21)，可得

$$\sigma_{r4} = \sqrt{3}\,\frac{pD}{4\delta}$$

于是强度条件为

$$\sigma_{r4} = \sqrt{3}\,\frac{pD}{4\delta} \leqslant [\sigma] \tag{e}$$

例如，已知 $p=5\text{MPa}, D=250\text{mm}, \delta=10\text{mm}, [\sigma]=100\text{MPa}$，可求得

$$\sigma_{r4}=\sqrt{3}\frac{5\cdot 10^6\cdot 250\cdot 10^{-3}}{4\times 10\times 10^{-3}}=54.1(\text{MPa})\leqslant[\sigma]=100(\text{MPa})$$

可见，圆筒满足强度条件。

习　　题

13-1　习题 13-1 图所示各构件所产生的变形是不同的。围绕 A 点截取单元体，并写出各个平面的应力。

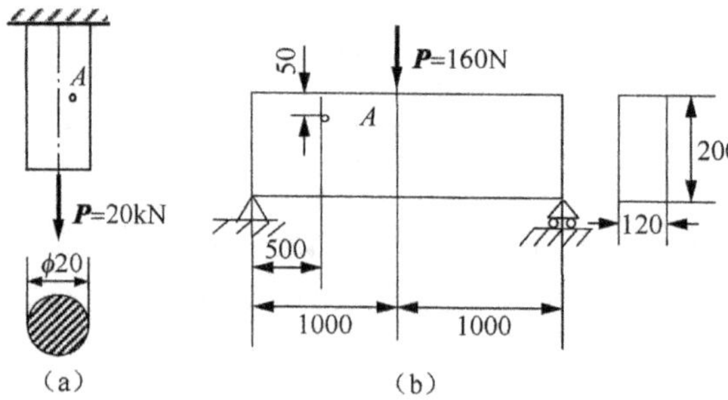

习题 13-1 图

13-2　已知单元体的应力情况如习题 13-2 图所示，试求指定截面上的正应力和切应力，并画出它们的方向。(应力单位：MPa)

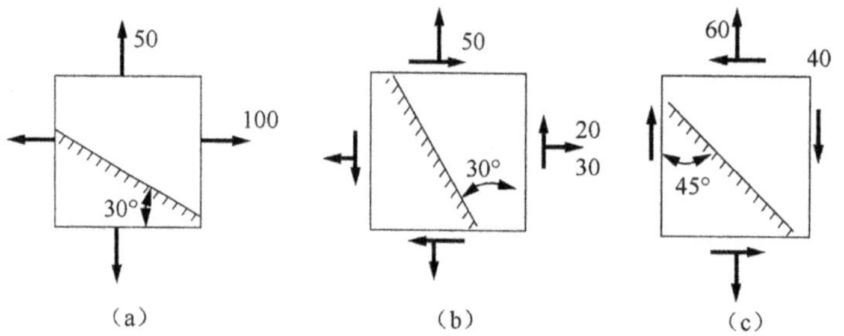

习题 13-2 图

13-3　求习题 13-3 图所示处于二向应力状态的单元体的主应力及主单元的方位。(应力单位：MPa)

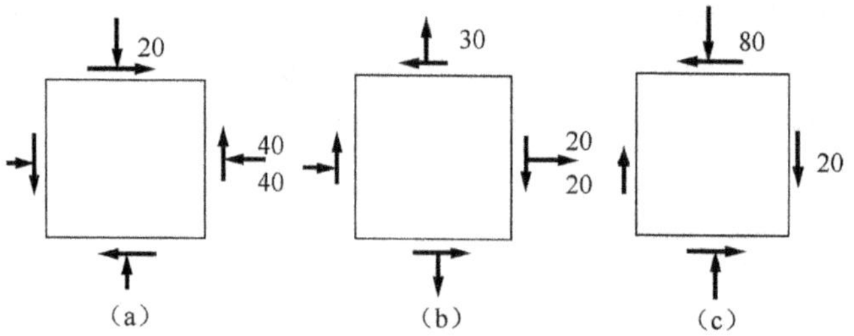

习题 13-3 图

13-4　求习题 13-4 图所示处于三向应力状态的单元体的主应力及最大切应力。(应力单位：MPa)

13-5　已知习题 13-5 图所示矩形截面梁某截面上的弯矩及剪力分别为 $m=10\text{kN}\cdot\text{m}, F_S=120\text{kN}$，试画出截面上 A、B、C、D 各点应力状态的单元体，并求其主应力。

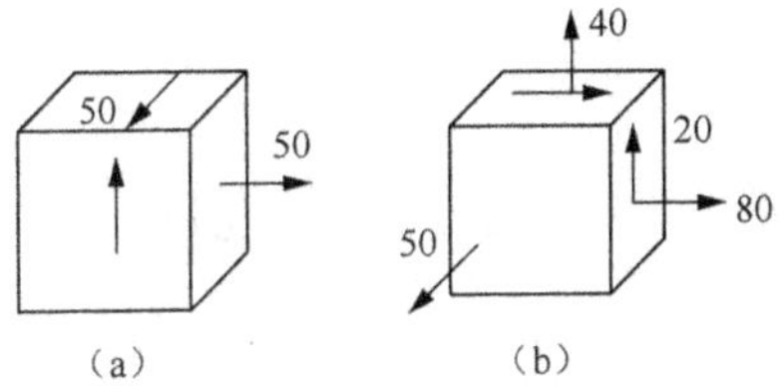

习题 13-4 图

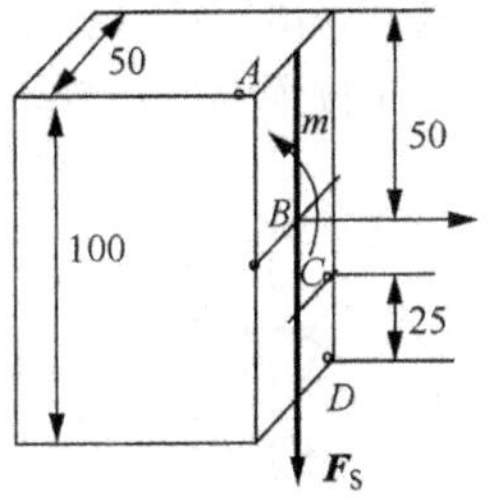

习题 13-5 图

13-6　习题 13-6 图所示简支梁为 36a 工字钢，惯性矩 $I_z=15800\text{cm}^4$ 集中力 $F=140\text{kN}$，作用于梁的中点，A 点位置无限接近于力 $\boldsymbol{F}$。求 A 点在指定截面上的应力，主应力和主单元体的位置。

13-7　习题 13-7 图所示直径 20mm 的圆轴，在外力偶矩 m 的作用下，由应变仪测得与轴线成 45°方向上 A 点的线应变 $\varepsilon_{45^\circ}=5.2\times10^{-4}$。已知 $E=200\text{GPa}$，$\nu=0.3$，试求施加的外力偶矩的大小。

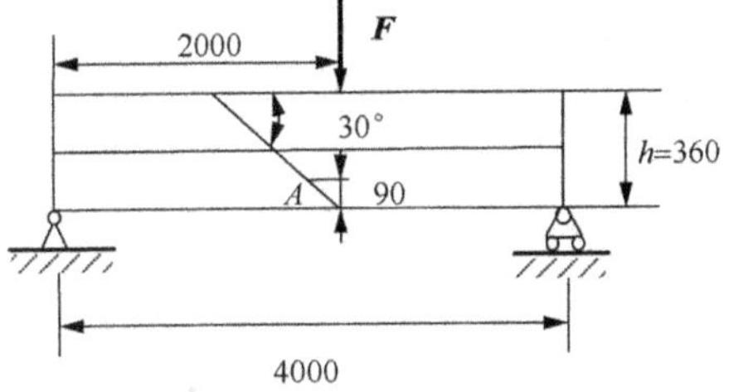

习题 13-6 图

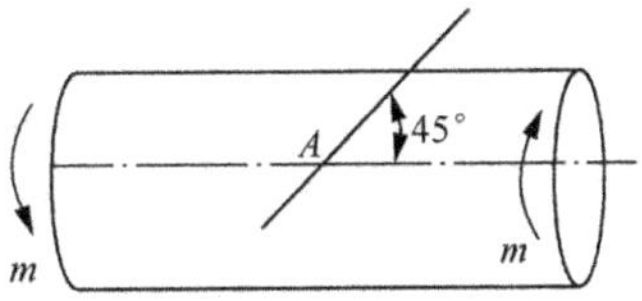

习题 13-7 图

13-8　请按强度理论全面校核如习题 13-8 图所示的组合截面钢梁的强度。已知 $[\sigma]=120\text{MPa}$，$a=0.6\text{m}$，$b=9\text{mm}$，$c=14.4\text{mm}$，$F=100\text{kN}$。

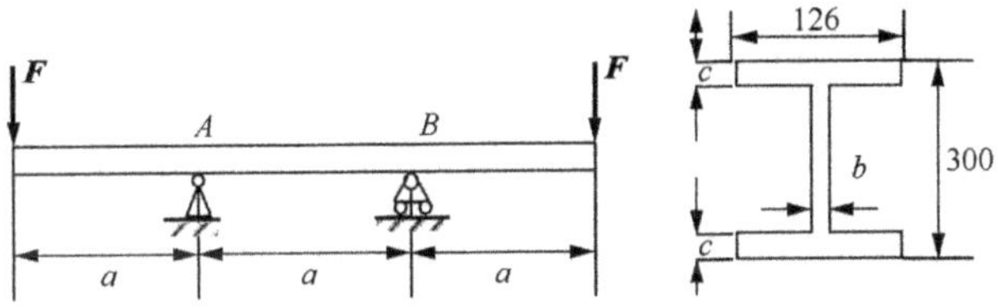

习题 13-8 图

13-9　从钢构件内某点取出一单元体，如习题 13-9 图所示。已知 $\sigma=30\text{MPa}$，$\tau=15\text{MPa}$，$E=200\text{GPa}$，$\nu=0.3$，试求对角线 BD 的伸长量。

13-10　以绕带焊接成的圆管，焊缝为螺旋线如习题 13-10 图所示。管的内径为 300mm，壁厚为 1mm，内压 $p=0.5\text{MPa}$。求沿焊接缝斜面上的正应力和切应力。

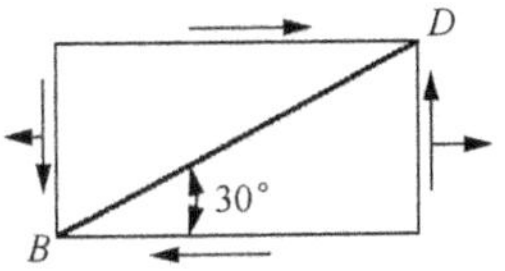

习题 13-9 图

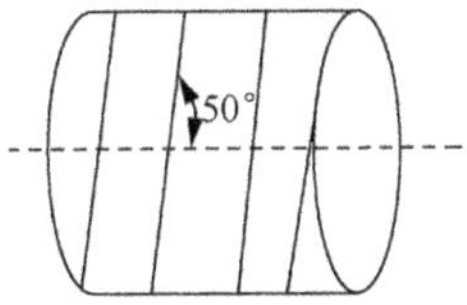

习题 13-10 图

13-11　车轮与钢轨接触点处的主应力为 -800MPa、-900MPa、-1100MPa。若 $[\sigma]=300\text{MPa}$，问接触点强度足够吗？

13-12　炮筒的横截面如习题 13-12 图所示。A 点是危险点 $\sigma_t=550\text{MPa}$，$\sigma_n=350\text{MPa}$，另一个主应力是拉应力，垂直于纸面，大小为 420MPa。如果 $[\sigma]=1000\text{MPa}$，试按三、四强度理论进行校核。

13-13　如习题 13-13 图所示木质悬臂梁的横截面是高为 200mm、宽为 60mm 的矩形。$F=2\text{kN}$，在 A 点木材纤维与水平线的倾角为 20°。试求通过 A 点沿纤维方向斜面上的正应力和切应力。

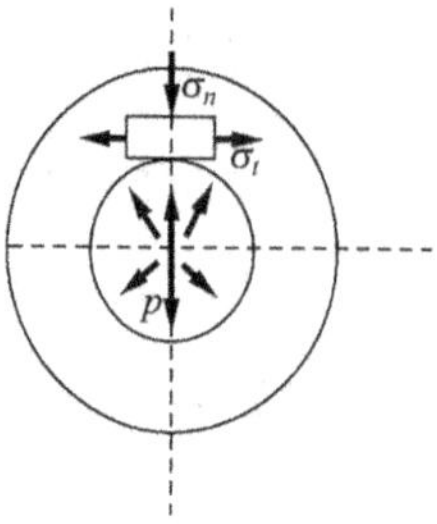

习题 13-12 图

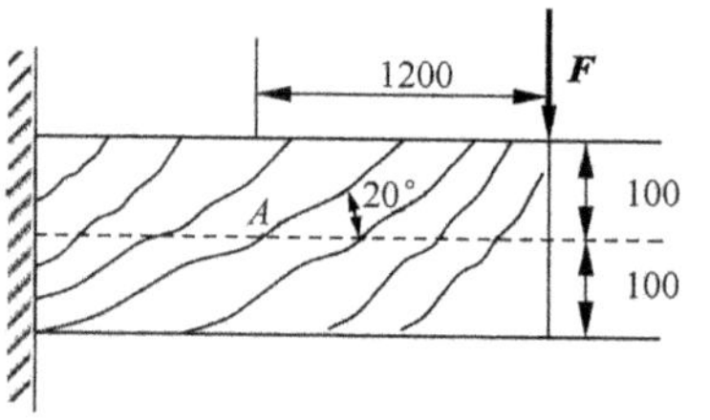

习题 13-13 图

13-14　如习题 13-14 图所示薄壁锅炉 $D=1250\text{mm}$，最大内压为 2.5MPa，在高温下工作，锅炉钢板屈服极限 $\sigma_s=182.5\ \text{MPa}$，取安全系数 $n=1.6$，试按第四强度理论设计壁厚 δ。

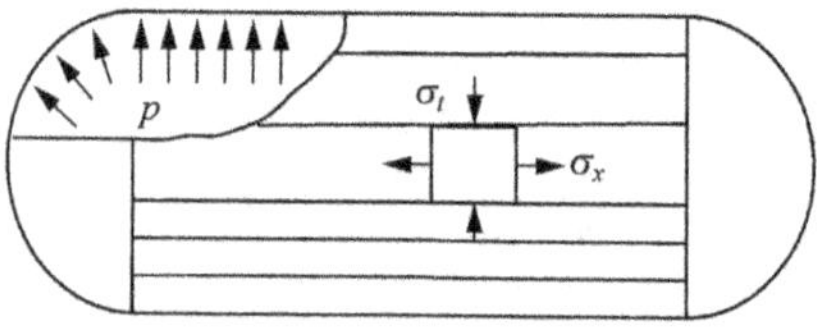

习题 13-14 图

第 14 章　组 合 变 形

14.1　概　　述

前面研究了杆件轴向拉伸(压缩)、剪切、扭转和弯曲四种基本变形的强度和刚度问题。在工程实际问题中,许多杆件受力复杂,在载荷作用下往往产生两种或两种以上的基本变形,这种变形称为组合变形。如图 14.1(a)所示烟囱,除因自重引起的轴向压缩变形外,还承受由风力作用引起的弯曲变形,这是弯曲与压缩组合变形;图 14.1(b)所示齿轮传动轴因传递力矩而发生扭转变形,同时由于受到横向力作用而发生弯曲变形,这是弯曲与扭转的组合变形。本章仅研究组合变形的强度问题。

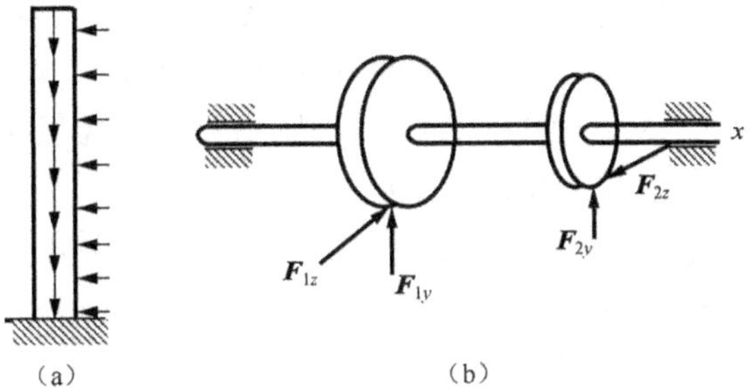

图 14.1

当构件产生的变形为小变形且处于线弹性范围内,研究其在组合变形情况下的强度问题时可应用叠加原理,采用先分解后综合的方法。首先将组合变形分解为基本变形,分别计算其应力,再进行叠加,然后根据危险点的应力状态选用适当的强度理论进行计算。具体步骤如下。

1)外力分析,确定基本变形

将作用于杆件上的载荷分解或简化为与原载荷等效的几组载荷,使构件在每组载荷作用下只产生一种基本变形,这是研究组合变形问题的关键。这常需要将载荷向杆件的轴线简化,作出构件的受力简图。

2)内力分析,确定危险截面

对每一种基本变形进行内力分析,一般要画出内力图,由此判断危险截面的位置。

3)应力分析,确定危险点及其应力状态

计算杆件基本变形时横截面上的应力,并将基本变形的应力叠加得到组合变形情况下应力,在此基础上确定危险点的位置及其应力状态。

4)建立强度条件

根据危险点的应力状态,结合杆件材料的性质,选择适当的强度理论建立强度条件并进行强度计算。

组合变形的种类较多,本章主要讨论工程中最常见的拉伸(压缩)与弯曲、扭转与弯曲的组合变形。至于其他形式的组合变形,可用同样的分析方法加以解决。

例 14-1 如图 14.2 所示圆截面曲杆 $ABCD$，D 点承受垂直向下的载荷 $\boldsymbol{F}$ 作用，分析 AB、BC、CD 各段杆分别发生何种变形。

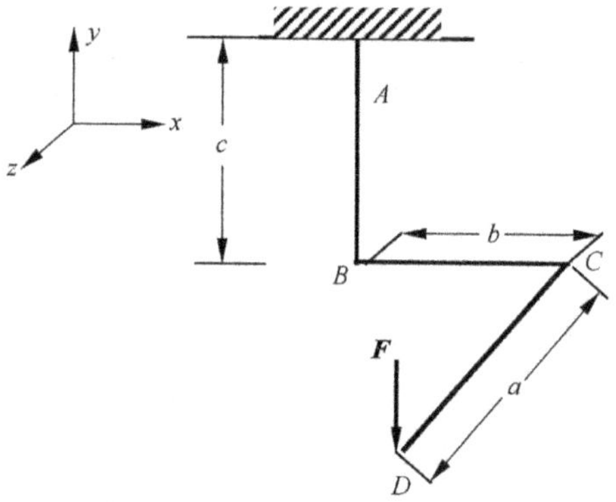

图 14.2

解 首先建立坐标系如图所示。

CD 杆：载荷 $\boldsymbol{F}_y$ 作用于杆的轴线上且与轴线 z 垂直，故杆在 yz 平面内产生平面弯曲。

BC 杆：载荷 $\boldsymbol{F}_y$ 不作用于杆的轴线上，因此将其向轴线的 C 点简化，简化结果为与轴线垂直的力 $\boldsymbol{F}_y$ 和力偶 $m_x = F_y a$，力 $\boldsymbol{F}_y$ 使杆产生 xy 平面内的弯曲，力偶 m_x 作用平面与轴线垂直，使杆产生扭转变形，故 BC 杆产生弯扭组合变形。

AB 杆：载荷 $\boldsymbol{F}_y$ 不作用于杆的轴线，首先将其向 C 点简化，再向 B 点简化。简化结果为力 $\boldsymbol{F}_y$、力偶 $m_x = F_y a$、力偶 $m_z = F_y b$。力 F_y 使杆产生拉伸变形，m_x 使杆在 yz 平面内弯曲，m_z 使杆在 xy 平面内弯曲。故 AB 杆产生拉、弯、弯组合变形。

14.2 拉伸(压缩)与弯曲组合变形

在载荷作用下，构件同时产生拉伸(压缩)与弯曲变形的情况，称为拉伸(压缩)与弯曲组合变形。产生拉伸(压缩)与弯曲组合变形的受力情况包括两种：杆件同时承受轴向力和横向力共同作用或偏心载荷作用。

图 14.3(a)所示的简易吊车，横梁 AB 的受力简图如图 14.3(b)所示。横梁在横向力 $\boldsymbol{F}_y$、$\boldsymbol{F}_{Ay}$、$\boldsymbol{W}$ 作用下产生弯曲变形，在轴向力 $\boldsymbol{F}_{Ax}$、$\boldsymbol{F}_x$ 作用下产生压缩变形，所以 AB 产生压缩和弯曲组合变形。

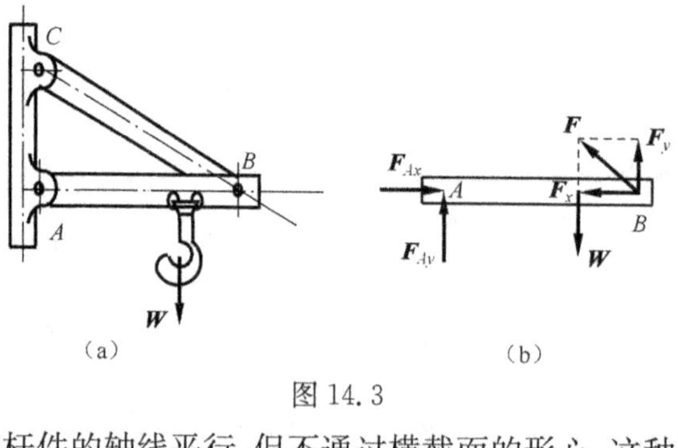

图 14.3

当载荷的作用线与杆件的轴线平行，但不通过横截面的形心，这种受力情况称为偏心拉伸或偏心压缩，载荷的作用线与杆轴线之间的距离，称为偏心距。

图 14.4(a)所示厂房中支承吊车梁的柱子除受到轴向力作用外，还承受偏心载荷作用，如果将偏心载荷 $\boldsymbol{F}$ 向截面的形心简化，可以得到一个轴向力 $\boldsymbol{F}$ 和一个矩为 $m = Fe$ 的力偶，轴向力 $\boldsymbol{F}$ 将使构件产生轴向压缩变形，力偶将使构件产生弯曲变形(见图 14.4(b))。由此可见，偏心拉伸(压缩)即是弯曲与拉伸(压缩)组合变形。

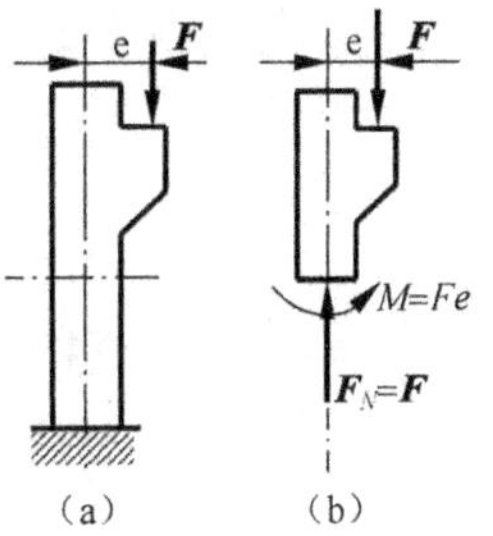

图 14.4

下面以承受到轴向力 $\boldsymbol{F}_t$ 和横向力 $\boldsymbol{F}$ 同时作用的直杆为例(见图 14.5(a))说明弯曲与拉伸(压缩)组合变形时的强度计算方法和步骤。

1)外力分析

轴向力 $\boldsymbol{F}_t$ 作用下杆产生拉伸变形，横向力 $\boldsymbol{F}$ 作用下杆发生弯曲变形。因此杆在 $\boldsymbol{F}$ 和 $\boldsymbol{F}_t$ 共同作用下力作用下，将产生拉伸和弯曲的组合变形。

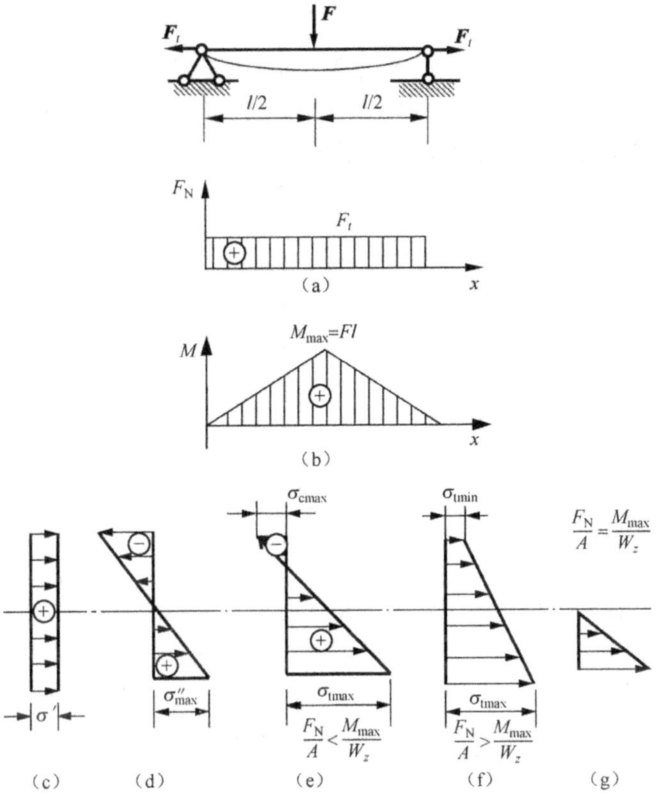

图 14.5

2)内力分析

在轴向力 $\boldsymbol{F}_t$ 作用下，杆的各个横截面上有相同的轴力，即

$$F_N = F_t$$

横向力 $\boldsymbol{F}$ 作用下任意横截面上的弯矩，为

$$M(x) = \frac{F}{2}x$$

杆的轴力图、弯矩图如图 14.5(b)所示。

杆跨度中点的弯矩最大，为

$$M_{max} = \frac{F}{4}l$$

因此，杆跨度中点横截面为杆的危险截面。

3)应力分析

轴力在横截面上产生拉伸正应力，拉伸正应力 σ' 在横截面上均匀分布，如图 14.5(c)所示。各点处拉伸正应力相等，其值为

$$\sigma' = \frac{F_N}{A} = \frac{F_t}{A}$$

弯矩 M 在横截面上产生弯曲正应力，弯曲正应力 σ'' 沿截面高度呈线性分布，如图 14.5(d)所示。在距中性轴为 y 处的弯曲正应力为

$$\sigma'' = \frac{My}{I_z}$$

根据叠加原理，组合变形情况下横截面上各点的总应力

$$\sigma = \sigma' + \sigma'' = \frac{F_N}{A} + \frac{My}{I_z}$$

叠加后横截面上应力分布沿截面高度的变化规律如图 14.5(e)、(f)、(g)，取决于弯曲正应力和拉伸正应力的大小。构件的危险点处于跨度中点横截面(危险截面)的上、下边缘处。

在下边缘处，σ'、σ'' 均为拉应力，故构件内最大的正应力为

$$\sigma_{max} = \sigma' + \sigma'' = \frac{F_N}{A} + \frac{M_{max}}{W_z}$$

在上边缘处，σ' 为拉应力，σ 为压应力，故构件内最小正应力为

$$\sigma_{min} = \sigma' - \sigma'' = \frac{F_N}{A} - \frac{M_{max}}{W_z}$$

4)建立强度条件

由于危险点处于单向应力状态，其强度条件为

$$\sigma_{tmax} = \frac{F_N}{A} + \frac{M_{max}}{W_z} \leqslant [\sigma_t] \tag{14-1}$$

$$|\sigma_{cmax}| = \left|\frac{F_N}{A} - \frac{M_{max}}{W_z}\right| \leqslant [\sigma_c] \tag{14-2}$$

式中，$[\sigma_t]$、$[\sigma_c]$ 分别为材料的许用拉应力和许用压应力。

上述计算方法完全适用于压弯组合，其区别仅在于轴向力所引起的应力为压应力。因此，对于偏心压缩的杆件式(14-1)与式(14-2)仍然适用，只需要将式中轴向力所引起的应力改为压应力，最大弯矩改用由偏心载荷而产生的弯矩 $M = Fe$ 即可。

还应指出在上面的分析中，杆受横向力作用的构件仅考虑了横截面上的弯曲正应力，忽略了弯曲切应力的影响和轴向力引起的弯矩。

例 14-2 图 14.6(a)所示悬臂吊车横梁 AB 长 $l = 4\text{m}$，斜杆与横梁之夹角 $\alpha = 30°$，在横梁中点作用载荷 $F = 24\text{kN}$。横梁 AB 用 No. 25a 工字钢组成，材料的许用应力 $[\sigma] = 100\text{MPa}$。试校核横梁的强度。

解 1)作横梁 AB 受力简图，判定其变形情况

横梁 AB 受力简图如图 14.6(b)所示。显然横梁在 $\boldsymbol{F}$、$\boldsymbol{F}_{Ay}$、$\boldsymbol{F}_{By}$ 作用下产生弯曲，在 $\boldsymbol{F}_{Ax}$、$\boldsymbol{F}_{Bx}$ 作用下产生轴向压缩，因而横梁 AB 产生弯曲、压缩的组合变形。

由 $\sum m_A = 0 \qquad F_{By}l - F\dfrac{l}{2} = 0$

得 $F_{By} = 12(\text{kN})$

由 $\sum F_y = 0 \qquad F_{Ay} + F_{By} = F$

得 $F_{Ay}=12(\mathrm{kN})$

由 $\sum F_x=0 \qquad F_{Ax}-F_{Bx}=0$

及 $\dfrac{F_{By}}{F_{Bx}}=\tan 30°$

得 $F_{Ax}=F_{Bx}=20.8(\mathrm{kN})$

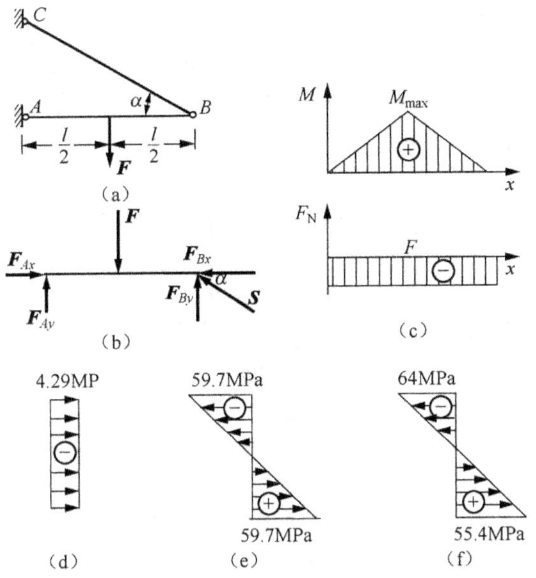

图 14.6

2)画构件内力图,并判断危险截面

根据横梁的受力简图可以画出横梁的弯矩图和轴力图如图 14.6(c)所示。

由于梁各截面轴力相同,而横梁中点的弯矩最大,因此危险截面为横梁的中截面。

$$M_{max}=\frac{Fl}{4}=\frac{24\times10^3\times4}{4}=24(\mathrm{kN\cdot m})$$

3)应力计算,判断危险点

从型钢表查得 No. 25a 工字钢的截面面积和抗弯模量分别为 $A=48.5\mathrm{cm}$, $W_z=402\ \mathrm{cm}^3$。在轴力作用下,横梁中截面各点均产生压应力(如图 14.6(d)所示)

$$\sigma'=\frac{F_N}{A}=\frac{-20.8\times10^3}{48.5\times10^{-4}}=-4.29(\mathrm{MPa})$$

在最大弯矩 M_{max} 作用下,中截面上边缘各点,产生最大压应力,下边缘各点产生最大弯曲拉应力(如图 14.6(e)所示)。弯曲应力的最大值为

$$\sigma''=\frac{M_{max}}{W_z}=\frac{24\times10^3}{402\times10^{-6}}=59.7(\mathrm{MPa})$$

将两种应力叠加可知,中截面上边缘各点产生最大的压应力,下边缘各点产生最大的拉应力,分别为

$$\sigma_{cmax}=\frac{F_N}{A}-\frac{M_{max}}{W_z}=-4.29-59.7=-64(\mathrm{MPa})$$

$$\sigma_{tmax}=\frac{F_N}{A}+\frac{M_{max}}{W_z}=-4.29+59.7=55.4(\mathrm{MPa})$$

应力分布如图 14.6(f)所示。

4)强度校核

由于工字钢抗拉、压性能相同，均为 100MPa，故只需校核绝对值最大的正应力处的强度即可。

横梁中绝对值最大的正应力发生在中截面上边缘处，是压应力，即

$$|\sigma_{max}| = |\sigma_{max}| = 64\text{MPa} < [\sigma] = 100(\text{MPa})$$

因此，悬臂吊车的横梁是安全的。

例 14-3 图 14.7(a)所示截面为 40mm×5mm 的矩形截面杆，在杆中开有一切口，深度 $y=10\text{mm}$，受轴向力 $F=12\text{kN}$ 作用，材料许用应力 $[\sigma]=125\text{MPa}$，试校核杆的强度，若在杆的另一侧也切出同样切口，应力有何变化？

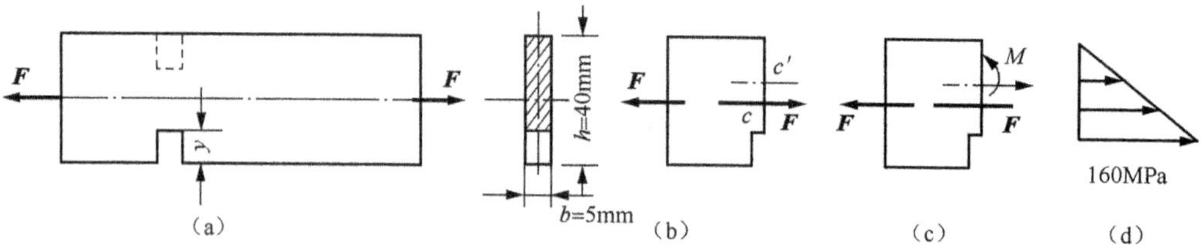

图 14.7

解 (1)校核强度。

虽然整个矩形杆承受轴向力作用，但对切口部分而言，承受的是偏心拉伸，切口截面形心从 C 移到了 C'，偏心矩 $e=5\text{mm}$，如图 14.7(b)所示。切口部分受力简图如图 14.7(c)所示，由于受到轴向力 $\boldsymbol{F}$ 和力偶 $m=Fe$ 两个力作用，切口部分发生拉伸和弯曲变形组合。

根据叠加原理，切口处横截面上的应力有两部分组成，轴向力 $\boldsymbol{F}$ 产生的拉伸正应力和力偶 $m=Fe$ 产生的弯曲正应力

$$\sigma_{tmax} = \frac{F_N}{A} + \frac{M}{W} = \frac{F}{b(h-y)} + \frac{Fe}{\frac{b(h-y)^2}{6}}$$

$$= \frac{12\times10^3}{5\times(40-10)\times10^{-6}} + \frac{12\times10^3\times5\times10^{-3}}{\frac{5\times(40-10)^2}{6}\times10^{-9}}$$

$$= 160(\text{MPa}) > [\sigma]$$

$$\sigma_{cmax} = \frac{F_N}{A} - \frac{M}{W} = \frac{F}{b(h-y)} - \frac{Fe}{\frac{b(h-y)^2}{6}}$$

$$= \frac{12\times10^3}{5\times(40-10)\times10^{-6}} - \frac{12\times10^3\times5\times10^{-3}}{\frac{5\times(40-10)^2}{6}\times10^{-9}}$$

$$= 0(\text{MPa})$$

切口截面处应力分布如图 14.7(d)所示。杆的强度不够。

(2)如在杆的另一侧切出同样的切口，切口截面处又变成轴向拉伸，其应力

$$\sigma = \frac{F_N}{A} = \frac{F}{b(h-2y)} = \frac{12\times10^3}{5\times(40-20)\times10^{-6}} = 120(\text{MPa}) < [\sigma]$$

由此可见，虽然两边切口使横截面面积减小，但应力却比一侧切口时大为降低。

14.3　扭转与弯曲的组合变形

扭转与弯曲的组合变形是机械工程中最常见的情况。轴受纯扭转的情况是很少见的，一般的传动轴在产生扭转变形的同时往往还伴随有弯曲变形，当弯曲变形不能忽略时，就应按弯扭组合变形问题进行分析。由于传动轴大都是圆截面的，下面以圆截面直杆为例讨论杆件发生扭转与弯曲组合变形的强度计算问题。

图 14.8(a)所示直径为 d 的等直圆杆 AB，A 端固定，B 端具有与 AB 成直角的刚臂，在自由端 C 处承受垂直力 $\boldsymbol{F}$ 作用。下面分析圆杆 AB 杆的强度。

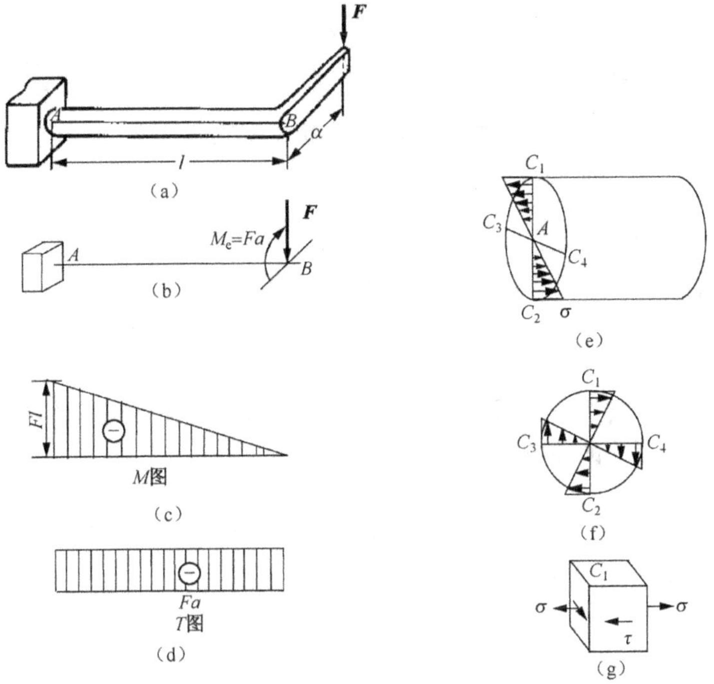

图 14.8

1)外力分析

将力 $\boldsymbol{F}$ 向 AB 杆的轴线简化，得到力 $\boldsymbol{F}$ 和力偶矩 $M_e = Fa$，AB 杆的受力简图如图 14.8(b)所示。力 $\boldsymbol{F}$ 和力偶矩 M_e 分别使 AB 杆产生弯曲和扭转变形。可见 AB 杆产生弯曲和扭转组合变形。

2)内力分析及危险截面的确定

图 14.8(c)、(d)为 AB 杆的弯矩图和扭矩图，固定端 A 截面为危险截面，其弯矩和扭矩分别为

$$M = Fl$$
$$T = -Fa$$

3)应力分析、危险点位置及应力状态

在危险截面上，弯曲正应力沿截面高度呈线性规律变化，如图 14.8(e)所示，上下边缘 C_1 和 C_2 两点的弯曲正应力最大，其值为

$$\sigma = \frac{M}{W_z}$$

在危险截面上，扭转切应力沿半径呈线性分布，如图 14.8(f)所示，最大的扭转切应力发生在截面边缘各点，其值为

$$\tau = \frac{T}{W_t}$$

C_1 和 C_2 两点处弯曲正应力和扭转切应力均为最大，故 C_1 和 C_2 两点均为危险点，对于抗拉、抗压强度相同的塑性材料制成的轴，这两点危险程度相同，只研究一点就可。

围绕 C_1 点用横截面、径向纵截面和切向纵截面截取一单元体，如图 14.8(g)所示。单元体的侧面上有正应力 σ 、切应力 τ，是平面应力状态。

由平面应力状态的主应力的计算公式得到单元体的 3 个主应力分别为

$$\sigma_1 = \frac{1}{2}(\sigma + \sqrt{\sigma^2 + 4\tau^2})$$

$$\sigma_2 = 0$$

$$\sigma_3 = \frac{1}{2}(\sigma - \sqrt{\sigma^2 + 4\tau^2})$$

4)强度条件

按第三强度理论，强度条件

$$\sigma_{r3} = \sigma_1 - \sigma_3 \leqslant [\sigma]$$

把主应力带入上式，可得

$$\sigma_{r3} = \sqrt{\sigma^2 + 4\tau^2} \leqslant [\sigma] \tag{14-3}$$

将弯曲正应力和扭转切应力的计算公式代入上式，并考虑到圆截面的 $W_t = 2W_z$，于是圆轴弯曲和扭转组合变形下的强度条件可以表示为

$$\sigma_{r3} = \frac{\sqrt{M^2 + T^2}}{W_z} \leqslant [\sigma] \tag{14-4}$$

如果用第四强度理论，强度条件为

$$\sigma_{r4} = \sqrt{\frac{1}{2}[(\sigma_1 - \sigma_2)^2 + (\sigma_2 - \sigma_3)^2 + (\sigma_3 - \sigma_1)^2]} \leqslant [\sigma]$$

把主应力带入上式，可得

$$\sigma_{r4} = \sqrt{\sigma^2 + 3\tau^2} \leqslant [\sigma] \tag{14-5}$$

将弯曲正应力和扭转切应力的计算公式代入上式，并考虑到圆截面的 $W_t = 2W_z$，于是圆轴弯曲和扭转组合变形下的强度条件可以表示为

$$\sigma_{r4} = \frac{\sqrt{M^2 + 0.75T^2}}{W_z} \leqslant [\sigma] \tag{14-6}$$

值得注意的是式(14-4)和式(14-6)表达的强度条件适用于圆截面杆弯曲和扭转组合变形的情况，只要求得危险截面的弯矩 M 和扭矩 T，就可以建立强度条件。

圆截面杆在两个相互垂直的平面内弯曲合成的仍然是平面弯曲，弯曲正应力公式可用 $\sigma = \dfrac{M}{W_z}$ 计算。因此，对于同时发生在两个相互垂直平面内的弯曲变形和扭转变形的圆截面杆，仍然可看成是弯扭组合变形，可以用式(14-4)或式(14-6)建立强度条件，式中弯矩 M 用合成弯矩代替即可。

不论构件处于何种组合变形，不论正应力和切应力是何种变形引起的，只要其危险点应力状态是图 14.8(g)所示平面应力状态，均可采用式(14-3)或式(14-5)建立构件的强度条件。

例 14-4 图 14.9(a)所示电动机功率为 9kW,转速为 715r/min,皮带轮直径 $D=250\text{mm}$,主轴直径 $d=40\text{mm}$,外伸部分 $l=120\text{mm}$,若 $[\sigma]=60\text{MPa}$。试用第三强度理论校核梁的强度。

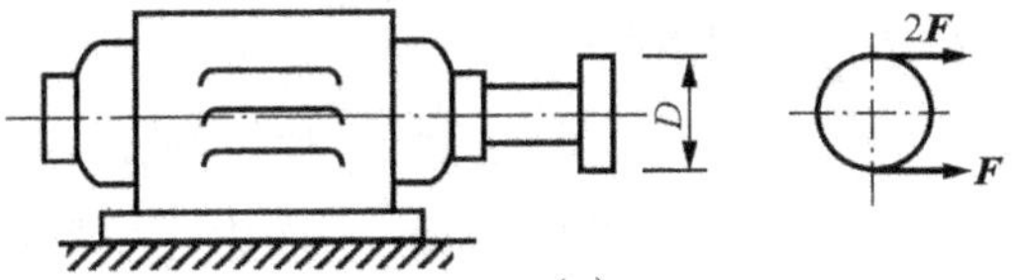

(a)

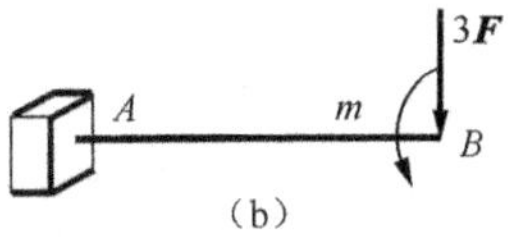

(b)

图 14.9

解 1)画主轴受力简图

主轴可简化为悬臂梁。将皮带轮上的力向主轴简化,得到一个为 $3F$ 和一个力偶矩 $m=F\dfrac{D}{2}$,主轴的受力简图如图 14.9(b)所示,显然主轴产生弯扭组合变形。

2)判定危险截面

电动机传递的力偶矩

$$M_e=m=9549\frac{P}{n}=9549\times\frac{9}{715}=120(\text{N}\cdot\text{m})$$

$$F=\frac{2m}{D}=\frac{2\times 120}{250\times 10^{-3}}=960(\text{N})$$

显然,固定端截面为危险截面,扭矩和弯矩分别为

$$M=3Fl=3\times 960\times 0.12=346(\text{N}\cdot\text{m})$$

$$T=m=120(\text{N}\cdot\text{m})$$

3)强度校核

主轴为圆截面杆,产生的又为弯扭组合变形,由第三强度理论得

$$\sigma_{r3}=\frac{\sqrt{M^2+T^2}}{W_z}=\frac{\sqrt{120^2+346^2}}{\frac{\pi}{32}(40\times 10^{-3})^3}=58.3(\text{MPa})<[\sigma]=60(\text{MPa})$$

电动机主轴满足强度要求,是安全的。

例 14-5 图 14.10(a)所示传动轴,C 轮皮带处于水平位置,D 轮皮带处于竖直位置,各皮带张力 $T_1=3.9\text{kN}$,$T_2=1.5\text{kN}$,若两轮直径 D 均为 600mm,许用应力 $[\sigma]=80\text{MPa}$,试按第三强度理论选择轴的直径,轴和皮带轮的自重忽略不计。

解 1)主轴受力简图

首先建立坐标系,并将作用于 C 皮带轮上的皮带张力向轴线简化,得到一个水平力 $\boldsymbol{F}_z$,其值为

$$F_z=T_1+T_2=3.9+1.5=5.4(\text{kN})$$

和 C 轮平面内的一个力偶,其力偶矩为

$$m_C=(T_1-T_2)\frac{D}{2}=(3.9-1.5)\times\frac{600\times 10^{-3}}{2}=0.72(\text{kN}\cdot\text{m})$$

同理:将作用于 D 轮上的皮带张力向轴线简化,得到一个垂直力 $\boldsymbol{F}_y$,其值为

$$F_y = T_1 + T_2 = 3.9 + 1.5 = 5.4(\text{kN})$$

和作用于 D 轮平面内的一个力偶,其力偶矩为

$$m_D = (T_1 - T_2) \cdot \frac{D}{2} = (3.9 - 1.5) \times \frac{600 \times 10^{-3}}{2} = 0.72(\text{kN} \cdot \text{m})$$

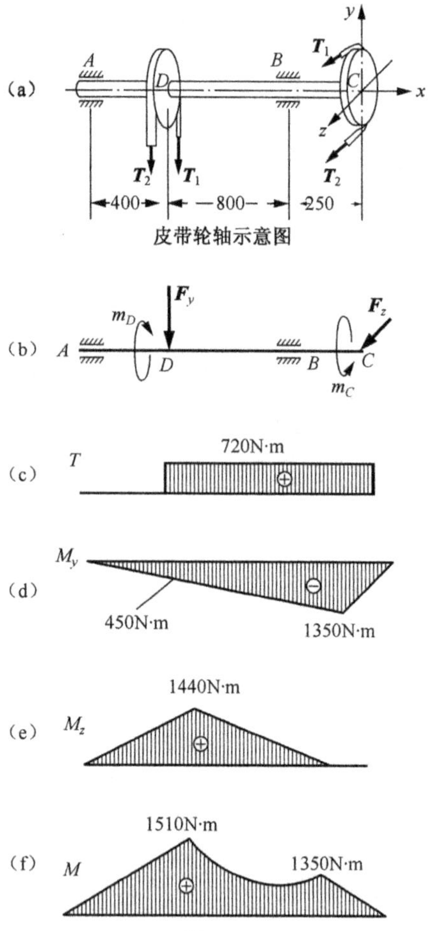

图 14.10

显然 $\boldsymbol{F}_z$ 使主轴在 xz 平面内产生弯曲变形,$\boldsymbol{F}_y$ 使轴在 xy 平面内产生弯曲变形,一对力偶 m_C、m_D 大小相等,使轴在 CD 段发生扭转变形,因此 CD 段同时发生两个平面内的弯曲变形和扭转组合变形。主轴受力简图如图 14.10(b)所示。

2)主轴内力图

主轴的扭矩图,xz 平面内的弯矩图 M_y,xy 平面内弯矩图 M_z,如图 14.10(c)、(d)、(e)所示。合成弯矩数值沿轴线变化情况如图 14.10(f)所示。即

$$M = \sqrt{M_y^2 + M_z^2}$$

实际上合成弯矩作用于不同的平面内,只是为了便于比较各截面合成弯矩的大小才将它们画在同一平面。

$$M_D = \sqrt{1.44^2 + 0.45^2} = 1.51(\text{kN} \cdot \text{m})$$

$$M_C = \sqrt{1.35^2 + 0^2} = 1.35(\text{kN} \cdot \text{m})$$

在 DC 段,各截面扭矩相同,D 截面合成的弯矩最大,故 D 截面为危险截面。

3)强度校核

传动轴发生弯扭组合变形,采用第三强度理论

$$\sigma_{r3} = \frac{\sqrt{T_D^2 + M_D^2}}{W} = \frac{\sqrt{T_D^2 + M_D^2}}{\dfrac{\pi d^3}{32}} \leqslant [\sigma]$$

解得

$$d \geqslant \sqrt[3]{\frac{32\sqrt{T_D^2 + M_D^2}}{\pi[\sigma]}} = \sqrt[3]{\frac{32\sqrt{(0.72^2 + 1.51^2) \times 10^6}}{\pi \times 160 \times 10^6}} = 59.7(\text{mm})$$

传动轴直径选用 $d = 60\text{mm}$。

例 14-6 图 14.11(a)所示皮带轮转动轴,传递功率 $P = 7\text{kW}$,转速 $n = 100\text{r/min}$。皮带轮重量 $W = 1.8\text{kN}$,直径 $D_1 = 500\text{mm}$,左端齿轮啮合力 $\boldsymbol{F}_n$ 与齿轮节圆切线夹角(压力角)为 $20°$,齿轮直径 $D_2 = 300\text{mm}$,轴的材料许用应力 $[\sigma] = 80\text{MPa}$。试用第三强度理论估算轴的直径 d。

解 1)主轴受力简图

将皮带轴张力和齿轮的啮合力向传动轴轴线简化。皮带轮的张力向轴线简化得到水平方向的力为 $F_z = 3F_1$ 和一个力偶 m_1,力偶矩为 $m_1 = F_1 \dfrac{D_1}{2}$。

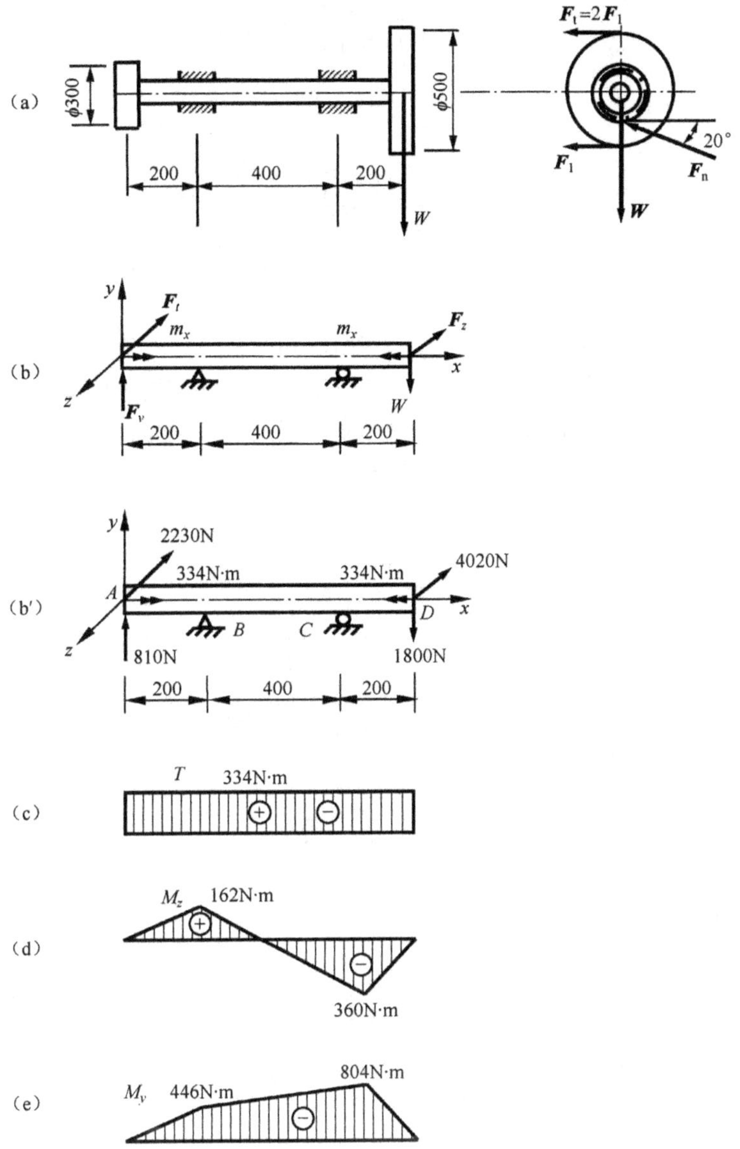

图 14.11

齿轮的啮合力 F_n 向传动轴轴线简化，得到一个水平方向的力 F_t，一个垂直方向的力 F_v 和一个力偶 m_2，力偶矩为 $m_2=F_t\cdot\frac{D_2}{2}$，传动轴受力简图如图 14.11(b)所示。

根据轴的平衡条件知，齿轮上的切向力 F_t 对传动轴之矩 m_2 应与皮带轮对轴之矩 m_1 相等，故

$$m_1=m_2=m_x=9549\frac{P}{n}=9549\cdot\frac{7}{200}=334(\mathrm{N\cdot m})$$

由

$$m_1=F_1\frac{D_1}{2}$$

得

$$F_1 = \frac{2m_x}{D_1} = \frac{2 \times 334}{500 \times 10^{-3}} = 1340(\text{N})$$

由

$$m_2 = F_t \cdot \frac{D_2}{2}$$

得

$$F_t = \frac{2m_x}{D_2} = \frac{2 \times 334}{300 \times 10^{-3}} = 2230(\text{N})$$

$$F_v = F_t \cdot \tan 20° = 2230\tan 20° = 810(\text{N})$$

2)内力图

在m_1、m_2作用下传动轴发生扭转变形,扭矩图如图14.11(c)所示,在$\boldsymbol{F}_v$、$\boldsymbol{W}$作用下传动轴在xy平面内弯曲,M_z弯矩图如图14.11(d)所示,在$\boldsymbol{F}_z$、$\boldsymbol{F}_t$作用下传动轴在xz平面内弯曲,M_y弯扭图如图14.11(e)所示。C截面的合成弯矩最大,C截面为危险截面。

$$M_C = \sqrt{804^2 + 360^2} = 881(\text{N}\cdot\text{m})$$

3)强度校核

采用第三强度理论

$$\sigma_{r3} = \frac{\sqrt{M_C^2 + T_C^2}}{W} = \frac{\sqrt{M_C^2 + T_C^2}}{\frac{\pi d^3}{32}} \leqslant [\sigma]$$

$$d \geqslant \sqrt[3]{\frac{32\sqrt{M_C^2 + T_C^2}}{\pi[\sigma]}} = \sqrt[3]{\frac{32\sqrt{(881^2 + 334^2) \times 10^6}}{\pi \times 160 \times 10^6}} = 49(\text{mm})$$

习　　题

14-1　习题14-1图所示斜杆AB的横截面为100mm×100mm的正方形,若$F = 3$kN,试求其最大拉应力和最大压应力。

14-2　习题14-2图所示水塔受水平风力的作用,风压的合力$F = 60$kN,作用在离地面高$H = 15$m的位置,基础入土深度$h = 3$m,土的许用压应力$[\sigma_c] = 0.3$MPa,基础的直径$d = 5$m,为使基础不受拉应力,最大的压应力又不超过$[\sigma]$。求水塔连同基础总重$\boldsymbol{G}$允许的范围。

14-3　习题14-3图所示钻床的立柱为铸铁制成,$F = 15$kN,许用拉应力$[\sigma_t] = 35$MPa。试确定立柱所需直径d。

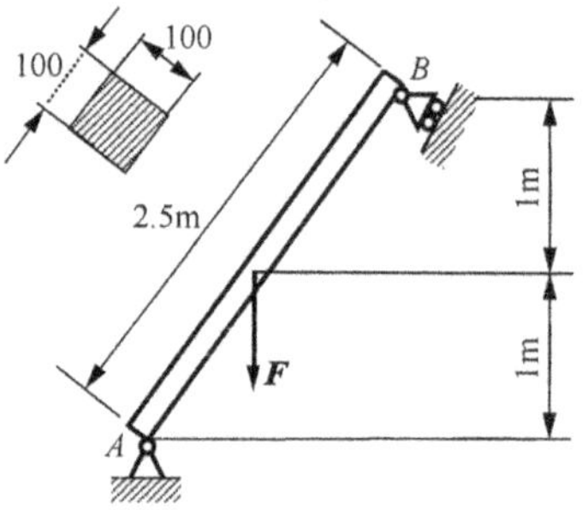

习题14-1图

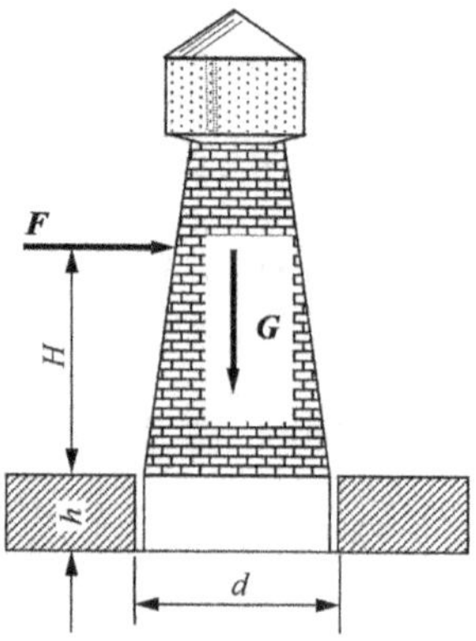

习题14-2图

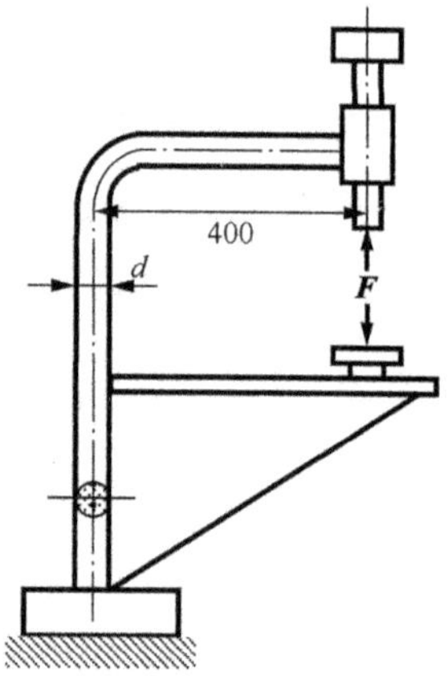

习题14-3图

14-4　材料为灰铸铁 HT15－33 的压力机架如习题 14-4 图所示。许用拉应力为 $[\sigma_t]=30\text{MPa}$，许用压应力为 $[\sigma_c]=80\text{MPa}$。试校核框架立柱的强度。

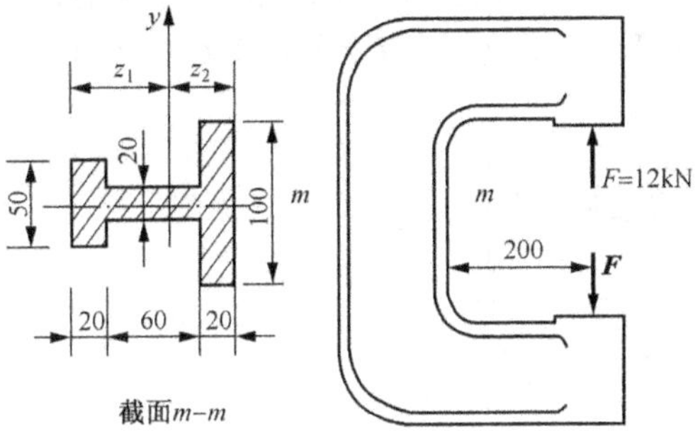

习题 14-4 图

14-5　受拉构件形状如习题 14-5 图所示，已知截面尺寸为 40mm×5mm，承受轴向拉力 $F=12\text{kN}$。现拉杆开有切口，如不计应力集中影响，当材料的 $[\sigma]=100\text{MPa}$ 时，试确定切口的最大许可深度，并绘出切口截面的应力变化图。

14-6　一圆截面直杆受偏心拉力作用，偏心距 $e=20\text{mm}$，杆的直径为 70mm，许用拉应力 $[\sigma]=120\text{MPa}$。试求杆的许可偏心拉力值。

14-7　习题 14-7 图所示一矩形截面杆，用应变片测得杆件上、下表面的轴向应变分别为 $\varepsilon_a=1\times10^{-3}$，$\varepsilon_b=0.4\times10^{-3}$，材料的弹性模量 $E=210\text{GPa}$。

(1)绘制横截面的正应力分布图；

(2)求拉力 $\boldsymbol{F}$ 及其偏心距 e 的数值。

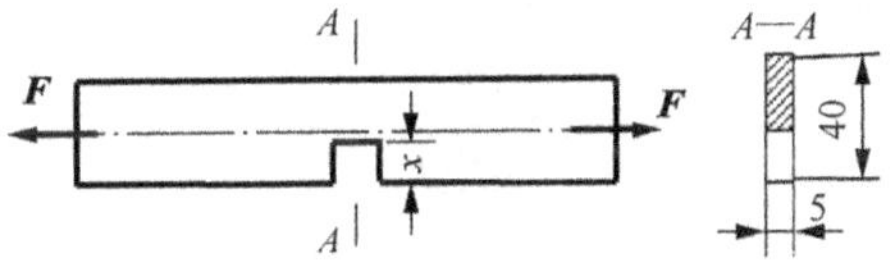

习题 14-5 图

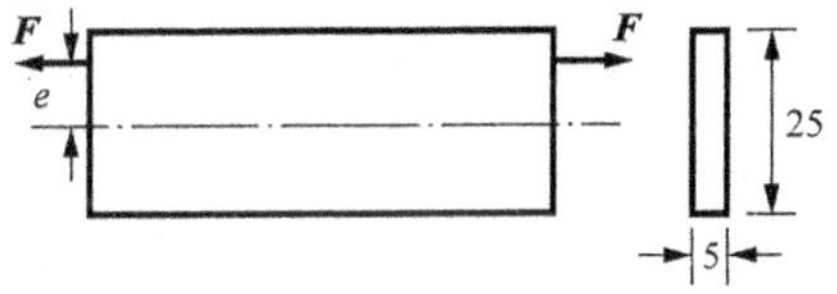

习题 14-7 图

14-8　习题 14-8 图所示矩形截面短柱，受图示偏心压力 $\boldsymbol{F}$ 作用，已知许用拉应力 $[\sigma_t]=30\text{MPa}$，许用压应力 $[\sigma_c]=90\text{MPa}$，求许用压力 $[F]$。

14-9　习题 14-9 图所示夹具在夹紧零件时，受到外力 $F=12\text{kN}$，偏心矩 $e=60\text{mm}$，材料的许用应力 $[\sigma]=160\text{MPa}$。夹具力臂横截面为矩形，力臂宽 $b=10\text{mm}$，试求力臂厚度 a。

14-10　习题 14-10 图所示短柱受载荷 $\boldsymbol{F}_1$ 和 $\boldsymbol{F}_2$ 的作用，试求固定端截面上角点 A、B、C 及 D 的正应力。

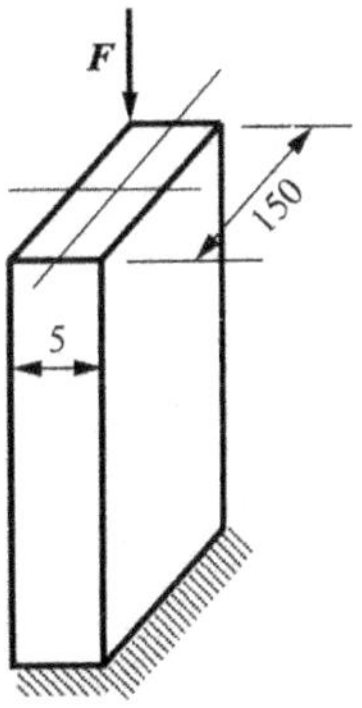

习题 14-8 图

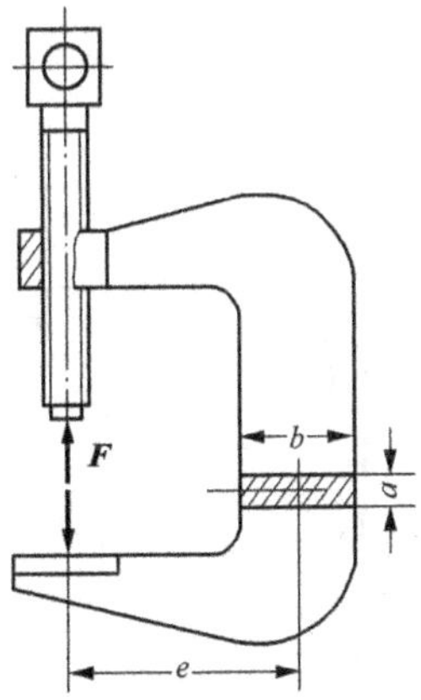

习题 14-9 图

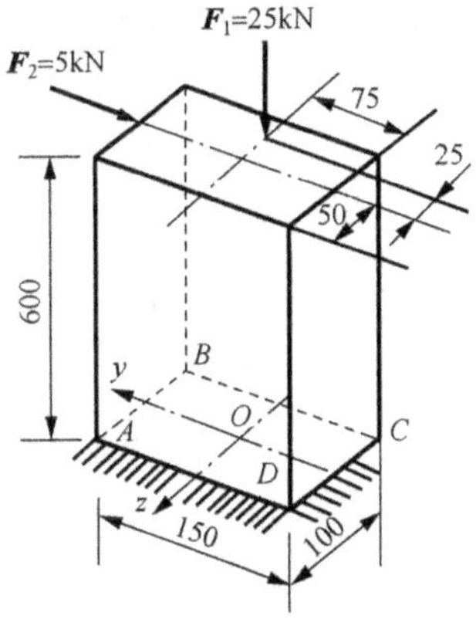

习题 14-10 图

14-11　习题 14-11 图所示铁道路标的圆信号板，装在外径 $D=60\text{mm}$ 的空心圆柱上。若信号板上作用的最大风载的压强 2MPa，已知 $[\sigma]=60\text{MPa}$，试按第三强度理论选定空心柱的壁厚 δ。

14-12　曲拐受力如习题 14-12 图所示，其圆杆部分的直径 $d=50\text{mm}$。试画出表示 A 点处应力状态的单元体，并求其主应力及最大切应力。

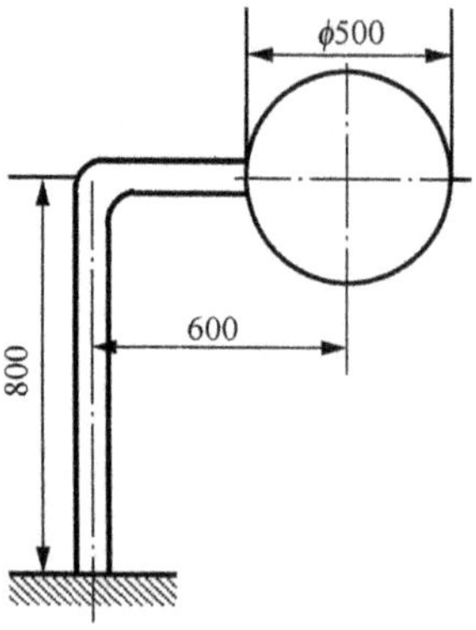

习题 14-11 图

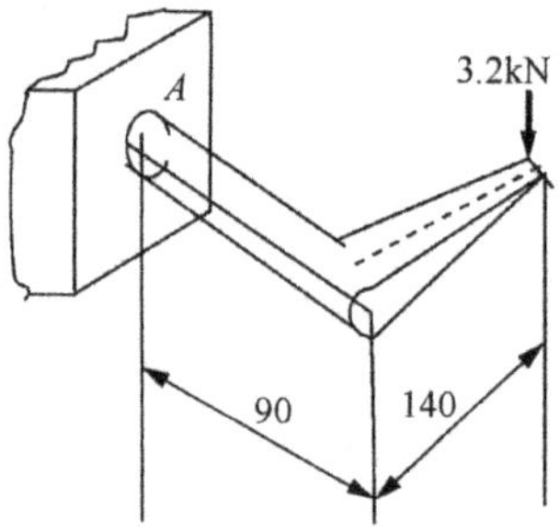

习题 14-12 图

14-13　手摇绞车如习题 14-13 图所示，轴的直径 $d=30\text{mm}$，已知许用应力 $[\sigma]=80\text{MPa}$，试根据第三强度理论计算最大的许可起用重量 $\boldsymbol{P}$。

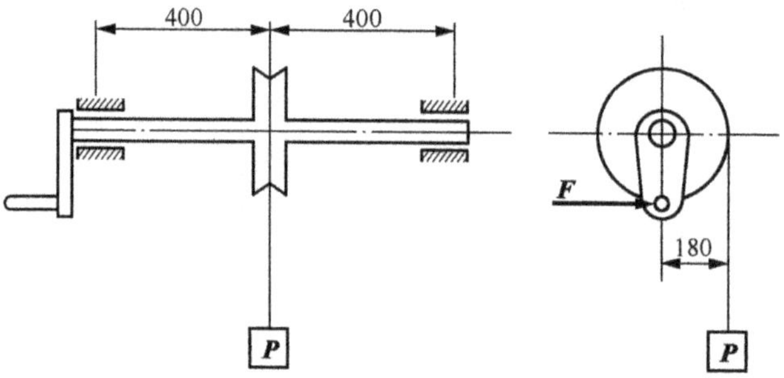

习题 14-13 图

14-14　习题 14-14 图所示为某精密磨床砂轮轴的示意图。已知电动机功率 $P=3\text{kW}$，转子转速 $n=1400\text{r/min}$，转子重量 $W_1=101\text{N}$，砂轮直径 $D=250\text{mm}$，砂轮重量 $W_2=275\text{N}$。磨削力 $F_y:F_z=3:1$，砂轮轴直径 $d=50\text{mm}$，材料为轴承钢，$[\sigma]=60\text{MPa}$。

(1)试用单元体表示出危险点的应力状态，并求出主应力和最大切应力。

(2)试用第三强度理论校核轴的强度。

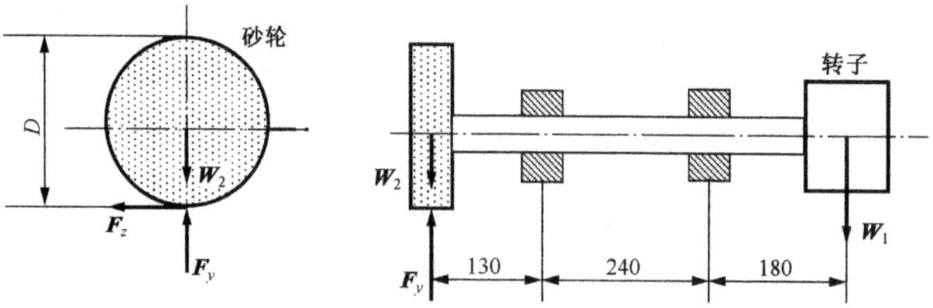

习题 14-14 图

14-15　习题 14-15 图所示折轴杆的横截面为边长 12mm 的正方形。用单元体表示 A 点的应力状态，确定其主应力。

14-16　习题 14-16 图所示端截面密封的曲管的外径为 100mm，壁厚 $\delta=5$mm，内压 $p=8$MPa，集中力 $F=3$kN。A、B 两点在管的外表面上，一为截面垂直直径的端点，一为水平直径的端点。试确定两点的应力状态。

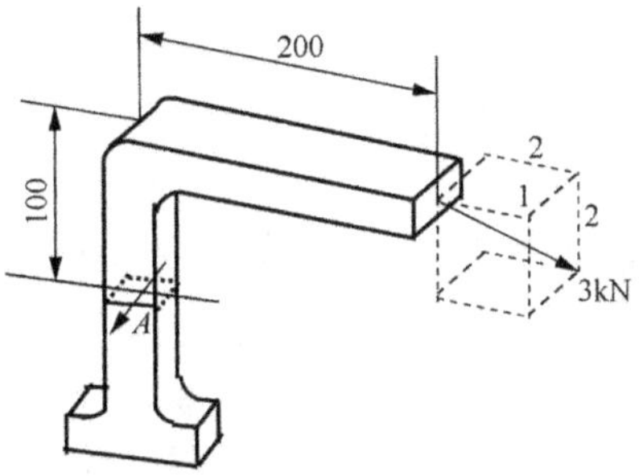

习题 14-15 图

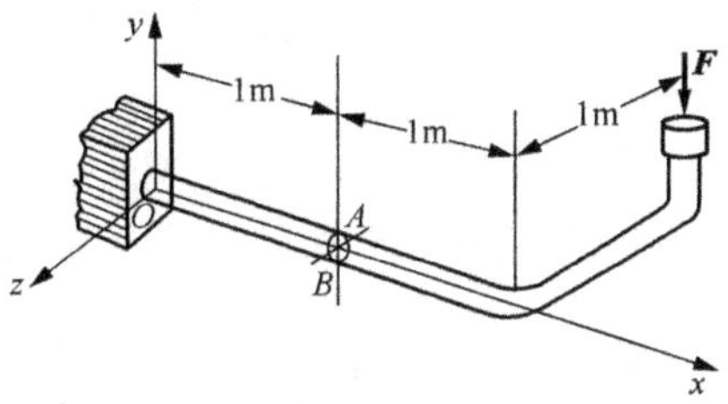

习题 14-16 图

第15章　压杆稳定

15.1　稳定及压杆稳定的概念

构件要安全工作必须有足够的强度、刚度和稳定性。稳定性要求构件有足够的保持其原有平衡状态的能力。平衡状态分为稳定平衡状态、临界平衡状态和不稳定平衡状态，如图 15.1所示。构件处于稳定平衡状态，在微小的干扰力作用下，会偏离原来的平衡状态，去掉干扰力后会回到原来的平衡状态，即：构件处于稳定平衡状态时，有足够的承受干扰力、保持其原有平衡状态的能力（见图 15.1(a)），称为稳定；构件处于临界平衡状态和不稳定平衡状态，在微小的干扰力作用下，会偏离原来的平衡状态，去掉干扰力后不会回到原来的平衡状态，即：构件处于临界平衡状态和不稳定平衡状态时，在微小的干扰力作用下，构件的平衡状态会发生变化，称为失稳（见图 15.1(b)、(c)）。

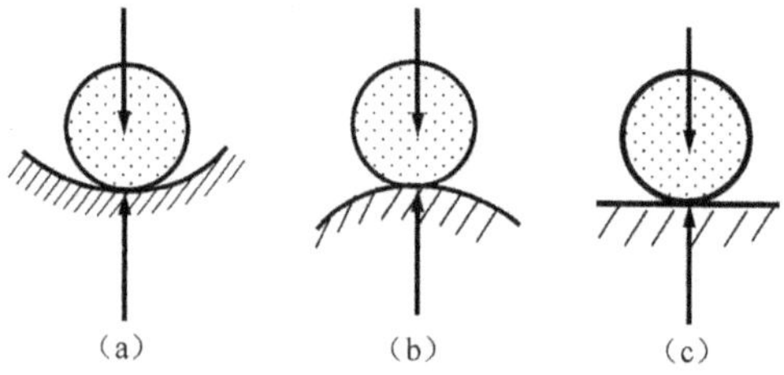

图 15.1

处于平衡状态的构件在其工作中常会受到各种干扰力的作用，形成干扰力的原因多种多样，包括加工造成的尺寸误差、材料的不均匀性、加工误差造成的偏心载荷，以及在设计中没有考虑的各种意想不到的载荷。处于平衡工作状态的构件要安全工作，必须有承受这些干扰力作用的能力，即：构件必须处于稳定平衡状态，也就是说，处于平衡状态的构件必须满足稳定性要求。

许多构件都存在稳定性问题，本章主要研究压杆的稳定性。

工程实际中的许多构件，如千斤顶的丝杠，托架中的压杆，内燃机配气结构中的挺杆（见图 15.2），以及磨床液压装置的活塞杆、空气压缩机的连杆、建筑物中的立柱等都受到轴向压力的作用，当压力超过一定数值时，会突然丧失其原有的直线平衡状态而发生弯曲（或过渡为曲线平衡状态），这类问题均可以简化为图 15.3 所示的等截面杆受到沿轴向方向的压力 $\boldsymbol{F}$ 作用的细长压杆（理想压杆）这一力学模型的稳定性问题。

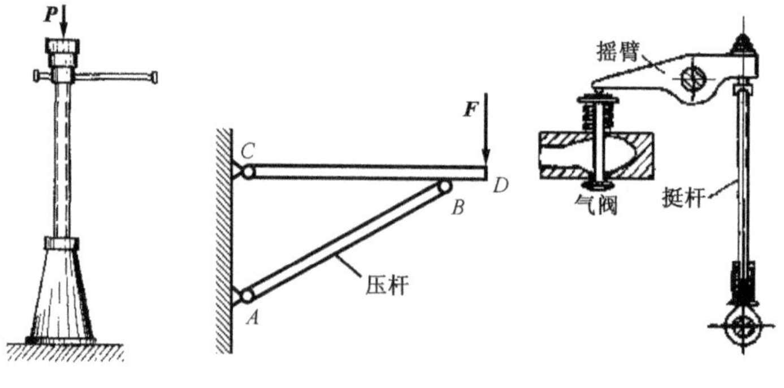

图 15.2

图 15.3(a)所示等截面细长压杆受到沿轴向方向的压力 $\boldsymbol{F}$ 作用，压杆处于直线平衡状态。当压力 $\boldsymbol{F}$ 小于某一极限值时，压杆在微小的侧向干扰力作用下，会暂时发生轻微弯曲，去掉干扰力后仍会回到原来的直线平衡状态(见图 15.3(b))，此时压杆处于稳定直线平衡状态；当压力 $\boldsymbol{F}$ 增加到某一极限值时，如再用微小的侧向干扰力使其发生轻微弯曲，解除干扰力后压杆将保持微弯曲线状态的平衡，此时压杆处于临界直线平衡状态(见图 15.3(c))；当压力 $\boldsymbol{F}$ 继续增加超过这一极限值时，用微小的侧向干扰力就会使压杆的弯曲变形急剧增加，并且压杆的弯曲变形会不断增加，直至断裂，此时压杆处于不稳定直线平衡状态(见图 15.3(d))。从理论上说解除干扰力后压杆应在弯曲状态下保持平衡，但对于实际压杆而言在承受很大的变形之前就发生了塑性变形，甚至断裂。

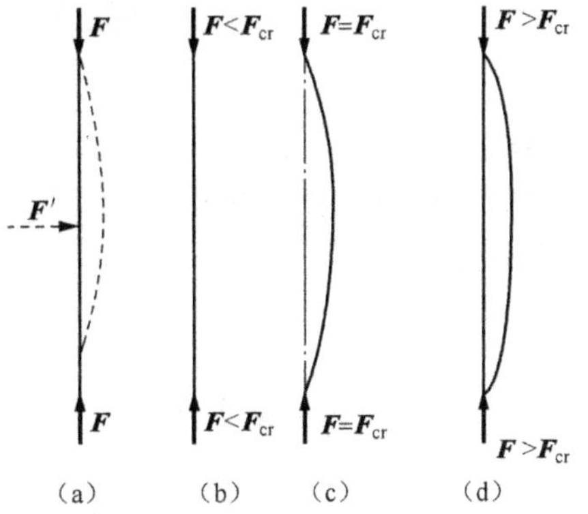

图 15.3

压杆处于临界平衡状态所受到的压力，称为压杆的临界力，记为 F_{cr}。当细长压杆受到的压力小于临界力时，压杆处于稳定平衡状态，压杆是稳定的。压杆受到的压力大于或等于临界力时，任何微小的侧向干扰力都会使压杆丧失其直线平衡状态而过渡为曲线平衡状态，称为压杆失稳或屈曲。因此，研究压杆的稳定性问题的关键是确定压杆的临界力。

应该注意的是，细长压杆失稳时构件内的应力远小于材料的许用应力甚至比例极限，并没有发生强度破坏。例如，一根宽 30mm，厚 5mm，长 1m 的矩形截面松木杆，当压力接近 30N 时就会产生显著的弯曲变形，此时杆内应力接近 0.2MPa，远小于材料的抗压强度 40MPa。若压力继续增大，则弯曲变形急剧增加最终会导致断裂。

细长压杆的失稳往往是突然发生的，因而其危害性也较大。历史上曾多次发生因为压杆失稳而引起的重大事故。如 1907 年加拿大劳伦斯河上长为 548m 的钢桥，在施工中突然倒塌就是由于桁架中的压杆的失稳造成的。因此，压杆的稳定性对于保证结构的安全是非常重要的。

除细长压杆外，承受压力的梁、拱、板、薄壳也存在稳定性问题。圆柱形的薄壳在均匀外压作用下，压力超过某一临界值其临界力时，薄壳的圆形平衡状态会突然变成由虚线表示的椭圆形；板条梁或工字钢梁在最大抗弯刚度平面内弯曲时，会因载荷超过某一临界值时而发生侧弯(见图 15.4)。

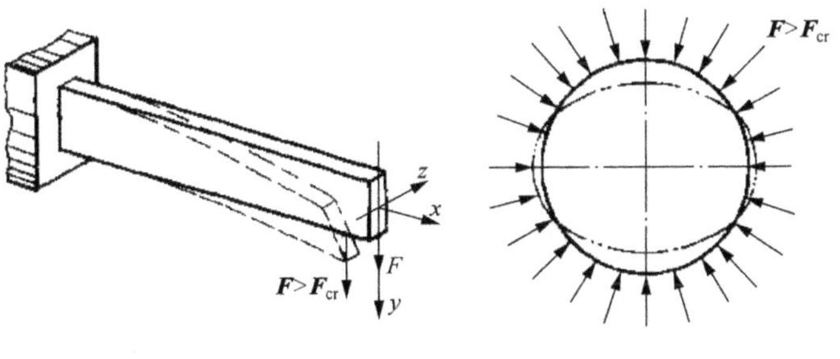

图 15.4

15.2 细长压杆的临界力——欧拉公式

在临界载荷作用下，压杆由直线平衡状态过渡为曲线平衡状态，压杆可以在直线状态下平衡，也可以在微弯状态下平衡。因此，保持细长压杆在微弯状态下平衡的最小轴向力即为临界力 F_{cr}。很明显，压杆两端约束不同，临界载荷不同，下面分别讨论杆端为理想约束情况下压杆的临界力。

15.2.1 两端铰链约束细长压杆的临界力

如图 15.5(a)所示，细长压杆 AB，长度为 l，两端为球形铰链约束，在轴向力 $\boldsymbol{F}$ 作用下处于弯曲平衡状态。在图示坐标系下，压力 $\boldsymbol{F}$ 取正值时，任意 x 截面的挠度 $\omega(x)$ 与弯矩 $M(x)$ 符号始终相反，即

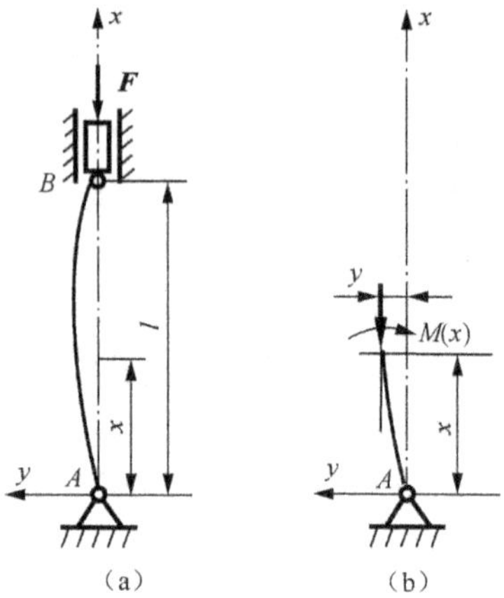

图 15.5

$$M(x) = -F\omega(x) \tag{a}$$

当杆内的应力不超过材料的比例极限时，压杆的挠曲线的近似微分方程

$$\frac{\mathrm{d}^2\omega(x)}{\mathrm{d}x^2} = \frac{M(x)}{EI} \tag{b}$$

将式(a)代入(b)得

$$\frac{\mathrm{d}^2\omega(x)}{\mathrm{d}x^2} + \frac{F\omega(x)}{EI} = 0 \tag{c}$$

令

$$k^2 = \frac{F}{EI} \tag{d}$$

则上式可写为

$$\frac{\mathrm{d}^2\omega(x)}{\mathrm{d}x^2} + k^2\omega(x) = 0 \tag{e}$$

上式为二阶常微分方程，其通解为

$$\omega = A\sin kx + B\cos kx \tag{f}$$

式中，A 和 B 为待定积分常数，可以根据压杆的边界条件确定。

由于压杆两端为球形铰链约束，故其边界条件为

$$x = 0, \qquad \omega = 0$$

$$x = l, \qquad \omega = 0$$

将边界条件第一式代入式(f)得

$$B = 0$$

将 $B = 0$ 及边界条件第二式代入(f)得

$$A\sin kx = 0$$

因 B 已经等于零，A 一定不能为零，否则压杆挠度恒等于零，与开始假设压杆处于弯曲平衡状态相矛盾，因此只有

$$\sin kl = 0$$

满足上式的条件是

$$kl = n\pi \qquad (n = 0,1,2,\cdots)$$

由此可得

$$k = \frac{n\pi}{l} \tag{g}$$

将式(g)代入式(d)得

$$F = \frac{n^2\pi^2 EI}{l^2} \qquad (n = 0,1,2,\cdots)$$

这说明使压杆保持弯曲平衡状态的压力是多值的，这些压力中的最小值即为临界压力。$n = 0$，表明杆上无压力，因此 $n = 1$ 时才能使压力 $\boldsymbol{F}$ 最小。于是细长压杆在两端铰链约束时的临界力为

$$F_{cr} = \frac{\pi^2 EI}{l^2} \tag{15-1}$$

需要注意的是，对于两端为球形铰铰约束的压杆，弯曲时一定是在抗弯刚度最小的平面内，因此式(15-1)中的 I 应为横截面惯性矩的最小值。

式(15-1)是由欧拉(Euler)在 1774 年首先提出的，通常又称为欧拉公式。从欧拉公式可以看出：细长压杆的临界力 $\boldsymbol{F}_{cr}$ 与压杆的最小弯曲刚度成正比，而与杆长 l 的平方成反比，即压杆愈细长，临界载荷愈小，压杆愈容易失稳。

将 $k = \frac{\pi}{l}$，$B = 0$ 代入式(f)可以得到临界力作用下压杆的挠曲线方程

$$\omega = A\sin\frac{\pi}{l}x \tag{h}$$

在 $x = \frac{l}{2}$ 时，最大挠度

$$\omega_{max} = A$$

因此，两端铰链约束细长压杆的挠曲线为半波正弦曲线，常数 A 是压杆跨度中点处的挠度，它数值很小，但不确定。这是由于采用了挠曲线近似微分方程求解造成的。事实上，使用精确的挠曲线方程研究压杆的曲线平衡时，可以知道压杆轴向力 $\boldsymbol{F}$ 与压杆跨度中点处的挠度 δ 是一一对应的，如图 15.6 中的曲线 AC 所示。中点挠度 δ 很小时，代表精确解的曲线 AC 和代表欧拉解的曲线 AB 差别很小。压杆轴向力趋于临界力时压杆跨度中点的最大挠度趋于零，即压杆在临界载荷作用下，其唯一的平衡状态是直线。以微弯平衡作为压杆临界平衡状态的特征是利用小变形条件对压杆弯曲平衡状态的一种合理简化，它不仅正确，而且求解更为简单。实际压杆由于存在各种缺陷，很早就出现弯曲变形，轴向力 $\boldsymbol{F}$ 与压杆跨度中点 δ 的关系为曲线 OF。

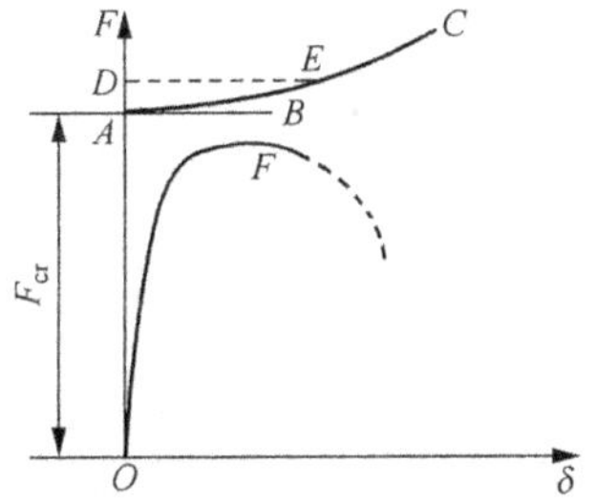

图 15.6

15.2.2 两端非铰链约束细长压杆的临界力

不同杆端约束下细长压杆临界力的表达式可以用与上面相同的方法导出。当压杆的约束不同，其挠曲线近似微分方程和挠曲线边界条件不同，临界力的表达式也不相同。两端非铰链约束细长压杆的临界力的表达式可通过比较其挠曲线的形状与两端铰链约束细长压杆挠曲线的形状的方法得到。

首先研究图 15.7(a)所示的一端固定，一端自由，长为 l 的细长压杆。该杆微弯平衡状态下挠曲线的形状与长为 $2l$ 的两端铰链约束细长压杆微弯平衡状态下挠曲线的形状的上半段相同，所以一端固定，一端自由的细长压杆的临界力为

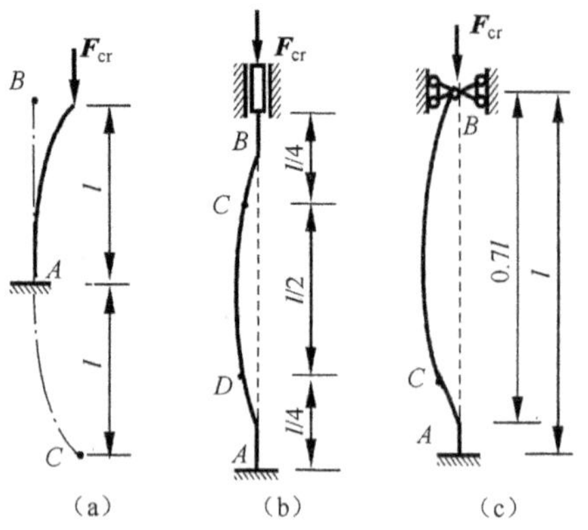

图 15.7

$$F_{cr}=\frac{\pi^2 EI}{(2l)^2} \tag{15-2}$$

两端固定，长为 l 的细长压杆，微弯平衡状态下挠曲线的形状如图 15.7(b)所示。在离两端各 $\frac{l}{4}$ 处的 A、B 两点存在拐点，弯矩为零，这两点可看成铰链。又因为 AB 段为半波正弦曲线，所以两端固定，长为 l 的细长压杆的临界力与长为 $\frac{l}{2}$ 的两端铰链约束细长压杆的临界力相同，即为

$$F_{cr}=\frac{\pi^2 EI}{\left(\frac{l}{2}\right)^2} \tag{15-3}$$

同理，一端为固定端，一端为铰链约束的细长压杆，微弯平衡状态下挠曲线的形状如图 15.7(c)所示，其临界力与长为 0.7l 的两端铰链约束细长压杆的临界力相同，即为

$$F_{cr}=\frac{\pi^2 EI}{(0.7l)^2} \tag{15-4}$$

由此可见，各种不同约束下临界力可统一用如下形式表达

$$F_{cr}=\frac{\pi^2 EI}{(\mu l)^2} \tag{15-5}$$

这是欧拉公式的普遍形式。式中 μl 称为相当长度，表示将杆端约束条件不同的压杆长度 l 折算成两端铰链约束压杆的尺度，μ 称为长度因数，它反映了压杆端部约束对临界力的影响。几种理想的杆端约束情况下的长度因数 μ 值列于表 15.1。

表 15.1　压杆的长度因数

压杆的约束条件	长度因数
两端铰支	$\mu=1$
一端固定，另一端自由	$\mu=2$
两端固定	$\mu=0.5$
一端固定，另一端铰支	$\mu\approx0.7$

实际工程中的压杆杆端约束情况是复杂的，难以将其简化为理想约束。例如实际压杆的约束常可以简化为所谓的柱状铰，如图 15.8 所示。在垂直于轴销的平面（xz 平面）内，轴销对杆的约束相当于铰链约束；而在轴销平面（x 平面）内，轴销对杆的约束接近于固定端。对应于各种实际压杆的约束情况，长度因数 μ 值在有关的设计规范中有具体规定。

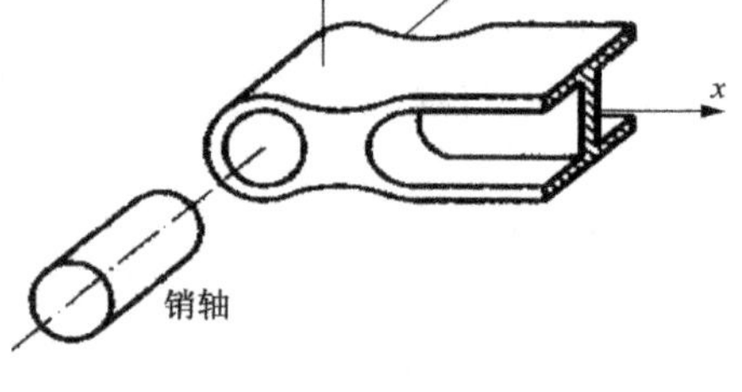

图 15.8

15.3 欧拉公式的适用范围 临界应力总图

15.3.1 细长压杆的临界应力

将压杆的临界压力除以压杆横截面面积，便得到细长压杆的临界应力，用 σ_{cr}表示。根据欧拉公式(15-5)得

$$\sigma_{cr}=\frac{F_{cr}}{A}=\frac{\pi^2 EI}{(\mu l)^2 A}=\frac{\pi^2 E}{\left(\frac{\mu l}{i}\right)^2} \tag{a}$$

式中，$i=\sqrt{\frac{I}{A}}$，称为压杆截面的惯性半径。

令

$$\lambda=\frac{\mu l}{i}$$

将其代入式(a)得细长压杆的临界应力

$$\sigma_{cr}=\frac{\pi^2 E}{\lambda^2} \tag{15-6}$$

式中，λ 是一个无量纲的量，它集中反映了压杆的支承情况、杆长、截面尺寸和形状对临界应力的影响。压杆的临界应力与λ^2 成反比，λ 愈大，临界应力越小，压杆愈容易失稳，因此λ 形象地称为压杆的柔度(也称为长细比)。

15.3.2 欧拉公式的适用范围

式(15-6)是用压杆临界应力表示的欧拉公式。由于欧拉公式是由挠曲线近似微分方程导出的，压杆内的应力不应超过材料的比例极限 σ_p。因此，采用欧拉公式计算临界应力时必须满足下列条件

$$\sigma_{cr}=\frac{\pi^2 E}{\lambda^2}\leqslant\sigma_p$$

即

$$\lambda\geqslant\sqrt{\frac{\pi^2 E}{\sigma_p}}$$

令

$$\lambda_p=\sqrt{\frac{\pi^2 E}{\sigma_p}} \tag{15-7}$$

则欧拉公式的适用范围

$$\lambda\geqslant\lambda_p$$

$\lambda\geqslant\lambda_p$ 的压杆称为大柔度杆，也就是前面提及的细长压杆。可以看出，λ_p 的值仅与材料的弹性模量 E 及比例极限σ_p 有关，所以材料一旦确定，λ_p 的值即为定值。对于 Q235 钢，弹性模量 $E=200\text{GPa}$，比例极限 $\sigma_p=200\text{MPa}$，由式(15-7)得

$$\lambda_p=\sqrt{\frac{\pi^2 E}{\sigma_p}}=\pi\sqrt{\frac{200\times10^9}{200\times10^6}}\approx100$$

15.3.3 临界应力总图

当压杆的柔度小于 λ_p 时，其临界应力 σ_{cr} 大于材料的比例极限 σ_p，这属于非线性弹性稳定问题。当压杆柔度小到一定程度，达到某一数值 λ_s 时，压杆的临界应力增加到材料的屈服极限（塑性材料）或强度极限（脆性材料），压杆稳定问题就变为强度问题。

柔度处于 $\lambda_s < \lambda < \lambda_p$ 范围内的压杆称中柔度杆，这类压杆临界应力的计算采用以实验结果为依据的经验公式。工程中常所采用的经验公式为直线公式，其表达式为

$$\sigma_{cr} = a - b\lambda \tag{15-8}$$

式中，a、b 为与材料有关的常数。

由于中柔度杆的临界应力大于材料的比例极限，小于材料的屈服极限（塑性材料）或强度极限（脆性材料），即 $\sigma_p \leqslant \sigma_{cr} \leqslant \sigma_s$ 或 σ_b，因此，对于塑性材料 $\lambda_s = \dfrac{a-\sigma_s}{b}$，对于脆性材料 $\lambda_s = \dfrac{a-\sigma_b}{b}$。仍以 Q235 钢为例，屈服极限 $\sigma_s = 235\text{MPa}$，$a = 304\text{MPa}$，$b = 1.12\text{MPa}$，则

$$\lambda_s = \frac{a-\sigma_s}{b} = \frac{304-235}{1.12} \approx 61.6$$

$\lambda \leqslant \lambda_s$ 的压杆称小柔度杆或粗短杆。小柔度杆的失效是因压杆强度不足造成的，非稳定问题，这类压杆可以发生屈服（塑性材料）失效或断裂（脆性材料）失效。于是，其临界应力为材料的屈服极限（塑性材料）或强度极限（脆性材料），即

$$\sigma_{cr} = \sigma_s \text{ 或 } \sigma_b$$

表 15.2 中列出了几种常用材料的 a、b 值。

表 15.2 几种常用材料的 a、b 值及 λ_s、λ_p 值

材料	a /MPa	b /MPa	λ_p	λ_s
Q235 钢 $\sigma_s = 235\text{MPa}$	304	1.12	100	61.6
优质碳钢 $\sigma_s = 306\text{MPa}$	461	2.568	95	60.4
铸铁	332.2	1.454	80	
木材	28.7	0.190	110	40

综上所述，根据压杆的柔度可将其分为三类，上述三类压杆临界应为 σ_{cr} 随其柔度 λ 变化曲线如图 15.9 表示，称为压杆的临界应为总图。从图中可以看出，大柔度杆和中柔度杆的临界应力随柔度的增加而减小，而小柔度杆的临界应力与柔度无关。

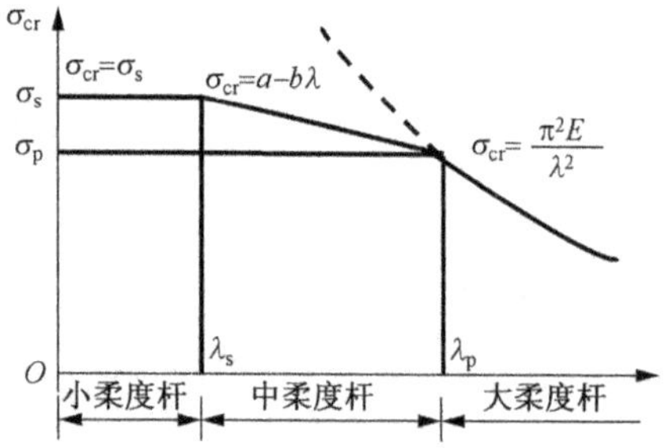

图 15.9

例 15-1 3 根圆截面压杆，直径 $d = 160\text{mm}$，长度分别为 l_1、l_2 和 l_3，且 $l_1 = 2l_2 = 4l_3 = 5\text{m}$，材料为 Q235 钢，$E = 200\text{GPa}$，$\sigma_s = 235\text{MPa}$，$\sigma_p = 200\text{MPa}$，两端均为球形铰链约束。求各杆的临界压力 F_{cr}。

解 1）压杆的最小惯性半径

对于圆截面杆

$$i_{min} = \sqrt{\frac{I_{min}}{A}} = \sqrt{\frac{\frac{\pi d^4}{64}}{\frac{\pi d^2}{4}}} = \frac{d}{4}$$

2)压杆的柔度

$$\lambda = \frac{\mu l}{i_{\min}} = \frac{\mu l}{\frac{d}{4}} = \frac{4\mu l}{d}$$

故 3 根压杆的柔度分别为

$$\lambda_1 = \frac{4\mu l_1}{d} = \frac{4 \times 1 \times 5}{160 \times 10^{-3}} = 125$$

$$\lambda_2 = \frac{4\mu l_2}{d} = \frac{4 \times 1 \times (5/2)}{160 \times 10^{-3}} = 62.5$$

$$\lambda_3 = \frac{4\mu l_3}{d} = \frac{4 \times 1 \times (5/4)}{160 \times 10^{-3}} = 31.25$$

3)压杆柔度分界点 λ_p 及 λ_s

对于 Q235 钢

$$\lambda_p = \sqrt{\frac{\pi^2 E}{\sigma_p}} = \sqrt{\frac{\pi^2 \times 200 \times 10^9}{200 \times 10^6}} \approx 100$$

$$\lambda_s = \frac{a - \sigma_s}{b} = \frac{304 - 235}{1.12} = 61.6$$

4)压杆的临界载荷

由于 $\lambda_1 > \lambda_p$，杆 1 为大柔度杆

$$F_{cr} = \sigma_{cr} A = \frac{\pi^2 E}{\lambda_1^2} \times \frac{\pi d^2}{4} = \frac{\pi^2 \times 200 \times 10^9}{125^2} \times \frac{\pi (160 \times 10^{-3})^2}{4} = 2540(\text{kN})$$

由于 $\lambda_s < \lambda_2 < \lambda_p$，杆 2 为中柔度杆

$$F_{cr} = \sigma_{cr} A = (a - b\lambda_2)\frac{\pi d^2}{4} = (304 - 1.12 \times 62.5) \times \frac{\pi (160 \times 10^{-3})^2}{4} = 4710(\text{kN})$$

由于 $\lambda_3 < \lambda_s$，杆 3 为小柔度杆

$$F_{cr} = \sigma_s A = 235 \times 10^6 \times \frac{\pi (160 \times 10^{-3})^2}{4} = 4725(\text{kN})$$

例 15-2 图 15.10(a)所示矩形木柱，长 $l = 4\text{m}$，截面积为 12cm×20cm。两端为柱形铰链约束，在抗弯刚度最大的平面内弯曲时，两端为铰链约束；在抗弯刚度最小的平面内弯曲时，两端为固定端约束。材料为松木，弹性模量 $E = 10\text{GPa}$。求木柱的临界载荷。

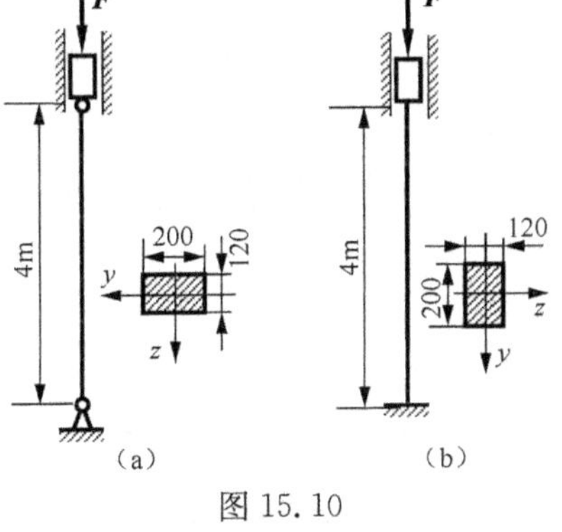

图 15.10

解 当压杆最大及最小刚度平面内的约束情况相同时，压杆在抗弯刚度最小的平面内失稳；当压杆最大及最小刚度平面内的约束情况不相同时，压杆在柔度较大的平面内失稳。

1)抗弯刚度最大的平面为 xy 平面——横截面绕 z 轴转动

$$i_z=\sqrt{\frac{I_z}{A}}=\sqrt{\frac{\frac{bh^3}{12}}{bh}}=\frac{h}{2\sqrt{3}}$$

由于两端为铰链约束，长度系数 $\mu=1$，故

$$\lambda_z=\frac{\mu l}{i_z}=\frac{\mu l}{\frac{h}{2\sqrt{3}}}=\frac{\mu l}{\frac{200\times 10^{-3}}{2\sqrt{3}}}=69.3$$

2)抗弯刚度最小平面为 xz 平面——横截面绕 y 轴转动

$$i_y=\sqrt{\frac{I_y}{A}}=\sqrt{\frac{\frac{hb^3}{12}}{bh}}=\frac{b}{2\sqrt{3}}$$

由于两端为固定端约束，长度系数 $\mu=0.5$，故

$$\lambda_y=\frac{\mu l}{i_y}=\frac{\mu l}{\frac{b}{2\sqrt{3}}}=\frac{0.5\times 4}{\frac{120\times 10^{-3}}{2\sqrt{3}}}=57.8$$

3)压杆(木柱)的临界力 F_{cr}

由于 $\lambda_z>\lambda_y$，压杆在抗弯刚度最大的平面内失稳。查表 15-2 知松木 $\lambda_p=110$，$\lambda_s=40$。因为 $\lambda_s<\lambda_z<\lambda_p$，木柱在抗弯刚度最大的平面内弯曲时为中柔度杆，因此

$$F_{cr}=(a-b\lambda_z)A=(28.7-0.19\times 69.3)\times 12\times 20\times 10^{-4}=372.8(\text{kN})$$

15.4 压杆的稳定性计算

工程结构中的压杆，要保证其不丧失其稳定性就必须使其承受的轴向力 $\boldsymbol{F}$ 小于压杆的临界力 $\boldsymbol{F}_{cr}$，考虑到应给压杆一定的安全储备，压杆的稳定条件可表示为

$$F\leqslant\frac{F_{cr}}{n_{st}}=[F_{st}]\quad 或者\quad n=\frac{F_{cr}}{F}\geqslant n_{st}\tag{15-9}$$

式中，F 为压杆工作压力，F_{cr} 为压杆临界力，$[F_{st}]$ 为稳定许可压力，n 为压杆的稳定工作安全因数，n_{st} 为规定稳定安全系数。

考虑到压杆的微小初弯曲、材料不均匀和缺陷、压力微小偏心等都会严重影响压杆的稳定性，降低压杆的临界载荷，规定的稳定安全系数常常都要大于强度安全系数，其值可以在有关的设计规范和手册中查得。几种常见压杆稳定安全系数 n_{st} 的值如表 15.3 所示。

表 15.3　常见钢制压杆 n_{st} 的值

压杆类型	n_{st} 值
金属结构中的压杆	1.3～3.0
矿山、冶金设备中的压杆	4～8
机床中的丝杠	2.5～4
水平长丝杠或精密丝杠	>4
磨床油缸活塞杆	4～6
低速发动机挺杆	4～6
高速发动机挺杆	2～5
拖拉机转向纵、横推杆	>5

利用压杆稳定条件除了可以校核压杆的稳定性和确定压杆的许可载荷外，还可以设计压杆的截面。

由式(15-9)得

$$A \geqslant \frac{Fn_{st}}{\sigma_{cr}} \tag{15-10}$$

在截面积未知的情况下，压杆的柔度无法计算，压杆的临界应力自然也无法确定。因此可以先按欧拉公式计算临界应力，由(15-10)设计出截面尺寸，在此基础上验证压杆的柔度 λ 是否大于 λ_p。若满足，说明截面设计合理，否则按直线公式重新设计截面尺寸。

应注意的是，在压杆的稳定计算中(如柔度的计算中)，局部削弱(例如钉孔)可以不考虑，因为稳定性问题仅与压杆整体变形行为有关。有局部削弱的压杆除校核其稳定性外，还应进行强度校核，但在对削弱部分进行强度校核时应使用削弱后横截面净面积。

例 15-3 空气压缩机的活塞杆长度 $l=703\text{mm}$，直径 $d=45\text{mm}$。活塞杆的材料为 45 钢，$\sigma_s=350\text{MPa}$，$\sigma_p=280\text{MPa}$，$E=210\text{GPa}$。工作时承受的最大压力 $F_{max}=41.6\text{kN}$，若活塞杆的稳定安全系数为 $n_{st}=8\sim10$，试校核其稳定性。

解 1)活塞杆柔度

活塞杆可简化成两端铰支约束的杆，$\mu=1$，活塞杆为圆截面 $i=\sqrt{\dfrac{I}{A}}=\dfrac{d}{4}$，柔度

$$\lambda=\frac{\mu l}{i}=\frac{\mu l}{\frac{d}{4}}=\frac{4\mu l}{d}=\frac{4\times1\times703\times10^{-3}}{45\times10^{-3}}=62.5$$

2)压杆柔度分界点 λ_p、λ_s

$$\lambda_p=\sqrt{\frac{\pi^2 E}{\sigma_p}}=\sqrt{\frac{\pi^2\times210\times10^9}{280\times10^6}}=86$$

查表 15-2 知 45 优质碳钢，$a=461\text{MPa}$，$b=2.568\text{MPa}$

$$\lambda_s=\frac{a-\sigma_s}{b}=\frac{461-350}{2.568}=43.2$$

3)活塞杆的临界载荷

因为 $\lambda_s<\lambda<\lambda_p$，活塞为中柔度杆

$$F_{cr}=(a-b\lambda)A=(461-62.5\times2.568)\times\frac{\pi\times(45\times10^{-3})^2}{4}=478(\text{kN})$$

4)稳定校核

活塞杆的工作安全系数

$$n=\frac{F_{cr}}{F}=\frac{478}{41.6}=11.5>n_{st}=8\sim10$$

活塞杆受压时满足稳定性要求，安全。

例 15-4 图 15.11 所示为平面磨床工作台的液压驱动装置，材料为 35 钢，$\sigma_p=220\text{MPa}$，$E=210\text{GPa}$。油缸直径 $D=65\text{mm}$，活塞杆长度 $l=1250\text{mm}$，受到的油压 $p=1.2\text{MPa}$。规定稳定安全系数 $n_{st}=6$。试确定活塞杆的直径 d。

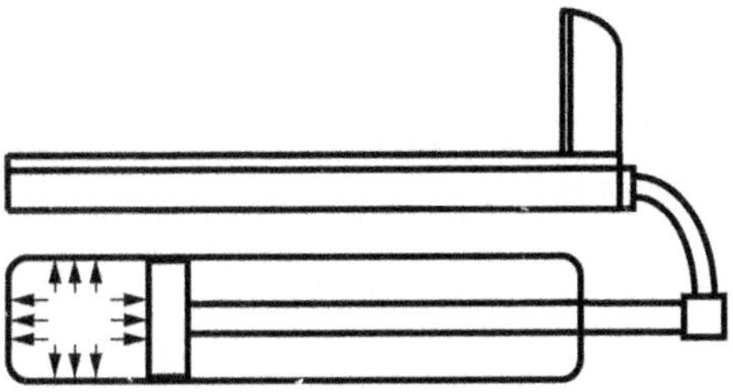

图 15.11

解 1)活塞杆的临界力

活塞杆的压力

$$F = Ap = \frac{\pi D^2}{4}p = \frac{\pi}{4}(65 \times 10^{-3})^2 \times (1.2 \times 10^6) = 3980(\text{N})$$

活塞杆的临界力

$$F_{cr} = Fn_{st} = 6 \times 3980 = 23.9(\text{kN})$$

2)采用欧拉公式设计直径 d

把活塞杆两端简化为球形铰链约束

$$F_{cr} = \frac{\pi^2 EI}{(\mu l)^2} \leqslant \frac{\pi^2 E \frac{\pi d^4}{64}}{(\mu l)^2}$$

因此

$$d \geqslant \sqrt[4]{\frac{F_{cr}(\mu l)^2 64}{\pi^3 E}} = \sqrt[4]{\frac{23.9 \times 10^3 \times (1 \times 1250 \times 10^{-3})^2 \times 64}{\pi^3 \times 210 \times 10^9}} = 24.6(\text{mm})$$

取

$$d = 25(\text{mm})$$

3)验证

活塞杆的柔度

$$\lambda = \frac{\mu l}{i} = \frac{\mu l}{\frac{d}{4}} = \frac{4\mu l}{d} = \frac{4 \times 1 \times 1250}{24.6} = 200$$

压杆柔度分界点

$$\lambda_p = \sqrt{\frac{\pi^2 E}{\sigma_P}} = \sqrt{\frac{\pi^2 \times 210 \times 10^9}{220 \times 10^6}} = 97$$

由于 $\lambda > \lambda_p$，故用欧拉公式设计的直径 $d = 25\text{mm}$ 是合理的。

例 15-5 图 15.12 所示由 Q235 钢制成的结构由梁 ABC 与杆 CD 组成。材料及截面参数如下：$\sigma_s = 235\text{MPa}$，$\sigma_b = 400\text{MPa}$，$E = 200\text{GPa}$，$b = 100\text{mm}$，$d = 20\text{mm}$，$h = 180\text{mm}$。已知强度安全因数 $n = 2.0$，稳定安全因数 $n_{st} = 3.0$。试确定该结构的许可载荷 $\boldsymbol{F}$。

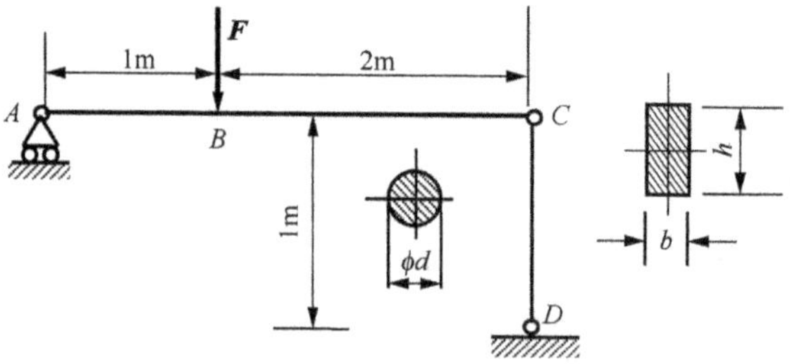

图 15.12

解 本题应分别考虑压杆 CD 的稳定性和梁 ABC 的强度。

1)压杆 CD 的柔度

$$\lambda = \frac{\mu l}{i} = \frac{\mu l}{\frac{d}{4}} = \frac{4\mu l}{d} = \frac{4 \times 1 \times 1}{20 \times 10^{-3}} = 200 > \lambda_p \approx 100$$

CD 为大柔度杆，临界力

$$F_{cr} = \frac{\pi^2 E}{\lambda^2} A = \frac{\pi^2 E}{\lambda^2} \times \frac{\pi d^2}{4} = \frac{\pi^2 \times 200 \times 10^9}{200^2} \times \frac{\pi \times (20 \times 10^{-3})^2}{4} = 15.5(\text{kN})$$

2)压杆 CD 的稳定性

CD 受的压力 F_{CD}

$$\sum m_A = 0 \qquad F \times 1 - F_{CD} \times 3 = 0$$

$$F_{CD} = \frac{F}{3}$$

由稳定条件知

$$F_{CD} = \frac{F}{3} \leqslant \frac{F_{cr}}{n_{st}}$$

因此

$$F \leqslant \frac{3F_{cr}}{n_{st}} = \frac{3 \times 15.5}{3} = 15.5(\text{kN})$$

3)梁 ABC 的强度

由强度条件知

$$\sigma_{max} = \frac{M_{max}}{W_z} = \frac{M_B}{W_z} \leqslant \frac{\frac{2F}{3}}{\frac{bh^2}{6}} = \frac{4F}{bh^2} \leqslant [\sigma] = \frac{\sigma_s}{n}$$

故

$$F \leqslant \frac{\sigma_s bh^2}{4n} = \frac{235 \times 10^6 \times 100 \times 180^2 \times 10^{-9}}{4 \times 2} = 95.2(\text{kN})$$

因此结构的许可载荷为 15.5kN。

15.5 提高压杆稳定性的措施

提高压杆的稳定性，关键在于提高压杆的临界力或临界应力。从欧拉公式和直线公式可知，压杆的临界应力与材料和压杆的柔度有关，而且柔度愈大，临界应力愈小。因此，可以通过合理选用材料和减小压杆的柔度来提高压杆的稳定性。

15.5.1 合理选用材料

对大柔度杆而言，临界应力与材料的弹性模量 E 有关，材料的弹性模量愈大，压杆的临界应力愈高，因而选择弹性模量较高的材料，可以提高大柔度杆的稳定性。但是一般钢材的弹性模量 E 值大致相同，因此选择高强钢并不能起到提高细长压杆的稳定性的作用。

对中柔度杆而言，临界应力采用直线公式计算，系数 a、b 与材料的强度有关，故选用高强钢有利于提高压杆的稳定性。

至于小柔度杆，本来是强度问题，选用高强钢的作用是明显的。

15.5.2 减小压杆柔度

从柔度定义可知，柔度与压杆横截面的形状尺寸、压杆的长度及杆端约束情况有关。故应考虑从这三方面来减小压杆的柔度。

1. 减小压杆的长度

因为压杆的柔度 λ 与压杆长度 l 成正比，所以在条件许可的情况下，减小压杆的长度，或者在压杆之间增设支座，都可以降低压杆柔度，提高其稳定性。例如，钢铁厂原来轧制普通钢管的穿孔机，后改轧合金钢管，要求顶杆的穿孔力增加，为提高其稳定性，在顶杆中段增加一个抱辊装置，减小了压杆的支承长度，就达到了提高顶杆稳定性的目的(见图 15.13)。

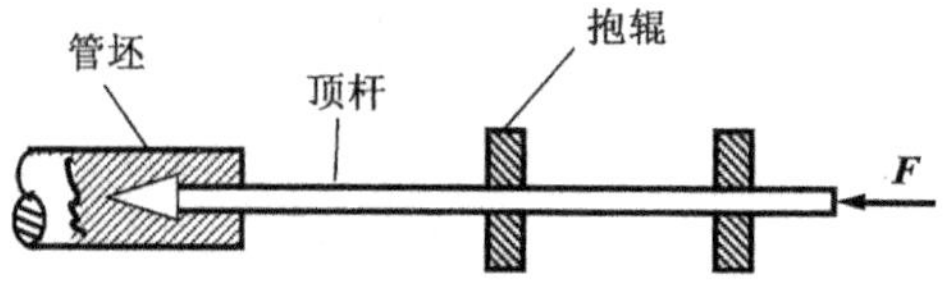

图 15.13

2. 改善杆端约束情况，减小长度系数

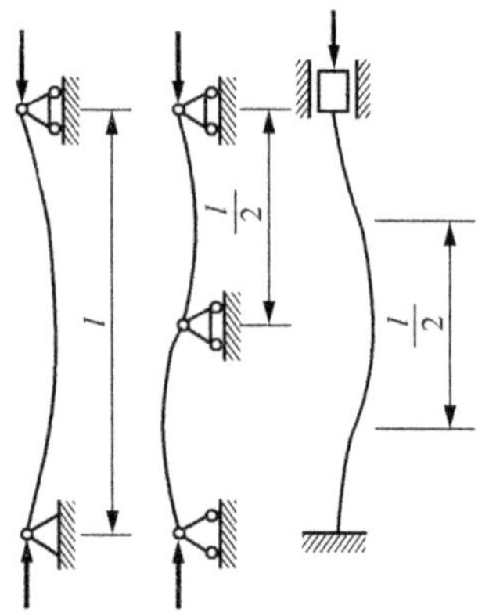

图 15.14

压杆两端约束的刚性愈强、越牢固，其长度系数 μ 越小，柔度就愈低，相应的临界应力越大，稳定性愈好。如图 15.14 所示，长为 l，两端铰支的压杆，在其中间增加一个支座，或者改为固定端，临界应力就会提高到原来的 4 倍。一般说增加压杆的约束，使其不容易发生弯曲变形，可以提高压杆的稳定性。

3. 选择合理的截面形状

对于一定长度和约束方式确定的压杆，截面形状选择合理，可以在截面面积不变的情况下，增大截面的惯性矩 I 和惯性半径 i，从而减小压杆柔度，提高其稳定性。例如，可以选择材料远离截面中性轴的圆环截面代替实心圆截面(见图 15.15(a))；由型钢组成的桥梁桁架中的压杆或建筑物的立柱，应该把型钢分开放置(见图 15.15(b))；由型钢组成的组合压杆用缀条把分开放置的型钢联成一个整体时，应调整其间距，预防局部压杆失稳(见图 15.15(c))。

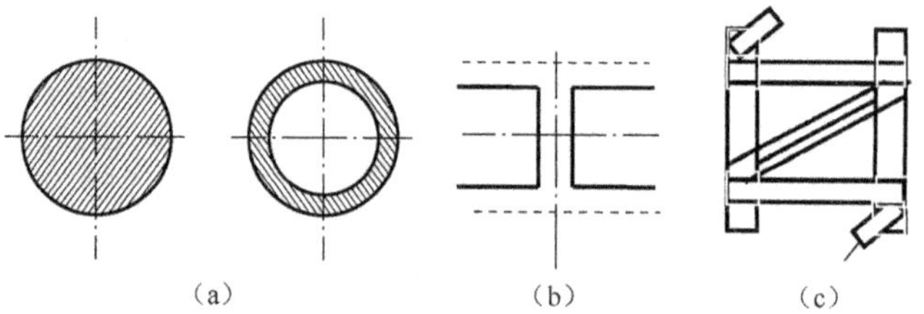

(a)　(b)　(c)

图 15.15

压杆总是在柔度较大的纵向平面内失稳，理想的截面应使其各个纵向平面内的柔度 λ 相同。当压杆两端的约束是固定端或球形铰链时，合理的截面形状应是形心主惯性矩相同的截面，$I_y = I_z$，比如，圆形或薄壁圆环截面(见图 15.16(a))、正方形或正方形薄壁箱形截面(见图 15.16(b))；当压杆两端是柱形铰链约束时，选择的截面应保证压杆两个形心主惯面内的柔度相同，即

$$\lambda_y = \lambda_z \qquad 或者 \qquad \frac{(\mu l)_y}{\sqrt{\frac{I_y}{A}}} = \frac{(\mu l)_z}{\sqrt{\frac{I_z}{A}}}$$

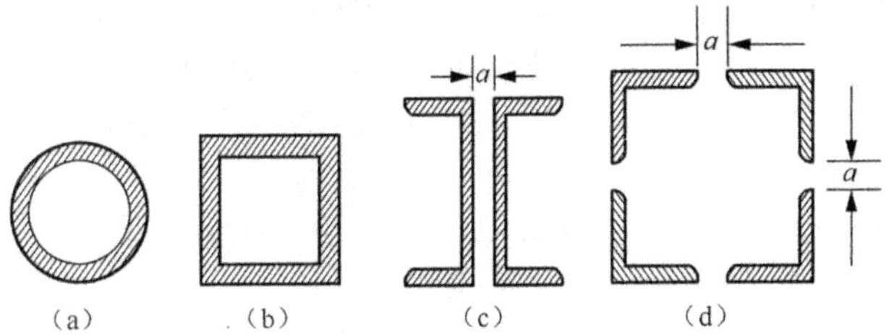

图 15.16

经过设计的各种组合截面均可满足上述要求(见图 15.16(c)、(d))。

除了上述几方面的措施外,在可能的情况下,可以从结构方面采取相应的措施。例如,将结构中的压杆转换成拉杆,若图 15.17(a)所示结构改换成图 15.17(b)所示结构,则 AB 杆就可避免压杆的失稳问题。

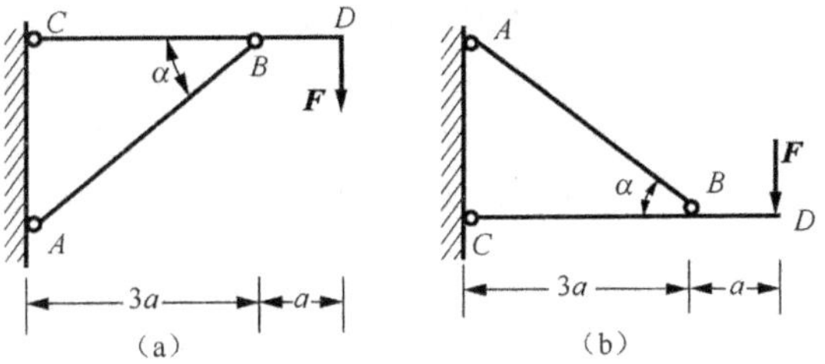

图 15.17

习　　题

15-1　习题 15-1 图所示细长压杆均为圆杆,直径 $d=16\text{cm}$ 均相同,图(a)为两端铰支,图(b)为一端固定一端铰支,图(c)为两端固定。材料都是 Q235A 钢,$E=200\text{GPa}$,试判别哪种情况的临界力最大,哪种最小?并分别求各杆的临界力 F_{cr}。

15-2　习题 15-2 图所示飞机起落架为承受轴向压力的空心圆截面杆。外径 $D=52\text{mm}$,内径 $d=44\text{mm}$,长度 $l=950\text{mm}$。材料为 30CrMnSiNi,$\sigma_p=1200\text{MPa}$,$\sigma_b=1600\text{MPa}$,$E=210\text{GPa}$。计算其临界压力 F_{cr} 和临界应力 σ_{cr}。

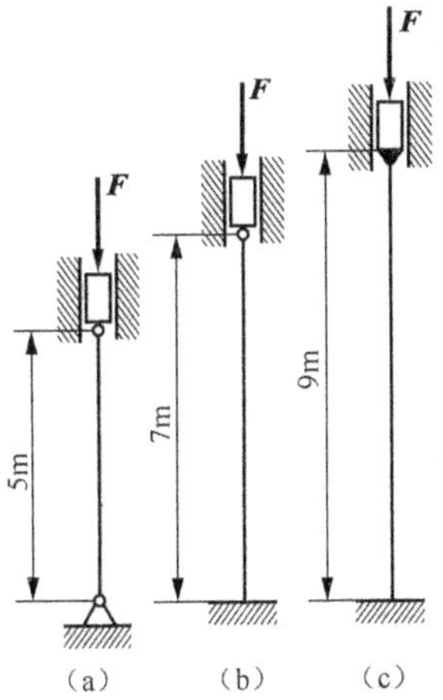

习题 15-1 图

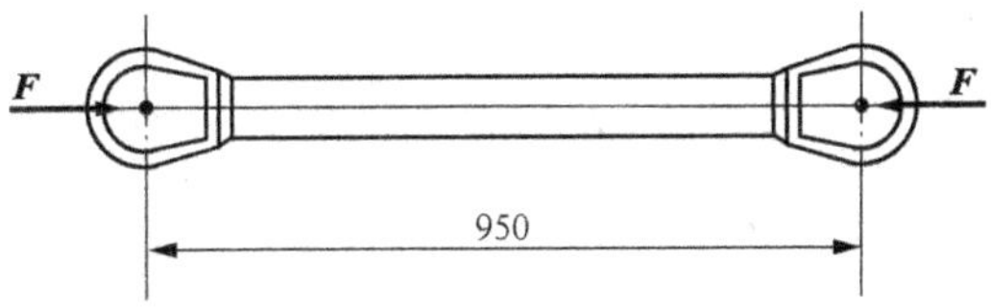

习题 15-2 图

15-3 习题 15-3 图所示压杆的材料为 Q235 钢，$E = 210\text{GPa}$，在正视图(a)的平面内，两端为铰支，在俯视图(b)的平面内，两端可认为固定。试求此杆的临界力。

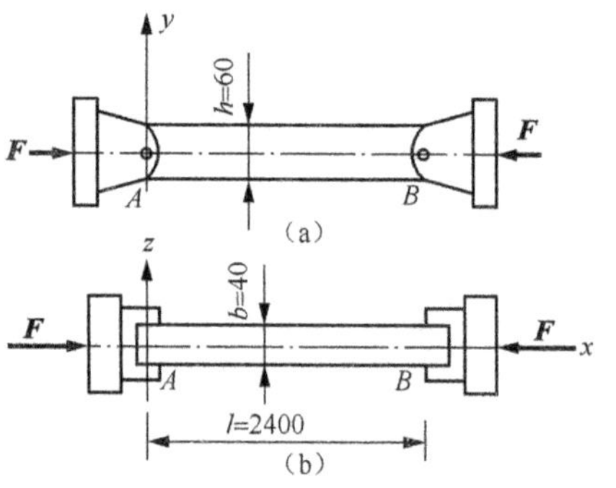

习题 15-3 图

15-4 木柱两端铰支，横截面为 120mm×200mm 的矩形，长度为 4m。木材的 $E = 10\text{GPa}$，$\sigma_p = 20\text{MPa}$。试求木柱的临界应力。计算临界应力的公式有：

(1)欧拉公式；

(2)直线公式 $\sigma_{cr} = 28.7 - 0.19\lambda$。

15-5 如果杆分别由下列材料制成：

(1) $\sigma_p = 220\text{MPa}$，$E = 190\text{GPa}$ 的钢；

(2) $\sigma_p = 490\text{MPa}$，$E = 215\text{GPa}$，含镍 3.5% 的镍钢；

(3) $\sigma_p = 20\text{MPa}$，$E = 11\text{GPa}$ 的松木。

试求可用欧拉公式计算临界力的压杆最小柔度。

15-6 某钢材的比例极限 $\sigma_p = 230\text{MPa}$，屈服应力 $\sigma_s = 274\text{MPa}$，弹性模量 $E = 200\text{GPa}$，中柔度杆的临界应力公式为 $\sigma_{cr} = 338 - 1.22\lambda$。试计算 λ_p 与 λ_s 值，并绘制临界力总图（$0 \leqslant \lambda \leqslant 150$）。

15-7 两端固定的管道长为 2m，内径 $d = 30\text{mm}$，外径 $D = 40\text{mm}$。材料为 Q235 钢，$E = 210\text{GPa}$，线膨胀系数 $\alpha_l = 125 \times 10^{-7}(℃)^{-1}$。若安装管道时的温度为 10℃，试求不引起管道失稳的最高温度。

15-8 长 5m 的 10 号工字钢，在温度为 0℃时安装在两个固定支座之间时杆不受力。已知杆的线膨胀系数 $\alpha_l = 125 \times 10^{-7}(℃)^{-1}$，$E = 210\text{GPa}$。试问当温度升至多少度时杆将丧失稳定？

15-9 在习题 15-9 图所示铰接杆系 ABC 中，AB 和 BC 皆为细长压杆，且截面相同，材料一样。若因在 ABC 平面内失稳而破坏，并规定 $0 < \theta < \frac{\pi}{2}$，试确定 $\boldsymbol{F}$ 为最大值时的 θ 角。

15-10 蒸汽机车的连杆如习题 15-10 图所示，截面为工字形，材料为 Q235 钢。连杆在摆动平面（xy 平面）内发生弯曲时，两端可认为铰支；而在与摆动平面垂直的 xz 平面内发生弯曲时，两端可认为是固定支座。连杆所受最大轴向压力为 465kN，试确定连杆工作安全系数。

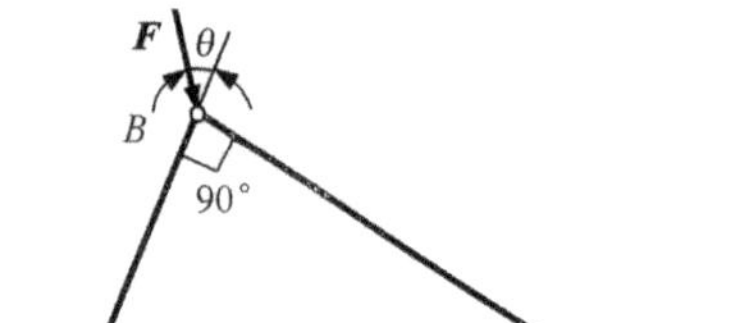

习题 15-9 图

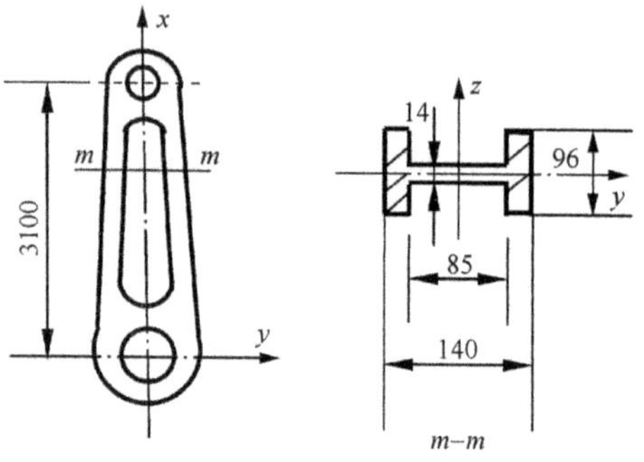

习题 15-10 图

15-11 某厂自制的简易起重机如习题 15-11 图所示，其压杆 BD 为 20 号槽钢，材料为 Q235 钢。起重机的最大起重量是 $W = 40\text{kN}$。若规定稳定安全因数为 $n_{st} = 5$，试校核 BD 杆的稳定性。

15-12 简易起重机如习题 15-12 图所示，材料为 Q235 钢。起重臂 OA 长 $l = 2.7\text{m}$，由外径 $D = 8\text{cm}$，内径 $d = 7\text{cm}$ 无缝钢管组成，规定其稳定安全系数 $n_{st} = 3$。试确定起重机的最大起重量。

15-13 习题 15-13 图所示压杆，横截面为 $b \times h$ 的矩形，试从稳定性方便考虑，确定 $\frac{h}{b}$ 的最佳值。当压杆在 xz 平面内失稳时，可取 $\mu_z = 1$。

15-14 横截面如习题 15-14 图所示之立柱，由 4 根 80mm×80mm×6mm 的角钢所组成，柱长 $l = 6\text{m}$。立柱两端为铰支，承受轴向压力 $F = 50\text{kN}$ 作用，立柱用 Q235 钢制成，许用压应力 $[\sigma_c] = 180\text{MPa}$，试确定横截面的边宽 a。

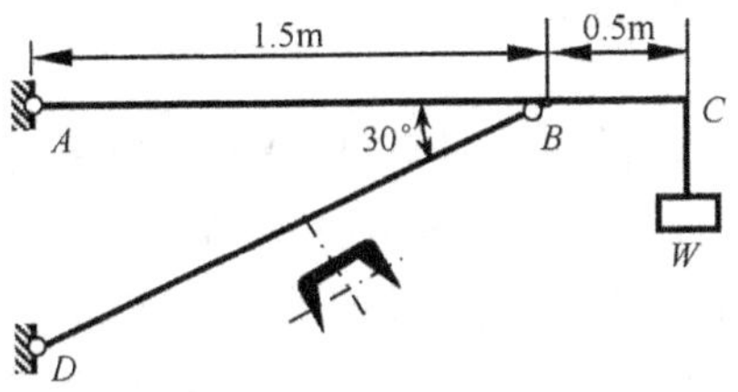

习题 15-11 图

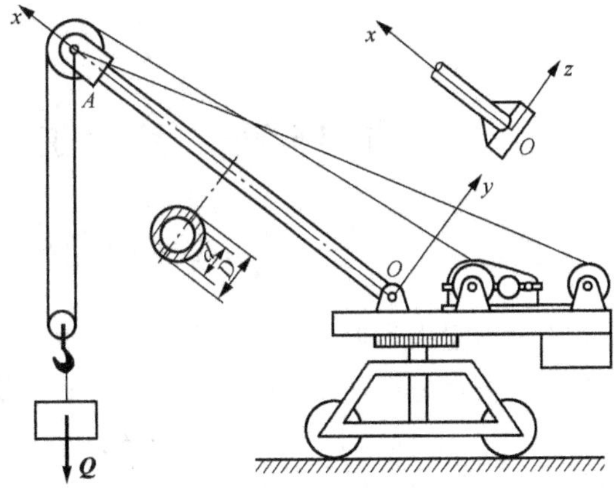

习题 15-12 图

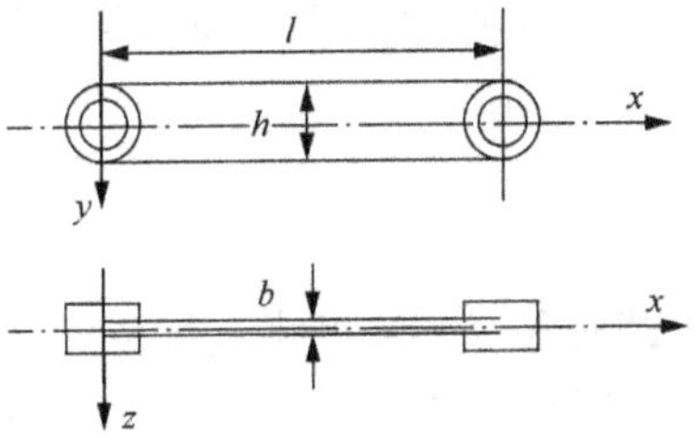

习题 15-13 图

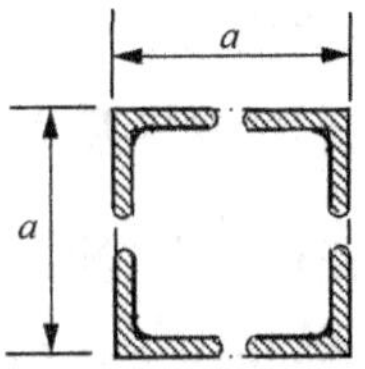

习题 15-14 图

15-15　习题 15-15 图所示结构由横梁 AC 和立柱 BD 组成，材料为低碳钢，$E=200\text{GPa}$，$\sigma_p=200\text{MPa}$。试问当载荷集度为 $q=20\text{N/mm}$ 与 $q=26\text{N/mm}$ 时，截面 B 的挠度分别为何值？

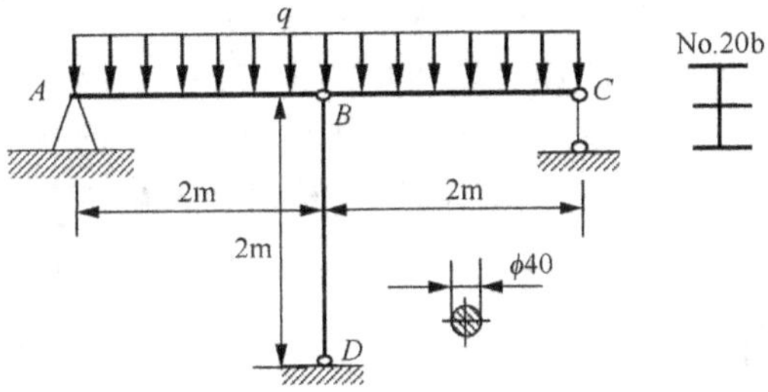

习题 15-15 图

第 16 章　其他工程材料的力学性能

16.1　陶瓷材料的力学性能

陶瓷材料是人类生产和生活中不可缺少的材料。陶瓷材料和金属材料、高分子材料已成为当代三大固体材料。传统的陶瓷是以天然矿物如黏土、石英和长石等为原料，通过混料、成形、烧结而成。而现代工程中使用的陶瓷是采用高纯、超细的人工合成材料，经过特殊工艺加工而得到的。陶瓷材料同一般的金属材料相比，其硬度、弹性模量、耐磨性及耐热性比金属优越，但塑性、韧性、可加工性、抗热震性及使用可靠性却不如金属。传统陶瓷材料一般限于日常使用和建筑使用。现代工程陶瓷，由于其优异的力学性质特别是高温力学性质和各种光、电、声、磁的功能，因而在各个工业领域中得到了广泛的应用。

16.1.1　陶瓷材料的弹性及弹性模量

室温下，陶瓷材料为脆性材料。陶瓷材料承载时几乎不能产生塑性变形，而在弹性变形范围内就产生断裂破坏，因此，其弹性性质就显得尤为重要。与金属材料一样，陶瓷的弹性形变可用胡克定律来描述。但与金属材料相比，其弹性变形具有以下特点：

(1)弹性模量大。这是由陶瓷材料共价键和离子键的键合结构所决定的。共价键具有方向性，使晶体具有较高的抗晶格畸变、阻碍位错运动的能力。离子键晶体结构的键方向性虽不明显，但滑移系受原子密排面与原子密排方向的限制，还受静电作用力的限制，其实际可动滑移系较少。此外，陶瓷材料都是多元化合物，晶体结构较复杂，点阵常数较金属晶体大，因而陶瓷材料的弹性模量较高。表 16.1 给出一些陶瓷在室温下的弹性模量。

表 16.1　几种常见陶瓷材料的弹性模量(室温)　　(单位:GPa)

材料	E	材料	E
氧化铝(Al_2O_3)	390	碳化硅(SiC)　(气孔率 5%)	470
氮化硅(Si_3N_4)	270	氧化镁(MgO)	250
氧化锆(ZrO_2)	200	碳化钽(TaC)	440
莫来石($Al_6Si_2O_{13}$)	173	尖晶石($MgAl_2O_4$)	304

(2)与金属材料不同，陶瓷材料的弹性模量不仅与结合键有关，还与其组成相的种类、分布比例及孔隙率有关。因此，陶瓷的成型与烧结工艺对其弹性模量有重大影响。孔隙率对弹性模量 E 的影响可用下式表示

$$E = \frac{E_0(1-\rho)}{1+2.5\rho} \tag{16-1}$$

式中，E_0 为无孔隙时陶瓷材料的弹性模量，ρ 为孔隙率。

(3)与金属材料不同，通常陶瓷材料的压缩弹性模量高于拉伸弹性模量，如图 16.1 所示。这是由于陶瓷材料复杂的显微结构和不均匀性决定的。在工程应用中，选用陶瓷材料时应充分注意这一特点。

(4)一般的陶瓷材料都是由很小的晶粒组成的多晶体，因此，整体材料表现出各向同性。但是单晶体陶瓷在不同的晶向上往往具有不同的弹性模量，这在工程分析时要特别注意。

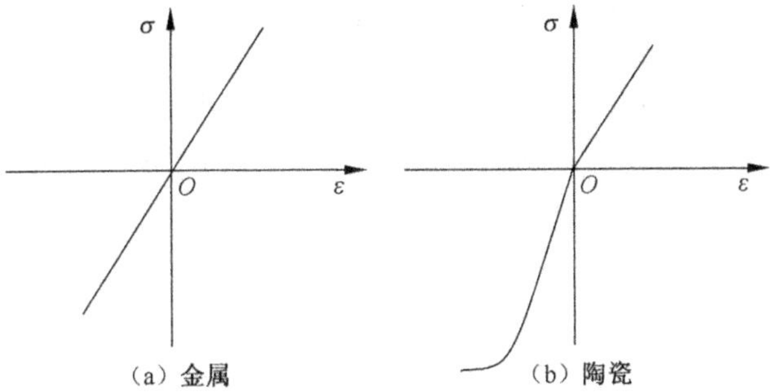

图 16.1　金属材料与陶瓷材料 σ-ε 曲线弹性部分

(5)由于原子间距及结合力随温度的变化而变化，因此，陶瓷材料的弹性模量与金属材料的类似，其弹性模量均随温度的升高而降低。

16.1.2　陶瓷材料的强度极其影响因素

室温承载时，陶瓷材料的破坏方式为脆性断裂。一般陶瓷材料在室温下的应力-应变曲线如图 16.2 中 1 曲线所示，即在断裂前几乎没有塑性变形。陶瓷材料室温强度测定只能获得一个断裂强度 σ_f 值。而金属材料则可获得屈服强度 σ_s 或 $\sigma_{0.2}$ 和极限强度 σ_b (见图 16.2 中 2、3 曲线)。

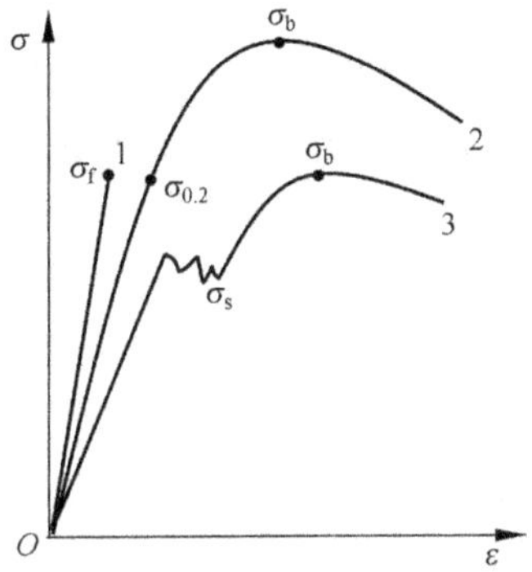

图 16.2　陶瓷与金属材料的 σ-ε 曲线比较

陶瓷材料的强度取决于材料的成分及组织结构，同时也随外界条件(如温度、应力状态等)的变化而变化。同金属材料相比，陶瓷晶体中大都以方向性较强的离子键和共价键为主，多数晶体的结构复杂，平均原子间距大。因此，在室温下开动的滑移系几乎没有，位错的滑移、增殖很难发生。因此很容易由表面或内部存在的缺陷引起应力集中而产生脆性破坏。因为陶瓷材料硬而脆，难以加工出高精度的拉伸试样，所以测定陶瓷材料的抗拉强度比较困难。目前最普遍的是弯曲强度测试。影响陶瓷材料强度的因素主要有以下 5 方面。

(1)气孔率。气孔是绝大多数陶瓷的主要组织缺陷之一，气孔明显地降低了载荷作用横截面积，同时气孔也是引起应力集中的地方。有关气孔率与强度的关系，最常用的是如下经验公式

$$\sigma = \sigma_0 \exp(-\lambda\rho) \tag{16-2}$$

式中，ρ 为气孔率，σ_0 为无气孔($\rho=0$)时的强度，λ 为常数，其值在 4～7 之间。根据此关系式可推断出当 $\rho=10\%$ 时，陶瓷的强度就下降到无气孔时的一半。图 16.3 表示出 Al_2O_3 陶瓷的弯曲强度与气孔率之间的关系。为了获得高强度，应制备接近理论密度的无气孔陶瓷材料。

(2)晶粒尺寸。陶瓷材料的强度与晶粒尺寸的关系与金属有类似的规律，也符合 Hall—Petch 关系式

$$\sigma_f = \sigma_0 + kd^{-1/2} \tag{16-3}$$

式中，σ_0 为无限大单晶的强度；k 为系数；d 为晶粒直径。但对烧结体陶瓷来讲，要做出只有晶粒尺寸大小不同而其他组织参量都相同的试样是非常困难的，因此往往其他因素与晶粒尺寸同时对强度起影响作用。因此陶瓷中的 σ_f 与 $d^{-1/2}$ 的关系并非那么容易搞清，还有待于进一步研究。

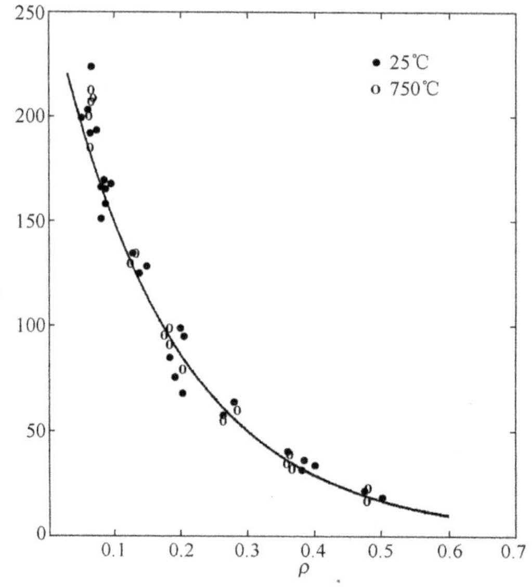

图 16.3　Al_2O_3陶瓷的弯曲强度与气孔率之间的关系

(3)晶界相的性质与厚度、晶粒形状。陶瓷材料的烧结大都要加入助烧剂,因此形成一定量的低熔点晶界相而促进致密化。晶界相的成分、性质及数量(厚度)对强度有显著影响。

(4)温度。陶瓷材料的一个最大的特点就是高温强度比金属高得多。未来汽车用燃气发动机的预计温度为 1370℃,这样的工作温度,Ni、Cr、Co 系的超耐热合金已无法接受,但 Si_3N_4、SiC 陶瓷却大有希望。

(5)加载速率。加载速率对陶瓷材料弯曲强度有一定的影响。当加载速率较低时,加载速率对陶瓷材料弯曲强度的影响不大;当加载速率高于某一数值时,陶瓷材料弯曲强度随加载速率的升高而急剧下降。这与加载速率对金属拉伸强度的影响刚好相反。这是研究和应用陶瓷材料时,应予以考虑的另一个重要特点。

表 16.2 给出几种常见陶瓷材料(气孔率<5%)的平均弯曲强度值。

表 16.2　几种常见陶瓷材料的室温强度

材料	强度/MPa	材料	强度/MPa
氧化铝(Al_2O_3)	225	碳化硅(SiC)	485
氮化硅(Si_3N_4)	490	氧化镁(MgO)	100
氧化锆(ZrO_2)	190	碳化钽(TaC)	360
莫来石($Al_6Si_2O_{13}$)	175	尖晶石($MgAl_2O_4$)	150

16.1.3　陶瓷材料的塑性

与金属材料相比,绝大多数陶瓷材料在室温下不出现塑性变形或很难发生塑性变形,这是由陶瓷材料共价键和离子键的键合结构所决定的。例如,①金属键没有方向性,而离子键与共价键都具有明显的方向性;②金属晶体的结构密排、简单、对称性高,而陶瓷材料晶体结构复杂,对称性低;③金属中相邻原子(或离子)电性质相同或相近,价电子组成公有电子云,不属于个别原子或离子,而属于整个晶体,陶瓷材料中,若为离子键,则正负离子相邻,位错在其中若要运动,会引起同号离子相遇,斥力大,位能急剧升高。基于上述原因,位错在金属中运动的阻力远小于陶瓷中,在金属中位错极易产生滑移运动和塑性变形,而陶瓷中位错极难运动,几乎不发生塑性变形。韧性差成了陶瓷材料的致命弱点，也是影响其工程应用的主要障碍。但是，近年的研究表明，当陶瓷材料具有下述条件时，在高温下还可显示超塑性。这些条件是：晶粒细小（尺寸小于 1μm）；晶粒是等轴的；第二相弥散分布，能抑制高温下基体晶粒生长；晶粒间存在液相或无定形相。典型的具有超塑性的陶瓷材料是用化学共沉淀方法制备的含 Y_2O_3 的 ZrO_2 粉体。这种陶瓷在 1250℃、$3.5\times10^{-2}s^{-1}$ 应变率下，最大应变量可达 400%。陶瓷材料的超塑性是微晶超塑性，与晶界滑动或晶界液相流动有关；与金属一样陶瓷材料的超塑性流动也是扩散控制过程。利用陶瓷超塑性，可以对陶瓷材料进行超塑性加工，提高烧结体的尺寸精度和表面质量，甚至可以对 Y－TZP 陶瓷反挤压成形，制造中空的活塞环和阀门。超塑性加工还可用于扩散焊接等诸多复合加工方面。

16.1.4 陶瓷材料的硬度与耐磨性

硬度是表征材料软硬程度的一种性能。其物理意义随试验方法不同而不同。因此，“硬度”不是材料独立的力学性能。但是硬度也是材料的重要力学性能参数之一，它是材料抵抗局部压力而产生变形能力的表征。金属材料的硬度测定是测试表面的塑性变形程度，因此金属材料的硬度与强度之间有直接的对应关系。而陶瓷材料属脆性材料，硬度测试时，在压头压入区域会发生包括压缩剪断等复合破坏的伪塑性变形。因此，陶瓷材料的硬度很难与其强度直接对应起来。但硬度高、耐磨性好是陶瓷材料的主要优良特性之一，硬度与耐磨性有密切关系。在陶瓷材料的力学性能评价中，硬度测定是使用最普遍且数据获得比较容易的评价方法之一，因而占有重要的地位。目前，用于测定陶瓷材料硬度的方法，主要是金刚石压头加载压入法，其中包括维氏硬度（HV）、努氏硬度（HK）和劳氏硬度（HRA）。所谓“维氏”、“努氏”、“劳氏”等是以首先提出这种硬度试验方法的人的姓氏来命名的。表 16.3 给出几种常见金属和陶瓷材料的维氏硬度参考值。

表 16.3 几种常见金属和陶瓷材料的维氏硬度参考值

金属材料名称	HV/(kgf/mm^2)	陶瓷材料名称	HV/(kgf/mm^2)
1.1%C 碳钢	530	氮化硅	940
H65 黄铜	110	碳化硅	1720
硬铝	125	氧化铝	1680
工业纯镍	125	氧化锆	1320

因为工程陶瓷硬度高，所以其耐磨性也比较高。陶瓷材料的耐磨性不仅远优于金属，而且在高温、腐蚀环境条件下更显示出其独特的优越性。最重要的耐磨陶瓷材料是 Al_2O_3、SiC、ZrO_2、Si_3N_4 和 Sialon（赛隆陶瓷）等。

16.1.5 陶瓷材料的抗热震性

大多数陶瓷在生产和使用过程中都处于高温状态，因此不可避免地要受到温度变化的影响，只是温度骤变的程度各不相同。材料承受了温度骤变而不至于破坏的能力称之为抗热震性或热稳定性。材料的热震破坏可分为两大类：一类是瞬时断裂，称为热冲击断裂；另一类是在热冲击循环作用下，材料先是出现开裂、剥落，然后碎裂或变质，终至整体损坏，称为热震损伤。传统的热震性评价法是在一定温度范围内材料不致发生龟裂的热循环次数。近年来，在高温结构陶瓷领域中往往以热震后的抗弯强度损失率来评价材料的抗热震性。陶瓷材料的抗热震性不仅取决于材料的强度和断裂韧度，而且在很大程度上还受到几何因素、环境介质的影响。陶瓷材料的抗热震性是其重要的使用性能，是其力学性能和热学性能的综合表现，通常用

抗热震参数表示。根据热弹性理论，对于急剧加热或冷却的陶瓷材料，其抗热震断裂参数 R 为

$$R = \Delta T_C = \frac{1-\nu}{E\alpha}\sigma_f \tag{16-4}$$

式中，ΔT_C 为热震断裂的临界温差；σ_f 为断裂强度，相当于热震断裂的临界热应力 σ_C；E、ν、α 分别为弹性模量、泊松比和热膨胀系数。对于缓慢加热或冷却的陶瓷材料，其抗热震断裂参数 R' 为

$$R' = \frac{k(1-\nu)}{E\alpha}\sigma_f = kR \tag{16-5}$$

式中，k 为热传导系数。R 越大，陶瓷材料耐急剧加热或冷却的临界温差越大，即材料的抗热震断裂性能越好。表 16.4 为几种典型陶瓷材料的抗热震断裂参数值。

表 16.4　几种典型陶瓷材料的抗热震断裂参数值

材料	R	R'
热压 Si_3N_4	625	11
反应烧结 Si_3N_4	250	3.7
反应烧结 SiC	215	18
热压 Al_2O_3	100	0.8
热压 BeO	40	2.4
烧结 WC	350	30

16.2　聚合物的力学性能

相对分子质量大于 10000 以上的有机化合物称为高分子材料，它是由许多小分子集合而得到的，故又称为聚合物或高聚物。聚合物具有材料来源丰富、制造方便、加工容易、品种繁多等许多优点，因此在工业和日常生活中已获得广泛应用。与金属、陶瓷材料比较，聚合物材料的力学性能有许多特点：一是力学性能的数值范围甚宽，如弹性模量可以由橡胶的 1MPa 到硬塑料的 5GPa。二是强度低，模量低。聚合物的模量要比金属的低得多，但其比强度（强度/密度）比一般金属高。三是高聚物极大的分子质量使得高分子链呈现柔性。高分子链的柔性在性能上的表现，就是高聚物所独有的高弹性。四是高聚物力学性能呈现黏弹性。另外，高聚物的力学行为对温度有强烈的依赖性。

16.2.1　非晶态聚合物的拉伸应力-应变曲线

线型非晶态聚合物是指结构上无交联，聚集态无结晶的高分子材料。这类聚合物的力学行为随温度不同而变化，可处于玻璃态、高弹态和黏流态 3 种力学状态。3 种状态下聚合物的变形能力不同，弹性模量也不同。在外力和加载速率恒定条件下，聚合物在玻璃态时变形量最小，在高弹态时聚合物的变形量大，且几乎与温度无关；在黏流态时，聚合物的变形量随温度升高急剧增加。t_g 是聚合物从玻璃态向高弹态转化或反向转化的温度，称为玻璃化温度；t_b 是聚合物从软玻璃态向硬玻璃态转化的温度，温度低于 t_b，聚合物变脆，所以 t_b 称为脆化温度；t_f 是聚合物从高弹态向黏流态转化的温度，称为黏流温度。聚合物在 t_g 温度时，其力学行为有重大变化，所以研究聚合物的力学性能，要了解 t_g 值。表 16.5 为几种聚合物的玻璃化温度值。

表 16.5 几种聚合物的玻璃化温度 （单位：℃）

材料	t_g	材料	t_g
聚乙烯	−120	聚氯乙烯	87
尼龙 66	50	聚碳酸酯	150
聚苯乙烯	100	聚乙烯醇	85
聚丙烯	−10	聚四氟乙烯	126

非晶态聚合物在不同温度下的拉伸应力-应变曲线如图 16.4 所示，可见不同力学状态下应力-应变关系差别很大。通常，聚合物作为结构材料使用时处于玻璃态，其分子链或链段不能运动，分子被“冻结”。硬玻璃态聚合物（如室温下的聚苯乙烯）的拉伸应力-应变曲线（图 16.4曲线 a，温度在 t_b 以下）上只有弹性变形阶段，伸长率很小，为普弹性变形。聚合物的普弹性变形是靠主键键长的微量伸缩和微小键角变化实现的。软玻璃态聚合物（如室温下的聚碳酸酯）的拉伸应力-应变曲线如图 16.4 中的曲线 b，温度在 t_b 和 t_g 之间。a' 点以下为普弹性变形。$a's$ 段对应的变形是由于外力作用迫使链段运动所引起的，为受迫高弹性变形。去除外力后，因温度在 t_g 以下，缺少链段运动的能量，故受迫高弹性变形被保留下来，其量可达 300%～1000%，但如将聚合物加热到 t_g 温度以上，这种变形可以消除。曲线 b 上的 s 点为屈服点。屈服后在试样局部地方出现颈缩（塑性变形），同时因应变软化，截面积减小，使应力降低。在玻璃态聚合物中有两种局部塑性变形方式：一种类似于金属材料塑性变形时出现的剪切带，聚合物拉伸试样中的剪切带分布大致与拉伸方向之间呈 45°；另一种是聚合物特有的塑性变形方式，银纹化。聚合物以何种方式产生塑性变形与温度和应力状态有关。与金属材料不同，玻璃态聚合物拉伸时出现的颈缩，在继续变形时，因颈缩区的取向应变硬化，其面积并不减小，而是在不变应力作用下，颈缩沿试样长度方向稳定扩展。当颈缩扩展到试样全部长度时，因分子链高度取向再次产生应变硬化，应力又开始增大直至断裂。聚合物在温度 t_g 与 t_f 范围内，处于高弹态。所有在室温下处于高弹态的聚合物都称为橡胶。高弹态聚合物的拉伸应力-应变曲线如图 16.4 中 c 曲线所示。曲线起始部分为高弹性变形，弹性变形量可达到 1000%，但弹性模量值只有 0.1～1.0Mpa。曲线中部为无明显屈服的均匀塑性变形，此后因应变硬化使应力升高直至断裂。聚合物在高弹态时，整个分子链处于被“冻结”状态，只是链段的运动，引起分子构象的变化。当温度进一步升高达到黏流温度 t_f后，聚合物分子链在外力作用下可以进行整体相对滑动，呈黏性流动，产生不可逆永久变形，此时，聚合物处于黏流状态。聚合物在黏流态下的拉伸应力-应变曲线见图 16.4 曲线 d，可见，在应力很小时就产生较大变形。

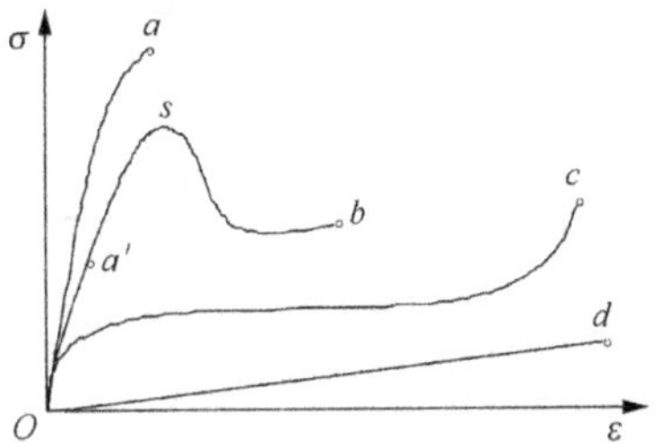

图 16.4 非晶态聚合物在拉伸下的 $\sigma-\varepsilon$ 曲线

16.2.2 结晶态聚合物的拉伸应力-应变曲线

结晶态聚合物（半结晶聚合物，或部分结晶聚合物）由于晶区内的链段无法运动，因此结晶度高的聚合物不显示高弹性，但具有较高的强度和硬度。结晶态聚合物的力学状态与相对分子质量和温度有关。在图 16.5 中，t_g 为非晶相玻璃化温度，t_m 为晶体相熔点，t_f 为黏流温度。当 $t < t_g$ 温度时，聚合物为结晶态，其塑性很小，力学行为与非晶玻璃态聚合物相似。在

$t_g < t < t_m$温度范围内，结晶态聚合物形成强韧（晶区与非晶区复合作用）的皮革态。当$t > t_m$时，晶体相溶化，聚合物全部由非晶区组成，转化为高弹性的橡胶态。但如相对分子质量较低时，也可能转化为黏流态。未取向的结晶态聚合物，其变形过程是复杂的。受载时，结晶区先被破坏，随后再重新组成新的微纤维束定向排列的结构，其拉伸应力-应变曲线示如图 16.6 所示。屈服后，原有的结构开始破坏，试样上产生颈缩并沿长度方向不断扩展至曲线最低点时原有结构完全破坏。如果在颈缩开始后不迅速发生断裂，则随应变增加，被破坏的晶休结构又重新组成方向性好、强度高的微纤维新结构。每个微纤维都有很高的强度，再加上微纤维间的联系分子进一步伸展，新结构聚合物的抵抗变形能力增大。由于应变硬化，应力-应变曲线再度上升，直至达到断裂应力。这样的拉伸变形过程也是冷拉伸过程。在拉伸试验中，可观察到试样标距部分颜色的变化，屈服后随变形度增大，分子取向程度增加，在变形最剧烈的区域，试样变白。具有取向的聚合物呈各向异性。冷拉伸后的结晶态聚合物试样，加热到 t_m 以上，试样上残留的变形也基本上能全部恢复。

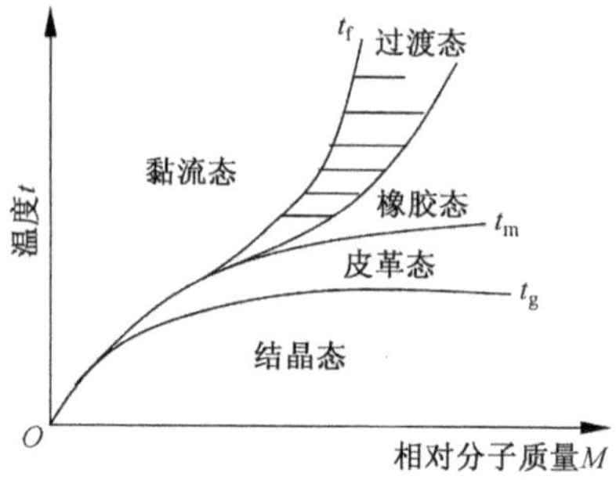

图 16.5　结晶态聚合物的力学状态与相对分子质量和温度的关系图

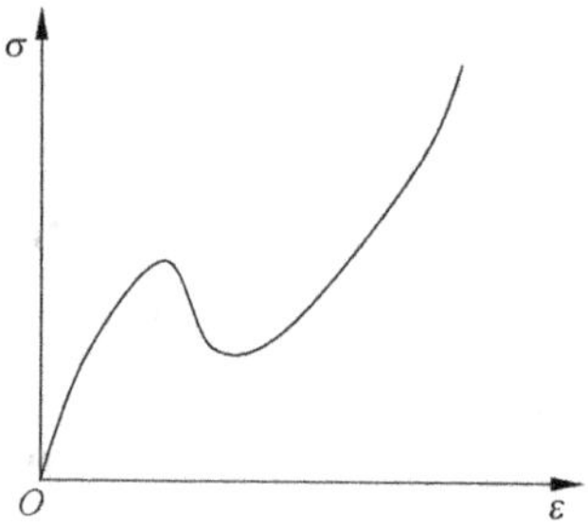

图 16.6　非晶态聚合物在拉伸下的 σ-ε 曲线

必须注意，结晶态聚合物（如聚乙烯）和非晶态聚合物（如聚苯乙烯）的冷拉伸温度范围是不同的：前者是在 t_g 与 t_m 之间，后者是在 t_b 与 t_g 之间，在冷拉伸过程中，两类材料内部结构的变化也是不同的。

16.2.3　聚合物的弹性变形和弹性模量

非晶态聚合物受力后产生的变形是通过调整内部分子构象实现的。因为主链旋转困难而被冻结，所以，在外力作用下，以无规线团的形态（即相互穿插堆积在一起的分子链），主要发生键长与键角的变化。由于分子构象的改变需要时间，因而受力后除普通弹性变形外，聚合物的变形强烈地与时间有关，表现为应变落后于应力。除瞬间的普通弹性变形外，聚合物往往还有慢性的黏性流变，通常称为黏弹性。非晶态聚合物弹性模量的大小实质上也是反映了分子链与分子链间的原子间键合力与位能的变化。非晶态聚合物与晶体态不同，沿不同方向加载时差别小。另外，由于分子之间的距离比呈规则排列的晶区中的大，因此非晶态聚合物的弹性模量也小，一般只有$(2\sim3)\times10^3$MPa。聚合物的弹性模量对结构非常敏感，这与金属和陶瓷不同。聚合物另一种特殊的弹性变形行为是高弹态。高弹态是聚合物特有的基于链段运动的一种力学状态，这种高弹性是其他材料难以替代的，具有高弹性的典型聚合物材料是橡胶。表 16.6 给出几种常见聚合物材料的弹性模量值。

表 16.6　聚合物材料的弹性模量　　　　(单位:MPa)

材料	E	材料	E
天然丝线	6500	硬橡皮	260～500
牵伸尼龙 66	5000	聚乙烯	200
聚苯乙烯	2500	皮革	120～400
赛璐珞	1300～2500	橡胶	0.2～8

16.2.4　高聚物的黏弹性

高聚物的黏弹性是指高聚物材料不仅具有弹性材料的一般特性,同时还具有黏性流体的一些特性,弹性和黏性在高聚物材料中同时呈现得特别明显。高聚物的黏弹性表现在它有突出的力学松弛现象,其力学行为强烈依赖于外力的作用时间。聚合物的线性黏弹性现象视应力或应变是否是时间的函数可分为静态黏弹性现象和动态黏弹性现象。静态黏弹性现象是指应力或应变完全恒定不是时间的函数时,聚合物材料的黏弹性的表现。其中,在恒定应力作用下,应变随时间变化的现象叫蠕变;在恒定温度和形变作用下,高聚物内部的应力随时间增加而逐渐衰减的现象叫应力松弛。用数学式来表示,蠕变及其回复就是当应力 $\sigma(t)$ 是一个阶梯函数,应变 $\varepsilon(t)$ 也是一个阶梯函数,如图 16.7 所示。

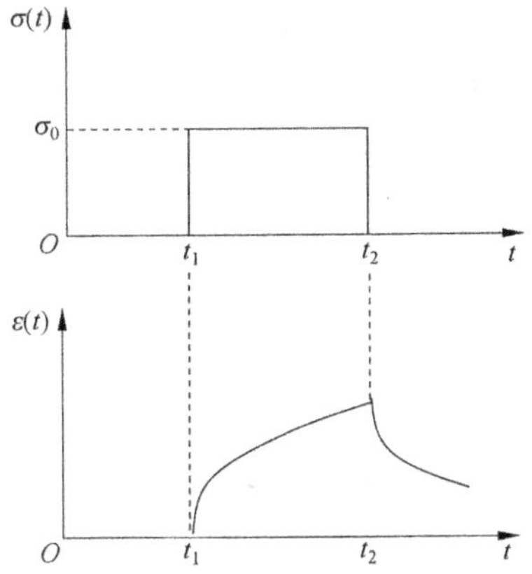

图 16.7　聚合物材料蠕变曲线

$$\sigma(t)=\begin{cases}0, & 0\leqslant t\leqslant t_1\\ \sigma_0, & t_1\leqslant t\leqslant t_2\\ 0, & t\geqslant t_2\end{cases} \tag{16-6}$$

式中,t_1 为受力时间;t_2 为撤去外力的时间。从分子运动和变化的角度,蠕变过程包括下面 3 种形变:分子链内部键长和键角立刻发生变化,这种形变量较小,称为普弹形变,用 ε_1 表示;分子链通过链段运动逐渐伸展的过程,形变量比普通形变要大得多,但形变与时间呈指数关系,这种形变量较大,称为高弹形变,用 ε_2 表示;分子间没有化学交联的线形高聚物,则还会产生分子间的相对滑动,称为黏性流动,用 ε_3 表示。外力除去后黏性流动是不可回复的,因此普弹形变 ε_1 和高弹形变 ε_2 称为可回复的,而黏性流动 ε_3 称为不可逆形变。高聚物受到外力作用时以上 3 种形变是一起发生的,材料的总形变为:

$$\varepsilon(t)=\varepsilon_1+\varepsilon_2+\varepsilon_3=\frac{\sigma}{E_1}+\frac{\sigma}{E_2}(1-\mathrm{e}^{-t/\tau})+\frac{\sigma}{\eta_3}t \tag{16-7}$$

式中,E_1 为普弹形变模量;E_2 为高弹模量;τ 为松弛时间;η_3 为本体黏度。

应力松弛是将一应力作用于试样上,使试样瞬时产生一应变,然后维持这种应变不变,即维持应变为一阶梯函数:

$$\varepsilon(t)=\begin{cases}0, & t<0\\ \varepsilon, & t\geqslant 0\end{cases} \tag{16-8}$$

观察为维持这种应变所需的应力随时间的变化,实验表明,产生应变的瞬间所需的应力最大,随后应力逐渐降低。

16.2.5 聚合物的强度与断裂

聚合物的抗拉强度与抗压强度比金属低得多,但其比强度较金属的高。聚合物的抗拉强度一般为 20～80MPa,表 16.7 为几种聚合物的抗拉强度值。前已述及,聚合物具有一定强度,是由分子间范德瓦尔键、原子间共价键及分子间氢键决定的。但聚合物的实际强度仅为其理论值的 1/200。此与其结构缺陷(如裂纹、杂质、气泡、空洞和表面划痕等)和分子链断裂不同时性有关。影响聚合物实际强度的因素仍然是其自身的结构。主要的结构因素有:①高分子链极性大或形成氢键能显著提高强度,如聚氯乙烯极性比聚乙烯大,所以前者强度高。尼龙有氢键,其强度又比聚氯乙烯高。②主链刚性大,强度高,但是链刚性太大,会使材料变脆。③分子链点化程度增加,因分子链间距增大,降低抗拉强度。如低密度聚乙烯支化程度高,其抗拉强度就比高密度聚乙烯的低。④分子间适度进行交联,提高抗拉强度,如辐射交联的聚乙烯比未交联聚乙烯的抗拉强度提高一倍;但交联过多,因影响分子链取向,反而降低强度等。

表 16.7 几种聚合物的抗拉强度 (单位:MPa)

名称	抗拉	名称	抗拉强度
高密度聚乙烯	60	尼龙 66	83
聚四氯乙烯	25	聚碳酸酯	67
聚丙烯	33	聚苯醚	85
聚氯乙烯	50	聚砜	85
聚苯乙烯	50	环氧树脂	90
酚醛树脂	55	聚酯	60

16.3 复合材料的力学性能

复合材料作为一种新型材料,近几十年以来获得了迅速发展,特别是 20 世纪 60 年代以来,航天、航空、电子、汽车等高技术领域的迅速发展,对材料性能的要求日益提高,单一金属、陶瓷、高分子等工程材料已难以满足迅速增长的性能要求。为了克服单一材料性能上的局限性,人们越来越多地根据构件的性能要求和工况条件,选择两种或两种以上化学、物理性质不同的材料,按一定的方式、比例、分布组合成复合材料,使其具有单一材料所无法达到的特殊性能或综合性能。复合材料性能的基本特点是各向异性、可设计性,这些特性以及它们所引起的特殊力学行为与均质各向同性材料是不同的。

16.3.1 复合材料的性能特点

复合材料是由两种或两种以上异质、异形、异性的材料复合形成的新型材料。复合材料的组分材料虽然保持其相对独立性,但复合材料的性能却不是组分材料性能的简单叠加。在复合材料中通常有一相为连续相,称为基体;有一种或几种不连续相分布于基体中,不连续相的强度、硬度比连续相高,称为增强体。复合材料的性能取决于基体和增强体的特性、含量、分布等,归纳起来有以下特点:①高比强度、比模量。复合材料的突出优点是比强度和比模量(强度、模量与密度之比)高。②各向异性纤维增强复合材料在弹性常数、热膨胀系数、强度等方面具有明显的各向异性。③抗疲劳性好。金属材料的疲劳破坏是没有明显预兆的突发性破坏,而纤维复合材料中纤维与基体的异面能阻止裂纹扩展。④减振性能好。构件的自振频率除了与其本身结构有关外,还与材料比模量的平方根成正比。纤维复合材料的比模量大,因而它的自振频率很高，在通常加载速率下不容易出现因共振而快速脆断的现象。⑤可设计性强。通过改变纤维、基体的种类及相对含量，纤维集合形式及排布方式等可满足复合材料结构与性能的设计要求。

16.3.2 单向复合材料的弹性常数

连续纤维在基体中呈同向平行排列的复合材料，叫做单向连续纤维增强复合材料。典型单向复合材料铺层如图 16.8 所示。一般来说，单向铺层呈现正交各向异性，并有 3 个对称平面：平行于纤维的方向通常叫做纵向（1 轴）；垂直于纤维方向叫做横向（在 2-3 平面中的任意一个方向）。在纵向上铺层性能不同于其他两个方向（2、3），而在横向上（2、3）材料的性能近似相等。单向复合材料有 4 个特征弹性常数，即纵向弹性模量、横向弹性模量、主泊松比、切变模量，这 4 个弹性常数也是彼此独立的。复合材料的强度和弹性模量均由组分材料的特性、增强体的取向、体积分数决定。

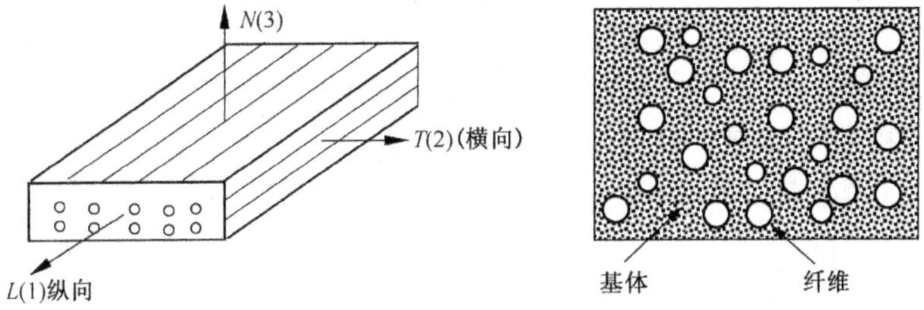

(a) 单向复合材料铺层示意图　　(b) 铺层横截面示意图

图 16.8　单向复合材料铺层示意图

1. 纵向弹性模量

在计算单向复合材料纵向弹性模量时，将复合材料看成两种弹性体并联，并简化成有一定规则形状和分布的模型，如图 16.9 所示。

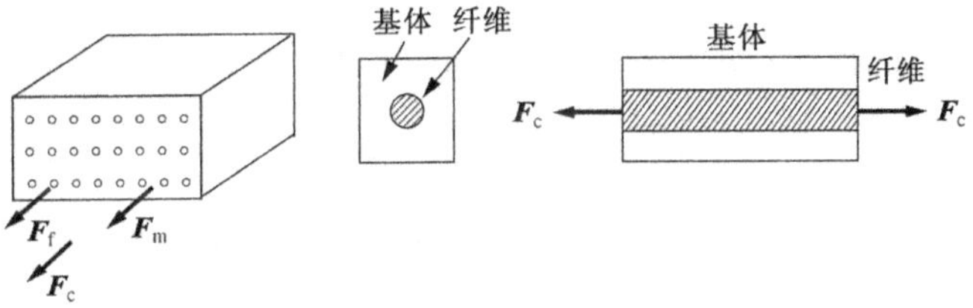

图 16.9　单向复合材料的简化模型

假设：纤维连续、均匀、平行排列于基体中，纤维与基体粘接牢固，且纤维、基体和复合材料有相同的拉伸应变，基体将拉伸力 $\boldsymbol{F}$ 通过界面而完全传递给纤维。根据力的平衡关系，有

$$F_c = F_f + F_m = \sigma_f A_f + \sigma_m A_m \tag{16-9}$$

$$A_c = A_f + A_m \tag{16-10}$$

$$V_f = \frac{A_f}{A_c}, \quad V_m = \frac{A_m}{A_c}, \quad V_f + V_m = 1 \tag{16-11}$$

式中，A_c、A_f、A_m 分别为复合材料、纤维、基体截面积；V_f、V_m 分别为纤维、基体的体积分数；F_f、F_m、σ_f、σ_m 分别为纤维、基体所受力和应力。复合材料所受的平均拉伸应力为

$$\sigma_{cL} = \sigma_f V_f + \sigma_m V_m \tag{16-12}$$

因纤维和基体都处于弹性变形范围内，则根据胡克定律有

$$\sigma_f = E_f \varepsilon_f, \quad \sigma_m = E_m \varepsilon_m, \quad \sigma_{cL} = E_{cL} \varepsilon_{cL} \tag{16-13}$$

式中 ε_{cL}、ε_f、ε_m 分别为复合材料纵向、纤维、基体的应变。根据等应变假设有

$$\varepsilon_{cL} = \varepsilon_f = \varepsilon_m \tag{16-14}$$

所以

$$E_{cL} = E_f V_f + E_m V_m = E_f V_f + E_m (1 - V_f) \tag{16-15}$$

式(16-15)就是单向复合材料纵向弹性模量的计算公式，称混合定律。实际上，由于纤维有弯曲、排列不整齐、界面结合强度小等原因，使实验值与计算值略有偏差，所以工程上常加一修正系数 K，即

$$E_{cL} = K[E_f V_f + E_m (1 - V_f)] \tag{16-16}$$

2. 横向弹性模量

横向弹性模量计算比纵向弹性模量计算复杂得多，准确性也差。计算纤维复合材料横向弹性模量的模型有两种：模型Ⅰ是当纤维含量少时，纤维和基体的串联模型，此时纤维与基体具有相同的应力，即 $\sigma_{fT} = \sigma_{mT} = \sigma_{cT}$；模型Ⅱ是当纤维含量高时，纤维呈束状分布于基体中，必然有纤维紧密接触，其间有基体材料，但极薄，可认为这部分基体变形与纤维一致(保证界面结合)，纤维与基体有相同的应变，$\varepsilon_{fT} = \varepsilon_{mT} = \varepsilon_{cT}$，即为并联模型(见图 16.10)。

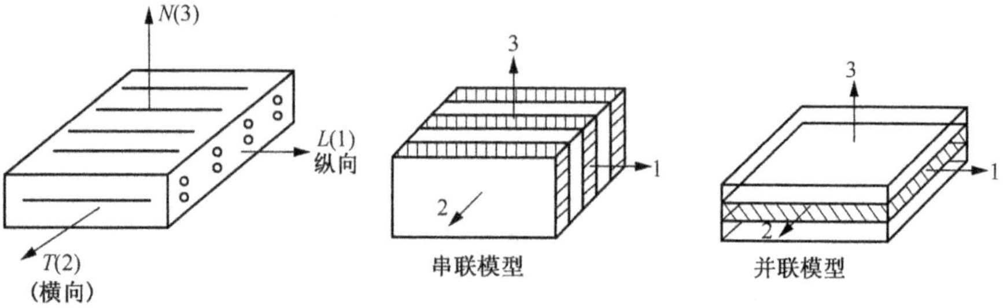

图 16.10　串联和并联简化模型

根据等应力假定可以推导出串联模型的横向弹性模量计算式如下

$$\frac{1}{E_{cT}^{1}} = \frac{V_f}{E_{fT}} + \frac{V_m}{E_{mT}} \tag{16-17}$$

根据等应变假定可以推导出并联模型的横向弹性模量计算式如下

$$E_{cT}^{2} = E_{fT} V_f + E_{mT} V_m \tag{16-18}$$

显然，式(16-17)和式(16-18)是在两种极端状态下的横向弹性模量值。E_{cT}^{1} 是纤维全部分散、独立时的横向弹性模量，是横向弹性模量的极小值；而 E_{cT}^{2} 是纤维全部互相接触、连通时的横向弹性模量，是横向弹性模量的极大值。实际横向弹性模量介于两者之间，是 E_{cT}^{1} 和 E_{cT}^{2} 的线性组合，即

$$E_{cT} = (1 - c) E_{cT}^{1} + c E_{cT}^{2} \tag{16-19}$$

式中，c 为分配系数，与纤维体积含量有关，纤维体积含量越高，c 值越大。

3. 剪切模量

复合材料的切变模量也有两种模型：模型Ⅰ是纤维和基体轴向串联模型，在扭矩的作用下，纤维和基体切应力相同，但因剪切模量不同，切应变不同，故模型Ⅰ为等应力模型；模型Ⅱ是纤维和基体轴向并联模型，即纤维被基体包围，在扭矩的作用下纤维和基体产生相同切应

变，但切应力不同，故模型Ⅱ为等应变模型。类似纵向弹性模量的推导，剪切模量有如下关系：

$$\frac{1}{G_c^1}=\frac{V_f}{G_f}+\frac{V_m}{G_m} \tag{16-20}$$

$$G_c^2=G_fV_f+G_mV_m \tag{16-21}$$

同样式(16-20)和式(16-21)也是两种极限状态：模型Ⅰ导出的 G_c^1 是单向纤维增强复合材料剪切模量的下限值；模型Ⅱ导出的 G_c^2 是其上限值，工程上常用其线性组合，即

$$G_c=(1-c)G_c^1+cG_c^2 \tag{16-22}$$

4. 泊松比

单向复合材料的正交各向异性，决定了材料在纵、横两个方向呈现的泊松效应不同，因而有两个泊松比。当单向复合材料沿纤维方向受到拉伸时，在横向要产生收缩，其横向应变与纵向应变之比 ν_{LT} 称为纵向泊松比，即 $\nu_{LT}=\frac{\varepsilon_{cT}}{\varepsilon_{cL}}$。$\nu_{LT}$ 的推导可采用类似于纵向拉伸的简单模型，可得

$$\nu_{LT}=\nu_fV_f+\nu_mV_m \tag{16-23}$$

当沿垂直纤维方向弹性拉伸时，其纵向应变与横向应变之比称为横向泊松比 ν_{TL}，对于单向连续纤维增强复合材料属于正交各向异性体，其纵向、横向泊松比与弹性模量之间存在如下关系：

$$\nu_{TL}=\nu_{LT}\frac{E_{cT}}{E_{cL}} \tag{16-24}$$

16.3.3 单向复合材料的强度

单向复合材料在纵向拉伸载荷下的变形过程可以分为 4 个阶段：①纤维和基体都是弹性变形；②纤维弹性变形，基体非弹性变形；③纤维与基体均为非弹性变形；④纤维断裂，随之复合材料断裂。玻璃纤维、碳纤维、硼纤维和陶瓷纤维增强的热固性树脂基复合材料的变形特性只有第①、④阶段；而金属基和热塑性树脂基复合材料，包含第②阶段。对于脆性纤维增强复合材料，观察不到第③阶段；但韧性纤维复合材料有第③阶段。在第①阶段，纤维和基体都处于弹性阶段，复合材料也处于弹性变形状态。当复合材料进入变形第②阶段时，纤维仍处于弹性状态，但基体已产生塑性变形，此时载荷主要由纤维承担，故随变形增加，纤维载荷增加快。当达到纤维抗拉强度 σ_{fu} 时，纤维破坏，此时基体不能支持整个复合材料载荷，复合材料随之破坏。复合材料的抗拉强度为：

$$\sigma_{fLu}=\sigma_{fu}V_f+\sigma_m^*(1-V_f) \tag{16-25}$$

式中，σ_m^* 为基体应变等于纤维断裂应变时的基体应力。

与纵向拉伸不同，基体在纵向压缩中起重要作用。基体给予纤维侧向支持，使纤维承载但不屈曲。没有基体的支持，纤维就不能承受压缩载荷。纤维的微弯曲和基体剪切失稳是复合材料纵向压缩的两个主要破坏机理。

在纤维弯曲失稳模型中，复合材料的纵向抗压强度 $\bar{\sigma}_{cLu}$ 为

$$\bar{\sigma}_{cLu}=2V_f\sqrt{\frac{E_mE_fV_f}{3(1-V_f)}} \tag{16-26}$$

在剪切失稳模型中，复合材料的纵向抗压强度为

$$\bar{\sigma}_{cLu}=\frac{G_m}{1-V_f} \tag{16-27}$$

由于实际纤维的平直度偏离理想状态甚多，使临界应力下降；纤维在基体中分布又不均匀，某些局部区域纤维含量偏低，使弯折抵抗力下降，导致压缩破坏在这些部位早期发生等原因，使式(16-26)、式(16-27)的计算值一般高于实测值。有人建议在式中的基体模量上乘一修正系数 K，用 KE_m 和 KG_m 代替 E_m 和 G_m，可使计算值与实测值吻合较好。

16.3.4 复合材料的断裂

纤维复合材料因其结构特殊性，断裂模式和过程不同于传统的金属材料，影响因素更为复杂。但其断裂过程也包括裂纹形成和扩展两个阶段。裂纹是在材料制造和使用中形成的，裂纹同样源于微观缺陷，如孔隙、纤维端头、分层或纤维排列不规则等。复合材料受载时，当裂纹尖端应力水平达到一定数值时，裂纹将向前扩展。裂纹扩展时，其尖端可能与附近各种已存损伤或新形成的损伤(如纤维断裂、基体变形和开裂、纤维与基体脱粘等)相遇，使损伤区加大，裂纹继续扩展，直到最终产生宏观断裂。因此，复合材料的断裂过程可以视为损伤累积过程。而且，断裂不一定是一种类型损伤(如纤维断裂)的累积，往往是多种类型损伤综合累积的结果。除损伤累积机理外，还有非累积损伤机理，显然后者是脆性断裂。这种断裂是在个别纤维断裂时立即造成复合材料的整体破坏，或在增加一定载荷后破坏。界面黏结强度高的金属基复合材料具有这种断裂机理，断裂时没有纤维拔出。这类断裂共有 3 种类型：①接力破坏机理。当一根纤维断裂引起邻近纤维应力集中而过载，后者断裂，依次类推，最终复合材料整体破坏；②脆性黏接断裂机理。断裂的纤维在其周围基体中形成应力集中，使基体破坏，并最终导致材料整体破坏；③最弱环节机理。与基体黏结强的纤维一旦断裂立即引起复合材料的整体破坏。实际复合材料的断裂，往往是混合型的，既有累积损伤断裂，也有非累积损伤断裂。

16.3.5 短纤维复合材料的力学性能

单向连续纤维增强复合材料的一个显著特点，是沿纤维方向有较高的强度和模量；但在垂直于纤维方向强度和模量较小。如果一个零件或结构件的应力状态可以精确地确定，就可用单向层坯设计制造成层合板，使它与这个应力状态完全匹配，在这种情况下，单向复合材料具有优越性。但是，如果应力状态无法预测，或者已经知道在各个方向上受力基本相同，则采用单向层坯制造层合板未必是最经济的。因为在这种情况下，需要复合材料在各个方向上具有近似相等的强度。虽然可以用单向增强的层坯制成准各向同性的层板，但在每一层内，例如在弯曲时受力最大的表面层内，在垂直纤维方向还是容易出现裂纹。所以在这种情况下，每一层最好是各向同性的。而制造这种各向同性层坯的有效方法，是用随机取向短纤维作为增强体。另外，制造短纤维增强复合材料易使制造过程自动化，应用大批量生产中的模塑技术如模压法和注模法等，可以以很高的生产率制造出高精度的短纤维复合材料零件或结构件。短纤维复合材料的力学性能比连续纤维复合材料的更为复杂。

16.4 纳米材料的力学性能

任何至少有一个维度的尺寸小于 100nm 或由小于 100nm 的基本单元组成的材料称为纳米材料。纳米材料可由晶体、准晶、非晶组成。纳米材料的基本单元或组成单元可由原子团簇、纳米颗粒、纳米线或纳米膜组成，它既可包括金属材料，也可包括无机非金属材料和高分子材料。纳米材料也可定义为具有纳米结构的材料。纳米科学技术是 20 世纪 80 年代才开始诞生并正在迅猛崛起的新科技，其基本含义是在纳米尺寸($10^{-9}\sim10^{-7}$m)范围内认识和改造自然，通过直接操作和排列原子、分子来制备新的材料。

16.4.1 纳米金属材料的力学性能

1)纳米金属的强度

纳米材料的硬度和强度大于相同成分的粗晶材料的硬度和强度。纳米 Pd、Cu 等块体试样的硬度测试表明，纳米材料的硬度一般为同成分的粗晶材料硬度的 2～7 倍。由纳米 Pd、Cu、Au 等的拉伸实验表明，其屈服强度和断裂强度均高于同成分的粗晶金属。碳的质量分数为 1.8%的纳米 Fe 的断裂强度为 6000MPa，远高于微米晶的 500MPa。用超细粉末冷压合成制备的 25～50nm Cu 的屈服强度高达 350MPa，而冷轧态的粗晶 Cu 的强度为 260MPa，退火态的粗晶 Cu 仅为 70MPa。杂质对纳米晶 Cu 的性能的影响十分巨大，造成强度和塑性性能指标的明显下降，如图 16.11 所示。同时实验结果还表明，纳米晶 Cu 和粗晶 Cu 之间的维氏硬度差别(相差 6 倍)并不能真实地代表这两种材料之间的强度差别(不到 2 倍)。

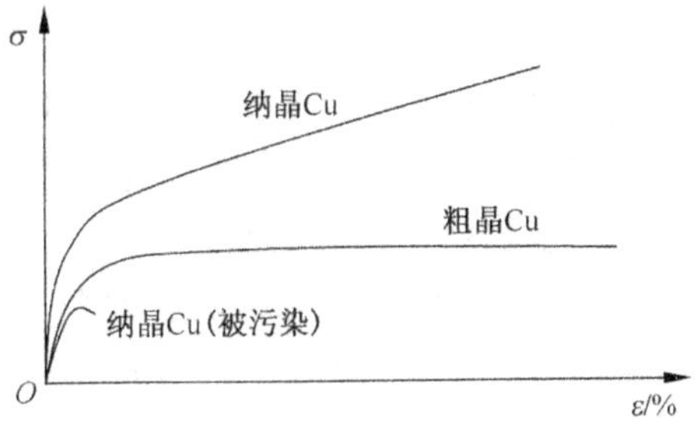

图 16.11 纳米晶 Cu 的应力－应变曲线

目前，有关纳米材料强度的试验数据非常有限，缺乏拉伸特别是大试样拉伸的试验数据。然而，更为重要的是缺乏关于纳米材料强化机制的研究。究竟是什么机理使纳米材料的屈服强度远高于微米晶材料的屈服强度，目前还缺乏合理的解释。用分子动力学计算的理想的纳米 Cu 的 σ-ε 曲线显示，应变强化几乎不存在。一些模拟计算的结果亦显示纳米材料变形时无位错行为，这表明适用于微米晶金属的强化机制可能在纳米材料中不起作用或作用非常有限。因此，有关纳米材料的强化机理仍然是一个有待研究的课题。

2)纳米金属的塑性

在拉伸和压缩两种不同的应力状态下，纳米金属的塑性和韧性显示出不同的特点。在拉应力作用下，与同成分的粗晶金属相比，纳米晶金属的塑、韧性大幅下降，即使是粗晶时显示良好塑性的面心立方金属，在纳米晶条件下拉伸时塑性也很低，常呈现脆性断口。纳米 Cu 的拉伸伸长率仅为 6%，是同成分粗晶伸长率的 20%。对于 Ag、Cu、Pd、Al 等其他金属，在晶粒小于 100nm 的范围内，大多数伸长率小于 5%，并且随着晶粒的减小伸长率急剧降低，晶粒小于 30nm 的金属基本上是脆性断裂。这表明在拉应力状态下纳米金属表现出与粗晶金属完全不同的塑性行为。导致纳米晶金属在拉应力下塑性很低的主要原因有以下几点：①纳米晶金属的屈服强度的大幅度提高使拉伸时的断裂应力小于屈服应力，因而在拉伸过程中试样来不及充分变形就产生断裂；②纳米晶金属的密度低，内部含有较多的孔隙等缺陷，而纳米晶金属由于屈服强度高，因而在拉应力状态下对这些内部缺陷以及金属的表面状态特别敏感；③纳米晶金属中的杂质元素含量较高，从而损伤了纳米金属的塑性；④纳米晶金属在拉伸时缺乏可移动的位错，不能释放裂纹顶端的应力。

在压应力状态下纳米晶金属能表现出很高的塑性和韧性。例如，纳米 Cu 在压应力下的屈服强度比拉应力下的屈服强度高两倍，但仍显示出很好的塑性。纳米 Pd、Fe 试样的压缩试验也表明，其屈服强度高达吉帕水平，断裂应变可达 20%，这说明纳米晶金属具有良好的压缩塑性。其原因可能是在压应力作用下金属内部的缺陷得到修复，密度提高，或纳米晶金属在压应力状态下对内部的缺陷或表面状态不敏感所致。

虽然纳米金属材料表现出极高的强度和硬度，但总体来说，其延展性却低得令人失望。一般而言，大多数晶粒尺寸小于 25nm 的金属材料其断裂伸长率只有不到 2%，而相应的粗粒金属材料的延展性则较大，伸长率高达 40%～70%。影响纳米金属延展性的主要原因包括制备过程中所产生的缺陷、材料没有或只有很小的应变硬化能力所导致的力学不稳定性，以及较低的韧性和对裂纹引发和生长的抵抗力较差等。这一缺点使得纳米金属材料难以成型，并且在承受较大载荷时易产生突变失效。但近年来一系列结果表明，通过特殊的制备方法，可以在纳米金属材料中同时获得高强度和高延展性这两种优异的性能。

16.4.2 纳米陶瓷材料的力学性能

陶瓷材料最大的弱点，就是它的脆性。除了脆性这一最大的弱点外，陶瓷材料还存在其他方面的一些弱点。例如，陶瓷材料的加工极其困难。由于陶瓷是脆性材料，同时硬度又比其他材料大，很难像普通材料一样对陶瓷材料进行切割、刨磨、钻孔等操作。又如，陶瓷的烧结温变很高，设备贵、能耗大，很不利于对环境的保护。如何使陶瓷材料能在较低温度下烧结，并具有较好的可加工性，也是人们长期以来试图解决但却一直未能解决的问题。纳米陶瓷材料的出现，为人们解决上面所提到的这些问题提供了一种新的思路。1987 年，德国的 Karch 等首次报道了他们所研制的纳米陶瓷具有高韧性与低温超塑性行为。他们发现纳米 CaF_2 因塑性变形导致样品的形状发生正弦弯曲，并通过塑性流动而成为细丝状。他们还将平均粒径约 8nm 的 TiO_2 纳米粒子真空压制得到的非致密的纳米陶瓷，置于特制的模具中，在 180℃下加载 1s，结果平板状试样弯曲 180°而不发生裂纹扩展。这些研究结果第一次向人们展示了纳米陶瓷潜在的优异性能，为解决长期困扰人们的陶瓷材料的脆性问题提供了一条新的思路。此后，世界各国对发展纳米陶瓷以解决陶瓷材料的脆性以及难加工性寄予厚望，并进行了大量的研究工作，在结构、性能等方面都获得了丰硕的成果。如纳米陶瓷的烧结温度比普通陶瓷粉体降低几百摄氏度；纳米陶瓷的硬度极高，如纳米 TiO_2 的显微硬度高达 13000MPa，而普通 TiO_2 陶瓷的显微硬度低于 2000Mpa。在纳米陶瓷的表征方面，以研究分析纳米陶瓷的晶界结构为出发点，高分辨电子显微镜、电子衍射、中子散射、X 射线光电子能谱、扫描隧道显微镜等先进技术已得到了越来越广泛的应用。

与普通陶瓷的超塑性不同，纳米 Y-TZP 陶瓷微区超塑性变形现象的显微结构照片表明纳米 Y-TZP 陶瓷经室温循环拉伸后的超塑性变形并不是出现在陶瓷体中所有区域，而是发生在断口表面的某些微观区域。用原子力显微镜对疲劳断口形貌进一步观察，可以确认这一点。通过观察断口侧面还发现，从断口侧面观察到越靠近断口表面，晶粒越被明显拉长，并且已经被拉成了长柱状晶形状；而远离断口表面处的晶粒仍保持初始的等轴晶形。原子力显微镜从断口侧面观察到，在断口表面以下几微米处，晶粒基本保持了循环拉伸前的等轴晶粒的形状，但某些微观区域依稀可辨沿着拉伸轴方向晶粒有变成“织构”的痕迹。另外，通过原子显微镜观察断口侧面，还可发现大量弯曲的滑移线和表面粗糙化，以及表面初始的“挤出”现象和在一个晶粒表面的滑移线，晶粒的形状已经变成了方形。与纳米陶瓷形成强烈对照的是，在同一条件下制备的粉体，经更高温度烧结所获得的亚微米尺寸(350nm)的 Y-TZP 陶瓷，经室温循环拉伸后，其断口表面的晶粒仍保持等轴的晶粒形状。这表明室温超塑性行为是纳米陶瓷所特有的性质。从理论上看，产生纳米 Y-TZP 陶瓷的微区超塑性行为的原因主要是由于晶粒尺寸减少，晶界的体积百分数增加，导致位错含量呈指数增加，从而降低了材料的结合强度，使得开动位错的激活能和位错增殖所需的临界切应力均大大降低，这一点是最重要的。因为无论如何，仅仅依靠纳米晶体自身的缺陷数量仍然远远不能满足滑移运动的需要，晶体中的位错必须有增殖机制才能源源不断地供给滑移所需的位错数量。

16.4.3 碳纳米管材料的力学性能

碳纳米管是由碳原子形成的石墨烯片层卷成的无缝、中空的封闭管状结构。碳纳米管的直径很小、长径比大，故可视为准一维纳米材料。碳纳米管的结构为完整的石墨烯网络，而石墨烯平面中的碳碳键是自然界中已知最强的化学键之一。因此碳纳米管的理论强度接近于碳碳键的强度，大约为钢的 100 倍，但是其密度只有钢的 1/6，并且具有很好的柔韧性。由碳纳米管悬臂梁振动测量结果可以估计出它的弹性模量高达 1TPa 左右；延伸率达百分之几，并具有很好的可弯曲性，单壁纳米碳管可承受扭转变形并可弯成小圆环，应力卸除后可完全恢复到原来状态；压力不会导致碳纳米管的断裂。因此碳纳米管被称为超级纤维，可用作高级复合材料的增强填料，制备质量轻、超高强度的新型航天材料。

由于通过纳米碳管的纳米尺度直接测量其力学性能非常困难，因此对纳米碳管的力学性能的研究工作首先是从理论预测开始，从能量和体积的关系，采用各种模型计算纳米碳管的弹性模量，同时根据纳米碳管中六边形网格形变的情况以及分子动力学过程来研究应力下纳米碳管变形的机制。不同理论计算的结果都表明纳米碳管具有很高的弹性模量和强度，其弹性模量在 1TPa 左右，理论计算结果还表明无论什么类型的纳米碳管其泊松比均为正数，一般在 0.15～0.28 之间(石墨基面泊松比为 0.16)。Comwell 等采用 Tersoff 势函数分子动力学过程对单壁纳米碳管的弹性性质和拉伸过程进行了计算，发现对直径大于 1nm 的纳米碳管进行计算的结果和使用连续介质理论得到的结果一致，而直径小于 1nm 的结果略有差异。根据其计算，纳米碳管的弹性模 E 和直径 d 有如下关系

$$E = \frac{4296}{d} + 8.24 \tag{16-28}$$

在超出弹性变形以后，纳米碳管呈现较为特殊的塑性变形来消除应力，即通过 Stone-Wales 变形来完成(石墨烯中由于六边形对称在受力时会出现 3 个滑移面，在接近锯齿原子面的线，互相成 120°角。当这些方向受到非零的剪切应力时，就容易出现滑移。在滑移中，在 c 轴边缘会出现位错。产生位错的部位是在六边形网格中的一个五边形-七边形对，这样的五边形、七边形对常成双产生)。Stone-Wales 变形在纳米碳管释放应力过程中起重要作用，是纳米碳管可发生较大塑性变形的原因。在透射电子显微镜中，可观察到有很大弯曲程度的纳米碳管，尽管在其截面上发生了极大的扭曲变形，但仍然未断裂。这说明纳米碳管具有极大的柔性，能够通过网格的结构变化来释放应力，不仅可发生弹性变形，而且可发生一定的塑性变形，同时保持相当的强度而不断裂。这种特性使之特别适合于作高级复合材料的增强材料。

16.4.4 纳米复合材料的力学性能

纳米复合材料是指两种或两种以上的纳米组元均匀混合在一起而组成的材料。纳米复合是受自然界和生物材料的微观结构启发而发展起来的。例如，具有纳米复合结构的天然珍珠、

贝壳具有与釉瓷相似的强度，但韧性显著高于釉瓷。动物骨头具有很高的抗弯强度和韧性。研究表明，纳米复合材料既有高的强度，同时又具有高的韧性。例如，具有纳米复合结构的Cu/Nb丝材，在4.2K温度下拉伸时完全消除体心立方相Nb的脆性断裂。该材料具有较高的应变强化，在达到约2GPa的断裂强度时，断裂应变达到1000%，显示出极高的塑性和强度。因此，通过纳米复合材料，人们可突破现在工程材料的强度与韧性此消彼长的矛盾，创造高强度、高韧性统一的新材料。

纳米复合材料涉及范围较宽，种类繁多。按照复合方式不同，其主要分为四大类：第一种是0-0复合，即不同成分，不同相或者不同种类的纳米粒子复合而成的纳米固体，这种复合体的纳米粒子可以是金属与金属、金属与陶瓷、金属与高分子、陶瓷与陶瓷、陶瓷与高分子等构成纳米复合体；第二种是0-3复合，即把纳米粒子分散到常规的三维固体中，例如把金属纳米粒子弥散到另一种金属或合金中，或者放入常规的陶瓷材料或高分子中，纳米陶瓷粒子（氧化物、氮化物）放入常规的金属，高分子及陶瓷中；第三种是0-2复合，即把纳米粒子分散到二维的薄膜材料中，这种0-2复合材料又可分为均匀弥散和非均匀弥散两大类，均匀弥散是指纳米粒子在薄膜中均匀分布，人们可根据需要控制纳米粒子的粒径及粒间距，非均匀分布是指纳米粒子随机分散在薄膜基体中；第四种是纳米层状复合，即由不同材质交替形成的组分或结构交替变化的多层膜，各层膜的厚度均为纳米级，如Ni/Cu多层膜，Al/Al_2O_3纳米多层膜等。其中第三种与第四种可统称为纳米复合薄膜材料。

金属基纳米复合材料是由纳米级的金属或非金属粒子均匀地弥散在金属及合金基体中而成，较之传统的金属基复合材料，它通过提高位错密度可以提高材料多方面性能，其比强度、比模量、耐磨性、导电、导热性能等均有可能大幅度的提高，但一般在增强体和金属基体间的过渡区易脆化而有可能降低金属的塑性变形能力。表16.8给出具有代表性的纳米准晶Al基合金的力学性能。

表16.8 纳米准晶Al基合金的力学性能

类型	成分	力学性能
高强度型	Al--Cr-Ce-M Al-M-Ce	$\sigma_f = 600 \sim 800$MPa $\varepsilon_f = 5\% \sim 10\%$
高塑性型	Al-Mn-Cu-M Al-Cr-Cu-M	$\sigma_f = 500 \sim 600$MPa $\varepsilon_f = 12\% \sim 30\%$
高温型	Al-Fe-Cr-Ti	$\sigma_f = 350$MPa (573K)

自然界中的珍珠、贝壳等，就是硬质的碳酸盐等无机物纳米层和软性的有机物纳米层天然复合在一起，实现了高强度和高韧性的统一。根据纹石晶片按特殊层状结构与微量有机质结合形成的复合材料，其断裂韧性比纯纹石高出了3000倍以上这一原理，美国首先设计了SiC薄片与石墨薄层交替复合的层状复合材料，其断裂韧性达到15 MPa·$m^{1/2}$，断裂功高达4625 J/m^2，是常规SiC陶瓷的几十倍。纳米晶氮化硅，碳化硅陶瓷复合物在一定的温度和压缩应力下显示出很高的抗蠕变性。氮化硅陶瓷与具有六方石墨状结构的氮化硼的纳米复合材料的强度和硬度可以一直维持到高温；而弹性模量也随温度的升高而增加，一直到1400GPa。含有氮化铝和稀土氧化物Lu_2O_3的复合陶瓷具有优异的抗蠕变性以及抗氧化性。含氧化钇和氧化铝掺杂的氮化硅粉末在1750℃下无压烧结得到的致密纳米复合材料呈现出负的Hall—Petch关系。纳米尺寸氮化硅的弹性模量几乎不依赖于最大负荷。$Al_2O_3/MgAl_2O_4$陶瓷纳米复合材料在1000～1050℃创纪录的低温下具有高应变速率超塑性，可以同镍基超级合金相媲美。其最大应变速率超过$10^{-2}s^{-1}$，并且可以达到超过200%的压缩应变而不产生裂纹。

已有的理论和实验研究均表明纳米碳管具有非常优异的力学性能,因此可将其用做复合材料的增强体。由于纳米碳管的长度很短(一般在几百毫米),在作为复合材料增强剂时,不仅需要考虑纳米碳管和基体材料的结合情况,而且需要考虑纳米碳管的排列取向。为了充分利用其轴向的超高强度,需要把纳米碳管很整齐地沿轴向排列起来,这是一个较困难的问题。同时,纳米碳管的生产成本仍然很高,因此纳米碳管复合材料如果不能极大地提高其性能,则其应用范围也就非常有限。但是如果将纳米碳管作为功能复合材料,比如导电材料、屏蔽材料等添加物,能发挥其优异的综合性能。

聚合物基纳米复合材料就是分散相的大小为纳米级的超微细分散体系与聚合物基体复合所得到的材料。其中分散相可以是金属、陶瓷、其他无机材料、纳米碳材料,也可以是高分子材料,如液晶或高分子纳米纤维等。目前,开发最活跃的聚合物/黏土分散体中,黏土视为巨大的无机聚合物分子。聚合物基纳米复合材料的显著优点如下:(1)可明显提高高分子基体的各种物理性能,如热变形温度、结晶速率、力学性能等;(2)可以就地采用主原料(有机聚合物或者无机物,如黏土等),不需要使用新型物质,是资源节约型的复合;(3)纳米复合并不改变原有的聚合物工艺路线,这一特征使得一旦纳米复合获得突破,将率先获得工业化生产。也就是说,聚合物纳米复合材料使用原有的材料,通过调节复合物中的分散状态,就可提供划时代的性能。尼龙 6/黏土纳米复合材料是最早工业化的聚合物基纳米复合材料品种,许多公司已纷纷将其推向市场。美国 RTP 公司 2000 年已经工业化制备了含 3%～5%的有机黏土填充的聚酰胺纳米复合材料。日本尤尼奇卡纳米复合尼龙 6 也是一种工业化的纳米复合材料。他们使用纳米尼龙 6 作为基体,进行与纯尼龙 6 一样的改性,得到一系列新品种纳米尼龙 6 材料。这种复合材料除具有黏土基纳米复合材料的优点外,还具有特别的优点,如:吸水时或者高温环境下物性与尺寸变化均小;低剪切速率下熔体黏度高,溢料性低;结晶速率快,可以高循环成型。特别是,这种纳米复台材料使用了白度高的合成层状硅酸盐,其色泽与外观均比较好。

16.5 小　结

陶瓷是一种脆性材料,常温下受力时几乎不产生塑性变形,因此陶瓷材料的弹性性能与其他材料相比显得更加重要。陶瓷材料的弹性模量受到温度、孔隙率等因素的影响。陶瓷材料具有硬度高、耐磨性好等特点。强度是陶瓷材料的重要性能之一,陶瓷材料的强度除取决于本身种类外,微观组织因素特别是气孔率与晶粒尺寸对其有重要影响。作为陶瓷材料抵抗温度变化能力的大小标志的热抗震性,是力学性能和热学性能的综合体现。

高分子聚合物材料是已知力学性能可变范围最宽的材料之一,包括从液体、软橡皮到很硬的固体,其形变性能可分为弹性性能、黏性性能、塑性性能等。按拉伸过程中屈服点的表现及伸长率的大小,断裂方式可分为硬而脆、硬而韧、硬而强、软而强,软而弱。聚合物本身的结构、结晶和取向的影响、温度、应变速率、应力集中、增塑剂、填料等因素决定着聚合物的强度。

复合材料由增强材料和基体组成,增强材料起着承受载荷的主要作用,基体起着黏结、支持、保护增强物和传递应力的作用。复合材料由两种或多种材料在宏观尺度上组合成的一种不均匀材料,其主要特点为各向异性。纤维增强复合材料的破坏形式主要有基体开裂、界面脱胶、分层和纤维断裂。纳米材料可由晶体、准晶、非晶组成。

纳米材料的基本单元或组成单元可由原子团簇、纳米颗粒、纳米线或纳米膜组成,它既可包括金属材料,也可包括无机非金属材料和高分子材料。纳米材料的弹性模量较常规晶粒材料的弹性模量低了。纳米材料的硬度或强度是大晶粒硬度或强度的数倍。纳米材料可具有负的 Hall-Petch 关系。在较低的温度下，如室温附近脆性的陶瓷或金属间化合物在具有纳米晶时，由于扩散的相变机制而具有塑性或是超塑性。纳米碳管具有非常优异的力学性能，常可将其用作复合材料的增强体。纳米复合材料既有高的强度，同时又具有高的韧性。

习　题

16-1　试述陶瓷材料与金属材料在弹性变形、塑性变形和断裂方面的区别。

16-2　影响陶瓷材料强度的因素有哪些？

16-3　何谓陶瓷材料的抗热震性？用什么参数表示？

16-4　试述聚合物材料的结构特征与性能特点。

16-5　聚合物为什么会产生黏弹性。

16-6　试述银纹和裂纹的区别。

16-7　试述复合材料的基本特点。复合材料时纤维和基体各起什么作用？

16-8　复合材料性能常数在什么条件下符合并联混合律？什么条件下符合串联混合律？并联和串联混合律的形式有什么不同？

16-9　纳米材料的弹性模量、强度和塑性有哪些不同于传统块体材料的特点？

16-10　为什么纳米碳管纤维具有非常高的强度和弹性模量？

第 17 章　ANSYS 软件在工程力学中的应用

ANSYS 软件是融结构、热力学、流体、电磁和声学于一体的大型通用有限元分析软件，已通过质量认证。本章首先介绍有限元分析的基本概念、ANSYS 12.0 的用户界面和主要功能以及命令流，然后通过实例介绍采用 ANSYS 软件进行有限元分析的基本过程。

17.1　ANSYS 简 介

17.1.1　有限元分析的基本概念

有限元分析是随着计算机技术的发展而迅速发展起来的一种现代数值分析方法。20 世纪 50 年代首先在连续力学领域——飞机结构静、动态特性分析中得到应用，随后迅速应用于热传导、电磁场、流体力学等连续性问题中。

图 17.1 和图 17.2 为用有限元对周边简支的带孔平板受均布载荷时的简化模型进行变形和应力分析，图 17.1 是带孔平板的有限元模型，图 17.2 是带孔平板的等效应力云图。在图 17.1中采用四节点壳单元将板切片划分为网格，这些网格习惯上称为单元。网格间相互连接的交点称为节点。网格和网格的交线称为边界。从图 17.1 中可知，模型上的节点总数和单元数是有限的，因此称为“有限元法”。

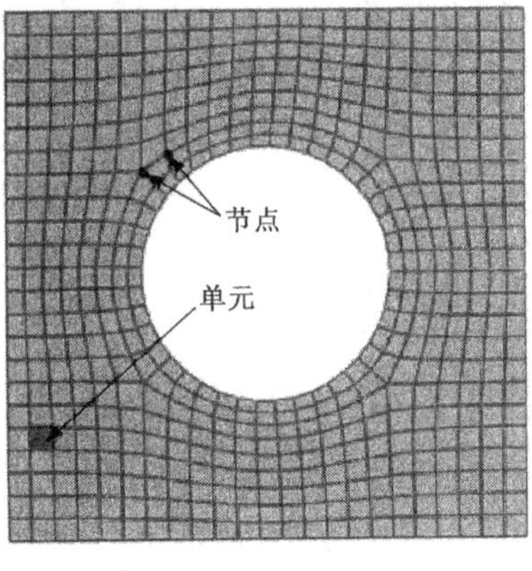

图 17.1　带孔平板的有限元模型

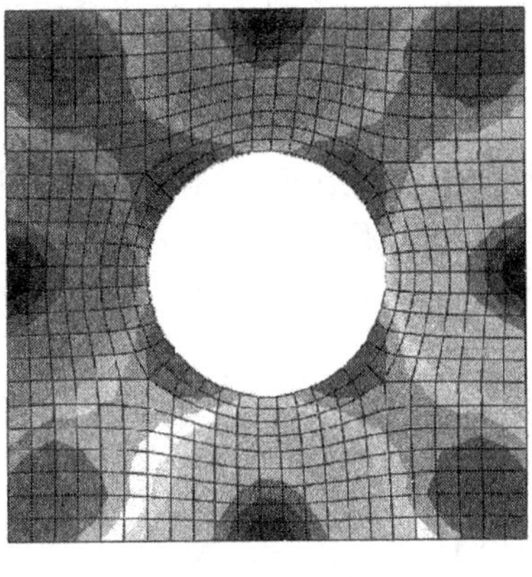

图 17.2　带孔平板的等效应力云图

有限元法分析问题的思路和步骤可以归纳如下。

1. 物理模型离散化

将需要分析的物理模型离散为由各种单元组成的计算模型，如图 17.1 所示，称为单元离散，即将模型划分为网格。离散后单元与单元之间由其节点相互连接起来；单元节点的设置、性质、数据等应根据问题的性质、所需描述状态的需要和计算精度而定。通常情况下，单元划分越细密，描述应力分布越精确，越接近实际应力分布，但是计算时间也越长。所以，有限元分析中的结构已经不是原来的物体或结构物，而是具有同样材料的由众多单元以一定方式连接而成的离散物体。因此，通过有限元分析得到的结果必然是近似的，如果划分的单元细密而且合理，则获得的结果会无限接近实际情况，满足过程分析精度的要求。

2. 定义单元特性

定义单元特性对分析结果影响很大，下面介绍通常有限元分析过程中单元特性所需定义的各个方面。

1)选择位移模式

在有限元分析中，选择节点位移作为基本未知量称为位移法；选择节点力作为基本未知量称为力法；取一部分节点力和一部分节点位移为基本未知量称为混合法，由于位移容易实现数值计算，所以在有限元分析中位移法应用最广。

当采用位移法时，物体或结构离散化后，就可以将单元中的一些物理量如位移、应力和应变等用节点位移表示。这时可以对单元位移分别采用一些能逼近原函数的近似函数进行描述。有限元分析中将单元位移表示为坐标变量的简单函数，称为位移函数。

2)定义单元的力学形状

根据单元的材料、形状、尺寸、节点数目、位置等参数，找出单元节点力和节点位移的关系式，是单元分析中的关键一步。此时需要应用弹性力学中的几何方程和物理方程来建立力和位移的关系，导出单元刚度矩阵。

3)计算等效节点力

物理模型离散化后，假定力是通过节点在单元间进行传递的，但是，对于实际连续体，力是通过单元的公共界面在单元间进行传递。因此，所有作用在单元边界上的表面力、体力或者集中力都需要等效地转移到节点上，即用等效的节点力来代替所有作用在单元上的力。

4)组装单元

利用结构中力的平衡条件和边界条件将各个单元按照原来的结构重新连接起来，形成整体有限元方程

$$\boldsymbol{K}\boldsymbol{q} = \boldsymbol{f} \tag{17-1}$$

式中，$\boldsymbol{K}$ 是整体刚度矩阵；$\boldsymbol{q}$ 是节点位移矩阵；$\boldsymbol{f}$ 是载荷矩阵。

5)解未知节点位移

求解有限元方程得到位移。此时，需要根据方程组的具体特点来选择合适的计算方法。

17.1.2 ANSYS 12.0 的启动与退出

1. ANSYS 12.0 的启动

ANSYS 12.0 的启动步骤如下。

(1)选择“开始”→“程序”→ANSYS 12.0 →ANSYS 12.0 Product Launcher 命令，启动 ANSYS 12.0，出现如图 17.3 所示的窗口。

(2)根据问题的要求在 Simulation Enviroment 下拉列表框中选择模拟环境即求解器，一般选择 ANSYS。在 License 下拉列表框中选择 ANSYS 12.0 产品，通常选择 ANSYS Multiphysics。如模拟电磁场问题，则选择 ANSYS Mechanical/Emag；如模拟动态冲击问题，则选择 ANSYS Multiphysics/LS. DYNA；如模拟流动动力学问题，则选择 ANSYS Mechanical/CFD. Flo。当然模拟环境也要做相应的改变，如图 17.3 所示。

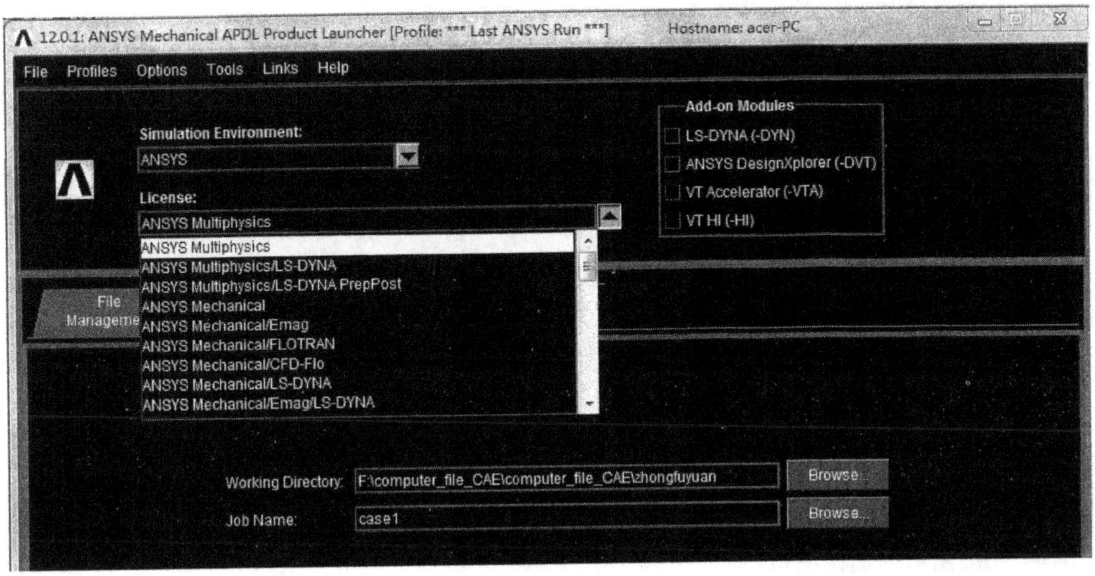

图 17.3

(3)选择工作目录,设置工作文件名。单击 File management 选项卡,在 Working Directory 输入栏中输入事先已定义好的工作目录 F:\CAE\case1,也可通过单击 Browse 按钮进行选择,此目录一旦选定,ANSYS 12.0 的所有生成文件都自动保存在该目录下;在 Job Name 输入栏中输入工作文件名,也可通过单击 Browse 按钮选择工作文件名,ANSYS 12.0 的默认工作文件名为 file,如图 17.3 所示。

(4)设置 ANSYS 12.0 工作空间和数据库的大小。单击 Customination/Prefereences 选项卡,在 Memory 栏中设置工作空间和数据库的大小。在 Graphics Device Name 下拉列表框中设置图形设备驱动,ANSYS 12.0 提供了 3 种不同的图形设备驱动,分别为 Win32、Win32c 和 3D 选项。Win32 选项适合于大多数的图形显示,在后处理过程中提供 9 种颜色的等值线;Win32c 选项能提供 128 种颜色的区别;3D 选项则对三维图形的显示具有良好的效果。如果计算机配置了 3D 卡,则应选择 3D 选项。一般应用中,选择默认设置即可,如图 17.4 所示。

2. ANSYS 12.0 的退出

退出 ANSYS 12.0 方法有如下 3 种:

- 从工具条退出。在 ANSYS Toolbar 工具条中单击 QUIT 按钮;
- 从应用菜单退出。选择 Utility Menu→File→Exit 命令;
- 在命令窗口中键入"/Exit"命令。

当采用上述任何一种方法时,系统会自动弹出如图 17.5 所示的对话框,并提示退出前要选取的操作,各操作的具体含义如下:

- Save Geometry+Loads,退出 ANSYS 时存储几何与载荷数据;
- Save Geo+Ld+Solu,退出 ANSYS 时存储几何、载荷与结果数据;
- Save Everything,退出 ANSYS 时存储所有数据;
- Quit. No Save!,退出 ANSYS 时不存储任何数据。

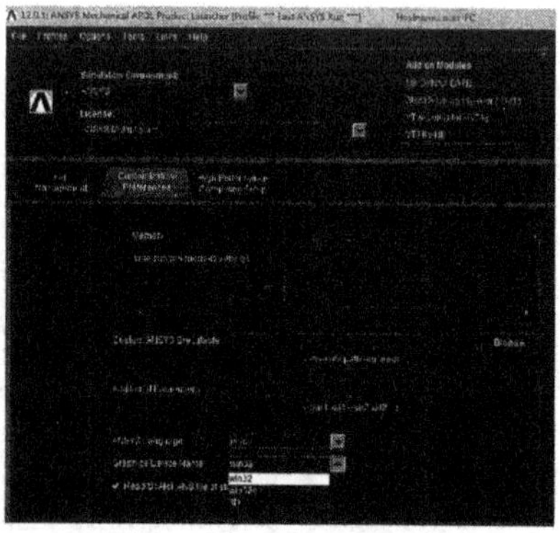

图 17.4

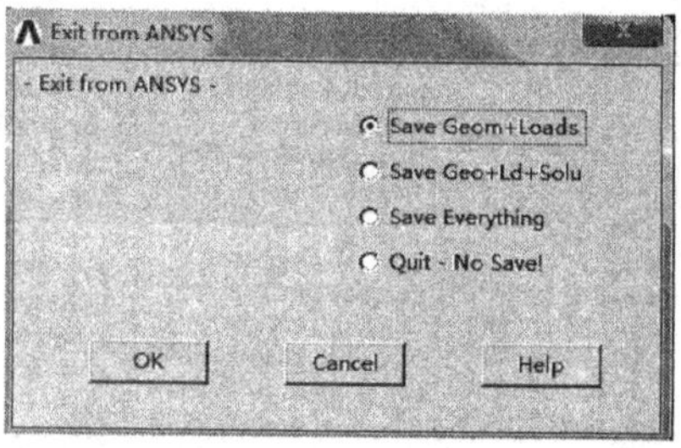

图 17.5

17.1.3 ANSYS 12.0 界面

ANSYS 12.0 界面如图 17.6 所示，包括应用菜单、快捷菜单、输入窗口，ANSYS 工具条、主菜单、图形窗口和输出窗口。

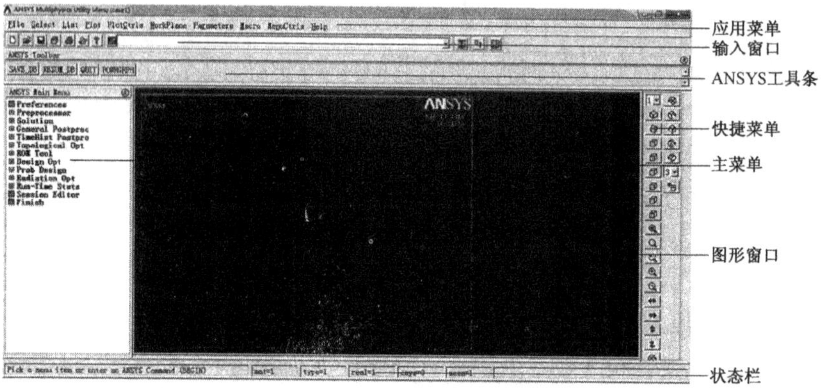

图 17.6

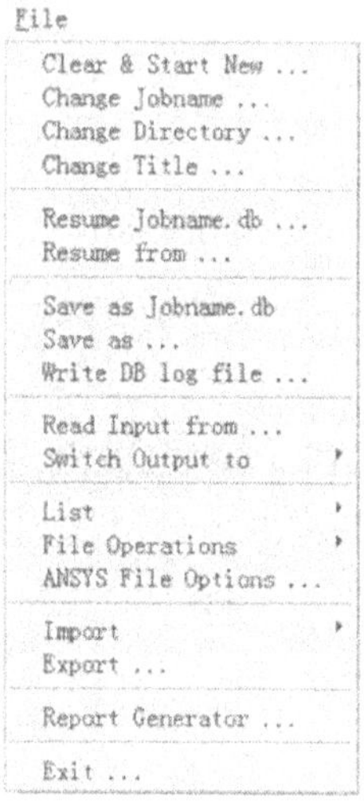

图 17.7

1. 应用菜单

应用菜单由 10 个下拉菜单组成，有的命令还包括子菜单。选择某一个子菜单时将有如下 3 种反应：

- 立即执行一个命令；
- 弹出一个对话框（子菜单右边显示“…”）；
- 弹出一个选择菜单（子菜单右边显示“+”）；

下面简单介绍这 10 个下拉菜单的功能。

（1）File 菜单：包括文件和数据库相关函数，如图 17.7 所示。例如，Clear& Start New 命令用于清除当前分析，重新开始一个新的分析；Chang Jobname 命令用于改变作业名；Exit 命令用于退出ANSYS。

（2）Select 菜单：包括选择实体、建立元件的函数，如图 17.8 所示。例如，Entities 命令用于选择实体，包括节点、单元、体、面、线和关键点；Comp/Assembly 命令用于元件和组件的操作。

（3）List 菜单：列出 ANSYS 数据库中的数据，如图 17.9 所示。

例如，Files 命令用于日志文件、出错文件等；Lines 命令则用于列出线的数据信息。

(4)Plot 菜单：在图形窗口显示关键点、线、面、体、节点、单元等，如图 17.10 所示。例如，Replot 命令用于刷新图形窗口，Lines 命令则用于在图形窗口中显示线。

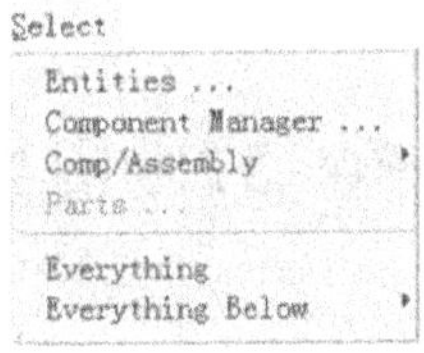

图 17.8

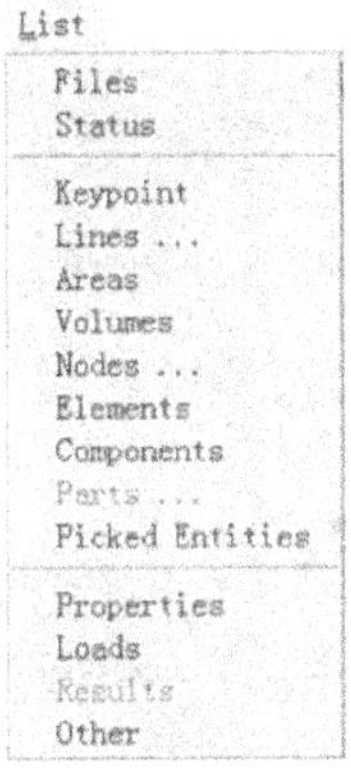

图 17.9

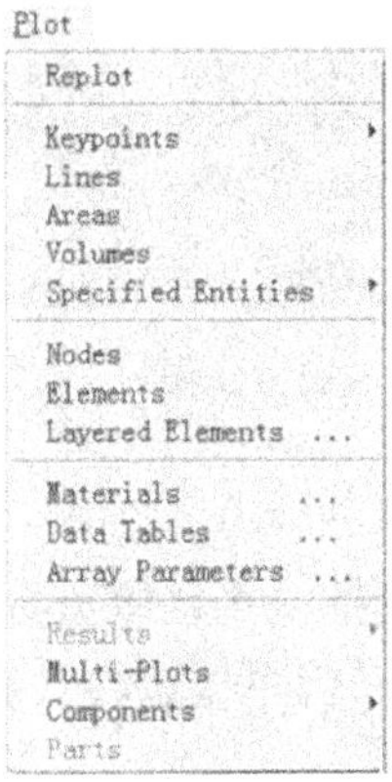

图 17.10

(5)PlotCtrls 菜单：控制图形显示的方式，如图 17.11 所示。例如，Pan Zoom Rotate 命令用于控制图形窗口中模型的平移、缩放、旋转等操作，Numbering 命令用于控制图元编号的显示。

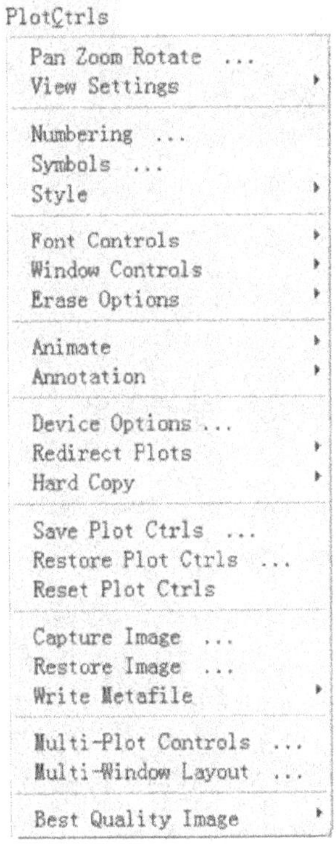

图 17.11

(6)WorkPlane 菜单：包含对工作平面和坐标系的操作命令，如图 17.12 所示。例如，Display Working Plane 命令用于控制工作平面显示与否，Offset WP to 命令用于平移工作平面，Change Active CS to 命令用于改变激活坐标系。

(7)Parameters 菜单：包括对操作参数的命令，如图 17.13 所示。例如，Scalar Parameters 命令用于标量参数的定义和删除，Array Parameters 命令用于数组参数的操作。

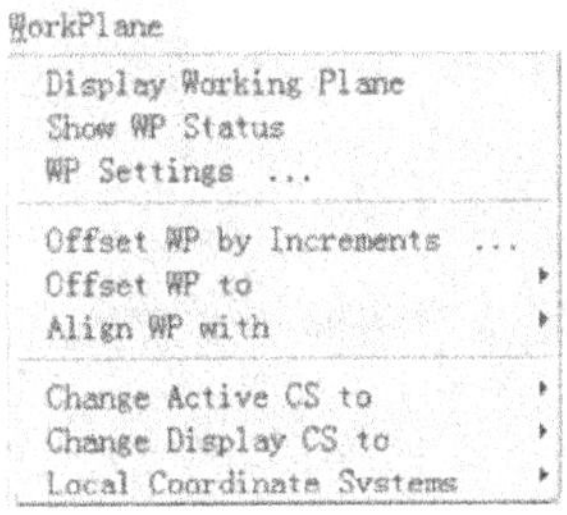

图 17.12

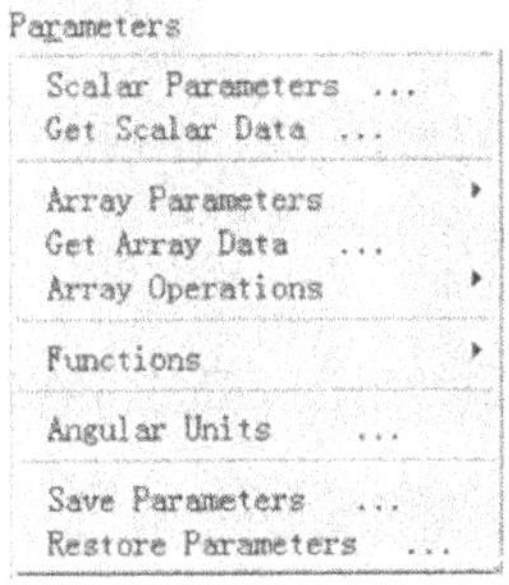

图 17.13

(8)Macro 菜单：包括宏操作命令和定义编辑缩写命令，如图 17.14所示。例如，Create Macro 命令用于建立宏，Edit Abbreviatios 命令用于编辑缩写。

(9) MenuCtrls 菜单：控制菜单显示和控制工具栏，如图 17.15所示。例如，Mechanical Toolbar 命令用于将图形用户界面变为力学工具栏形式，专门用于力学分析；Update Toolbar 命令则用于刷新工具栏的显示。

(10)Help 菜单：提供帮助，如图 17.16 所示。

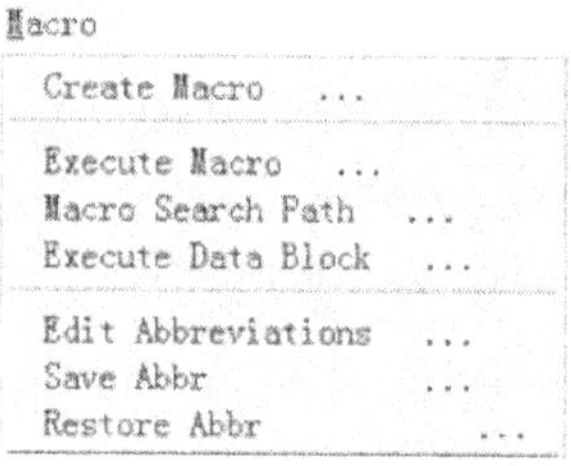

图 17.14

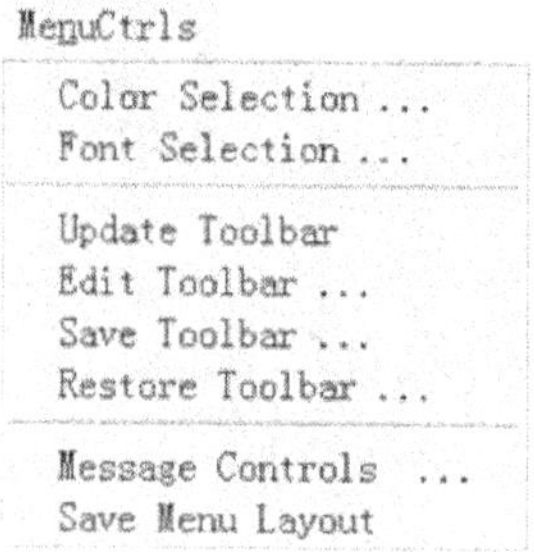

图 17.15

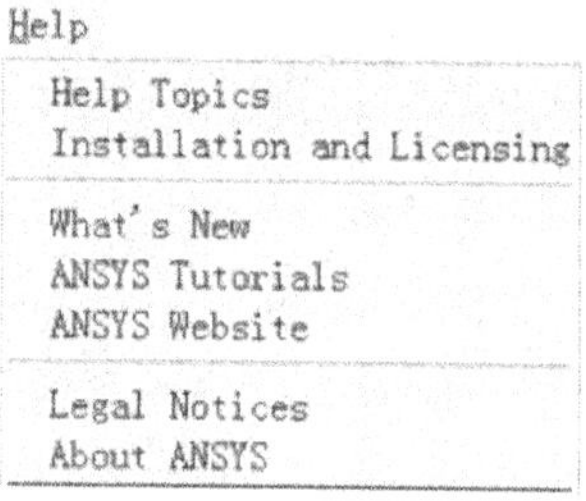

图 17.16

2. 快捷菜单

快捷包括一些常用按钮，如图 17.17 所示。还包括窗口号选择、各方向视图、图形放大缩小、平移、旋转、单次旋转角度等按钮，如图 17.18 所示。

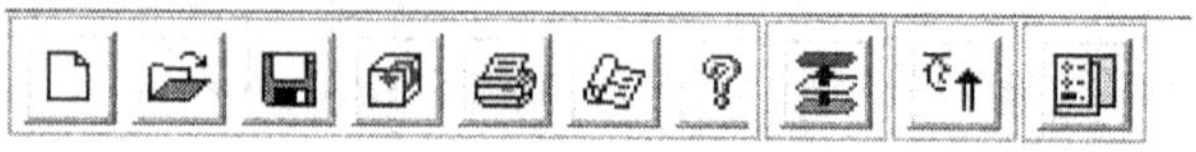

图 17.17

图 17.18

图 17.17 所示菜单从左向右各按钮的功能如下。

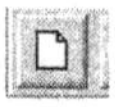:New Analysis 按钮。保存然后清除当前分析，开始新的分析。

:Open ANSYS File 按钮。读取 ANSYS 数据库文件或者输入文件。

:Save Model 按钮。保存当前分析到数据库文件中。

:Pan. Zoom. Rotate 按钮。打开 Pan. Zoom. Rotate 对话框。

:Image Capture 按钮。输出图片。

:Report Generator 按钮。产生一个报告，可以对图片、动画等进行捕捉输出。

:Context Help 按钮。显示帮助系统。

:Raise Hidden 按钮。显示隐藏对话框。该按钮位于输出窗口右边。

3. 输入窗口

输入窗口用于直接输入并执行 ANSYS 命令，如图 17.19 所示。在下拉列表框中输入命令，按 Enter 键即可执行这些命令，同时输入的命令存入缓存区中。单击右边的按钮，则以前执行的命令出现在下拉列表中。选中某一行命令并单击，则该命令出现在下拉列表框中，可以对其进行编辑然后执行，如果直接在下拉列表框中双击某一命令，则直接执行该命令。

图 17.19

在下拉列表框中输入命令时，ANSYS 会即时给出命令语法格式的提示，方便用户的输入。

4. ANSYS 工具栏

默认的 ANSYS 工具栏包括 4 个常用的按钮，如图 17.20 所示。

图 17.20

图 17.20 所示工具栏从左向右各按钮的功能如下。

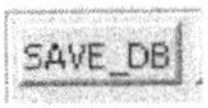

：对应于 Save 命令，保存当前数据库。

：对应于 Resume 命令，从数据库文件中恢复数据库。

：对应于 Fnc_/EXIT 函数，退出 ANSYS。

：对应于 Fnc_/GRAPHICS 函数，打开或者关闭增强型图形显示。

5. 主菜单

主菜单包括了前处理、求解、后处理等功能，如图 17.21 所示。

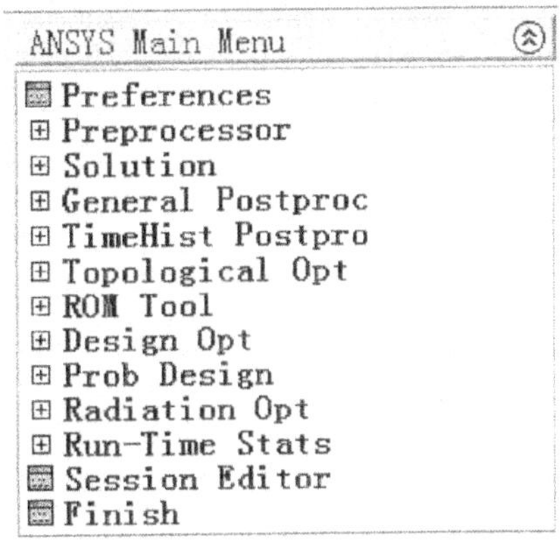

图 17.21

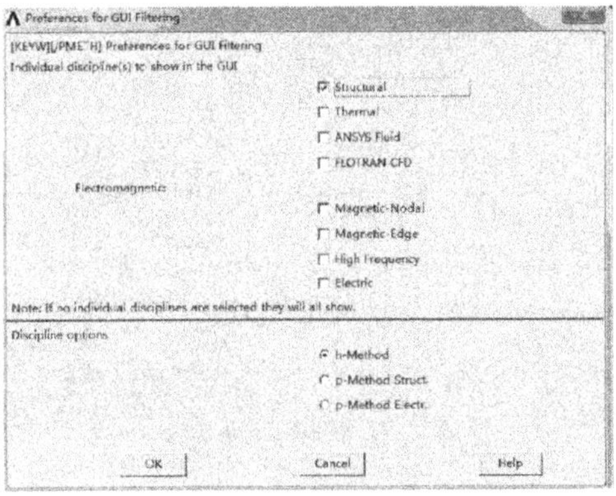

图 17.22

菜单前的"+"表示单击该菜单将展开其命令，展开后"+"将变为"−"，再次单击则将菜单折叠起来。菜单前的图标表示单击该菜单将弹出对话框，图标则表示单击该菜单将弹出拾取框。

下面简要介绍主菜单的各个组成部分。

(1)Preferences 菜单：用于过滤掉一些暂时用不到的菜单。选择该菜单，则弹出 Preferences for GUI Filting 对话框，如图 17.22 所示。可以在该对话框中选择一些复选框，则这些复选框对应的菜单等控件将出现在 ANSYS 界面中，而其他未被选中的选项对应的控件就不会出现。对于力学分析，可以只选择 Structural 复选框，则与力学无关的控件就被过滤掉了。

(2)Preprocessor 菜单：指进入前处理。该菜单包括建模、网格划分、加载等前处理操作。

(3)Solution 菜单：指求解器。用于 ANSYS 求解，设置分析类型、载荷等。

(4)General Postproc 菜单：指通用后处理器。用于输出结果，包括图形显示和列表显示。

(5)TimeHist Postpro 菜单:指时间历程后处理器,可定义变量,输出其随时间的变化情况。

(6)Topological Opt 菜单:指拓扑优化。用于对几何构形进行优化处理。

(7)ROM Tool 菜单:指降阶建模工具。用于耦合场分析。

(8)Design Opt 菜单:指设计优化器。用于优化设计。

(9)Prob Design 菜单:指概率设计。包括进行概率设计的函数。

(10)Radiation Opt 菜单:指辐射选项。用于热分析。

(11)Run Time Stats 菜单:指运行状态处理器。用于估计解题规模、运算时间等。

(12)Session Editor 菜单:指记录编辑器。用于记录当前分析使用的 ANSYS 命令。

(13)Finish 菜单:退出当前处理器。

6. 图形窗口

图形窗口用于显示 ANSYS 图形以及在其中进行操作。图形窗口有两种显示模式,即直接模式和 XOR 模式。

(1)直接模式

直接模式就是对图形进行操作时,所做的改变立即反映在图形窗口中。如果弹出菜单或对话框,或者将图形窗口最小化后,图形显示效果将被破坏;如果新建立的实体位于图形窗口之外,将不会显示,需要重新调用绘制命令。

设置直接模式的方法是选择应用菜单中的 PlotCtrls Erase Options 命令,展开其子菜单,如图 17.23 所示。

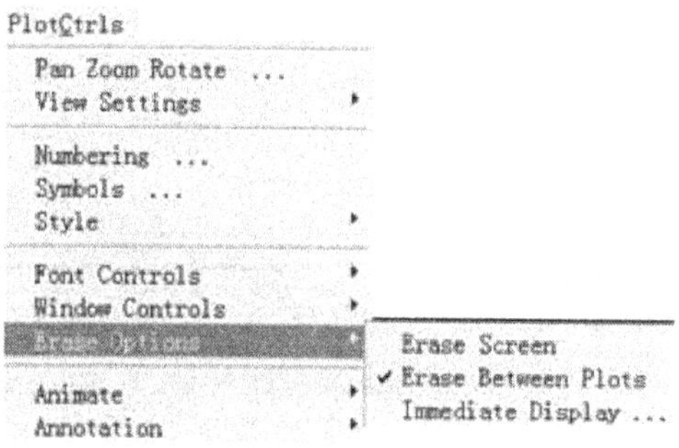

图 17.23

图 17.23 所示子菜单命令功能介绍如下。

①Erase Screen 菜单:擦除当前图形显示。

②Erase Between Plots 菜单:在刷新显示之前擦除当前图形显示。

③Immadiate Display 菜单:设置直接模式,选择该命令弹出 Immadiate Display of Geometry 对话框,如图 17.24 所示。在该对话框中选中 On 复选框即可打开直接模式。

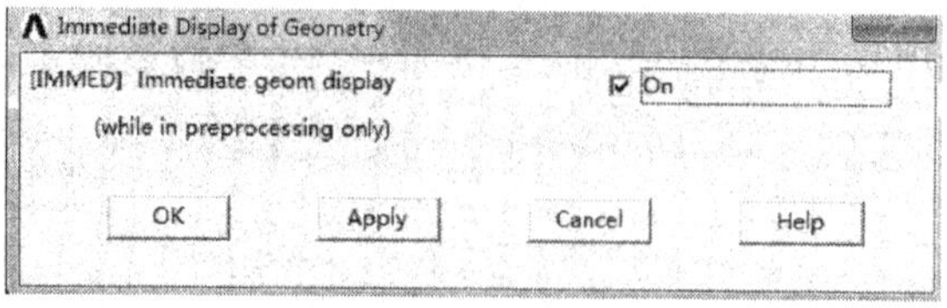

图 17.24

(2)XOR 模式

与直接模式不同的是，XOR 模式在擦除的同时不破坏存在的图形。其优点是在不影响已经存在的图形情况下产生实时显示，缺点是在同一位置中第二次画图时会擦除原来的显示。

(3)捕捉图像

使用标准工具栏中的按钮可以将图形窗口中的图形输出为图像文件，或者选择应用菜单中 PlotCtrls Capture Image 的命令，也可实现同样目的。弹出的 Image Capture 对话框，如图 17.25所示。其各选项的功能分别介绍如下。

①Capture to printer 单选按钮：将图片输出到打印机。

②Capture to file 单选按钮：输出图片文件。默认文件夹扩展名为 *. png，也可以是 *. jpg、*. bmp 等。

③Capture to screen 单选按钮：将图片输出到屏幕。

④Monochrome 单选按钮：输出为单色图片。

⑤Grey scale 单选按钮：输出为灰度图片。

⑥Color 单选按钮：输出为彩色图片。

⑦Number of copies 下列列表框：设置打印数量。

⑧Landscape 单选按钮：用于输出图片文件选项，图片为纵向。

⑨Portrait 单选按钮：用于输出图片文件选项，图片为横向。

7. 输出窗口

输出窗口用于输出对 ANSYS 命令的响应、提示、警告、出错信息等内容，如图 17.26 所示。

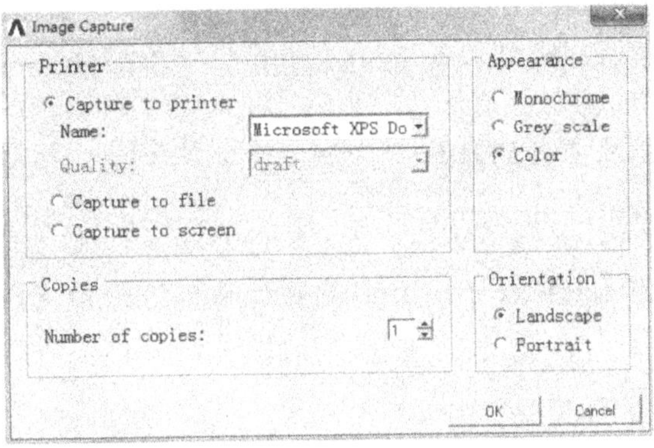

图 17.25

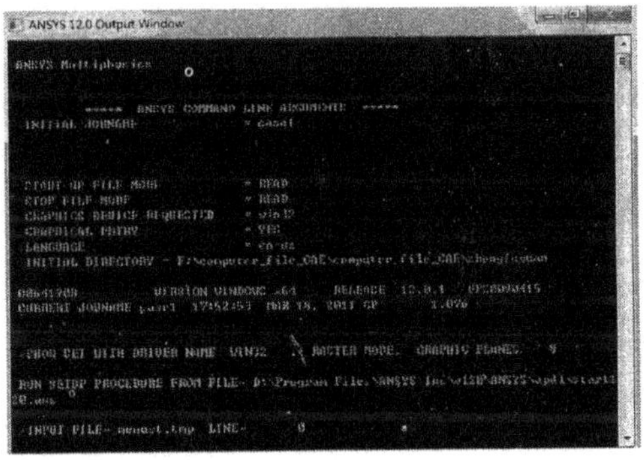

图 17.26

17.1.4 命令流

ANSYS 提供了两种工作模式，一种是人机交互方式即 GUI 方式，是通过 ANSYS 可视化的菜单操作来实现对分析过程的操作，而另外一种就是命令流，即 ANSYS 参数化设计语言(Ansys Parameter Design Language，APDL)，是一门可用来自动完成有限元常规分析操作或通过参数化变量方式建立分析模型的脚本语言。关于 APDL 语言更详细的内容介绍可参考 ANSYS 帮助文件或参考文献，本章除 17.2 节的实例使用 GUI 方式之外，其他实例(17.3～17.5 节)均使用 APDL 命令方式。

17.2 桁架的内力计算

17.2.1 问题描述与解析解

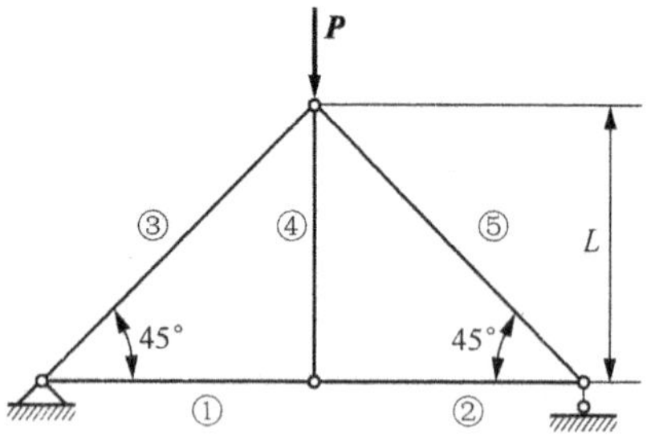

图 17.27

图 17.27 所示为一平面桁架，长度 $L=0.05\text{m}$，各杆横截面积均为 $A=5\times10^{-5}\text{m}^2$，弹性模量 $E=201\text{GPa}$，泊松比 $\nu=0.3$，力 $P=1000\text{N}$，试利用 GUI 计算各杆的轴力 F_n、轴向应力 σ_n。计算模型采用 mm、N、MPa 单位制。

根据静力平衡条件，可计算出各杆的轴力和轴向应力，如表 17.1 所示。

表 17.1 各杆的轴力和轴向应力

杆的编号	轴力 F_n/N	轴向应力 σ_n/MPa
①	500	10
②	500	10
③	707.1	14.14
④	0	0
⑤	707.1	14.14

17.2.2 启动 ANSYS

(1)在[开始]菜单中依次选取[所有程序]/ANSYS 12.0/Mechanical APDL Product Launcher 选项，打开 ANSYS Mechanical APDL Product Launcher 对话框。

(2)选中 File Management 选项卡，建立工作目录："F:\computer_file_CAE"，建立文件名："truss"。

(3)单击 Run 按钮运行程序，进入 ANSYS1 12.0 使用界面。

17.2.3 模块设定

在 ANSYS Main Menu 菜单中依次选取 Preference/Structure，指定分析模块为结构模块，然后单击 OK 按钮，如图 17.28 所示。

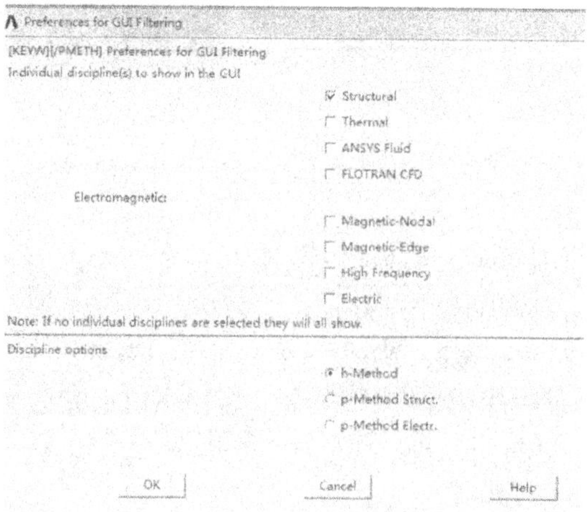

图 17.28

17.2.4 定义单元类型、实常数和材料

(1)在 ANSYS Main Menu 菜单中依次选取 Preprocessor /Element Type /Add /Edit/ Delete 选项，打开“单元类型”对话框，如图 17.29 所示。单击 Add... 按钮，打开 Library of Element Types(单元类型库)对话框，在右侧两个列表框中分别选取 Link 选项和 2D spar 1 选项，如图 17.30 所示。单击 OK 按钮，再单击对话框中的 Close 按钮。

(2)在 ANSYS Main Menu 菜单中依次选取 Preprocessor/Real Constants/Add/Edit/Delete 选项，弹出 Real Constants(实常数)对话框，单击 Add... 按钮，打开“实常数”对话框，选择 LINK1，单击 OK 按钮，输入该单元的截面积为 50，如图 17.31 所示。单击 OK 按钮，单击 Real Constants 对话框中的 Close 按钮。

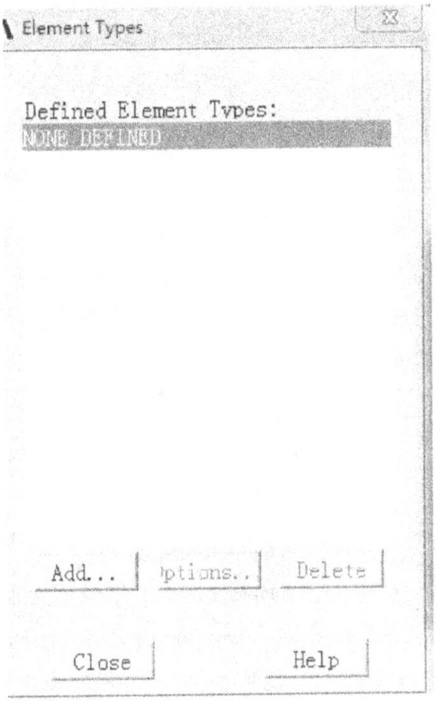

图 17.29

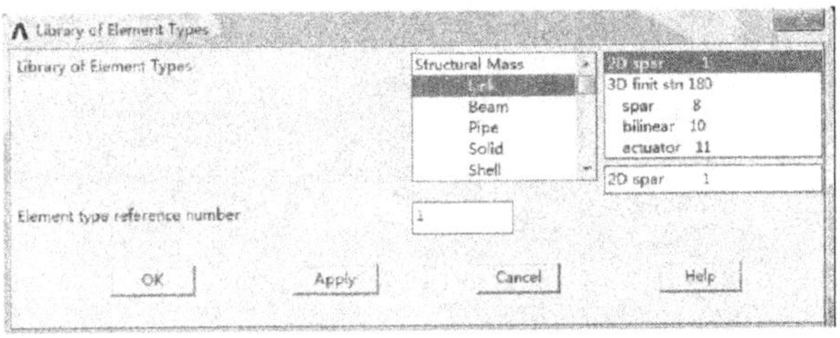

图 17.30

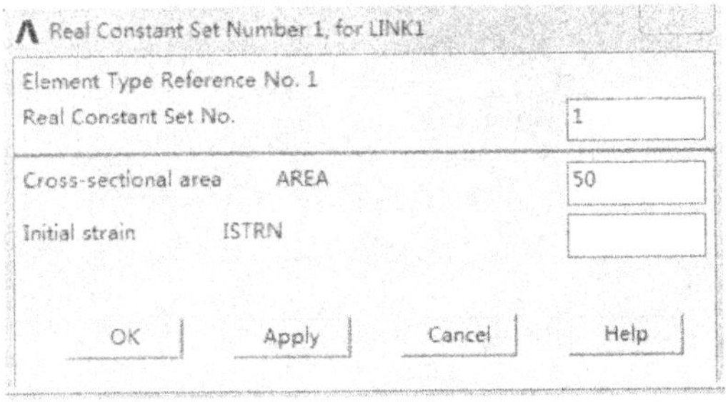

图 17.31

(3)在 ANSYS Main Menu 菜单中依次选取 Preprocessor/Material Props/Material Models 选项，打开 Define Material Model Behavior(定义材料本构模型)对话框，如图 17.32 所示。在 Material Models Available 分组框中依次选取 Structral/linear/Elastic/Isotropic 选项，弹出 Linear Isotropic Properties for Material Number-1(线弹性材料模型)对话框，如图 17.33 所示。按照提示输入 EX(弹性模量)为 2.1e5 和 PRXY(泊松比)为 0.3，单击 OK 按钮，关闭 Define Material Model Behavior 对话框。

17.2.5 建立几何模型

(1)在 ANSYS Main Menu 菜单中依次选取 Preprocessor/Modeling/Create/Nodes/In Active CS 选项，弹出 Create Nodes in Active Coordinate System(在当前坐标系中创建节点)对话框。在 Node number 输入“1”，并输入第一点的坐标(0,0,0)，如图 17.34 所示，单击 Apply 按钮。按照同样过程，依序在 Node number 中分别输入 2、3、4，输入它们的坐标分别为(50,0,0)，(100,0,0)，(50,50,0)。最后单击 OK 按钮。

(2)在 ANSYS Main Menu 菜单中依次选取 Preprocessor/ Modeling/Create/Elements/ Auto Numbered/Thru Nodes 选项，分别依次选取要创建直线的两个关键点(KP1 和 KP2)，(KP2 和 KP3)，(KP1 和 KP4)，(KP3 和 KP4)，单击 Apply 按钮，如图 17.35 所示。

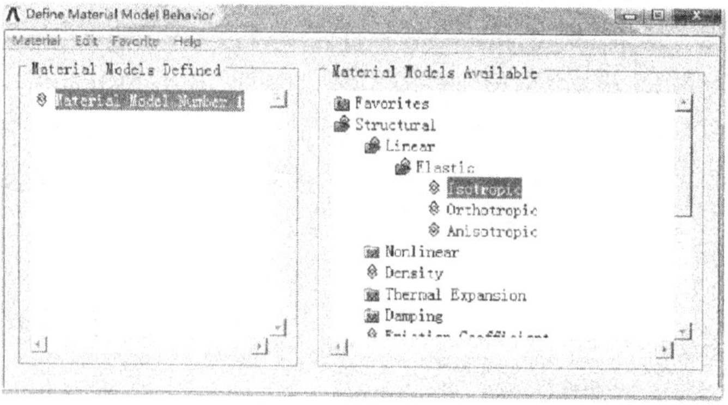

图 17.32

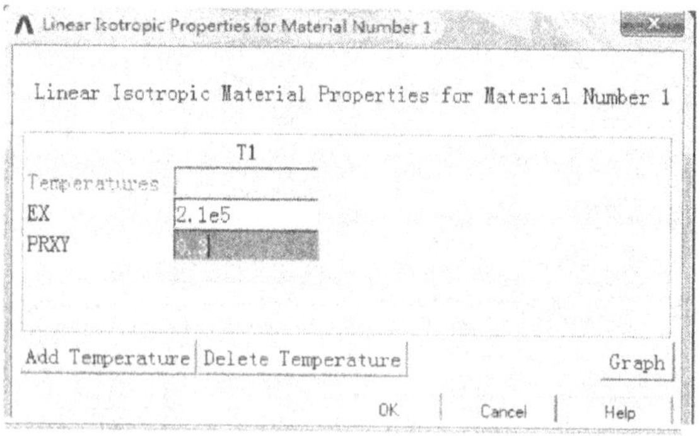

图 17.33

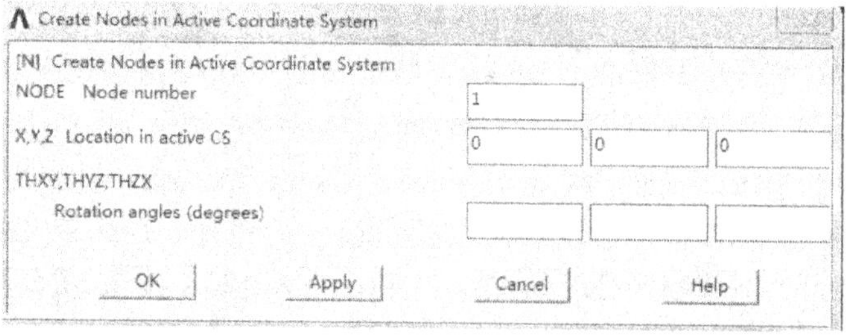

图 17.34

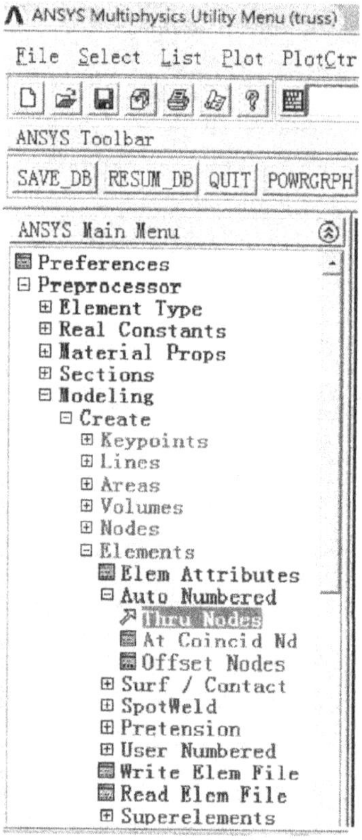

图 17.35

(3)运行 Utility Menu/PlotCtrls/Numbering 显示命令，在“编号控制”对话框中，选择打开 Node Numbers，并选择 Element Number 显示单元编号，完成后单击 OK 按钮，此时单元将以不同颜色区分，完成后如图 17.36 所示。

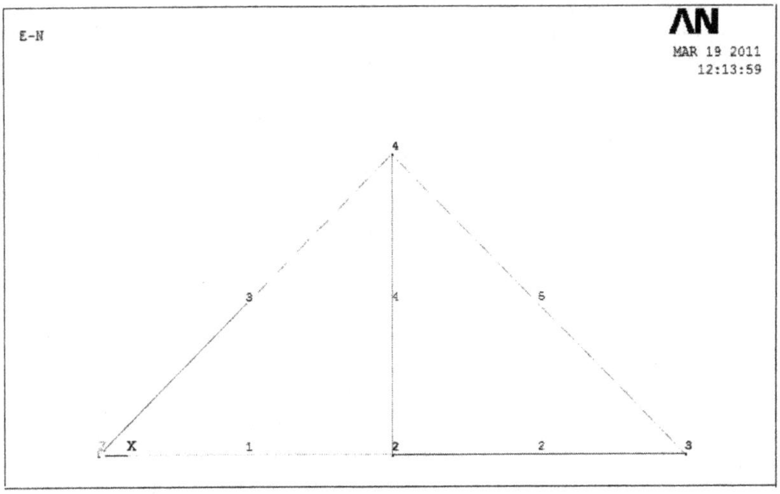

图 17.36

17.2.6 加载与求解

(1)在 ANSYS Main Menu 菜单中依次选取 Solution/Define Loads/Apply/Structural/Displacement/on Nodes 选项，弹出 Apply U,ROT on Nodes(在节点上应用位移边界选取)对话框，用鼠标选取 Node1，完成后单击 OK 按钮。打开 Apply U,ROT on Nodes(在节点上应用位移)对话框，如图 17.37 所示。选取 All DOF(所有自由度)选项，并在 Displacement Value 文本框中输入："0"，单击 OK 按钮。接着继续选择 Node3，完成后单击 OK 按钮。然后选择 UY 选项，并在 Displacement Value 文本框中输入："0"，完成后单击 OK 按钮，完成后如图 17.38所示。

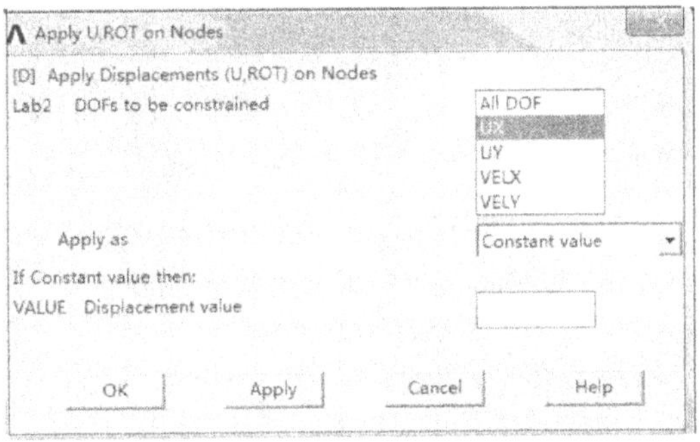

图 17.37

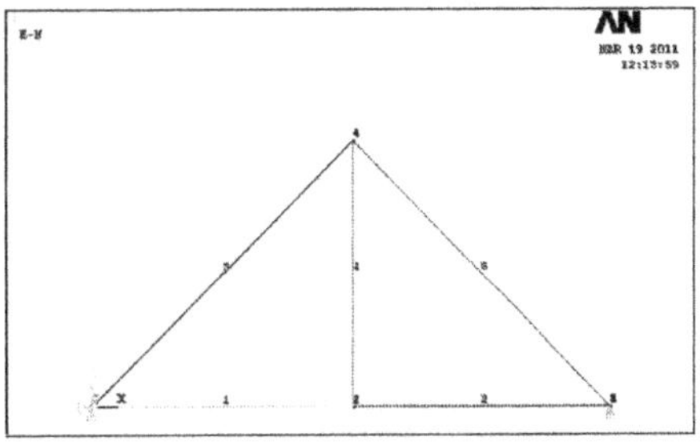

图 17.38

(2)在 ANSYS Main Menu 菜单中依次选取 Solution/Define Loads/Apply/Structural/Force/Moment/on Nodes 选项，弹出(在节点上加力选取)对话框，用鼠标选取 Node4，完成后单击 OK 按钮。打开 Apply F/M on Nodes(在节点上加力)对话框，选取 FY 选项并在 Force/Moment Value 文本框中输入："−1000"，表示 y 方向作用一向下的力，单击 OK 按钮。再用鼠标选取 Node4，如图 17.39 所示，完成后单击 OK 按钮。加上载荷和位移边界条件后的几何模型如图 17.40 所示。

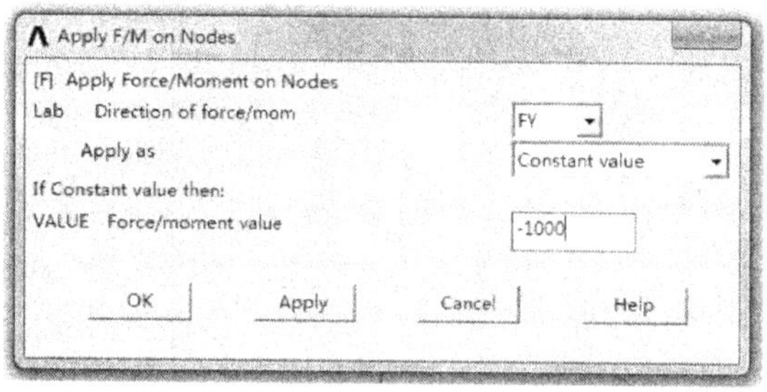

图 17.39

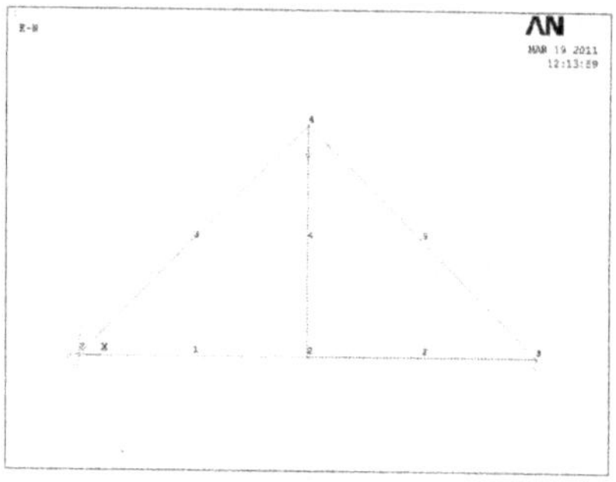

图 17.40

(3)在 ANSYS Main Menu 菜单中依次选取 Solution/Load/Analysis Type/New Analysis 选项，弹出 New analysis(分析类型)对话框，选择“static”(默认设置)，如图 17.41 所示。单击 OK 完成求解器设置。

(4)在 ANSYS Main Menu 菜单中依次选取 Solution/Solve/Current LS 选项，弹出 Solution Options(求解选项文本信息)和 Solve Current Load Step(当前求解步)对话框，如图 17.42所示。单击 OK 按钮开始求解，直到出现求解完成对话框，最后单击 Close 按钮。

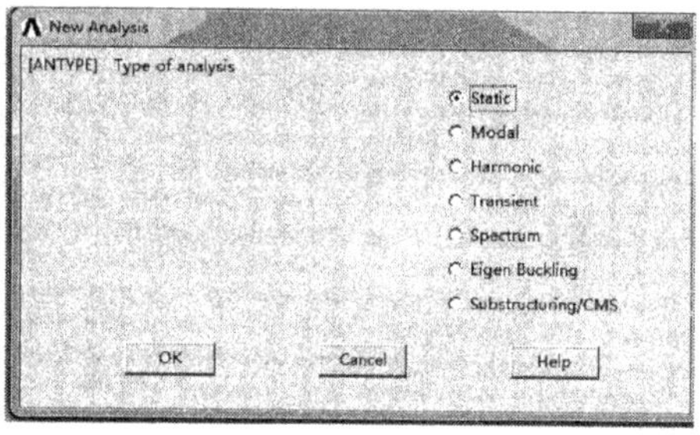

图 17.41

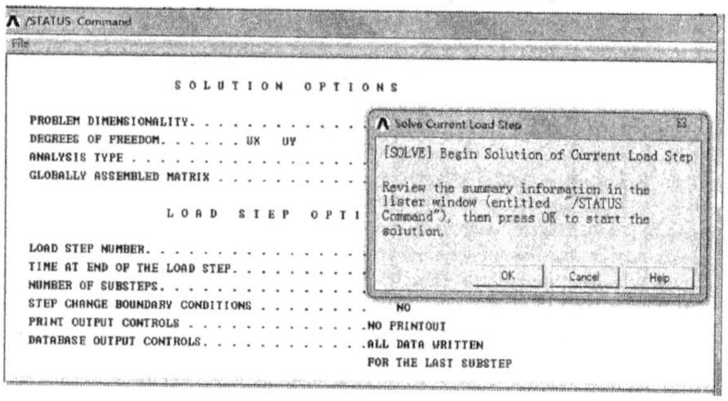

图 17.42

17.2.7 查看结果

(1)在 ANSYS Main Menu 菜单中依次选取 General Postproc/PlotResults/Deformed Shape 选项，弹出“画变形图”对话框，选择 Def+underformed(变形与未变形图)，单击 OK 按钮。此时系统将会显示桁架未受集中力和受集中力后的变形显示，如图 17.43 所示。

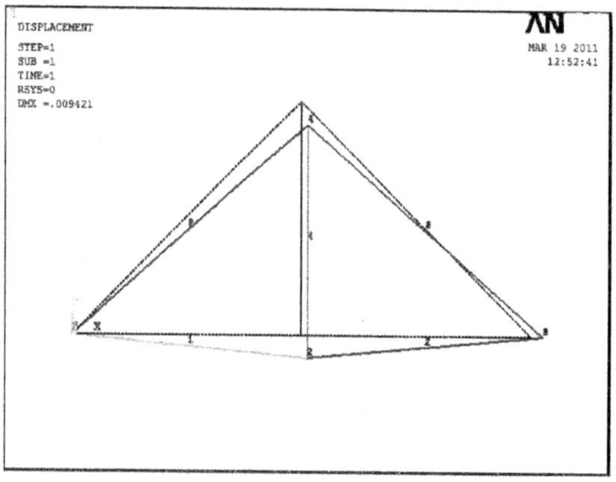

图 17.43

(2)运行 Utility Menu/General Postproc/List Results/Reaction Solu(约束反力求解)命令,弹出 List Reaction Solution 对话框,选择列表形式为 All structure force F(所有的约束反力),如图 17.44所示,然后单击 OK 按钮,系统列出各支座节点的反作用力,如图 17.45所示。

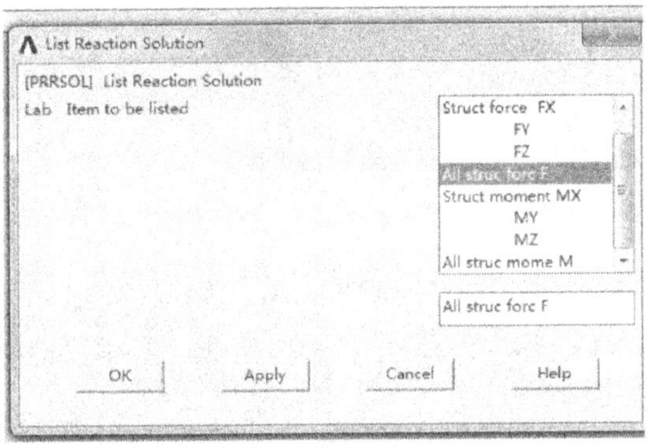

图 17.44

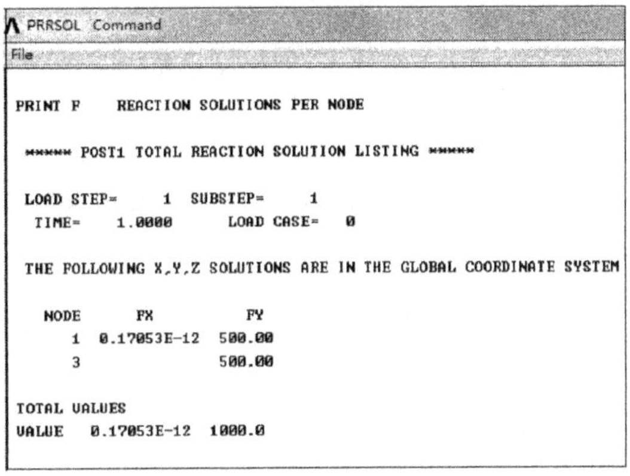

图 17.45

(3)运行 Utility Menu/General Postproc/List Results/Nodal Solution(节点解命令),弹出 List Nodal Solution 对话框,选择列表形式为 DOF solution/Displacement Vector Sum(所有节点的 X、Y 方向的位移和合位移),如图 17.46 所示,然后单击 OK 按钮完成设置,系统将列出各节点的 X、Y 方向的位移和合位移,并显示最大位移量的节点,如图 17.47 所示。

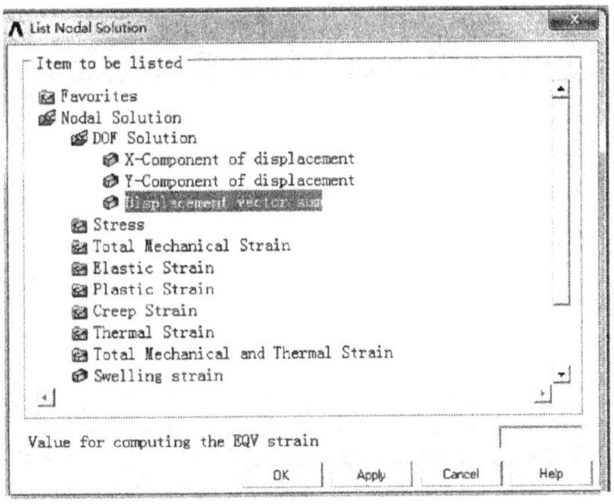

图 17.46

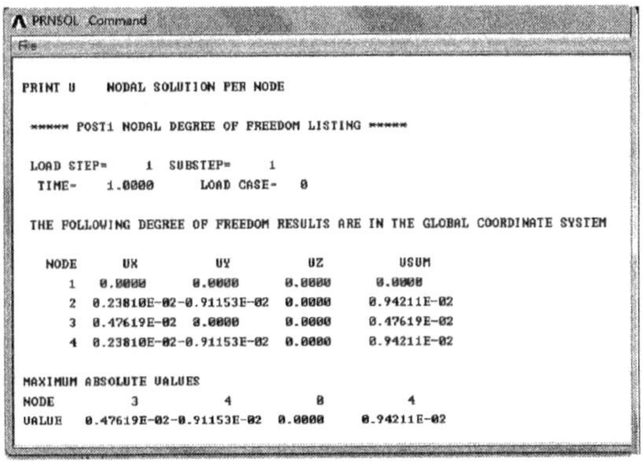

图 17.47

(4)运行 Utility Menu/General Postproc/Element Table/Define Table(定义单元表)命令,弹出 Element Table Data 对话框,单击 Add... 按钮,弹出如图 17.48 所示的对话框,在 Lab 文本框中输入"Fn",在 Itme,Comp 两个列表中分别选 By sequence num 和 SMISC,在右侧列表下方文本框中输入"SIMIC,1",单击 Apply 按钮,于是定义了单元表 Fn,该单元表保存了各单元的轴向力;接着在 Lab 文本框中输入"Sn",在 Itme,Comp 两个列表中分别选 By sequence num 和 LS,在右侧列表下方文本框中输入"LS,1",单击 Apply 按钮,于是定义了单元表 Sn,该单元表保存了各单元的轴向应力,关闭 Element Table Data 对话框。

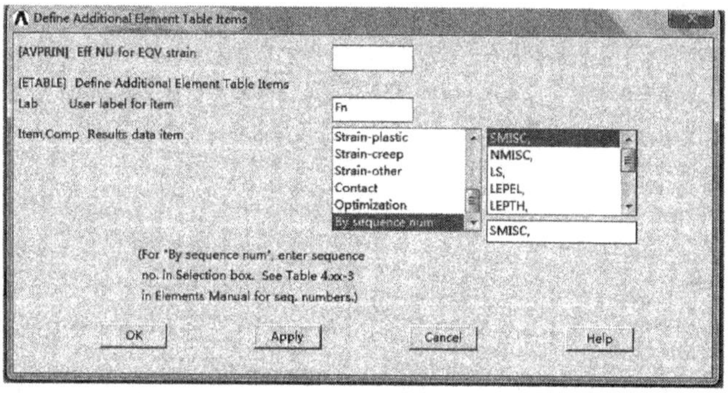

图 17.48

(5)运行 Utility Menu/General Postproc/Element Table/List Element Table(列出单元表)命令,弹出如图 17.49 所示的对话框,在列表中选择 Fn 和 Sn,单击 OK 按钮。各单元的轴力和轴向应力列于图 17.50,与表 17.1 结果完全一致。

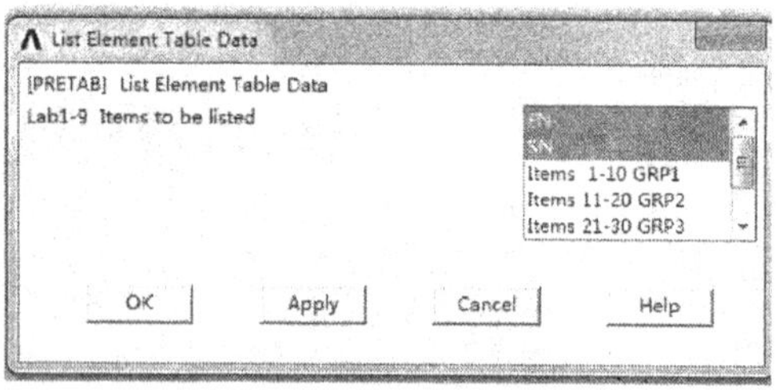

图 17.49

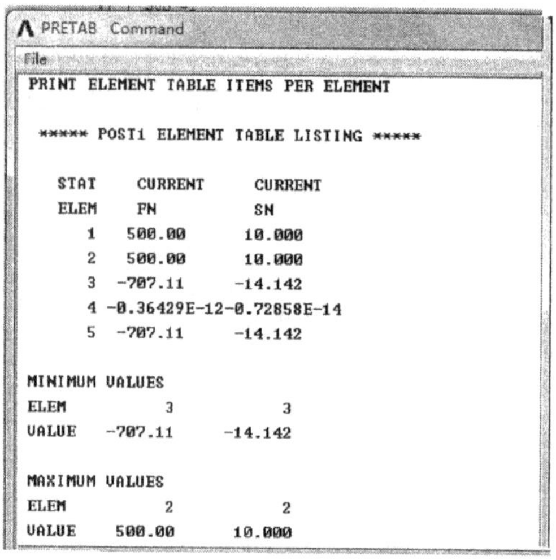


```
PRINT ELEMENT TABLE ITEMS PER ELEMENT

 ***** POST1 ELEMENT TABLE LISTING *****

   STAT     CURRENT      CURRENT
   ELEM     FN           SN
      1   500.00       10.000
      2   500.00       10.000
      3  -707.11      -14.142
      4 -0.36429E-12-0.72858E-14
      5  -707.11      -14.142

MINIMUM VALUES
ELEM          3            3
VALUE   -707.11      -14.142

MAXIMUM VALUES
ELEM          2            2
VALUE    500.00       10.000
```

图 17.50

(6)运行 Utility Menu/General Postproc/Plot Results/Contour Plot/Line Element Res,弹出如图 17.51 所示的对话框,在 2 个下拉列表中分别选择 FN 和 FN,单击 OK 按钮关闭该对话框。窗口显示内力图如图 17.52 所示。

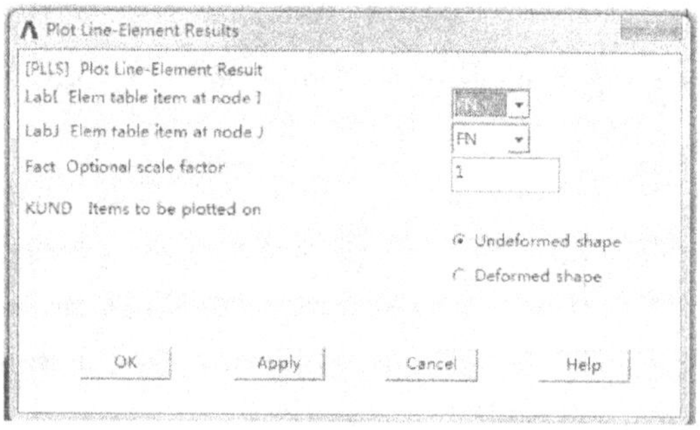

图 17.51

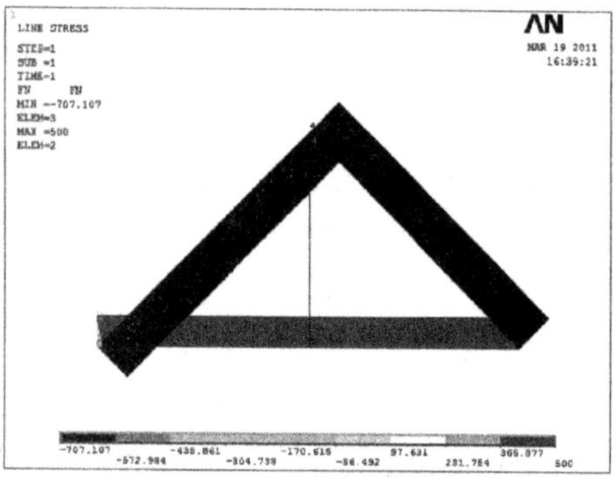

图 17.52

17.2.8 退出 ANSYS

运行 Utility Menu/File/Exit 命令,弹出 Exit from ANSYS 对话框,选择 Save Everything 单选按钮,如图 17.53 所示,单击 OK 按钮关闭 ANSYS 程序。

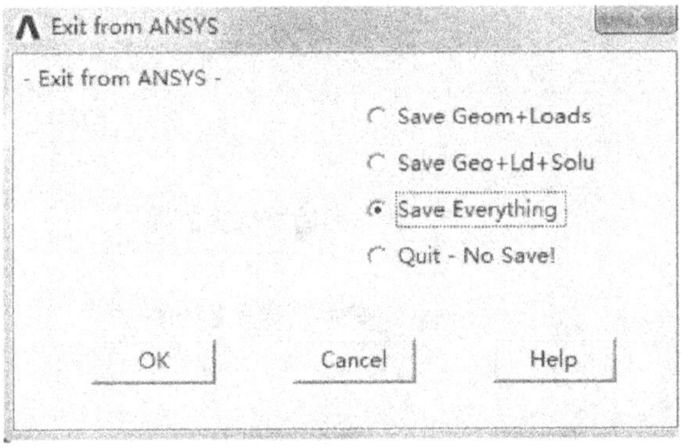

图 17.53

17.3 梁内力、应力和变形计算

17.3.1 问题描述与分析

图 17.54 所示外伸梁截面为正方形,边长为 0.5m,作用均布载荷的集度为 $q = 3\text{kN/m}$,集中力偶矩 $M = 3\text{kN} \cdot \text{m}$,弹性模量 $E = 210\text{GPa}$,泊松比 $\nu = 0.3$。利用命令流分析梁的变形及支座反力,并画出内力图。

单元类型选择 BEAM3 二维梁单元,单元长度为 0.5m,单元长度越小,内力图光滑性越好。单位采用国际单位制。

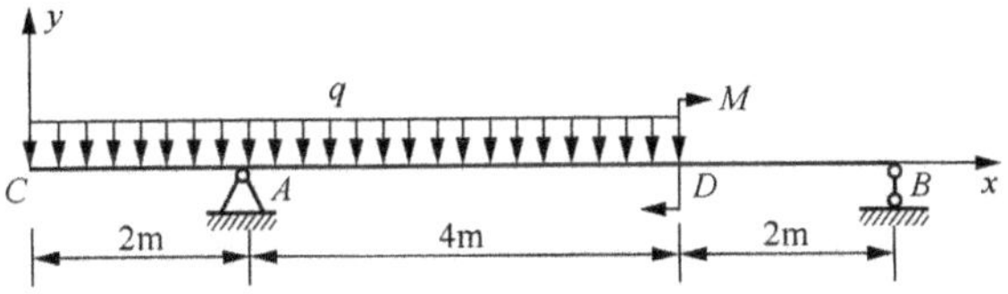

图 17.54

17.3.2 计算命令流

```
/filename,beam
/prep7
ET,1,BEAM3                              ! 单元类型
R,1,0.25,0.0052083,0.5,,,,              ! 实常数
MPTEMP,,,,,,,,                          ! 材料本构模型
MPTEMP,1,0
MPDATA,EX,1,,210e9
```

```
MPDATA,PRXY,1,,0.3
K,KP1,0,0,0,                        ! 建立几何模型
K,KP2,8,0,0,
LSTR,       1,       2
LESIZE,all,0.5,,,,,,,1              ! 设置单元尺寸为 0.5mm
LMESH,       1                      ! 划分网格
FINISH
/SOL
NSEL,S,,,       6
D,all,,0,,,,UX,UY,,,,               ! 施加固定简支约束
NSEL,S,,,       2
D,all,,0,,,,UY,,,,,                 ! 施加滑动简支约束
ESEL,S,,,       1
ESEL,a,,,       2
ESEL,a,,,       3
ESEL,a,,,       4
ESEL,a,,,       5
ESEL,a,,,       6
ESEL,a,,,       7
ESEL,a,,,       8
ESEL,a,,,       9
ESEL,a,,,       10
ESEL,a,,,       11
ESEL,a,,,       12
SFBEAM,all,1,PRES,3000,3000,,,,, ! 施加均布载荷
NSEL,S,,,       14
F,all,MZ,- 3000                     ! 施加集中力偶
ALLSEL,ALL
/STATUS,SOLU
SOLVE

/POST1
SET,FIRST
PLDISP,1                            ! 显示结构变形图
PRRSOL,F                            ! 所有的约束反力

AVPRIN,0,,
ETABLE,,SMISC,2
AVPRIN,0,,
ETABLE,,SMISC,8
AVPRIN,0,,
ETABLE,,SMISC,6
AVPRIN,0,,
ETABLE,,SMISC,12
```

```
PRETAB,SMIS2,SMIS8,SMIS6,SMIS12 ! 显示各单元的剪力和弯矩
! *
PLLS,SMIS2,SMIS8,1,0
PLLS,SMIS6,SMIS12,1,0                ! 画剪力图和弯矩图,分别如图 17.55 和图 17.56 所示

SAVE,'beam','db','
```

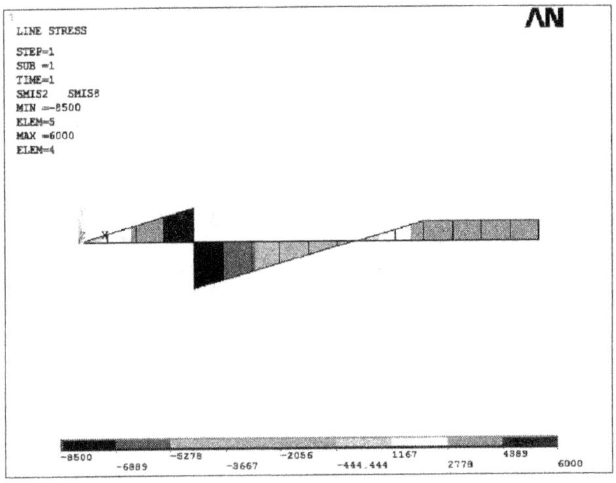

图 17.55

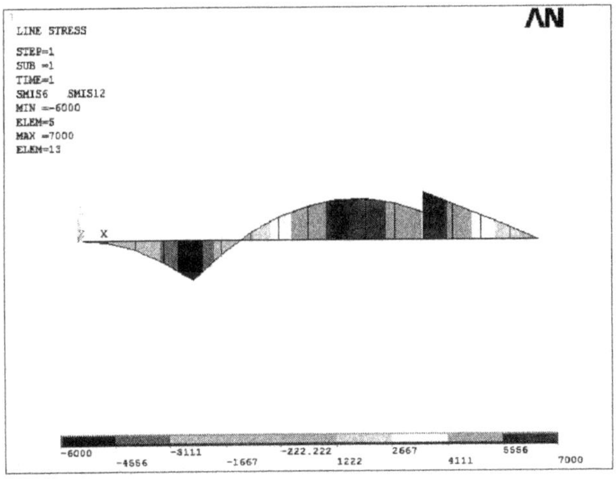

图 17.56

17.4 组合变形杆件内力、变形的计算

17.4.1 问题描述与分析

图 17.57 所示的钢架截面形状为圆形,半径为 0.02m。*AB* 段长度为 1m,作用均布载荷 1000N/m。*BC* 段长度为 0.5m,作用均布载荷 1000N/m。材料的弹性模量 $E = 210$GPa,泊松比 $\nu = 0.3$。利用命令流分析钢架的内力和变形,并绘制内力图。

该问题为杆件的压弯组合变形，单元类型选择 Beam188 三维梁单元，单元长度按份进行划分。

17.4.2 计算命令流

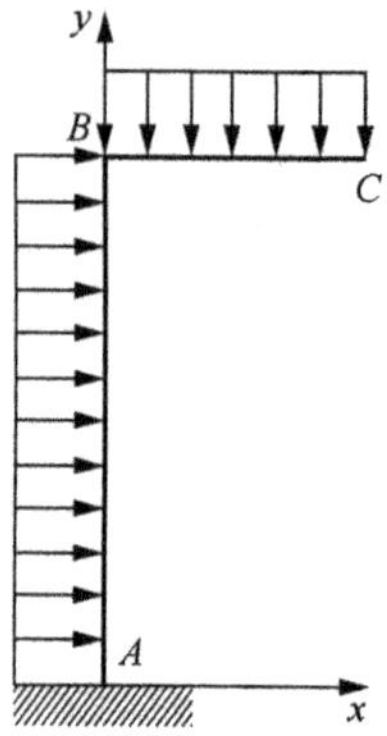

图 17.57

```
/filename,assemble
/prep7
ET,1,BEAM188                                  ! 单元类型
MPTEMP,,,,,,,,                                ! 材料本构模型
MPTEMP,1,0
MPDATA,EX,1,,210e9
MPDATA,PRXY,1,,0.3
SECTYPE,1,BEAM,CSOLID,,0                      ! 梁截面参数定义
SECOFFSET,CENT
SECDATA,0.02,0,0,0,0,0,0,0,0,0
K,KP1,0,0,0,                                  ! 建立几何模型
K,KP2,0,1,0,
K,KP3,0.5,1,0,
LSTR,       1,       2
LSTR,       2,       3
SAVE
LSEL,S,,,        1
LATT,1,,1,,        3,,1
LSEL,S,,,        2
LATT,1,,1,,        1,,1
allsel,all
LESIZE,ALL,,,15,,1,,,1,                       ! AB 和 BC 段单元数量均为 15
LMESH,all                                     ! 划分网格
FINISH
/SHRINK,0
/ESHAPE,1.0
/EFACET,1
/RATIO,1,1,1
/CFORMAT,32,0
/REPLOT
/ESHAPE,0.0

/SOL
NSEL,S,,,        1
D,all,,0,,,,ALL,,,,                           ! 施加固支约束
allsel,all
SFBEAM,all,1,PRES,-1000,-1000,,,,             ! 施加均布载荷
ALLSEL,ALL
```

```
/STATUS,SOLU
SOLVE

/POST1
/POST1
SET,FIRST
PLDISP,1                                  ! 显示结构变形,如图 17.58 所示
PRRSOL,F                                  ! 所有的约束反力
```

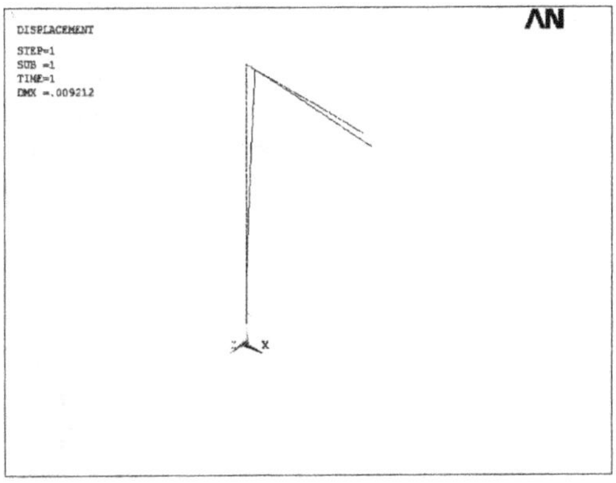

图 17.58

```
AVPRIN,0,,
ETABLE,,SMISC,1
AVPRIN,0,,
ETABLE,,SMISC,14
AVPRIN,0,,
ETABLE,,SMISC,5
AVPRIN,0,,
ETABLE,,SMISC,18
AVPRIN,0,,
ETABLE,,SMISC,2
AVPRIN,0,,
ETABLE,,SMISC,15
PRETAB,SMIS1,SMIS14,SMIS5,SMIS18,SMIS2,SMIS15 ! 各单元的内力
! *
PLLS,SMIS1,SMIS14,1,0
PLLS,SMIS5,SMIS18,1,0
PLLS, SMIS2, SMIS15, 1, 0                 ! 画轴力图、剪力图和弯矩图,分别如
                                          ! 图 17.59、图 17.60、图 17.61 所示

SAVE,'assemble','db','
```

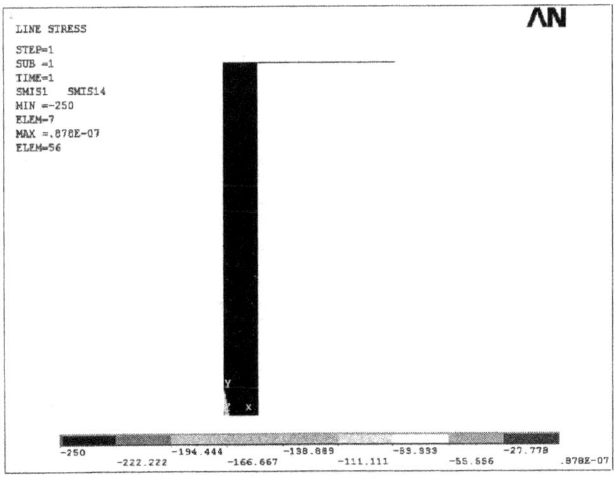

图 17.59

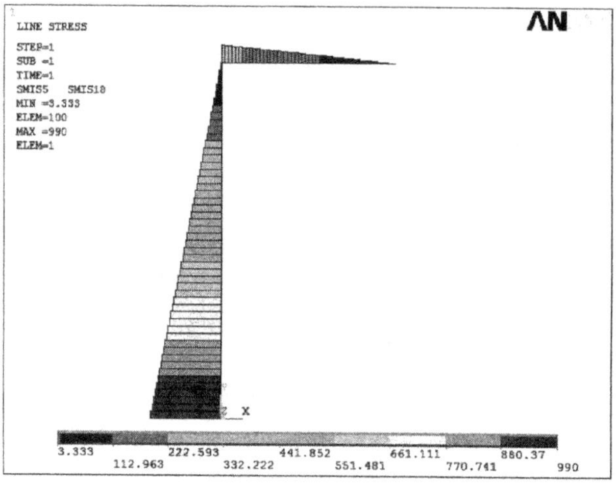

图 17.60

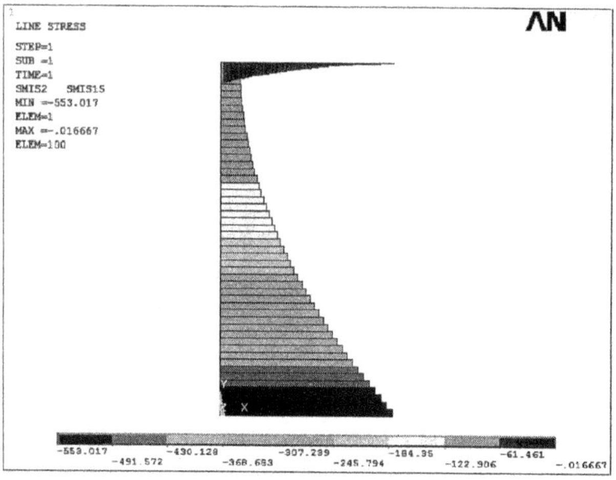

图 17.61

17.5 压杆稳定的计算

17.5.1 问题描述与分析

利用命令流计算图 17.62 所示简支梁的临界压力。其中梁截面为圆形，半径 $r=0.02\text{m}$，长度 $L=2\text{m}$，材料的弹性模量 $E=210\text{GPa}$，泊松比 $\nu=0.3$。

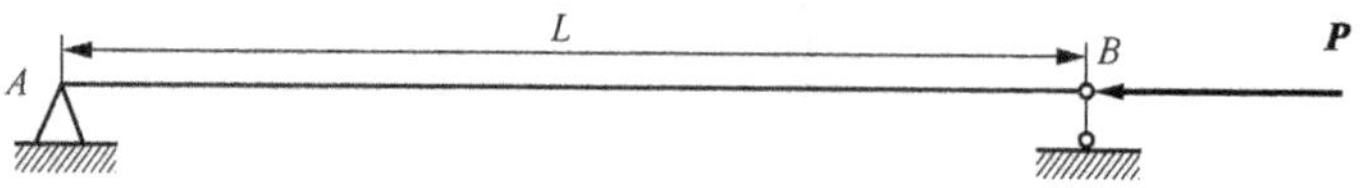

图 17.62

该问题为压杆稳定性分析，须首先进行静态预应力分析，然后进行线性屈曲分析求出一阶特征频率，特征频率与静态预应力分析施加的载荷的乘积即为临界压力。梁单元类型采用 Beam188，为描述屈曲模态，沿梁长度方向取 20 个自由度。

17.5.2 计算命令流

```
/filename,stable
/prep7
ET,1,BEAM188                            ! 单元类型
MPTEMP,,,,,,,,                          ! 材料本构模型
MPTEMP,1,0
MPDATA,EX,1,,210e9
MPDATA,PRXY,1,,0.3
SECTYPE,    1,BEAM,CSOLID,,0            ! 梁截面参数定义
SECOFFSET,CENT
SECDATA,0.02,0,0,0,0,0,0,0,0,0
K,KP1,0,0,0,                            ! 建立几何模型
K,KP2,2,0,0,
K,KP3,2,1,0,
LSTR,       1,       2
SAVE
LSEL,S,,,       1
LATT,1,,1,,       3,,1
LESIZE,ALL,,,20,,1,,,1,

LMESH,all                               ! 划分网格
FINISH
/SHRINK,0
/ESHAPE,1.0
/EFACET,1
/RATIO,1,1,1
/CFORMAT,32,0
/REPLOT

/ESHAPE,0.0
save

/SOL
NSEL,S,  ,,       1
D,all,,0,,,,UX,UY,UZ,ROTX,ROTY,         ! 加载约束
NSEL,S,,,       2
D,all,,0,,,,UY,UZ,ROTX,ROTY,,
F,all,FX,-1000
ANTYPE,0
PSTRES,1

ALLSEL,ALL
/STATUS,SOLU
```

```
SOLVE
FINISH                                ! 静力求解完成

/SOLU
ANTYPE,1
BUCOPT,LANB,10,0,1000000
MXPAND,10,0,0,0,0.001,
/STATUS,SOLU
SOLVE                                 ! 屈曲求解完成

/POST1
SET,FIRST
PLDISP,1                              ! 第 1 阶失稳模态,如图 17.63 所示

SAVE,'stable','db','
```

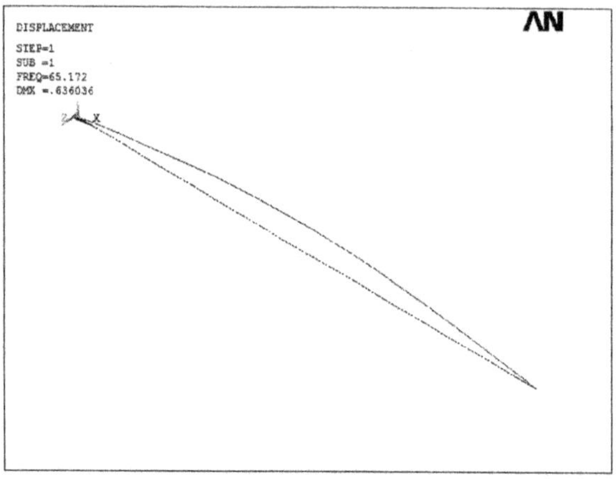

图 17.63

习　题

17-1　以习题 3-19、3-20 为例,采用 ANSYS 求解节点的位移、反作用力和桁架系统的应力。(桁架例题)

17-2　以习题 10-5 为例,采用 ANSYS 求支座约束反力和最大位移,并作弯矩图。(梁弯曲应力和变形例题)

17-3　以习题 15-11、15-15 为例,采用 ANSYS 求临界载荷。(压杆稳定例题)

参考文献

北京科技大学，东北大学. 2008. 工程力学. 4 版. 北京：高等教育出版社

陈精，蔡国忠. 2001. 电脑辅助工程分析：ANSYS 使用指南. 北京：中国铁道出版社

陈昭怡. 2005. 材料力学. 北京：中国建材工业出版社

范钦珊. 2002. 理论力学. 北京：高等教育出版社

高建明. 2004. 材料力学性能. 武汉：武汉理工大学出版社

龚曙光，谢桂兰. 2004. ANSYS 操作命令与参数化编程. 北京：机械工业出版社

过梅丽，赵得禄. 2005. 高分子物理. 北京：北京航空航天大学出版社

哈尔滨工业大学理论力学教研室. 2002. 理论力学. 7 版. 北京：高等教育出版社

郝桐生. 2003. 理论力学. 3 版. 北京：高等教育出版社

姜伟之，赵时熙，王春生等. 2000. 工程材料的力学性能. 北京：北京航空航天大学出版社

刘春庭，马继. 2009. 材料力学性能. 北京：化学工业出版社

刘达，和兴锁. 工程力学. 西安：西北工业大学出版社

刘鸿文. 材料力学. 4 版. 北京：高等教育出版社

刘瑞堂，刘文博，刘锦云. 2001. 工程材料力学性能. 哈尔滨：哈尔滨工业大学出版社

刘伟，高维成，余光滨. 2010 . ANSYS 12.0 宝典. 北京：电子工业出版社

石德坷，金志浩. 1998. 材料力学性能. 西安：西安交通大学出版社

时海芳，任鑫. 2010. 材料力学性能. 北京：北京大学出版社

束德林. 2007. 工程材料力学性能. 北京：机械工业出版社

孙训芳. 1994. 材料力学. 北京：高等教育出版社

王吉会，郑俊萍，刘家臣等. 2006. 材料力学性能. 天津：天津大学出版社

韦林，周松鹤等. 2007. 理论力学. 上海：同济大学出版社

张曙红，张宝中. 1998. 理论力学. 重庆：重庆大学出版社

附录　型　钢　表

表 1　热轧等边角钢(GB 9787—88)

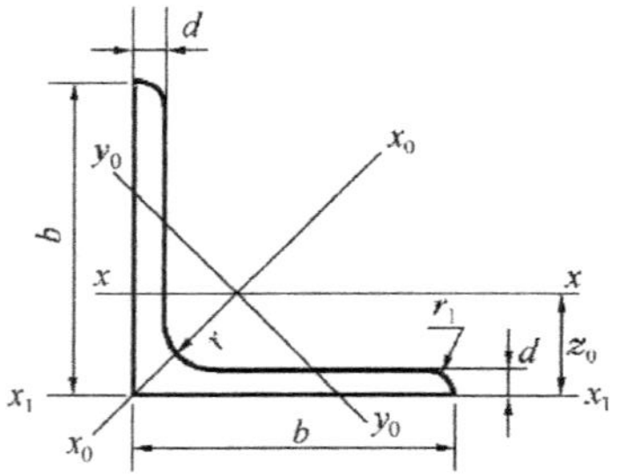

符号意义：b——边宽度；
d——边厚度；
r——内圆弧半径；
r_1——边端内圆弧半径；
I——惯性矩；
i——惯性半径；
W——抗弯截面系数；
z_0——重心距离。

角钢号数	尺寸/mm			截面面积/cm^2	理论质量/(kg/m)	外表面积/(m^2/m)	参考数值											z_0/cm
							x-x			x_0-x_0			y_0-y_0			x_1-x_1	
	b	d	r				I_x/cm^4	i_x/cm	W_x/cm^3	I_{x0}/cm^4	i_{x0}/cm	W_{x0}/cm^3	I_{y0}/cm^4	i_{y0}/cm	W_{y0}/cm^3	I_{x1}/cm^4	
2	20	3	3.5	1.132	0.889	0.078	0.40	0.59	0.29	0.63	0.75	0.45	0.17	0.39	0.20	0.81	0.60
		4		1.459	1.145	0.077	0.50	0.58	0.36	0.78	0.73	0.55	0.22	0.38	0.24	1.09	0.64
2.5	25	3	3.5	1.432	1.124	0.098	0.82	0.76	0.46	1.29	0.95	0.73	0.34	0.49	0.33	1.57	0.73
		4		1.859	1.459	0.097	1.03	0.74	0.59	1.62	0.93	0.92	0.43	0.48	0.40	2.11	0.76

续表

角钢号数	尺寸/mm			截面面积/cm^2	理论质量/(kg/m)	外表面积/(m^2/m)	参考数值										z_0/cm
							x-x			x_0-x_0			y_0-y_0			x_1-x_1	
	b	d	r				I_x/cm^4	i_x/cm	W_x/cm^3	I_{x0}/cm^4	i_{x0}/cm	W_{x0}/cm^3	I_{y0}/cm^4	i_{y0}/cm	W_{y0}/cm^3	I_{x1}/cm^4	
3.0	30	3	4.5	1.749	1.373	0.117	1.46	0.91	0.68	2.31	1.15	1.09	0.61	0.59	0.51	2.71	0.85
		4		2.276	1.786	0.117	1.84	0.90	0.87	2.92	1.13	1.37	0.77	0.58	0.62	3.63	0.89
3.6	36	3		2.109	1.656	0.141	2.58	1.11	0.99	4.09	1.39	1.61	1.07	0.71	0.76	4.68	1.00
		4		2.756	2.163	0.141	3.29	1.09	1.28	5.22	1.38	2.05	1.37	0.70	0.93	6.25	1.04
		5		3.382	2.654	0.141	3.95	1.08	1.56	6.24	1.36	2.45	1.65	0.70	1.09	7.84	1.07
4.0	40	3	5	2.359	1.852	0.157	3.58	1.23	1.23	5.69	1.55	2.01	1.49	0.79	0.96	6.41	1.09
		4		3.086	2.422	0.157	4.60	1.22	1.60	7.29	1.54	2.58	1.91	0.79	1.19	8.56	1.13
		5		3.791	2.976	0.156	5.53	1.21	1.96	8.76	1.52	3.10	2.30	0.78	1.39	10.74	1.17
4.5	45	3		2.659	2.088	0.177	5.17	1.40	1.58	8.20	1.76	2.58	2.14	0.89	1.24	9.12	1.22
		4		3.486	2.736	0.177	6.65	1.38	2.05	10.56	1.74	3.32	2.75	0.89	1.54	12.18	1.26
		5		4.292	3.369	0.176	8.04	1.37	2.51	12.74	1.72	4.00	3.33	0.88	1.81	15.25	1.30
		6		5.076	3.985	0.176	9.33	1.36	2.95	14.76	1.70	4.64	3.89	0.88	2.06	18.36	1.33
5	50	3	5.5	2.971	2.332	0.197	7.18	1.55	1.96	11.37	1.96	3.22	2.98	1.00	1.57	12.50	1.34
		4		3.897	3.059	0.197	9.26	1.54	2.56	14.70	1.94	4.16	3.82	0.99	1.96	16.69	1.38
		5		4.803	3.770	0.196	11.21	1.53	3.13	17.79	1.92	5.03	4.64	0.98	2.31	20.90	1.42
		6		5.688	4.465	0.196	13.05	1.52	3.68	20.68	1.91	5.85	5.42	0.98	2.63	25.14	1.46
5.6	56	3	6	3.343	2.624	0.221	10.19	1.75	2.48	16.14	2.20	4.08	4.24	1.13	2.02	17.56	1.48
		4		4.390	3.446	0.220	13.18	1.73	3.24	20.92	2.18	5.28	5.46	1.11	2.52	23.43	1.53
		5		5.415	4.251	0.220	16.02	1.72	3.97	25.42	2.17	6.42	6.61	1.10	2.98	29.33	1.57
		6		8.367	6.568	0.219	23.63	1.68	6.03	37.37	2.11	9.44	9.89	1.09	4.16	46.24	1.68

续表

角钢号数	尺寸/mm			截面面积/cm^2	理论质量/(kg/m)	外表面积/(m^2/m)	参考数值										z_0/cm
							x-x			x_0-x_0			y_0-y_0			x_1-x_1	
	b	d	r				I_x/cm^4	i_x/cm	W_x/cm^3	I_{x0}/cm^4	i_{x0}/cm	W_{x0}/cm^3	I_{y0}/cm^4	i_{y0}/cm	W_{y0}/cm^3	I_{x1}/cm^4	
6.3	63	4	7	4.978	3.907	0.248	19.03	1.96	4.13	30.17	2.46	6.78	7.89	1.26	3.29	33.35	1.70
		5		6.143	4.822	0.248	23.17	1.94	5.08	36.77	2.45	8.25	9.57	1.25	3.90	41.73	1.74
		6		7.288	5.721	0.247	27.12	1.93	6.00	43.03	2.43	9.66	11.20	1.24	4.46	50.14	1.78
		8		9.515	7.469	0.247	34.46	1.90	7.75	54.56	2.40	12.25	14.33	1.23	5.47	67.11	1.85
		10		11.657	9.151	0.246	41.09	1.88	9.39	64.85	2.36	14.56	17.33	1.22	6.36	84.31	1.93
7	70	4	8	5.570	4.372	0.275	26.39	2.18	5.14	41.80	2.74	8.44	10.99	1.40	4.17	45.74	1.86
		5		6.875	5.397	0.275	32.21	2.16	6.32	51.08	2.73	10.32	13.34	1.39	4.95	57.21	1.91
		6		8.160	6.406	0.275	37.77	2.15	7.48	59.93	2.71	12.11	15.61	1.38	5.67	68.73	1.95
		7		9.424	7.398	0.275	43.09	2.14	8.59	68.35	2.69	13.81	17.82	1.38	6.34	80.29	1.99
		8		10.667	8.373	0.274	48.17	2.12	9.68	76.37	2.68	15.43	19.98	1.37	6.98	91.92	2.03
7.5	75	5	9	7.412	5.818	0.295	37.97	2.33	7.32	63.30	2.92	11.94	16.63	1.50	5.77	70.56	2.04
		6		8.797	6.905	0.294	46.95	2.31	8.64	74.38	2.90	14.02	19.51	1.49	6.67	84.55	2.07
		7		10.160	7.976	0.294	53.57	2.30	9.93	84.96	2.89	16.02	22.18	1.48	7.44	98.71	2.11
		8		11.503	9.030	0.294	59.96	2.28	11.20	95.07	2.88	17.93	24.86	1.47	8.19	112.97	2.15
		10		14.126	11.089	0.293	71.98	2.26	13.64	113.92	2.84	21.48	30.05	1.46	9.56	141.71	2.71
8	80	5	9	7.912	6.211	0.315	48.79	2.48	8.34	77.33	3.13	13.67	20.25	1.60	6.66	85.36	2.15
		6		9.397	7.376	0.314	57.35	2.47	9.87	90.98	3.11	16.08	23.72	1.59	7.65	102.50	2.19
		7		10.860	8.525	0.314	65.58	2.46	11.37	104.07	3.10	18.40	27.09	1.58	8.58	119.70	2.23
		8		12.303	9.658	0.314	73.49	2.44	12.83	116.60	3.08	20.61	30.39	1.57	9.46	136.97	2.27
		10		15.126	11.874	0.313	88.43	2.42	15.64	140.09	3.04	24.76	36.77	1.56	11.08	171.74	2.35

续表

角钢号数	尺寸/mm			截面面积/cm^2	理论质量/(kg/m)	外表面积/(m^2/m)	参考数值										z_0/cm
							x-x			x_0-x_0			y_0-y_0			x_1-x_1	
	b	d	r				I_x/cm^4	i_x/cm	W_x/cm^3	I_{x0}/cm^4	i_{x0}/cm	W_{x0}/cm^3	I_{y0}/cm^4	i_{y0}/cm	W_{y0}/cm^3	I_{x1}/cm^4	
9	90	6	10	10.637	8.350	0.354	82.77	2.79	12.61	131.36	3.51	20.63	34.28	1.80	9.95	145.87	2.44
		7		12.301	9.656	0.354	94.83	2.78	14.54	150.47	3.50	23.64	39.18	1.78	11.19	170.30	2.48
		8		13.944	10.946	0.353	106.47	2.76	16.42	168.97	3.48	26.55	43.97	1.78	12.35	194.80	2.52
		10		17.167	13.476	0.353	128.58	2.74	20.07	203.90	3.45	32.04	53.26	1.76	14.52	244.07	2.59
		12		20.306	15.940	0.352	149.22	2.71	23.57	236.21	3.41	37.12	62.22	1.75	16.49	293.76	2.67
10	100	6	12	11.932	9.366	0.393	114.95	3.10	15.68	181.98	3.90	25.74	47.92	2.00	12.69	200.07	2.67
		7		13.796	10.830	0.393	131.86	3.09	18.10	208.97	3.89	29.55	54.74	1.99	14.26	233.54	2.71
		8		15.638	12.276	0.393	148.24	3.08	20.47	235.07	3.88	33.24	61.41	1.98	15.75	267.09	2.76
		10		19.261	15.120	0.392	179.51	3.05	25.06	284.68	3.84	40.26	74.35	1.96	18.54	334.48	2.84
		12		22.800	17.898	0.391	208.90	3.03	29.48	330.95	3.81	46.80	86.84	1.95	21.08	402.34	2.91
		14		26.256	20.611	0.391	236.53	3.00	33.73	374.06	3.77	52.90	99.00	1.94	23.44	470.75	2.99
		16		29.267	23.257	0.390	262.53	2.98	37.82	414.16	3.74	58.57	110.89	1.94	25.63	539.80	3.06
11	110	7	12	15.169	11.928	0.433	177.16	3.41	22.05	280.94	4.30	36.12	73.38	2.20	17.51	310.64	2.96
		8		17.238	13.532	0.433	199.46	3.40	24.95	316.49	4.28	40.69	82.42	2.19	19.39	355.20	3.01
		10		21.261	16.690	0.432	242.19	3.39	30.60	384.39	4.25	49.42	99.98	2.17	22.91	444.65	3.09
		12		25.200	19.782	0.431	282.55	3.35	36.05	448.17	4.22	57.62	116.93	2.15	26.15	534.60	3.16
		14		29.056	22.809	0.431	320.71	3.32	41.31	508.01	4.18	65.31	133.40	2.14	29.14	625.16	3.24

续表

角钢号数	尺寸/mm			截面面积/cm^2	理论质量/(kg/m)	外表面积/(m^2/m)	参考数值										z_0/cm
							x-x			x_0-x_0			y_0-y_0			x_1-x_1	
	b	d	r				I_x/cm^4	i_x/cm	W_x/cm^3	I_{x0}/cm^4	i_{x0}/cm	W_{x0}/cm^3	I_{y0}/cm^4	i_{y0}/cm	W_{y0}/cm^3	I_{x1}/cm^4	
12.5	125	8	14	19.750	15.504	0.492	297.03	3.88	32.52	470.89	4.88	53.28	123.16	2.50	25.86	521.01	3.37
		10		24.373	19.133	0.491	361.67	3.85	39.97	573.89	4.85	64.93	149.46	2.48	30.62	651.93	3.45
		12		28.912	22.696	0.491	423.16	3.83	41.17	671.44	4.82	75.96	174.88	2.46	35.03	783.42	3.53
		14		33.367	26.193	0.490	481.65	3.80	54.16	763.73	4.78	86.41	199.57	2.45	39.13	915.61	3.61
14	140	10		27.373	21.488	0.551	514.65	4.34	50.58	817.27	5.46	82.56	212.04	2.78	39.20	915.11	3.82
		12		32.512	25.522	0.551	603.68	4.31	59.80	958.79	5.43	96.85	248.57	2.76	45.02	1099.28	3.90
		14		37.567	29.490	0.550	688.81	4.28	68.75	1093.56	5.40	110.47	284.06	2.75	50.45	1284.22	3.98
		16		42.539	33.393	0.549	770.24	4.26	77.46	1221.81	5.36	123.42	318.67	2.74	55.55	1470.07	4.06
16	160	10	16	31.502	24.729	0.630	779.53	4.98	66.70	1237.30	6.27	109.36	321.73	3.20	52.76	1365.33	4.31
		12		37.441	29.391	0.630	916.58	4.95	78.98	1455.68	6.24	128.67	377.49	3.18	60.74	1639.57	4.39
		14		43.296	33.987	0.629	1048.36	4.92	90.95	1665.02	6.20	147.17	431.70	3.16	68.24	1914.68	4.47
		16		49.067	38.518	0.629	1175.08	4.89	102.63	1865.57	6.17	164.89	484.59	3.14	75.31	2190.82	4.55
18	180	12	16	42.241	33.159	0.710	1321.35	5.59	100.82	2100.10	7.05	165.00	542.61	3.58	78.41	2332.82	4.89
		14		48.896	38.383	0.709	1514.48	5.56	116.25	2407.42	7.02	189.14	621.53	3.56	88.38	2723.48	4.97
		16		55.467	43.542	0.709	1700.99	5.54	131.13	2703.37	6.98	212.40	698.60	3.55	97.83	3115.29	5.05
		18		61.955	48.634	0.708	1875.12	5.50	145.64	2988.24	6.94	234.78	762.01	3.51	105.14	3502.43	5.13
20	200	14	18	54.642	42.894	0.788	2103.55	6.20	144.70	3343.26	7.82	236.40	863.83	3.98	111.82	3734.10	5.46
		16		62.013	48.680	0.788	2366.15	6.18	163.65	3760.89	7.79	265.93	971.41	3.96	123.96	4270.39	5.54
		18		69.301	54.401	0.787	2620.64	6.15	182.22	4164.54	7.75	294.48	1076.74	3.74	135.52	4808.13	5.62
		20		76.505	60.056	0.787	2867.30	6.12	200.42	4554.55	7.72	322.06	1180.04	3.93	146.55	5347.51	5.69
		24		90.661	71.168	0.785	3338.25	6.07	236.17	5294.97	7.64	374.41	1381.53	3.90	166.65	6457.16	5.87

注：截面图中的 $r_1=d/3$ 及表中 r 值，用于孔型设计，不作为交货条件。

表 2　热轧不等边角钢(GB 9788—88)

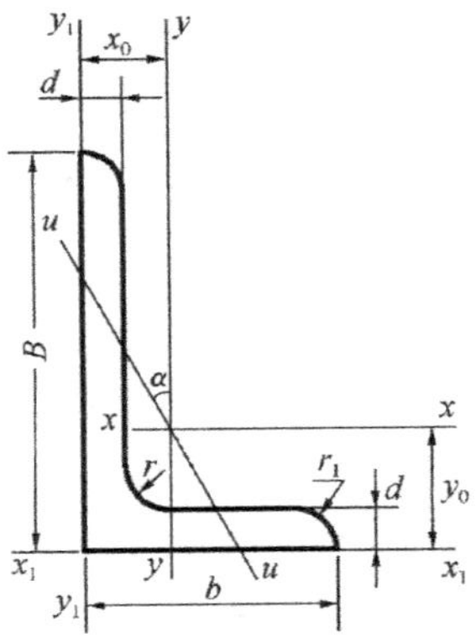

符号意义：B——长边宽度；
d——边厚；
r_1——边端内弧半径；
y_0——形心坐标；
i——惯性半径；
b——短边宽度；
r——内圆弧半径；
x_0——形心坐标；
I——惯性矩；
W——抗弯截面系数。

角钢号数	尺寸/mm				截面面积/cm^2	理论质量/(kg/m)	外表面积/(m^2/m)	参考数值														
								x-x			y-y			x_1-x_1		y_1-y_1		u-u			
	B	b	d	r				I_x/cm^4	i_x/cm	W_x/cm^3	I_y/cm^4	i_y/cm	W_y/cm^3	I_{x1}/cm^4	y_0/cm	I_{y1}/cm^4	x_0/cm	I_x/cm^4	i_u/cm	W_u/cm^3	$\tan\alpha$
2.5/1.6	25	16	3	3.5	1.162	0.912	0.080	0.70	0.78	0.43	0.22	0.44	0.19	1.56	0.86	0.43	0.42	0.14	0.34	0.16	0.392
			4		1.499	1.176	0.079	0.88	0.77	0.55	0.27	0.43	0.24	2.09	0.90	0.59	0.46	0.17	0.34	0.20	0.381
3.2/2	32	20	3		1.492	1.171	0.102	1.53	1.01	0.72	0.46	0.55	0.30	3.27	1.08	0.82	0.49	0.28	0.43	0.25	0.382
			4		1.939	1.22	0.101	1.93	1.00	0.93	0.57	0.54	0.39	4.37	1.12	1.12	0.53	0.35	0.42	0.32	0.374
4/2.5	40	25	3	4	1.890	1.484	0.127	3.08	1.28	1.15	0.93	0.70	0.49	5.39	1.32	1.59	0.59	0.56	0.54	0.40	0.385
			4		2.467	1.936	0.127	3.93	1.26	1.49	1.18	0.69	0.63	8.53	1.37	2.14	0.63	0.71	0.54	0.52	0.381
4.5/2.8	45	28	3	5	2.149	1.687	0.143	4.45	1.44	1.47	1.34	0.79	0.62	9.10	1.47	2.23	0.64	0.80	0.61	0.51	0.383
			4		2.806	2.203	0.143	5.69	1.42	1.91	1.70	0.78	0.80	12.13	1.51	3.00	0.68	1.02	0.60	0.66	0.380

续表

角钢号数	尺寸/mm				截面面积/cm^2	理论质量/(kg/m)	外表面积/(m^2/m)	参考数值													
								x-x			y-y			x_1-x_1		y_1-y_1		u-u			
	B	b	d	r				I_x/cm^4	i_x/cm	W_x/cm^3	I_y/cm^4	i_y/cm	W_y/cm^3	I_{x1}/cm^4	y_0/cm	I_{y1}/cm^4	x_0/cm	I_x/cm^1	i_u/cm	W_u/cm^3	$\tan\alpha$
5/3.2	50	32	3	5.5	2.431	1.908	0.161	6.24	1.60	1.84	2.02	0.91	0.82	12.49	1.60	3.31	0.73	1.20	0.70	0.68	0.404
			4		3.177	2.494	0.160	8.02	1.59	2.39	2.58	0.90	1.06	16.65	1.65	4.45	0.77	1.53	0.69	0.87	0.402
5.6/3.6	56	36	3	6	2.743	2.153	0.181	8.88	1.80	2.32	2.92	1.03	1.05	17.54	1.78	4.70	0.80	1.73	0.79	0.87	0.408
			4		3.590	2.818	0.180	11.45	1.78	3.03	3.76	1.02	1.37	23.39	1.82	6.33	0.85	2.23	0.79	1.13	0.408
			5		4.415	3.466	0.180	13.86	1.77	3.71	4.49	1.01	1.65	29.25	1.87	7.94	0.88	2.67	0.79	1.36	0.404
6.3/4	63	40	4	7	4.058	3.185	0.202	16.49	2.02	3.87	5.23	1.14	1.70	33.30	2.04	8.63	0.92	3.12	0.88	1.40	0.398
			5		4.993	3.920	0.202	20.02	2.00	4.74	6.31	1.12	2.71	41.63	2.08	10.86	0.95	3.76	0.87	1.71	0.396
			6		5.908	4.638	0.201	23.36	1.96	5.59	7.29	1.11	2.43	49.98	2.12	13.12	0.99	4.34	0.86	1.99	0.393
			7		6.802	5.339	0.201	26.53	1.98	6.40	8.24	1.10	2.78	58.07	2.15	15.47	1.03	4.97	0.86	2.29	0.389
7/4.5	70	45	4	7.5	4.547	3.570	0.226	23.17	2.26	4.86	7.55	1.29	2.17	45.92	2.24	12.26	1.02	4.40	0.98	1.77	0.410
			5		5.609	4.403	0.225	27.95	2.23	5.92	9.13	1.28	2.65	57.10	2.28	15.39	1.06	5.40	0.98	2.19	0.407
			6		6.647	5.218	0.225	32.54	2.21	6.95	10.62	1.26	3.12	68.35	2.32	18.58	1.09	6.35	0.93	2.59	0.404
			7		7.657	6.011	0.225	37.22	2.20	8.03	12.01	1.25	3.57	79.99	2.36	21.84	1.13	7.16	0.97	2.94	0.402
(7.5/5)	75	50	5	8	6.125	4.808	0.245	34.86	2.39	6.83	12.61	1.44	3.30	70.00	2.40	21.04	1.17	7.41	1.10	2.74	0.435
			6		7.260	5.699	0.245	41.12	2.38	8.12	14.70	1.42	3.88	84.30	2.44	25.37	1.21	8.54	1.08	3.19	0.435
			8		9.467	7.431	0.244	52.39	2.35	10.52	18.53	1.40	4.99	112.50	2.52	34.23	1.29	10.87	1.07	4.10	0.429
			10		11.590	9.098	0.244	62.71	2.33	12.79	21.96	1.38	6.04	140.80	2.60	43.43	1.36	13.10	1.06	4.99	0.423

续表

角钢号数	尺寸/mm				截面面积/cm^2	理论质量/(kg/m)	外表面积/(m^2/m)	参考数值													
								x-x			y-y			x_1-x_1		y_1-y_1		u-u			
	B	b	d	r				I_x/cm^4	i_x/cm	W_x/cm^3	I_y/cm^4	i_y/cm	W_y/cm^3	I_{x1}/cm^4	y_0/cm	I_{y1}/cm^4	x_0/cm	I_x/cm^4	i_u/cm	W_u/cm^3	tanα
8/5	80	50	5	8	6.375	5.005	0.255	41.96	2.56	7.78	12.82	1.42	3.32	85.21	2.60	21.06	1.14	7.66	1.10	2.74	0.388
			6		7.560	5.935	0.255	49.49	2.56	9.25	14.95	1.41	3.91	102.53	2.65	25.41	1.18	8.85	1.08	3.20	0.387
			7		8.724	6.848	0.255	56.16	2.54	10.58	16.96	1.39	4.48	119.33	2.69	29.82	1.21	10.18	1.08	3.70	0.384
			8		9.867	7.745	0.254	62.83	2.52	11.92	18.85	1.38	5.03	136.41	2.73	34.32	1.25	11.38	1.07	4.16	0.381
9/5.6	90	56	5	9	7.212	5.661	0.287	60.45	2.90	9.92	18.32	1.59	4.21	121.32	2.91	29.53	1.25	10.98	1.23	3.49	0.385
			6		8.557	6.717	0.286	71.03	2.88	11.74	21.42	1.58	4.96	145.59	2.95	35.58	1.29	12.90	1.23	4.18	0.384
			7		9.880	7.756	0.286	81.01	2.86	13.49	24.36	1.57	5.70	169.66	3.00	41.71	1.33	14.67	1.22	4.72	0.382
			8		11.183	8.779	0.286	91.03	2.85	15.27	27.15	1.56	6.41	194.17	3.04	47.93	1.36	16.34	1.21	5.29	0.380
10/6.3	100	63	6	10	9.617	7.550	0.320	99.06	3.21	14.64	30.94	1.79	6.35	199.71	3.24	50.50	1.43	18.42	1.38	5.25	0.394
			7		11.111	8.722	0.320	113.45	3.20	16.88	35.26	1.78	7.29	233.00	3.28	59.14	1.47	21.00	1.38	6.02	0.394
			8		12.584	9.878	0.319	127.37	3.18	19.08	39.39	1.77	8.21	266.32	3.32	67.88	1.50	23.50	1.37	6.78	0.391
			10		15.467	12.142	0.319	153.81	3.15	23.32	47.12	1.74	9.98	333.06	3.40	85.73	1.58	28.33	1.35	8.24	0.387
10/8	100	80	6	10	10.637	8.350	0.354	107.04	3.17	15.19	61.24	2.40	10.16	199.83	2.95	102.68	1.97	31.65	1.72	8.37	0.627
			7		12.301	9.656	0.354	122.73	3.16	17.52	70.08	2.39	11.71	233.20	3.00	119.98	2.01	36.17	1.72	9.60	0.626
			8		13.944	10.946	0.353	137.92	3.14	19.81	75.58	2.37	13.21	266.61	3.04	137.37	2.05	40.58	1.71	10.80	0.625
			10		17.167	13.476	0.353	166.87	3.12	24.24	94.65	2.35	16.12	333.63	3.12	172.48	2.13	49.10	1.69	13.12	0.622
11/7	110	70	6	10	10.637	8.350	0.354	133.37	3.54	17.85	42.92	2.01	7.90	265.78	3.53	69.08	1.57	25.36	1.54	6.53	0.403
			7		12.301	9.656	0.354	153.00	5.53	20.60	49.01	2.00	9.09	310.07	3.57	80.82	1.61	28.95	1.53	7.50	0.402
			8		13.944	10.916	0.353	172.04	3.51	23.30	54.87	1.98	10.25	354.39	3.62	92.70	1.65	32.45	1.53	8.45	0.401
			10		17.167	13.467	0.353	208.39	3.48	28.54	65.88	1.96	12.48	443.13	3.70	116.83	1.72	39.20	1.51	10.29	0.397

续表

角钢号数	尺寸/mm				截面面积/cm^2	理论质量/(kg/m)	外表面积/(m^2/m)	参考数值													
								x-x			y-y			x_1-x_1		y_1-y_1		u-u			
	B	b	d	r				I_x/cm^4	i_x/cm	W_x/cm^3	I_y/cm^4	i_y/cm	W_y/cm^3	I_{x1}/cm^4	y_0/cm	I_{y1}/cm^4	x_0/cm	I_x/cm^4	i_u/cm	W_u/cm^3	$\tan\alpha$
12.5/8	125	80	7	11	14.096	11.066	0.403	227.98	4.02	26.86	74.42	2.30	12.01	454.99	4.01	120.32	1.80	43.81	1.76	9.92	0.408
			8		15.989	12.551	0.403	256.77	4.01	30.41	83.49	2.28	13.56	519.99	4.06	137.85	1.84	49.15	1.75	11.18	0.407
			10		19.712	15.474	0.402	312.04	3.98	37.33	100.67	2.26	16.56	650.09	4.14	173.40	1.92	59.45	1.74	13.64	0.404
			12		23.351	18.330	0.402	364.41	3.95	44.01	116.67	2.24	19.43	780.39	4.22	209.67	2.00	69.35	1.72	16.01	0.400
14/8	140	90	8	12	18.038	14.160	0.453	365.64	4.50	38.48	120.69	2.59	17.34	730.53	4.50	195.79	2.04	70.83	1.98	14.31	0.411
			10		22.261	17.475	0.452	445.50	4.47	47.31	146.03	2.56	21.22	913.20	4.58	245.92	2.21	85.82	1.96	17.48	0.409
			12		26.400	20.724	0.451	521.59	4.44	55.87	169.79	2.54	24.95	1096.09	4.66	296.89	2.19	100.21	1.95	20.54	0.406
			14		30.456	23.908	0.451	594.10	4.42	64.18	192.10	2.51	28.54	1279.26	4.74	348.82	2.27	114.13	1.94	23.52	0.403
16/10	160	100	10	13	25.315	19.872	0.512	668.69	5.14	62.13	205.03	2.85	26.56	1362.89	5.24	336.59	2.28	121.74	2.19	21.92	0.390
			12		30.054	23.592	0.511	784.91	5.11	73.49	239.09	2.82	31.28	1635.56	5.32	405.94	2.36	142.33	2.17	25.79	0.388
			14		34.709	27.247	0.510	896.30	5.08	84.56	271.20	2.80	35.83	1908.50	5.40	476.42	2.43	162.23	2.16	29.56	0.385
			16		39.281	30.835	0.510	1003.04	5.05	95.33	301.60	2.77	40.24	2181.79	5.48	548.22	2.51	182.57	2.16	33.44	0.382
18/11	180	110	10	14	28.373	22.273	0.571	956.25	5.80	78.96	278.11	3.13	32.49	1940.40	5.89	447.22	2.44	166.50	2.42	26.88	0.376
			12		33.712	26.464	0.571	1124.72	5.78	93.53	325.03	3.10	38.32	2328.35	5.98	538.94	2.52	194.87	2.40	31.66	0.374
			14		38.967	30.589	0.570	1286.91	5.75	107.76	369.55	3.08	43.97	2716.60	6.06	631.95	2.59	222.30	2.39	36.32	0.372
			16		44.139	34.649	0.569	1443.06	5.72	121.64	411.85	3.06	49.44	3105.15	6.14	726.46	2.67	248.84	2.38	40.87	0.369
20/12.5	200	125	12		37.912	29.761	0.641	1570.90	6.44	116.73	483.16	3.57	49.99	3193.85	6.54	787.74	2.83	285.79	2.74	41.23	0.392
			14		43.867	34.436	0.640	1800.97	6.41	134.65	550.83	3.54	57.44	3726.17	6.62	922.47	2.91	326.58	2.73	47.34	0.390
			16		49.739	39.045	0.639	2023.35	6.38	152.18	615.44	3.52	64.69	4258.86	6.70	1058.86	2.99	366.21	2.71	53.32	0.388
			18		55.526	43.588	0.639	2238.30	6.35	169.33	677.19	3.49	71.74	4972.00	6.78	1197.13	3.06	404.83	2.70	59.18	0.385

注：1. 括号内型号不推荐使用。

2. 截面图中的 $r_1=d/3$ 及表中 r 值，用于孔型设计，不作为交货条件。

表 3　热轧槽钢(GB 707—88)

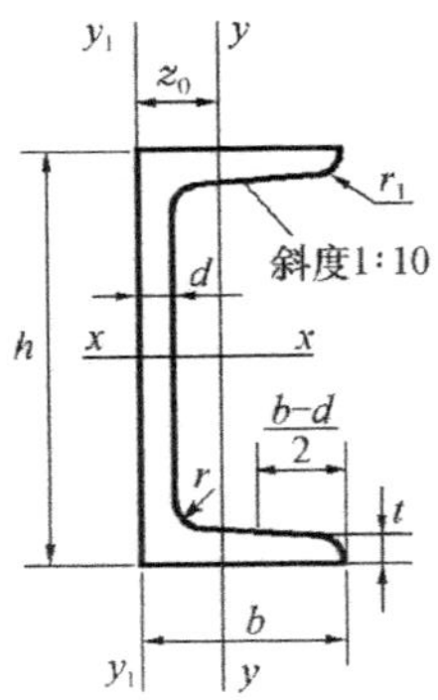

符号意义：h——高度；
b——腿宽度；
d——腰厚度；
t——平均腿厚度；
r——内圆弧半径；
r_1——腿端圆弧半径；
I——惯性矩；
W——抗弯截面系数；
i——惯性半径；
z_0——y-y 轴与 y_1-y_1 轴间距。

型号	尺寸/mm						截面面积/cm²	理论质量/(kg/m)	参考数值							
									x-x			y-y			y₁-y₁	
	h	b	d	t	r	r_1			W_x/cm³	I_x/cm⁴	i_x/cm	W_y/cm³	I_y/cm⁴	i_y/cm	I_{y1}/cm⁴	z_0/cm
5	50	37	4.5	7	7.0	3.5	6.928	5.438	10.4	26.0	1.94	3.55	8.30	1.10	20.9	1.35
6.3	63	40	4.8	7.5	7.5	3.8	8.451	6.634	16.1	50.8	2.45	4.50	11.9	1.19	28.4	1.36
8	80	43	5.0	8	8.0	4.0	10.248	8.045	25.3	101	3.15	5.79	16.6	1.27	37.4	1.43
10	100	48	5.3	8.5	8.5	4.2	12.748	10.007	39.7	198	3.95	7.8	25.6	1.41	54.9	1.52
12.6	126	53	5.5	9	9.0	4.5	15.692	12.318	62.1	391	4.95	10.2	38.0	1.57	77.1	1.59
14 a	140	58	6.0	9.5	9.5	4.8	18.516	14.535	80.5	564	5.52	13.0	53.2	1.70	107	1.71
14 b	140	60	8.0	9.5	9.5	4.8	21.316	16.733	87.1	609	5.35	14.1	61.1	1.69	121	1.67
16a	160	63	6.5	10	10.0	5.0	21.962	17.240	108	866	6.28	16.3	73.3	1.83	144	1.80
16	160	65	8.5	10	10.0	5.0	25.162	19.752	117	935	6.10	17.6	83.4	1.82	161	1.75
18a	180	68	7.0	10.5	10.5	5.2	25.699	20.174	141	1270	7.04	20.2	98.6	1.96	190	1.88
18	180	70	9.0	10.5	10.5	5.2	29.299	23.000	152	1370	6.84	21.5	111	1.95	210	1.84

续表

型号	尺寸/mm						截面面积/cm^2	理论质量/(kg/m)	参考数值							
									x-x			y-y			y_1-y_1	
	h	b	d	t	r	r_1			W_x/cm^3	I_x/cm^4	i_x/cm	W_y/cm^3	I_y/cm^4	i_y/cm	I_{y1}/cm^4	z_0/cm
20a	200	73	7.0	11	11.0	5.5	28.837	22.637	178	1780	7.86	24.2	128	2.11	244	2.01
20	200	75	9.0	11	11.0	5.5	32.837	25.777	191	1910	7.64	25.9	144	2.09	268	1.95
22a	220	77	7.0	11.5	11.5	5.8	31.846	24.999	218	2390	8.67	28.2	158	2.23	298	2.10
22	220	79	9.0	11.5	11.5	5.8	36.246	28.453	234	2570	8.42	30.1	176	2.21	326	2.03
a	250	78	7.0	12	12.0	6.0	34.917	27.410	270	3370	9.82	30.6	176	2.24	322	2.07
25b	250	80	9.0	12	12.0	6.0	39.917	31.335	282	3530	9.41	32.7	196	2.22	353	1.98
c	250	82	11.0	12	12.0	6.0	44.917	35.260	295	3690	9.07	35.9	218	2.21	384	1.92
a	280	82	7.5	12.5	12.5	6.2	40.034	31.427	340	4760	10.9	35.7	218	2.33	388	2.10
28b	280	84	9.5	12.5	12.5	6.2	45.634	35.823	366	5130	10.6	37.9	242	2.30	428	2.02
c	280	86	11.5	12.5	12.5	6.2	51.234	40.219	393	5500	10.4	40.3	268	2.29	463	1.95
a	320	88	8.0	14	14.0	7.0	48.513	38.083	475	7600	12.5	46.5	305	2.50	552	2.24
32b	320	90	10.0	14	14.0	7.0	54.913	43.107	509	8140	12.2	59.2	336	2.47	593	2.16
c	320	92	12.0	14	14.0	7.0	61.313	48.131	543	8690	11.9	52.6	374	2.47	643	2.09
a	360	96	9.0	16	16.0	8.0	60.910	47.814	660	11900	14.0	63.5	455	2.73	818	2.44
36b	360	98	11.0	16	16.0	8.0	68.110	53.466	703	12700	13.6	66.9	497	2.70	880	2.37
c	360	100	13.0	16	16.0	8.0	75.310	59.118	746	13400	13.4	70.0	536	2.67	948	2.34
a	400	100	10.5	18	18.0	9.0	75.068	58.928	879	17600	15.3	78.8	592	2.81	1070	2.49
40b	400	102	12.5	18	18.0	9.0	83.068	65.208	932	18600	15.0	82.5	640	2.78	1140	2.44
c	400	104	14.5	18	18.0	9.0	91.068	71.488	986	19700	14.7	86.2	688	2.75	1220	2.42

表 4　热轧工字钢(GB 706—88)

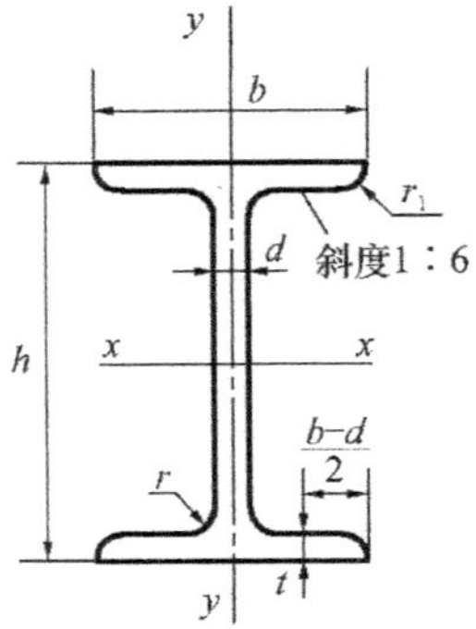

符号意义：h——高度；
b——腿宽度；
d——腰厚度；
t——平均腿厚度；
r——内圆弧半径；
r_1——腿端圆弧半径；
I——惯性矩；
W——抗弯截面系数；
i——惯性半径；
S——半截面的静力距。

型号	尺寸/mm						截面面积/cm²	理论质量/(kg/m)	参考数值						
									x-x				y-y		
	h	b	d	t	r	r_1			I_x/cm⁴	W_x/cm³	i_x/cm	$I_x:S_x$/cm	I_y/cm⁴	W_y/cm³	i_y/cm
10	100	68	4.5	7.6	6.5	3.3	14.345	11.261	245	49.0	4.14	8.59	33.0	9.72	1.52
12.6	126	74	5.0	8.4	7.0	3.5	18.118	14.223	488	77.5	5.20	10.8	46.9	12.7	1.61
14	140	80	5.5	9.1	7.5	3.8	21.516	16.890	712	102	5.76	12.0	64.4	16.1	1.73
16	160	88	6.0	9.9	8.0	4.0	26.131	20.513	1130	141	6.58	13.8	93.1	21.2	1.89
18	180	94	6.5	10.7	8.5	4.3	30.756	24.143	1660	185	7.36	15.4	122	26.0	2.00
20a	200	100	7.0	11.4	9.0	4.5	35.578	27.929	2370	237	8.15	17.2	158	31.5	3.12
20b	200	102	9.0	11.4	9.0	4.5	39.578	31.069	2500	250	7.96	16.9	169	33.1	2.06
22a	220	110	7.5	12.3	9.5	4.8	42.128	33.070	3400	309	8.99	18.9	225	40.9	2.31
22b	220	112	9.5	12.3	9.5	4.8	46.528	36.524	3570	325	7.78	18.7	239	42.7	2.27
25a	250	116	8.0	13.0	10.0	5.0	48.541	38.105	5020	402	10.2	21.6	280	48.3	2.40
25b	250	118	10.0	13.0	10.0	5.0	53.541	42.030	5280	423	9.94	21.3	309	52.4	2.40

续表

型号	尺寸/mm						截面面积 /cm^2	理论质量 /(kg/m)	参考数值						
									x-x				y-y		
	h	b	d	t	r	r_1			I_x /cm^4	W_x /cm^3	i_x /cm	$I_x:S_x$ /cm	I_y /cm^4	W_y /cm^3	i_y /cm
28a	280	122	8.5	13.7	10.5	5.3	55.404	43.492	7110	508	11.3	24.6	345	56.6	2.50
28b	280	124	10.5	13.7	10.5	5.3	61.004	47.888	7480	534	11.1	24.2	379	61.2	2.49
32a	320	130	9.5	15.0	11.5	5.8	67.156	52.717	11100	692	12.8	27.5	460	70.8	2.62
32b	320	132	11.5	15.0	11.5	5.8	73.556	57.741	11600	726	12.6	27.1	502	76.0	2.61
32c	320	134	13.5	15.0	11.5	5.8	79.956	62.765	12200	760	12.3	26.3	544	81.2	2.61
36a	360	136	10.0	15.8	12.0	6.0	76.480	60.037	15800	875	14.4	30.7	552	81.2	2.69
36b	360	138	12.0	15.8	12.0	6.0	83.680	65.689	16500	919	14.1	30.3	582	84.3	2.64
36c	360	140	14.0	15.8	12.0	6.0	90.880	71.341	17300	962	13.8	29.9	612	87.4	2.60
40a	400	142	10.5	16.5	12.5	6.3	86.112	67.598	21700	1090	15.9	34.1	660	93.2	2.77
40b	400	144	12.5	16.5	12.5	6.3	94.112	73.878	22800	1140	16.5	33.6	692	96.2	2.71
40c	400	146	14.5	16.5	12.5	6.3	102.112	80.158	23900	1190	15.2	33.2	727	99.6	2.65
45a	450	150	11.5	18.0	13.5	6.8	102.446	80.420	32200	1430	17.7	38.6	855	114	2.89
45b	450	152	13.5	18.0	13.5	6.8	111.446	87.485	33800	1500	17.4	38.0	894	118	2.84
45c	450	154	15.5	18.0	13.5	6.8	120.446	94.550	35300	1570	17.1	37.6	938	122	2.79
50a	500	158	12.0	20.4	14.0	7.0	119.304	93.654	46500	1860	19.7	42.8	1120	142	3.07
50b	500	160	14.0	20.0	14.0	7.0	129.304	101.504	48600	1940	19.4	42.4	1170	146	3.01
50c	500	162	16.0	20.0	14.0	7.0	139.304	109.354	50600	2080	19.0	41.8	1220	151	2.96
56a	560	166	12.5	21.0	14.5	7.3	135.435	106.316	65600	2340	22.0	47.7	1370	165	3.18
56b	560	168	14.5	21.0	14.5	7.3	146.635	115.108	68500	2450	21.6	47.2	1490	174	3.16
56c	560	170	16.5	21.0	14.5	7.3	157.835	123.900	71400	2550	21.3	46.7	1560	183	3.16
63a	630	176	13.0	22.0	15.0	7.5	154.658	121.407	93900	2980	24.5	54.2	1700	193	3.31
63b	630	178	15.0	22.0	15.0	7.5	167.258	131.298	98100	3160	24.2	53.5	1810	204	3.29
63c	630	180	17.0	22.0	15.0	7.5	179.858	141.189	102000	3300	23.8	52.9	1920	214	3.27

注：截面图和表中标注的圆弧半径 r 和 r_1 值，用于孔型设计，不作为交货条件。

习题参考答案

第2章

2-1 $F_R=550N,60°$

2-2 F_1左上斜，$F_2=4.36kN$，垂直向下，$F_3=3.88kN$

2-3 (a)$F_A=15.8kN, F_B=7.07kN$； (b)$F_A=22.4kN, F_B=10kN$

2-4 $P=4.9kN$

2-5 $F_1=1kN, F_2=1.414kN, F_3=1.578kN, F_4=1.155kN$

2-6 $F_A=10kN, F_C=14.14kN$

2-7 (a)$F_A=0.707F, F_B=0.707F$； (b)$F_A=0.79F, F_B=0.35F$

2-8 (a)$F_{AB}=4.097kN, F_{AC}=-5.598kN$； (b)$F_{AB}=-0.414kN, F_{AC}=-3.146kN$；
(c)$F_{AB}=0.362kN, F_{AC}=2.748kN$

2-9 (a)Pl； (b)0； (c)$Pl\sin\alpha$； (d)$Pl\sin\alpha$

2-10 (a)$F_A=F_B=M/l$； (b)$F_A=F_B=M/(l\cos\theta)$

2-11 $F_A=F_C=0.35M/a$

2-12 $F_A=F_B=9.43kN$

2-13 $F_A=F_B=0.5kN\cdot m$

2-14 $F_{BC}=5N$， $M_2=3N\cdot m$

2-15 $F_A=\sqrt{2}M/l$

2-16 $M=Fa$

第3章

3-1 $M_A=F(r-R\sin\alpha)$

3-2 $M_A=5qa^2/6$

3-3 $F_R=\sqrt{2}F$, $M_A=2Fa$，两者等效

3-4 $F_3=40N$

3-5 $F'_R=466.5N, M_o=21.44N\cdot m; F_R=466.5N, d=45.96mm$

3-6 $x_B=-1m, F'_R=10N$，与 y 轴正向一致；$x_E=1m, y_E=1m, F'_R=10N$，与 y 轴正向一致

3-7 (a)$F_{Ax}=0$，$F_{Ay}=\dfrac{\dfrac{qa^2}{2}+2Pa+M}{3a}$，$F_{By}=\dfrac{\dfrac{5qa^2}{2}+Pa-M}{3a}$；
(b)$F_{Ax}=0$，$F_{Ay}=-\dfrac{1}{2}\left(F+\dfrac{M}{a}\right)$，$F_{By}=\dfrac{1}{2}\left(3F+\dfrac{M}{a}\right)$

3-8 (a)$F_{Ax}=-3kN, F_{Ay}=-0.25kN, F_B=4.25kN$； (b)$F_{Ax}=-4kN, F_{Ay}=17kN, M_A=43kN\cdot m$；
(c)$F_{Ax}=0, F_{Ay}=6kN, M_A=12kN\cdot m$

3-9 $F_{2\max}=\dfrac{3P}{8}+\dfrac{7F_2}{8}+\dfrac{F_2^2}{2P}, AB_{\min}=\dfrac{2F_2}{P}+1.5$

3-10 $F_{BC}=848.5N, F_{Ax}=2.4kN, F_{Ay}=1.2kN$

3-11 (a)$F_{Ex}=7.5kN, F_{Bx}=F_{By}=40\sqrt{2}kN$，$F_{Cx}=-47.5kN, F_{Cy}=-25kN$；
(b)$F_{Ex}=-5kN, F_{Ey}=\dfrac{2}{3}kN, F_{CD}=\sqrt{5}kN$，$F_{AB}=\dfrac{3}{4}kN$

3-12 (a)$F_{Ax}=0, F_{Ay}=60kN, F_C=60kN$，$M_A=180kN\cdot m$；
(b)$F_{Ax}=F_{Ay}=2.5kN, F_C=2.5\sqrt{2}kN$，$F_D=15kN$

3-13 (a)$F_{Ax}=\frac{\sqrt{3}ql}{6}-\frac{\sqrt{3}F}{2}$, $F_{Ay}=\frac{3ql}{2}+\frac{F}{2}$, $M_A=M-2ql^2$, $F_C=\frac{\sqrt{3}ql}{3}$;

(b)$F_{Ax}=F-\frac{\sqrt{3}M}{3l}$, $F_{Ay}=ql$, $M_A=(1-\sqrt{3})M-\frac{ql^2}{2}+2Fl$, $F_C=\frac{\sqrt{3}M}{3l}$

3-14 $P_2=5.208\text{kN}$, $F_{Ax}=2\text{kN}$, $F_{Ay}=6.666\text{kN}$, $F_{Cx}=-5\text{kN}$, $F_{Cy}=-1.456\text{kN}$

3-15 (a)$F_{Ax}=-11.27\text{kN}$, $F_{Ay}=10.4\text{kN}$, $F_{Dx}=11.27\text{kN}$, $F_{Dy}=0$, $F_1=-F_2=-11.27\text{kN}$, $F_3=-15.94\text{kN}$;

(b)$F_{Ax}=0$, $F_{Ay}=90\text{kN}$, $F_B=80\text{kN}$, $F_1=145.8\text{kN}$, $F_2=-87.5\text{kN}$, $F_3=116.7\text{kN}$

3-16 $F_{Ax}=487.5\text{N}$, $F_{Ay}=518.5\text{N}$, $F_{BD}=-1379\text{N}$

3-17 $F_{Ax}=-5\text{kN}$, $F_{Ay}=-10\text{kN}$

3-18 $F_{Ax}=35.4\text{kN}$, $F_{Ay}=55.4\text{kN}$, $M_A=141.6\text{kN}\cdot\text{m}$

3-19 $F_1=13\text{kN}$, $F_2=-26\text{kN}$, $F_3=17.3\text{kN}$, $F_4=-25\text{kN}$, $F_5=-17.3\text{kN}$, $F_6=30.3\text{kN}$, $F_7=-35\text{kN}$

3-20 $F_1=\frac{20F}{9}$, $F_2=\frac{F}{3}$, $F_3=\frac{25}{9}$

第 4 章

4-1 $F_a=10\text{N}$, $F_b=5\text{N}$

4-2 $F_a=137.34\text{N}$, $F_b=259.96\text{N}$

4-3 $G(\sin\alpha-\tan\varphi_m\cos\alpha)\leqslant F\leqslant G(\sin\alpha+\tan\varphi_m\cos\alpha)$

4-4 $a<f_s b$ 先翻倒；$a>f_s b$ 先滑动

4-5 $BC<1.1\text{m}$

4-6 $F\geqslant 1.94\text{kN}$

4-7 $56.6\text{N}\leqslant P\leqslant 348.7\text{N}$

4-8 $\frac{3-\sqrt{3}f_s}{3+\sqrt{3}f_s}\sqrt{3}Pa\leqslant M\leqslant\frac{3+\sqrt{3}f_s}{3-\sqrt{3}f_s}\sqrt{3}Pa$

4-9 $\alpha\geqslant 74°12'$

4-10 $b\leqslant 11\text{ cm}$

4-11 $a<\frac{b}{2f}$

4-12 308.88N

4-13 $P=1110\text{N}$

4-14 $e\leqslant\sqrt{(h-r)^2+f_s{}^2h^2}$

4-15 $F=\frac{f_s b}{2(a+b)}G$

4-16 $b>f_s(a-c)$

4-17 39.8N

4-18 $b\leqslant 0.75\text{cm}$

4-19 $d=34.5\text{mm}$

4-20 $F_1=400\text{N}$, $F_2=100\text{N}$

第 5 章

5-1 $X=88.4\text{N}$, $Y=153\text{N}$, $Z=177\text{N}$

5-4 $T_D=2000\text{N}$, $T_A=T_C=-1225\text{N}$

5-5 $T_A=778\text{N}$, $T_B=746\text{N}$, $T_C=702\text{N}$

5-6 $m_x(P)=P\sin\alpha\cdot b$, $m_y(P)=0$, $m_z(P)=-P\cos\alpha\sin\beta\cdot b$

5-7 $P=-200\text{N}$, $m_x=-80\text{N}\cdot\text{m}$, $m_y=-10\text{N}\cdot\text{m}$

5-8　$F_{Ay}=-\frac{1}{2}(W+Q), F_{Az}=W+\frac{Q}{2}, F_B=\frac{1}{2}(W+Q), F_{Cz}=\frac{Q}{2}$

5-9　$F_{Ax}=-500\text{N}, F_{Az}=-919\text{N}, F_{Bx}=4130\text{N}, F_{Bz}=-1340\text{N}, F_N=2130\text{N}$

5-10　$x_C=6.3\text{cm}, y_C=0; x_C=0, y_C=1.75a$

5-11　$x_C=1.18\text{m}, y_C=0.51\text{m}$

5-12　$x_C=-0.4\text{cm}$

5-13　$F_{Ay}=W, F_{Ax}=-\frac{W}{\pi}, F_B=\frac{W}{\pi}$

5-14　$b=a-\frac{F_N\cdot a}{W}$

第 7 章

7-3　$F_{N1}=-20\text{kN}, \sigma_1=-100\text{MPa}$;　$F_{N2}=-10\text{kN}, \sigma_2=-33.3\text{MPa}$;　$F_{N3}=10\text{kN}, \sigma_3=25\text{MPa}$

7-4　$\theta=26.6°$

7-5　$\sigma_1=82.9\text{MPa}, \leqslant[\sigma]$,安全。$\sigma_2=131.8\text{MPa}, \leqslant[\sigma]$,安全

7-6　$[P]=742.6\text{kN}$

7-7　$\theta=54.8°$

7-8　$A_1=500\text{ mm}^2, A_2=1414\text{ mm}^2, A_3=2500\text{ mm}^2$

7-9　$[F]=57.6\text{kN}$

7-10　$[F]=150\text{kN}$

7-11　$[F]=\frac{\sqrt{2}[\sigma]A}{2}$

7-12　$d_{AB}\geqslant17.2\text{mm}, d_{BC}=d_{BD}\geqslant17.2\text{mm}$

7-13　$\Delta=\frac{Fl}{3EA}$

7-14　$d\geqslant20\text{mm}, b\geqslant84.1\text{mm}$

7-15　$\Delta=1.365\text{mm}$

7-16　$\Delta_B=\frac{8\sqrt{2}a}{EA}F$

7-17　(1) $x=0.6\text{m}$；(2) $F=200\text{kN}$

7-18　$F_{N1}=\frac{1}{5}F, F_{N2}=\frac{2}{5}F$

7-19　$F_{N1}=\frac{5}{6}F, F_{N2}=\frac{1}{3}F, F_{N3}=-\frac{1}{6}F$

7-20　$\sigma_1=127\text{MPa}, \sigma_2=26.8\text{MPa}, \sigma_3=-86.5\text{MPa}$

7-21　AC 杆 2 个 80×7 角钢；CD 杆 2 个 75×6 角钢

7-22　$\Delta_{AC}=0.683\times10^{-3}\text{m}$

7-23　$\Delta_x=0.518\text{mm}, \Delta_y=1.04\text{mm}$

7-24　$\sigma_1=12.5\text{MPa}, \sigma_2=2\text{MPa}, \sigma_3=3.5\text{MPa}$

7-25　(1) $F=32\text{kN}$；(2) $\sigma_1=86\text{MPa}, \sigma_2=-78\text{MPa}$

第 8 章

8-2　$d\geqslant4\text{cm}$

8-3　$\tau=66.3\text{MPa}[\tau]$；$\sigma_{bs}=102\text{MPa}[\sigma_{bs}]$，安全

8-4　$d/h=2.4$

8-5 $D:h:d = 1.225:0.333:1$

8-6 $\tau = 15.9\text{MPa} [\tau]$，安全

8-7 $\tau = 43.3\text{MPa}$，$\sigma_{bs} = 59.5\text{MPa}$

8-8 $[F] = 180\text{kN}$

第 9 章

9-2 $m = 0.0133\text{kN/m}$

9-4 $\tau_\rho = 35\text{MPa}, \tau_{\max} = 87.6\text{MPa}$

9-5 $P = 18.47\text{kW}$

9-6 $d = 5.13\text{cm}$

9-7 $d_1 \geqslant 45\text{mm}, D_2 \geqslant 46\text{mm}$

9-8 实心 $d = 2.2\text{cm}$；空心 $D = 2.62\text{cm}, d = 2.1\text{cm}$；$W_{实心} : W_{空心} \approx 1.98$

9-9 (1)$\tau_{\max} = 15.9\text{MPa}$；$\tau_{\min} = 12.35\text{MPa}$； (2) 略； (3)$\varphi = 0.284°/\text{m}$

9-10 $\tau_{\max} = 48.8\text{MPa}, \varphi_{\max} = 1.22°$

9-11 $s \leqslant 39.5\text{mm}$

9-12 (1)$M_e \leqslant 110\text{N} \cdot \text{m}$； (2)$\varphi = 0.22\text{rad}$

9-13 $\varphi = \dfrac{16ml^2}{3G\pi d_1^2 d_2^2}\left(1 + 2\dfrac{d_2}{d_1}\right)$

9-14 $d \geqslant 68\text{mm}$

9-15 AE 段 $\tau_{\max} = 45.2\text{MPa}, \varphi' = 0.462°/\text{m}$，安全；$BC$ 段 $\tau_{\max} = 71.3\text{MPa}, \varphi' = 1.02°/\text{m}$，安全

9-16 $d_1 \geqslant 84.6\text{mm}, d_2 \geqslant 74.5\text{mm}, d \geqslant 84.6\text{mm}$

9-17 $G = \dfrac{8M_e}{\pi d^3 \varepsilon}$

9-19 $d \geqslant 57.7\text{mm}$

第 10 章

10-1 (a) $F_{S1} = 4\text{kN}, M_1 = -4\text{kN} \cdot \text{m}; F_{S2} = 4\text{kN}, M_2 = -4\text{kN} \cdot \text{m}$；

(b) $F_{S1} = 0, M_1 = -2\text{kN} \cdot \text{m}; F_{S2} = -5\text{kN}, M_2 = -12\text{kN} \cdot \text{m}$；

(c) $F_{S1} = -5\text{kN}, M_1 = -10\text{kN} \cdot \text{m}; F_{S2} = 2.5\text{kN}, M_2 = -10\text{kN} \cdot \text{m}$；

(d) $F_{S1} = 2\text{kN}, M_1 = 4\text{kN} \cdot \text{m}; F_{S2} = 2\text{kN}, M_2 = -6\text{kN} \cdot \text{m}$；

(e) $F_{S1} = 0, M_1 = 10\text{kN} \cdot \text{m}$；

(f) $F_{S1} = 3\text{kN}, M_1 = 6\text{kN} \cdot \text{m}; F_{S2} = -2\text{kN}, M_2 = 6\text{kN} \cdot \text{m}$

10-7 $\dfrac{a}{l} = 0.207$

10-8 $x = \dfrac{l}{2} - \dfrac{c}{4}, |M|_{\max} = \dfrac{F}{2}(l-c) + \dfrac{Fc^2}{8l}$ 作用在左轮截面处；

或 $x = \dfrac{l}{2} - \dfrac{3c}{4}, |M|_{\max} = \dfrac{F}{2}(l-c) + \dfrac{Fc^2}{8l}$ 作用在右轮截面处

第 11 章

11-1 (a) $I_z = 89 \times 10^6\ \text{mm}^4$； (b)$I_z = 55.1 \times 10^6\ \text{mm}^4$； (c)$I_z = 7.64 \times 10^6\ \text{mm}^4$

11-2 截面 m-m：$\sigma_A = -7.41\text{MPa}, \sigma_B = -4.94\text{MPa}, \sigma_C = 0\text{MPa}, \sigma_D = 7.41\text{MPa}$；

截面 n-n：$\sigma_A = 9.26\text{MPa}, \sigma_B = -6.18\text{MPa}, \sigma_C = 0\text{MPa}, \sigma_D = -9.26\text{MPa}$

11-3　实心轴 $\sigma_{max}=159\text{MPa}$，空心轴 $\sigma_{max}=93.6\text{MPa}$，41%

11-4　$\sigma_{max}=3.89\text{MPa}<[\sigma]$，安全

11-5　$b\geqslant 277\text{mm}, h\geqslant 416\text{mm}$

11-6　$F_{max}=910\text{kN}$

11-7　$[F]=56.8\text{kN}$

11-8　$b=510\text{mm}$

11-9　$[F]=44.3\text{kN}$

11-10　$\sigma_{t,max}=26.4\text{MPa}<[\sigma_t]$，$\sigma_{c,max}=52.8\text{MPa}<[\sigma_c]$，安全；倒置不合理

11-11　(1)最大正弯矩所在截面：$\sigma_{t,max}=45.9\text{MPa}, \sigma_{c,max}=107.2\text{MPa}$；

(2)最大负弯矩所在截面：$\sigma_{t,max}=70\text{MPa}, \sigma_{c,max}=30\text{MPa}$

11-12　$d=115\text{mm}$

11-13　$a=1.368\text{m}$

11-14　$\frac{\sigma_{max}}{\tau_{max}}=5$

11-15　$b=139\text{mm}, h=209\text{mm}$

11-16　$W_z\geqslant 220\ \text{cm}^3$，取 20a 工字钢

第 12 章

12-1　(a) $|\theta|_{max}=\frac{ql^3}{6EI}$，$|w|_{max}=\frac{ql^4}{8EI}$；(b) $|\theta|_{max}=\frac{ml}{EI}$，$|w|_{max}=\frac{ml^2}{2EI}$；

(c) $|\theta|_{max}=\frac{Fl^2}{2EI}$，$|w|_{max}=\frac{Fl^3}{3EI}$；(d) $|\theta|_{max}=\frac{ml}{3EI}$，$|w|_{max}=\frac{ml^2}{9\sqrt{3}EI}$；

(e) $|\theta|_{max}=\frac{ql^3}{24EI}$，$|w|_{max}=\frac{5ql^4}{384EI}$；(f) $|\theta|_{max}=\frac{ml}{2EI}$，$|w|_{max}=\frac{ml^2}{8EI}$

12-2　(a) $|\theta|_{max}=\frac{13ql^3}{6EI}$，$|w|_{max}=\frac{71ql^4}{24EI}$；(b) $|\theta|_{max}=\frac{2ml}{EI}$，$|w|_{max}=\frac{4ml^2}{EI}$；

(c) $|\theta|_{max}=\frac{3Fl^2}{EI}$，$|w|_{max}=\frac{25Fl^3}{6EI}$；(d) $|\theta|_{max}=\frac{ma}{3EI}$，$|w|_{max}=\frac{2\sqrt{2}ma^2}{9EI}$；

(e) $|\theta|_{max}=\frac{qa^3}{2EI}$，$|w|_{max}=\frac{11qa^4}{24EI}$；(f) $|\theta|_{max}=\frac{113qa^3}{72EI}$，$|w|_{max}=\frac{589qa^4}{384EI}$

12-3　(a) $\theta_C=-\frac{5Fl^2}{2EI}$，$w_C=-\frac{7Fl^3}{2EI}$；(b) $\theta_C=\frac{7ql^3}{3EI}$，$w_C=\frac{7ql^4}{2EI}$；

(c) $\theta_C=\frac{3Fl^2}{2EI}$，$w_C=\frac{17Fl^3}{6EI}$；(d) $\theta_C=\frac{ml}{3EI}$，$w_C=-\frac{2ml}{9EI}$；

(e) $\theta_C=\frac{5qa^3}{6EI}$，$w_C=-\frac{2qa^4}{3EI}$；(f) $\theta_C=\frac{23qa^3}{24EI}$，$w_C=0$

12-4　$M_B=2M_A$

12-5　(a) $|\theta|_{max}=\frac{5Fl^2}{16EI}$，$|w|_{max}=\frac{3Fl^3}{16EI}$；　(b) $|\theta|_{max}=\frac{5Fl^2}{128EI}$，$|w|_{max}=\frac{3Fl^3}{256EI}$

12-6　$w_B=8.21\text{mm}$

12-7　$\Delta l=2.28\text{mm}, \Delta=7.39\text{mm}$

12-8　16a 槽钢

12-9　$d\geqslant 30.9\text{mm}$

12-10　No. 18 工字钢

12-11　(1)$x=0.152l$；　(2)$x=\frac{l}{6}$

12-12 $w_C = \frac{135ql^4}{24EI}$

12-13 (a)$F_B = \frac{9m}{16l}$； (b)$F_C = \frac{7}{4}F$； (c)$F_C = \frac{5}{8}ql$； (d)$F_C = ql, M_A = M_B = \frac{ql^2}{12}$

12-14 $\sigma_{max} = 109.1\text{MPa}, \sigma_{BC} = 31.0\text{MPa}, w_C = 8.03\text{mm}$

第 13 章

13-2 (a) $\sigma_\alpha = 62.5\text{MPa}$, $\tau_\alpha = 21.7\text{MPa}$； (b) $\sigma_\alpha = 52.3\text{MPa}$, $\tau_\alpha = -18.7\text{MPa}$；
(c) $\sigma_\alpha = -10\text{MPa}$, $\tau_\alpha = -30\text{MPa}$

13-3 (a) $\sigma_1 = 11.2\ \text{MPa}, \sigma_2 = 0, \sigma_3 = -71.2\ \text{MPa}, \alpha_0 = -38°$；
(b) $\sigma_1 = 37\ \text{MPa}, \sigma_2 = 0, \sigma_3 = -27\ \text{MPa}, \alpha_0 = 19.3°$；
(c) $\sigma_1 = 4.7\ \text{MPa}, \sigma_2 = 0, \sigma_3 = -84.7\ \text{MPa}, \alpha_0 = -13.3°$

13-4 (a) $\sigma_1 = \sigma_2 = 50\ \text{MPa}, \sigma_3 = -50\ \text{MPa}, \tau_{max} = 50\ \text{MPa}$；
(b) $\sigma_1 = 88.3\ \text{MPa}, \sigma_2 = 50\ \text{MPa}, \sigma_3 = 31.7\ \text{MPa}, \alpha_0 = 22.5°, \tau_{max} = 28.3\ \text{MPa}$

13-5 A 点：$\sigma_1 = \sigma_2 = 0, \sigma_3 = -120\ \text{MPa}$；
B 点：$\sigma_1 = 36\ \text{MPa}, \sigma_2 = 0, \sigma_3 = -36\ \text{MPa}$；
C 点：$\sigma_1 = 70.3\ \text{MPa}, \sigma_2 = 0, \sigma_3 = -10.3\ \text{MPa}$；
D 点：$\sigma_1 = 120\ \text{MPa}, \sigma_2 = \sigma_3 = 0$

13-6 $\sigma_\alpha = 2.13\ \text{MPa}, \tau_\alpha = 24.3, \sigma_1 = 84.9\ \text{MPa}, \sigma_2 = 0, \sigma_3 = -5\ \text{MPa}, \alpha_0 = 13°16'$

13-7 125.66N·m

13-8 按最大正应力校核 $\sigma_{r3} = 101\text{MPa}$, $\sigma_{r4} = 101\text{MPa}$；按最大切应力校核 $\sigma_{r3} = 85.4\text{MPa}$, $\sigma_{r4} = 73.9\text{MPa}$；按腹板与翼缘的交接点应力校核 $\sigma_{r3} = 112\text{MPa}$, $\sigma_{r4} = 107\text{MPa}$

13-9 $\Delta l = 9.3 \times 10^{-3}\ \text{mm}$

13-10 $\sigma_\alpha = 59.6\text{MPa}$, $\tau_\alpha = -18.5\text{MPa}$

13-11 $\sigma_{r3} = 300\text{MPa}$, $\sigma_{r4} = 264\text{MPa}$，安全

13-12 $\sigma_{r3} = 900\text{MPa}$, $\sigma_{r4} = 843\text{MPa}$，安全

13-13 $\sigma_\alpha = 0.16\text{MPa}$, $\tau_\alpha = -0.19\text{MPa}$

13-14 $\delta = 12\text{mm}$

第 14 章

14-1 $\sigma_{tmax} = 67.5\text{MPa}, \sigma_{cmax} = -6.99\text{MPa}$

14-2 $4163\text{kN} \geqslant G \geqslant 1728\text{kN}$

14-3 $d = 122\text{mm}$

14-4 $\sigma_{tmax} = 26.9\text{MPa}, \sigma_{cmax} = 32.3\text{MPa}$，安全

14-5 $x = 5.25\text{mm}$

14-6 $[F] = 140.5\text{kN}$

14-7 $\sigma_{max} = -32.6\text{MPa}$，第三强度理论 $n = 6.5$，第四强度理论 $n = 7$

14-8 $[F] = 45\text{kN}$

14-9 $a \geqslant 21.8\text{mm}$

14-10 $\sigma_A = 8.83\text{MPa}, \sigma_B = 8.83\text{MPa}, \sigma_C = 8.83\text{MPa}, \sigma_D = 8.83\text{MPa}$

14-11 $\delta = 2.64\text{mm}$

14-12 $\sigma_1 = 33.5\text{MPa}, \sigma_2 = 0, \sigma_3 = -9.95\text{MPa}, \tau_{max} = 21.7\text{MPa}$

14-13 $P = 778\text{N}$

14-14　(1)$\sigma_1 = 3.11\text{MPa}$，$\sigma_2 = 0$，$\sigma_3 = -0.22\text{MPa}$，$\tau_{\max} = 1.67\text{MPa}$，$\sigma_{r3} = 3.33\text{MPa}$；(2) 略

14-15　$\sigma_1 = 768\text{MPa}$，$\sigma_2 = 0$，$\sigma_3 = -434\text{MPa}$

14-16　A 点：$\sigma_x = 125\text{MPa}$，$\sigma_z = 72\text{MPa}$，$\tau_{xz} = -44.4\text{MPa}$

B 点：$\sigma_x = 36\text{MPa}$，$\sigma_y = 72\text{MPa}$，$\tau_{xy} = -40.4\text{MPa}$

第 15 章

15-1　$F_{cr} = 3293\text{kN}$

15-2　$F_{cr} = 400\text{kN}$，$\sigma_{cr} = 665\text{MPa}$

15-3　$F_{cr} = 259\text{kN}$

15-4　$\sigma_{cr} = 7.41\text{MPa}$

15-5　$\lambda = 92.3$，$\lambda = 65.8$，$\lambda = 73.7$

15-6　$\lambda_p = 92.64$，$\lambda_s = 52.46$

15-7　最高温度 $T = 91.7℃$

15-8　$\Delta t = 29.2℃$

15-9　$\theta = \arctan(\cot^2\beta)$

15-10　$n = 3.27$

15-11　$n = 6.5 > n_{st}$

15-12　18.8kN

15-13　$\dfrac{h}{b} = 1.429$

15-14　$a = 187.4\text{mm}$

15-15　$f_B = 0.386\text{mm}$，$f'_B = 0.797\text{mm}$